2015 개정
교육과정

新 수학의 바이블 유형서

BOB 밥

수학의 밥과 같은 존재,
유형!

이창희·민경도·김덕환 지음

미적분

내신&수능에 출제되는 **필수 유형만 수록** | 개념 ▶ 유형 ▶ 실력 3단계 콕콕 시스템

이투스북

BOB 미적분 검토에 도움을 주신 분들

서울

고주형	압구정 파인만학원
구난영	셀프스터디 수학학원
권정현	다산 LMPS학원
김경희	명인학원
김국환	매쓰플러스 수학학원
김명석	강서고등학교
김명후	김명후 수학학원
김민수	개념폴리아학원
김바른	대치수신 위례캠퍼스
김병호	국선 수학학원
김성재	맑은 수학학원
김승현	Math4U / Hi-Math(대치)
김영진	이지수능
김윤호	MK교육전문가그룹
김은선	목동su학원
김정문	반포 해남학원
김진영	수와식학원
김창련	압구정 파인만학원
김태후	수학의힘
김현아	김현아 수학
김형진	두잉매쓰학원
김효건	대치 파인만학원
남솔잎	솔잎샘수학학원
문재웅	성북 메가스터디
박보석	매쓰멘토스학원
박상보	박상보 수학전문학원
박지현	하노이 서울학원(베트남)
박진희	박선생 수학학원
박효은	시대인재학원
배재형	배재형수학교습소
백운경	일신학원
서근환	선덕고등학교
서민국	대치 파인만학원
서중은	블루플렉스학원
서충현	명인학원
선 철	일신학원
성성아	베이스캠프
성재훈	혜화여자고등학교
신기호	성북 메가스터디
신승규	한국삼육고등학교
안대호	말글국어 더함수학학원
양병호	상문고등학교
양철웅	목동 거산학원
엄지희	엄지희 수학연구소
왕한비	왕쌤 수학학원
원준희	대치 CMS
유승우	중계 탑클래스학원
유재현	일신학원
윤정욱	대치 에스학원
윤흥원	윤흥원 수학
이민호	강동 메가스터디
이성용	다옴수학교실
이성일	온스터디/캠프제이
이슬비	뉴이스트 수학전문학원
이용우	올림피아드
이은주	이해와지혜수학
이응민	중동고등학교
이정빈	성북 메가스터디
이준엽	메티스학원
이 진	개념&등급수학
이현표	수력학원
정소라	탑플러스 영어수학전문학원
정요한	깊은생각
정진아	정선생수학
정현광	서울 광성고등학교
조병근	목동 하이씨앤씨
조현탁	전문가집단
차용우	서울 외국어고등학교
최고미	에듀탑
최귀종	대치수신 위례캠퍼스
최선옥	최선옥 수학
최영준	문일고등학교
한동용	수학에 미친 사람들 학원
한현주	PMG학원
홍슬기	슬기 수학

부산

김유상	이투스247 해운대점
김효상	사직동 코스터디학원
나기열	프로매스 수학학원
모 란	명문학원
송상근	연세 수학학원
이승훈	명당학원
이연희	휘펠수학
조준혁	동천고등학교
한재철	부산 장안고등학교
황성필	미래탐구

인천

기미나	기쌤수학
김응수	케이엠 수학교습소
김재웅	송도 감성수학
김 준	쭌에듀학원
김태윤	고수학 송도캠퍼스
박순만	절대학원
박종필	정석 수학학원
박효성	지코스 수학학원
송대익	청라 수학사랑학원
이수동	부천 E&T 수학학원
이혜경	이혜경 고등수학학원
장효근	유레카 수학학원
정민욱	수베이직 수학교습소
조민관	대신학원
지청호	F(x) 수학전문학원
차성민	두드림학원
최수빈	성균관수학
최유락	유빅학원
최 훈	Hoon15#math

울산

김경문	지캠프영수학원
박국진	강한수학전문학원
최규종	뉴토모 수학전문학원
현주희	뉴토모 수학전문학원

대구

구현태	나인쌤 수학전문학원
김동영	통쾌한수학
김영배	빅뱅수학
김영진	김진수학
문윤정	능인고등학교
박원철	토르수학
변태준	능인고등학교
장세완	장선생수학
장현정	남산고등학교
정민호	대구 제이스테디수학
최상호	소담수학학원
하태호	월성 이투스수학학원
황영호	능인고등학교
황지현	위드제스트 수학학원

광주

강승완	첨단시매쓰학원
고예지	매쓰멘토 수학학원
김경진	경진 수학학원
김국진	김국진싸학원
김은경	혜인여자고등학교
박우혁	밥보다 수학학원
배진문	수학의달인 광주양산학원
양귀제	양선생 수학학원
임태관	매쓰멘토수학
최지웅	매쓰피아

대전

강유식	수학의자유
고지훈	임창우논술
배지후	와이즈만 CNI
윤석주	윤석주 수학전문학원

경기

고수환	상승곡선학원
고정욱	고수학플러스
김금화	템수학
김기덕	수원 메가스터디
김덕락	락수학
김수민	더클레버 수학학원
김재빈	더클레버 수학학원
김정철	김정철수학교실
김정환	필립스 아카데미
김종남	제너스 학원
김지윤	오드 수학
김태중	우성고등학교
김현욱	와이투엠 수학학원
김현정	더클레버 수학학원

남재일	세마고등학교
노형근	ss학원
문기수	하늘아이 수학전문학원
민동건	민동건 수학교실
박원용	동탄 트리즈나루수학
박종현	하이탑수학
박주이	켄즈
박진규	수학의아침
박해석	비원오길수학 학원
서지은	JMI 수학학원
손석운	TN학원
손승태	와부고등학교
송치호	대치 명인학원(미금캠퍼스)
안명근	의정부 맨투맨학원
안연수	포스텍 수학학원
유현진	HR수학
윤상완	죽전 강의하는아이들
윤여태	소담수학학원
윤주원	비상아이비츠
이동석	정성하이클래스 수학학원
이명환	다산 더원 수학학원
이 산	수학대가
이장훈	북부세일학원
이충안	수이학원
이현욱	덕소쎈수학
이현주	미금 솔루선수학학원
임규철	인재와고수
임은정	마테마티카 수학학원
정장선	생각하는 황소수학
정진욱	수원 메가스터디
정해도	목동 혜윰수학
정황우	정석 수학학원
조성민	삼송 유클리드 수학학원
조성화	SH수학학원
조재욱	지니학원
차새화	운암고등학교
최연진	한민고등학교
최영성	에이블 수학학원
최유미	분당 파인만학원
최인규	열혈수학
한규욱	수리학당
허유미	특작수학
홍의찬	마테마타수학학원
황삼철	멘토수학
황석진	낙생고등학교

경상

김민채	김해 자유자재학원
김옥경	반디 수학과학학원
김재인	무학고등학교
남준기	거제고등학교
박수재	성민여자고등학교
박진성	세명고등학교
성은미	형곡고등학교
엄성문	에이블 수학전문학원

염성군	무학고등학교
이상현	인투학원
이승원	의뜸원 수학학원

전라

김성혁	에스 수학전문학원
나호진	한일고등학교
박지은	오성식 영어클럽유일학원
박진성	해남 한가람학원
성준우	수학걱정없는세상만들기
송시영	블루오션 수학학원
안형진	혁신 청람수학전문학원
양형준	대들보 수학학원
유현수	수학당학원
이혜상	에스 수학전문학원
최대호	매쓰어필
한지선	한지선 수학

강원

김성영	빨리강해지는 수학학원
노명훈	노명훈쌤의 알수학학원
윤성현	수소통 수학학원
전대윤	Kwon Class

충청

권영택	충북과학고등학교
권용운	권용운 수학학원
김은배	올림피아드유투엠
김종현	고등관 3%수학학원
박대권	dkp종합학원
윤성길	몬스터메스
이현아	현수학
장정수	페르마 수학학원
전성호	탑씨크리트학원
한호선	두드림 영어수학학원

제주

이승환	서귀포 예일분석수학

新 수학의 바이블 유형서

B
O
B.
밥

미적분

집필진	이창희	서울대학교 수학교육과
	민경도	서울대학교 수학교육과
	김덕환	서울대학교 수학교육과
검수자	하태윤	홍익대학교 수학교육과
	임희수	서울대학교 수학교육과
	윤지용	서울대학교 수학교육과

STAFF	발행인	김형중
	컨텐츠사업부문 총괄	홍태운
	퍼블리싱 총괄	남형주
	기획·개발	권오은 김미진 황지현 박다솜 안태균 오형민 유병범
	디자인	김정인 고은비 강민영 에피그램

新수학의 바이블 BOB 미적분
201910 제2판 1쇄
펴낸곳 이투스교육(주) 서울시 서초구 남부순환로 2547
전화 1599-3225
등록번호 제2007-000035호
ISBN 979-11-6442-420-7[53410]

新수학의 바이블 BOB!!

첫술에 배부를 수 없듯이 쉬운 유형부터 어려운 유형을 동시에 모두 학습하기란 쉽지 않다!!
기본적으로 알고 있어야 하는 내신 & 수능 시험에서 자주 출제되는 유형만 확실히 알아도 목표의 반은 성공한 것이다!!
따라서 자주 출제되는 알짜 유형만을 선정, 집중적으로 공략하여 학습할 수 있는 교재가 필요하다!!

新수학의 바이블 BOB을 이용한 학습법!!

개념 및 개념 Plus | 개념 이해

- 꼭 알고 있어야 하는 개념 확인
- 친절하고도 상세한 첨삭으로 이해도 향상
- 좀 더 알아볼 수 있는 개념에 대한 부연 설명

- 좀 더 자세한 설명이 필요할 때에는 新수학의 바이블 미적분의 개념 설명을 통해 보충 학습
- 이전 학년에서 배웠지만 확실하게 정립하지 못한 개념은 다시 한 번 짚어보고 확실하게 다져야 할 것입니다.

실력 콕콕 | 해결력 강화

- 대표 유형에 대한 문제 해결력 향상
- 다양한 변형 유형의 문제에 대한 도전
- 학교 내신 & 수능의 기초 해결력 완성

- 학습 도중 틀린 문제에 대한 오답 노트 작성 후 반복 학습
- 실력 콕콕의 정답률이 80% 이하일 경우에는 앞부분의 유형별 문제 해결을 좀 더 강화한 후 오답 노트로 정리하여 확실하게 일 수 있을 때까지 반복 학습이 이루어져야 할 것입니다.

개념 콕콕 | 개념 확인

- 개념 이해가 정확하게 이루어졌는지 확인
- 표현이 달라졌을 때에도 개념을 적용시키는 연습
- 확실하게 익힐 때까지 기초 문제로 반복 이해

- 개념 콕콕의 정답률이 80% 이하일 경우에는 앞부분의 개념 학습이 완전하지 않은 것입니다. 다시 한 번 개념 부분에 대한 면밀하고 심도 있는 학습이 이루어져야 할 것입니다.

유형 콕콕 | 유형별 문제 해결

- 학습한 개념에 대한 유형 파악
- 대표 유형별 문제 해결력 집중 공략
- 유형별 점진적 수준 강화

- 대표 유형에 대하여 좀 더 학습하고자 할 때에는 新수학의 바이블 미적분의 대표 예제별 1 + 3 문제 보충 학습
- 학습 도중 틀린 문제에 대한 오답 노트 작성 후 반복 학습
- 유형 콕콕의 정답률이 80% 이하일 경우에는 앞부분의 개념과 개념 콕콕을 확인한 후 다시 풀어 봄으로써 부족한 부분을 보충해야 할 것입니다.

STRUCTURE

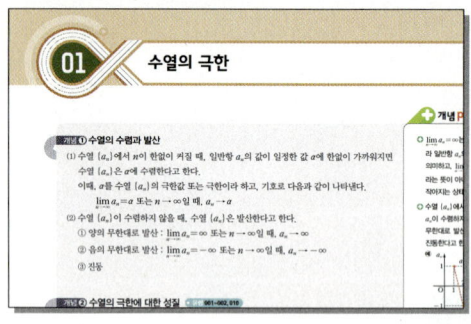

➕ 개념 설명 & 개념 plus

- 해당 단원에서 핵심 개념만을 모아 한눈에 알아볼 수 있도록 정리하였습니다.
- 보다 세부적인 부연 설명은 밑줄을 활용하여 첨삭으로 실었습니다.

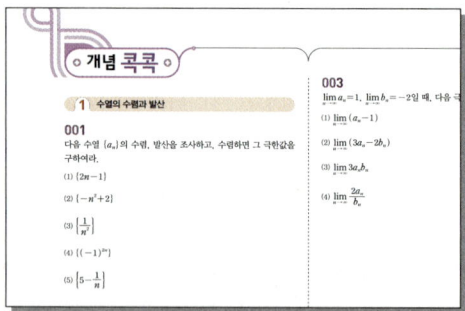

➕ 개념 콕콕

- 개념을 직접적으로 적용할 수 있도록 간단하고 쉬운 문제를 중심으로 수록하였습니다.
- 개념 콕콕의 문제를 해결함으로써 개념을 확실히 익히고 소화할 수 있도록 하였습니다.

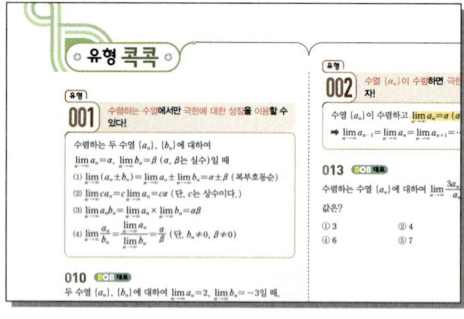

➕ 유형 콕콕

- 출제될 수 있는 대표적인 문제들을 유형별로 구분하고, 해당 유형에 맞는 핵심 포인트 및 해결 전략을 제시하였습니다.
- 교과서 핵심 개념을 토대로 필수 문항들로만 구성하였으며, 수학의 기초를 다질 수 있는 비교적 쉬운 문항들로 수학의 자신감을 쌓을 수 있게 하였습니다.
- 서술형 문제를 제공하여 풀이 단계에서 채점 요소, 풀이 단계별 비율 등을 고려하여 학습할 수 있도록 구성하였습니다.
- **QR코드** 해당 유형을 보다 구체적으로 알고 싶을 때에는 QR코드를 통해 '新수학의 바이블'의 대표 예제와 연동하여 학습할 수 있도록 링크를 걸어 두었습니다.

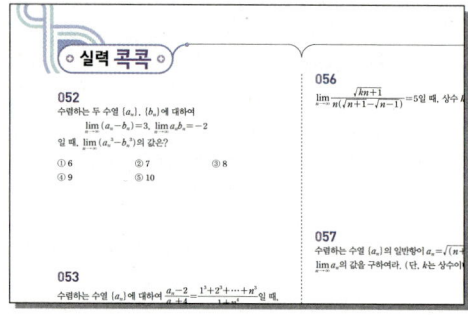

➕ 실력 콕콕

- 지금까지 학습한 개념과 유형을 토대로 좀 더 실력을 향상시킬 수 있도록 유형 콕콕보다는 난이도가 있는 문제를 수록하였습니다.
- 유형을 확실히 익혔는지 점검하고 실전력을 익히게 하여 수능 대비의 초석이 될 수 있도록 하였습니다.
- 서술형 문제를 제공하여 풀이 단계에서 채점 요소, 풀이 단계별 비율 등을 고려하여 학습할 수 있도록 구성하였습니다.

新수학의 바이블 BOB의 차례
CONTENTS 미적분

I 수열의 극한

II 미분법

III 적분법

I

수열의 극한

01 수열의 극한

개념 ① 수열의 수렴과 발산

(1) 수열 $\{a_n\}$에서 n이 한없이 커질 때, 일반항 a_n의 값이 일정한 값 α에 한없이 가까워지면 수열 $\{a_n\}$은 α에 수렴한다고 한다.

이때, α를 수열 $\{a_n\}$의 극한값 또는 극한이라 하고, 기호로 다음과 같이 나타낸다.

$$\lim_{n\to\infty} a_n = \alpha \ 또는 \ n \to \infty 일\ 때,\ a_n \to \alpha$$

(2) 수열 $\{a_n\}$이 수렴하지 않을 때, 수열 $\{a_n\}$은 발산한다고 한다.

① 양의 무한대로 발산 : $\lim\limits_{n\to\infty} a_n = \infty$ 또는 $n \to \infty$일 때, $a_n \to \infty$

② 음의 무한대로 발산 : $\lim\limits_{n\to\infty} a_n = -\infty$ 또는 $n \to \infty$일 때, $a_n \to -\infty$

③ 진동

개념 ② 수열의 극한에 대한 성질 〔유형 001~002, 010〕

수렴하는 두 수열 $\{a_n\}$, $\{b_n\}$에 대하여 $\lim\limits_{n\to\infty} a_n = \alpha$, $\lim\limits_{n\to\infty} b_n = \beta$ (α, β는 실수)일 때

(1) $\lim\limits_{n\to\infty} (a_n \pm b_n) = \lim\limits_{n\to\infty} a_n \pm \lim\limits_{n\to\infty} b_n = \alpha \pm \beta$ (복부호동순)

(2) $\lim\limits_{n\to\infty} ca_n = c \lim\limits_{n\to\infty} a_n = c\alpha$ (단, c는 상수이다.)

(3) $\lim\limits_{n\to\infty} a_n b_n = \lim\limits_{n\to\infty} a_n \times \lim\limits_{n\to\infty} b_n = \alpha\beta$

(4) $\lim\limits_{n\to\infty} \dfrac{a_n}{b_n} = \dfrac{\lim\limits_{n\to\infty} a_n}{\lim\limits_{n\to\infty} b_n} = \dfrac{\alpha}{\beta}$ (단, $b_n \neq 0$, $\beta \neq 0$)

개념 ③ 수열의 극한값의 계산 〔유형 003~006, 008~009〕

(1) $\dfrac{\infty}{\infty}$ 꼴 : 분모의 최고차항으로 분모, 분자를 각각 나눈다.

① (분자의 차수) < (분모의 차수) ➡ 극한값은 0이다.

② (분자의 차수) = (분모의 차수) ➡ 극한값은 최고차항의 계수의 비이다.

③ (분자의 차수) > (분모의 차수) ➡ 발산한다.

(2) $\infty - \infty$ 꼴

① 무리식은 근호를 포함한 쪽을 유리화한다.

② 다항식은 최고차항으로 묶는다.

개념 ④ 수열의 극한의 대소 관계 〔유형 007〕

수렴하는 두 수열 $\{a_n\}$, $\{b_n\}$에 대하여 $\lim\limits_{n\to\infty} a_n = \alpha$, $\lim\limits_{n\to\infty} b_n = \beta$ (α, β는 실수)일 때

(1) 모든 자연수 n에 대하여 $a_n \leq b_n$이면 $\alpha \leq \beta$

(2) 수열 $\{c_n\}$이 모든 자연수 n에 대하여 $a_n \leq c_n \leq b_n$이고 $\alpha = \beta$이면 $\lim\limits_{n\to\infty} c_n = \alpha$

개념 ⑤ 등비수열 $\{r^n\}$의 수렴과 발산 〔유형 011~014〕

(1) $r > 1$일 때, $\lim\limits_{n\to\infty} r^n = \infty$ (발산)

(2) $r = 1$일 때, $\lim\limits_{n\to\infty} r^n = 1$ (수렴)

(3) $-1 < r < 1$일 때, $\lim\limits_{n\to\infty} r^n = 0$ (수렴)

(4) $r \leq -1$일 때, 수열 $\{r^n\}$은 진동한다. (발산)

➕ 개념 plus

◆ $\lim\limits_{n\to\infty} a_n = \infty$는 극한값이 ∞라는 뜻이 아니라 일반항 a_n의 값이 한없이 커지는 상태를 의미하고, $\lim\limits_{n\to\infty} a_n = -\infty$는 극한값이 $-\infty$라는 뜻이 아니라 일반항 a_n의 값이 한없이 작아지는 상태를 의미한다.

◆ 수열 $\{a_n\}$에서 n이 한없이 커질 때, 일반항 a_n이 수렴하지도 않고 양의 무한대나 음의 무한대로 발산하지도 않으면 수열 $\{a_n\}$은 진동한다고 한다.

예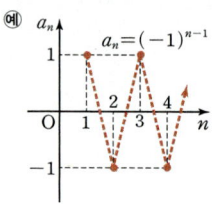

◆ ∞는 수가 아니라 한없이 커지는 상태를 나타내는 기호이므로 실수의 연산과 달리 덧셈, 뺄셈, 곱셈, 나눗셈을 생각할 수 없다. 그러나 $\dfrac{\infty}{\infty}$ 꼴, $\infty - \infty$ 꼴을 제외한 $\pm\infty$를 포함한 수열의 극한은 다음과 같이 생각하면 편리하다.

① $\infty + \infty = \infty$, $\infty \pm (상수) = \infty$

② $\dfrac{(상수)}{\infty} = 0$, $\dfrac{(상수)}{-\infty} = 0$

③ $\infty \times (양수) = \infty$, $-\infty \times (양수) = -\infty$

④ $\infty \times (음수) = -\infty$, $-\infty \times (음수) = \infty$

⑤ $\dfrac{\infty}{(양수)} = \infty$, $\dfrac{-\infty}{(양수)} = -\infty$

⑥ $\dfrac{\infty}{(음수)} = -\infty$, $\dfrac{-\infty}{(음수)} = \infty$

◆ $\dfrac{\infty}{\infty} \neq 1$, $\infty - \infty \neq 0$임에 주의한다.

◆ r^n을 포함한 식의 극한은 r의 값의 범위를 $|r| < 1$, $r = 1$, $|r| > 1$, $r = -1$인 경우로 나누어 구한다.

◆ 등비수열의 수렴 조건

① 등비수열 $\{r^n\}$이 수렴하기 위한 조건
➡ $-1 < r \leq 1$

② 등비수열 $\{ar^{n-1}\}$이 수렴하기 위한 조건
➡ $a = 0$ 또는 $-1 < r \leq 1$

개념 콕콕

1 수열의 수렴과 발산

001

다음 수열 $\{a_n\}$의 수렴, 발산을 조사하고, 수렴하면 그 극한값을 구하여라.

(1) $\{2n-1\}$

(2) $\{-n^2+2\}$

(3) $\left\{\dfrac{1}{n^2}\right\}$

(4) $\{(-1)^{2n}\}$

(5) $\left\{5-\dfrac{1}{n}\right\}$

2 수열의 극한에 대한 성질

002

두 수열 $\{a_n\}$, $\{b_n\}$의 일반항이 각각

$$a_n=1+\frac{1}{n},\ b_n=2-\frac{1}{n}$$

일 때, 다음이 성립함을 보여라.

(1) $\displaystyle\lim_{n\to\infty}(a_n+b_n)=\lim_{n\to\infty}a_n+\lim_{n\to\infty}b_n$

(2) $\displaystyle\lim_{n\to\infty}2a_n=2\lim_{n\to\infty}a_n$

(3) $\displaystyle\lim_{n\to\infty}a_nb_n=\lim_{n\to\infty}a_n\times\lim_{n\to\infty}b_n$

(4) $\displaystyle\lim_{n\to\infty}\frac{a_n}{b_n}=\frac{\displaystyle\lim_{n\to\infty}a_n}{\displaystyle\lim_{n\to\infty}b_n}$

003

$\displaystyle\lim_{n\to\infty}a_n=1$, $\displaystyle\lim_{n\to\infty}b_n=-2$일 때, 다음 극한값을 구하여라.

(1) $\displaystyle\lim_{n\to\infty}(a_n-1)$

(2) $\displaystyle\lim_{n\to\infty}(3a_n-2b_n)$

(3) $\displaystyle\lim_{n\to\infty}3a_nb_n$

(4) $\displaystyle\lim_{n\to\infty}\frac{2a_n}{b_n}$

3 수열의 극한값의 계산

004

다음 극한을 조사하고, 극한이 존재하면 그 극한값을 구하여라.

(1) $\displaystyle\lim_{n\to\infty}\frac{n^2+n}{3n-1}$

(2) $\displaystyle\lim_{n\to\infty}\frac{(n+1)(n-1)}{n^2}$

(3) $\displaystyle\lim_{n\to\infty}\frac{4n}{n^2+1}$

개념 콕콕

005

다음 극한값을 구하여라.

(1) $\lim\limits_{n\to\infty}(\sqrt{n+1}-\sqrt{n})$

(2) $\lim\limits_{n\to\infty}\dfrac{1}{\sqrt{n^2+2n}-n}$

006

다음 극한을 조사하여라.

(1) $\lim\limits_{n\to\infty}(n^2-3n+4)$

(2) $\lim\limits_{n\to\infty}(2n-n^2)$

4 수열의 극한의 대소 관계

007

수열 $\{a_n\}$이 모든 자연수 n에 대하여

$$\dfrac{2n-1}{n+2}<a_n<\dfrac{4n+1}{2n-1}$$

을 만족시킬 때, $\lim\limits_{n\to\infty}a_n$의 값을 구하여라.

5 등비수열이 포함된 수열의 극한값의 계산

008

다음 극한값을 구하여라.

(1) $\lim\limits_{n\to\infty}\dfrac{2^n}{3^n-1}$

(2) $\lim\limits_{n\to\infty}\dfrac{6-5^n}{6+5^n}$

(3) $\lim\limits_{n\to\infty}\dfrac{2^{n+1}}{2^n-3}$

(4) $\lim\limits_{n\to\infty}\dfrac{4^n+(-3)^n}{5^n}$

6 등비수열의 수렴 조건

009

다음 등비수열이 수렴하기 위한 실수 r의 값의 범위를 구하여라.

(1) $1,\ 3r,\ 9r^2,\ 27r^3,\ \cdots$

(2) $1,\ -\dfrac{r}{2},\ \dfrac{r^2}{4},\ -\dfrac{r^3}{8},\ \cdots$

(3) $1,\ r-1,\ (r-1)^2,\ (r-1)^3,\ \cdots$

✦ 유형 콕콕 ✦

001

수렴하는 수열에서만 **극한**에 대한 성질을 이용할 수 있다!

수렴하는 두 수열 $\{a_n\}$, $\{b_n\}$에 대하여
$\lim_{n\to\infty} a_n=\alpha$, $\lim_{n\to\infty} b_n=\beta$ (α, β는 실수)일 때
(1) $\lim_{n\to\infty}(a_n\pm b_n)=\lim_{n\to\infty}a_n\pm\lim_{n\to\infty}b_n=\alpha\pm\beta$ (복부호동순)
(2) $\lim_{n\to\infty}ca_n=c\lim_{n\to\infty}a_n=c\alpha$ (단, c는 상수이다.)
(3) $\lim_{n\to\infty}a_nb_n=\lim_{n\to\infty}a_n\times\lim_{n\to\infty}b_n=\alpha\beta$
(4) $\lim_{n\to\infty}\dfrac{a_n}{b_n}=\dfrac{\lim_{n\to\infty}a_n}{\lim_{n\to\infty}b_n}=\dfrac{\alpha}{\beta}$ (단, $b_n\neq0$, $\beta\neq0$)

010 BOB 대표

두 수열 $\{a_n\}$, $\{b_n\}$에 대하여 $\lim_{n\to\infty}a_n=2$, $\lim_{n\to\infty}b_n=-3$일 때,

$\lim_{n\to\infty}\dfrac{a_n-b_n}{a_nb_n+1}$의 값은?

① -5 ② -3 ③ -1
④ 1 ⑤ 3

011 하

수열 $\{a_n\}$에 대하여 $\lim_{n\to\infty}(a_n+3)=5$일 때, $\lim_{n\to\infty}a_n(a_n+1)$의 값은?

① 2 ② 3 ③ 4
④ 5 ⑤ 6

012 중

수렴하는 두 수열 $\{a_n\}$, $\{b_n\}$에 대하여
$$\lim_{n\to\infty}(a_n+b_n)=2,\ \lim_{n\to\infty}a_nb_n=-3$$
일 때, $\lim_{n\to\infty}(a_n^2+b_n^2)$의 값을 구하여라.

002

수열 $\{a_n\}$이 **수렴**하면 극한값을 α (α는 실수)로 놓자!

수열 $\{a_n\}$이 수렴하고 $\lim_{n\to\infty}a_n=\alpha$ (α는 실수)이면
➡ $\lim_{n\to\infty}a_{n-1}=\lim_{n\to\infty}a_n=\lim_{n\to\infty}a_{n+1}=\cdots=\lim_{n\to\infty}a_{2n}=\alpha$

013 BOB 대표

수렴하는 수열 $\{a_n\}$에 대하여 $\lim_{n\to\infty}\dfrac{3a_{n+2}-1}{a_n+3}=2$일 때, $\lim_{n\to\infty}a_n$의 값은?

① 3 ② 4 ③ 5
④ 6 ⑤ 7

014 중

수렴하는 수열 $\{a_n\}$에 대하여 $\lim_{n\to\infty}\dfrac{2a_{n+1}+1}{a_n-1}=-4$일 때, $\lim_{n\to\infty}a_n$의 값은?

① $\dfrac{1}{2}$ ② 1 ③ $\dfrac{3}{2}$
④ 2 ⑤ 3

015 중

수열 $\{a_n\}$이 $\lim_{n\to\infty}a_{2n-1}=1$을 만족시킬 때, 〈보기〉에서 옳은 것만을 있는 대로 골라라.

보기
ㄱ. $\lim_{n\to\infty}a_n=1$ ㄴ. $\lim_{n\to\infty}a_{4n-1}=1$ ㄷ. $\lim_{n\to\infty}a_{2n}=1$

유형

003

$\dfrac{\infty}{\infty}$ 꼴의 극한은 분모의 최고차항으로 분모, 분자를 각각 나누자!

분모의 최고차항으로 분모, 분자를 각각 나누어 구한다.
이때, 극한은 다음과 같다.
(1) (분자의 차수) < (분모의 차수)
  ➡ 극한값은 0
(2) (분자의 차수) = (분모의 차수)
  ➡ 극한값은 최고차항의 계수의 비
(3) (분자의 차수) > (분모의 차수)
  ➡ 발산

016 BOB 대표

$\displaystyle\lim_{n\to\infty}\dfrac{n^2}{(2n-1)(2n+1)}$ 의 값은?

① $\dfrac{1}{16}$　　　② $\dfrac{1}{8}$　　　③ $\dfrac{1}{4}$

④ $\dfrac{1}{2}$　　　⑤ 1

017 하

$\displaystyle\lim_{n\to\infty}\dfrac{3n-2}{\sqrt{4n^2-n}+n}$ 의 값은?

① $\dfrac{1}{5}$　　　② $\dfrac{2}{5}$　　　③ $\dfrac{3}{5}$

④ $\dfrac{4}{5}$　　　⑤ 1

018 중　　　　　　　　　　　　서술형

자연수 n에 대하여 이차방정식 $x^2+3nx-2=0$의 두 근을 a_n, b_n 이라 할 때, $\displaystyle\lim_{n\to\infty}\dfrac{n(a_n+b_n)}{a_n{}^2+b_n{}^2}$ 의 값을 구하여라.

유형

004

$\dfrac{\infty}{\infty}$ 꼴의 극한값이 존재하면 분모, 분자의 차수를 확인하자!

$\displaystyle\lim_{n\to\infty}a_n=\infty$, $\displaystyle\lim_{n\to\infty}b_n=\infty$, $\displaystyle\lim_{n\to\infty}\dfrac{a_n}{b_n}=\alpha$ (α는 실수)일 때
(1) $\alpha=0$이면 (a_n의 차수) < (b_n의 차수)
(2) $\alpha\neq0$이면 (a_n의 차수) = (b_n의 차수)이고, α는 분자, 분모의 최고차항의 계수의 비이다.

019 BOB 대표

$\displaystyle\lim_{n\to\infty}\dfrac{an^2+bn+7}{3n+1}=4$일 때, 상수 a, b에 대하여 $a+b$의 값은?

① 4　　　② 6　　　③ 8
④ 10　　　⑤ 12

020 중

$\displaystyle\lim_{n\to\infty}\dfrac{n+2}{\sqrt{4n^2+3n-1}+an}=\dfrac{1}{5}$일 때, 양수 a의 값은?

① 1　　　② 2　　　③ 3
④ 4　　　⑤ 5

021 중

$\displaystyle\lim_{n\to\infty}\dfrac{an^2+bn+3}{cn^3+2n+2}=4$일 때, 상수 a, b, c에 대하여 $\displaystyle\lim_{n\to\infty}\dfrac{4n^2+an-1}{bn^2-cn+1}$ 의 값을 구하여라.

유형 005 ∞−∞ 꼴의 무리식이 포함된 극한은 유리화하자!

(1) 분자에만 근호가 있는 경우
$$\sqrt{f(n)}-\sqrt{g(n)}=\frac{f(n)-g(n)}{\sqrt{f(n)}+\sqrt{g(n)}}$$

(2) 분모에만 근호가 있는 경우
$$\frac{h(n)}{\sqrt{f(n)}+\sqrt{g(n)}}=\frac{h(n)\{\sqrt{f(n)}-\sqrt{g(n)}\}}{f(n)-g(n)}$$

(3) 분자, 분모에 모두 근호가 있는 경우
$$\frac{\sqrt{h(n)}-\sqrt{k(n)}}{\sqrt{f(n)}-\sqrt{g(n)}}=\frac{\{h(n)-k(n)\}\{\sqrt{f(n)}+\sqrt{g(n)}\}}{\{f(n)-g(n)\}\{\sqrt{h(n)}+\sqrt{k(n)}\}}$$

022 BOB 대표

$\lim\limits_{n\to\infty}(\sqrt{4n^2-8n}-2n)$의 값은?

① −2   ② −1   ③ 0
④ 1   ⑤ 2

023 중

$\lim\limits_{n\to\infty}\dfrac{\sqrt{n^2+6}-n}{\sqrt{n^2+2}-n}$의 값은?

① 1   ② $\dfrac{3}{2}$ ③ 2
④ $\dfrac{5}{2}$ ⑤ 3

024 중

$\lim\limits_{n\to\infty}\{\sqrt{4+8+12+\cdots+4n}-\sqrt{3+7+11+\cdots+(4n-1)}\}$의 값을 구하여라.

유형 006 ∞−∞ 꼴의 극한값이 존재하면 무리식을 유리화하여 $\frac{\infty}{\infty}$ 꼴로 변형하자!

step 1 무리식을 유리화하여 $\frac{\infty}{\infty}$ 꼴로 변형한다.

step 2 0이 아닌 상수 α로 수렴하면 분모, 분자의 최고차항의 계수의 비가 α임을 이용한다.

025 BOB 대표

$\lim\limits_{n\to\infty}\{\sqrt{n^2+3n}-(an+b)\}=\dfrac{7}{2}$일 때, 상수 a, b에 대하여 $a+b$의 값은?

① −2   ② −1   ③ 0
④ 1   ⑤ 2

026 하

$\lim\limits_{n\to\infty}(\sqrt{n^2+an+3}-\sqrt{n^2+bn+2})=5$일 때, 상수 a, b에 대하여 $a-b$의 값은?

① 4   ② 6   ③ 8
④ 10   ⑤ 12

027 중

$\lim\limits_{n\to\infty}\dfrac{1}{an-\sqrt{n^2+2n}}=b$일 때, 상수 a, b에 대하여 $a+b$의 값은?
(단, $a>0$, $b\neq0$)

① −2   ② −1   ③ 0
④ 1   ⑤ 2

007

부등식으로 주어진 수열의 극한은 수열의 극한의 대소 관계를 이용하자!

> 모든 자연수 n에 대하여 $a_n \leq c_n \leq b_n$이고
> $\lim\limits_{n\to\infty} a_n = \lim\limits_{n\to\infty} b_n = a$ (a는 실수)이면 $\lim\limits_{n\to\infty} c_n = a$이다.

028 〔BOB 대표〕

수열 $\{a_n\}$이 모든 자연수 n에 대하여 부등식

$$\frac{n^2}{n+1} < \frac{1}{2}a_n(2n+1) < n+1$$

을 만족시킬 때, $\lim\limits_{n\to\infty} a_n$의 값은?

① $\dfrac{1}{3}$ ② $\dfrac{1}{2}$ ③ $\dfrac{2}{3}$

④ $\dfrac{5}{6}$ ⑤ 1

029 〔하〕

수열 $\{a_n\}$이 모든 자연수 n에 대하여 부등식

$$n^2+n < (3n^2+2)a_n < n^2+3n$$

을 만족시킬 때, $\lim\limits_{n\to\infty} a_n$의 값은?

① $\dfrac{1}{3}$ ② $\dfrac{1}{2}$ ③ $\dfrac{2}{3}$

④ $\dfrac{5}{6}$ ⑤ 1

030 〔중〕

수열 $\{a_n\}$이 모든 자연수 n에 대하여 부등식

$$2n-1 < a_n < 2n+1$$

을 만족시킬 때, $\lim\limits_{n\to\infty} \dfrac{a_1+a_2+\cdots+a_n}{3n^2+4}$의 값을 구하여라.

008

(소수 부분)=(주어진 식)−(정수 부분)임을 이용하자!

> (1) $k \leq \sqrt{f(n)} < k+1$ (k는 정수)이면
>   ($\sqrt{f(n)}$의 정수 부분)$=k$
>   ($\sqrt{f(n)}$의 소수 부분)$=\sqrt{f(n)}-k$
> (2) $l \leq [g(n)] < l+1$ (l은 정수)이면
>   ($[g(n)]$의 정수 부분)$=l$
>   ($[g(n)]$의 소수 부분)$=[g(n)]-l$

031 〔BOB 대표〕

자연수 n에 대하여 $\sqrt{4n^2+2n+1}$의 정수 부분을 a_n, 소수 부분을 b_n이라 할 때, $\lim\limits_{n\to\infty} \dfrac{a_n b_n}{3n}$의 값은?

① 0 ② $\dfrac{1}{3}$ ③ $\dfrac{2}{3}$

④ 1 ⑤ $\dfrac{4}{3}$

032 〔중〕

수열 $\{a_n\}$의 일반항이

$$a_n = \sqrt{9n^2+3n+1} - \left[\sqrt{9n^2+3n+1}\right]$$

일 때, $\lim\limits_{n\to\infty} a_n$의 값을 구하여라.

(단, $[x]$는 x보다 크지 않은 최대의 정수이다.)

033 〔중〕

$\lim\limits_{n\to\infty} \dfrac{6}{n+3}\left[\dfrac{n}{2}\right]$의 값을 구하여라.

(단, $[x]$는 x보다 크지 않은 최대의 정수이다.)

유형 009 치환을 이용하여 극한값을 구하자!

(1) 실수 p, q, r, s ($p \neq 0$, $r \neq 0$)에 대하여

$\lim\limits_{n \to \infty} \dfrac{ra_n + s}{pa_n + q} = \alpha$ (α는 실수)일 때, $\dfrac{ra_n + s}{pa_n + q} = b_n$으로 놓고

a_n을 b_n에 대한 식으로 나타낸 후 $\lim\limits_{n \to \infty} a_n$의 값을 구한다.

(2) (발산하는 수열)$\times a_n$ 꼴의 극한값은 수렴하는 수열의 곱의
꼴로 정리한 후 구한다.

보충 설명

(발산하는 수열 a_n)$\times$(수렴하는 수열 b_n) 꼴의 극한값을
구할 때, $\lim\limits_{n \to \infty} a_n b_n = \lim\limits_{n \to \infty} a_n \times \lim\limits_{n \to \infty} b_n$을 이용할 수 없다.

034 BOB 대표

수열 $\{a_n\}$에 대하여 $\lim\limits_{n \to \infty} (n^2 - 2n + 3)a_n = 4$일 때, $\lim\limits_{n \to \infty} (3n^2 - n)a_n$
의 값은?

① 10   ② 12   ③ 14

④ 16   ⑤ 18

035 중

두 수열 $\{a_n\}$, $\{b_n\}$에 대하여

$$\lim\limits_{n \to \infty} (n+1)a_n = 3, \quad \lim\limits_{n \to \infty} (n^2 + 1)b_n = 6$$

일 때, $\lim\limits_{n \to \infty} \dfrac{(5n-2)b_n}{a_n}$의 값을 구하여라.

036 중

수열 $\{a_n\}$이 양의 무한대로 발산하고 $\lim\limits_{n \to \infty} (a_n + b_n) = 1$일 때,

$\lim\limits_{n \to \infty} \dfrac{3a_n + b_n}{2a_n - b_n}$의 값을 구하여라.

유형 010 수열의 극한에 대한 명제의 참, 거짓 판별은 증명하거나 반례를 찾자!

수열의 극한에 대한 성질과 수열의 극한의 대소 관계를 활용
하여 참인 경우는 증명하고, 거짓인 경우는 반례를 찾는다.

037 BOB 대표

두 수열 $\{a_n\}$, $\{b_n\}$의 극한에 대하여 〈보기〉에서 옳은 것만을 있
는 대로 고른 것은?

보기

ㄱ. $\lim\limits_{n \to \infty} a_n = \infty$, $\lim\limits_{n \to \infty} b_n = 0$이면 $\lim\limits_{n \to \infty} a_n b_n = 0$이다.

ㄴ. $\lim\limits_{n \to \infty} a_n = \infty$, $\lim\limits_{n \to \infty} (a_n - b_n) = 0$이면 $\lim\limits_{n \to \infty} b_n = \infty$이다.

ㄷ. $\lim\limits_{n \to \infty} a_n = \infty$, $\lim\limits_{n \to \infty} (2a_n - b_n) = \alpha$ (α는 실수)이면

$\lim\limits_{n \to \infty} \dfrac{b_n}{a_n} = 2$이다.

① ㄱ   ② ㄷ   ③ ㄱ, ㄴ

④ ㄴ, ㄷ   ⑤ ㄱ, ㄴ, ㄷ

038 하

두 수열 $\{a_n\}$, $\{b_n\}$의 극한에 대하여 〈보기〉에서 옳은 것만을 있
는 대로 골라라.

보기

ㄱ. 두 수열 $\{a_n\}$, $\{b_n\}$이 모두 발산하면 수열 $\left\{\dfrac{a_n}{b_n}\right\}$도 발산한
다.

ㄴ. 두 수열 $\{a_n\}$, $\{a_n b_n\}$이 모두 수렴하면 수열 $\{b_n\}$은 수렴한
다.

ㄷ. 두 수열 $\{a_n + b_n\}$, $\{a_n - b_n\}$이 모두 수렴하면 두 수열 $\{a_n\}$,
$\{b_n\}$은 모두 수렴한다.

039 중

두 수열 $\{a_n\}$, $\{b_n\}$의 극한에 대하여 〈보기〉에서 옳은 것만을 있
는 대로 골라라.

보기

ㄱ. $a_n < b_n$일 때, $\lim\limits_{n \to \infty} a_n = \infty$이면 $\lim\limits_{n \to \infty} b_n = \infty$이다.

ㄴ. 두 수열 $\{a_n\}$, $\{b_n\}$이 모두 수렴할 때, $a_n < b_n$이면
$\lim\limits_{n \to \infty} a_n < \lim\limits_{n \to \infty} b_n$이다.

ㄷ. $a_n < c_n < b_n$이고 $\lim\limits_{n \to \infty} (b_n - a_n) = 0$이면 수열 $\{c_n\}$은 수렴한
다.

유형

011
분모에서 공비의 절댓값이 가장 큰 항으로 분모, 분자를 각각 나누자!

수열 $\left\{\dfrac{c^n+d^n}{a^n+b^n}\right\}$ (a, b, c, d는 실수) 꼴의 극한값을 구할 때

(1) $|a| > |b|$이면 a^n으로 분모, 분자를 각각 나눈다.

(2) $|a| < |b|$이면 b^n으로 분모, 분자를 각각 나눈다.

(3) 공비 r가 $|r| < 1$이면 $\lim\limits_{n\to\infty} r^n = 0$임을 이용하여 주어진 수열의 극한값을 구한다.

040 BOB 대표
$\lim\limits_{n\to\infty}\dfrac{5^{n+1}+3^{n+2}+10}{5^n+3^n}$의 값은?

① 2   ② 3   ③ 4

④ 5   ⑤ 6

041 중
$\lim\limits_{n\to\infty}\dfrac{3^n-2^{2n}}{1+4+4^2+\cdots+4^{n-1}}$의 값은?

① -5 ② -4 ③ -3

④ -2 ⑤ -1

042 중
수렴하는 수열 $\{a_n\}$에 대하여 $\lim\limits_{n\to\infty}\dfrac{3^{n+1}+2^n\times a_n}{2^n-3^n\times a_n}=1$일 때, $\lim\limits_{n\to\infty} a_n$의 값을 구하여라.

유형

012
등비수열의 수렴 조건은 (첫째항)$=0$ 또는 $-1<$(공비)≤ 1이다!

(1) 등비수열 $\{r^n\}$의 수렴 조건 ➡ $-1 < r \leq 1$

(2) 등비수열 $\{ar^{n-1}\}$의 수렴 조건 ➡ $a=0$ 또는 $-1 < r \leq 1$

043 BOB 대표
등비수열 $\{r^n\}$이 수렴할 때, 〈보기〉에서 항상 수렴하는 수열인 것만을 있는 대로 고른 것은?

보기
ㄱ. $\left\{\left(\dfrac{r}{3}-1\right)^n\right\}$ ㄴ. $\left\{\left(\dfrac{r+1}{2}\right)^n\right\}$ ㄷ. $\left\{\dfrac{r^n}{3}+4\right\}$

① ㄱ   ② ㄴ   ③ ㄷ

④ ㄱ, ㄷ   ⑤ ㄴ, ㄷ

044 하
등비수열 $\left\{\left(\dfrac{x-1}{3}\right)^n\right\}$이 수렴하기 위한 정수 x의 개수는?

① 5   ② 6   ③ 7

④ 8   ⑤ 9

045 중

서술형

등비수열 $\{(x-6)(2x-1)^n\}$이 수렴하기 위한 모든 정수 x의 값의 합을 구하여라.

다른 풀이

유형 013

r^n을 포함한 수열의 극한과 x^n을 포함한 극한으로 정의된 함수는 r의 값의 범위와 x의 값의 범위를 나누어 생각하자!

(1) r^n을 포함한 수열의 극한
r의 값의 범위를 $|r|<1$, $r=1$, $|r|>1$, $r=-1$인 경우로 나누어 구한다.

(2) x^n을 포함한 극한으로 정의된 함수
x의 값의 범위를 $|x|<1$, $x=1$, $|x|>1$, $x=-1$인 경우로 나누어 구하고, 다음을 이용하여 함수식을 구한다.
① $|x|<1$일 때, $\lim_{n\to\infty} x^n = 0$
② $|x|>1$일 때, $-1<\dfrac{1}{x}<1$이므로 $\lim_{n\to\infty} \dfrac{1}{x^n}=0$

046 BOB 대표

$\lim_{n\to\infty} \dfrac{r^n-2}{r^n+1}$의 값은 $|r|<1$일 때 a, $r=1$일 때 b, $|r|>1$일 때 c이다. $a+b+c$의 값을 구하여라.

047 중

$r \neq -1$일 때, 수열 $\left\{\dfrac{r^n}{r^{n+1}+1}\right\}$에 대하여 〈보기〉에서 옳은 것만을 있는 대로 골라라.

보기
ㄱ. $|r|<1$일 때, 주어진 수열은 1에 수렴한다.
ㄴ. $r=1$일 때, 주어진 수열은 $\dfrac{1}{2}$에 수렴한다.
ㄷ. $r=\dfrac{3}{2}$일 때, 주어진 수열은 $\dfrac{2}{3}$에 수렴한다.

048 중

함수 $f(x)=\lim_{n\to\infty} \dfrac{x^{2n+1}}{x^{2n}+1}$에 대하여 $|x|<1$, $x=1$, $|x|>1$, $x=-1$일 때, $f(x)$를 다항함수로 나타내어라.

유형 014

귀납적으로 정의된 수열의 극한은 일반항을 구하자!

step1 귀납적으로 정의된 수열의 일반항을 구한다.
step2 step1에서 구한 일반항을 이용하여 극한값을 구한다.

보충 설명

$a_{n+1}=pa_n+q$ (p, q는 실수) 꼴로 정의된 수열 $\{a_n\}$의 극한값은 $a_{n+1}-k=p(a_n-k)$ 꼴로 변형하여 $-1<p<1$일 때,
$\lim_{n\to\infty} a_n = \lim_{n\to\infty} a_{n+1} = \cdots = \alpha$ (α는 실수)임을 이용하여 구할 수 있다.
즉, $\lim_{n\to\infty} a_{n+1} = \lim_{n\to\infty}(pa_n+q)$에서 $\alpha=p\alpha+q$
$\Rightarrow \alpha = \dfrac{q}{1-p}$

049 BOB 대표

수열 $\{a_n\}$이 $a_1=3$, $a_{n+1}=\dfrac{1}{2}a_n+1$ ($n=1, 2, 3, \cdots$)로 정의될 때, $\lim_{n\to\infty} a_n$의 값은?

① 1   ② 2   ③ 3
④ 4   ⑤ 5

050 중

모든 항이 양수이고 첫째항이 1인 수열 $\{a_n\}$에 대하여 이차방정식 $x^2-2\sqrt{a_n}x+2(a_{n+1}-3)=0$이 중근을 가질 때, $\lim_{n\to\infty} a_n$의 값을 구하여라.

051 중

어떤 공장에서 매일 기계를 가동하여 작업할 때 기름 탱크에 들어 있는 기름의 양의 $\dfrac{1}{4}$을 사용하고, 작업이 끝나면 30 L의 기름을 보충한 후 기름 탱크에 들어 있는 기름의 양을 기록한다고 한다. 최초로 기록한 기름의 양이 1000 L이고 n번째 기록한 기름의 양을 a_n L라 할 때, $\lim_{n\to\infty} a_n$의 값을 구하여라.

052

수렴하는 두 수열 $\{a_n\}$, $\{b_n\}$에 대하여

$$\lim_{n \to \infty}(a_n - b_n) = 3, \quad \lim_{n \to \infty} a_n b_n = -2$$

일 때, $\lim_{n \to \infty}(a_n^{\,3} - b_n^{\,3})$의 값은?

① 6   ② 7   ③ 8

④ 9   ⑤ 10

053

수렴하는 수열 $\{a_n\}$에 대하여 $\dfrac{a_n - 2}{a_n + 4} = \dfrac{1^3 + 2^3 + \cdots + n^3}{1 + n^4}$일 때, $\lim_{n \to \infty} a_n$의 값을 구하여라.

054

$\lim_{n \to \infty} \dfrac{1^2 - 2^2 + 3^2 - 4^2 + \cdots + (2n-1)^2 - (2n)^2}{n^2 + 1}$의 값은?

① -4 ② -2 ③ -1

④ 2   ⑤ 4

055

수열 $\{a_n\}$은 첫째항이 1이고 공차가 6인 등차수열이다. 수열 $\{b_n\}$의 일반항이 $b_n = \dfrac{a_n + a_{n+1}}{3}$일 때, $\lim_{n \to \infty} \dfrac{b_n}{a_n}$의 값은?

① $\dfrac{2}{3}$ ② 1   ③ $\dfrac{4}{3}$

④ $\dfrac{5}{3}$ ⑤ 2

056

$\lim_{n \to \infty} \dfrac{\sqrt{kn+1}}{n(\sqrt{n+1} - \sqrt{n-1})} = 5$일 때, 상수 k의 값을 구하여라.

057

수렴하는 수열 $\{a_n\}$의 일반항이 $a_n = \sqrt{(n+3)(n+4)} + kn$일 때, $\lim_{n \to \infty} a_n$의 값을 구하여라. (단, k는 상수이다.)

058

$\lim_{n \to \infty} \dfrac{1}{n^a}\left\{\left(n + \dfrac{1}{n}\right)^{10} - \dfrac{1}{n^{10}}\right\}$의 값이 존재하도록 하는 자연수 a의 최솟값을 구하여라.

059

수열 $\{a_n\}$이 모든 자연수 n에 대하여 부등식

$$\frac{10}{2n^2 + 3n} < a_n < \frac{10}{2n^2 + n}$$

을 만족시킬 때, $\lim_{n \to \infty} n^2 a_n$의 값을 구하여라.

060

수열 $\{a_n\}$에 대하여
$$\lim_{n \to \infty} (2^{n+2} + 3^n) a_n = 20$$
일 때, $\lim_{n \to \infty} (2^n + 3^{n+2}) a_n$의 값을 구하여라.

061

수열 $\{a_n\}$의 첫째항부터 제n항까지의 합 S_n이
$$S_n = 3^n + 4^n$$
일 때, $\lim_{n \to \infty} \dfrac{a_n}{S_n}$의 값은?

① $\dfrac{1}{2}$　　　　② $\dfrac{2}{3}$　　　　③ $\dfrac{3}{4}$

④ $\dfrac{4}{5}$　　　　⑤ $\dfrac{5}{6}$

062

수열 $\{\sqrt{36^n + a^n} - 6^n\}$이 수렴하도록 하는 자연수 a의 개수는?

① 2　　　　② 4　　　　③ 6
④ 8　　　　⑤ 10

063

함수 $f(x) = \lim\limits_{n \to \infty} \dfrac{x^{n+2} - 6x + 2}{x^n + 1}$에 대하여 $f\left(-\dfrac{1}{2}\right) + f(4)$의 값은?

① 18　　　　② 21　　　　③ 24
④ 27　　　　⑤ 30

064

수열 $\{a_n\}$이
$$a_1 = 20, \ a_{n+1} - a_n = 10n \ (n = 1, 2, 3, \cdots)$$
으로 정의될 때, $\lim\limits_{n \to \infty} \dfrac{a_n}{n^2 + 1}$의 값은?

① 1　　　　② 2　　　　③ 3
④ 4　　　　⑤ 5

065

자연수 n에 대하여 이차함수 $f(x) = 2x^2$의 그래프 위의 두 점 $P_n(n, f(n))$, $Q_n(n+1, f(n+1))$ 사이의 거리를 a_n이라 할 때, $\lim\limits_{n \to \infty} \dfrac{a_n}{n}$의 값은?

① 4　　　　② 5　　　　③ $4\sqrt{2}$
④ 6　　　　⑤ $5\sqrt{2}$

066　서술형

수렴하는 두 수열 $\{a_n\}$, $\{b_n\}$이 모든 자연수 n에 대하여 다음 조건을 만족시킬 때, $\lim\limits_{n \to \infty} b_n$의 값을 구하여라.

> (가) $20 - \dfrac{1}{n} < a_n + b_n < 20 + \dfrac{1}{n}$
>
> (나) $10 - \dfrac{1}{n} < a_n - b_n < 10 + \dfrac{1}{n}$

067　서술형

$n \geq 2$인 자연수 n에 대하여 다항식 $(x+1)^n$을 $x^2 - 3x + 2$로 나눈 나머지를 $R(x)$라 할 때, $\lim\limits_{n \to \infty} \dfrac{R(0)}{3^n + 2^n}$의 값을 구하여라.

02 급수

개념 ① 급수의 수렴과 발산 `유형 015~016`

급수 $\sum_{n=1}^{\infty} a_n$의 첫째항부터 제n항까지의 부분합을 S_n이라 할 때, 급수의 수렴과 발산은 부분합으로 이루어진 수열 $\{S_n\}$의 극한과 같다.

(1) 수열 $\{S_n\}$이 S에 수렴한다. $\Longleftrightarrow \sum_{n=1}^{\infty} a_n = \lim_{n\to\infty}\sum_{k=1}^{n} a_k = \lim_{n\to\infty} S_n = S$

(2) 수열 $\{S_n\}$이 발산한다. $\Longleftrightarrow$ 급수 $\sum_{n=1}^{\infty} a_n$이 발산한다.

개념 ② 급수와 수열의 극한값 사이의 관계 `유형 017`

(1) 급수 $\sum_{n=1}^{\infty} a_n$이 수렴하면 $\lim_{n\to\infty} a_n = 0$이다. $\bigg]$㉠

(2) $\lim_{n\to\infty} a_n \neq 0$이면 급수 $\sum_{n=1}^{\infty} a_n$은 발산한다.

일반적으로 (1), (2)의 역은 성립하지 않는다.

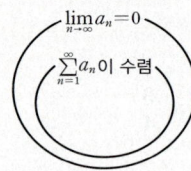

개념 ③ 급수의 성질

두 급수 $\sum_{n=1}^{\infty} a_n$, $\sum_{n=1}^{\infty} b_n$이 모두 수렴하고, 그 합을 각각 S, T라 하면

(1) $\sum_{n=1}^{\infty} (a_n \pm b_n) = \sum_{n=1}^{\infty} a_n \pm \sum_{n=1}^{\infty} b_n = S \pm T$ (복부호동순)

(2) $\sum_{n=1}^{\infty} c a_n = c \sum_{n=1}^{\infty} a_n = cS$ (단, c는 상수이다.)

개념 ④ 등비급수의 수렴과 발산 `유형 018~021`

(1) 첫째항이 a, 공비가 r인 등비수열 $\{ar^{n-1}\}$의 각 항을 차례대로 덧셈 기호 $+$로 연결한 급수

$$\sum_{n=1}^{\infty} ar^{n-1} = a + ar + ar^2 + \cdots + ar^{n-1} + \cdots$$

을 첫째항이 a, 공비가 r인 등비급수라 한다.

(2) 등비급수의 수렴과 발산

등비급수 $\sum_{n=1}^{\infty} ar^{n-1} = a + ar + ar^2 + \cdots + ar^{n-1} + \cdots \, (a \neq 0)$은

① $|r| < 1$일 때, 수렴하고 그 합은 $\dfrac{a}{1-r}$이다.

② $|r| \geq 1$일 때, 발산한다.

개념 ⑤ 등비급수의 활용 `유형 022~024`

(1) 도형과 등비급수

등비급수를 이용하면 닮은꼴 모양이 한없이 반복되는 도형에서 길이의 합 또는 넓이의 합을 구할 수 있다.

(2) 순환소수와 등비급수

① $0.\dot{a_1}a_2\cdots\dot{a_n} = \dfrac{a_1 a_2 \cdots a_n}{\underbrace{99\cdots9}_{n\text{개}}}$

② $0.a_1 a_2 \cdots a_m \dot{b_1} b_2 \cdots \dot{b_n} = \dfrac{a_1 a_2 \cdots a_m b_1 b_2 \cdots b_n - a_1 a_2 \cdots a_m}{\underbrace{99\cdots9}_{n\text{개}}\underbrace{00\cdots0}_{m\text{개}}}$

개념 plus

◆ 수열 $\{a_n\}$의 각 항을 차례대로 덧셈 기호 $+$를 사용하여 연결한 식을 급수라 하고, 기호로 $\sum_{n=1}^{\infty} a_n$과 같이 나타낸다.

$$a_1 + a_2 + a_3 + \cdots + a_n + \cdots = \sum_{n=1}^{\infty} a_n$$

◆ 급수 $\sum_{n=1}^{\infty} a_n$에서 첫째항부터 제n항까지의 합 S_n을 이 급수의 제n항까지의 부분합이라 한다.

$$S_n = a_1 + a_2 + a_3 + \cdots + a_n = \sum_{k=1}^{n} a_k$$

㉠ (2)는 (1)의 대우이다.

◆ $\lim_{n\to\infty} a_n = 0$인 경우에는 급수 $\sum_{n=1}^{\infty} a_n$이 수렴할 수도 있고 발산할 수도 있으므로 직접 부분합 S_n을 구하여 수렴하는지 발산하는지 조사해야 한다.

◆ $\lim_{n\to\infty} a_n = 0$의 부정은 $\lim_{n\to\infty} a_n \neq 0$인데 수열의 극한에서 배운 것처럼 $\lim_{n\to\infty} a_n = \alpha$ ($\alpha \neq 0$인 실수)인 경우와 $\lim_{n\to\infty} a_n$이 발산하는 경우로 나눌 수 있다.

◆ 급수 $\sum_{n=1}^{\infty} a_n$의 수렴, 발산은 다음과 같은 순서로 조사한다.

$\boxed{\lim_{n\to\infty} a_n \neq 0\text{인가?}}$

Yes → $\sum_{n=1}^{\infty} a_n$은 발산

No → ① 부분합 S_n을 구한다.

② $\begin{cases} \lim_{n\to\infty} S_n = \alpha \text{ (일정)} \\ \quad \Rightarrow \sum_{n=1}^{\infty} a_n\text{은 } \alpha\text{로 수렴} \\ \lim_{n\to\infty} S_n\text{이 발산} \Rightarrow \sum_{n=1}^{\infty} a_n\text{은 발산} \end{cases}$

◆ 급수의 성질은 수렴하는 급수에 대해서만 성립한다.

◆ **등비수열과 등비급수의 수렴 조건**

① 첫째항이 a ($a \neq 0$), 공비가 r인 등비수열 $\{ar^{n-1}\}$이 수렴하기 위한 조건

$\Rightarrow -1 < r \leq 1$

② 첫째항이 a ($a \neq 0$), 공비가 r인 등비급수 $\sum_{n=1}^{\infty} ar^{n-1}$이 수렴하기 위한 조건

$\Rightarrow -1 < r < 1$

◆ 무한소수 중 소수점 아래의 어떤 자리부터 일정한 숫자의 배열이 끝없이 되풀이되는 소수를 순환소수라 하고, 순환소수에서 숫자의 배열이 되풀이되는 한 부분을 순환마디라 한다.

개념 콕콕

1 급수의 수렴과 발산

068
수열 $\{a_n\}$의 첫째항부터 제n항까지의 합 S_n이 다음과 같을 때, 급수 $\sum\limits_{n=1}^{\infty} a_n$의 합을 구하여라.

(1) $S_n = \dfrac{2n-1}{n+1}$

(2) $S_n = 1 + \left(\dfrac{1}{3}\right)^n$

069
다음 급수의 수렴, 발산을 조사하고, 수렴하면 그 합을 구하여라.

(1) $-1 + 1 + 3 + 5 + \cdots + (2n-3) + \cdots$

(2) $1 + \dfrac{1}{2} + \dfrac{1}{4} + \dfrac{1}{8} + \cdots + \left(\dfrac{1}{2}\right)^{n-1} + \cdots$

070
다음 급수의 수렴, 발산을 조사하고, 수렴하면 그 합을 구하여라.

(1) $\sum\limits_{n=1}^{\infty} \dfrac{1}{n(n+1)}$

(2) $\sum\limits_{n=1}^{\infty} \dfrac{1}{\sqrt{n} + \sqrt{n+1}}$

2 급수와 수열의 극한값 사이의 관계

071
다음 급수가 발산함을 보여라.

(1) $1 + 5 + 9 + 13 + \cdots$

(2) $2 + 2 + 2 + 2 + 2 + \cdots$

072
다음 급수가 발산함을 보여라.

(1) $\sum\limits_{n=1}^{\infty} \dfrac{n}{3n-1}$

(2) $\sum\limits_{n=1}^{\infty} \left(\sqrt{n^2+n} - n\right)$

3 급수의 성질

073
$\sum\limits_{n=1}^{\infty} a_n = -1$, $\sum\limits_{n=1}^{\infty} b_n = 3$일 때, 다음 급수의 합을 구하여라.

(1) $\sum\limits_{n=1}^{\infty} (a_n + 2b_n)$

(2) $\sum\limits_{n=1}^{\infty} (2a_n - 3b_n)$

 개념 **콕콕**

4 등비급수의 수렴과 발산

074

다음 등비급수의 수렴, 발산을 조사하고, 수렴하면 그 합을 구하여라.

(1) $1+\dfrac{1}{2}+\left(\dfrac{1}{2}\right)^2+\left(\dfrac{1}{2}\right)^3+\cdots$

(2) $1-\dfrac{1}{3}+\dfrac{1}{9}-\dfrac{1}{27}+\cdots$

(3) $1-\sqrt{2}+2-2\sqrt{2}+\cdots$

(4) $\sqrt{3}+3+3\sqrt{3}+9+\cdots$

075

다음 등비급수의 수렴, 발산을 조사하고, 수렴하면 그 합을 구하여라.

(1) $\displaystyle\sum_{n=1}^{\infty}\left(-\dfrac{1}{4}\right)^{n-1}$

(2) $\displaystyle\sum_{n=1}^{\infty}\left(1+\sqrt{2}\right)^{n}$

076

다음 등비급수의 수렴, 발산을 조사하고, 수렴하면 그 합을 구하여라.

(1) $\displaystyle\sum_{n=1}^{\infty}\left\{\left(\dfrac{1}{2}\right)^n+\left(\dfrac{1}{3}\right)^n\right\}$

(2) $\displaystyle\sum_{n=1}^{\infty}\left(\dfrac{1}{2^n}-\dfrac{5}{4^n}\right)$

(3) $\displaystyle\sum_{n=1}^{\infty}\dfrac{1+2^n}{3^n}$

(4) $\displaystyle\sum_{n=1}^{\infty}\dfrac{2^n+3^{n+1}}{4^n}$

077

다음 등비급수가 수렴하도록 하는 x의 값의 범위를 구하여라.

(1) $1-3x+9x^2-27x^3+\cdots$

(2) $1+(2x+1)+(2x+1)^2+(2x+1)^3+\cdots$

(3) $1-\dfrac{x}{2}+\dfrac{x^2}{4}-\dfrac{x^3}{8}+\cdots$

유형 콕콕

부분분수를 이용하여 급수의 합을 구하는 순서는 다음과 같다.

step 1 $\dfrac{1}{AB}=\dfrac{1}{B-A}\left(\dfrac{1}{A}-\dfrac{1}{B}\right)$임을 이용하여 부분합 S_n을 구한다.

step 2 $\displaystyle\sum_{n=1}^{\infty}a_n=\lim_{n\to\infty}\sum_{k=1}^{n}a_k=\lim_{n\to\infty}S_n$임을 이용하여 $\displaystyle\lim_{n\to\infty}S_n$의 값을 구한다.

078 BOB 대표

급수 $\displaystyle\sum_{n=1}^{\infty}\dfrac{2}{1+2+3+\cdots+n}$의 합은?

① $\dfrac{1}{2}$　　　　② 1　　　　③ 2

④ 4　　　　⑤ $\dfrac{9}{2}$

079 하

급수 $\dfrac{1}{1\times3}+\dfrac{1}{3\times5}+\dfrac{1}{5\times7}+\dfrac{1}{7\times9}+\cdots$의 합은?

① $\dfrac{1}{4}$　　　　② $\dfrac{1}{2}$　　　　③ $\dfrac{3}{4}$

④ 1　　　　⑤ $\dfrac{3}{2}$

080 중

첫째항이 4, 공차가 2인 등차수열 $\{a_n\}$에 대하여 첫째항부터 제n항까지의 합을 S_n이라 할 때, $\displaystyle\lim_{n\to\infty}\sum_{k=1}^{n}\dfrac{1}{S_k}$의 값은?

① $\dfrac{1}{18}$　　　　② $\dfrac{2}{9}$　　　　③ $\dfrac{7}{18}$

④ $\dfrac{11}{18}$　　　　⑤ $\dfrac{5}{6}$

급수 $\displaystyle\sum_{n=1}^{\infty}\log a_n$의 합은 로그의 성질을 이용한다.

➡ $\displaystyle\lim_{n\to\infty}\sum_{k=1}^{n}\log a_k$

$=\displaystyle\lim_{n\to\infty}(\log a_1+\log a_2+\log a_3+\cdots+\log a_n)$

$=\displaystyle\lim_{n\to\infty}\log(a_1a_2a_3\cdots a_n)$

보충 설명

(1) $\log_a x+\log_a y=\log_a xy$ (단, $a>0$, $a\ne1$, $x>0$, $y>0$)

(2) $\log_a x-\log_a y=\log_a \dfrac{x}{y}$ (단, $a>0$, $a\ne1$, $x>0$, $y>0$)

081 BOB 대표

급수 $\displaystyle\sum_{n=1}^{\infty}\log_4\left\{1-\dfrac{1}{(n+1)^2}\right\}$의 합은?

① -1　　　　② $-\dfrac{1}{2}$　　　　③ 0

④ $\dfrac{1}{2}$　　　　⑤ 1

082 중

수열 $\{a_n\}$에 대하여

$$a_1a_2a_3\cdots a_n=\dfrac{4n}{n+4}\ (n=1,\ 2,\ 3,\ \cdots)$$

이 성립할 때, 급수 $\displaystyle\sum_{n=1}^{\infty}\log_2 a_n$의 합은?

① -4　　　　② -2　　　　③ 1

④ 2　　　　⑤ 4

083 중

다음 급수의 수렴, 발산을 조사하고, 수렴하면 그 합을 구하여라.

(1) $\displaystyle\sum_{n=1}^{\infty}\log\dfrac{n+1}{n}$

(2) $\log_2\dfrac{2^2}{2^2-1}+\log_2\dfrac{3^2}{3^2-1}+\cdots+\log_2\dfrac{(n+1)^2}{(n+1)^2-1}+\cdots$

017

급수 $\sum\limits_{n=1}^{\infty} a_n$이 수렴하면 $\lim\limits_{n\to\infty} a_n = 0$이다!

급수의 수렴과 $\lim\limits_{n\to\infty} a_n$의 관계

(1) 급수 $\sum\limits_{n=1}^{\infty} a_n$이 수렴하면 $\lim\limits_{n\to\infty} a_n = 0$이다.

(2) $\lim\limits_{n\to\infty} a_n \neq 0$이면 급수 $\sum\limits_{n=1}^{\infty} a_n$은 발산한다.

일반적으로 (1), (2)의 역은 성립하지 않는다.

084 BOB 대표

수열 $\{a_n\}$에 대하여 $\sum\limits_{n=1}^{\infty}\left(a_n - \dfrac{2n^2}{3n^2+1}\right) = \dfrac{1}{3}$일 때, $\lim\limits_{n\to\infty} a_n$의 값은?

① $-\dfrac{2}{3}$ ② $-\dfrac{1}{3}$ ③ $\dfrac{1}{3}$

④ $\dfrac{2}{3}$ ⑤ 1

085 하

수열 $\{a_n\}$에 대하여 $\sum\limits_{n=1}^{\infty} a_n = 3$일 때, $\lim\limits_{n\to\infty} \dfrac{2a_n - 3}{a_n + 1}$의 값은?

① -3 ② -2 ③ -1

④ 0 ⑤ 1

086 중

서술형

수열 $\{a_n\}$에 대하여 $\sum\limits_{k=1}^{n} a_k = S_n$이고 $\sum\limits_{n=1}^{\infty} a_n = 5$일 때, $\lim\limits_{n\to\infty} \dfrac{2S_n + a_n}{S_n + 3a_n}$의 값을 구하여라.

유형

018

첫째항과 공비를 알면 등비급수의 합을 구할 수 있다!

등비급수 $\sum\limits_{n=1}^{\infty} ar^{n-1}$ $(a \neq 0)$은 $-1 < r < 1$일 때, 수렴하고 그 합은 $\dfrac{a}{1-r}$이다.

보충 설명

공비를 바로 알기 어려운 급수의 합을 구하는 순서는 다음과 같다.

step 1 급수의 각 항을 나열한 후 규칙성이 같은 것끼리 묶는다.

step 2 급수를 $\sum\limits_{n=1}^{\infty} ar^{n-1}$ $(a \neq 0)$ 꼴로 나타낸 후 $-1 < r < 1$일 때, 급수의 합은 $\dfrac{a}{1-r}$임을 이용한다.

087 BOB 대표

급수 $\sum\limits_{n=1}^{\infty}\left\{\dfrac{1+(-1)^n}{4}\right\}^n$의 합은?

① $\dfrac{1}{4}$ ② $\dfrac{1}{3}$ ③ $\dfrac{1}{2}$

④ $\dfrac{3}{4}$ ⑤ 1

088 중

이차방정식 $x^2 - x - 6 = 0$의 두 근을 α, β $(\beta < \alpha)$라 할 때, 급수 $\sum\limits_{n=1}^{\infty}\left(\dfrac{6}{\alpha^n} + \dfrac{3}{\beta^n}\right)$의 합은?

① 1 ② 2 ③ 3

④ 4 ⑤ 5

089 중

자연수 n을 2로 나누었을 때의 나머지를 a_n이라 할 때, 급수 $\sum\limits_{n=1}^{\infty} \dfrac{a_n}{2^n}$의 합을 구하여라.

019 합이 주어진 **등비급수**는 **첫째항**과 **공비**를 이용하여 급수의 합을 **표현**하자!

합이 주어진 등비급수를 이용하여 주어진 급수의 합을 구하는 순서는 다음과 같다.

step1 첫째항 a와 공비 r를 이용하여 주어진 조건을 식으로 나타내어 a, r의 값을 각각 구한다.

step2 $\sum\limits_{n=1}^{\infty} ar^{n-1} = \alpha$ (α는 실수)이면 $\dfrac{a}{1-r} = \alpha$ ($-1 < r < 1$) 임을 이용한다.

090 **BOB 대표**

등비수열 $\{a_n\}$에 대하여 $\sum\limits_{n=1}^{\infty} a_n = 1$, $\sum\limits_{n=1}^{\infty} a_n^2 = 3$일 때, 급수 $\sum\limits_{n=1}^{\infty} a_n^3$의 합은?

① 1   ② 2   ③ 3
④ 4   ⑤ 5

091 중

등비수열 $\{a_n\}$에 대하여 $a_2 = -3$, $\sum\limits_{n=1}^{\infty} a_n = 4$일 때, 급수 $\sum\limits_{n=1}^{\infty} a_n^2$의 합은?

① 24   ② 30   ③ 36
④ 42   ⑤ 48

092 상   서술형

두 등비수열 $\{a_n\}$, $\{b_n\}$에 대하여 $a_1 = 1$, $b_1 = 1$, $\sum\limits_{n=1}^{\infty} a_n = 3$, $\sum\limits_{n=1}^{\infty} b_n = 2$일 때, 급수 $\sum\limits_{n=1}^{\infty} (a_n + b_n)^2$의 합을 구하여라.

020 등비급수 $\sum\limits_{n=1}^{\infty} ar^{n-1}$ $(a \neq 0)$의 **수렴 조건**은 $-1 < r < 1$이다!

(1) 등비급수 $\sum\limits_{n=1}^{\infty} r^n$이 수렴 ➡ $-1 < r < 1$

(2) 등비급수 $\sum\limits_{n=1}^{\infty} ar^{n-1}$ $(a \neq 0)$이 수렴 ➡ $-1 < r < 1$

093 **BOB 대표**

등비급수 $\sum\limits_{n=1}^{\infty} \dfrac{(2x+1)^n}{3^{2n}}$이 수렴하도록 하는 정수 x의 개수는?

① 5   ② 6   ③ 7
④ 8   ⑤ 9

094 중

급수 $x + x(1-x) + x(1-x)^2 + x(1-x)^3 + \cdots$이 수렴하도록 하는 정수 x의 개수는?

① 1   ② 2   ③ 3
④ 4   ⑤ 5

095 중

두 급수 $\sum\limits_{n=1}^{\infty} a^{n+1}$과 $\sum\limits_{n=1}^{\infty} b^{n-1}$이 모두 수렴할 때, 〈보기〉의 급수 중에서 항상 수렴하는 것만을 있는 대로 골라라.

보기

ㄱ. $\sum\limits_{n=1}^{\infty} a^{2n-1}$ ㄴ. $\sum\limits_{n=1}^{\infty} (a+b)^{n-1}$

ㄷ. $\sum\limits_{n=1}^{\infty} (ab)^{n-1}$ ㄹ. $\sum\limits_{n=1}^{\infty} \left(\dfrac{a}{b}\right)^{n-1}$ (단, $b \neq 0$)

유형
021
귀납적으로 정의된 수열의 급수의 합을 구할 때에는 일반항을 먼저 구하자!

귀납적으로 정의된 수열 $\{a_n\}$의 일반항 a_n을 구한 후, 급수의 합을 구한다.

096 BOB 대표
수열 $\{a_n\}$이
$$a_1=2,\ 2a_{n+1}=a_n+1\ (n=1,\ 2,\ 3,\ \cdots)$$
로 정의될 때, 급수 $\displaystyle\sum_{n=1}^{\infty}(a_n-1)$의 합은?

① 2   ② 3   ③ 4
④ 5   ⑤ 6

097 중
수열 $\{a_n\}$이
$$a_1=5,\ a_{n+1}=\frac{2}{3}a_n+1\ (n=1,\ 2,\ 3,\ \cdots)$$
로 정의될 때, 급수 $\displaystyle\sum_{n=1}^{\infty}(a_n-3)$의 합은?

① 3   ② 4   ③ 5
④ 6   ⑤ 7

098 중   보충 설명   서술형
수열 $\{a_n\}$이
$$a_1=2,\ a_2=3,\ a_{n+2}=a_n+a_{n+1}\ (n=1,\ 2,\ 3,\ \cdots)$$
로 정의될 때, $\displaystyle\sum_{n=1}^{\infty}\frac{a_n}{a_{n+1}a_{n+2}}$의 값을 구하여라.

유형
022
반복적으로 줄어드는 도형의 길이를 이용하여 공비를 구하자!

반복적으로 줄어드는 도형의 길이의 합을 구하는 순서는 다음과 같다.

step 1 몇 개의 도형의 길이를 차례대로 나열하여 공비를 구하거나 n번째 도형과 $(n+1)$번째 도형으로부터 공비를 구한다.

step 2 등비급수의 합을 이용하여 길이의 총합을 구한다.

099 BOB 대표
오른쪽 그림과 같이 원점 O에서 서로 수직으로 만나고 x축의 양의 방향, y축의 양의 방향과 45°의 각을 이루는 2개의 직선 l, m이 있다. 점 $A(4,\ 0)$에서 직선 l에 내린 수선의 발을 A_1, 점 A_1에서 y축에 내린 수선의 발을 A_2, 점 A_2에서 직선 m에 내린 수선의 발을 A_3이라 하자. 이와 같은 과정을 한없이 반복할 때, $\overline{AA_1}+\overline{A_1A_2}+\overline{A_2A_3}+\cdots$의 값은?

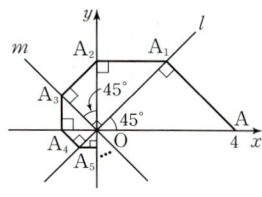

① $2\sqrt{2}$ ② $2+2\sqrt{2}$ ③ $4\sqrt{2}$
④ $2+4\sqrt{2}$ ⑤ $4+4\sqrt{2}$

100 중
오른쪽 그림과 같이 $\overline{OQ}=2\sqrt{2}$인 직각이등변삼각형 OPQ에서 두 변 OP, OQ의 중점을 각각 P_1, Q_1이라 하고, 삼각형 OP_1Q_1에서 두 변 OP_1, OQ_1의 중점을 각각 P_2, Q_2라 하자. 이와 같은 과정을 한없이 반복할 때, $\overline{PQ}+\overline{P_1Q_1}+\overline{P_2Q_2}+\cdots$의 값을 구하여라.

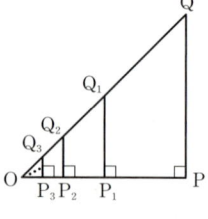

유형 023 좌표축에 평행한 선분의 길이의 합을 구할 때에는 좌표의 차를 이용하자!

좌표축에 평행한 선분의 길이를 구할 때에는 좌표를 차례대로 구한 후, 좌표의 차를 이용하여 나타낸다.

101 [BOB 대표]

오른쪽 그림과 같이 직선 $y=4x$ 위의 점 $A_1(1, 4)$를 지나고 x축에 평행한 직선이 직선 $y=\frac{1}{4}x$와 만나는 점을 B_1이라 하고, 점 B_1을 지나고 직선 $y=x$에 수직인 직선이 직선 $y=4x$와 만나는 점을 A_2, 점 A_2를 지나고 x축에 평행한 직선이 직선 $y=\frac{1}{4}x$와 만나는 점을 B_2라 하자. 이와 같은 방법으로 점 A_3, B_3, A_4, B_4, $\cdots$, A_n, B_n, $\cdots$을 정할 때, $\displaystyle\sum_{n=1}^{\infty}\frac{1}{A_nB_n}$의 값은?

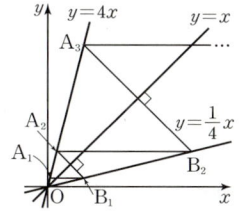

① $\frac{1}{15}$ ② $\frac{4}{45}$ ③ $\frac{1}{9}$

④ $\frac{2}{15}$ ⑤ $\frac{7}{45}$

102 [중]

오른쪽 그림과 같이 점 $A(0, 2)$에서 직선 $x+y=4$에 내린 수선의 발을 P_1, 점 P_1에서 x축에 내린 수선의 발을 Q_1, 점 Q_1에서 직선 $x+y=4$에 내린 수선의 발을 P_2, 점 P_2에서 x축에 내린 수선의 발을 Q_2라 하자. 이와 같은 과정을 한없이 반복할 때, $\displaystyle\sum_{n=1}^{\infty}\overline{P_nQ_n}$의 값을 구하여라.

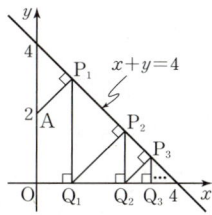

유형 024 닮음비를 이용하여 규칙을 찾은 후 도형의 넓이의 합을 구할 수 있다!

일정한 규칙성을 찾아낸 후 첫째항이 a, 공비가 $r\,(-1<r<1)$인 등비급수의 합을 이용한다.

[보충 설명]

서로 닮음인 도형에 대한 등비급수 문제는 닮음비를 찾는다.

닮음비 $m:n \Rightarrow$ 넓이의 비 $m^2:n^2$

103 [BOB 대표]   [다른 풀이]

오른쪽 그림과 같이 $\overline{AB}=8$, $\overline{AC}=4$인 직각삼각형 ABC의 내부에 한 변이 변 AB 위에 있고, 한 꼭짓점이 빗변 CB 위에 있는 정사각형 D_1, D_2, D_3, $\cdots$을 한없이 만들 때, 모든 정사각형의 넓이의 합은?

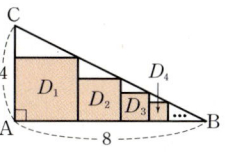

① 10 ② 11 ③ 12

④ $\frac{64}{5}$ ⑤ $\frac{68}{5}$

104 [중]

둘레의 길이가 l인 정삼각형 $A_1B_1C_1$이 있다. 정삼각형 $A_1B_1C_1$의 각 변의 중점을 꼭짓점으로 하는 정삼각형 $A_2B_2C_2$를 만들고, 정삼각형 $A_2B_2C_2$의 각 변의 중점을 꼭짓점으로 하는 정삼각형 $A_3B_3C_3$을 만든다. 이와 같은 과정을 한없이 반복할 때, 정삼각형 $A_nB_nC_n$의 둘레의 길이와 넓이를 각각 l_n, S_n이라 하자. $\displaystyle\sum_{n=1}^{\infty}l_n=12$일 때, $\displaystyle\sum_{n=1}^{\infty}S_n$의 값은?

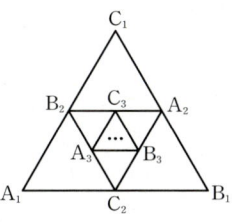

① $\frac{2\sqrt{3}}{3}$ ② $\frac{4\sqrt{3}}{3}$ ③ $\frac{5\sqrt{3}}{3}$

④ $2\sqrt{3}$ ⑤ $3\sqrt{3}$

105

급수 $\sum\limits_{n=1}^{\infty}\left(\sqrt{\dfrac{4n-3}{4n-2}}-\sqrt{\dfrac{4n+1}{4n+2}}\right)$의 합은?

① -4 ② -2 ③ $\dfrac{\sqrt{2}}{2}-2$

④ $\dfrac{\sqrt{2}}{2}-1$ ⑤ 1

106

첫째항이 5, 공차가 2인 등차수열 $\{a_n\}$에 대하여 급수 $\sum\limits_{n=1}^{\infty}\dfrac{2}{a_n a_{n+1}}$의 합은?

① $\dfrac{1}{10}$ ② $\dfrac{1}{5}$ ③ $\dfrac{3}{10}$

④ $\dfrac{2}{5}$ ⑤ $\dfrac{1}{2}$

107   보충 설명

급수 $\sum\limits_{n=1}^{\infty}(\log_{n+1}2-\log_{n+2}2)$의 합은?

① $\dfrac{1}{2}$ ② 1 ③ $\dfrac{3}{2}$

④ 2 ⑤ $\dfrac{5}{2}$

108   다른 풀이

수열 $\{a_n\}$의 첫째항부터 제n항까지의 합을 S_n이라 할 때, $S_n=\dfrac{4n}{n+1}$이다. 급수 $\sum\limits_{n=1}^{\infty}(a_n+a_{n+1})$의 합을 구하여라.

109

수열 $\{a_n\}$의 첫째항부터 제n항까지의 합을 S_n이라 할 때, $S_n=a_n+\dfrac{n+3}{n+2}$ $(n\geq2)$이다. 급수 $\sum\limits_{n=1}^{\infty}a_n$의 합은?

① $\dfrac{1}{2}$ ② 1 ③ $\dfrac{3}{2}$

④ 2 ⑤ $\dfrac{5}{2}$

110   보충 설명

수열 $\{a_n\}$에 대하여 x에 대한 다항식 $a_nx^2+a_nx+2$를 $x-n$으로 나눈 나머지가 25일 때, 급수 $\sum\limits_{n=1}^{\infty}a_n$의 합을 구하여라.

111

수열 $\{a_n\}$에 대하여 $\sum\limits_{n=1}^{\infty}\left(\dfrac{a_n}{3^n}-4\right)=2$일 때, $\lim\limits_{n\to\infty}\dfrac{a_n+2^n}{3^{n-1}+4}$의 값은?

① 10 ② 12 ③ 14

④ 16 ⑤ 18

112

두 급수 $\sum\limits_{n=1}^{\infty}(a_n-1)$, $\sum\limits_{n=1}^{\infty}(b_n+1)$이 모두 수렴할 때, 〈보기〉에서 옳은 것만을 있는 대로 고른 것은?

> **보기**
>
> ㄱ. $\lim\limits_{n\to\infty}a_n=1$
>
> ㄴ. 급수 $\sum\limits_{n=1}^{\infty}b_n$은 발산한다.
>
> ㄷ. 급수 $\sum\limits_{n=1}^{\infty}(a_n+b_n)$은 수렴한다.

① ㄱ   ② ㄴ   ③ ㄱ, ㄷ

④ ㄴ, ㄷ   ⑤ ㄱ, ㄴ, ㄷ

113

수열 $\{a_n\}$에서 $a_1=1$, $a_n a_{n+1}=\left(\dfrac{1}{4}\right)^n$ $(n=1, 2, 3, \cdots)$일 때, 급수 $\sum\limits_{n=1}^{\infty} a_{2n}$의 합은?

① $\dfrac{1}{12}$　　　　② $\dfrac{1}{6}$　　　　③ $\dfrac{1}{4}$

④ $\dfrac{1}{3}$　　　　⑤ $\dfrac{5}{12}$

114

수열 $\{a_n\}$에 대하여 수열 a_1, $2a_2$, $2^2 a_3$, $\cdots$, $2^{n-1} a_n$, $\cdots$의 첫째항부터 제n항까지의 합이 $5n$일 때, 급수 $\sum\limits_{n=1}^{\infty} a_n$의 합을 구하여라.

115

모든 항은 실수이고 첫째항이 $0.\dot{4}$, 제4항이 $0.0\dot{5}$인 등비급수의 합은?

① $\dfrac{2}{9}$　　　　② $\dfrac{1}{3}$　　　　③ $\dfrac{4}{9}$

④ $\dfrac{2}{3}$　　　　⑤ $\dfrac{8}{9}$

116

좌표평면에서 직선 $x-3y+3=0$ 위의 점 중 x좌표와 y좌표가 모두 자연수인 점의 좌표를 각각
$$(a_1, b_1), (a_2, b_2), \cdots, (a_n, b_n), \cdots$$
이라 할 때, 급수 $\sum\limits_{n=1}^{\infty} \dfrac{1}{a_n b_n}$의 합은? (단, $a_1 < a_2 < \cdots < a_n < \cdots$)

① $\dfrac{1}{6}$　　　　② $\dfrac{1}{5}$　　　　③ $\dfrac{1}{4}$

④ $\dfrac{1}{3}$　　　　⑤ $\dfrac{1}{2}$

117

일차함수 $(n+1)x+(n-1)y=1$ $(n=2, 3, 4, \cdots)$의 그래프와 x축, y축으로 둘러싸인 도형의 넓이를 S_n이라 할 때, $\sum\limits_{n=2}^{\infty} S_n$의 값을 구하여라.

118

오른쪽 그림과 같이 한 변의 길이가 3인 정삼각형 ABC가 있다. $\overline{BC}$의 삼등분점을 차례대로 A_1, A_2라 하고 $\overline{BA_1}$, $\overline{A_1 A_2}$, $\overline{A_2 C}$를 각각 한 변으로 하는 세 정삼각형 $B_1 BA_1$, $P_1 A_1 A_2$, $C_1 A_2 C$를 만들어 색칠한다. 다시 삼각형 $AB_1 C_1$

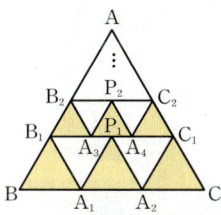

에서 $\overline{B_1 C_1}$의 삼등분점을 차례대로 A_3, A_4라 하고 같은 방법으로 세 정삼각형 $B_2 B_1 A_3$, $P_2 A_3 A_4$, $C_2 A_4 C_1$을 만들어 색칠한다. 이와 같은 방법으로 정삼각형을 한없이 만들어 색칠할 때, 색칠한 부분의 넓이의 합은?

① $\dfrac{21\sqrt{3}}{20}$　　　　② $\dfrac{6\sqrt{3}}{5}$　　　　③ $\dfrac{27\sqrt{3}}{20}$

④ $\dfrac{3\sqrt{3}}{2}$　　　　⑤ $\dfrac{33\sqrt{3}}{20}$

119 　　　　서술형

모든 항이 양수인 수열 $\{a_n\}$에 대하여 급수 $\sum\limits_{n=1}^{\infty} (4^n a_n - 3)$이 수렴할 때, $\lim\limits_{n\to\infty} \dfrac{8a_n + 5\times 5^{-n}}{a_n + 4^{-n}}$의 값을 구하여라.

120 　　　　서술형

오른쪽 그림과 같이 좌표평면 위에 넓이가 $4\sqrt{3}$인 정삼각형 $OA_1 B_1$이 있다. 이 정삼각형 $OA_1 B_1$의 넓이를 $\dfrac{1}{4}$의 비율로 축소하여 정삼각형 $A_1 A_2 B_2$를 만들고, 다시 정삼각형 $A_1 A_2 B_2$의 넓이

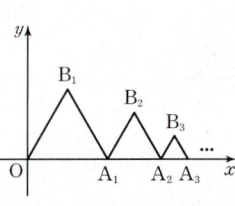

를 $\dfrac{1}{4}$의 비율로 축소하여 정삼각형 $A_2 A_3 B_3$을 만든다. 이와 같은 과정을 한없이 반복할 때, 정삼각형 $A_{n-1} A_n B_n$의 꼭짓점 A_n이 한없이 가까워지는 점의 x좌표를 구하여라.
(단, $n=1$일 때, 정삼각형 $A_0 A_1 B_1$은 정삼각형 $OA_1 B_1$이고, A_1, A_2, A_3, $\cdots$, A_n은 x축 위의 점이다.)

II

미분법

개념 plus

개념 ① 지수함수의 극한 유형 025

지수함수 $y=a^x$ $(a>0,\ a\neq1)$에서

(1) 임의의 실수 c에 대하여 $\displaystyle\lim_{x\to c}a^x=a^c$

(2) $a>1$일 때, $\displaystyle\lim_{x\to\infty}a^x=\infty$, $\displaystyle\lim_{x\to-\infty}a^x=0$

(3) $0<a<1$일 때, $\displaystyle\lim_{x\to\infty}a^x=0$, $\displaystyle\lim_{x\to-\infty}a^x=\infty$

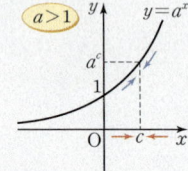 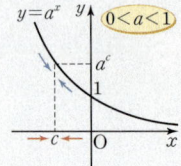

개념 ② 로그함수의 극한 유형 026

로그함수 $y=\log_a x$ $(a>0,\ a\neq1)$에서

(1) 임의의 양의 실수 c에 대하여 $\displaystyle\lim_{x\to c}\log_a x=\log_a c$

(2) $a>1$일 때, $\displaystyle\lim_{x\to\infty}\log_a x=\infty$, $\displaystyle\lim_{x\to0+}\log_a x=-\infty$

(3) $0<a<1$일 때, $\displaystyle\lim_{x\to\infty}\log_a x=-\infty$, $\displaystyle\lim_{x\to0+}\log_a x=\infty$

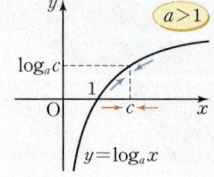 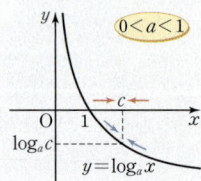

개념 ③ 무리수 e와 자연로그 유형 027~030

(1) 무리수 e의 정의 : $e=\displaystyle\lim_{x\to0}(1+x)^{\frac{1}{x}}=\lim_{x\to\infty}\left(1+\dfrac{1}{x}\right)^x$ $(e=2.718281\cdots)$

(2) 무리수 e를 밑으로 하는 로그 $\log_e x$를 x의 자연로그라 하고, 간단히 $\ln x$로 나타낸다.

(3) 무리수 e를 밑으로 하는 지수함수를 $y=e^x$으로 나타낸다.

(4) e의 정의를 이용한 지수함수와 로그함수의 극한

$a>0,\ a\neq1$일 때

① $\displaystyle\lim_{x\to0}\dfrac{\ln(1+x)}{x}=1$, $\displaystyle\lim_{x\to0}\dfrac{\log_a(1+x)}{x}=\dfrac{1}{\ln a}$

② $\displaystyle\lim_{x\to0}\dfrac{e^x-1}{x}=1$, $\displaystyle\lim_{x\to0}\dfrac{a^x-1}{x}=\ln a$

개념 ④ 지수함수와 로그함수의 도함수 유형 031~033

(1) 지수함수의 도함수

① $y=e^x$이면 $y'=e^x$

② $y=a^x$이면 $y'=a^x\ln a$ (단, $a>0,\ a\neq1$)

(2) 로그함수의 도함수

① $y=\ln x$이면 $y'=\dfrac{1}{x}$ (단, $x>0$)

② $y=\log_a x$이면 $y'=\dfrac{1}{x\ln a}$ (단, $x>0,\ a>0,\ a\neq1$)

◆ 지수함수의 극한

① $\dfrac{\infty}{\infty}$ 꼴

➡ 분모에서 밑이 가장 큰 항으로 분모, 분자를 각각 나눈다.

② $\infty-\infty$ 꼴

➡ 밑이 가장 큰 항으로 묶는다.

◆ 로그함수 $y=\log_a x$의 정의역은 $\{x|x>0$인 실수$\}$이므로 $x=0$에서 우극한 만을 갖는다.

◆ 함수 $f(x)$에 대하여 $f(x)>0$일 때,

① $\displaystyle\lim_{x\to\infty}f(x)=\alpha\ (\alpha>0)$이면

$\displaystyle\lim_{x\to\infty}\{\log_a f(x)\}=\log_a\Big\{\lim_{x\to\infty}f(x)\Big\}$
$\qquad\qquad\qquad =\log_a\alpha$
$\qquad\qquad$ (단, $a>0,\ a\neq1$)

② $\displaystyle\lim_{x\to c}f(x)=\alpha\ (\alpha>0)$이면

$\displaystyle\lim_{x\to c}\{\log_a f(x)\}=\log_a\Big\{\lim_{x\to c}f(x)\Big\}$
$\qquad\qquad\qquad =\log_a\alpha$
$\qquad\qquad$ (단, $a>0,\ a\neq1$)

◆ $e=\displaystyle\lim_{x\to0}(1+x)^{\frac{1}{x}}$에서 $\dfrac{1}{x}=t$로 놓으면

$x\to0+$일 때 $t\to\infty$이므로

$e=\displaystyle\lim_{t\to\infty}\left(1+\dfrac{1}{t}\right)^t$과 같이 나타낼 수 있다.

◆ 지수함수 $y=e^x$과 로그함수 $y=\ln x$는 역함수 관계에 있다. 즉, $y=e^x\iff x=\ln y$

◆ 0이 아닌 상수 a에 대하여 다음이 성립한다.

① $\displaystyle\lim_{x\to0}(1+ax)^{\frac{1}{ax}}=e$

② $\displaystyle\lim_{x\to\infty}\left(1+\dfrac{1}{ax}\right)^{ax}=e$

③ $\displaystyle\lim_{x\to0}\dfrac{\ln(1+ax)}{ax}=1$

④ $\displaystyle\lim_{x\to0}\dfrac{e^{ax}-1}{ax}=1$

◆ 구간별로 정의된 함수의 미분가능성

미분가능한 두 함수 $g(x)$, $h(x)$에 대하여

함수 $f(x)=\begin{cases}g(x)\ (x\geq a)\\ h(x)\ (x<a)\end{cases}$가 다음 조건을 만족시키면 $x=a$에서 미분가능하다.

(ⅰ) 함수 $f(x)$가 $x=a$에서 연속이다.

➡ $\displaystyle\lim_{x\to a+}g(x)=\lim_{x\to a-}h(x)=f(a)$

(ⅱ) $f'(a)$가 존재한다. ➡ $g'(a)=h'(a)$

⊕ 개념 콕콕 ⊕

1 지수함수의 극한

121
다음 극한을 조사하고, 극한이 존재하면 그 극한값을 구하여라.

(1) $\lim\limits_{x \to \infty} \dfrac{4^x}{3^{2x}}$　　　　　(2) $\lim\limits_{x \to \infty} \dfrac{3^x}{3^x+1}$

(3) $\lim\limits_{x \to \infty} \left\{\left(\dfrac{1}{2}\right)^x + \dfrac{1}{3}\right\}$　　(4) $\lim\limits_{x \to \infty} (5^x - 2^x)$

(5) $\lim\limits_{x \to \infty} \dfrac{2^x + 2^{-x}}{2^x - 2^{-x}}$　　　(6) $\lim\limits_{x \to 0} \dfrac{2^{x+1}}{\left(\dfrac{1}{3}\right)^x + 4^x}$

2 로그함수의 극한

122
다음 극한을 조사하고, 극한이 존재하면 그 극한값을 구하여라.

(1) $\lim\limits_{x \to 0+} \log x$　　　　(2) $\lim\limits_{x \to \infty} \log_{\frac{1}{2}} (x+2)$

(3) $\lim\limits_{x \to \infty} \log_2 (x^2+1)$　　(4) $\lim\limits_{x \to \infty} \{\log_3 (x+1) - \log_3 x\}$

(5) $\lim\limits_{x \to 4} \log_2 \dfrac{1}{x}$　　　(6) $\lim\limits_{x \to 2} \{\log_2 (x^2+4) - \log_2 x\}$

3 무리수 e와 자연로그

123
다음 극한값을 구하여라.

(1) $\lim\limits_{x \to 0} (1+3x)^{\frac{1}{x}}$　　(2) $\lim\limits_{x \to \infty} \left(1 + \dfrac{2}{x}\right)^x$

124
다음 식을 만족시키는 x의 값을 구하여라.

(1) $\ln x = -3$　　　　(2) $\ln x^2 = 4$

(3) $e^x = 5$　　　　　(4) $e^{3x} = \dfrac{1}{8}$

125
다음 값을 구하여라.

(1) $\ln e^2$　　　　　(2) $\ln \dfrac{1}{e}$

(3) $\ln \sqrt{e^3}$　　　　(4) $\ln \dfrac{1}{\sqrt{e}}$

126
다음 극한값을 구하여라.

(1) $\lim\limits_{x \to 0} \dfrac{\ln(1+3x)}{x}$　　(2) $\lim\limits_{x \to 0} \dfrac{e^{2x}-1}{x}$

(3) $\lim\limits_{x \to 0} \dfrac{\log_3(1+2x)}{x}$　　(4) $\lim\limits_{x \to 0} \dfrac{3^x-1}{2x}$

4 지수함수와 로그함수의 도함수

127
다음 함수를 미분하여라.

(1) $y = 3e^x$　　　　(2) $y = (x+2)e^x$

(3) $y = 2 \times 3^x$　　　(4) $y = x \times 2^x$

128
다음 함수를 미분하여라.

(1) $y = \ln 5x$　　　　(2) $y = x \ln x$

(3) $y = \log_2 3x$　　　(4) $y = x \log_2 5x$

유형

025

지수함수의 극한을 조사할 때에는 지수함수의 그래프를 떠올려 보자!

(1) $\dfrac{\infty}{\infty}$ 꼴

➡ 분모에서 밑이 가장 큰 항으로 분모, 분자를 각각 나눈다.

(2) $\infty - \infty$ 꼴

➡ 밑이 가장 큰 항으로 묶는다.

(3) $a > 1$일 때, $\displaystyle\lim_{x \to \infty} a^x = \infty$, $\displaystyle\lim_{x \to -\infty} a^x = 0$

$0 < a < 1$일 때, $\displaystyle\lim_{x \to \infty} a^x = 0$, $\displaystyle\lim_{x \to -\infty} a^x = \infty$

129 **BOB** 대표

$\displaystyle\lim_{x \to \infty} \dfrac{3^x - 1}{3^x + 2^x}$의 값은?

① 1   ② 2   ③ 3

④ 4   ⑤ 5

130 하

$\displaystyle\lim_{x \to \infty} (3^x - 2^x)^{\frac{1}{x}}$의 값은?

① 1   ② 3   ③ 5

④ 7   ⑤ 9

131 중

〈보기〉에서 극한값이 존재하는 것만을 있는 대로 골라라.

┌ **보기** ─────────────────────────┐

ㄱ. $\displaystyle\lim_{x \to -\infty} \dfrac{2^x}{2^x - 2^{-x}}$ ㄴ. $\displaystyle\lim_{x \to \infty} (2^x - 3^x)$

ㄷ. $\displaystyle\lim_{x \to -\infty} \dfrac{2^x}{\sqrt{3^x}}$ ㄹ. $\displaystyle\lim_{x \to -\infty} \dfrac{1}{1 - 3^{\frac{1}{x}}}$

└──────────────────────────────┘

유형

026

로그함수의 극한을 조사할 때에는 로그함수의 그래프를 떠올려 보자!

(1) 주어진 식을 로그의 성질을 이용하여 $\log_a f(x)$ 꼴로 변형한다. (단, $a > 0$, $a \neq 1$, $f(x) > 0$)

(2) $\displaystyle\lim_{x \to \infty} f(x) = a \ (a > 0)$이면

$$\lim_{x \to \infty} \{\log_a f(x)\} = \log_a \left\{\lim_{x \to \infty} f(x)\right\}$$

(단, $a > 0$, $a \neq 1$)

(3) $a > 1$일 때, $\displaystyle\lim_{x \to \infty} \log_a x = \infty$, $\displaystyle\lim_{x \to 0+} \log_a x = -\infty$

$0 < a < 1$일 때, $\displaystyle\lim_{x \to \infty} \log_a x = -\infty$, $\displaystyle\lim_{x \to 0+} \log_a x = \infty$

132 **BOB** 대표

$\displaystyle\lim_{x \to \infty} \{\log_2 (5 + 2x) - \log_2 x\}$의 값은?

① 0   ② 1   ③ 2

④ 3   ⑤ 4

133 중

$\displaystyle\lim_{x \to 2} (\log_2 |x^3 - 8| - \log_2 |x^2 - 4|)$의 값은?

① $\log_2 3 - 1$ ② $\log_2 3$ ③ $\log_2 3 + 1$

④ $2\log_2 3$ ⑤ $\log_2 3 + 2$

134 중

〈보기〉에서 극한값이 존재하는 것만을 있는 대로 골라라.

┌ **보기** ─────────────────────────┐

ㄱ. $\displaystyle\lim_{x \to 1+} \dfrac{x}{\log_3 x}$

ㄴ. $\displaystyle\lim_{x \to \infty} \log_2 \dfrac{1}{x}$

ㄷ. $\displaystyle\lim_{x \to \infty} \log_4 \dfrac{2x^2 - 3x}{x^2 + 4}$

ㄹ. $\displaystyle\lim_{x \to \infty} (\log_3 \sqrt{3x^2 + 1} - \log_3 x)$

└──────────────────────────────┘

유형

027 $\lim_{x \to 0}(1+x)^{\frac{1}{x}}$ 꼴 또는 $\lim_{x \to \infty}\left(1+\frac{1}{x}\right)^x$ 꼴로 변형하여 **극한값**을 구하자!

상수 a에 대하여 $ax=t$로 놓으면

(1) $\lim_{x \to 0}(1+ax)^{\frac{1}{ax}} = \lim_{t \to 0}(1+t)^{\frac{1}{t}} = e$

(2) $\lim_{x \to \infty}\left(1+\frac{1}{ax}\right)^{ax} = \lim_{t \to \infty}\left(1+\frac{1}{t}\right)^{t} = e$

보충 설명

위와 같은 꼴로 변형하기 힘든 식은 치환하여 공식을 이용한다.

$x \to a$일 때의 극한

➡ $x-a=t$로 치환하여 $t \to 0$일 때의 극한을 구한다.

135 BOB 대표

$\lim_{x \to 0}(1+5x)^{\frac{2}{x}}$의 값은?

① $e^{\frac{2}{5}}$ ② e^2 ③ $e^{\frac{5}{2}}$

④ e^5 ⑤ e^{10}

136 하

$\lim_{x \to -\infty}\left(1-\frac{1}{x}\right)^{4x}$의 값은?

① $\dfrac{1}{e^4}$ ② $\dfrac{1}{e^2}$ ③ 1

④ e^2 ⑤ e^4

137 중

〈보기〉에서 극한값이 e인 것만을 있는 대로 골라라.

보기

ㄱ. $\lim_{x \to 1} x^{\frac{1}{x-1}}$ ㄴ. $\lim_{x \to -\infty}\left(1+\frac{1}{x}\right)^x$

ㄷ. $\lim_{x \to \infty}\left(\dfrac{x+1}{x-1}\right)^x$ ㄹ. $\lim_{x \to 3}(x-2)^{\frac{1}{x-3}}$

유형

028 $\lim_{x \to 0}\dfrac{\ln(1+x)}{x}=1$, $\lim_{x \to 0}\dfrac{e^x-1}{x}=1$이다!

(1) 밑을 e로 하는 로그함수의 극한

① $\lim_{x \to 0}\dfrac{\ln(1+x)}{x}=1$

② $\lim_{x \to 0}\dfrac{\ln(1+ax)}{ax}=1$, $\lim_{x \to 0}\dfrac{\ln(1+ax)}{bx}=\dfrac{a}{b}$

(2) 밑을 e로 하는 지수함수의 극한

① $\lim_{x \to 0}\dfrac{e^x-1}{x}=1$

② $\lim_{x \to 0}\dfrac{e^{ax}-1}{ax}=1$, $\lim_{x \to 0}\dfrac{e^{ax}-1}{bx}=\dfrac{a}{b}$

138 BOB 대표   다른 풀이

$\lim_{x \to 0}\dfrac{1}{3x}\ln(1+6x)$의 값은?

① 1 ② 2 ③ 3

④ 4 ⑤ 5

139 중

$\lim_{x \to 1}\dfrac{e^{x-1}-1-\ln(2x-1)}{x-1}$의 값은?

① -2 ② -1 ③ 0

④ 1 ⑤ 2

140 중

$\lim_{x \to 0}\dfrac{1}{x}\ln\dfrac{2+4x}{2+x}$의 값을 구하여라.

유형
029
$$\lim_{x \to 0} \frac{\log_a(1+x)}{x} = \frac{1}{\ln a}, \; \lim_{x \to 0} \frac{a^x - 1}{x} = \ln a$$
이다!

(1) 밑이 e가 아닌 로그함수의 극한

➡ $\lim\limits_{x \to 0} \dfrac{\log_a(1+x)}{x} = \dfrac{1}{\ln a}$

(2) 밑이 e가 아닌 지수함수의 극한

➡ $\lim\limits_{x \to 0} \dfrac{a^x - 1}{x} = \ln a$

141 BOB 대표

$\lim\limits_{x \to 0} \dfrac{(a+2)^x - a^x}{x} = \ln 2$를 만족시키는 양수 a의 값은?

① $\dfrac{1}{3}$　　　　② $\dfrac{1}{2}$　　　　③ 2

④ 3　　　　⑤ 5

142 중

$\lim\limits_{x \to 0} \dfrac{\log_3(2+x) - \log_3 2}{x}$의 값은?

① $-\dfrac{1}{3 \ln 3}$　　　② $-\dfrac{1}{2 \ln 3}$　　　③ $\dfrac{1}{\ln 3}$

④ $\dfrac{1}{2 \ln 3}$　　　⑤ $\dfrac{1}{3 \ln 3}$

143 중

$\lim\limits_{x \to 1} \dfrac{3^{x-1} - 1}{x^2 - 1}$의 값을 구하여라.

유형
030
극한값이 존재할 때, (분모) → 0이면 (분자)→ 0
이다!

두 함수 $f(x)$, $g(x)$에 대하여 $\lim\limits_{x \to a} \dfrac{f(x)}{g(x)} = \alpha$ (α는 상수)일 때

(1) $\lim\limits_{x \to a} g(x) = 0$이면 $\lim\limits_{x \to a} f(x) = 0$이다.

(2) $\lim\limits_{x \to a} f(x) = 0$이고 $\alpha \neq 0$이면 $\lim\limits_{x \to a} g(x) = 0$이다.

144 BOB 대표

$\lim\limits_{x \to 0} \dfrac{\ln(a+3x)}{x} = b$를 만족시키는 상수 a, b에 대하여 $a+b$의 값은?

① 1　　　　② 2　　　　③ 4

④ 6　　　　⑤ 8

145 중　　　　　　　　　　　　　　서술형

$\lim\limits_{x \to 2} \dfrac{e^{x-2} - a}{x^2 - 4} = b$를 만족시키는 상수 a, b에 대하여 $a-b$의 값을 구하여라.

146 중

$\lim\limits_{x \to 1} \dfrac{ax + b}{\ln x} = 2$를 만족시키는 상수 a, b에 대하여 $a^2 + b^2$의 값을 구하여라.

유형 031 지수함수의 도함수와 로그함수의 도함수를 정확하게 기억해 두자!

(1) 지수함수의 도함수

① 함수 $y=e^x$의 도함수

$$(e^x)'=e^x, \ 즉 \ \frac{d}{dx}e^x=e^x$$

② 함수 $y=a^x$의 도함수

$$(a^x)'=a^x\ln a, \ 즉 \ \frac{d}{dx}a^x=a^x\ln a$$

(단, $a>0$, $a\neq1$)

(2) 로그함수의 도함수

① 함수 $y=\ln x$의 도함수

$$(\ln x)'=\frac{1}{x}, \ 즉 \ \frac{d}{dx}\ln x=\frac{1}{x} \ (단, \ x>0)$$

② 함수 $y=\log_a x$의 도함수

$$(\log_a x)'=\frac{1}{x\ln a}, \ 즉 \ \frac{d}{dx}\log_a x=\frac{1}{x\ln a}$$

(단, $x>0$, $a>0$, $a\neq1$)

147 BOB 대표

함수 $f(x)=3^x(3x^2+2)$에 대하여 $f'(0)$의 값은?

① $\ln 3$ ② $2\ln 3$ ③ $3\ln 3$
④ $4\ln 3$ ⑤ $5\ln 3$

148 하

함수 $f(x)=\log_2 x-2\ln x$에 대하여 $f'(1)$의 값은?

① $\frac{1}{\ln 2}-4$ ② $\frac{1}{\ln 2}-3$ ③ $\frac{1}{\ln 2}-2$
④ $\frac{1}{\ln 2}-1$ ⑤ $\frac{1}{\ln 2}$

149 중 서술형

함수 $f(x)=(x-a)e^x$의 그래프 위의 점 $(2, f(2))$에서의 미분계수가 e^2일 때, 상수 a의 값을 구하여라.

유형 032 $f'(a)=\lim\limits_{h\to 0}\dfrac{f(a+h)-f(a)}{h}$임을 기억하자!

(1) $f'(a)=\lim\limits_{h\to 0}\dfrac{f(a+h)-f(a)}{h}$

(2) $f'(a)=\lim\limits_{x\to a}\dfrac{f(x)-f(a)}{x-a}$

150 BOB 대표

함수 $f(x)=xe^x$에 대하여 $\lim\limits_{h\to 0}\dfrac{f(1+2h)-f(1)}{h}$의 값은?

① e ② $2e$ ③ $3e$
④ $4e$ ⑤ $5e$

151 하

함수 $f(x)=x\ln x$에 대하여 $\lim\limits_{h\to 0}\dfrac{f(1+h)-f(1-h)}{h}$의 값을 구하여라.

유형 033 구간별로 정의된 함수의 미분가능성은 경계에서의 연속성과 미분계수를 확인하자!

미분가능한 두 함수 $g(x)$, $h(x)$에 대하여

$$f(x)=\begin{cases} g(x) \ (x\geq a) \\ h(x) \ (x<a) \end{cases} \ 가 \ x=a에서 \ 미분가능하면$$

(i) 함수 $f(x)$가 $x=a$에서 연속이므로

➡ $\lim\limits_{x\to a+}g(x)=\lim\limits_{x\to a-}h(x)=f(a)$

(ii) 함수 $f(x)$의 미분계수 $f'(a)$가 존재하므로

➡ $\lim\limits_{x\to a+}g'(x)=\lim\limits_{x\to a-}h'(x)$, 즉 $g'(a)=h'(a)$

152 BOB 대표

함수 $f(x)=\begin{cases} 2^x \ \ \ (x\geq 1) \\ ax+b \ (x<1) \end{cases}$ 가 $x=1$에서 미분가능할 때, 상수 a, b에 대하여 $a-b$의 값을 구하여라.

153 중

함수 $f(x)=\begin{cases} \ln x \ \ \ \ \ \ (x>1) \\ x^2+ax+b \ (x\leq 1) \end{cases}$ 가 $x=1$에서 미분가능할 때, 상수 a, b에 대하여 $b-a$의 값을 구하여라.

154

함수 $f(x)=\lim\limits_{n\to\infty}\dfrac{1}{n}\log(x^n+x^{3n})$에 대하여 $f(2)-f\left(\dfrac{1}{2}\right)$의 값은?

① $\log 2$ ② $2\log 2$ ③ $3\log 2$
④ $4\log 2$ ⑤ $5\log 2$

155

$\lim\limits_{x\to\infty}\dfrac{\ln(ax+b)}{\ln x}$의 값을 구하여라. (단, a, b는 양수이다.)

156

$\lim\limits_{x\to\infty}f(x)=\infty$, $\lim\limits_{x\to\infty}g(x)=\infty$일 때, 다음을 구하여라.

(1) $\lim\limits_{x\to\infty}\dfrac{g(x)}{f(x)}=0$일 때, $\lim\limits_{x\to\infty}\dfrac{e^{g(x)}}{e^{f(x)}}$의 값

(2) $\lim\limits_{x\to\infty}\dfrac{g(x)}{f(x)}=1$일 때, $\lim\limits_{x\to\infty}\dfrac{\ln g(x)}{\ln f(x)}$의 값

157

$\lim\limits_{x\to 2}\ln\left(\dfrac{x}{2}\right)^{\frac{1}{2-x}}$의 값은?

① -2 ② $-\dfrac{1}{2}$ ③ 0
④ $\dfrac{1}{2}$ ⑤ 2

158

$\lim\limits_{x\to\infty}x\{\ln(x+1)-\ln(x-1)\}$의 값은?

① 1 ② 2 ③ e
④ e^2-1 ⑤ e^2

159

함수 $f(x)$에 대하여 $\lim\limits_{x\to\infty}f(x)\ln\left(1+\dfrac{1}{3x}\right)=4$일 때, $\lim\limits_{x\to\infty}\dfrac{f(x)}{x}$의 값은?

① 3 ② 6 ③ 9
④ 12 ⑤ 15

160

$\lim\limits_{x\to 0}\left(\dfrac{e^{2x}-1}{x^2-x}+\dfrac{e^x-e^{-x}}{x}\right)$의 값은?

① -2 ② -1 ③ 0
④ 1 ⑤ 2

161

다른 풀이

$\lim\limits_{n\to\infty}\ln\left\{\dfrac{1}{2}\left(1+\dfrac{1}{n}\right)\left(1+\dfrac{1}{n+1}\right)\left(1+\dfrac{1}{n+2}\right)\cdots\left(1+\dfrac{1}{2n}\right)\right\}^{2n}$의 값은?

① $\dfrac{1}{e^2}$ ② $\dfrac{1}{e}$ ③ $\sqrt{e}$
④ 1 ⑤ e

162

$\lim\limits_{x \to 1} \left(\dfrac{x-1}{\log_9 x} - \dfrac{x-1}{\log_3 x} \right)$의 값은?

① -1 ② $-\dfrac{1}{2}$ ③ $-\ln 3$

④ $\ln 3$ ⑤ $\ln 6$

163

함수 $f(x) = \lim\limits_{h \to 0} \dfrac{(\ln x)^h - 1}{h}$일 때, $f(x^4) - f(x^2)$의 값은?

(단, $x > 1$)

① $\dfrac{1}{e}$ ② $\ln 2$ ③ 1

④ 2 ⑤ e

164

$\lim\limits_{x \to \infty} \left(\dfrac{x+a}{x-a} \right)^x = e^{200}$을 만족시키는 상수 a의 값을 구하여라.

165

함수 $f(x)$에 대하여 〈보기〉에서 옳은 것만을 있는 대로 고른 것은?

> **보기**
>
> ㄱ. $f(x) = x^2$이면 $\lim\limits_{x \to 0} \dfrac{e^{f(x)} - 1}{x} = 0$이다.
>
> ㄴ. $\lim\limits_{x \to 0} \dfrac{e^x - 1}{f(x)} = 1$이면 $\lim\limits_{x \to 0} \dfrac{(e^x)^2 - 1}{\{f(x)\}^2} = 1$이다.
>
> ㄷ. $\lim\limits_{x \to 0} f(x) = 0$이면 $\lim\limits_{x \to 0} \dfrac{e^{f(x)} - 1}{x}$이 존재한다.

① ㄱ   ② ㄷ   ③ ㄱ, ㄴ

④ ㄱ, ㄷ   ⑤ ㄴ, ㄷ

166

함수 $f(x) = \ln x$에 대하여 닫힌구간 $[3, 6]$에서의 평균값 정리를 만족시키는 x의 값을 c라 할 때, 실수 c의 값을 구하여라.

167

함수 $f(x) = \begin{cases} e^{2x} & (x \leq b) \\ ax^2 & (x > b) \end{cases}$이 $x = b$에서 미분가능할 때, 실수 a, b에 대하여 ab의 값을 구하여라.

168   서술형

함수 $f(x) = a\ln x + b$에 대하여 $\lim\limits_{x \to 1} \dfrac{f(x) - 3}{x - 1} = 6$일 때, $f(e)$의 값을 구하여라. (단, a, b는 상수이다.)

169   서술형

함수 $f(x) = \lim\limits_{n \to \infty} \dfrac{9 - \{\log_3(1 + |x|)\}^n}{3 + \{\log_3(1 + |x|)\}^n}$이 불연속인 x의 값을 모두 구하여라.

개념 plus

개념 ① 삼각함수의 덧셈정리 ◆ 유형 034~038

(1) 사인함수의 덧셈정리

① $\sin(\alpha+\beta)=\sin\alpha\cos\beta+\cos\alpha\sin\beta$

② $\sin(\alpha-\beta)=\sin\alpha\cos\beta-\cos\alpha\sin\beta$

(2) 코사인함수의 덧셈정리

① $\cos(\alpha+\beta)=\cos\alpha\cos\beta-\sin\alpha\sin\beta$

② $\cos(\alpha-\beta)=\cos\alpha\cos\beta+\sin\alpha\sin\beta$

(3) 탄젠트함수의 덧셈정리

① $\tan(\alpha+\beta)=\dfrac{\tan\alpha+\tan\beta}{1-\tan\alpha\tan\beta}$

② $\tan(\alpha-\beta)=\dfrac{\tan\alpha-\tan\beta}{1+\tan\alpha\tan\beta}$

(4) 두 직선이 이루는 예각의 크기

두 직선 $y=m_1x+n_1$, $y=m_2x+n_2$가 x축의 양의 방향과
이루는 각의 크기를 각각 α, β라 하면

$$\tan\alpha=m_1, \quad \tan\beta=m_2$$

이고, 두 직선이 이루는 예각의 크기를 θ라 하면

$$\tan\theta=|\tan(\alpha-\beta)|$$

$$=\left|\dfrac{\tan\alpha-\tan\beta}{1+\tan\alpha\tan\beta}\right|$$

$$=\left|\dfrac{m_1-m_2}{1+m_1m_2}\right| \quad (단, \ m_1m_2\neq-1)$$

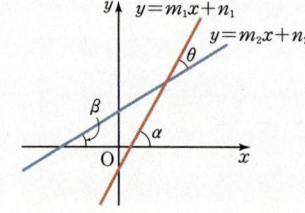

◇ 삼각함수의 덧셈정리는 30°, 45°, 60° 등과 같은 특수각인 삼각함수의 값을 이용하여 15°, 75°, 105°와 같이 특수각이 아닌 삼각함수의 값을 구할 때 사용된다.

◇ 두 직선이 x축의 양의 방향과 이루는 각의 크기를 각각 α, β ($\alpha>\beta$)라 하면 두 직선이 이루는 각의 크기 θ는 $\alpha-\beta$ 또는 $\pi-(\alpha-\beta)$이다. 이때, θ가 어느 쪽이든 관계없이
$$|\tan(\alpha-\beta)|=|\tan\{\pi-(\alpha-\beta)\}|$$
이고, 예각 θ에 대하여 $\tan\theta>0$이므로 $\tan\theta=|\tan(\alpha-\beta)|$이다.

개념 ② 삼각함수의 합성 ◆ 유형 039~041

삼각함수의 덧셈정리를 이용하여 $a\sin\theta+b\cos\theta$ ($a\neq0$, $b\neq0$) 꼴의 식을
$$r\sin(\theta+\alpha) \ \ 또는 \ \ r\cos(\theta-\beta) \ \ (r>0, \ 0\leq\alpha<2\pi, \ 0\leq\beta<2\pi)$$
꼴로 나타내는 것을 삼각함수의 합성이라 한다.

(1) $a\sin\theta+b\cos\theta=\sqrt{a^2+b^2}\sin(\theta+\alpha)$ $\left(단, \ \sin\alpha=\dfrac{b}{\sqrt{a^2+b^2}}, \ \cos\alpha=\dfrac{a}{\sqrt{a^2+b^2}}\right)$

(2) $a\sin\theta+b\cos\theta=\sqrt{a^2+b^2}\cos(\theta-\beta)$ $\left(단, \ \sin\beta=\dfrac{a}{\sqrt{a^2+b^2}}, \ \cos\beta=\dfrac{b}{\sqrt{a^2+b^2}}\right)$

[참고] 오른쪽 그림과 같이 좌표평면 위의 점 $P(a, b)$에 대하여 동경 OP가 x축의 양의 방향과 이루는 각의 크기를 α라 하면

$$\overline{OP}=\sqrt{a^2+b^2}$$

$$\sin\alpha=\dfrac{b}{\sqrt{a^2+b^2}}, \ \cos\alpha=\dfrac{a}{\sqrt{a^2+b^2}}$$

이므로

$$a\sin\theta+b\cos\theta=\sqrt{a^2+b^2}\left(\dfrac{a}{\sqrt{a^2+b^2}}\sin\theta+\dfrac{b}{\sqrt{a^2+b^2}}\cos\theta\right)$$

$$=\sqrt{a^2+b^2}(\cos\alpha\sin\theta+\sin\alpha\cos\theta)$$

$$=\sqrt{a^2+b^2}\sin(\theta+\alpha)$$

가 성립한다.

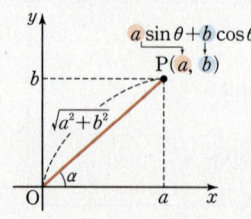

◇ $y=a\sin\theta+b\cos\theta=\sqrt{a^2+b^2}\sin(\theta+\alpha)$ 이고 $-1\leq\sin(\theta+\alpha)\leq1$이므로
$$-\sqrt{a^2+b^2}\leq\sqrt{a^2+b^2}\sin(\theta+\alpha)\leq\sqrt{a^2+b^2}$$
이다. 따라서 함수 $y=a\sin\theta+b\cos\theta$의 최댓값은 $\sqrt{a^2+b^2}$, 최솟값은 $-\sqrt{a^2+b^2}$이다.

개념 콕콕

1 삼각함수의 덧셈정리

170
다음 삼각함수의 값을 구하여라.

(1) $\sin 15°$

(2) $\cos 75°$

(3) $\tan 105°$

171
다음 삼각함수의 값을 구하여라.

(1) $\sin \dfrac{5}{12}\pi$

(2) $\cos \dfrac{7}{12}\pi$

(3) $\tan \dfrac{\pi}{12}$

172
다음 식의 값을 구하여라.

(1) $\sin 80° \cos 20° - \cos 80° \sin 20°$

(2) $\cos 25° \cos 35° - \sin 25° \sin 35°$

(3) $\dfrac{\tan 80° - \tan 50°}{1 + \tan 80° \tan 50°}$

173
$0 < \alpha < \dfrac{\pi}{2}$, $0 < \beta < \dfrac{\pi}{2}$이고 $\sin \alpha = \dfrac{3}{5}$, $\cos \beta = \dfrac{5}{13}$일 때, 다음 값을 구하여라.

(1) $\sin(\alpha+\beta)$

(2) $\cos(\alpha-\beta)$

(3) $\tan(\alpha-\beta)$

2 삼각함수의 합성

174
다음 식을 $r\sin(\theta+\alpha)$ 꼴로 나타내어라. (단, $r>0$, $0 \leq \alpha < 2\pi$)

(1) $\sin\theta + \cos\theta$

(2) $\sqrt{3}\sin\theta + \cos\theta$

(3) $\sin\theta - \sqrt{3}\cos\theta$

175
다음 함수의 주기와 최댓값, 최솟값을 각각 구하여라.

(1) $y = \cos x - \sin x$

(2) $y = \sin x + \sqrt{3}\cos x$

유형 034
사인함수와 코사인함수의 덧셈정리를 이용하여 계산하자!

(1) $\sin(\alpha+\beta)=\sin\alpha\cos\beta+\cos\alpha\sin\beta$
(2) $\sin(\alpha-\beta)=\sin\alpha\cos\beta-\cos\alpha\sin\beta$
(3) $\cos(\alpha+\beta)=\cos\alpha\cos\beta-\sin\alpha\sin\beta$
(4) $\cos(\alpha-\beta)=\cos\alpha\cos\beta+\sin\alpha\sin\beta$

176 BOB 대표

제1사분면의 각 α, β에 대하여 $\sin\alpha=\dfrac{12}{13}$, $\cos\beta=\dfrac{4}{5}$일 때, $\sin(\alpha+\beta)+\cos(\alpha+\beta)$의 값은?

① $\dfrac{17}{65}$ ② $\dfrac{28}{65}$ ③ $\dfrac{47}{65}$
④ $\dfrac{89}{65}$ ⑤ $\dfrac{119}{65}$

177 중

$\dfrac{\sin4\theta}{\sin2\theta}-\dfrac{\cos4\theta}{\cos2\theta}$ 를 간단히 하면?

① $\dfrac{1}{\sin2\theta}$ ② $\dfrac{1}{\cos2\theta}$ ③ 1
④ $\sin2\theta$ ⑤ $\cos2\theta$

178 중   보충 설명

$\sin50°\sin70°-\sin40°\sin20°$의 값은?

① $-\dfrac{\sqrt{3}}{2}$ ② $-\dfrac{1}{2}$ ③ $\dfrac{1}{2}$
④ $\dfrac{\sqrt{2}}{2}$ ⑤ $\dfrac{\sqrt{3}}{2}$

유형 035
탄젠트함수의 덧셈정리를 이용하여 계산하자!

(1) $\tan(\alpha+\beta)=\dfrac{\tan\alpha+\tan\beta}{1-\tan\alpha\tan\beta}$
(2) $\tan(\alpha-\beta)=\dfrac{\tan\alpha-\tan\beta}{1+\tan\alpha\tan\beta}$

179 BOB 대표

$\tan\alpha=\dfrac{1}{4}$, $\tan(\alpha+\beta)=1$일 때, $\tan\beta$의 값은?

① $\dfrac{1}{2}$ ② $\dfrac{3}{5}$ ③ $\dfrac{2}{3}$
④ $\dfrac{3}{2}$ ⑤ $\dfrac{5}{3}$

180 중

$\tan(\alpha+\beta)=1$일 때, $(1+\tan\alpha)(1+\tan\beta)$의 값은?

① -2 ② -1 ③ 0
④ 1 ⑤ 2

181 중

$\cos\alpha=\dfrac{3}{5}$, $\sin\beta=\dfrac{5}{13}$일 때, $\tan(\alpha-\beta)$의 값을 구하여라.

$\left(단,\ 0<\alpha<\dfrac{\pi}{2},\ \dfrac{\pi}{2}<\beta<\pi\right)$

유형
036 삼각함수의 덧셈정리를 이용하여 삼각함수의 값을 구해 보자!

(1) 주어진 식의 양변을 제곱하고 $\sin^2\theta + \cos^2\theta = 1$임을 이용하여 삼각함수의 값을 구한다.
(2) 이차방정식의 근과 계수의 관계를 이용하여 삼각함수의 값을 구한다.
→ 이차방정식 $ax^2 + bx + c = 0$의 두 근이 α, β일 때
$$\alpha + \beta = -\frac{b}{a}, \ \alpha\beta = \frac{c}{a}$$

182 BOB 대표

$\sin\alpha + \cos\beta = \dfrac{1}{2}$, $\cos\alpha + \sin\beta = \dfrac{\sqrt{2}}{2}$일 때, $\sin(\alpha + \beta)$의 값은?

① $-\dfrac{5}{8}$　　② $-\dfrac{3}{8}$　　③ $\dfrac{3}{8}$

④ $\dfrac{5}{8}$　　⑤ $\dfrac{3}{4}$

183 중

이차방정식 $x^2 + kx + 2 = 0$의 두 근이 $\tan\alpha$, $\tan\beta$이고, $\tan(\alpha + \beta) = 4$일 때, 상수 k의 값을 구하여라.

184 중 　　　　　　　　　서술형

이차방정식 $x^2 - 6x + 4 = 0$의 두 근을 $\tan\alpha$, $\tan\beta$라 할 때, $\sin\alpha\sin\beta - \cos\alpha\cos\beta$의 값을 구하여라.
$\left(\text{단, } 0 < \alpha < \dfrac{\pi}{2}, \ 0 < \beta < \dfrac{\pi}{2}\right)$

유형
037 직각삼각형에서 sin, cos의 값을 구하고 삼각함수의 덧셈정리를 이용한다!

(1) 직각삼각형에서 sin, cos의 값을 구하고 삼각함수의 덧셈정리를 이용하여 도형에 대한 문제를 해결한다.
(2) 직각삼각형에서 $\dfrac{(\text{높이})}{(\text{밑변의 길이})}$를 탄젠트함수를 이용하여 나타내고 탄젠트함수의 덧셈정리를 이용하여 도형에 대한 문제를 해결한다.

185 BOB 대표

오른쪽 그림과 같이 $\overline{AB}\perp\overline{BC}$, $\overline{AC}\perp\overline{CD}$, $\overline{DE}\perp\overline{AB}$이고, $\overline{AB}=4$, $\overline{BC}=3$, $\overline{CD}=2$일 때, $\overline{AE}$의 길이는?

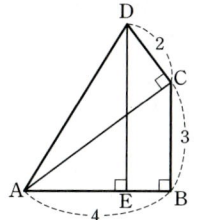

① $\dfrac{12}{5}$　　② $\dfrac{13}{5}$

③ $\dfrac{14}{5}$　　④ 3

⑤ $\dfrac{16}{5}$

186 중 　　　　　　　　　다른 풀이

오른쪽 그림과 같이 $\overline{AB} = \overline{DE} = 4$, $\overline{BC} = \overline{AD} = 5$, $\overline{BC}/\!/\overline{DE}$인 두 직각삼각형 ABC와 ADE가 있다. $\angle CAE = \theta$라 할 때, $\tan\theta$의 값을 구하여라.

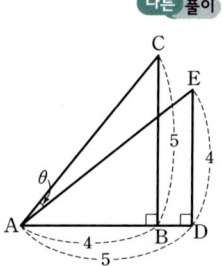

187 중 　　　　　　　　　보충 설명

오른쪽 그림과 같이 $\overline{AB} = 3$, $\overline{AD} = 6$인 직사각형 ABCD에서 $\overline{BC}$를 $2 : 1$로 내분하는 점을 P라 하자. $\angle APD = \theta$라 할 때, $\tan\theta$의 값을 구하여라.

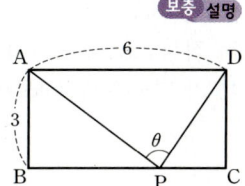

유형 038 두 직선이 이루는 예각의 크기는 두 직선의 기울기를 이용하여 구할 수 있다!

두 직선 $y=m_1x+n_1$, $y=m_2x+n_2$가 이루는 예각의 크기를 θ라 하면

$$\tan\theta=\left|\frac{m_1-m_2}{1+m_1m_2}\right| \ (\text{단, } m_1m_2\neq-1)$$

188 BOB 대표

두 직선 $y=-x+1$, $y=3x-2$가 이루는 예각의 크기를 θ라 할 때, $\sin\theta$의 값은?

① $\dfrac{1}{10}$ ② $\dfrac{1}{5}$ ③ $\dfrac{\sqrt{5}}{10}$

④ $\dfrac{\sqrt{5}}{5}$ ⑤ $\dfrac{2\sqrt{5}}{5}$

189 중

직선 $x-3y=0$에 대하여 이 직선 위의 점 $(3, 1)$을 중심으로 $45°$만큼 시계 반대 방향으로 회전하여 얻은 직선이 있다. 이 직선이 점 $(1, a)$를 지날 때, a의 값은?

① -3 ② -1 ③ 1

④ 3 ⑤ 5

190 중

두 직선 $ax-y+3=0$, $x-3y-5=0$이 이루는 예각의 크기가 $45°$가 되도록 하는 모든 상수 a의 값의 합을 구하여라.

유형 039 삼각함수의 합성은 삼각함수의 덧셈정리를 거꾸로 적용한 것이다!

(1) $a\sin\theta+b\cos\theta=\sqrt{a^2+b^2}\sin(\theta+\alpha)$

$$\left(\text{단, } \sin\alpha=\frac{b}{\sqrt{a^2+b^2}}, \cos\alpha=\frac{a}{\sqrt{a^2+b^2}}\right)$$

(2) $a\sin\theta+b\cos\theta=\sqrt{a^2+b^2}\cos(\theta-\beta)$

$$\left(\text{단, } \sin\beta=\frac{a}{\sqrt{a^2+b^2}}, \cos\beta=\frac{b}{\sqrt{a^2+b^2}}\right)$$

191 BOB 대표

임의의 실수 x에 대하여

$$\sqrt{2}\sin\left(x+\frac{\pi}{4}\right)-2\cos x=\sqrt{2}\sin(x+\alpha)$$

를 만족시키는 α의 값은? (단, $0\leq\alpha<2\pi$)

① $\dfrac{3}{4}\pi$ ② π ③ $\dfrac{5}{4}\pi$

④ $\dfrac{3}{2}\pi$ ⑤ $\dfrac{7}{4}\pi$

192 하

임의의 실수 x에 대하여 $\sqrt{3}\sin x-\cos x=2\sin(x+\alpha)$가 성립할 때, $\tan\alpha$의 값은? (단, $0\leq\alpha<2\pi$)

① $-\sqrt{3}$ ② -1 ③ $-\dfrac{\sqrt{3}}{3}$

④ 1 ⑤ $\sqrt{3}$

193 중

함수 $y=2\cos x-2\sin\left(x+\dfrac{\pi}{6}\right)$의 그래프는 함수 $y=a\sin x$의 그래프를 x축의 방향으로 b만큼 평행이동한 것이다. 상수 a, b에 대하여 ab의 값을 구하여라. (단, $a>0$, $-\pi<b<0$)

유형 040 삼각함수의 합성을 이용하여 **최댓값과 최솟값**을 구할 수 있다!

(1) 함수 $y=a\sin x+b\cos x$ $(a\neq 0,\ b\neq 0)$의 최댓값과 최솟값은 삼각함수의 합성을 이용하여 구한다.

(2) 함수 $y=a\sin(bx+c)+d$에서

최댓값 : $|a|+d$, 최솟값 : $-|a|+d$, 주기 : $\dfrac{2\pi}{|b|}$

194 BOB 대표

함수 $y=-\sqrt{2}\sin x+\sqrt{2}\cos x$의 최댓값을 M, 최솟값을 m이라 할 때, $M-m$의 값은?

① 1   ② 2   ③ 3
④ 4   ⑤ 5

195 중

함수 $y=\cos\left(x+\dfrac{\pi}{6}\right)+\sin x$가 $x=\alpha$에서 최댓값을 가질 때, $\tan\alpha$의 값은? (단, $0\le x<2\pi$)

① 0   ② $\dfrac{1}{3}$ ③ $\dfrac{\sqrt{3}}{3}$
④ 1   ⑤ $\sqrt{3}$

196 중   서술형

함수 $y=2(\sin x+\cos x)+(\sin x+\cos x)^{2}$의 최댓값과 최솟값의 합을 구하여라.

유형 041 도형의 길이와 넓이의 최댓값, 최솟값은 삼각함수의 합성을 이용하여 구할 수 있다!

도형의 길이 또는 넓이의 최댓값, 최솟값은 길이 또는 넓이를 삼각함수로 나타낸 후 삼각함수의 합성을 이용하여 구한다.

197 BOB 대표   보충 설명

오른쪽 그림과 같이 길이가 1인 선분 AB를 지름으로 하는 반원이 있다. 반원의 호 위의 점 P에 대하여 $\angle PAB=\theta$라 하자. $\overline{AP}+2\overline{BP}$의 값이 최대가 될 때, $\cos\theta$의 값은?

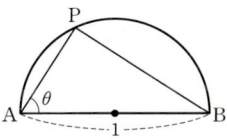

① $\dfrac{1}{5}$ ② $\dfrac{\sqrt{5}}{5}$ ③ $\dfrac{\sqrt{10}}{5}$
④ $\dfrac{\sqrt{15}}{5}$ ⑤ $\dfrac{2\sqrt{5}}{5}$

198 중

오른쪽 그림과 같이 $\overline{AB}=4$, $\overline{AD}=3$인 직사각형 ABCD에 외접하는 직사각형 PQRS에 대하여 $\angle ADP=\theta$라 하자. 직사각형 PQRS의 둘레의 길이가 최대가 될 때, θ의 값을 구하여라.

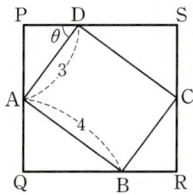

199 중

오른쪽 그림과 같은 사각형 ABCD에서 $\angle ABC=\dfrac{\pi}{2}$, $\overline{AB}=2$, $\overline{BC}=3$, $\overline{BD}=4$일 때, 사각형 ABCD의 넓이의 최댓값을 구하여라.

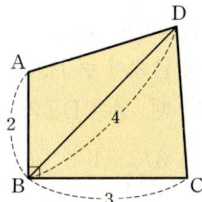

실력 콕콕

200

제1사분면의 각 θ에 대하여 $\tan\theta=2$일 때, $\sin\left(\theta+\dfrac{\pi}{3}\right)$의 값은?

① $\dfrac{\sqrt{5}+2\sqrt{15}}{15}$ ② $\dfrac{2\sqrt{5}+\sqrt{15}}{15}$ ③ $\dfrac{\sqrt{5}+2\sqrt{15}}{10}$

④ $\dfrac{2\sqrt{5}+\sqrt{15}}{10}$ ⑤ $\dfrac{\sqrt{5}+\sqrt{15}}{10}$

201

$\sin(\alpha+\beta)=1$, $\sin(\alpha-\beta)=-\dfrac{7}{9}$일 때, $\dfrac{\tan\alpha}{\tan\beta}$의 값은?

① $-\dfrac{1}{2}$ ② $-\dfrac{1}{4}$ ③ $-\dfrac{1}{8}$

④ $\dfrac{1}{8}$ ⑤ $\dfrac{1}{4}$

202 보충 설명

$(\tan x+\sqrt{2})(\tan y-\sqrt{2})=-3$일 때, $\cos(x-y)$의 값은?

$\left(\text{단, }0\le x<\dfrac{\pi}{2},\ 0\le y<\dfrac{\pi}{2}\right)$

① $\dfrac{\sqrt{2}}{3}$ ② $\dfrac{\sqrt{3}}{3}$ ③ $\dfrac{2}{3}$

④ $\dfrac{\sqrt{5}}{3}$ ⑤ $\dfrac{\sqrt{6}}{3}$

203

오른쪽 그림과 같이 $\overline{AC}=1$, $\overline{BC}=3$인 직각삼각형 ABC와 정삼각형 DBA가 있다. 점 D에서 변 BC에 내린 수선의 발을 E라 할 때, 선분 DE의 길이는?

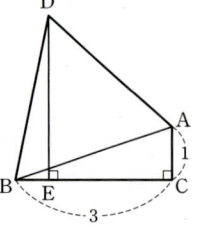

① $\dfrac{3\sqrt{3}-1}{4}$ ② $\dfrac{3\sqrt{3}+1}{4}$

③ $\dfrac{3\sqrt{3}-1}{2}$ ④ $\dfrac{3\sqrt{3}+1}{2}$

⑤ $3\sqrt{3}-1$

204

오른쪽 그림과 같이 $3\overline{AB}=\overline{AD}$인 직사각형 ABCD에 두 선분 EF, GH를 그어 세 개의 정사각형으로 나누었다. $\angle GBH=\alpha$, $\angle DBC=\beta$라 할 때, $\sin(\alpha+\beta)$의 값은?

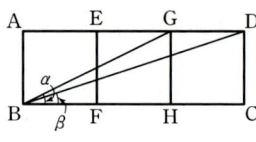

① $\dfrac{1}{3}$ ② $\dfrac{1}{2}$ ③ $\dfrac{2}{3}$

④ $\dfrac{\sqrt{2}}{2}$ ⑤ $\dfrac{\sqrt{3}}{2}$

205

오른쪽 그림과 같은 정사각형 ABCD에 대하여 변 AD의 사등분점 중에서 점 D에 가까운 점을 P라 하고, 변 CD의 중점을 Q라 하자. $\angle PBQ=\alpha$라 할 때, $\tan\alpha$의 값은?

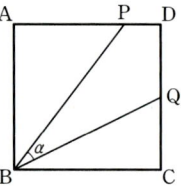

① $\dfrac{1}{4}$ ② $\dfrac{2}{5}$

③ $\dfrac{1}{2}$ ④ $\dfrac{3}{5}$

⑤ $\dfrac{3}{4}$

206

두 직선 $y=-2x+2$, $y=x+2$가 이루는 예각의 크기를 θ라 할 때, $\tan\left(\theta-\dfrac{\pi}{4}\right)$의 값은?

① $\dfrac{1}{4}$ ② $\dfrac{1}{2}$ ③ 1

④ 2 ⑤ 4

207 보충 설명

원 $x^2+y^2=5$ 위의 두 점 P(2, −1), Q(−1, 2)에서의 접선을 각각 l_1, l_2라 하자. 두 직선 l_1, l_2가 이루는 예각의 크기를 θ라 할 때, $\tan\theta$의 값은?

① $\dfrac{1}{4}$ ② $\dfrac{1}{3}$ ③ $\dfrac{1}{2}$

④ $\dfrac{2}{3}$ ⑤ $\dfrac{3}{4}$

208

두 직선 $y=x+2$, $y=mx-3$이 이루는 예각의 크기가 $\dfrac{\pi}{6}$가 되도록 하는 모든 상수 m의 값의 합은?

① 1   ② 2   ③ 3

④ 4   ⑤ 5

209

$\dfrac{\pi}{2}<\theta<\pi$에서 $-\sqrt{2}\cos\theta-\sqrt{2}\sin\theta=1$일 때, $-\sqrt{2}\sin\theta+\sqrt{2}\cos\theta$의 값은?

① $-\dfrac{3\sqrt{3}}{2}$ ② $-\dfrac{3\sqrt{2}}{2}$ ③ $-\sqrt{3}$

④ $-\sqrt{2}$ ⑤ $-\dfrac{\sqrt{3}}{2}$

210

함수 $y=2\sin x+4\sin\left(x-\dfrac{\pi}{3}\right)$의 최댓값과 최솟값의 곱은?

① -28 ② -24 ③ -20

④ -18 ⑤ -14

211

함수 $f(x)=a\sin x+b\cos x$의 최댓값은 4이고 $f\left(\dfrac{\pi}{4}\right)=4$일 때, 상수 a, b에 대하여 ab의 값은?

① 4   ② 8   ③ 12

④ 16   ⑤ 20

212

$0\le x<2\pi$에서 함수 $y=\sin x+\sqrt{3}\cos x+2$는 $x=a$일 때 최댓값을 갖고, $x=b$일 때 최솟값을 갖는다. $b-a$의 값은?

① $-\pi$ ② $-\dfrac{\pi}{2}$ ③ $\dfrac{\pi}{2}$

④ $\dfrac{2}{3}\pi$ ⑤ π

213

오른쪽 그림과 같이 곡선 $y=x^2$ 위의 세 점 $A(x_1, x_1{}^2)$, $B(x_2, x_2{}^2)$, $C(x_3, x_3{}^2)$에 대하여 $x_1-x_2=x_2-x_3=-1$이다. $\angle BAC=\theta$가 최대일 때, $x_1+x_2+x_3$의 값은?

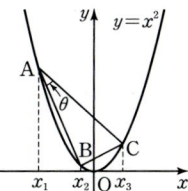

① $\dfrac{1}{2}$ ② $\dfrac{3}{4}$ ③ 1

④ $\dfrac{5}{4}$ ⑤ $\dfrac{3}{2}$

214 서술형

오른쪽 그림과 같이 삼각형 ABC의 두 꼭짓점 B, C에서 변 AC, AB에 내린 수선의 발을 각각 D, E라 하자. $\overline{BC}=3$, $\overline{BE}=2$, $\overline{CD}=1$일 때, $\cos A$의 값을 구하여라.

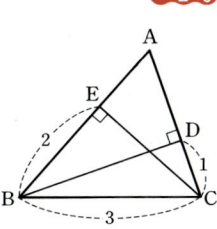

215 서술형

$0\le x<\pi$에서 정의된 함수
$$f(x)=\cos x+\cos\left(x+\dfrac{\pi}{3}\right)+\cos\left(x+\dfrac{2}{3}\pi\right)$$
는 $x=a\pi$에서 최솟값 b를 갖는다. $a+b$의 값을 구하여라.

(단, a는 유리수이다.)

개념 ➊ 삼각함수의 극한 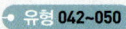 유형 042~050

(1) 삼각함수의 극한

실수 a에 대하여

① $\lim\limits_{x \to a} \sin x = \sin a$

② $\lim\limits_{x \to a} \cos x = \cos a$

③ $\lim\limits_{x \to a} \tan x = \tan a$ (단, $a \neq n\pi + \dfrac{\pi}{2}$, n은 정수이다.)

[참고] $\lim\limits_{x \to \infty} \sin x$, $\lim\limits_{x \to \infty} \cos x$, $\lim\limits_{x \to \infty} \tan x$, $\lim\limits_{x \to \frac{\pi}{2}} \tan x$의 값은 존재하지 않는다.
ⓐ

(2) $\lim\limits_{x \to 0} \dfrac{\sin x}{x}$의 값

x의 단위가 라디안일 때

① $\lim\limits_{x \to 0} \dfrac{\sin x}{x} = 1$

② $\lim\limits_{x \to 0} \dfrac{\tan x}{x} = 1$

③ $\lim\limits_{x \to 0} \dfrac{1 - \cos x}{x^2} = \dfrac{1}{2}$

[참고] (1) $\lim\limits_{x \to 0} \dfrac{\tan x}{x} = \lim\limits_{x \to 0} \dfrac{\sin x}{x \cos x} = \lim\limits_{x \to 0} \left(\dfrac{\sin x}{x} \times \dfrac{1}{\cos x} \right)$

$= 1 \times 1 = 1$

(2) $\lim\limits_{x \to 0} \dfrac{1 - \cos x}{x^2} = \lim\limits_{x \to 0} \dfrac{(1 - \cos x)(1 + \cos x)}{x^2 (1 + \cos x)}$

$= \lim\limits_{x \to 0} \dfrac{1 - \cos^2 x}{x^2 (1 + \cos x)}$

$= \lim\limits_{x \to 0} \dfrac{\sin^2 x}{x^2 (1 + \cos x)}$

$= \lim\limits_{x \to 0} \left\{ \left(\dfrac{\sin x}{x} \right)^2 \times \dfrac{1}{1 + \cos x} \right\}$

$= 1^2 \times \dfrac{1}{2} = \dfrac{1}{2}$

개념 ➋ 삼각함수의 도함수 유형 051~053

(1) 함수 $y = \sin x$의 도함수

$(\sin x)' = \cos x$

즉, $\dfrac{d}{dx} \sin x = \cos x$

(2) 함수 $y = \cos x$의 도함수

$(\cos x)' = -\sin x$

즉, $\dfrac{d}{dx} \cos x = -\sin x$

➕ 개념 plus

◆ $y = \sin x$, $y = \cos x$는 모든 실수에서 연속이고, $y = \tan x$는 $x \neq n\pi + \dfrac{\pi}{2}$ (n은 정수) 인 모든 실수에서 연속이다.

ⓐ $\lim\limits_{x \to \frac{\pi}{2}^-} \tan x = \infty$, $\lim\limits_{x \to \frac{\pi}{2}^+} \tan x = -\infty$

◆ $\lim\limits_{x \to 0} \dfrac{\sin x}{x} = 1$의 의미

$f(x) = \sin x$라 하면

$\lim\limits_{x \to 0} \dfrac{\sin x}{x} = \lim\limits_{x \to 0} \dfrac{f(x) - f(0)}{x - 0}$

$= f'(0) = 1$

이므로 이 극한값은 함수 $y = \sin x$의 그래프 위의 점 $(0, 0)$에서의 접선의 기울기가 1임을 의미한다. 따라서 함수 $y = \sin x$의 그래프와 직선 $y = x$는 원점에서 접한다.

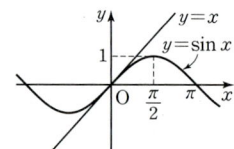

◆ 함수의 극한에 대한 성질

두 함수 $f(x)$, $g(x)$에 대하여 $\lim\limits_{x \to a} f(x) = L$, $\lim\limits_{x \to a} g(x) = M$ (L, M은 실수)일 때

① $\lim\limits_{x \to a} \{ f(x) \pm g(x) \} = L \pm M$ (복부호동순)

② $\lim\limits_{x \to a} cf(x) = cL$ (단, c는 상수이다.)

③ $\lim\limits_{x \to a} f(x)g(x) = LM$

④ $\lim\limits_{x \to a} \dfrac{f(x)}{g(x)} = \dfrac{L}{M}$ (단, $M \neq 0$)

◆ $\dfrac{0}{0}$ 꼴의 삼각함수의 극한

$\lim\limits_{\blacktriangle \to 0} \dfrac{\sin \blacktriangle}{\blacktriangle} = 1$ 또는 $\lim\limits_{\blacksquare \to 0} \dfrac{\tan \blacksquare}{\blacksquare} = 1$임을 이용할 수 있도록 식을 변형한다.

◆ 함수 $y = \sin x$, $y = \cos x$는 모든 실수에서 미분가능하다.

개념 콕콕

1 삼각함수의 극한

216
다음 극한값을 구하여라.

(1) $\lim\limits_{x \to \frac{\pi}{6}} \sin 2x$

(2) $\lim\limits_{x \to \frac{\pi}{3}} 4\cos 2x$

(3) $\lim\limits_{x \to \frac{\pi}{4}} \dfrac{\sin x}{\tan x}$

(4) $\lim\limits_{x \to \frac{\pi}{4}} \dfrac{\sin 2x}{\sin x}$

217
다음 극한값을 구하여라.

(1) $\lim\limits_{x \to 0} \dfrac{\sin 3x}{x}$

(2) $\lim\limits_{x \to 0} \dfrac{\tan 2x}{3x}$

(3) $\lim\limits_{x \to 0} \dfrac{\tan 4x}{\sin 5x}$

(4) $\lim\limits_{x \to 0} \dfrac{\sin x + \tan 3x}{x}$

218
다음 극한값을 구하여라.

(1) $\lim\limits_{x \to 0} \dfrac{\cos x - 1}{x}$

(2) $\lim\limits_{x \to \infty} x \sin \dfrac{1}{x}$

(3) $\lim\limits_{x \to \infty} x \tan \dfrac{1}{x}$

(4) $\lim\limits_{x \to \frac{\pi}{2}} \dfrac{\pi - 2x}{\tan\left(\dfrac{\pi}{2} - x\right)}$

2 삼각함수의 도함수

219
다음 함수를 미분하여라.

(1) $y = x + 3\sin x$

(2) $y = 2\sin x - 4\cos x$

(3) $y = e^x + 2\cos x$

(4) $y = 3\ln x - \sin x$

220
다음 함수를 미분하여라.

(1) $y = \sin x \cos x$

(2) $y = x^3 \sin x$

(3) $y = e^x \sin x$

(4) $y = \ln x \times \cos x$

유형
042 삼각함수 사이의 관계를 **이용**하여 주어진 식을 간단히 한 후 **극한값**을 구하자!

임의의 실수 a에 대하여
(1) $\lim_{x \to a} \sin x = \sin a$
(2) $\lim_{x \to a} \cos x = \cos a$
(3) $\lim_{x \to a} \tan x = \tan a$ $\left(단, a \neq n\pi + \dfrac{\pi}{2}, n은 정수이다.\right)$

221 BOB 대표

$\lim\limits_{x \to \frac{\pi}{2}} \dfrac{1 - \sin x}{\cos^2 x}$의 값은?

① $-\dfrac{1}{2}$ ② 0 ③ $\dfrac{1}{2}$

④ 1 ⑤ 2

222 중

$\lim\limits_{x \to 0} \dfrac{2 \sin x - \sin 2x}{1 - \cos^2 x}$의 값을 구하여라.

223 중

$\lim\limits_{x \to \frac{\pi}{4}} \dfrac{\cos x - \sin x}{1 - \tan^2 x}$의 값은?

① $-\dfrac{\sqrt{2}}{2}$ ② $-\dfrac{\sqrt{2}}{4}$ ③ 1

④ $\dfrac{\sqrt{2}}{4}$ ⑤ $\dfrac{\sqrt{2}}{2}$

유형
043 $\lim\limits_{x \to 0} \dfrac{\sin x}{x} = 1$임을 이용하여 $\dfrac{0}{0}$ 꼴의 삼각함수의 극한값을 구할 수 있다!

$\lim\limits_{x \to 0} \dfrac{\sin x}{x} = 1$이므로

$\lim\limits_{x \to 0} \dfrac{\sin bx}{ax} = \lim\limits_{x \to 0} \left(\dfrac{\sin bx}{bx} \times \dfrac{b}{a} \right)$

$= 1 \times \dfrac{b}{a} = \dfrac{b}{a}$ (단, $a \neq 0$)

224 BOB 대표

$\lim\limits_{x \to 0} \dfrac{\sin(\sin 3x)}{\sin 5x}$의 값은?

① $\dfrac{1}{5}$ ② $\dfrac{1}{2}$ ③ $\dfrac{3}{5}$

④ 1 ⑤ $\dfrac{3}{2}$

225 하

$\lim\limits_{x \to 0} \dfrac{\sin 4x - \sin 2x}{3x}$의 값은?

① $\dfrac{1}{3}$ ② $\dfrac{1}{2}$ ③ $\dfrac{2}{3}$

④ $\dfrac{3}{4}$ ⑤ 2

226 중

함수 $f(x) = x^2 - 3x$에 대하여 $\lim\limits_{x \to 0} \dfrac{\sin f(x)}{f(\sin x)}$의 값을 구하여라.

유형

044

$\lim\limits_{x \to 0} \dfrac{\tan x}{x} = 1$임을 이용하여 $\dfrac{0}{0}$ 꼴의 삼각함수의 극한값을 구할 수 있다!

$\lim\limits_{x \to 0} \dfrac{\tan x}{x} = 1$이므로

$$\lim_{x \to 0} \frac{\tan bx}{ax} = \lim_{x \to 0} \left(\frac{\tan bx}{bx} \times \frac{b}{a} \right)$$

$$= 1 \times \frac{b}{a} = \frac{b}{a} \ (단, \ a \neq 0)$$

227 BOB 대표

$\lim\limits_{x \to 0} \dfrac{\tan x - \tan 4x}{\tan 3x}$의 값은?

① -1 　　　② $-\dfrac{2}{3}$ 　　　③ 1

④ $\dfrac{5}{3}$ 　　　⑤ 2

228 하

$\lim\limits_{x \to 0} \dfrac{\tan(\sin 4x)}{\tan 3x}$의 값은?

① $\dfrac{1}{3}$ 　　　② $\dfrac{1}{2}$ 　　　③ $\dfrac{2}{3}$

④ $\dfrac{4}{3}$ 　　　⑤ $\dfrac{3}{2}$

229 중

두 함수 $f(x) = 3x$, $g(x) = \tan 2x$에 대하여 $\lim\limits_{x \to 0} \dfrac{f(g(x))}{g(f(x))}$의 값을 구하여라.

유형

045

$\lim\limits_{x \to 0} \dfrac{1 - \cos kx}{x} \ (k \neq 0)$ 꼴의 극한은 분자, 분모에 $1 + \cos kx$를 각각 곱하자!

$\lim\limits_{x \to 0} \dfrac{1 - \cos kx}{x}$ 꼴의 극한은 다음과 같은 순서로 구한다.

step 1 분자, 분모에 $1 + \cos kx$를 각각 곱한다.

step 2 $1 - \cos^2 kx = \sin^2 kx$임을 이용하여 식을 변형한다.

step 3 $\lim\limits_{x \to 0} \dfrac{\sin x}{x} = 1$임을 이용한다.

230 BOB 대표

$\lim\limits_{x \to 0} \dfrac{1 - \cos 2x}{x \sin 2x}$의 값은?

① -1 　　　② $-\dfrac{1}{2}$ 　　　③ 0

④ $\dfrac{1}{2}$ 　　　⑤ 1

231 중

$\lim\limits_{x \to 0} \dfrac{4\cos^2 x + 3\cos x - 7}{x^2}$의 값은?

① -6 　　　② $-\dfrac{11}{2}$ 　　　③ -3

④ $\dfrac{7}{2}$ 　　　⑤ 4

232 중

$\lim\limits_{x \to 0} \dfrac{1 - \cos x}{1 - \cos 3x}$의 값을 구하여라.

유형 046

$x \to a\ (a \neq 0)$일 때, $x-a=t$로 치환하여 $t \to 0$일 때의 극한으로 변형하자!

$x-a=t\ (a\neq 0)$로 놓으면 $x \to a$일 때 $t \to 0$이므로

(1) $\displaystyle\lim_{x \to a} \frac{\sin(x-a)}{x-a} = \lim_{t \to 0} \frac{\sin t}{t} = 1$

(2) $\displaystyle\lim_{x \to a} \frac{\tan(x-a)}{x-a} = \lim_{t \to 0} \frac{\tan t}{t} = 1$

233 BOB 대표

$\displaystyle\lim_{x \to \frac{\pi}{2}} \frac{\cos x}{x - \frac{\pi}{2}}$의 값은?

① -2　　　　② -1　　　　③ 0
④ 1　　　　⑤ 2

234 중

$\displaystyle\lim_{x \to \frac{1}{2}} \frac{\sin(\cos \pi x)}{x - \frac{1}{2}}$의 값은?

① -2π　　　　② $-\pi$　　　　③ $\dfrac{\pi}{2}$
④ π　　　　⑤ 2π

235 중　　　　보충 설명

$\displaystyle\lim_{x \to -\frac{\pi}{6}} \frac{\sqrt{3}\sin x + \cos x}{x + \frac{\pi}{6}}$의 값을 구하여라.

유형 047

$\displaystyle\lim_{x \to \infty} x \sin \frac{1}{x} = 1$, $\displaystyle\lim_{x \to \infty} x \tan \frac{1}{x} = 1$임을 이용한 삼각함수의 극한을 알아보자!

$\dfrac{1}{x} = t$로 놓으면 $x \to \infty$일 때 $t \to 0+$이므로

(1) $\displaystyle\lim_{x \to \infty} x \sin \frac{1}{x} = \lim_{t \to 0+} \frac{\sin t}{t} = 1$

(2) $\displaystyle\lim_{x \to \infty} x \tan \frac{1}{x} = \lim_{t \to 0+} \frac{\tan t}{t} = 1$

236 BOB 대표

$\displaystyle\lim_{x \to \infty} x \tan \frac{3}{x}$의 값은?

① $\dfrac{1}{3}$　　　　② 1　　　　③ 2
④ $\dfrac{7}{3}$　　　　⑤ 3

237 중

$\displaystyle\lim_{x \to \infty} x° \sin \frac{1}{2x}$의 값은?

① $\dfrac{\pi}{540}$　　　　② $\dfrac{\pi}{360}$　　　　③ $\dfrac{\pi}{270}$
④ $\dfrac{\pi}{180}$　　　　⑤ $\dfrac{\pi}{90}$

238 중

$\displaystyle\lim_{x \to \infty} \left(\frac{2x+4}{3} \times \tan \frac{3}{x-2} \right)$의 값을 구하여라.

정답과 풀이 p.42

유형 048 분수 꼴의 함수의 극한이 존재할 때, (분모) → 0이면 (분자) → 0이다!

두 함수 $f(x)$, $g(x)$에 대하여 $\lim\limits_{x \to a} \dfrac{f(x)}{g(x)} = L$ (L은 실수)일 때

(1) $\lim\limits_{x \to a} g(x) = 0$이면 $\lim\limits_{x \to a} f(x) = 0$

(2) $L \neq 0$이고 $\lim\limits_{x \to a} f(x) = 0$이면 $\lim\limits_{x \to a} g(x) = 0$

239 BOB 대표

$\lim\limits_{x \to 0} \dfrac{\tan 3x}{\sqrt{ax+b}-2} = 4$일 때, 상수 a, b에 대하여 ab의 값은?

① 8   ② 12   ③ 16

④ 20   ⑤ 24

240 하

$\lim\limits_{x \to 0} \dfrac{\ln(a+2x)}{\sin x} = b$일 때, 상수 a, b에 대하여 $a+b$의 값은?

① 1   ② 2   ③ 3

④ 4   ⑤ 5

241 중   서술형

$\lim\limits_{x \to \frac{\pi}{2}} \dfrac{\cos x}{ax+b} = \dfrac{1}{4}$일 때, 상수 a, b에 대하여 ab의 값을 구하여라.

유형 049 구간에 따라 다르게 정의된 함수가 연속이려면 경계점에서의 함숫값과 극한값이 같아야 한다!

$x \neq a$에서 연속인 함수 $g(x)$에 대하여 함수

$$f(x) = \begin{cases} g(x) & (x \neq a) \\ k & (x = a) \end{cases} \quad (k는 \ 상수)$$

가 모든 실수 x에 대하여 연속이려면

➡ $\lim\limits_{x \to a} f(x) = f(a)$, 즉 $\lim\limits_{x \to a} g(x) = k$이다.

242 BOB 대표

함수 $f(x) = \begin{cases} \dfrac{\sin 2(x-1)}{x-1} & (x \neq 1) \\ k & (x = 1) \end{cases}$ 가 $x = 1$에서 연속이 되도록

하는 상수 k의 값은?

① 1   ② 2   ③ 3

④ 4   ⑤ 5

243 중

등식 $(x-2)f(x) = \sin(x-2)\pi$를 만족시키는 함수 $f(x)$가 $x = 2$에서 연속일 때, $f(2)$의 값은?

① $\dfrac{\pi}{2}$ ② π ③ $\dfrac{3}{2}\pi$

④ 2π ⑤ $\dfrac{5}{2}\pi$

244 중

함수 $f(x) = \begin{cases} \dfrac{a-\cos x}{\sin^2 2x} & (x \neq 0) \\ b & (x = 0) \end{cases}$ 가 $x = 0$에서 연속일 때, 상수 a, b에 대하여 $8(a+b)$의 값을 구하여라.

050

선분의 길이와 **도형의 넓이**를 **삼각함수**로 나타내어 극한값을 구하자!

(1) 부채꼴의 호의 길이 l과 넓이 S
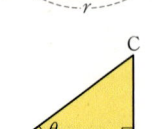

 ➡ $l=r\theta$

 $S=\dfrac{1}{2}r^2\theta=\dfrac{1}{2}rl$

(2) 직각삼각형 ABC에서 세 변의 길이

 ➡ $\overline{AB}=\overline{AC}\cos\theta$

 $\overline{BC}=\overline{AC}\sin\theta$

 $\overline{BC}=\overline{AB}\tan\theta$

245 **BOB 대표**

오른쪽 그림과 같이 반지름의 길이가 2이고, 중심각의 크기가 2θ인 부채꼴에 내접하는 원의 반지름의 길이를 r라 할 때, $\displaystyle\lim_{\theta\to0+}\dfrac{r}{\theta}$의 값을 구하여라.

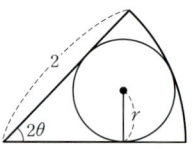

246 **중**

오른쪽 그림과 같이 $\angle C=\dfrac{\pi}{2}$, $\overline{BC}=\dfrac{1}{2}$인 직각삼각형 ABC가 있다. 꼭짓점 C에서 빗변 AB에 내린 수선의 발을 H라 하고, $\angle B=\theta$라 할 때, $\displaystyle\lim_{\theta\to0+}\dfrac{\overline{AH}}{\theta^2}$의 값을 구하여라.

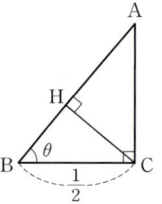

247 **중**

오른쪽 그림과 같이 반지름의 길이가 4인 사분원 위의 한 점 A에서 반지름 OB에 내린 수선의 발을 H라 하고, $\angle AOB=\theta$라 할 때, $\displaystyle\lim_{\theta\to0+}\dfrac{\overline{BH}}{\theta^2}$의 값을 구하여라.

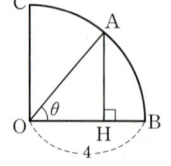

051

$\sin x$의 도함수는 $\cos x$이고 $\cos x$의 도함수는 $-\sin x$이다!

(1) 함수 $y=\sin x$의 도함수

 ➡ $(\sin x)'=\cos x$, 즉 $\dfrac{d}{dx}\sin x=\cos x$

(2) 함수 $y=\cos x$의 도함수

 ➡ $(\cos x)'=-\sin x$, 즉 $\dfrac{d}{dx}\cos x=-\sin x$

248 **BOB 대표**

함수 $f(x)=e^x(2\sin x-3)$에 대하여 $f'(0)$의 값은?

① -2 ② -1 ③ 0

④ 1 ⑤ 2

249 **하**

함수 $f(x)=(x^2-1)\cos x$에 대하여 $f'(\pi)$의 값은?

① -2π ② $-\pi$ ③ 0

④ π ⑤ 2π

250 **중**

함수 $f(x)=e^x\sin x$에 대하여 열린구간 $(0,\ 2\pi)$에서 $f'(x)=0$을 만족시키는 모든 x의 값의 합을 구하여라.

함수 $y=f(x)$의 $x=a$에서의 미분계수는

$$f'(a)=\lim_{h\to 0}\frac{f(a+h)-f(a)}{h}=\lim_{x\to a}\frac{f(x)-f(a)}{x-a}$$

251 ᴮᴼᴮ 대표

함수 $f(x)=x\sin x$에 대하여 $\lim_{h\to 0}\dfrac{f(\pi+3h)-f(\pi)}{h}$의 값은?

① -3π ② $-\pi$ ③ 0

④ π ⑤ 3π

252 ⑧

$x=0$에서 미분가능한 함수 $f(x)$에 대하여 $f'(0)=3$일 때,

$\lim_{x\to 0}\dfrac{f(\sin x)-f(2x)}{x}$의 값은?

① -6 ② -3 ③ 0

④ 3 ⑤ 6

253 ⑧

함수 $f(x)=\lim_{h\to 0}\dfrac{x\sin(x+h)-x\sin x}{h}$에 대하여 $f'\!\left(\dfrac{\pi}{2}\right)$의 값을 구하여라.

$f_1(x)$, $f_2(x)$가 다항함수이고,

함수 $f(x)=\begin{cases} f_1(x) & (x\ge a) \\ f_2(x) & (x<a) \end{cases}$가 $x=a$에서 미분가능하면

(ⅰ) $x=a$에서 연속이므로 $\lim_{x\to a-}f_2(x)=f_1(a)$

(ⅱ) 미분계수 $f'(a)$가 존재한다.

$$\lim_{x\to a+}\frac{f_1(x)-f(a)}{x-a}=\lim_{x\to a-}\frac{f_2(x)-f(a)}{x-a}$$

보충 설명

함수 $f(x)=\begin{cases} f_1(x) & (x\ge a) \\ f_2(x) & (x<a) \end{cases}$가 $x=a$에서 미분가능하면

$$f_1(a)=f_2(a),\ f_1'(a)=f_2'(a)$$

254 ᴮᴼᴮ 대표

함수 $f(x)=\begin{cases} \sin x & (x\ge 0) \\ ax+b & (x<0) \end{cases}$가 $x=0$에서 미분가능할 때, 상수 a, b에 대하여 a^2+b^2의 값은?

① -1 ② 0 ③ 1

④ 2 ⑤ 3

255 ⑧

함수 $f(x)=\begin{cases} 2x^2+ax+b & (x>0) \\ \cos x & (x\le 0) \end{cases}$가 $x=0$에서 미분가능할 때, 상수 a, b에 대하여 $a+b$의 값은?

① -3 ② -1 ③ 0

④ 1 ⑤ 3

256 ⑧ 서술형

함수 $f(x)=\begin{cases} a\cos x+b\sin x & (x\ge 0) \\ e^x & (x<0) \end{cases}$이 $x=0$에서 미분가능할 때, 상수 a, b에 대하여 $a+b$의 값을 구하여라.

257

$\lim\limits_{x \to 0} \dfrac{\dfrac{\cos x}{\sin x} - \dfrac{1}{\sin x}}{x}$의 값은?

① -1 　 ② $-\dfrac{1}{2}$ 　 ③ 0

④ $\dfrac{1}{2}$ 　 ⑤ 1

258

함수 $f(x)$가 $\lim\limits_{x \to 0} \dfrac{f(x)}{x + 2\sin x} = 4$를 만족시킬 때, $\lim\limits_{x \to 0} \dfrac{f(x)}{x - 2\sin x}$의 값은?

① -12 　 ② -8 　 ③ -4

④ 8 　 ⑤ 12

259 　

함수 $f(x)$가 $\lim\limits_{x \to 0} \dfrac{f(x)}{1 - \cos x} = 30$을 만족시킬 때, $\lim\limits_{x \to 0} \dfrac{f(x)}{x^2}$의 값은?

① 5 　 ② 10 　 ③ 15

④ 20 　 ⑤ 40

260

함수 $f(x)$가 $\lim\limits_{x \to \infty} \left\{ f(x) \left(\dfrac{5}{x} - \sin \dfrac{3}{x} \right) \right\} = 6$을 만족시킬 때, $\lim\limits_{x \to \infty} \dfrac{f(x)}{x}$의 값은?

① -3 　 ② -1 　 ③ 0

④ 3 　 ⑤ 5

261

$\lim\limits_{x \to \infty} x \sin \dfrac{1}{x°}$의 값은?

① 0 　 ② $\dfrac{\pi}{180}$ 　 ③ $\dfrac{1}{\pi}$

④ π 　 ⑤ $\dfrac{180}{\pi}$

262 　

$\lim\limits_{x \to 0} \dfrac{1 - 4\cos x + a}{x \sin x} = b$일 때, 상수 a, b에 대하여 $a + b$의 값은?

① 1 　 ② 2 　 ③ 3

④ 4 　 ⑤ 5

263

$\lim\limits_{x \to 0} \dfrac{x \sin 2x}{4 + a \cos x} = b$ $(b \neq 0)$일 때, 상수 a, b에 대하여 ab의 값은?

① -4 　 ② -2 　 ③ 1

④ 2 　 ⑤ 4

264 　

연속함수 $f(x)$가 $x^2 f(x) = a - 3\cos 2x$를 만족시킬 때, $a + f(0)$의 값은? (단, a는 상수이다.)

① 1 　 ② 3 　 ③ 5

④ 7 　 ⑤ 9

265

오른쪽 그림과 같이 반지름의 길이가 10이 고 중심각의 크기가 θ인 부채꼴 AOB에 내 접하는 원의 둘레의 길이를 l_1이라 하고, 부 채꼴의 호 AB의 길이를 l_2라 할 때 $\displaystyle\lim_{\theta\to 0+}\frac{l_2}{l_1}$ 의 값은?

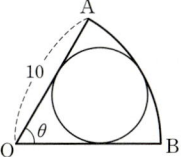

① $\dfrac{2}{\pi}$ ② $\dfrac{1}{\pi}$ ③ 1

④ $\dfrac{\pi}{2}$ ⑤ π

266

오른쪽 그림과 같이 원점 O를 중심으로 하 고 반지름의 길이가 1인 원 위의 점 A가 있다. 선분 OA와 수직인 현 PQ에 대하여 $\angle POA=\theta$라 하고, 삼각형 APQ의 넓이 를 $S(\theta)$라 할 때, $\displaystyle\lim_{\theta\to 0+}\frac{S(\theta)}{\theta^3}$의 값은?

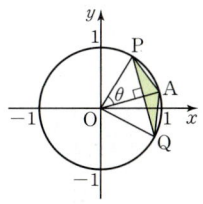

$\left(\text{단, } 0<\theta<\dfrac{\pi}{2}\right)$

① $\dfrac{1}{8}$ ② $\dfrac{1}{6}$ ③ $\dfrac{1}{4}$

④ $\dfrac{1}{3}$ ⑤ $\dfrac{1}{2}$

267

함수 $f(x)=\sin^2 x$에 대하여 $\displaystyle\lim_{x\to 0}\frac{xf'(x)}{1-\cos x}$의 값은?

① $\dfrac{1}{4}$ ② $\dfrac{1}{2}$ ③ 1

④ 2   ⑤ 4

268

함수 $f(x)=e^x\cos x$에 대하여 $\displaystyle\lim_{h\to 0}\frac{f(10h)-1}{h}$의 값은?

① -10 ② -5 ③ 0

④ 5   ⑤ 10

269

함수 $f(x)=\displaystyle\lim_{t\to x}\frac{t\sin x-x\sin t}{t-x}$에 대하여 $f'\left(\dfrac{\pi}{2}\right)$의 값은?

① $-\pi$ ② $-\dfrac{\pi}{2}$ ③ 0

④ $\dfrac{\pi}{2}$ ⑤ π

270

함수 $f(x)=\begin{cases}3\sin x+b\cos x & (x\geq 0) \\ ae^x & (x<0)\end{cases}$이 $x=0$에서 미분가능할 때, 상수 a, b에 대하여 $a+b$의 값은?

① 2   ② 4   ③ 6

④ 8   ⑤ 10

271   서술형

일차함수 $f(x)$에 대하여 $\displaystyle\lim_{x\to\frac{\pi}{2}}\frac{\cos x}{f(x)}=\dfrac{1}{2}$일 때, $f(\pi)$의 값을 구 하여라.

272   서술형

함수 $f(x)=\sin x(1+\cos x)$에 대하여 $f'(x)=0$을 만족시키는 모든 실수 x의 값의 합을 구하여라. (단, $0\leq x<2\pi$)

개념 plus

개념 ① **함수의 몫의 미분법** 유형 054~055

(1) 함수의 몫의 미분법

두 함수 $f(x)$, $g(x)$ $(g(x) \neq 0)$가 미분가능할 때

① $y = \dfrac{f(x)}{g(x)}$ 이면 $y' = \dfrac{f'(x)g(x) - f(x)g'(x)}{\{g(x)\}^2}$

② $y = \dfrac{1}{g(x)}$ 이면 $y' = -\dfrac{g'(x)}{\{g(x)\}^2}$

(2) 함수 $y = x^n$ (n은 정수)의 도함수 ㉠

n이 정수일 때

$y = x^n$이면 $y' = nx^{n-1}$ (단, $x \neq 0$)

(3) 삼각함수의 도함수

① 삼각함수 $\csc\theta$, $\sec\theta$, $\cot\theta$

동경 OP가 나타내는 일반각의 크기 θ에 대하여

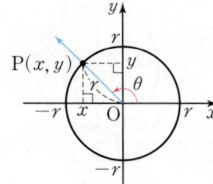

㉠ 코시컨트함수: $\csc\theta = \dfrac{1}{\sin\theta} = \dfrac{r}{y}$ $(y \neq 0)$

㉡ 시컨트함수: $\sec\theta = \dfrac{1}{\cos\theta} = \dfrac{r}{x}$ $(x \neq 0)$

㉢ 코탄젠트함수: $\cot\theta = \dfrac{1}{\tan\theta} = \dfrac{x}{y}$ $(y \neq 0)$

② 삼각함수의 도함수

㉠ $y = \sin x$이면 $y' = \cos x$ ㉡ $y = \cos x$이면 $y' = -\sin x$

㉢ $y = \tan x$이면 $y' = \sec^2 x$ ㉣ $y = \sec x$이면 $y' = \sec x \tan x$

㉤ $y = \csc x$이면 $y' = -\csc x \cot x$ ㉥ $y = \cot x$이면 $y' = -\csc^2 x$

개념 ② **합성함수의 미분법** 유형 056~061

(1) 합성함수의 미분법

미분가능한 두 함수 $y = f(u)$, $u = g(x)$에 대하여 합성함수 $y = f(g(x))$의 도함수는

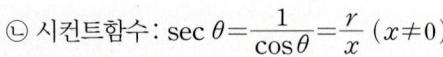
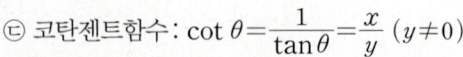

$$\frac{dy}{dx} = \frac{dy}{du} \times \frac{du}{dx} \ \text{ 또는 } \ y' = f'(g(x))g'(x)$$ ㉡

(2) 로그함수의 도함수

$a > 0$, $a \neq 1$이고, 함수 $f(x)$가 미분가능하며 $f(x) \neq 0$일 때

① $(\ln|x|)' = \dfrac{1}{x}$, $(\log_a|x|)' = \dfrac{1}{x \ln a}$

② $\{\ln|f(x)|\}' = \dfrac{f'(x)}{f(x)}$, $\{\log_a|f(x)|\}' = \dfrac{f'(x)}{f(x)\ln a}$

(3) 함수 $y = x^\alpha$ (α는 실수)의 도함수

α가 실수일 때

$y = x^\alpha$이면 $y' = \alpha x^{\alpha-1}$ (단, $x > 0$)

개념 plus

◆ 함수의 곱의 미분법

두 함수 $f(x)$, $g(x)$가 미분가능할 때

$$\{f(x)g(x)\}' = f'(x)g(x) + f(x)g'(x)$$

㉠ $y = \dfrac{f(x)}{g(x)}$에서 $f(x) = 1$이면 $f'(x) = 0$이

므로 $y' = -\dfrac{g'(x)}{\{g(x)\}^2}$

◆ 삼각함수 사이의 관계

① $\sin^2\theta + \cos^2\theta = 1$

② $1 + \tan^2\theta = \sec^2\theta$

③ $1 + \cot^2\theta = \csc^2\theta$

◆ $(\tan x)'$

$= \left(\dfrac{\sin x}{\cos x}\right)'$

$= \dfrac{(\sin x)'\cos x - \sin x(\cos x)'}{\cos^2 x}$

$= \dfrac{\cos^2 x + \sin^2 x}{\cos^2 x}$

$= \dfrac{1}{\cos^2 x}$

$= \sec^2 x$

㉡ 두 함수 $y = f(u)$, $u = g(x)$가 미분가능
할 때, 합성함수 $y = f(g(x))$도 미분가능
하다.

◆ 합성함수의 미분

합성함수 $y = f(g(x))$의 도함수는

(겉미분) × (속미분)

으로 기억하도록 한다. 즉, 바깥쪽 함수 $f(x)$
를 미분하고 안의 함수 $g(x)$는 놔둔 다음, 안
쪽의 함수 $g(x)$를 미분하여 곱힌다.

◆ 로그함수의 미분법의 활용

밑이 변수인 지수함수나 복잡한 곱 또는 몫
의 꼴인 함수는 로그함수의 미분법을 이용
하여 도함수를 구할 수 있다.

① $y = f(x)$의 양변에 절댓값을 취한다.

➡ $|y| = |f(x)|$

② ①의 양변에 자연로그를 취한다.

➡ $\ln|y| = \ln|f(x)|$

③ ②의 양변을 x에 대하여 미분한다.

➡ $\dfrac{y'}{y} = \dfrac{f'(x)}{f(x)}$

④ ③을 y'에 대하여 정리한다.

➡ $y' = y \times \dfrac{f'(x)}{f(x)}$

개념 ③ 매개변수로 나타낸 함수의 미분법 · 유형 062

(1) x의 함수 y가

$$\begin{cases} x=f(t) \\ y=g(t) \end{cases} (t\text{는 실수})$$

와 같이 나타날 때, 변수 t를 매개변수라 하고, 이 함수를 매개변수로 나타낸 함수라 한다.

(2) 매개변수로 나타낸 함수 $\begin{cases} x=f(t) \\ y=g(t) \end{cases}$ 에서 $f(t)$, $g(t)$가 t에 대하여 미분가능하고 $f'(t) \neq 0$

이면

$$\frac{dy}{dx} = \frac{\dfrac{dy}{dt}}{\dfrac{dx}{dt}} = \frac{g'(t)}{f'(t)}$$

개념 ④ 음함수의 미분법 · 유형 063

(1) x의 함수 y가 방정식 $f(x, y)=0$ 꼴로 주어졌을 때, y를 x의 음함수 표현이라 한다.

(2) 음함수의 표현 $f(x, y)=0$에서 y를 x의 함수로 보고 각 항을 x에 대하여 미분하여 $\dfrac{dy}{dx}$를 구한다.

○ 음함수의 미분법은 $y=f(x)$ 꼴로 고치기 어려운 함수를 미분할 때 이용한다.

개념 ⑤ 역함수의 미분법 · 유형 064

(1) 미분가능한 함수 $y=f(x)$의 역함수 $y=f^{-1}(x)$가 존재하고 미분가능할 때

$$(f^{-1})'(b) = \frac{1}{f'(a)} \ (\text{단}, f'(a) \neq 0, f(a)=b)$$

(2) 미분가능한 함수 $y=f(x)$의 역함수 $y=f^{-1}(x)$가 존재하고 미분가능할 때, $y=f^{-1}(x)$의 도함수는

$$\frac{dy}{dx} = \frac{1}{\dfrac{dx}{dy}} \ \text{또는} \ (f^{-1})'(x) = \frac{1}{f'(y)} \left(\text{단}, \frac{dx}{dy} \neq 0, f'(y) \neq 0\right)$$

○ 합성함수의 미분법을 이용한 역함수의 미분
미분가능한 함수 $f(x)$의 역함수를 $g(x)$라 하면 $f(g(x))=x$가 성립한다. 이 식의 양변을 x에 대하여 미분하면 합성함수의 미분법에 의하여

$$f'(g(x))g'(x)=1$$
$$\therefore g'(x) = \frac{1}{f'(g(x))}$$
$$(\text{단}, f'(g(x)) \neq 0)$$

개념 ⑥ 이계도함수 · 유형 065

함수 $f(x)$의 도함수 $f'(x)$가 미분가능할 때, $f'(x)$의 도함수

$$\lim_{\Delta x \to 0} \frac{f'(x+\Delta x)-f'(x)}{\Delta x}$$

를 함수 $f(x)$의 이계도함수라 하고, 기호로 $f''(x)$, y'', $\dfrac{d^2y}{dx^2}$, $\dfrac{d^2}{dx^2}f(x)$와 같이 나타낸다.

1 함수의 몫의 미분법

273
다음 함수를 미분하여라.

(1) $y = \dfrac{3x+1}{x-4}$

(2) $y = \dfrac{2x^2-1}{2x+1}$

(3) $y = \dfrac{1}{2x-1}$

274
다음 함수를 미분하여라.

(1) $y = \dfrac{1+\cos x}{1-\cos x}$

(2) $y = \dfrac{3x}{5^x}$

(3) $y = \dfrac{\ln x}{e^x}$

275
다음 함수를 미분하여라.

(1) $y = \sec x - 2\csc x$

(2) $y = 3\tan x + 5\cot x$

276
다음 함수를 미분하여라.

(1) $y = x^{-4}$

(2) $y = \dfrac{1}{x^2}$

(3) $y = \dfrac{x^2-3}{x^5}$

2 합성함수의 미분법

277
다음 함수를 미분하여라.

(1) $y = (3x-1)^4$

(2) $y = (2x^2+x+3)^3$

(3) $y = \dfrac{1}{(x-2)^5}$

278
다음 함수를 미분하여라.

(1) $y = (x^2-x+3)(x+5)^2$

(2) $y = \dfrac{(3x+4)^2}{2x-1}$

279
다음 함수를 미분하여라.

(1) $y = \sin(\cos x)$

(2) $y = (1-\cos x)^4$

(3) $y = \sin^2 x \cos^3 x$

280
다음 함수를 미분하여라.

(1) $y = e^{2x-1}$

(2) $y = 3^{2x-5}$

(3) $y = 4^{x^2-1}$

281
다음 함수를 미분하여라.

(1) $y = \ln|2x-1|$

(2) $y = \log_3|x^2+1|$

(3) $y = \ln|\sin x|$

282

다음 함수를 미분하여라.

(1) $y=\sqrt{x}$

(2) $y=2x^{\sqrt{3}}$

(3) $y=x^{-e}$

283

다음 함수를 미분하여라

(1) $y=\sqrt[3]{5-x^2}$

(2) $y=(x+2)\sqrt{4x-5}$

(3) $y=\dfrac{2x^2+4}{\sqrt{3x+1}}$

3 매개변수로 나타낸 함수의 미분법

284

다음 매개변수로 나타낸 함수에 대하여 $\dfrac{dy}{dx}$ 를 구하여라.

(1) $x=1-3t,\ y=t^2$

(2) $x=2t^2-1,\ y=t+\dfrac{1}{t}$

(3) $x=\sqrt{t+1},\ y=t^2+1$

(4) $x=1+2\cos t,\ y=1-2\sin t$

(5) $x=\sec t,\ y=2\tan t$

4 음함수의 미분법

285

다음 방정식으로 주어진 x의 함수 y에 대하여 $\dfrac{dy}{dx}$ 를 구하여라.

(1) $x^2+y^2+2y=1$

(2) $xy=2$

(3) $2x-3y^2=4$

(4) $x^2-xy+y^2=3$

5 역함수의 미분법

286

역함수의 미분법을 이용하여 다음에서 $\dfrac{dy}{dx}$ 를 구하여라.

(1) $x=y^2$

(2) $x=4y^2-y+4$

(3) $y=\sqrt[3]{x+2}$

6 이계도함수

287

다음 함수의 이계도함수를 구하여라.

(1) $y=3x^3+x^2+1$

(2) $y=\sqrt[3]{x}$

(3) $y=\sin 3x$

(4) $y=e^{3x}$

(5) $y=2\ln x$

288

다음 함수의 이계도함수를 구하여라.

(1) $y=x^2 e^x$

(2) $y=e^x \cos x$

(3) $y=\ln(x^2-1)$

054 함수의 몫의 미분법을 정확히 기억하고 미분하자!

두 함수 $f(x)$, $g(x)$ $(g(x) \neq 0)$가 미분가능할 때

(1) $y = \dfrac{f(x)}{g(x)} \Rightarrow y' = \dfrac{f'(x)g(x) - f(x)g'(x)}{\{g(x)\}^2}$

(2) $y = \dfrac{1}{g(x)} \Rightarrow y' = -\dfrac{g'(x)}{\{g(x)\}^2}$

289 BOB 대표

함수 $f(x) = \dfrac{x^2 - x + 1}{x - 1}$에 대하여 $f'(-1)$의 값은?

① $\dfrac{2}{3}$　　　② $\dfrac{3}{4}$　　　③ 1

④ $\dfrac{4}{3}$　　　⑤ $\dfrac{3}{2}$

290 중

함수 $f(x) = \dfrac{x^2}{x + 1}$에 대하여 $\displaystyle\lim_{h \to 0} \dfrac{f(1+h) - f(1)}{h}$의 값은?

① $\dfrac{1}{4}$　　　② $\dfrac{1}{2}$　　　③ $\dfrac{3}{4}$

④ 1　　　⑤ $\dfrac{5}{4}$

291 중

함수 $f(x) = \dfrac{4}{x^2 - x + 2}$에 대하여 $\displaystyle\lim_{x \to 1} \dfrac{f(x^2) - 2}{x - 1}$의 값을 구하여라.

055 삼각함수의 도함수를 정확히 기억하고 미분하자!

(1) $y = \sin x \Rightarrow y' = \cos x$

(2) $y = \cos x \Rightarrow y' = -\sin x$

(3) $y = \tan x \Rightarrow y' = \sec^2 x$

(4) $y = \sec x \Rightarrow y' = \sec x \tan x$

(5) $y = \csc x \Rightarrow y' = -\csc x \cot x$

(6) $y = \cot x \Rightarrow y' = -\csc^2 x$

292 BOB 대표

함수 $f(x) = \dfrac{\sin x}{\sin x + \cos x}$에 대하여 $f'(\pi)$의 값은?

① -2　　　② -1　　　③ 0
④ 1　　　⑤ 2

293 하

함수 $f(x) = \csc x - \sec x$에 대하여 $\displaystyle\lim_{h \to 0} \dfrac{f\left(\dfrac{\pi}{4} + 2h\right) - f\left(\dfrac{\pi}{4}\right)}{h}$의 값은?

① $-4\sqrt{2}$　　　② $-2\sqrt{2}$　　　③ $\sqrt{2}$
④ $2\sqrt{2}$　　　⑤ $4\sqrt{2}$

294 중

함수 $f(x) = \begin{cases} x^2 + ax + b & (x \geq 0) \\ 2\sin x + 3\tan x & (x < 0) \end{cases}$ 가 $x = 0$에서 미분가능할 때, 상수 a, b에 대하여 $a + b$의 값을 구하여라.

유형

056 합성함수의 미분법을 정확히 기억하고 미분하자!

(1) 미분가능한 두 함수 $y=f(u)$, $u=g(x)$에 대하여 합성함 수 $y=f(g(x))$의 도함수

➡ $\dfrac{dy}{dx}=\dfrac{dy}{du}\times\dfrac{du}{dx}$ 또는 $y'=f'(g(x))g'(x)$

(2) $y=f(ax+b)$ ➡ $y'=af'(ax+b)$

(3) $y=\{f(x)\}^n$ (n은 정수) ➡ $y'=n\{f(x)\}^{n-1}f'(x)$

295 BOB 대표

미분가능한 함수 $f(x)$가 $f(1)=2$, $f'(1)=3$을 만족시킬 때, 함 수 $y=x^3\{f(x)\}^2$의 $x=1$에서의 미분계수는?

① 6 　　　　② 12 　　　　③ 18

④ 24 　　　　⑤ 30

296 중

모든 실수 x에 대하여 미분가능한 함수 $f(x)$가 $f(3x-1)=x^3-2x^2+3x+1$을 만족시킬 때, $f'(-1)$의 값은?

① -3 　　　　② -2 　　　　③ -1

④ 0 　　　　⑤ 1

297 중

미분가능한 두 함수 $f(x)$, $g(x)$가 $f(2)=2$, $f'(2)=-3$, $g(2)=1$, $g'(2)=-1$을 만족시킬 때, $\displaystyle\lim_{x\to2}\dfrac{g(f(x))-1}{x-2}$의 값을 구하여라.

유형

057 복잡한 무리함수의 도함수를 구할 때에는 합성함수 의 미분법을 이용하자!

(1) $y=x^{\alpha}$ (α는 실수) ➡ $y'=\alpha x^{\alpha-1}$ (단, $x>0$)

(2) $y=\{f(x)\}^{\alpha}$ (α는 실수) ➡ $y'=\alpha\{f(x)\}^{\alpha-1}f'(x)$

(3) $y=\sqrt{f(x)}$ ➡ $y'=\dfrac{f'(x)}{2\sqrt{f(x)}}$

298 BOB 대표

$f(1)=4$를 만족시키는 미분가능한 함수 $f(x)$에 대하여 함수 $y=2x\sqrt{f(x)}$의 $x=1$에서의 미분계수가 5일 때, $f'(1)$의 값은?

① 1 　　　　② 2 　　　　③ 3

④ 4 　　　　⑤ 5

299 중

함수 $y=(x^3-x)\sqrt{4x+1}$의 $x=2$에서의 미분계수는?

① 28 　　　　② 31 　　　　③ 34

④ 37 　　　　⑤ 40

300 중　　　서술형

미분가능한 함수 $y=f(x)$의 그래프 위의 점 $(2, f(2))$에서의 접 선의 기울기가 2이다. 양의 실수 전체의 집합에서 정의된 함수 $y=f(\sqrt{x})$의 $x=4$에서의 미분계수를 구하여라.

유형

058

복잡한 삼각함수의 도함수를 구할 때에는 합성함수
의 미분법을 이용하자!

(1) $y=\sin f(x) \Rightarrow y'=\cos f(x) \times f'(x)$
(2) $y=\cos f(x) \Rightarrow y'=-\sin f(x) \times f'(x)$
(3) $y=\tan f(x) \Rightarrow y'=\sec^2 f(x) \times f'(x)$

301 **BOB 대표**

곡선 $y=\tan(\sin x)$ 위의 점 $(\pi, 0)$에서의 접선의 기울기는?

① -2 ② -1 ③ 0
④ 1 ⑤ 2

302 하

함수 $y=\sin(\pi+x)+\cos 2x$의 도함수가 $y'=a\sin 2x+b\cos x$
일 때, 상수 a, b에 대하여 $a-b$의 값은?

① -2 ② -1 ③ 0
④ 1 ⑤ 2

303 중

다음 중 함수 $y=\sin\sqrt{1-x^2}$의 도함수는?

① $y'=\dfrac{1}{\cos\sqrt{x}}$ ② $y'=\cos\sqrt{x}$

③ $y'=\cos\sqrt{1-x^2}$ ④ $y'=-\dfrac{x}{\sqrt{1-x^2}}\times\cos\sqrt{x}$

⑤ $y'=-\dfrac{x}{\sqrt{1-x^2}}\times\cos\sqrt{1-x^2}$

유형

059

복잡한 지수함수의 도함수를 구할 때에는 합성함수
의 미분법을 이용하자!

(1) $y=e^x \Rightarrow y'=e^x$
(2) $y=a^x \Rightarrow y'=a^x \ln a$ (단, $a>0$, $a\neq 1$)
(3) $y=e^{f(x)} \Rightarrow y'=e^{f(x)} \times f'(x)$
(4) $y=a^{f(x)} \Rightarrow y'=a^{f(x)} \times \ln a \times f'(x)$ (단, $a>0$, $a\neq 1$)

304 **BOB 대표**

함수 $y=5^{-\frac{1}{x}}$의 $x=1$에서의 미분계수는?

① $-\ln 5$ ② $-\dfrac{1}{5}\ln 5$ ③ $\dfrac{2}{5}$

④ $\dfrac{1}{5}\ln 5$ ⑤ $\dfrac{2}{5}\ln 5$

305 중

함수 $f(x)=\dfrac{e^{2x}}{1-\sin x}$에 대하여 $f(0)+f'(0)$의 값은?

① -4 ② -2 ③ 0
④ 2 ⑤ 4

306 중

함수 $f(x)=e^{3x}$일 때, $g(x)=(f\circ f)(x)$에 대하여 $g'(0)$의 값
은?

① 1 ② e^3 ③ $3e^3$
④ $9e^3$ ⑤ $9e^6$

유형

060 복잡한 로그함수의 도함수를 구할 때에는 합성함수의 미분법을 이용하자!

(1) $y = \ln|x| \Rightarrow y' = \dfrac{1}{x}$

(2) $y = \log_a|x| \Rightarrow y' = \dfrac{1}{x \ln a}$ (단, $a > 0$, $a \neq 1$)

(3) $y = \ln|f(x)| \Rightarrow y' = \dfrac{f'(x)}{f(x)}$

(4) $y = \log_a|f(x)| \Rightarrow y' = \dfrac{f'(x)}{f(x)\ln a}$ (단, $a > 0$, $a \neq 1$)

307 BOB 대표

함수 $f(x) = \log_2(\sin^4 x)$에 대하여 $f'\left(\dfrac{\pi}{4}\right)$의 값은?

① $-\dfrac{4}{\ln 2}$ 　 ② $-\dfrac{1}{\ln 4}$ 　 ③ $\ln 2$

④ $\dfrac{1}{\ln 2}$ 　 ⑤ $\dfrac{4}{\ln 2}$

308 중

$\displaystyle\lim_{x \to \frac{\pi}{4}} \dfrac{\log_4(\tan x)}{x - \dfrac{\pi}{4}}$의 값은?

① $-2\log_2 e$ 　 ② $-\log_2 e$ 　 ③ -1

④ $\log_2 e$ 　 ⑤ $2\log_2 e$

309 중 　 서술형

함수 $y = \ln\sqrt{\dfrac{1+\cos x}{1-\cos x}}$의 $x = \dfrac{\pi}{6}$에서의 미분계수를 구하여라.

유형

061 복잡한 곱 또는 몫의 꼴인 함수의 도함수는 로그함수의 미분법을 활용하자!

밑과 지수가 모두 변수인 함수나 복잡한 곱 또는 몫의 꼴인 함수의 도함수는 다음과 같은 순서로 구한다.

step1 $y = f(x)$의 양변에 절댓값을 취한다.

$\Rightarrow |y| = |f(x)|$

step2 **step1**의 양변에 자연로그를 취한다.

$\Rightarrow \ln|y| = \ln|f(x)|$

step3 **step2**의 양변을 x에 대하여 미분한다.

$\Rightarrow \dfrac{y'}{y} = \dfrac{f'(x)}{f(x)}$

step4 **step3**을 y'에 대하여 정리한다. $\Rightarrow y' = y \times \dfrac{f'(x)}{f(x)}$

310 BOB 대표

다음은 함수 $y = \dfrac{x^4(x-1)^3}{(x+1)^2}$의 도함수를 구하는 과정이다. (가), (나)에 들어갈 알맞은 것을 써넣어라.

주어진 식의 양변의 절댓값에 자연로그를 취하면

$\ln|y| = \ln\left|\dfrac{x^4(x-1)^3}{(x+1)^2}\right|$

$\qquad = 4\ln|x| + 3\ln|x-1| - 2\ln|x+1|$

위의 식의 양변을 x에 대하여 미분하면

$\dfrac{y'}{y} = \boxed{}$ (가) 　 $\therefore y' = \boxed{}$ (나)

311 중

다음은 함수 $y = 2x^{\ln 2x}$ ($x > 0$)의 도함수를 구하는 과정이다. (가), (나)에 들어갈 알맞은 것을 써넣어라.

주어진 식의 양변에 자연로그를 취하면

$\ln y = \ln 2x^{\ln 2x} = (\ln 2x)^2$

위의 식의 양변을 x에 대하여 미분하면

$\dfrac{y'}{y} = \boxed{}$ (가) 　 $\therefore y' = \boxed{}$ (나)

312 중

다음 함수를 미분하여라.

(1) $y = \dfrac{(x+1)^2}{x^3(x-4)}$

(2) $y = x^x$ ($x > 0$)

매개변수 t로 나타낸 함수 $x=f(t)$, $y=g(t)$는 $\dfrac{dx}{dt}$, $\dfrac{dy}{dt}$ 를 각각 구하여 미분할 수 있다!

$x=f(t)$, $y=g(t)$가 t에 대하여 미분가능하고 $f'(t) \neq 0$이면

$$\Rightarrow \frac{dy}{dx} = \frac{\dfrac{dy}{dt}}{\dfrac{dx}{dt}} = \frac{g'(t)}{f'(t)}$$

313 BOB 대표
매개변수로 나타낸 함수

$$x=\frac{1}{t}, \ y=\frac{t}{t-1}$$

에 대하여 $t=-1$일 때, $\dfrac{dy}{dx}$의 값은?

① $\dfrac{1}{8}$ ② $\dfrac{1}{4}$ ③ $\dfrac{1}{2}$

④ 1 ⑤ $\dfrac{3}{2}$

314 하
매개변수로 나타낸 함수

$$x=t-\cos t, \ y=t+\sin t$$

에 대하여 $\lim\limits_{t \to \frac{\pi}{2}} \dfrac{dy}{dx}$의 값은?

① $\dfrac{1}{2}$ ② $\dfrac{\sqrt{2}}{2}$ ③ 1

④ $\sqrt{2}$ ⑤ $\dfrac{3}{2}$

315 중
상수 a에 대하여 매개변수로 나타낸 함수

$$x=2t-4, \ y=t^2+at+2$$

로 나타내어지는 곡선 위의 점 $(2, 5)$에서의 접선의 기울기를 구하여라.

음함수 꼴로 주어진 함수는 y를 x의 함수로 보고, 각 항을 x에 대하여 미분한다!

x의 함수 y가 방정식 $f(x, y)=0$ 꼴로 주어질 때에는 y를 x의 함수로 보고 각 항을 x에 대하여 미분하여 $\dfrac{dy}{dx}$를 구한다.

$$\Rightarrow \frac{d}{dx}x^n = nx^{n-1}, \ \frac{d}{dx}y^n = ny^{n-1} \times \frac{dy}{dx} \ (단, \ n은 \ 실수이다.)$$

316 BOB 대표
음함수의 표현 $xy+2(x+y)=5$에서 $x=1$일 때의 $\dfrac{dy}{dx}$의 값은?

① -2 ② -1 ③ 0
④ 1 ⑤ 2

317 중
곡선 $x^2+y^2+ax+b=0$ 위의 점 $(1, 2)$에서의 $\dfrac{dy}{dx}$의 값이 $\dfrac{1}{4}$일 때, 상수 a, b에 대하여 ab의 값은?

① -6 ② -3 ③ -2
④ 3 ⑤ 6

318 중
곡선 $x^3+y^2+axy+b=0$ 위의 점 $(1, 1)$에서의 접선의 기울기가 -2일 때, 상수 a, b에 대하여 a^2+b^2의 값을 구하여라.

064

역함수의 미분법을 이용하면 역함수를 구하지 않고 **미분계수**를 구할 수 있다!

(1) 미분가능한 함수 $y=f(x)$의 역함수가 존재할 때

$$\Rightarrow \frac{dy}{dx}=\frac{1}{\frac{dx}{dy}}\left(\text{단, }\frac{dx}{dy}\neq 0\right)$$

(2) 미분가능한 함수 $y=f(x)$의 역함수를 $y=g(x)$라 하면

$$\Rightarrow g'(x)=\frac{1}{f'(g(x))}\left(\text{단, }f'(g(x))\neq 0\right)$$

319 BOB 대표

미분가능한 함수 $f(x)$가 $\displaystyle\lim_{x\to 3}\frac{f(x)-4}{x-3}=5$를 만족시킨다. 함수 $f(x)$의 역함수를 $g(x)$라 할 때, $g'(4)$의 값은?

① $\dfrac{1}{5}$　　　　② $\dfrac{1}{4}$　　　　③ $\dfrac{1}{3}$

④ 2　　　　⑤ 4

320 중

함수 $f(x)=\sin x\left(0<x<\dfrac{\pi}{2}\right)$의 역함수를 $g(x)$라 할 때, $g'\left(\dfrac{1}{2}\right)$의 값은?

① $\dfrac{1}{2}$　　　　② $\dfrac{\sqrt{2}}{2}$　　　　③ $\dfrac{\sqrt{3}}{2}$

④ $\dfrac{2\sqrt{2}}{3}$　　　　⑤ $\dfrac{2\sqrt{3}}{3}$

321 중

곡선 $x=\sqrt{y^3+y^2}$에서 $y=3$일 때의 접선의 기울기를 구하여라.

065

$f'(x)$의 도함수가 **이계도함수**이다!

함수 $f(x)$의 도함수 $f'(x)$의 도함수를 함수 $f(x)$의 이계도함수라 하고, 이것을 기호로 $f''(x)$, y'', $\dfrac{d^2y}{dx^2}$, $\dfrac{d^2}{dx^2}f(x)$와 같이 나타낸다.

322 BOB 대표

함수 $f(x)=(x+a)e^{bx}$에 대하여 $f'(0)=2$, $f''(0)=6$일 때, 상수 a, b에 대하여 $10a+b$의 값은?

① 5　　　　② 6　　　　③ 7

④ 8　　　　⑤ 9

323 하

함수 $f(x)=e^x\sin x$에 대하여 $f(0)+f'(0)+f''(0)$의 값은?

① 1　　　　② 2　　　　③ 3

④ e　　　　⑤ $2e$

324 중

함수 $f(x)=x^2\ln x$에 대하여 등식

$$f(x)-f'(x)-f''(x)=\ln x-x-3$$

이 성립하도록 하는 모든 x의 값의 합을 구하여라.

325

다항함수 $f(x)$가 $\displaystyle\lim_{x \to -1}\frac{f(x)+3}{x+1}=4$를 만족시킬 때,

$\displaystyle\lim_{h \to 0}\frac{1}{h}\left\{\frac{h-1}{f(h-1)}-\frac{1}{3}\right\}$의 값은?

① $\dfrac{1}{9}$ ② $\dfrac{1}{7}$ ③ $\dfrac{1}{6}$

④ $\dfrac{1}{5}$ ⑤ $\dfrac{1}{3}$

326

함수 $f(x)=1+\dfrac{1}{x}+\dfrac{1}{x^2}+\dfrac{1}{x^3}+\cdots+\dfrac{1}{x^9}$에 대하여

$\displaystyle\lim_{x \to 0}\frac{f(1+2x)-f(1-x)}{x}$의 값은?

① -135 ② -90 ③ -45

④ 45 ⑤ 90

327

함수 $f(x)=\begin{cases} x+b\sin\dfrac{\pi}{2}x & (x>1) \\ 3+ae^{-x} & (x\leq 1) \end{cases}$ 이 $x=1$에서 미분가능할 때,

상수 a, b에 대하여 ab의 값은?

① $-5e$ ② $-4e$ ③ $-3e$

④ $-2e$ ⑤ $-e$

328

두 함수 $f(x)=2\cos x$, $g(x)=\tan x$에 대하여 $\displaystyle\lim_{x \to \pi}\frac{f(g(x))-2}{x-\pi}$

의 값은?

① -2 ② -1 ③ 0

④ 1 ⑤ 2

329

두 함수 $f(x)=\dfrac{\pi}{2}e^x$, $g(x)=\sin 2x+\cos 2x$에 대하여

$F(x)=(g \circ f)(x)$일 때, $F'(0)$의 값은?

① -2π ② $-\pi$ ③ 0

④ π ⑤ 2π

330

함수 $f(x)=\dfrac{(x+3)^2(x+4)}{(x+1)^4(x+2)^3}$에 대하여 $\dfrac{f'(1)}{f(1)}$의 값은?

① $-\dfrac{37}{10}$ ② $-\dfrac{33}{10}$ ③ $-\dfrac{27}{10}$

④ $-\dfrac{23}{10}$ ⑤ $-\dfrac{17}{10}$

331

함수 $f(x)=x^{\sin x}\ (x>0)$에 대하여 $\displaystyle\lim_{x \to \pi}\frac{f(x)-1}{x-\pi}$의 값은?

① $\ln\dfrac{1}{\pi}$ ② $\ln\dfrac{2}{\pi}$ ③ $\ln\pi$

④ $\ln\dfrac{\pi}{2}$ ⑤ $\ln\dfrac{\pi}{3}$

332

매개변수 t로 나타낸 함수 $x=\dfrac{t^2}{1+t^2}$, $y=\dfrac{2t}{1+t^2}$에서 $t=-2$일

때, $\dfrac{dy}{dx}$의 값은?

① $-\dfrac{3}{2}$ ② $-\dfrac{1}{2}$ ③ $\dfrac{1}{2}$

④ 1 ⑤ $\dfrac{3}{2}$

333

곡선 $x^3 \sin x + y^3 \cos x + axy + b = 0$ 위의 점 $(\pi, 0)$에서의 접선의 기울기가 $\dfrac{1}{10}$일 때, 상수 a, b에 대하여 ab의 값은?

① $4\pi^2$ ② $5\pi^2$ ③ $6\pi^2$
④ $8\pi^2$ ⑤ $10\pi^2$

334

$-\pi < x < \pi$에서 정의된 함수 $f(x) = \tan\dfrac{x}{2}$의 역함수를 $g(x)$라 할 때, $g'(\sqrt{3})$의 값은?

① $\dfrac{1}{2}$ ② $\dfrac{\sqrt{2}}{2}$ ③ 1
④ $\sqrt{2}$ ⑤ $\sqrt{3}$

335

실수 전체의 집합에서 증가하고 미분가능한 함수 $y = f(x)$의 그래프 위의 점 $(3, 4)$에서의 접선의 기울기가 1이다. 함수 $f(3x)$의 역함수를 $g(x)$라 할 때, $g'(4)$의 값은?

① $\dfrac{1}{5}$ ② $\dfrac{1}{4}$ ③ $\dfrac{1}{3}$
④ $\dfrac{1}{2}$ ⑤ 1

336

함수 $f(x) = \ln(x^2 - 2x + 2)$에 대하여 $\displaystyle\lim_{h \to 0} \dfrac{f(1+h) + f'(1+2h)}{h}$의 값은?

① 1 ② 2 ③ 3
④ 4 ⑤ 5

337

함수 $f(x) = e^{ax} \sin bx$에 대하여 $f'(0) = 1$, $f''(0) = 2$일 때, $\displaystyle\lim_{x \to \sqrt{\pi}} \dfrac{f'(x^2) + e^{\pi}}{x - \sqrt{\pi}}$의 값은?

① $-4\sqrt{\pi}e^{\pi}$ ② $-2\sqrt{\pi}e^{\pi}$ ③ $-\sqrt{\pi}e^{\pi}$
④ $2\sqrt{\pi}e^{\pi}$ ⑤ $4\sqrt{\pi}e^{\pi}$

338

실수 전체의 집합에서 이계도함수를 갖는 함수 $f(x)$가 다음 조건을 만족시킨다. $f''(2)$의 값을 구하여라.

> (가) $f(1) = 2$, $f'(1) = 3$
> (나) $\displaystyle\lim_{x \to 1} \dfrac{f'(f(x^2)) - 1}{x - 1} = 24$

339

$x \geq 0$에서 정의된 이차함수 $f(x)$가
$$\lim_{x \to \infty} \frac{f(x) - 1}{x^2 - 1} = \lim_{x \to 1} \frac{f(x)}{x^2 - 1} = 1$$
을 만족시킨다. 함수 $f(2x)$의 역함수를 $g(x)$라 할 때, $\dfrac{1}{g'(3)}$의 값을 구하여라.

340

함수 $y = \dfrac{1}{2} e^x \cos 2x$에 대하여 등식 $y'' - ay' + by = 0$이 x의 값에 관계없이 항상 성립하도록 하는 $a + b$의 값을 구하여라.
(단, a, b는 상수이다.)

07 접선의 방정식

개념 plus

개념 ❶ 접선의 방정식 유형 066~069

곡선 $y=f(x)$의 접선의 방정식은

(1) 접점의 좌표 $(a, f(a))$가 주어진 경우

접선의 기울기가 $f'(a)$이므로 접선의 방정식은

$$y-f(a)=f'(a)(x-a) \qquad \cdots\cdots \text{㉠}$$

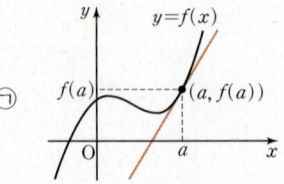

(2) 기울기 m이 주어진 경우

접점의 좌표를 $(a, f(a))$로 놓고 $f'(a)=m$임을 이용하여 a의 값과 이때의 접점의 좌표 $(a, f(a))$를 구한 다음 ㉠을 이용하여 접선의 방정식을 구한다.

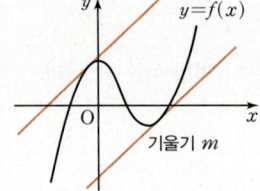

(3) 곡선 밖의 점의 좌표 (x_1, y_1)이 주어진 경우

접점의 좌표를 $(a, f(a))$로 놓고 ㉠에 점 (x_1, y_1)의 좌표를 대입하여 a의 값을 구한 다음 ㉠을 이용하여 접선의 방정식을 구한다.

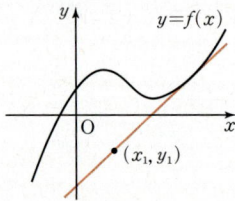

◆ 접선의 기울기

곡선 $y=f(x)$ 위의 점 $\mathrm{P}(a, f(a))$에서의 접선의 기울기는 $x=a$에서의 미분계수 $f'(a)$와 같다.

◆ 두 곡선의 공통인 접선

두 곡선 $y=f(x)$, $y=g(x)$가 $x=a$인 점에서 공통인 접선을 가지면 $f(a)=g(a)$, $f'(a)=g'(a)$

개념 ❷ 매개변수로 나타낸 곡선의 접선의 방정식 유형 070

매개변수로 나타낸 곡선 $x=f(t)$, $y=g(t)$에 대하여 $t=a$에 대응하는 점에서의 접선의 방정식은 ⓛ

$$y-g(a)=\frac{g'(a)}{f'(a)}\{x-f(a)\} \quad (\text{단, } t=a\text{에서 미분가능하고 } f'(a)\neq 0\text{이다.})$$

ⓛ 매개변수로 나타낸 곡선 $x=f(t)$, $y=g(t)$에서 $t=a$에 대응하는 점의 좌표는 $(f(a), g(a))$이다.

개념 ❸ 음함수로 나타낸 곡선의 접선의 방정식 유형 071

곡선 $f(x, y)=0$ 위의 점 $\mathrm{P}(a, b)$에서의 접선의 방정식은 다음과 같은 순서로 구한다.

step 1 음함수의 미분법을 이용하여 $\dfrac{dy}{dx}$를 구한다.

step 2 **step 1**에서 구한 $\dfrac{dy}{dx}$에 $x=a$, $y=b$를 대입하여 접선의 기울기를 구한다.

step 3 점 P의 좌표와 **step 2**에서 구한 기울기를 이용하여 접선의 방정식을 구한다.

✪ 개념 콕콕 ✪

1 접선의 방정식

341

다음 곡선 위의 주어진 점에서의 접선의 방정식을 구하여라.

(1) $y = \dfrac{x^2}{x-2}$ $(1, -1)$

(2) $y = x\sqrt{x}$ $(4, 8)$

(3) $y = \tan x$ $\left(\dfrac{\pi}{6}, \dfrac{\sqrt{3}}{3}\right)$

(4) $y = 2e^x$ $(0, 2)$

(5) $y = \ln(2x-4)$ $(3, \ln 2)$

342

주어진 곡선에 접하고 기울기 m이 다음과 같은 접선의 방정식을 구하여라.

(1) $y = \dfrac{x-1}{x+4}$ $(x > 0)$ $m = \dfrac{1}{5}$

(2) $y = 2\sqrt{x}$ $m = \dfrac{1}{2}$

(3) $y = 2\sin x$ $(0 \le x \le \pi)$ $m = \sqrt{2}$

(4) $y = e^{2(x+1)}$ $m = 2$

(5) $y = 2\ln x$ $m = 1$

343

다음과 같이 주어진 점에서 곡선에 그은 접선의 방정식을 구하여라.

(1) $y = \dfrac{2}{x}$ $(2, 0)$

(2) $y = \sqrt{x+1}$ $(-2, 0)$

(3) $y = 3e^{-x}$ $(1, 0)$

(4) $y = \ln x$ $(0, 0)$

2 매개변수로 나타낸 곡선의 접선의 방정식

344

매개변수 t로 나타낸 곡선 $x = t+1$, $y = \dfrac{1}{t-2}$에 대하여 다음 물음에 답하여라.

(1) $\dfrac{dy}{dx}$를 구하여라.

(2) $t = 1$일 때, x, y, $\dfrac{dy}{dx}$의 값을 각각 구하여라.

(3) $t = 1$에 대응하는 점에서의 접선의 방정식을 구하여라.

345

매개변수 t로 나타낸 곡선 $x = \sec t$, $y = \sqrt{3}\tan t$에 대하여 $t = \dfrac{\pi}{3}$에 대응하는 점에서의 접선의 방정식을 구하여라.

3 음함수로 나타낸 곡선의 접선의 방정식

346

곡선 $x^2 + y^2 + 2y = 1$에 대하여 다음 물음에 답하여라.

(1) $\dfrac{dy}{dx}$를 구하여라.

(2) 점 $(1, 0)$에서의 접선의 기울기를 구하여라.

(3) 점 $(1, 0)$에서의 접선의 방정식을 구하여라.

347

곡선 $x^2 - 4xy + y^2 + 2 = 0$ 위의 점 $(1, 1)$에서의 접선의 방정식을 구하여라.

유형 066 곡선 $y=f(x)$ 위의 $x=a$인 점에서의 접선의 기울기는 $f'(a)$이다!

곡선 $y=f(x)$ 위의 점 $(a, f(a))$에서의 접선의 방정식은 다음과 같은 순서로 구한다.

step 1 접선의 기울기 $f'(a)$를 구한다.

step 2 $y-f(a)=f'(a)(x-a)$를 이용하여 접선의 방정식을 구한다.

348 BOB 대표

곡선 $y=\cos x+\sqrt{3}\sin x$ 위의 점 $\left(\dfrac{\pi}{6}, \sqrt{3}\right)$에서의 접선의 y절편은?

① $\sqrt{3}-\dfrac{\pi}{6}$ ② $\dfrac{\pi}{6}$ ③ $\sqrt{3}+\dfrac{\pi}{6}$

④ $\dfrac{\pi}{3}$ ⑤ $\sqrt{3}+\dfrac{\pi}{3}$

349 하

곡선 $y=x+2x\ln x$ 위의 x좌표가 e인 점에서의 접선의 방정식은?

① $y=2x-2e$ ② $y=2x+e$

③ $y=5x-2e$ ④ $y=5x+2e$

⑤ $y=5x+3e$

350 중 서술형

곡선 $y=\sqrt{3}\sin x+\cos x$ 위의 점 $\left(\dfrac{\pi}{2}, \sqrt{3}\right)$에서의 접선이 점 $(\sqrt{3}, a)$를 지날 때, a의 값을 구하여라.

유형 067 점 $(a, f(a))$에서의 접선에 수직인 직선의 기울기는 $-\dfrac{1}{f'(a)}$이다!

곡선 $y=f(x)$ 위의 점 $(a, f(a))$를 지나고 이 점에서의 접선에 수직인 직선의 방정식은

➡ $y-f(a)=-\dfrac{1}{f'(a)}(x-a)$ (단, $f'(a)\neq 0$)

351 BOB 대표

곡선 $y=e^{x-a}$ 위의 점 $(2, b)$를 지나고, 이 점에서의 접선에 수직인 직선의 방정식이 $y=-x+c$일 때, $a+b+c$의 값은? (단, a, c는 상수이다.)

① 1 ② 2 ③ 3

④ 5 ⑤ 6

352 하

곡선 $y=\dfrac{2}{1+x}$ 위의 점 $(0, 2)$를 지나고, 이 점에서의 접선에 수직인 직선의 방정식은?

① $y=\dfrac{1}{3}x$ ② $y=\dfrac{1}{3}x+3$ ③ $y=\dfrac{1}{2}x$

④ $y=\dfrac{1}{2}x+2$ ⑤ $y=\dfrac{1}{2}x+3$

353 중

두 곡선 $y=\ln(2x+1)$, $y=k-\ln x$가 한 점에서 만나고 이 점에서의 두 곡선의 접선이 서로 수직일 때, 상수 k의 값은?

① $-\ln 2$ ② $\dfrac{1}{2}$ ③ $\ln 2$

④ 1 ⑤ 2

유형 068 접선의 기울기가 주어지면 접점의 좌표를 구하자!

곡선 $y=f(x)$에 접하고 기울기가 m인 접선의 방정식은 다음과 같은 순서로 구한다.

step 1 접점의 좌표를 $(a, f(a))$로 놓는다.

step 2 $f'(a)=m$임을 이용하여 접점의 좌표를 구한다.

step 3 $y-f(a)=m(x-a)$를 이용하여 접선의 방정식을 구한다.

354 [BOB 대표]

곡선 $y=2\cos 2x$ $(0 \le x \le \pi)$에 접하고, 직선 $4x+y+3=0$에 평행한 직선의 방정식은?

① $y=-4x-2\pi$　　　② $y=-4x-\pi$

③ $y=-4x$　　　　　④ $y=-4x+\pi$

⑤ $y=-4x+2\pi$

355 [하]

곡선 $y=3x\ln x$와 기울기가 6인 직선이 점 $(a, 3a\ln a)$에서 접할 때, a의 값은?

① $\dfrac{e}{6}$　　　② $\dfrac{e}{3}$　　　③ $\dfrac{e}{2}$

④ $\dfrac{3}{4}e$　　　⑤ e

356 [중]

곡선 $y=\dfrac{x+1}{x^2+1}$에 접히고 기울기가 $-\dfrac{1}{2}$인 식선의 방정식을 구하여라.

유형 069 곡선 밖의 한 점이 주어지면 접점의 좌표를 $(a, f(a))$로 놓자!

곡선 $y=f(x)$ 밖의 한 점 (x_1, y_1)에서 곡선에 그은 접선의 방정식은 다음과 같은 순서로 구한다.

step 1 접점의 좌표를 $(a, f(a))$로 놓는다.

step 2 $y-f(a)=f'(a)(x-a)$에 $x=x_1$, $y=y_1$을 대입하여 a의 값을 구한다.

step 3 $y-f(a)=f'(a)(x-a)$에 a의 값을 대입하여 접선의 방정식을 구한다.

357 [BOB 대표]

점 $(0, -2)$에서 곡선 $y=2x\ln x$에 그은 접선이 점 $(a, 0)$을 지날 때, a의 값은?

① -2　　　② -1　　　③ 0

④ 1　　　⑤ 2

358 [중]

점 $(-2, 0)$에서 곡선 $y=xe^{-x}$에 그은 두 접선의 기울기의 곱은?

① $\dfrac{1}{e^3}$　　　② $\dfrac{1}{e^2}$　　　③ $\dfrac{1}{e}$

④ e　　　⑤ e^2

359 [중]

점 $(2, 0)$에서 곡선 $y=\dfrac{2x}{x-1}$에 그을 수 있는 접선의 개수를 구하여라.

유형

070

매개변수로 나타낸 곡선 역시 **미분계수**를 구하여 **접선의 방정식**을 구할 수 있다!

매개변수로 나타낸 곡선 $x=f(t)$, $y=g(t)$ 위의 점 (a, b) 에서의 접선의 방정식은 다음과 같은 순서로 구한다.

step 1 $\dfrac{g'(t)}{f'(t)}$ 를 구한다.

step 2 $f(t_1)=a$, $g(t_1)=b$를 만족시키는 t_1의 값을 구한다.

step 3 **step 2** 에서 구한 t_1의 값을 $y-b=\dfrac{g'(t_1)}{f'(t_1)}(x-a)$에 대입한다.

360 BOB 대표

매개변수 t로 나타낸 곡선

$$x=\frac{1+t^2}{1-t^2}, \quad y=\frac{2t}{1-t^2}$$

에 대하여 $t=2$에 대응하는 점에서의 접선의 방정식은?

① $y=\dfrac{1}{4}x+\dfrac{3}{4}$ ② $y=\dfrac{3}{4}x+\dfrac{1}{4}$ ③ $y=\dfrac{3}{4}x+\dfrac{3}{4}$

④ $y=\dfrac{5}{4}x+\dfrac{1}{4}$ ⑤ $y=\dfrac{5}{4}x+\dfrac{3}{4}$

361 하

매개변수 t로 나타낸 곡선

$$x=\cos t-\sin t, \quad y=\cos t+\sin t$$

위의 점 $(1, 1)$에서의 접선의 방정식을 구하여라.

362 중

매개변수 t로 나타낸 곡선

$$x=\cos t, \quad y=2\sin^2 t \ (0 \le t \le \pi)$$

에 대하여 곡선 위의 점 $\left(\dfrac{1}{2}, \dfrac{3}{2}\right)$은 $t=a$에 대응하는 점이고, 이 점에서의 접선의 기울기는 b이다. ab의 값을 구하여라.

서술형

유형

071

음함수로 나타낸 곡선 역시 **미분계수**를 구하여 **접선의 방정식**을 구할 수 있다!

곡선 $f(x, y)=0$ 위의 점 (a, b)에서의 접선의 방정식은 다음과 같은 순서로 구한다.

step 1 $\dfrac{dy}{dx}$를 구한다.

step 2 **step 1** 에서 구한 $\dfrac{dy}{dx}$에 $x=a$, $y=b$를 대입하여 접선의 기울기 m을 구한다.

step 3 접선의 방정식 $y-b=m(x-a)$를 구한다.

363 BOB 대표

곡선 $2x^2-y^2=1$ 위의 점 $(1, 1)$을 지나고, 이 점에서의 접선에 수직인 직선의 방정식은?

① $y=-\dfrac{1}{2}x+\dfrac{3}{2}$ ② $y=\dfrac{1}{2}x+\dfrac{1}{2}$ ③ $y=2x-1$

④ $y=3x-2$ ⑤ $y=\dfrac{7}{2}x-\dfrac{5}{2}$

364 중

곡선 $x^2+xy+y=5$ 위의 점 $(1, 2)$에서의 접선의 방정식은 $y=ax+b$이다. 두 상수 a, b에 대하여 ab의 값은?

① -10 ② -8 ③ -6

④ -4 ⑤ -2

365 중

곡선 $x^3+y^2+axy+b=0$ 위의 점 $(1, 1)$에서의 접선의 기울기가 -2일 때, 상수 a, b에 대하여 a^2+b^2의 값을 구하여라.

유형
072
역함수를 직접 구하지 않고도 역함수의 그래프의 접선의 방정식을 구할 수 있다!

미분가능한 함수 $f(x)$의 역함수 $g(x)$가 존재하고 미분가능할 때, $f(a)=b$이면

➡ $g'(b)=\dfrac{1}{f'(a)}$ (단, $f'(a)\neq 0$)

366 BOB 대표
다음은 함수 $f(x)=x^3$의 역함수 $g(x)$에 대하여 곡선 $y=g(x)$ 위의 $x=8$인 점에서의 접선의 방정식을 구하는 과정이다. (가)~(다)에 알맞은 것을 써넣어라.

$g(8)=k$라 하면 $f(k)=8$에서
$k^3=8$ ∴ $k=$ $\boxed{\text{(가)}}$
이때, $f'(x)=3x^2$이므로
$g'(8)=\dfrac{1}{f'(\boxed{\text{(가)}})}=$ $\boxed{\text{(나)}}$
따라서 구하는 접선의 방정식은
$y=$ $\boxed{\text{(다)}}$

367 중
함수 $f(x)=x^3+x+2$의 역함수를 $g(x)$라 할 때, 곡선 $y=g(x)$ 위의 점 $(4, g(4))$에서의 접선의 방정식을 구하여라.

368 중
미분가능한 함수 $f(x)$의 역함수를 $g(x)$라 할 때,
$$\lim_{x\to 1}\frac{g(x)-2}{x-1}=\frac{1}{2}$$
을 만족시킨다. 곡선 $y=f(x)$ 위의 $x=2$인 점에서의 접선의 기울기는?

① $\dfrac{1}{3}$ ② $\dfrac{1}{2}$ ③ 1
④ 2 ⑤ 3

유형
073
두 곡선이 같은 점에서 공통인 접선을 가지려면 함숫값과 접선의 기울기가 같아야 한다!

두 곡선 $y=f(x)$, $y=g(x)$가 $x=a$인 점에서 공통인 접선을 가지면
(1) $x=a$에서 두 곡선이 만난다.
➡ $f(a)=g(a)$
(2) $x=a$에서 두 곡선의 접선의 기울기가 같다.
➡ $f'(a)=g'(a)$

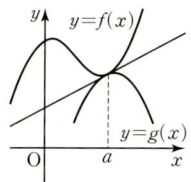

369 BOB 대표
두 곡선 $y=a-2\cos x$, $y=\sin^2 x$가 $x=t\left(-\dfrac{\pi}{2}<t<\dfrac{\pi}{2}\right)$인 점에서 공통인 접선을 가질 때, 상수 a의 값을 구하여라.

370 하
두 곡선 $y=\dfrac{a}{x}$, $y=e^{x+1}$이 한 점에서 공통인 접선을 가질 때, 상수 a의 값은?

① -1 ② $-\dfrac{1}{e}$ ③ $\dfrac{1}{e}$
④ 1 ⑤ e

371 중
두 곡선 $y=2\ln x$, $y=ax+\dfrac{b}{x}$가 $x=e$인 점에서 공통인 접선을 가질 때, 상수 a, b에 대하여 $a+b$의 값을 구하여라.

372

곡선 $y = \dfrac{\sin x}{x+1}$ 위의 점 $(\pi, 0)$에서의 접선이 점 $(-1, k)$를 지날 때, k의 값은?

① $-\pi$ ② -1 ③ 0

④ 1 ⑤ π

373

곡선 $y = \dfrac{1}{2+\sin x}$ 위의 점 $\left(0, \dfrac{1}{2}\right)$을 지나고, 이 점에서의 접선에 수직인 직선의 x절편은?

① $-\dfrac{1}{12}$ ② $-\dfrac{1}{8}$ ③ $-\dfrac{1}{6}$

④ $-\dfrac{1}{4}$ ⑤ $-\dfrac{1}{2}$

374

곡선 $y = \ln(3+x)$에 접하고 직선 $y = 5-x$에 수직인 직선의 방정식은?

① $y = x-2$ ② $y = x-1$ ③ $y = x$

④ $y = x+1$ ⑤ $y = x+2$

375

곡선 $y = 2\sin x + 4\cos x$ 위의 $x = \dfrac{\pi}{2}t$인 점을 지나고, 이 점에서의 접선에 수직인 직선의 y절편을 $g(t)$라 하자. $\displaystyle\lim_{t \to 1} g(t)$의 값은?

① $-\dfrac{\pi}{8}+2$ ② $-\dfrac{\pi}{8}+3$ ③ $-\dfrac{\pi}{8}+4$

④ $-\dfrac{\pi}{8}+5$ ⑤ $-\dfrac{\pi}{8}+6$

376

곡선 $y = 3x + x\ln x$에 접하고 직선 $5x - y + 3 = 0$에 평행한 직선의 방정식을 $y = mx + n$이라 할 때, 상수 m, n에 대하여 mn의 값은?

① $-5e$ ② $-3e$ ③ e

④ $3e$ ⑤ $5e$

377

곡선 $y = 2x + \ln|x|$에 접하고 기울기가 3인 직선이 x축, y축과 만나는 점을 각각 A, B라 할 때, 삼각형 OAB의 넓이는? (단, O는 원점이다.)

① $\dfrac{1}{6}$ ② $\dfrac{1}{5}$ ③ $\dfrac{1}{4}$

④ $\dfrac{1}{3}$ ⑤ $\dfrac{1}{2}$

378

원점에서 곡선 $y = e^{2x-k}$에 그은 접선이 점 $(1, 2)$를 지날 때, 상수 k의 값은?

① -2 ② -1 ③ 0

④ 1 ⑤ 2

379

원점에서 곡선 $y = \dfrac{\ln x}{x^2}$에 그은 접선의 접점의 좌표가 (a, b)일 때, $a^2 b$의 값은?

① $\dfrac{1}{3e}$ ② $\dfrac{1}{3\sqrt{e}}$ ③ $\dfrac{1}{3}$

④ $\dfrac{\sqrt{e}}{3}$ ⑤ $\dfrac{e}{3}$

380

원점에서 곡선 $y=(2x+k)e^{-x}$에 적어도 한 개의 접선을 그을 수 있도록 하는 자연수 k의 최솟값은?

① 2   ② 4   ③ 6
④ 8   ⑤ 10

381

점 $(2, 0)$에서 매개변수 t로 나타낸 곡선 $x=\cos t$, $y=2\sin t$ $(0 \le t < 2\pi)$에 그은 접선 중 기울기가 양수인 직선의 y절편은?

① $-\dfrac{4\sqrt{3}}{3}$ ② $-\sqrt{3}$ ③ $-\dfrac{2\sqrt{3}}{3}$
④ $-\dfrac{\sqrt{3}}{3}$ ⑤ -1

382

매개변수 t로 나타낸 곡선 $x=\sqrt{2}\cos 2t-2$, $y=\sqrt{2}\sin 2t-1$에 대하여 $t=\dfrac{\pi}{8}$에 대응하는 점에서의 접선과 x축 및 y축으로 둘러싸인 도형의 넓이는?

① $\dfrac{1}{4}$ ② $\dfrac{1}{2}$ ③ 1
④ 2   ⑤ 4

383

곡선 $x^2y+xy^2=6$ 위의 점 $(1, 2)$에서의 접선과 x축 및 y축으로 둘러싸인 도형의 넓이는?

① $\dfrac{27}{20}$ ② $\dfrac{81}{50}$ ③ $\dfrac{81}{40}$
④ $\dfrac{27}{10}$ ⑤ $\dfrac{81}{20}$

384

곡선 $6x-y^2=0$ 위의 서로 다른 두 점 $P(a, b)$, $Q(c, d)$에서의 접선이 서로 수직일 때, bd의 값을 구하여라.

385

두 곡선 $y=e^{x-b}$, $y=\ln x+1$이 $x=a$인 점에서 공통인 접선을 가질 때, 상수 a, b에 대하여 $a+b$의 값을 구하여라.

386

곡선 $y=2^x$ 위의 점 $P_1(2, 4)$에서의 접선이 x축과 만나는 점을 Q_1, 점 Q_1을 지나고 y축에 평행한 직선이 곡선 $y=2^x$과 만나는 점을 P_2, 점 P_2에서의 접선이 x축과 만나는 점을 Q_2라 하자. 이와 같은 과정을 계속 반복하여 만든 점 P_n의 좌표를 (x_n, y_n)이라 할 때, 두 수열 $\{x_n\}$, $\{y_n\}$의 일반항을 각각 구하여라.

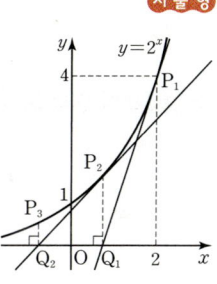

387

함수 $f(x)=x^3+2x+3$의 역함수를 $g(x)$라 할 때, 곡선 $y=g(x)$ 위의 점 $(6, g(6))$을 지나고, 이 점에서의 접선에 수직인 직선의 방정식을 구하여라.

개념 ❶ 함수의 증가와 감소 ● 유형 074~075

함수의 증가와 감소의 판정

함수 $f(x)$가 어떤 열린구간에서 미분가능하고, 이 구간에 속하는 모든 x에 대하여

(1) $f'(x)>0$이면 $f(x)$는 이 구간에서 증가한다.

(2) $f'(x)<0$이면 $f(x)$는 이 구간에서 감소한다.

개념 ❷ 함수의 극대와 극소 ● 유형 076~078

(1) 도함수를 이용한 함수의 극대와 극소의 판정

미분가능한 함수 $f(x)$에서 $f'(a)=0$일 때, $x=a$의 좌우에서 $f'(x)$의 부호가

① 양$(+)$에서 음$(-)$으로 바뀌면 $f(x)$는 $x=a$에서 극대이고, 극댓값은 $f(a)$이다.

② 음$(-)$에서 양$(+)$으로 바뀌면 $f(x)$는 $x=a$에서 극소이고, 극솟값은 $f(a)$이다.

(2) 이계도함수를 이용한 함수의 극대와 극소의 판정

이계도함수를 갖는 함수 $f(x)$에서 $f'(a)=0$일 때

① $f''(a)<0$이면 $f(x)$는 $x=a$에서 극대이다.

② $f''(a)>0$이면 $f(x)$는 $x=a$에서 극소이다.

개념 ❸ 곡선의 오목, 볼록과 변곡점 ● 유형 079~080

(1) 곡선의 오목과 볼록의 판정

함수 $f(x)$가 어떤 구간에서

① $f''(x)>0$이면 곡선 $y=f(x)$는 이 구간에서 아래로 볼록(또는 위로 오목)하다.

② $f''(x)<0$이면 곡선 $y=f(x)$는 이 구간에서 위로 볼록(또는 아래로 오목)하다.

(2) 변곡점

곡선 $y=f(x)$ 위의 점 $\mathrm{P}(a, f(a))$에 대하여 $x=a$의 좌우에서 곡선의 모양이 아래로 볼록에서 위로 볼록으로 바뀌거나 위로 볼록에서 아래로 볼록으로 바뀔 때, 점 P를 곡선 $y=f(x)$의 변곡점이라 한다.

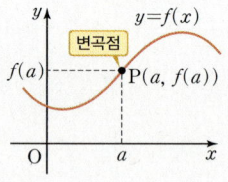

(3) 변곡점의 판정

함수 $f(x)$에서 $f''(a)=0$이고 $x=a$의 좌우에서 $f''(x)$의 부호가 바뀌면 점 $(a, f(a))$는 곡선 $y=f(x)$의 변곡점이다.

개념 ❹ 함수의 그래프 ● 유형 081~083

함수 $y=f(x)$의 그래프의 개형은 다음을 조사하여 그린다.

(1) 함수의 정의역과 치역
(2) 대칭성과 주기
(3) 좌표축과의 교점
(4) 함수의 증가와 감소, 극대와 극소
(5) 곡선의 오목과 볼록, 변곡점
(6) $\lim\limits_{x\to\infty}f(x)$, $\lim\limits_{x\to-\infty}f(x)$, 점근선

[참고] 함수 $f(x)$에 대하여

(1) $f(-x)=f(x)$이면 $y=f(x)$의 그래프는 y축에 대하여 대칭이다. (우함수)

(2) $f(-x)=-f(x)$이면 $y=f(x)$의 그래프는 원점에 대하여 대칭이다. (기함수)

➕ 개념 plus

◐ **함수의 증가와 감소**

함수 $f(x)$가 어떤 구간에 속하는 임의의 두 실수 x_1, x_2에 대하여

① $x_1<x_2$일 때, $f(x_1)<f(x_2)$이면 함수 $f(x)$는 이 구간에서 증가한다고 한다.

② $x_1<x_2$일 때, $f(x_1)>f(x_2)$이면 함수 $f(x)$는 이 구간에서 감소한다고 한다.

◐ 함수 $f(x)$가 어떤 구간에서 미분가능하고, 이 구간의 모든 x에 대하여

① $f(x)$가 증가하면 $f'(x)\geq0$

② $f(x)$가 감소하면 $f'(x)\leq0$

◐ **함수의 극대와 극소**

함수 $f(x)$가 $x=a$를 포함하는 어떤 열린 구간에 속하는 모든 x에 대하여

① $f(x)\leq f(a)$일 때, 함수 $f(x)$는 $x=a$에서 극대라 하고, $f(a)$를 극댓값이라 한다.

② $f(x)\geq f(a)$일 때, 함수 $f(x)$는 $x=a$에서 극소라 하고, $f(a)$를 극솟값이라 한다.

이때, 극댓값과 극솟값을 통틀어 극값이라 한다.

◐ 함수 $f(x)$가 $x=a$에서 미분가능하고 $x=a$에서 극값을 가지면 $f'(a)=0$이다. 그러나 일반적으로 역은 성립하지 않는다.

◐
 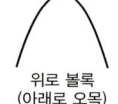

아래로 볼록   위로 볼록
(위로 오목)   (아래로 오목)

◐ $f''(a)=0$이라고 해서 점 $(a, f(a))$가 항상 변곡점인 것은 아니다.

예 $f(x)=x^4$에서 $f'(x)=4x^3$, $f''(x)=12x^2$이므로 $f''(0)=0$이다. 하지만 $x=0$의 좌우에서 $f''(x)$의 부호가 바뀌지 않으므로 점 $(0, 0)$은 변곡점이 아니다.

◐ 점근선은 다음과 같이 구한다.

① $\lim\limits_{x\to\infty}f(x)=b$ 또는 $\lim\limits_{x\to-\infty}f(x)=b$
➡ 점근선은 직선 $y=b$

② $\lim\limits_{x\to a+}f(x)=\pm\infty$
또는 $\lim\limits_{x\to a-}f(x)=\pm\infty$
➡ 점근선은 직선 $x=a$

③ $\lim\limits_{x\to\infty}\{f(x)-(mx+n)\}=0$
또는 $\lim\limits_{x\to-\infty}\{f(x)-(mx+n)\}=0$
➡ 점근선은 직선 $y=mx+n$

⊕ 개념 콕콕 ⊕

388

다음 함수의 증가와 감소를 조사하여라.

(1) $f(x) = x + \dfrac{4}{x}$

(2) $f(x) = \dfrac{x}{x^2 + 1}$

(3) $f(x) = \sqrt[3]{x^2}$

(4) $f(x) = \sqrt{x^2 + 4}$

389

다음 함수의 증가와 감소를 조사하여라.

(1) $f(x) = x - 2\sin x \ (0 < x < \pi)$

(2) $f(x) = \sin x + \cos x \ (0 < x < 2\pi)$

(3) $f(x) = \dfrac{2 + \cos x}{\sin x} \ (0 < x < \pi)$

390

다음 함수의 증가와 감소를 조사하여라.

(1) $f(x) = xe^{2x}$

(2) $f(x) = 3x - e^{3x}$

(3) $f(x) = x \ln x$

(4) $f(x) = \dfrac{\ln x}{x}$

391

증감표를 이용하여 다음 함수의 극값을 구하여라.

(1) $f(x) = \dfrac{x^2 - 1}{x^3 - 1}$

(2) $f(x) = (3 - x)\sqrt{x + 3}$

(3) $f(x) = x\sin x + \cos x \ (0 < x < 2\pi)$

(4) $f(x) = 2xe^x$

(5) $f(x) = -x \ln 3x$

392

이계도함수를 이용하여 다음 함수의 극값을 구하여라.

(1) $f(x) = x + \dfrac{1}{x}$

(2) $f(x) = \sqrt{4x - x^2}$

(3) $f(x) = x + 2\cos x \ (0 < x < \pi)$

(4) $f(x) = e^x(x^2 - x + 1)$

(5) $f(x) = x \ln x - x$

개념 콕콕

3 곡선의 오목과 볼록

393

다음 곡선의 오목과 볼록을 조사하여라.

(1) $y=x^3-3x^2+3$

(2) $y=-x^4+2x^3-2x$

(3) $y=\dfrac{2x^2}{x^2+1}$

394

다음 곡선의 오목과 볼록을 조사하여라.

(1) $y=x-\cos x \ (0<x<\pi)$

(2) $y=\dfrac{xe^x}{2}$

(3) $y=\ln(x-2)$

4 변곡점

395

다음 곡선의 변곡점의 좌표를 구하여라.

(1) $y=2x^3-6x^2+6x-12$

(2) $y=x^4-4x^3$

(3) $y=\dfrac{1}{x^2+1}$

396

다음 곡선의 변곡점의 좌표를 구하여라.

(1) $y=1+\sin 2x \ (0<x<\pi)$

(2) $y=e^{-x^2}$

(3) $y=\ln(x^2+3)$

5 함수의 그래프

397

다음은 함수 $y=-x^4+4x^3-16$의 그래프의 개형을 그리는 과정이다. ㈎~㈐에 알맞은 것을 써넣어라.

$f(x)=-x^4+4x^3-16$이라 하면

$f'(x)=$ ㈎ , $f''(x)=$ ㈏

$f'(x)=0$에서 $x=$ ㈐ 또는 $x=$ ㈑

$f''(x)=0$에서 $x=$ ㈐ 또는 $x=$ ㈒

함수 $f(x)$의 증가와 감소, 오목과 볼록을 표로 나타내면 다음과 같다.

x	$\cdots$	㈐	$\cdots$	㈒	$\cdots$	㈑	$\cdots$
$f'(x)$	$+$	㈐	$+$	$+$	$+$	㈐	$-$
$f''(x)$	$-$	㈐	$+$	㈐	$-$	$-$	$-$
$f(x)$	$\nearrow$	㈓	$\nearrow$	㈐	$\nearrow$	㈔	$\searrow$

따라서 함수 $y=f(x)$의 그래프는 오른쪽 그림과 같다.

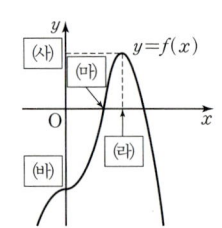

398

다음은 함수 $y=(2-x)e^{x-1}$의 그래프의 개형을 그리는 과정이다. ㈎~㈐에 알맞은 것을 써넣어라.

$f(x)=(2-x)e^{x-1}$이라 하면

$f'(x)=$ ㈎ , $f''(x)=$ ㈏

$f'(x)=0$에서 $x=$ ㈐ , $f''(x)=0$에서 $x=$ ㈑

함수 $f(x)$의 증가와 감소, 오목과 볼록을 표로 나타내면 다음과 같다.

x	$\cdots$	㈑	$\cdots$	㈐	$\cdots$
$f'(x)$	$+$	$+$	$+$	㈑	$-$
$f''(x)$	$+$	㈑	$-$	$-$	$-$
$f(x)$	$\nearrow$	㈓	$\nearrow$	㈐	$\searrow$

이때, $\lim\limits_{x\to\infty}f(x)=$ ㈕ ,

$\lim\limits_{x\to-\infty}f(x)=$ ㈑ 이므로 점근선은

㈖ 축이다.

따라서 함수 $y=f(x)$의 그래프는 오른쪽 그림과 같다.

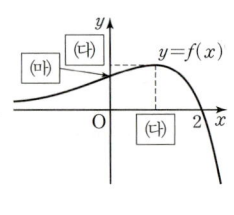

유형 콕콕

074 함수 $f(x)$의 증가와 감소의 판정은 $f'(x)$의 부호를 이용하자!

함수 $f(x)$가 어떤 열린구간에서 미분가능하고, 이 구간에 속하는 모든 x에 대하여

(1) $f'(x)>0$ ➡ $f(x)$는 이 구간에서 **증가**한다.

(2) $f'(x)<0$ ➡ $f(x)$는 이 구간에서 **감소**한다.

399 BOB 대표

함수 $f(x)=(1+\sin x)\cos x$ $(0<x<\pi)$가 감소하는 x의 값의 범위가 $\alpha \le x \le \beta$일 때, $\alpha+\beta$의 값은?

① $\dfrac{\pi}{2}$　　　　② $\dfrac{2}{3}\pi$　　　　③ π

④ $\dfrac{4}{3}\pi$　　　　⑤ $\dfrac{5}{3}\pi$

400 중

함수 $f(x)=x^2-\ln x$ $(x>0)$가 구간 $(0, a]$에서 감소하고 구간 $[a, \infty)$에서 증가할 때, 상수 a의 값은?

① $\dfrac{1}{4}$　　　　② $\dfrac{1}{2}$　　　　③ $\dfrac{\sqrt{2}}{2}$

④ $\dfrac{\sqrt{3}}{2}$　　　　⑤ 1

401 중　　　　　서술형

함수 $f(x)=x+\sqrt{20-x^2}$이 증가하는 구간에 속하는 모든 정수 x의 값의 합을 구하여라. (단, $x>0$)

075 함수 $f(x)$가 증가하기 위한 조건은 임의의 실수 x에 대하여 $f'(x)\ge0$이다!

(1) 미분가능한 함수 $f(x)$가 실수 전체의 집합에서 **증가**한다.

➡ 임의의 실수 x에 대하여 $f'(x)\ge0$

(2) 미분가능한 함수 $f(x)$가 실수 전체의 집합에서 **감소**한다.

➡ 임의의 실수 x에 대하여 $f'(x)\le0$

402 BOB 대표

함수 $f(x)=e^x(x^2+ax+5)$가 실수 전체의 집합에서 증가하도록 하는 상수 a의 값의 범위는?

① $a\le-4$　　　　② $-4\le a\le0$　　　　③ $-4\le a\le4$

④ $0\le a\le4$　　　　⑤ $a\ge4$

403 중

함수 $f(x)=ax-\cos x$가 구간 $\left(0, \dfrac{\pi}{2}\right)$에서 감소하도록 하는 상수 a의 값의 범위는?

① $a\le-1$　　　　② $a\le-\dfrac{1}{2}$　　　　③ $-1\le a\le\dfrac{1}{2}$

④ $-\dfrac{1}{2}\le a\le1$　　　　⑤ $a\ge1$

404 중

함수 $f(x)=a\ln x+x^2-4x$가 구간 $(0, \infty)$에서 증가하도록 하는 실수 a의 최솟값은?

① -2　　　　② -1　　　　③ 1

④ 2　　　　⑤ 3

유리함수와 무리함수 $f(x)$의 극대, 극소를 조사할 때에는 $f'(x)$의 부호의 변화에 주목하자!

미분가능한 함수 $f(x)$의 극값은 다음과 같은 순서로 구한다.

step1 도함수 $f'(x)$를 구한다.

step2 $f'(x)=0$을 만족시키는 x의 값 a를 구한다.

step3 $x=a$의 좌우에서 $f'(x)$의 부호를 조사한다.

(1) 양에서 음으로 바뀌면 ➡ $f(x)$는 $x=a$에서 극대

(2) 음에서 양으로 바뀌면 ➡ $f(x)$는 $x=a$에서 극소

특히, 무리함수의 경우 주어진 정의역에 주의한다.

405 BOB 대표

함수 $f(x)=\dfrac{2x^2+x+2}{x^2+1}$가 $x=\alpha$에서 극대이고 $x=\beta$에서 극소일 때, $\dfrac{f(\alpha)}{f(\beta)}$의 값은?

① $\dfrac{5}{3}$ ② 2 ③ $\dfrac{7}{3}$

④ $\dfrac{8}{3}$ ⑤ 3

406 하

함수 $f(x)=\dfrac{3x-2}{x^2+5}$의 극댓값은?

① $-\dfrac{1}{2}$ ② $-\dfrac{1}{4}$ ③ $\dfrac{1}{4}$

④ $\dfrac{1}{2}$ ⑤ 1

407 중

함수 $f(x)=x\sqrt{2-x^2}$의 극댓값을 M, 극솟값을 m이라 할 때, $M-m$의 값을 구하여라.

유형
077
지수함수와 로그함수의 극대, 극소를 조사할 때에는 도함수를 잘 생각하자!

(1) $y=e^x$ ➡ $y'=e^x$

(2) $y=e^{f(x)}$ ➡ $y'=e^{f(x)}f'(x)$

(3) $y=\ln|x|$ ➡ $y'=\dfrac{1}{x}$

(4) $y=\ln|f(x)|$ ➡ $y'=\dfrac{f'(x)}{f(x)}$

408 BOB 대표

함수 $f(x)=x(\ln x)^2$의 극댓값을 M, 극솟값을 m이라 할 때, $M+m$의 값은?

① $\dfrac{1}{e^2}$ ② $\dfrac{2}{e^2}$ ③ $\dfrac{4}{e^2}$

④ e^2 ⑤ $2e^2$

409 하

함수 $f(x)=a\ln x+x^2+bx$가 $x=1$, $x=2$에서 극값을 가질 때, 상수 a, b에 대하여 $a-b$의 값은?

① 2 ② 4 ③ 6

④ 8 ⑤ 10

410 중   서술형

함수 $f(x)=(x^2-3x+1)e^x$의 극댓값을 M, 극솟값을 m이라 할 때, Mm의 값을 구하여라.

유형 078 삼각함수의 극대, 극소를 조사할 때에는 도함수의 부호에 주의하자!

(1) $y=\sin x \Rightarrow y'=\cos x$

(2) $y=\cos x \Rightarrow y'=-\sin x$

(3) $y=\tan x \Rightarrow y'=\sec^2 x$

(4) $y=\csc x \Rightarrow y'=-\csc x\cot x$

(5) $y=\sec x \Rightarrow y'=\sec x\tan x$

(6) $y=\cot x \Rightarrow y'=-\csc^2 x$

411 BOB 대표

함수 $f(x)=2x-\tan x\left(-\dfrac{\pi}{2}<x<\dfrac{\pi}{2}\right)$의 극댓값을 M, 극솟값을 m이라 할 때, $M-m$의 값은?

① $\pi-4$ ② $\pi-3$ ③ $\pi-2$

④ $\pi-1$ ⑤ π

412 중

함수 $f(x)=a\sin x+b\cos x$가 $x=\dfrac{\pi}{3}$에서 극댓값 2를 가질 때, 상수 a, b에 대하여 ab의 값은?

① $-\sqrt{3}$ ② $-\sqrt{2}$ ③ $\dfrac{\sqrt{2}}{2}$

④ $\sqrt{2}$ ⑤ $\sqrt{3}$

413 중

함수 $f(x)=e^x(\sin x+\cos x)\,(0<x<2\pi)$의 극댓값을 M, 극솟값을 m이라 할 때, Mm의 값을 구하여라.

유형 079 곡선 $y=f(x)$의 오목과 볼록은 $f''(x)$의 부호를 조사하자!

함수 $f(x)$가 어떤 구간에서

(1) $f''(x)>0 \Rightarrow$ 곡선 $y=f(x)$는 이 구간에서 아래로 볼록하다.

(2) $f''(x)<0 \Rightarrow$ 곡선 $y=f(x)$는 이 구간에서 위로 볼록

414 BOB 대표

곡선 $y=x^2+4\sin x\,(0<x<2\pi)$가 위로 볼록한 구간은?

① $\left(0,\dfrac{\pi}{6}\right)$ ② $\left(\dfrac{\pi}{6},\dfrac{5}{6}\pi\right)$ ③ $\left(\dfrac{\pi}{3},\dfrac{2}{3}\pi\right)$

④ $\left(\dfrac{7}{6}\pi,\dfrac{11}{6}\pi\right)$ ⑤ $\left(\dfrac{4}{3}\pi,\dfrac{5}{3}\pi\right)$

415 중

곡선 $y=\dfrac{1}{2x^2+1}$이 위로 볼록한 부분의 x의 값의 범위가 $\alpha<x<\beta$일 때, $12\alpha\beta$의 값은?

① -5 ② -4 ③ -3

④ -2 ⑤ -1

416 중

곡선 $y=(a+x^2)e^{-x}$이 실수 전체의 구간에서 아래로 볼록할 때, 상수 a의 값의 범위를 구하여라.

곡선 $y=f(x)$의 변곡점은 $f''(x)$의 부호를 조사하자!

함수 $f(x)$에서
(1) $f''(a)=0$이고, $x=a$의 좌우에서 $f''(x)$의 부호가 바뀌면
→ 점 $(a, f(a))$는 곡선 $y=f(x)$의 변곡점
(2) 점 (a, b)가 곡선 $y=f(x)$의 변곡점이면
→ $f(a)=b$, $f''(a)=0$

417 BOB 대표

함수 $f(x)=\ln(x^2+2)$에 대하여 곡선 $y=f(x)$의 두 변곡점 사이의 거리는?

① $\sqrt{2}$ ② $\sqrt{3}$ ③ 2
④ $2\sqrt{2}$ ⑤ $2\sqrt{3}$

418 중

함수 $f(x)=1+\dfrac{a}{x}-\dfrac{b}{x^2}$에 대하여 점 $\left(\dfrac{1}{2}, 9\right)$가 곡선 $y=f(x)$의 변곡점일 때, 상수 a, b에 대하여 $a+b$의 값은?

① 5   ② $\dfrac{11}{2}$ ③ 6
④ $\dfrac{13}{2}$ ⑤ 7

419 중

서술형

곡선 $y=\dfrac{ax}{e^x}$의 변곡점이 직선 $x+e^2y=4$ 위에 있을 때, 상수 a의 값을 구하여라. (단, $a>0$)

함수의 그래프의 개형은 증가와 감소, 극대와 극소, 오목과 볼록, 변곡점을 판단하여 그린다!

함수 $y=f(x)$의 그래프의 개형은 다음을 조사하여 그린다.
(1) 함수의 정의역과 치역
(2) 대칭성과 주기
(3) 좌표축과의 교점
(4) 함수의 증가와 감소, 극대와 극소
(5) 곡선의 오목과 볼록, 변곡점
(6) $\lim\limits_{x \to \infty} f(x)$, $\lim\limits_{x \to -\infty} f(x)$, 점근선

420 BOB 대표

함수 $y=\dfrac{x^2-2x+2}{x-1}$의 그래프의 개형을 다음 좌표평면 위에 그려라.

421 하

함수 $y=2\sqrt{x}-x$의 그래프의 개형을 다음 좌표평면 위에 그려라.

422 중

함수 $y=x-\sin x$ $(0 \le x \le 2\pi)$의 변곡점의 좌표를 구하고, 그래프의 개형을 다음 좌표평면 위에 그려라.

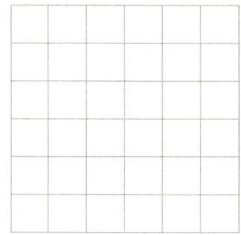

유형 082 함수의 그래프의 개형을 그리면 성질을 파악할 수 있다!

함수 $y=f(x)$에 대하여 함수의 정의역과 치역, 대칭성과 주기, 좌표축과의 교점, 함수의 증가와 감소, 극대와 극소, 곡선의 오목과 볼록, 변곡점, $\lim\limits_{x\to\infty}f(x)$, $\lim\limits_{x\to-\infty}f(x)$, 점근선을 조사하여 $y=f(x)$의 그래프의 개형을 그리면 성질을 파악할 수 있다.

423 📘 대표

〈보기〉에서 함수 $f(x)=\dfrac{2x}{x^2+1}$에 대한 설명으로 옳은 것만을 있는 대로 고른 것은?

보기
ㄱ. 곡선 $y=f(x)$는 원점에 대하여 대칭이다.
ㄴ. 함수 $f(x)$의 극댓값은 1, 극솟값은 -1이다.
ㄷ. 곡선 $y=f(x)$의 변곡점은 3개이다.

① ㄱ　　　　② ㄴ　　　　③ ㄱ, ㄴ
④ ㄱ, ㄷ　　　⑤ ㄱ, ㄴ, ㄷ

424 중

〈보기〉에서 함수 $f(x)=xe^x$에 대한 설명으로 옳은 것만을 있는 대로 골라라.

보기
ㄱ. 함수 $f(x)$의 치역은 $\left\{y\middle| y\geq -\dfrac{2}{e^2}\right\}$이다.
ㄴ. 함수 $f(x)$는 $x=-1$에서 극솟값 $-\dfrac{1}{e}$을 갖는다.
ㄷ. 곡선 $y=f(x)$의 변곡점은 2개이다.

425 중

〈보기〉에서 함수 $f(x)=(\ln x)^2$에 대한 설명으로 옳은 것만을 있는 대로 골라라.

보기
ㄱ. 함수 $f(x)$의 치역은 $\{y\,|\,y\geq 1\}$이다.
ㄴ. 함수 $f(x)$는 $x=1$에서 극솟값 0을 갖는다.
ㄷ. 두 점 $A(1, 0)$, $B(e, 1)$에 대하여 선분 AB는 부등식 $y\geq f(x)$가 나타내는 영역에 있다.

유형 083 $y=f'(x)$의 그래프의 개형으로 $y=f(x)$의 그래프를 추론할 수 있다!

함수 $y=f(x)$에 대하여 도함수 $y=f'(x)$의 그래프가 주어질 때
(1) 극점은 $y=f'(x)$의 그래프에서 $f'(x)$의 부호가 바뀌는 점이다.
(2) 변곡점은 $y=f'(x)$의 그래프에서 증가와 감소가 바뀌는 점이다.

426 📘 대표

미분가능한 함수 $y=f(x)$의 도함수 $y=f'(x)$의 그래프가 오른쪽 그림과 같을 때, 〈보기〉에서 옳은 것만을 있는 대로 고른 것은?

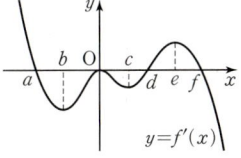

보기
ㄱ. 함수 $f(x)$가 극값을 가지는 점은 3개이다.
ㄴ. 곡선 $y=f(x)$의 변곡점은 4개이다.
ㄷ. 구간 $[a, f]$에서 함수 $f(x)$의 최솟값은 $f(d)$이다.

① ㄱ　　　　② ㄴ　　　　③ ㄱ, ㄴ
④ ㄴ, ㄷ　　　⑤ ㄱ, ㄴ, ㄷ

427 하

미분가능한 함수 $y=f(x)$의 도함수 $y=f'(x)$의 그래프가 오른쪽 그림과 같을 때, 곡선 $y=f(x)$가 아래로 볼록한 구간은?

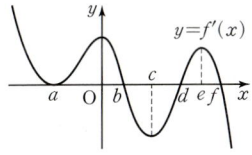
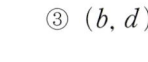

① (a, b)　　② $(0, c)$　　③ (b, d)
④ (c, e)　　⑤ (d, f)

428 중

$-3<x<3$에서 원점을 지나는 연속함수 $y=f(x)$의 도함수 $y=f'(x)$의 그래프가 오른쪽 그림과 같을 때, 〈보기〉에서 옳은 것만을 있는 대로 골라라.

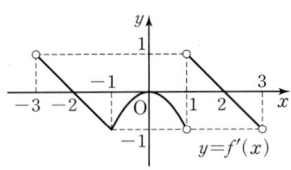

보기
ㄱ. $f(1)>0$
ㄴ. 구간 $(-3, 3)$에서 함수 $f(x)$는 3개의 극값을 갖는다.
ㄷ. 구간 $(-1, 1)$에서 곡선 $y=f(x)$는 위로 볼록하다.

429

함수 $f(x)=(x-3)\sqrt{2x+7}$이 감소하는 구간에 속하는 모든 정수 x의 값의 합은?

① -5 ② -3 ③ -1

④ 1 ⑤ 3

430

함수 $f(x)=\ln x-ax$가 구간 $(1,\ 3)$에서 증가하도록 하는 실수 a의 최댓값은?

① $\dfrac{1}{5}$ ② $\dfrac{1}{4}$ ③ $\dfrac{1}{3}$

④ $\dfrac{1}{2}$ ⑤ 1

431

함수 $f(x)=(a+\sin x)e^{-x}$이 실수 전체의 집합에서 감소하도록 하는 상수 a의 값의 범위는?

① $a\le -\sqrt{2}$ ② $a\le -1$ ③ $-\sqrt{2}\le a\le \sqrt{2}$

④ $a\ge 1$ ⑤ $a\ge \sqrt{2}$

432

함수 $f(x)=e^{2x}+ae^{x}$이 구간 $(0,\ \infty)$에서 증가하도록 하는 실수 a의 최솟값을 구하여라.

433

함수 $f(x)=x+\ln(x^2+ax+b)$가 $x=-1$에서 극솟값 -1을 가질 때, 극댓값은? (단, a, b는 상수이다.)

① $\ln 3$ ② $-1+\ln 3$ ③ $-2+\ln 3$

④ $1-\ln 3$ ⑤ $2-\ln 3$

434

함수 $f(x)=\dfrac{a}{x}-3\ln x+x$가 극값을 갖도록 하는 정수 a의 최솟값은?

① -3 ② -2 ③ -1

④ 0 ⑤ 1

435

함수 $f(x)=a\sin x+b\cos x-x+\dfrac{\pi}{6}$가 $x=\dfrac{\pi}{6}$, $x=\dfrac{3}{2}\pi$에서 극값을 가질 때, 상수 a, b에 대하여 ab의 값은?

① $\dfrac{\sqrt{2}}{2}$ ② $\dfrac{\sqrt{3}}{2}$ ③ 1

④ $\sqrt{3}$ ⑤ 2

436

〈보기〉에서 구간 $(0,\ 1)$에 속하는 임의의 서로 다른 두 실수 a, b에 대하여

$$f\left(\frac{a+b}{2}\right)>\frac{1}{2}\{f(a)+f(b)\}$$

를 만족시키는 함수만을 있는 대로 고른 것은?

보기
ㄱ. $f(x)=\dfrac{1}{x}$ ㄴ. $f(x)=\cos x$ ㄷ. $f(x)=x-e^{x}$ ㄹ. $f(x)=x-\ln x$

① ㄱ, ㄴ   ② ㄱ, ㄷ   ③ ㄴ, ㄷ

④ ㄴ, ㄹ   ⑤ ㄷ, ㄹ

437

곡선 $y=x^2(\ln x-1)$이 위로 볼록한 부분의 x의 값의 범위가 $\alpha<x<\beta$일 때, $\beta-\alpha$의 값은?

① $\dfrac{1}{2\sqrt{e}}$ ② $\dfrac{1}{\sqrt{e}}$ ③ $\dfrac{2}{\sqrt{e}}$

④ $\sqrt{e}$ ⑤ $2\sqrt{e}$

438

〈보기〉에서 함수 $f(x)=\dfrac{3}{x}\ln x$에 대한 설명으로 옳은 것만을 있는 대로 고른 것은?

<보기>
ㄱ. 함수 $f(x)$의 치역은 $\left\{y\,\middle|\,y\leq\dfrac{3}{e}\right\}$이다.

ㄴ. $x>e$일 때 함수 $f(x)$는 감소한다.

ㄷ. 구간 $(0,\,e)$에서 곡선 $y=f(x)$는 위로 볼록하다.

① ㄱ   ② ㄴ   ③ ㄱ, ㄴ

④ ㄱ, ㄷ   ⑤ ㄱ, ㄴ, ㄷ

439

함수 $f(x)=x^2-4\cos x\ (0<x<2\pi)$에 대하여 곡선 $y=f(x)$의 모든 변곡점의 x좌표의 합은?

① $\dfrac{3}{2}\pi$ ② 2π ③ $\dfrac{5}{2}\pi$

④ 3π ⑤ $\dfrac{7}{2}\pi$

440

함수 $f(x)=x+a\sin x+b\cos x\ (0<x<2\pi)$가 $x=\dfrac{\pi}{3}$에서 극소이고 곡선 $y=f(x)$의 변곡점의 x좌표가 π일 때, 함수 $f(x)$의 극댓값은? (단, a, b는 상수이다.)

① $\dfrac{\pi}{3}-\sqrt{3}$ ② $\dfrac{\pi}{3}+\sqrt{3}$ ③ $\pi+\sqrt{3}$

④ $\dfrac{5}{3}\pi-\sqrt{3}$ ⑤ $\dfrac{5}{3}\pi+\sqrt{3}$

441

함수 $f(x)=ax^2+bx+c\ln x$가 $x=\dfrac{1}{2}$에서 극소이고 곡선 $y=f(x)$의 변곡점의 좌표가 $\left(1,\dfrac{4}{5}\right)$일 때, 상수 a, b, c에 대하여 $a+b+c$의 값은?

① $\dfrac{1}{5}$ ② $\dfrac{2}{5}$ ③ $\dfrac{3}{5}$

④ $\dfrac{4}{5}$ ⑤ 1

442

〈보기〉에서 함수 $f(x)=e^{-x^3}+1$에 대한 설명으로 옳은 것만을 있는 대로 고른 것은?

<보기>
ㄱ. 함수 $f(x)$의 극댓값은 1이다.

ㄴ. 곡선 $y=f(x)$의 변곡점은 2개이다.

ㄷ. 함수 $y=f(x)$의 그래프의 점근선의 방정식은 $y=1$이다.

① ㄴ   ② ㄷ   ③ ㄱ, ㄴ

④ ㄴ, ㄷ   ⑤ ㄱ, ㄴ, ㄷ

443 서술형

연속함수 $y=f(x)$의 도함수 $y=f'(x)$의 그래프가 오른쪽 그림과 같을 때, $y=f(x)$의 그래프에서 극대가 되는 점의 개수를 p, 극소가 되는 점의 개수를 q, 변곡점의 개수를 r라 하자. $p-q+r$의 값을 구하여라.

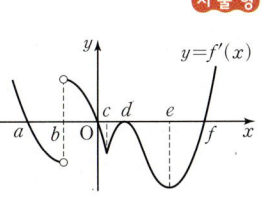

444 서술형

함수 $f(x)=2\ln x+\dfrac{k}{x}-\dfrac{1}{2}x$가 극댓값과 극솟값을 모두 가질 때, 상수 k의 값의 범위를 구하여라.

09 도함수의 활용

개념 plus

- 닫힌구간이 아닌 구간에서 연속인 함수는 최댓값과 최솟값이 존재할 수도 있고 존재하지 않을 수도 있다.

- 닫힌구간 $[a, b]$에서 연속함수 $f(x)$의 극값이 오직 하나 존재할 때
  ① 극값이 극댓값이면
    (극댓값)=(최댓값)
  ② 극값이 극솟값이면
    (극솟값)=(최솟값)

개념 ① 함수의 최대와 최소 〔유형 084〕

함수 $f(x)$가 닫힌구간 $[a, b]$에서 연속일 때, 최댓값과 최솟값은 다음과 같은 순서로 구한다.

step1 주어진 구간에서의 $f(x)$의 극댓값과 극솟값을 모두 구한다.

step2 주어진 구간의 양 끝점의 함숫값 $f(a)$, $f(b)$를 구한다.

step3 **step1**, **step2**에서 구한 극댓값, 극솟값, $f(a)$, $f(b)$ 중에서 가장 큰 값이 최댓값이고, 가장 작은 값이 최솟값이다.

개념 ② 함수의 최대, 최소의 활용 〔유형 085~086〕

길이, 넓이, 부피 등의 최댓값 또는 최솟값은 다음과 같은 순서로 구한다.

step1 조건에 적합한 변수를 정하여 미지수로 놓고, 미지수의 값의 범위를 구한다.

step2 구하고자 하는 값을 미지수에 대한 함수로 나타낸다.

step3 미분을 이용하여 최댓값 또는 최솟값을 구한다.

개념 ③ 방정식의 실근의 개수 〔유형 087〕

(1) 방정식 $f(x)=0$의 실근의 개수는 함수 $y=f(x)$의 그래프와 x축의 교점의 개수와 같다.

(2) 방정식 $f(x)=g(x)$의 실근의 개수는 두 함수 $y=f(x)$, $y=g(x)$의 그래프의 교점의 개수 또는 함수 $y=f(x)-g(x)$의 그래프와 x축의 교점의 개수와 같다.

- 방정식의 실근
  ① 방정식 $f(x)=0$의 실근은 함수 $y=f(x)$의 그래프와 x축의 교점의 x좌표와 같다.
  ② 방정식 $f(x)=g(x)$의 실근은 두 함수 $y=f(x)$, $y=g(x)$의 그래프의 교점의 x좌표와 같다.

개념 ④ 부등식에의 활용 〔유형 088〕

(1) 어떤 구간에서 부등식 $f(x) \geq 0$이 성립함을 보이려면
  ➡ 그 구간에서 ($f(x)$의 최솟값)≥ 0임을 보인다.

(2) 어떤 구간에서 부등식 $f(x) \geq g(x)$가 성립함을 보이려면
  ➡ $h(x)=f(x)-g(x)$로 놓고, 주어진 구간에서 ($h(x)$의 최솟값)≥ 0임을 보인다.

개념 ⑤ 속도와 가속도 〔유형 089~091〕

좌표평면 위를 움직이는 점 P의 시각 t에서의 위치 (x, y)가 $x=f(t)$, $y=g(t)$일 때, 점 P의 시각 t에서의 속도, 속력, 가속도, 가속도의 크기는 다음과 같다.

위치
↓ 미분
속도
↓ 미분
가속도

(1) 속도 : $\left(\dfrac{dx}{dt}, \dfrac{dy}{dt}\right)$ 또는 $(f'(t), g'(t))$

(2) 속력 : $\sqrt{\left(\dfrac{dx}{dt}\right)^2+\left(\dfrac{dy}{dt}\right)^2}$ 또는 $\sqrt{\{f'(t)\}^2+\{g'(t)\}^2}$

(3) 가속도 : $\left(\dfrac{d^2x}{dt^2}, \dfrac{d^2y}{dt^2}\right)$ 또는 $(f''(t), g''(t))$

(4) 가속도의 크기 : $\sqrt{\left(\dfrac{d^2x}{dt^2}\right)^2+\left(\dfrac{d^2y}{dt^2}\right)^2}$ 또는 $\sqrt{\{f''(t)\}^2+\{g''(t)\}^2}$

- 직선 운동에서의 속도와 가속도
  수직선 위를 움직이는 점 P의 시각 t에서의 위치 x가 $x=f(t)$일 때, 점 P의 시각 t에서의 속도를 $v(t)$, 가속도를 $a(t)$라 하면
  ① $v(t)=\dfrac{dx}{dt}=f'(t)$
  ② $a(t)=\dfrac{d}{dt}v(t)=f''(t)$

- 속도의 크기를 속력이라 한다.

개념 콕콕

1 함수의 최대와 최소

445
주어진 구간에서 다음 함수의 최댓값과 최솟값을 각각 구하여라.

(1) $f(x)=\dfrac{x+1}{x^2+3}$ $[0,\ 2]$

(2) $f(x)=4\sqrt{x}-x^2$ $[0,\ 4]$

446
주어진 구간에서 다음 함수의 최댓값과 최솟값을 각각 구하여라.

(1) $f(x)=2xe^x$ $[-2,\ 2]$

(2) $f(x)=\dfrac{\ln x}{2x}$ $\left[\dfrac{1}{e},\ e^2\right]$

(2) $f(x)=\cos x+x\sin x$ $[0,\ 2\pi]$

2 방정식의 실근의 개수

447
다음 방정식의 서로 다른 실근의 개수를 구하여라.

(1) $\sqrt{x}+\dfrac{1}{2x}=0$

(2) $x-e^x+2=0$

(3) $x-\cos x=1$

448
방정식 $\ln x=kx$에 대하여 다음이 성립하도록 하는 실수 k의 값의 범위를 구하여라.

(1) 서로 다른 두 개의 실근을 갖는다.

(2) 한 개의 실근을 갖는다.

(3) 실근을 갖지 않는다.

3 부등식에의 활용

449
$x>0$일 때, 부등식 $x+\dfrac{4}{x^2}-2>0$이 성립함을 증명하여라.

450
$x>0$일 때, 부등식 $x-x\ln x-2<0$이 성립함을 증명하여라.

451
$x>0$일 때, 부등식 $\cos x>1-2x$가 성립함을 증명하여라.

4 속도와 가속도

452
좌표평면 위를 움직이는 점 $P(x,\ y)$의 시각 t에서의 위치가 다음과 같을 때, $t=1$에서의 속도, 속력, 가속도, 가속도의 크기를 차례대로 구하여라.

(1) $x=\sin \pi t,\ y=\cos \pi t$

(2) $x=e^t+2,\ y=2e^t-1$

(3) $x=3\ln t,\ y=t^2+2t$

유형 콕콕

084

함수의 최댓값과 최솟값을 구할 때에는 구간에서의 극값과 구간의 양 끝에서의 함숫값을 조사하자!

함수 $f(x)$가 닫힌구간 $[a, b]$에서 연속일 때, 최댓값과 최솟값은 다음과 같은 순서로 구한다.

step1 주어진 구간에서의 $f(x)$의 극댓값과 극솟값을 구한다.

step2 주어진 구간의 양 끝점의 함숫값 $f(a)$, $f(b)$를 구한다.

step3 **step1**, **step2** 에서 구한 극댓값, 극솟값, $f(a), f(b)$ 중에서 가장 큰 값이 최댓값이고, 가장 작은 값이 최솟값이다.

453 BOB 대표

함수 $f(x)=(2+\cos x)\cos x$ $(-\pi \leq x \leq \pi)$의 최댓값을 M, 최솟값을 m이라 할 때, Mm의 값은?

① -3 ② -1 ③ 0
④ 1 ⑤ 3

454 하

$0 \leq x \leq 2$에서 함수 $f(x)=\dfrac{3x}{x^2-x+1}$의 최댓값을 M, 최솟값을 m이라 할 때, $M+m$의 값은?

① 1 ② 2 ③ 3
④ 4 ⑤ 5

455 중

함수 $f(x)=x\sqrt{1-x^2}$의 최댓값을 M, 최솟값을 m이라 할 때, $4Mm$의 값을 구하여라.

085

도형의 길이의 최대, 최소에 대한 문제는 구하고자 하는 값을 미지수로 놓고 식을 세우자!

도형의 길이의 최댓값 또는 최솟값은 다음과 같은 순서로 구한다.

step1 조건에 적합한 변수를 정하여 미지수로 놓고, 미지수의 값의 범위를 구한다.

step2 도형의 길이를 미지수에 대한 함수로 나타낸다.

step3 미분을 이용하여 도형의 길이의 최댓값 또는 최솟값을 구한다.

456 BOB 대표

오른쪽 그림과 같이 곡선 $y=e^{-2x}$ 위의 제1사분면에 있는 점 A에서 x축과 y축에 내린 수선의 발을 각각 B, C라 할 때, 사각형 OBAC의 둘레의 길이의 최솟값을 구하여라. (단, O는 원점이다.)

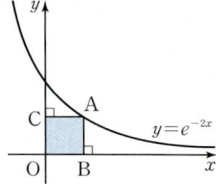

457 중

곡선 $y=\sqrt{x}$ 위를 움직이는 점 P와 점 $(2, 0)$ 사이의 거리의 최솟값은?

① 1 ② $\dfrac{\sqrt{5}}{2}$ ③ $\dfrac{\sqrt{6}}{2}$
④ $\dfrac{\sqrt{7}}{2}$ ⑤ $\sqrt{2}$

458 중   서술형

오른쪽 그림과 같이 곡선 $y=4\sin x$ $(0<x<\pi)$와 x축으로 둘러싸인 부분에 내접하는 직사각형 ABCD의 둘레의 길이의 최댓값은 $\dfrac{m}{3}\pi+n\sqrt{3}$이다. 자연수 m, n에 대하여 $m+n$의 값을 구하여라.

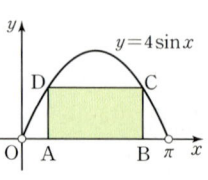

086 도형의 넓이 또는 부피의 최대, 최소에 대한 문제는 구하고자 하는 값을 미지수로 놓고 식을 세우자!

도형의 넓이 또는 부피의 최댓값 또는 최솟값은 다음과 같은 순서로 구한다.

step 1 조건에 적합한 변수를 정하여 미지수로 놓고, 미지수 의 값의 범위를 구한다.

step 2 도형의 넓이 또는 부피를 미지수에 대한 함수로 나타 낸다.

step 3 미분을 이용하여 도형의 넓이 또는 부피의 최댓값 또 는 최솟값을 구한다.

459 BOB 대표

오른쪽 그림과 같이 $\overline{AB}=\overline{BC}=\overline{CD}=2$인 사다리꼴 ABCD의 넓이의 최댓값은?

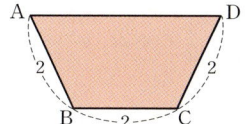

① $\sqrt{3}$ ② $2\sqrt{3}$

③ $3\sqrt{3}$ ④ $4\sqrt{3}$

⑤ $5\sqrt{3}$

460 중

곡선 $y=e^{-2x}$ $(x \geq 0)$ 위의 한 점 P에서의 접선과 x축, y축으로 둘러싸인 삼각형의 넓이의 최댓값은?

① $\dfrac{1}{2e}$ ② $\dfrac{1}{e}$ ③ $\dfrac{2}{e}$

④ $\dfrac{3}{e}$ ⑤ $\dfrac{4}{e}$

461 중

오른쪽 그림과 같이 반지름의 길이가 20인 원을 중심각의 크기가 θ인 부채꼴 모양으로 잘라내어 그 부채꼴을 옆면으로 하는 원뿔을 만들 때, 원뿔의 부피가 최대가 되도록 하는 θ의 값을 구하여라.

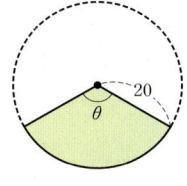

087 방정식의 실근의 개수는 그래프를 그려서 교점을 찾 자!

(1) 방정식 $f(x)=k$의 실근의 개수
  ➡ 함수 $y=f(x)$의 그래프와 직선 $y=k$의 교점의 개수 와 같다.

(2) 방정식 $f(x)=g(x)$의 실근의 개수
  ➡ 두 함수 $y=f(x)$, $y=g(x)$의 그래프의 교점의 개수 와 같다.

462 BOB 대표

x에 대한 방정식 $xe^{-x}=k$가 서로 다른 두 실근을 갖도록 하는 실 수 k의 값의 범위가 $\alpha < k < \beta$일 때, $\alpha + \beta$의 값은?

① $\dfrac{1}{e^2}$ ② $\dfrac{1}{e}$ ③ $\dfrac{1}{2}$

④ 1 ⑤ e

463 중

x에 대한 방정식 $\ln x = x + k$가 서로 다른 두 실근을 갖도록 하는 실수 k의 값의 범위는?

① $k < -1$ ② $k \leq -1$ ③ $-1 < k < 1$

④ $-1 \leq k \leq 1$ ⑤ $k > 1$

464 중

$-\pi \leq x \leq \pi$에서 x에 대한 방정식 $\sin x = kx$가 서로 다른 세 실 근을 갖도록 하는 실수 k의 값의 범위를 구하여라.

유형
088
부등식 $f(x) \geq 0$이 성립함을 보이려면 $(f(x)$의 최솟값$) \geq 0$임을 보이자!

(1) 어떤 구간에서 부등식 $f(x) \geq 0$이 성립함을 보이려면
➡ 그 구간에서 $(f(x)$의 최솟값$) \geq 0$임을 보인다.
(2) 어떤 구간에서 부등식 $f(x) \geq g(x)$가 성립함을 보이려면
➡ 그 구간에서 $f(x) - g(x) \geq 0$임을 보인다.
즉, $h(x) = f(x) - g(x)$로 놓고 $(h(x)$의 최솟값$) \geq 0$
임을 보인다.

465 BOB 대표

$x > -1$일 때, 부등식 $2x - k \geq \ln(x+1)$이 성립하도록 하는 실수 k의 최댓값은?

① $-1 + \ln 2$ ② $-1 + 2\ln 2$ ③ $\ln 2$
④ $1 + \ln 2$ ⑤ $1 + 2\ln 2$

466 중

모든 실수 x에 대하여 부등식 $2x - e^x \leq k$가 성립하도록 하는 실수 k의 최솟값은?

① -1 ② 0 ③ 1
④ $2\ln 2 - 2$ ⑤ $3\ln 3 - 3$

467 중

두 함수 $f(x) = \dfrac{\ln x}{x^2}$, $g(x) = kx$에 대하여 $x > 0$일 때, 부등식 $f(x) \leq g(x)$를 만족시키는 실수 k의 최솟값은?

① $\dfrac{1}{4e}$ ② $\dfrac{1}{3e}$ ③ $\dfrac{1}{2e}$
④ $\dfrac{1}{e}$ ⑤ 1

유형
089
위치를 시각에 대하여 미분하면 속도이다!

좌표평면 위를 움직이는 점 $P(x, y)$의 시각 t에서의 위치가 $x = f(t)$, $y = g(t)$일 때
(1) 점 P의 시각 t에서의 속도
➡ $\left(\dfrac{dx}{dt}, \dfrac{dy}{dt} \right)$ 또는 $(f'(t), g'(t))$
(2) 점 P의 시각 t에서의 속력
➡ $\sqrt{\left(\dfrac{dx}{dt} \right)^2 + \left(\dfrac{dy}{dt} \right)^2}$ 또는 $\sqrt{\{f'(t)\}^2 + \{g'(t)\}^2}$

468 BOB 대표

좌표평면 위를 움직이는 점 $P(x, y)$의 시각 t에서의 위치가 $x = \dfrac{1}{2}\cos 2t$, $y = \sin t$이다. $0 \leq t \leq \pi$에서 점 P의 속력의 최댓값은?

① $\dfrac{1}{8}$ ② $\dfrac{3}{8}$ ③ $\dfrac{5}{8}$
④ $\dfrac{3}{4}$ ⑤ $\dfrac{5}{4}$

469 하

좌표평면 위를 움직이는 점 $P(x, y)$의 시각 t에서의 위치가 $x = \sqrt{3}t$, $y = t^2 - t$일 때, 점 P의 속력이 최소가 되는 시각에서의 점 P의 위치는?

① $\left(\dfrac{1}{2}, -\dfrac{1}{4} \right)$ ② $\left(\dfrac{1}{2}, \dfrac{1}{4} \right)$ ③ $\left(\dfrac{\sqrt{3}}{2}, -\dfrac{1}{4} \right)$
④ $(\sqrt{3}, 0)$ ⑤ $(2\sqrt{3}, 2)$

470 중

좌표평면 위를 움직이는 점 $P(x, y)$의 시각 t에서의 위치가 $x = -\sqrt{2}\cos t$, $y = t - \sqrt{2}\sin t$이다. $t = a$에서의 속력이 $\sqrt{5}$일 때, a의 값을 구하여라. $\left(단, \dfrac{\pi}{2} \leq t \leq \pi \right)$

유형 090 속도를 시각에 대하여 미분하면 가속도이다!

좌표평면 위를 움직이는 점 $P(x, y)$의 시각 t에서의 위치가 $x=f(t)$, $y=g(t)$일 때

(1) 점 P의 시각 t에서의 가속도

→ $\left(\dfrac{d^2x}{dt^2}, \dfrac{d^2y}{dt^2}\right)$ 또는 $(f''(t), g''(t))$

(2) 점 P의 시각 t에서의 가속도의 크기

→ $\sqrt{\left(\dfrac{d^2x}{dt^2}\right)^2+\left(\dfrac{d^2y}{dt^2}\right)^2}$ 또는 $\sqrt{\{f''(t)\}^2+\{g''(t)\}^2}$

471 BOB 대표

좌표평면 위에 원점 O가 중심이고 반지름의 길이가 1인 원이 있다. 점 $P(x, y)$가 점 $(1, 0)$을 출발하여 원 위를 시계 반대 방향으로 매초 한 바퀴씩 일정한 속력으로 회전할 때, 출발한 지 $\dfrac{1}{2}$초 후의 가속도는?

① $(-4\pi^2, -4\pi^2)$ ② $(-4\pi^2, 0)$ ③ $(4\pi^2, 0)$
④ $(0, 4\pi^2)$ ⑤ $(4\pi^2, 4\pi^2)$

472 하

좌표평면 위를 움직이는 점 $P(x, y)$의 시각 t에서의 위치가 $x=t-\sin t$, $y=1-\cos t$일 때, 점 P의 가속도의 크기는?

① $\dfrac{1}{2}$ ② 1 ③ $\sqrt{2}$
④ $\sqrt{3}$ ⑤ 2

473 중

좌표평면 위를 움직이는 점 $P(x, y)$의 시각 t에서의 위치가 $x=a\sin t$, $y=at^2+a\cos t$이다. $t=\dfrac{\pi}{2}$에서의 점 P의 가속도의 크기가 $2\sqrt{5}$일 때, 양수 a의 값을 구하여라.

유형 091 시각에 대한 변화율 문제는 주어진 조건을 시각 t에 대한 함수로 표현하자!

어떤 물체의 시각 t에서의 길이(넓이 또는 부피)의 변화율은 다음과 같은 순서로 구한다.

step1 t초 후의 길이(넓이 또는 부피)에 대한 함수식을 구한다.

step2 양변을 t에 대하여 미분한다.

step3 step2에서 구한 식에 주어진 조건을 만족시키는 t의 값을 대입한다.

474 BOB 대표

오른쪽 그림과 같이 버스가 직선도로 위를 25 m/s의 속력으로 달리고 있고, 도로에서 75 m 떨어진 곳에서 어떤 관찰자가 버스를 바라보고 있다. 다음은 관찰자의 정면을 통과한 버스가 관찰자의 정면과 이루는 각의 크기를 $\theta(\text{rad})$라 할 때, 관찰자의 정면을 통과한 지 4초 후의 θ의 순간변화율을 구하는 과정이다. (개)~(대)에 알맞은 것을 써넣어라.

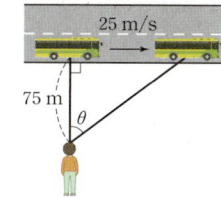

오른쪽 그림과 같이 관찰자의 위치를 P, 버스가 관찰자의 정면에 있을 때의 위치를 Q, t초 후의 버스의 위치를 R라 하면 $\overline{PQ}=75$ m, $\overline{QR}=25t$ m이므로

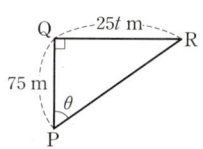

$\tan\theta=$ (개) $\therefore \dfrac{d\theta}{dt}=$ (내)

$t=4$일 때 $\tan\theta=\dfrac{4}{3}$이므로 4초 후의 θ의 순간변화율은 (대) rad/s이다.

475 중

지면과 수직인 벽에 길이가 10 m인 사다리가 오른쪽 그림과 같이 세워져 있다. 사다리의 아래 끝을 3 m/s의 속력으로 바닥과 수평인 방향으로 잡아당길 때, 2초 후에 사다리의 위 끝이 벽을 따라 내려오는 속력을 구하여라.

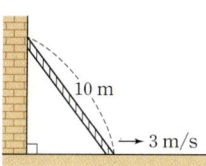

476 중

반지름의 길이가 5, 중심각의 크기가 $\dfrac{\pi}{3}$인 부채꼴이 있다. 이 부채꼴의 중심각의 크기는 변하지 않고 반지름의 길이만 매초 0.5씩 늘어난다고 할 때, 10초 후의 부채꼴의 넓이의 변화율을 구하여라.

477

$-2 \leq x \leq 2$에서 함수 $f(x)=(x^2-3)e^{-x}$의 최댓값을 M, 최솟값을 m이라 할 때, Mm의 값은?

① $-5e^3$　　② $-4e^3$　　③ $-3e^3$

④ $-2e^3$　　⑤ $-e^3$

478

함수 $f(x)=x(2-\ln x)+k$의 최댓값이 $e+3$일 때, $f(1)$의 값은? (단, k는 상수이다.)

① 1　　② 2　　③ 3

④ 4　　⑤ 5

479

오른쪽 그림과 같이 두 곡선 $y=\ln x+4$, $y=e^{x-4}$의 교점의 x좌표를 각각 a, b라 하자. $a \leq x \leq b$에서 직선 $y=-x+k$가 두 곡선과 만나는 두 점 사이의 거리의 최댓값은? (단, $0<a<1<b$이고 k는 상수이다.)

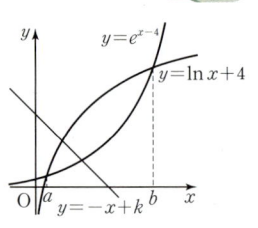

① $2\sqrt{3}$　　② $3\sqrt{2}$　　③ $2\sqrt{5}$

④ $2\sqrt{6}$　　⑤ $3\sqrt{3}$

480

오른쪽 그림과 같이 반지름의 길이가 1인 원과 직사각형 ABCD에 대하여 선분 AB는 원에 접하고 두 점 C, D는 원 위에 있다. 직사각형 ABCD의 넓이의 최댓값은?

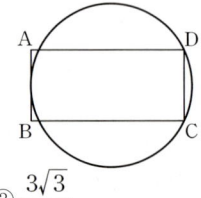

① $\sqrt{3}$　　② $\dfrac{3\sqrt{2}}{2}$　　③ $\dfrac{3\sqrt{3}}{2}$

④ $2\sqrt{2}$　　⑤ $\dfrac{5\sqrt{2}}{2}$

481

x에 대한 방정식 $k(x^3+1)=2x$가 서로 다른 두 실근을 갖도록 하는 실수 k의 값은?

① $\dfrac{\sqrt[3]{2}}{3}$　　② $\dfrac{2\sqrt[3]{2}}{3}$　　③ $\dfrac{\sqrt[3]{4}}{3}$

④ $\dfrac{2\sqrt[3]{4}}{3}$　　⑤ $\sqrt[3]{4}$

482

$-\dfrac{\pi}{2}<x<\dfrac{\pi}{2}$에서 x에 대한 방정식 $2x=\tan x+k$가 서로 다른 세 실근을 갖도록 하는 실수 k의 값의 범위는 $\alpha<k<\beta$이다. $\beta-\alpha$의 값은?

① $\dfrac{\pi-2}{2}$　　② $\dfrac{\pi-1}{2}$　　③ $\dfrac{\pi}{2}$

④ $\pi-1$　　⑤ $\pi-2$

다른 **풀이**

483

〈보기〉에서 x에 대한 방정식 $e^x=kx$의 실근에 대한 설명으로 옳은 것만을 있는 대로 고른 것은?

보기

ㄱ. $0 \leq k<e$이면 실근을 갖지 않는다.

ㄴ. $k<0$이면 한 개의 실근을 갖는다.

ㄷ. 한 개의 실근을 갖도록 하는 양수 k의 값이 존재한다.

① ㄱ　　② ㄴ　　③ ㄱ, ㄴ

④ ㄱ, ㄷ　　⑤ ㄱ, ㄴ, ㄷ

484

$x \leq 6$일 때, 부등식 $x\sqrt{6-x} \leq k$를 만족시키는 실수 k의 최솟값은?

① $2\sqrt{2}$　　② $2\sqrt{3}$　　③ $3\sqrt{2}$

④ $3\sqrt{3}$　　⑤ $4\sqrt{2}$

485

$1 \le x \le 3$일 때, 부등식 $\alpha x \le e^x \le \beta x$가 성립하도록 하는 실수 α, β에 대하여 $\beta - \alpha$의 최솟값은?

① $\dfrac{e^3}{3} - e$ ② $\dfrac{e^3}{3} + e$ ③ $\dfrac{e^3}{2} - e$

④ $\dfrac{e^3}{2} + e$ ⑤ $e^3 + e$

486

좌표평면 위를 움직이는 점 $\mathrm{P}(x, y)$의 시각 t에서의 위치가 $x = \ln(1+t)$, $y = \dfrac{1}{1+t}$일 때, $t = 2$에서의 점 P의 속력은?

① $\dfrac{1}{3}$ ② $\dfrac{\sqrt{10}}{9}$ ③ $\dfrac{2\sqrt{3}}{9}$

④ $\dfrac{\sqrt{15}}{9}$ ⑤ $\dfrac{\sqrt{3}}{3}$

487

좌표평면 위를 움직이는 점 $\mathrm{P}(x, y)$의 시각 t에서의 위치가 $x = t - a\sin t$, $y = 1 - a\cos t$이다. $t = \dfrac{\pi}{3}$에서의 점 P의 속력이 $\sqrt{3}$일 때, 양수 a의 값은?

① $\sqrt{2}$ ② $\sqrt{3}$ ③ 2

④ $\sqrt{5}$ ⑤ $\sqrt{6}$

488

좌표평면 위를 움직이는 점 $\mathrm{P}(x, y)$의 시각 t에서의 위치가 $x = 2\sin \dfrac{\pi}{3}t$, $y = 2\cos \dfrac{\pi}{3}t$일 때, 점 P의 가속도의 크기는?

① $\dfrac{2}{9}\pi^2$ ② $\dfrac{\pi^2}{3}$ ③ $\dfrac{4}{9}\pi^2$

④ $\dfrac{5}{9}\pi^2$ ⑤ $\dfrac{2}{3}\pi^2$

489

좌표평면 위의 두 점 A, B는 동시에 원점을 출발하여 각각 x축의 양의 방향, y축의 양의 방향으로 움직인다. 점 A의 속도는 초속 3, 점 B의 속도는 초속 2라 할 때, 직선 AB와 직선 $y = x$의 교점 $\mathrm{P}(x, y)$의 속력은 초속 a이다. a의 값을 구하여라.

490

좌표평면 위를 움직이는 점 $\mathrm{P}(x, y)$의 시각 t에서의 위치가 $x = 1 + \cos 2t$, $y = \dfrac{1}{2}\sin 2t$일 때, 점 P의 속력이 최대가 되는 시각에서의 점 P의 가속도의 크기를 구하여라. $\left(\text{단, } 0 < t < \dfrac{\pi}{2}\right)$

491   서술형

$0 \le x \le 2\pi$에서 x에 대한 방정식 $e^x(\sin x - \cos x) = t$의 서로 다른 실근의 개수를 $f(t)$라 할 때, 함수 $y = f(t)$가 불연속이 되는 점의 개수를 구하여라.

492   서술형

점 P는 점 $(2, 0)$에서 출발하여 원 $x^2 + y^2 = 4$ 위를 시계 반대 방향으로 8초에 한 바퀴의 속력으로 회전하고 있다. 제1사분면 위의 점 P에서의 접선과 x축이 만나는 점을 Q라 할 때, 삼각형 POQ의 넓이가 8이 되는 순간의 넓이의 변화율을 구하여라.

(단, O는 원점이다.)

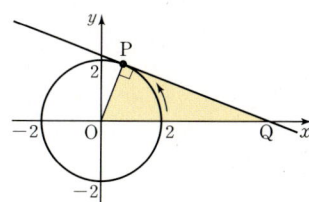

Ⅲ

적분법

10 부정적분

개념 ① 여러 가지 함수의 부정적분 → 유형 092~094

(1) 함수 $y = x^n$ (n은 실수)의 부정적분

① $n \neq -1$일 때, $\int x^n \, dx = \dfrac{1}{n+1} x^{n+1} + C$

② $n = -1$일 때, $\int \dfrac{1}{x} \, dx = \ln|x| + C$

(2) 지수함수의 부정적분

① $\int e^x \, dx = e^x + C$

② $\int a^x \, dx = \dfrac{a^x}{\ln a} + C$ (단, $a > 0$, $a \neq 1$)

(3) 삼각함수의 부정적분

① $\int \sin x \, dx = -\cos x + C$

② $\int \cos x \, dx = \sin x + C$

③ $\int \sec^2 x \, dx = \tan x + C$

④ $\int \csc^2 x \, dx = -\cot x + C$

⑤ $\int \sec x \tan x \, dx = \sec x + C$

⑥ $\int \csc x \cot x \, dx = -\csc x + C$

개념 ② 치환적분법 → 유형 095~099

(1) 치환적분법

$\int f(x) dx$에서 미분가능한 함수 $g(t)$에 대하여 $x = g(t)$로 놓으면

$$\int f(x) dx = \int f(g(t)) g'(t) dt$$

(2) 치환적분법의 여러 가지 유형

① $g(x) = t$라 할 때, $\int f(g(x)) g'(x) dx = \int f(t) dt$

② $\int f(x) dx = F(x) + C$이면 상수 a, b에 대하여

$$\int f(ax+b) dx = \dfrac{1}{a} F(ax+b) + C \ (단, a \neq 0)$$

③ $\int \dfrac{f'(x)}{f(x)} dx = \ln|f(x)| + C$

개념 ③ 부분적분법 → 유형 100~101

두 함수 $f(x)$, $g(x)$가 미분가능할 때

$$\int f(x) g'(x) dx = f(x) g(x) - \int f'(x) g(x) dx$$

개념 plus

◆ 함수 $f(x)$의 한 부정적분을 $F(x)$라 하면

$$\int \underbrace{f(x) dx}_{\text{적분한다.}} \overset{\text{미분한다.}}{=} F(x) + C$$

(단, C는 적분상수이다.)

◆ 미분과 적분의 계산 순서에 따라 적분상수 C만큼의 차이가 생긴다.

$$\dfrac{d}{dx}\left\{ \int f(x) dx \right\} = \dfrac{d}{dx}\{F(x) + C\} = f(x)$$

$$\int \left\{ \dfrac{d}{dx} f(x) \right\} dx = \int f'(x) dx = f(x) + C$$

◆ 부정적분의 성질

두 함수 $f(x)$, $g(x)$가 연속함수일 때

① $\int k f(x) dx = k \int f(x) dx$

(단, k는 상수이다.)

② $\int \{f(x) + g(x)\} dx$

$= \int f(x) dx + \int g(x) dx$

③ $\int \{f(x) - g(x)\} dx$

$= \int f(x) dx - \int g(x) dx$

◆ 삼각함수의 부정적분에서 피적분함수가 $\sin x$, $\cos x$, $\sec^2 x$, $\csc^2 x$, $\sec x \tan x$, $\csc x \cot x$가 아닌 경우에는 삼각함수 사이의 관계나 삼각함수의 여러 가지 공식을 이용하여 함수를 변형한 후 삼각함수의 부정적분 공식을 적용할 수 있도록 한다.

◆ 유리함수의 부정적분

(1) (분자의 차수) ≥ (분모의 차수)인 경우 주어진 분수식의 분자를 분모로 나누어 몫과 나머지를 분리하여 부정적분을 구한다.

(2) 분모가 인수분해되고 (분자의 차수) < (분모의 차수)인 경우 주어진 분수식을 부분분수로 변형하여 부정적분을 구한다.

◆ 부분적분법에서 $f(x)$는 미분하면 간단해지는 것으로, $g'(x)$는 적분하기 쉬운 것으로 선택해야 한다. 일반적으로 로그함수, 다항함수, 삼각함수, 지수함수 순서로 $f(x)$를 택한다.

개념 콕콕

1 함수 $y=x^n$ (n은 실수)의 부정적분

493
다음 부정적분을 구하여라.

(1) $\displaystyle\int \frac{5}{x}\,dx$

(2) $\displaystyle\int \frac{2}{x^3}\,dx$

(3) $\displaystyle\int \sqrt[3]{x^2}\,dx$

(4) $\displaystyle\int x^2\sqrt{x}\,dx$

494
다음 부정적분을 구하여라.

(1) $\displaystyle\int \left(1+\frac{4}{x^3}\right)dx$

(2) $\displaystyle\int \left(x\sqrt{x}-\frac{3}{x^4}\right)dx$

495
다음 부정적분을 구하여라.

(1) $\displaystyle\int \frac{4x^2-1}{x}\,dx$

(2) $\displaystyle\int \frac{2\sqrt{x}-1}{x}\,dx$

2 지수함수의 부정적분

496
다음 부정적분을 구하여라.

(1) $\displaystyle\int 4e^x\,dx$

(2) $\displaystyle\int e^{x+1}\,dx$

(3) $\displaystyle\int (e^x-1)^2\,dx$

(4) $\displaystyle\int 3^{x-1}\,dx$

(5) $\displaystyle\int (3^x+1)^2\,dx$

3 삼각함수의 부정적분

497
다음 부정적분을 구하여라.

(1) $\displaystyle\int 2\sin x\,dx$

(2) $\displaystyle\int (3\sin x-\cos x)\,dx$

(3) $\displaystyle\int \cos x(\sec x+1)\,dx$

(4) $\displaystyle\int \frac{\cos^2 x+2}{\cos^2 x}\,dx$

498
다음 부정적분을 구하여라.

(1) $\displaystyle\int (1+\tan^2 x)\,dx$

(2) $\displaystyle\int (\cot^2 x-2)\,dx$

4 치환적분법

499
다음 부정적분을 구하여라.

(1) $\displaystyle\int 2x(x^2-1)^3\,dx$

(2) $\displaystyle\int 2xe^{x^2}\,dx$

(3) $\displaystyle\int \frac{\ln x}{x}\,dx$

(4) $\displaystyle\int (1+\sin x)^2\cos x\,dx$

개념 콕콕

500

보충 설명

다음 부정적분을 구하여라.

(1) $\displaystyle\int (3x-1)^4\,dx$

(2) $\displaystyle\int \frac{1}{(2x+1)^2}\,dx$

(3) $\displaystyle\int e^{-2x+1}\,dx$

(4) $\displaystyle\int \sin(2x+3)\,dx$

501

다음 부정적분을 구하여라.

(1) $\displaystyle\int \frac{2x}{4+x^2}\,dx$

(2) $\displaystyle\int \frac{e^x}{e^x-2}\,dx$

(3) $\displaystyle\int \frac{1+\sin x}{x-\cos x}\,dx$

5 유리함수의 부정적분

502

다음은 부정적분 $\displaystyle\int \frac{x^2+2}{x-1}\,dx$를 구하는 과정이다. □ 안에 알맞은 것을 써넣어라.

$$\frac{x^2+2}{x-1}=\boxed{}+\frac{3}{x-1}\text{이므로}$$

$$\int \frac{x^2+2}{x-1}\,dx=\int\left(\boxed{}+\frac{3}{x-1}\right)dx$$

$$=\int\left(\boxed{}\right)dx+\int\frac{3}{x-1}\,dx$$

$$=\boxed{}+3\ln|x-1|+C$$

503

다음은 부정적분 $\displaystyle\int \frac{1}{x^2+3x}\,dx$를 구하는 과정이다. □ 안에 알맞은 것을 써넣어라.

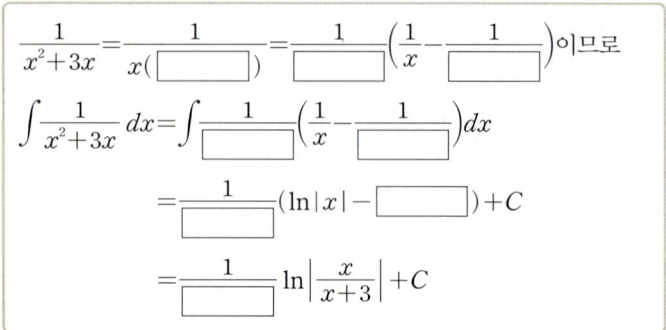

$$\frac{1}{x^2+3x}=\frac{1}{x(\boxed{})}=\frac{1}{\boxed{}}\left(\frac{1}{x}-\frac{1}{\boxed{}}\right)\text{이므로}$$

$$\int\frac{1}{x^2+3x}\,dx=\int\frac{1}{\boxed{}}\left(\frac{1}{x}-\frac{1}{\boxed{}}\right)dx$$

$$=\frac{1}{\boxed{}}(\ln|x|-\boxed{})+C$$

$$=\frac{1}{\boxed{}}\ln\left|\frac{x}{x+3}\right|+C$$

504

다음 부정적분을 구하여라.

(1) $\displaystyle\int \frac{x^2}{x+2}\,dx$

(2) $\displaystyle\int \frac{1}{x^2-x}\,dx$

6 부분적분법

505

다음은 부정적분 $\displaystyle\int xe^{-x}\,dx$를 구하는 과정이다. □ 안에 알맞은 것을 써넣어라.

$f(x)=x,\ g'(x)=e^{-x}$으로 놓으면

$f'(x)=1,\ g(x)=\boxed{}$

$$\therefore \int xe^{-x}\,dx=x(\boxed{})-\int 1\times(\boxed{})dx$$

$$=-x\times\boxed{}+\int\boxed{}\,dx$$

$$=-x\times\boxed{}-\boxed{}+C$$

$$=-(x+1)\boxed{}+C$$

506

다음 부정적분을 구하여라.

(1) $\displaystyle\int x\sin x\,dx$

(2) $\displaystyle\int \ln x\,dx$

유형 콕콕

유형

092

$\sqrt[m]{x^n}=x^{\frac{n}{m}}$임을 이용하여 피적분함수를 변형한 다음 적분하자!

함수 $y=x^n$ (n은 실수)의 부정적분은

(1) $n\neq-1$일 때, $\displaystyle\int x^n dx=\frac{1}{n+1}x^{n+1}+C$

(2) $n=-1$일 때, $\displaystyle\int \frac{1}{x}dx=\ln|x|+C$

507 BOB 대표

부정적분 $\displaystyle\int \frac{x^2+x-1}{x^2}dx$를 구하면? (단, C는 적분상수이다.)

① $x+\ln|x|+\dfrac{1}{x}+C$ 　　② $x+\ln|x|-\dfrac{1}{x}+C$

③ $x+\ln|x|+\dfrac{2}{x}+C$ 　　④ $x+\dfrac{1}{x}+\dfrac{1}{x^2}+C$

⑤ $x+\dfrac{1}{x}-\dfrac{1}{x^2}+C$

508 하

함수 $f(x)=\displaystyle\int \sqrt{x^3}\,dx$에 대하여 $f(1)=\dfrac{2}{5}$일 때, $f(4)$의 값은?

① 11 　　② $\dfrac{56}{5}$ 　　③ 12

④ $\dfrac{64}{5}$ 　　⑤ 13

509 중 서술형

어떤 함수 $f(x)$의 부정적분을 구해야 하는데, 실수로 미분하였더니 $\dfrac{3}{x^2\sqrt{x}}$이 되었다. $f(1)=3$일 때, 함수 $f(x)$의 부정적분을 구하여라.

유형

093

지수함수의 부정적분에서는 밑이 e가 아닐 때를 주의하자!

(1) $\displaystyle\int e^x dx=e^x+C$

(2) $\displaystyle\int a^x dx=\frac{a^x}{\ln a}+C$ (단, $a>0$, $a\neq1$)

510 BOB 대표

함수 $f(x)=\displaystyle\int \frac{e^{2x}-1}{e^x-1}dx$에 대하여 $f(2)=e^2$일 때, $f(3)$의 값은?

① $e-1$ 　　② $e+1$ 　　③ e^3-1

④ e^3 　　⑤ e^3+1

511 하

등식 $\displaystyle\int 3^{2x+1}dx=\frac{3^{2x+1}}{a}+C$가 성립할 때, 상수 a의 값은?

(단, C는 적분상수이다.)

① 3 　　② $\ln 3$ 　　③ $2\ln 3$

④ $3\ln 3$ 　　⑤ 9

512 중

함수 $f(x)=\displaystyle\int (\sqrt{2})^{4x}dx$에 대하여 $f(\log_4 2)=\dfrac{1}{2\ln 2}$일 때, $f(0)$의 값을 구하여라.

유형
094

삼각함수의 적분 공식은 미분 공식을 거꾸로 생각하자!

(1) $\int \sin x \, dx = -\cos x + C$

(2) $\int \cos x \, dx = \sin x + C$

(3) $\int \sec^2 x \, dx = \tan x + C$

(4) $\int \csc^2 x \, dx = -\cot x + C$

(5) $\int \sec x \tan x \, dx = \sec x + C$

(6) $\int \csc x \cot x \, dx = -\csc x + C$

513 BOB 대표

함수 $f(x) = \int \dfrac{\sin^2 x}{1 + \cos x} \, dx$에 대하여 $f\left(\dfrac{\pi}{6}\right) = \dfrac{\pi}{6}$일 때, $f\left(\dfrac{\pi}{2}\right)$의 값은?

① $\dfrac{\pi}{3} - \dfrac{1}{2}$ ② $\dfrac{\pi}{2} - \dfrac{1}{2}$ ③ $\dfrac{\pi}{2}$

④ $\dfrac{\pi}{3} + \dfrac{1}{2}$ ⑤ $\dfrac{\pi}{2} + \dfrac{1}{2}$

514 중

함수 $f(x)$에 대하여 $f'(x) = \cos x + \sec x \tan x$, $f(0) = -1$일 때, $f\left(\dfrac{\pi}{3}\right)$의 값은?

① $-\dfrac{\sqrt{3}}{2}$ ② $-\dfrac{1}{2}$ ③ $\dfrac{1}{2}$

④ $\dfrac{\sqrt{2}}{2}$ ⑤ $\dfrac{\sqrt{3}}{2}$

515 중 서술형

함수 $f(\theta) = \int \left(\dfrac{1}{\cos^2 \theta} + \dfrac{1}{\sin^2 \theta} \right) d\theta$에 대하여 $f\left(\dfrac{\pi}{4}\right) - f\left(\dfrac{\pi}{6}\right)$의 값을 구하여라.

유형
095

$f(x) = t$로 치환했을 때 $\dfrac{dt}{dx} = f'(x)$임을 기억하자!

(1) 치환적분법

　$\int f(x) \, dx$에서 미분가능한 함수 $g(t)$에 대하여

　$x = g(t)$로 놓으면 ➡ $\int f(x) \, dx = \int f(g(t)) g'(t) \, dt$

(2) 유리함수의 부정적분

　① $\dfrac{f'(x)}{f(x)}$ 꼴인 경우

　➡ $f(x)$를 치환하여 부정적분을 구한다.

　　$\int \dfrac{f'(x)}{f(x)} \, dx = \ln|f(x)| + C$

　　　　　　　　　(단, C는 적분상수이다.)

　② $\dfrac{f'(x)}{f(x)}$ 꼴이 아닌 경우

　　(ⅰ) (분자의 차수) < (분모의 차수)가 되도록 변형한다.

　　(ⅱ) 부분분수로 변형한다.

516 BOB 대표

함수 $f(x) = \int (4x-1)(2x^2-x+1)^4 \, dx$에 대하여 $f(0) = \dfrac{1}{5}$일 때, $f(1)$의 값은?

① $\dfrac{16}{5}$ ② 5 ③ $\dfrac{27}{5}$

④ 6 ⑤ $\dfrac{32}{5}$

517 하

등식 $\int (3x-1)^3 \, dx = \dfrac{1}{a}(3x-1)^b + C$가 성립할 때, 상수 a, b에 대하여 $a + b$의 값은? (단, C는 적분상수이다.)

① 10 ② 12 ③ 14

④ 16 ⑤ 18

518 중

등식 $\int \dfrac{2x-1}{x^2-x+1} \, dx = \ln(x^2 + ax + b) + C$가 성립할 때, 상수 a, b에 대하여 ab의 값은? (단, C는 적분상수이다.)

① -2 ② -1 ③ 0

④ 1 ⑤ 2

유형 096 $\sqrt{f(x)}$ 가 주어지면 계산이 간편해지도록 **치환 대상** 을 정하자!

무리함수가 포함된 함수의 부정적분
➡ $\sqrt{f(x)}=t$ 또는 $f(x)=t$로 치환한다.

519 BOB 대표

부정적분 $\displaystyle\int (4x+1)\sqrt[3]{2x^2+x+1}\,dx$를 구하면?

(단, C는 적분상수이다.)

① $\dfrac{1}{4}\sqrt[3]{(2x^2+x+1)^2}+C$

② $\dfrac{3}{4}\sqrt[3]{(2x^2+x+1)^2}+C$

③ $\dfrac{1}{4}(2x^2+x+1)\sqrt[3]{2x^2+x+1}+C$

④ $\dfrac{3}{4}(2x^2+x+1)\sqrt[3]{2x^2+x+1}+C$

⑤ $(2x^2+x+1)\sqrt[3]{2x^2+x+1}+C$

520 하

등식 $\displaystyle\int \dfrac{x^3}{\sqrt{x^4+1}}\,dx=a\sqrt{x^4+1}+C$가 성립할 때, 상수 a의 값은?

(단, C는 적분상수이다.)

① $\dfrac{1}{6}$ ② $\dfrac{1}{5}$ ③ $\dfrac{1}{4}$

④ $\dfrac{1}{3}$ ⑤ $\dfrac{1}{2}$

521 중

함수 $f(x)$에 대하여 $f'(x)=\dfrac{x^2}{\sqrt{x+2}}$, $f(-1)=6$일 때, $f(-2)$ 의 값은?

① $-\dfrac{4}{15}$ ② $-\dfrac{2}{15}$ ③ $\dfrac{2}{15}$

④ $\dfrac{4}{15}$ ⑤ $\dfrac{8}{15}$

유형 097 $e^{f(x)}$이 주어지면 주어진 식에서 $f'(x)$를 찾아보 자!

(1) $f(x)=t$로 놓으면 $\displaystyle\int f'(x)e^{f(x)}\,dx=\int e^t\,dt$

(2) $e^x=t$로 놓으면 $\displaystyle\int f(e^x)\times e^x\,dx=\int f(t)\,dt$

522 BOB 대표

함수 $f(x)=\displaystyle\int 6xe^{x^2-1}\,dx$에 대하여 $f(1)=1$일 때, $f(2)$의 값은?

① $\dfrac{1}{3e^3}$ ② $\dfrac{3}{e^3}$ ③ $3e^3-2$

④ $3e^3$ ⑤ $3e^3+2$

523 하

함수 $f(x)=\displaystyle\int 3x^2e^{x^3}\,dx$에 대하여 $f(0)=2$일 때, 함수 $f(x)$를 구하면?

① $f(x)=3e^{x^3}-1$ ② $f(x)=3e^{x^3}+1$

③ $f(x)=e^{x^3}-1$ ④ $f(x)=e^{x^3}+1$

⑤ $f(x)=xe^{x^3}$

524 중

함수 $f(x)$에 대하여 $f'(x)=\dfrac{e^x}{e^x+2}$, $f(0)=\ln 3$일 때, $f(1)$의 값은?

① 1 ② $\ln(e+2)$ ③ $\ln(e+3)$

④ $\ln(3e+2)$ ⑤ 3

유형

098 $\ln x$가 주어지면 주어진 식에서 $\dfrac{1}{x}$을 찾아보자!

$$\ln x = t \text{로 놓으면 } \int f(\ln x) \times \frac{1}{x}\, dx = \int f(t)\, dt$$

525 BOB 대표

함수 $f(x) = \displaystyle\int \dfrac{1}{x\sqrt{\ln x + 2}}\, dx$에 대하여 $f(e^2) = 1$일 때, $f\left(\dfrac{1}{e}\right)$의 값은?

① -2 ② -1 ③ 1
④ 2 ⑤ 3

526 중

함수 $f(x)$에 대하여 $f'(x) = \dfrac{4(\ln x)^3}{x}$, $f(1) = 0$일 때, $f(e)$의 값은?

① 1 ② $e-1$ ③ 2
④ e ⑤ $e+1$

527 중

함수 $f(x)$에 대하여 $xf'(x) = 2(\ln x)^3$이고 $f(e) = \dfrac{3}{2}$일 때, 방정식 $f(x) = 9$를 만족시키는 모든 실수 x의 값의 곱을 구하여라.

유형

099 $\sin x$가 보이면 $\cos x$를, $\cos x$가 보이면 $\sin x$를 확인하자!

(1) $\sin x = t$로 놓으면 $\displaystyle\int f(\sin x)\cos x\, dx = \int f(t)\, dt$

(2) $\cos x = t$로 놓으면 $\displaystyle\int f(\cos x)\sin x\, dx = -\int f(t)\, dt$

528 BOB 대표

함수 $f(x) = \displaystyle\int \cos x \sin^2 x\, dx$에 대하여 $f\left(\dfrac{\pi}{2}\right) = 0$일 때, $f(\pi)$의 값은?

① -1 ② $-\dfrac{1}{3}$ ③ $\dfrac{1}{3}$
④ $\dfrac{2}{3}$ ⑤ 1

529 하

함수 $f(x)$에 대하여 $f'(x) = \dfrac{\sin x}{2 + \cos x}$, $f(\pi) = 1$일 때, $f(2\pi) + \ln 3$의 값은?

① $-\ln 3$ ② -1 ③ 0
④ 1 ⑤ $\ln 3$

530 중

함수 $f(x) = \displaystyle\int \cos^3 x\, dx$에 대하여 $f(0) = 0$이고
$f(x) = \sin x(a + b\sin^2 x)$가 성립할 때, 상수 a, b에 대하여 $a+b$의 값을 구하여라.

100 부분적분법은 '로다삼지'를 기억하자!

(1) 두 함수 $f(x)$, $g(x)$가 미분가능할 때

$$\int f(x)g'(x)dx=f(x)g(x)-\int f'(x)g(x)dx$$

(2) 부분적분법에서 $f(x)$는 미분하면 간단해지는 것으로, $g'(x)$는 적분하기 쉬운 것으로 선택해야 한다.

| 로그함수 | ➡ | 다항함수 | ➡ | 삼각함수 | ➡ | 지수함수 |

미분하기 쉽다. ◀──────────────────────────▶ 적분하기 쉽다.

531 〔BOB 대표〕

함수 $F(x)=\int (x-2)\sin x\,dx$에 대하여 $F\left(\dfrac{\pi}{2}\right)=1$일 때, $F(\pi)$의 값은?

① $\pi-2$ ② $\pi-1$ ③ π
④ 2π ⑤ $2\pi+1$

532 〔중〕

함수 $F(x)=\int x\ln x\,dx$에 대하여 $F(1)=-\dfrac{1}{4}$일 때, $F(e)$의 값은?

① $\dfrac{1}{4}e$ ② $\dfrac{1}{2}e$ ③ $\dfrac{1}{4}e^2$
④ $\dfrac{1}{2}e^2$ ⑤ e^2

533 〔중〕

등식 $\int 2x\cos 2x\,dx=ax\sin 2x+b\cos 2x+C$가 성립할 때, 상수 a, b에 대하여 $a-b$의 값은? (단, C는 적분상수이다.)

① $\dfrac{1}{2}$ ② 1 ③ $\dfrac{3}{2}$
④ 2 ⑤ $\dfrac{5}{2}$

101 부분적분법을 한 번 적용하여 적분이 끝나지 않으면 처음의 식이 나올 때까지 반복하자!

부분적분법을 한 번 적용하여 부정적분을 구할 수 없을 때에는 부분적분법을 반복한다.

534 〔BOB 대표〕

부정적분 $\int e^{2x}\sin 2x\,dx$를 구하면? (단, C는 적분상수이다.)

① $\dfrac{1}{4}e^{2x}(\sin 2x-\cos 2x)+C$

② $\dfrac{1}{4}e^{2x}(\sin 2x+\cos 2x)+C$

③ $\dfrac{1}{2}e^{2x}(\sin 2x-\cos 2x)+C$

④ $\dfrac{1}{2}e^x(\sin x+\cos x)+C$

⑤ $e^x(\sin x-\cos x)+C$

535 〔중〕

함수 $F(x)=\int x^2\sin x\,dx$에 대하여 $F\left(\dfrac{3}{2}\pi\right)=\pi$일 때, $F\left(\dfrac{\pi}{2}\right)$의 값은?

① π ② 2π ③ 3π
④ 4π ⑤ 5π

536 〔중〕

함수 $F(x)=\int (\ln x)^2\,dx$에 대하여 $F(e)=-3e$일 때, $eF\left(\dfrac{1}{e}\right)$의 값을 구하여라.

537

함수 $f(x)=\int\left(x+\dfrac{2}{x}\right)^2 dx$에 대하여 $f(2)-f(1)$의 값은?

① $\dfrac{25}{3}$　　　　② 9　　　　③ $\dfrac{29}{3}$

④ $\dfrac{31}{3}$　　　　⑤ 11

538

$x>0$에서 정의된 미분가능한 함수 $f(x)$의 한 부정적분 $F(x)$가
$$F(x)=xf(x)-\sqrt{x},\ F(1)=0$$
을 만족시킬 때, $f\left(\dfrac{1}{9}\right)$의 값은?

① -2　　　　② -1　　　　③ 0

④ 1　　　　⑤ 2

539

두 함수 $f(x)$, $g(x)$에 대하여 $f'(x)=\dfrac{x\sqrt{x}}{x+\sqrt{x}}$, $g'(x)=\dfrac{\sqrt{x}}{x+\sqrt{x}}$
이고, $f(1)=g(1)$을 만족시킬 때, $f(4)-g(4)$의 값은?

① $-\dfrac{4}{3}$　　　　② $-\dfrac{1}{3}$　　　　③ 0

④ $\dfrac{2}{3}$　　　　⑤ $\dfrac{5}{3}$

540

함수 $f(x)$에 대하여 $f'(x)=2e^{2x}-e^x$, $f(0)=-2$일 때, 방정식 $f(x)=0$을 만족시키는 x의 값은?

① -1　　　　② $-\ln 2$　　　　③ $\ln 2$

④ 1　　　　⑤ $2\ln 2$

541

함수 $f(x)$는 함수 $y=\dfrac{8^x-1}{2^x-1}$의 한 부정적분이고, 함수 $F(x)$는 $f(x)$의 한 부정적분이다. $f(0)=0$일 때, $\displaystyle\lim_{h\to 0}\dfrac{F(1+4h)-F(1)}{h}$의 값은?

① $\dfrac{10}{\ln 2}-4$　　　　② $\dfrac{10}{\ln 2}-2$　　　　③ $\dfrac{10}{\ln 2}$

④ $\dfrac{10}{\ln 2}+2$　　　　⑤ $\dfrac{10}{\ln 2}+4$

542

보충 설명

함수 $f(\theta)=\int\left(\sin\dfrac{\theta}{2}+\cos\dfrac{\theta}{2}\right)^2 d\theta$에 대하여 $f(\pi)-f\left(\dfrac{\pi}{2}\right)$의 값은?

① $\dfrac{\pi}{2}-1$　　　　② $\dfrac{\pi}{2}$　　　　③ $\dfrac{2}{3}\pi-1$

④ $\dfrac{\pi}{6}+1$　　　　⑤ $\dfrac{\pi}{2}+1$

543

$0<x<2\pi$에서 정의된 미분가능한 함수 $f(x)$가
$$f'(x)=\sin 2x-\sin x$$
를 만족시킨다. $f(x)$의 극댓값이 1일 때, $f(x)$의 극솟값은?

① $-\dfrac{3}{2}$　　　　② $-\dfrac{5}{4}$　　　　③ -1

④ $-\dfrac{3}{4}$　　　　⑤ $-\dfrac{1}{2}$

544

함수 $f(x)$에 대하여 $f'(x)=\dfrac{2}{x^2-6x+8}$, $f(0)=\ln 2$일 때, $f(6)$의 값은?

① $-\ln 4$　　　　② $-\ln 3$　　　　③ $-\ln 2$

④ $\ln 3$　　　　⑤ $\ln 4$

545

함수 $f(x)=\int \dfrac{x}{x^2+1}dx$에 대하여 $f(0)=0$일 때, 방정식 $f(x)=1$을 만족시키는 모든 x의 값의 곱은?

① $-e^2$ 　　　② $1-e^2$ 　　　③ $-e$

④ -1 　　　⑤ $1-e$

546

함수 $f(x)$가 $\displaystyle\lim_{h\to 0}\dfrac{f(x+h)-f(x-h)}{h}=\dfrac{2}{x(\ln x)^2}$를 만족시킬 때, $f(e^2)-f(e)$의 값은?

① $\dfrac{1}{8}$ 　　　② $\dfrac{1}{4}$ 　　　③ $\dfrac{3}{8}$

④ $\dfrac{1}{2}$ 　　　⑤ $\dfrac{5}{8}$

547

함수 $f(x)=\int \sin^5 x\,dx$에 대하여 $f\left(\dfrac{\pi}{2}\right)=1$일 때, $f(0)$의 값은?

① $\dfrac{1}{3}$ 　　　② $\dfrac{2}{5}$ 　　　③ $\dfrac{7}{15}$

④ $\dfrac{8}{15}$ 　　　⑤ $\dfrac{3}{5}$

548

함수 $f(x)=\int (x+\ln x)^2\,dx$에 대하여 $\displaystyle\lim_{h\to 0}\dfrac{f(1+2h)-f(1)}{h}$의 값은?

① -3 　　　② -2 　　　③ -1

④ 1 　　　⑤ 2

549

세 함수 $f(x)$, $g(x)$, $h(x)$에 대하여
$$h'(x)=g(x),\ h''(x)=f(x)$$
일 때, 부정적분 $\displaystyle\int xf(x)dx$를 구하면? (단, C는 적분상수이다.)

① $h(x)+C$ 　　　② $h(x)-g(x)+C$

③ $xh(x)-g(x)+C$ 　　　④ $xg(x)-h(x)+C$

⑤ $xg(x)+h(x)+C$

550

$0<x<\pi$에서 정의된 함수 $f(x)$의 도함수가 $f'(x)=x\cos 2x$이다. $f(x)$의 극댓값이 π일 때, $f(x)$의 극솟값을 구하여라.

551

미분가능한 두 함수 $f(x)$, $F(x)$가 다음 조건을 만족시킬 때, $f(e)$의 값을 구하여라.

> (가) $F'(x)=f(x)$ 　　　(나) $F(x)=x\{f(x)-1\}$
> (다) $F(1)=0$

552

$x>0$에서 정의된 함수 $f(x)$가
$$f(x)=\begin{cases} \displaystyle\int \ln x^2\,dx & (x\neq 1) \\ 3 & (x=1) \end{cases}$$
이고 $x=1$에서 연속일 때, $f(2)$의 값을 구하여라.

11 정적분

개념 ① 정적분 ◆ 유형 102~104

함수 $f(x)$가 닫힌구간 $[a, b]$에서 연속일 때, $f(x)$의 한 부정적분을 $F(x)$라 하면 $f(x)$의 a에서 b까지의 정적분은

$$\int_a^b f(x)dx = \left[F(x) \right]_a^b = F(b) - F(a)$$

개념 ② 우함수와 기함수의 정적분 ◆ 유형 105

연속함수 $y = f(x)$에 대하여

(1) $f(x)$가 우함수, 즉 $f(-x) = f(x)$이면 $\displaystyle\int_{-a}^{a} f(x)dx = 2\int_0^a f(x)dx$
  ⓐ

(2) $f(x)$가 기함수, 즉 $f(-x) = -f(x)$이면 $\displaystyle\int_{-a}^{a} f(x)dx = 0$
  ⓑ

개념 ③ 치환적분법과 부분적분법을 이용한 정적분 ◆ 유형 106~107

(1) 치환적분법을 이용한 정적분

닫힌구간 $[a, b]$에서 연속인 함수 $f(x)$에 대하여 미분가능한 함수 $x = g(t)$의 도함수 $g'(t)$가 구간 $[\alpha, \beta]$에서 연속이고, $a = g(\alpha)$, $b = g(\beta)$이면

$$\int_a^b f(x)dx = \int_\alpha^\beta f(g(t))g'(t)dt$$

(2) 삼각함수를 이용한 정적분

① 피적분함수가 $\sqrt{a^2 - x^2}$ $(a > 0)$ 꼴 ➡ $x = a\sin\theta \left(-\dfrac{\pi}{2} \leq \theta \leq \dfrac{\pi}{2} \right)$로 치환

② 피적분함수가 $\dfrac{1}{a^2 + x^2}$ $(a > 0)$ 꼴 ➡ $x = a\tan\theta \left(-\dfrac{\pi}{2} < \theta < \dfrac{\pi}{2} \right)$로 치환

(3) 부분적분법을 이용한 정적분

두 함수 $f(x)$, $g(x)$가 미분가능하고 $f'(x)$, $g'(x)$가 연속일 때, 다음이 성립한다.

$$\int_a^b f(x)g'(x)dx = \left[f(x)g(x) \right]_a^b - \int_a^b f'(x)g(x)dx$$

개념 ④ 정적분으로 정의된 함수 ◆ 유형 108~111

(1) 정적분으로 정의된 함수의 미분

① $\dfrac{d}{dx}\displaystyle\int_a^x f(t)dt = f(x)$ ② $\dfrac{d}{dx}\displaystyle\int_x^{x+a} f(t)dt = f(x+a) - f(x)$

(2) 정적분으로 정의된 함수의 극한

① $\displaystyle\lim_{x \to a} \dfrac{1}{x-a}\int_a^x f(t)dt = f(a)$ ② $\displaystyle\lim_{h \to 0} \dfrac{1}{h}\int_a^{a+h} f(t)dt = f(a)$

➕ 개념 plus

◆ 정적분의 성질

두 함수 $f(x)$, $g(x)$가 임의의 세 실수 a, b, c를 포함하는 닫힌구간에서 연속일 때

① $\displaystyle\int_a^a f(x)dx = 0$

② $\displaystyle\int_a^b f(x)dx = -\int_b^a f(x)dx$

③ $\displaystyle\int_a^b kf(x)dx = k\int_a^b f(x)dx$
   (단, k는 상수이다.)

④ $\displaystyle\int_a^b \{ f(x) \pm g(x) \}dx$
   $= \displaystyle\int_a^b f(x)dx \pm \int_a^b g(x)dx$ (복부호동순)

⑤ $\displaystyle\int_a^c f(x)dx + \int_c^b f(x)dx = \int_a^b f(x)dx$

ⓐ 우함수(even function) : 임의의 x에 대하여 $f(-x) = f(x)$이며, 우함수의 그래프는 y축에 대하여 대칭이다.

ⓑ 기함수(odd function) : 임의의 x에 대하여 $f(-x) = -f(x)$이며, 기함수의 그래프는 원점에 대하여 대칭이다.

◆ 부분적분법은 치환적분법을 적용하기 어려운 두 함수의 곱으로 표현되어 있을 때 이용할 수 있다.

◆ 정적분의 위끝과 아래끝이 모두 상수이면 정적분의 결과도 상수이다. 그러나 정적분의 위끝 또는 아래끝에 변수가 있으면 정적분의 결과는 그 변수에 대한 함수이다.

◆ $\displaystyle\int_a^x (x-t)f(t)dt = g(x)$ $(a$는 상수$)$와 같이 적분 구간과 피적분함수에 모두 변수가 있는 경우에는 주어진 등식의 좌변을

$$\int_a^x (x-t)f(t)dt$$
$$= x\int_a^x f(t)dt - \int_a^x tf(t)dt$$

로 변형한 후에 양변을 x에 대하여 미분하여 함수 $f(x)$를 구한다.

개념 콕콕

1 정적분

553
다음 정적분의 값을 구하여라.

(1) $\displaystyle\int_1^4 3\sqrt{x}\,dx$

(2) $\displaystyle\int_1^8 \sqrt[3]{x}\,dx$

(3) $\displaystyle\int_{-1}^2 \frac{1}{x^3}\,dx$

(4) $\displaystyle\int_1^e \frac{1}{x}\,dx$

554
다음 정적분의 값을 구하여라.

(1) $\displaystyle\int_0^{\frac{\pi}{2}} \cos x\,dx$

(2) $\displaystyle\int_0^{\frac{\pi}{4}} (1+\tan^2 x)\,dx$

(3) $\displaystyle\int_0^{\ln 2} e^{-x}\,dx$

(4) $\displaystyle\int_0^1 3^x\,dx$

555
다음 정적분의 값을 구하여라.

(1) $\displaystyle\int_0^\pi (x^3-x\ln x+\sin x)\,dx-\int_0^\pi (x^3-x\ln x)\,dx$

(2) $\displaystyle\int_0^1 (e^x-1)\,dx+\int_1^0 (e^x-1)\,dx$

(3) $\displaystyle\int_0^{\frac{\pi}{2}} (\cos x+1)^2\,dx+\int_{\frac{\pi}{2}}^0 (\cos x-1)^2\,dx$

(4) $\displaystyle\int_1^2 (\sqrt{x}-1)\,dx+\int_4^2 (1-\sqrt{x})\,dx$

2 우함수와 기함수의 정적분

556
다음 정적분의 값을 구하여라.

(1) $\displaystyle\int_{-2}^2 (x^3+\sin x)\,dx$

(2) $\displaystyle\int_{-5}^5 x\cos x\,dx$

(3) $\displaystyle\int_{-\frac{\pi}{2}}^{\frac{\pi}{2}} (\cos x-\sin x)\,dx$

(4) $\displaystyle\int_{-1}^1 (e^x+e^{-x})\,dx$

3 치환적분법을 이용한 정적분

557
다음 정적분의 값을 구하여라.

(1) $\displaystyle\int_0^1 \frac{x}{x^2+2}\,dx$

(2) $\displaystyle\int_0^3 \sqrt{x+1}\,dx$

(3) $\displaystyle\int_1^2 2x\sqrt{x^2-1}\,dx$

(4) $\displaystyle\int_0^1 \frac{2x}{\sqrt{x^2+1}}\,dx$

558
다음 정적분의 값을 구하여라.

(1) $\displaystyle\int_0^{\frac{\pi}{2}} \sin^5 x\cos x\,dx$

(2) $\displaystyle\int_0^{\frac{\pi}{4}} \tan x\,dx$

(3) $\displaystyle\int_0^1 2x\,e^{x^2}\,dx$

(4) $\displaystyle\int_1^e \frac{2\ln x}{x}\,dx$

개념 콕콕

559

다음 정적분의 값을 구하여라.

(1) $\int_0^{\frac{1}{2}} \frac{1}{\sqrt{1-x^2}} \, dx$

(2) $\int_0^1 \frac{1}{1+x^2} \, dx$

5 정적분으로 정의된 함수

562

임의의 실수 x에 대하여 다음 등식이 성립할 때, 함수 $f(x)$를 구하여라.

(1) $\int_1^x f(t)dt = \sqrt{x} - 1 \ (x > 0)$

(2) $\int_0^x f(t)dt = \cos x + \sin x - 1$

(3) $\int_e^x f(t)dt = \ln x - 1 \ (x > 0)$

(4) $\int_1^x f(t)dt = 2^x - 2$

4 부분적분법을 이용한 정적분

560

다음은 정적분 $\int_1^e \ln x \, dx$의 값을 구하는 과정이다. ㈎ ~ ㈐에 알맞은 것을 써넣어라.

$f(x) = \ln x$, $g'(x) = 1$로 놓으면
$f'(x) = \boxed{㈎}$, $g(x) = x$이므로
$\int_1^e \ln x \, dx = \left[x \ln x \right]_1^e - \int_1^e \boxed{㈎} \times x \, dx$
$\qquad = e - \left[\boxed{㈏} \right]_1^e$
$\qquad = e - (\boxed{㈐}) = \boxed{㈑}$

563

다음 극한값을 구하여라.

(1) $\lim_{h \to 0} \frac{1}{h} \int_0^h (e^t + 1)dt$

(2) $\lim_{x \to \pi} \frac{1}{x - \pi} \int_\pi^x (\sin t - t)dt$

561

다음 정적분의 값을 구하여라.

(1) $\int_0^1 xe^x \, dx$

(2) $\int_0^\pi x \cos x \, dx$

⊕ 유형 콕콕 ⊕

102 함수를 최대한 간단히 정리해서 적분하자!

닫힌구간 $[a, b]$에서 연속인 함수 $f(x)$의 한 부정적분을 $F(x)$라 하면

$$\int_a^b f(x)dx = \Big[F(x)\Big]_a^b = F(b) - F(a)$$

564 BOB 대표

$\int_0^1 (2^x-1)(2^x+1)dx = \dfrac{a}{\ln 4} + b$일 때, 정수 a, b에 대하여 $a+b$의 값은?

① -2 ② 0 ③ 2
④ 4 ⑤ 6

565 하

정적분 $\int_1^4 \dfrac{x-2}{x^2} dx$의 값은?

① $\ln 2 - \dfrac{5}{2}$ ② $\ln 2 - \dfrac{3}{2}$ ③ $2\ln 2 - \dfrac{5}{2}$
④ $2\ln 2 - \dfrac{3}{2}$ ⑤ $4\ln 2 - \dfrac{3}{2}$

566 중

정적분 $\int_1^4 \dfrac{(1-\sqrt{x})^2}{\sqrt{x}} dx$의 값은?

① $\dfrac{2}{3}$ ② $\dfrac{3}{4}$ ③ $\dfrac{3}{2}$
④ $\dfrac{7}{3}$ ⑤ $\dfrac{5}{2}$

유형

103 정적분의 성질을 이용하여 정적분을 계산하자!

두 함수 $f(x)$, $g(x)$가 임의의 세 실수 a, b, c를 포함하는 닫힌구간에서 연속일 때

(1) $\int_a^a f(x)dx = 0$, $\int_a^b f(x)dx = -\int_b^a f(x)dx$

(2) $\int_a^b kf(x)dx = k\int_a^b f(x)dx$ (단, k는 상수이다.)

(3) $\int_a^b \{f(x) \pm g(x)\}dx = \int_a^b f(x)dx \pm \int_a^b g(x)dx$

(복부호동순)

(4) $\int_a^c f(x)dx + \int_c^b f(x)dx = \int_a^b f(x)dx$

567 BOB 대표

정적분 $\int_0^{\frac{\pi}{2}} (\sin x + \cos x)^2 dx + \int_{\frac{\pi}{2}}^0 (\sin t - \cos t)^2 dt$의 값은?

① 0 ② 1 ③ $\dfrac{\pi}{2}$
④ 2 ⑤ π

568 중

정적분 $\int_0^1 \dfrac{e^{2x}}{e^x+1} dx + \int_1^0 \dfrac{1}{e^t+1} dt$의 값은?

① $e-2$ ② $e-1$ ③ e
④ $e+1$ ⑤ $e+2$

569 중

함수 $f(x) = \dfrac{1}{x}$에 대하여 정적분
$\int_3^9 f(x)dx - \int_e^9 f(x)dx + \int_1^3 f(x)dx$의 값은?

① $\dfrac{1}{e}$ ② 1 ③ 2
④ e ⑤ 3

104

절댓값이 나오면 구간을 나누어 적분하자!

절댓값 기호를 포함한 함수의 정적분은 **구간을 나누어** 절댓값 기호를 없앤다.

즉, $\begin{cases} f(x) \geq 0 & (a \leq x \leq b) \\ f(x) \leq 0 & (b \leq x \leq c) \end{cases}$ 일 때

$$\int_a^c |f(x)|\, dx = \int_a^b f(x)\, dx - \int_b^c f(x)\, dx$$

570 $\quad$ BOB 대표 $\qquad$ 다른풀이

정적분 $\displaystyle\int_0^{\frac{\pi}{2}} |\sin x - \cos x|\, dx$의 값은?

① $2(\sqrt{2}-1)$ $\qquad$ ② $2\sqrt{2}-1$ $\qquad$ ③ $2\sqrt{2}$

④ $2\sqrt{2}+1$ $\qquad$ ⑤ $2(\sqrt{2}+1)$

571 $\quad$ 하

정적분 $\displaystyle\int_{\frac{1}{e^2}}^{e} \sqrt[4]{(\ln x)^4}\, dx$의 값은?

① $1-\dfrac{3}{e^2}$ $\qquad$ ② $1-\dfrac{2}{e^2}$ $\qquad$ ③ $2-\dfrac{3}{e^2}$

④ $2-\dfrac{2}{e^2}$ $\qquad$ ⑤ $2+\dfrac{2}{e^2}$

572 $\quad$ 중

정적분 $\displaystyle\int_1^4 \left| \sqrt{\dfrac{2}{x}}-1 \right| dx$의 값은?

① $9-6\sqrt{2}$ $\qquad$ ② $9-4\sqrt{2}$ $\qquad$ ③ $12-6\sqrt{2}$

④ $9-3\sqrt{2}$ $\qquad$ ⑤ $12-4\sqrt{2}$

105

적분 구간이 $[-a,\ a]$이면 반드시 우함수, 기함수인지 확인하자!

(1) 함수 $f(x)$가 우함수 $\Rightarrow$ $\displaystyle\int_{-a}^{a} f(x)dx = 2\int_0^a f(x)dx$

(2) 함수 $f(x)$가 기함수 $\Rightarrow$ $\displaystyle\int_{-a}^{a} f(x)dx = 0$

573 $\quad$ BOB 대표

정적분 $\displaystyle\int_{-1}^{1} (2^x + 5^x + 2^{-x} - 5^{-x})dx$의 값은?

① $\ln 2$ $\qquad$ ② $2\ln 2$ $\qquad$ ③ $3\ln 2$

④ $\dfrac{3}{\ln 2}$ $\qquad$ ⑤ $\dfrac{3}{2\ln 2}$

574 $\quad$ 하

정적분 $\displaystyle\int_{-\pi}^{\pi} (\sin x + x\cos x)dx$의 값은?

① -8 $\qquad$ ② -4 $\qquad$ ③ 0

④ 4 $\qquad$ ⑤ 8

575 $\quad$ 중 $\qquad$ 서술형

함수 $f(x)$가 모든 실수 x에 대하여

$$f(-x)=f(x),\quad \int_0^1 f(x)dx=1$$

을 만족시킨다. $a=\displaystyle\int_{-1}^{1} f(x)\sin x\, dx$, $b=\displaystyle\int_{-1}^{1} f(x)dx$일 때, $a+b$의 값을 구하여라.

유형 106 $f(x)=t$로 **치환**했을 때 $\dfrac{dt}{dx}=f'(x)$임을 기억하자!

미분가능한 함수 $x=g(t)$에 대하여 $a=g(\alpha)$, $b=g(\beta)$이면
$$\int_a^b f(x)dx=\int_\alpha^\beta f(g(t))g'(t)dt$$

576 BOB 대표

정적분 $\displaystyle\int_1^e \frac{2}{x(1+\ln x)^3}dx$의 값은?

① $\dfrac{3}{4}$ ② 1 ③ $\dfrac{5}{4}$

④ $\dfrac{3}{2}$ ⑤ $\dfrac{7}{4}$

577 하

정적분 $\displaystyle\int_0^{\ln 2} \frac{e^{2x}}{e^x+1}dx$의 값은?

① $1-\ln\dfrac{2}{3}$ ② $1+\ln\dfrac{2}{3}$ ③ $1+\ln 2$

④ $1+\ln 3$ ⑤ $1+2\ln\dfrac{2}{3}$

578 중

정적분 $\displaystyle\int_0^{\frac{\pi}{2}} \cos^3 x\, dx$의 값은?

① $\dfrac{1}{2}$ ② $\dfrac{2}{3}$ ③ $\dfrac{3}{4}$

④ $\dfrac{4}{5}$ ⑤ $\dfrac{5}{6}$

유형 107 부분적분법은 '로다삼지'를 기억하자!

(1) 두 함수 $f(x)$, $g(x)$가 미분가능할 때,
$$\int_a^b f(x)g'(x)dx$$
$$=\Big[f(x)g(x)\Big]_a^b-\int_a^b f'(x)g(x)dx$$

(2) 부분적분법에서 $f(x)$는 미분하면 간단해지는 것으로, $g'(x)$는 적분하기 쉬운 것으로 선택해야 한다. 일반적으로 로그함수, 다항함수, 삼각함수, 지수함수 순서로 $f(x)$를 택한다.

로그함수 ➡ 다항함수 ➡ 삼각함수 ➡ 지수함수
미분하기 쉽다. ⟵――――――――――⟶ 적분하기 쉽다.

579 BOB 대표

정적분 $\displaystyle\int_0^1 (x+1)e^x dx$의 값은?

① $-e+1$ ② $-e+2$ ③ e

④ $e+1$ ⑤ $e+2$

580 중

정적분 $\displaystyle\int_0^{\frac{\pi}{2}} x\sin 2x\, dx$의 값을 구하여라.

581 중

$\displaystyle\int_1^{\sqrt 2} x\ln x\, dx=a\ln 2+b$일 때, 유리수 a, b에 대하여 $a+b$의 값을 구하여라.

아래끝과 위끝이 상수인 정적분 $\int_a^b f(t)\,dt$의 값은 상수임을 기억하자!

적분 구간이 상수인 정적분을 포함한 등식

$f(x)=g(x)+\int_a^b f(t)\,dt$ (a, b는 상수) 꼴의 문제는 다음과 같은 순서로 구한다.

step 1 $\int_a^b f(t)\,dt=k$ (k는 상수)라 한다.

step 2 $f(x)=g(x)+k$를 $\int_a^b f(t)\,dt=k$에 대입하여 상수 k의 값을 구한다.

582 BOB 대표

연속함수 $f(x)$가

$$f(x)=4\sin x\cos x+\int_{\frac{\pi}{2}}^{\pi} f(t)\,dt$$

를 만족시킬 때, $f(\pi)$의 값은?

① $\dfrac{1}{2(\pi-2)}$ ② $\dfrac{1}{\pi-2}$ ③ $\dfrac{2}{\pi-2}$

④ $\dfrac{3}{\pi-2}$ ⑤ $\dfrac{4}{\pi-2}$

583 중

$f(x)=\cos x+\int_0^{\frac{\pi}{2}} f(t)\,dt$를 만족시키는 함수 $f(x)$에 대하여 $f\left(\dfrac{\pi}{2}\right)$의 값은?

① $\dfrac{2}{2-\pi}$ ② $2-\pi$ ③ 0

④ $\pi-2$ ⑤ $\dfrac{2}{\pi-2}$

584 중

$f(x)=\ln x-\int_1^e f(t)\,dt$를 만족시키는 함수 $f(x)$에 대하여 $-ef(1)$의 값을 구하여라.

$\int_a^x f(t)\,dt=g(x)$의 양변을 미분하여 함수 $f(x)$를 구하자!

적분 구간에 변수가 있는 정적분을 포함한 등식

함수 $f(x)$가 $\int_a^x f(t)\,dt=g(x)$ (a는 상수)를 만족시킬 때

(1) 양변에 $x=a$를 대입하면 $\int_a^a f(t)\,dt=g(a)=0$

(2) 양변을 x에 대하여 미분하면 $f(x)=g'(x)$

585 BOB 대표

모든 실수 x에 대하여 미분가능한 함수 $f(x)$가

$\int_a^x f(t)\,dt=2\cos x-2\sin x$를 만족시킬 때, 상수 a에 대하여 $f(a)$의 값은? $\left(\text{단, } 0<a<\dfrac{\pi}{2}\right)$

① $-2\sqrt{2}$ ② $-\sqrt{2}$ ③ $-\dfrac{\sqrt{2}}{2}$

④ $\sqrt{2}$ ⑤ $2\sqrt{2}$

586 하

모든 실수 x에 대하여 미분가능한 함수 $f(x)$가

$f(x)=\int_0^x (1-\sin t)\cos t\,dt$를 만족시킬 때, $f'\left(\dfrac{\pi}{6}\right)$의 값은?

① $\dfrac{\sqrt{3}}{4}$ ② $\dfrac{\sqrt{3}}{3}$ ③ $\dfrac{\sqrt{3}}{2}$

④ 1 ⑤ 2

587 중    서술형

모든 실수 x에 대하여 미분가능한 함수 $f(x)$가

$\int_0^x f(t)\,dt=e^{2x}-ae^x+bx$를 만족시키고 $f(0)=0$일 때, $f(\ln 2)$의 값을 구하여라. (단, a, b는 상수이다.)

유형 110

$\int_a^x (x-t)f(t)dt$를 포함한 등식은 전개한 후 미분하자!

적분 구간과 피적분함수에 변수가 있는 정적분을 포함한 등식
$\int_a^x (x-t)f(t)dt=g(x)$ (a는 상수) 꼴의 문제는 다음과 같은 순서로 구한다.

step1 $x\int_a^x f(t)dt - \int_a^x tf(t)dt = g(x)$로 변형한다.

step2 step1 에서 얻은 등식의 양변을 x에 대하여 미분한다.

➡ $\int_a^x f(t)dt + xf(x) - xf(x) = g'(x)$

588 BOB 대표

$\int_\pi^x (x-t)f(t)dt = 2\sin x + ax - 2\pi$를 만족시키는 미분가능한 함수 $f(x)$에 대하여 $f\left(\dfrac{\pi}{6}\right)=b$라 할 때, 상수 a, b에 대하여 $a+b$의 값은?

① 1   ② 2   ③ 3
④ 4   ⑤ 5

589 하

모든 실수 x에 대하여 미분가능한 함수 $f(x)$가
$$f(x)=\int_0^x (x-t)\sin t\, dt$$
를 만족시킬 때, $f'(\pi)$의 값은?

① -2 ② -1 ③ 0
④ 1   ⑤ 2

590 중

모든 실수 x에 대하여 미분가능한 함수 $f(x)$가
$$f(x)=x^2+\int_0^1 f(t)(1+xe^t)dt$$
를 만족시킬 때, $3(e-1)f(1)$의 값을 구하여라.

유형 111

정적분과 함수의 극한이 관련된 문제는 정적분의 정의를 이용하자!

함수 $f(t)$의 한 부정적분을 $F(t)$라 하면

(1) $\displaystyle\lim_{x\to a} \dfrac{1}{x-a}\int_a^x f(t)dt$
$$=\lim_{x\to a}\dfrac{\int_a^x f(t)dt}{x-a}=\lim_{x\to a}\dfrac{\Big[F(t)\Big]_a^x}{x-a}$$
$$=\lim_{x\to a}\dfrac{F(x)-F(a)}{x-a}=F'(a)=f(a)$$

(2) $\displaystyle\lim_{h\to 0}\dfrac{1}{h}\int_a^{a+h} f(t)dt$
$$=\lim_{h\to 0}\dfrac{\int_a^{a+h} f(t)dt}{h}=\lim_{h\to 0}\dfrac{\Big[F(t)\Big]_a^{a+h}}{h}$$
$$=\lim_{h\to 0}\dfrac{F(a+h)-F(a)}{h}=F'(a)=f(a)$$

591 BOB 대표

$\displaystyle\lim_{x\to\pi}\dfrac{1}{x-\pi}\int_\pi^x t^2\cos t\, dt$의 값은?

① $-\pi^2$ ② $-\pi$ ③ 0
④ 1   ⑤ π

592 하

$\displaystyle\lim_{x\to 0}\dfrac{1}{x}\int_0^x \sin\left(t+\dfrac{\pi}{2}\right)dt$의 값을 구하여라.

593 중

$\displaystyle\lim_{h\to 0}\dfrac{1}{h}\int_{\pi-h}^{\pi+h} t\sin\left(t-\dfrac{\pi}{2}\right)dt$의 값을 구하여라.

594

$f(x)=\lim\limits_{n\to\infty}\dfrac{x^n+2x-1}{x^{n+1}+1}$일 때, 정적분 $\displaystyle\int_0^{e^2} f(x)dx$의 값은?

① 2 ② $2e-1$ ③ $2e$

④ $2e+1$ ⑤ e^2+1

595

정적분 $\displaystyle\int_0^1 2^x\,dx+\int_1^2 \log_2 x\,dx$의 값을 구하여라.

596

함수 $f(x)=4x\ln x$에 대하여 정적분

$$\int_{2e}^{4e} f(x)dx-\int_e^{4e} f(x)dx+\int_1^{2e} f(x)dx$$

의 값은?

① e^2-1 ② e^2 ③ e^2+1

④ $2e^2$ ⑤ $2e^2+1$

597

정적분 $\displaystyle\int_0^{\frac{\pi}{2}} |2\sin^2 x-1|\,dx$의 값은?

① $\dfrac{1}{2}$ ② 1 ③ $\dfrac{3}{2}$

④ 2 ⑤ $\dfrac{5}{2}$

598

등식 $\displaystyle\int_{-\pi}^{\pi} (4-2\sin x)^2\,dx=a\pi$를 만족시키는 유리수 a의 값을 구하여라.

599

연속함수 $y=f(x)$의 그래프가 y축에 대하여 대칭이고, 모든 실수 a에 대하여

$$\int_{a-1}^{a+1} f(a-x)dx=24$$

일 때, 정적분 $\displaystyle\int_0^1 f(x)dx$의 값을 구하여라.

600

다음 정적분의 값을 구하여라.

(1) $\displaystyle\int_1^{e^2} \dfrac{2}{x(1+2\ln x)^2}dx$ (2) $\displaystyle\int_1^4 \dfrac{e^{\sqrt{x}}}{\sqrt{x}}dx$

(3) $\displaystyle\int_{-1}^1 |x|e^x\,dx$ (4) $\displaystyle\int_1^{\sqrt{2}} x^3\sqrt{x^2-1}\,dx$

601

정적분 $\displaystyle\int_{\frac{\pi}{6}}^{\frac{\pi}{2}} \cos x\,\ln(\sin x)dx$의 값은?

① $\dfrac{1}{4}(\ln 2-1)$ ② $\dfrac{1}{2}(\ln 2-1)$ ③ $\ln 2-1$

④ $\sqrt{2}(\ln 2-1)$ ⑤ $2(\ln 2-1)$

602

$f(x)=\cos\dfrac{\pi}{4}x+\displaystyle\int_0^2 f(t)dt$를 만족시키는 함수 $f(x)$에 대하여 $f(2)$의 값은?

① $-\dfrac{4}{\pi}$ ② $-\dfrac{2}{\pi}$ ③ $-\dfrac{1}{\pi}$

④ $\dfrac{2}{\pi}$ ⑤ $\dfrac{4}{\pi}$

603

미분가능한 함수 $f(x)=\displaystyle\int_1^x \dfrac{1}{1+e^{t^2}}\,dt$의 역함수를 $g(x)$라 할 때, $g'(0)$의 값은?

① 0 ② $\dfrac{1}{e^2}$ ③ $\dfrac{1}{1+e}$

④ 1 ⑤ $1+e$

604

모든 실수 x에 대하여 미분가능한 함수 $f(x)$가
$$\int_x^2 (x-t)f(t)dt=e^x-e^2x+e^2$$
을 만족시킬 때, $f(2)$의 값은?

① $-8e^2$ ② $-4e^2$ ③ $-2e^2$
④ $-e^2$ ⑤ e^2

605

함수 $f(x)=\displaystyle\int_2^x (3-2e^t)dt$는 $x=a$에서 최댓값 b를 가진다.
$6e^a+b-2e^2=c\ln\dfrac{3}{2}$일 때, 상수 c의 값을 구하여라.

606

$\displaystyle\lim_{x\to 0}\dfrac{1}{x}\int_1^{x+1} t^2 e^t\,dt$의 값은?

① e ② $2e$ ③ e^2
④ $3e$ ⑤ $2e^2$

607

함수 $f(x)=\displaystyle\int_0^x (2\sin^2 t-1)dt$에 대하여
$$\lim_{x\to 0}\dfrac{f(x)}{x}+\lim_{x\to\infty}\dfrac{f(x)}{x}$$
의 값은?

① -4 ② -2 ③ -1
④ $-\dfrac{1}{2}$ ⑤ $-\dfrac{1}{4}$

608

함수 $f(x)=2\cos x+e^x+2$에 대하여
$$\lim_{x\to 0}\dfrac{1}{x}\int_{\pi-x}^{\pi+2x} f(t)dt$$
의 값을 구하여라.

609

함수 $f(x)$가
$$f(x)=\begin{cases} -2x+2 & (0\le x<2) \\ -2e^{2-x} & (x\ge 2) \end{cases}$$
일 때, 양수 a에 대하여 $S(a)=\displaystyle\int_0^a |f(x)|\,dx$라 하자. $\displaystyle\lim_{a\to\infty}S(a)$의 값을 구하여라. (단, $a\ge 2$)

개념 ① 정적분과 급수의 합 사이의 관계   유형 112~113

(1) 함수 $f(x)$가 닫힌구간 $[a, b]$에서 연속일 때

$$\lim_{n \to \infty} \sum_{k=1}^{n} f(x_k) \Delta x = \int_a^b f(x)dx$$

$$\left(\text{단, } \Delta x = \frac{b-a}{n}, \ x_k = a + k\Delta x \right)$$

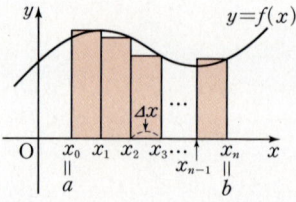

(2) 정적분을 이용한 급수의 계산 ㉠

① $\displaystyle \lim_{n \to \infty} \sum_{k=1}^{n} f\left(\frac{k}{n}\right) \times \frac{1}{n} = \int_0^1 f(x)dx$

② $\displaystyle \lim_{n \to \infty} \sum_{k=1}^{n} f\left(a + \frac{b-a}{n}k\right) \times \frac{b-a}{n} = \int_a^b f(x)dx$

③ $\displaystyle \lim_{n \to \infty} \sum_{k=1}^{n} f\left(a + \frac{p}{n}k\right) \times \frac{p}{n} = \int_a^{a+p} f(x)dx = \int_0^p f(a+x)dx$

개념 ② 곡선과 좌표축 사이의 넓이   유형 114

(1) 곡선과 x축 사이의 넓이

함수 $f(x)$가 닫힌구간 $[a, b]$에서 연속일 때, 곡선 $y=f(x)$와 x축 및 두 직선 $x=a$, $x=b$로 둘러싸인 도형의 넓이를 S라 하면

$$S = \int_a^b |f(x)| dx$$

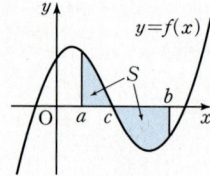

(2) 곡선과 y축 사이의 넓이

함수 $g(y)$가 닫힌구간 $[c, d]$에서 연속일 때, 곡선 $x=g(y)$와 y축 및 두 직선 $y=c$, $y=d$로 둘러싸인 도형의 넓이를 S라 하면

$$S = \int_c^d |g(y)| dy$$

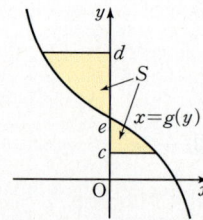

개념 ③ 두 곡선 사이의 넓이   유형 115

(1) 두 함수 $f(x)$, $g(x)$가 닫힌구간 $[a, b]$에서 연속일 때, 두 곡선 $y=f(x)$, $y=g(x)$와 두 직선 $x=a$, $x=b$로 둘러싸인 도형의 넓이를 S라 하면

$$S = \int_a^b |f(x) - g(x)| dx$$

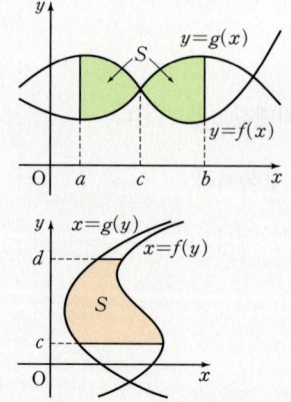

(2) 두 함수 $f(y)$, $g(y)$가 닫힌구간 $[c, d]$에서 연속일 때, 두 곡선 $x=f(y)$, $x=g(y)$와 두 직선 $y=c$, $y=d$로 둘러싸인 도형의 넓이를 S라 하면

$$S = \int_c^d |f(y) - g(y)| dy$$

➕ 개념 plus

◆ 구분구적법

어떤 도형의 넓이(또는 부피)를 구할 때, 그 도형을 간단한 도형으로 잘게 나누어 넓이(또는 부피)의 합의 극한값으로 구하는 방법

㉠ 급수를 정적분으로 나타낼 때, 무엇을 x로 정하느냐에 따라 여러 가지 정적분으로 나타낼 수 있다.

◐ 개념 ②의 (1)에서 $f(x) \geq 0$인 도형의 넓이를 S_1, $f(x) \leq 0$인 도형의 넓이를 S_2라 하면 구하는 넓이는

$$S = S_1 + S_2$$
$$= \int_a^c f(x)dx + \int_c^b \{-f(x)\}dx$$
$$= \int_a^c |f(x)|dx + \int_c^b |f(x)|dx$$
$$= \int_a^b |f(x)|dx$$

◐ 넓이를 구하는 공식을 보면 모든 피적분함수가 절댓값으로 표현되어 있으므로 절댓값 기호 안에 들어 있는 식의 부호를 잘 판단하여야 한다. 이때, 곡선의 개형을 그려서 곡선의 부호 변화를 살펴보는 것도 좋은 방법이다.

◐ 일반적으로 증가하는 함수 $y=f(x)$와 그 역함수 $y=g(x)$의 그래프로 둘러싸인 도형의 넓이는 두 곡선 $y=f(x)$, $y=g(x)$가 직선 $y=x$에 대하여 대칭임을 이용하여 구한다.

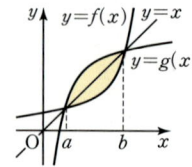

즉, 두 곡선 $y=f(x)$, $y=g(x)$로 둘러싸인 도형의 넓이는 직선 $y=x$와 곡선 $y=f(x)$로 둘러싸인 도형 또는 직선 $y=x$와 곡선 $y=g(x)$로 둘러싸인 도형의 넓이의 2배이다. 따라서

$$\int_a^b |f(x) - g(x)| dx$$
$$= 2 \int_a^b |f(x) - x| dx$$
$$= 2 \int_a^b |x - g(x)| dx$$

개념 ④ 입체도형의 부피 → 유형 118

닫힌구간 $[a, b]$의 임의의 점 x에서 x축에 수직인 평면으로 자른 단면의 넓이가 $S(x)$인 입체도형의 부피 V는

$$V = \int_a^b S(x)dx$$

이때, $S(x)$는 닫힌구간 $[a, b]$에서 연속이다.

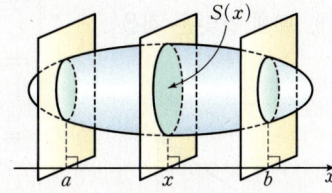

○ 일반적으로 입체도형의 부피 V를 구하는 순서는 다음과 같다.
  ① 좌표축 설정하기
  ② x축에 수직인 평면으로 입체도형 자르기
  ③ 자른 단면의 넓이 $S(x)$ 구하기
  ④ $V = \int_a^b S(x)dx$의 값 구하기

개념 ⑤ 속도와 거리 → 유형 119~121

(1) 직선 위를 움직이는 점의 위치와 움직인 거리

수직선 위를 움직이는 점 P의 시각 t에서의 속도가 $v(t)$이고 시각 $t=a$에서의 위치가 x_0일 때

① 시각 t에서 점 P의 위치 x는

$$x = x_0 + \int_a^t v(t)dt$$

② 시각 $t=a$에서 $t=b$까지 점 P의 위치의 변화량은

$$\int_a^b v(t)dt$$

③ 시각 $t=a$에서 $t=b$까지 점 P가 움직인 거리 s는

$$s = \int_a^b |v(t)|dt$$

(2) 평면 위를 움직이는 점의 움직인 거리

좌표평면 위를 움직이는 점 $P(x, y)$의 시각 t에서의 위치가 $x=f(t)$, $y=g(t)$일 때, 시각 $t=a$에서 $t=b$까지 점 P가 움직인 거리 s는

$$s = \int_a^b \sqrt{\left(\frac{dx}{dt}\right)^2 + \left(\frac{dy}{dt}\right)^2}\,dt$$
$$= \int_a^b \sqrt{\{f'(t)\}^2 + \{g'(t)\}^2}\,dt$$

(3) 곡선의 길이

① 매개변수 t로 나타낸 곡선 $x=f(t)$, $y=g(t)$ $(a \le t \le b)$의 길이 l은

$$l = \int_a^b \sqrt{\left(\frac{dx}{dt}\right)^2 + \left(\frac{dy}{dt}\right)^2}\,dt$$
$$= \int_a^b \sqrt{\{f'(t)\}^2 + \{g'(t)\}^2}\,dt$$

② 곡선 $y=f(x)$ $(a \le x \le b)$의 길이 l은

$$l = \int_a^b \sqrt{1 + \{f'(x)\}^2}\,dx$$

○ 시각 t를 매개변수로 하여 나타낸 곡선 $x=f(t)$, $y=g(t)$ $(a \le t \le b)$의 길이 l은 곡선 위의 점 $P(x, y)$가 시각 $t=a$에서 $t=b$까지 움직인 경로가 겹치지 않았을 때, 점 P가 시각 $t=a$에서 $t=b$까지 움직인 거리와 같다.

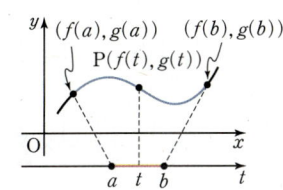

① 곡선 $y=f(x)$ $(a \le x \le b)$는 점 $P(x, y)$의 시각 t에서의 위치가
  $x=t$, $y=f(t)$ $(a \le t \le b)$
로 나타내어지는 곡선으로 볼 수 있다.

1 구분구적법

610

다음은 구분구적법을 이용하여 밑변의 길이가 a, 높이가 h인 삼각형 ABC의 넓이 S를 구하는 과정이다. (가), (나)에 알맞은 것을 써넣어라.

오른쪽 그림과 같이 삼각형의 밑변을 n 등분하여 만든 n개의 직사각형의 넓이의 합을 S_n이라 하고 왼쪽 첫 번째 삼각형의 높이를 x라 하자. 왼쪽 첫 번째 삼각형과 삼각형 ABC는 닮음이므로

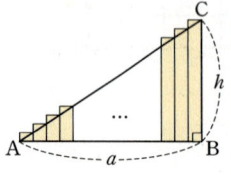

$$\frac{a}{n} : a = x : h, \ ax = \frac{ah}{n} \quad \therefore x = \frac{h}{n}$$

이와 같은 방법으로 삼각형의 높이를 구할 수 있다.

$$\therefore S_n = \frac{a}{n} \times \frac{h}{n} + \frac{a}{n} \times \frac{2h}{n} + \frac{a}{n} \times \frac{3h}{n} + \cdots + \frac{a}{n} \times \frac{nh}{n}$$

$$= \boxed{\text{(가)}} \sum_{k=1}^{n} k = \boxed{\text{(나)}}$$

따라서 구하는 삼각형의 넓이 S는

$$S = \lim_{n \to \infty} S_n = \lim_{n \to \infty} \boxed{\text{(나)}} = \frac{1}{2} ah$$

2 정적분과 급수의 합 사이의 관계

611

다음은 급수의 합을 이용하여 정적분 $\int_0^2 x\,dx$의 값을 구하는 과정이다. (가)~(마)에 알맞은 것을 써넣어라.

$f(x) = x$로 놓으면 함수 $f(x)$는 닫힌구간 $[0, 2]$에서 연속이다.

이때, $a=0$, $b=2$이므로

$$\Delta x = \frac{\boxed{\text{(가)}}}{n}, \ x_k = k\Delta x = \frac{\boxed{\text{(가)}}}{n} k$$이고

$$f(x_k) = x_k = \frac{\boxed{\text{(가)}}}{n} k$$

따라서 정적분과 급수의 합 사이의 관계에 의하여

$$\int_0^2 x\,dx = \lim_{n \to \infty} \sum_{k=1}^{n} f(x_k) \Delta x$$

$$= \lim_{n \to \infty} \sum_{k=1}^{n} \frac{\boxed{\text{(가)}} k}{n} \times \frac{\boxed{\text{(가)}}}{n}$$

$$= \lim_{n \to \infty} \frac{\boxed{\text{(나)}}}{n^2} \times \sum_{k=1}^{n} \boxed{\text{(다)}}$$

$$= \lim_{n \to \infty} \frac{\boxed{\text{(나)}}}{n^2} \times \boxed{\text{(라)}} = \boxed{\text{(마)}}$$

612

다음은 $\displaystyle\lim_{n \to \infty} 2\left(\frac{1}{n+2} + \frac{1}{n+4} + \frac{1}{n+6} + \cdots + \frac{1}{3n}\right)$의 값을 구하는 과정이다. (가)~(마)에 알맞은 것을 써넣어라.

$$\lim_{n \to \infty} 2\left(\frac{1}{n+2} + \frac{1}{n+4} + \frac{1}{n+6} + \cdots + \frac{1}{3n}\right)$$

$$= \lim_{n \to \infty} 2\left(\frac{1}{n+2} + \frac{1}{n+4} + \frac{1}{n+6} + \cdots + \frac{1}{n+2n}\right)$$

$$= \lim_{n \to \infty} \sum_{k=1}^{n} \frac{2}{n + \boxed{\text{(가)}}}$$

$$= \lim_{n \to \infty} \sum_{k=1}^{n} \frac{1}{1 + \boxed{\text{(나)}}} \times \frac{2}{n}$$

이때, $\Delta x = \frac{2-0}{n}$, $x_k = 0 + k \times \frac{2}{n}$라 하면 정적분과 급수의 합 사이의 관계에 의하여

$$\lim_{n \to \infty} 2\left(\frac{1}{n+2} + \frac{1}{n+4} + \frac{1}{n+6} + \cdots + \frac{1}{3n}\right)$$

$$= \int_0^2 \frac{1}{1 + \boxed{\text{(다)}}} dx = \left[\boxed{\text{(라)}}\right]_0^2 = \boxed{\text{(마)}}$$

613

다음은 $\displaystyle\lim_{n \to \infty} \frac{1}{n}\left(\cos\frac{\pi}{n} + \cos\frac{2\pi}{n} + \cos\frac{3\pi}{n} + \cdots + \cos\frac{n\pi}{n}\right)$의 값을 구하는 과정이다. (가)~(라)에 알맞은 것을 써넣어라.

$$\lim_{n \to \infty} \frac{1}{n}\left(\cos\frac{\pi}{n} + \cos\frac{2\pi}{n} + \cos\frac{3\pi}{n} + \cdots + \cos\frac{n\pi}{n}\right)$$

$$= \lim_{n \to \infty} \frac{1}{n} \sum_{k=1}^{n} \cos\frac{k\pi}{n}$$

$$= \frac{1}{\boxed{\text{(가)}}} \lim_{n \to \infty} \sum_{k=1}^{n} \cos\frac{k\pi}{n} \times \frac{\pi}{n}$$

이때, $\Delta x = \frac{\boxed{\text{(가)}} - 0}{n}$, $x_k = 0 + k \times \frac{\pi}{n}$라 하면 정적분과 급수의 합 사이의 관계에 의하여

$$\lim_{n \to \infty} \frac{1}{n}\left(\cos\frac{\pi}{n} + \cos\frac{2\pi}{n} + \cos\frac{3\pi}{n} + \cdots + \cos\frac{n\pi}{n}\right)$$

$$= \frac{1}{\boxed{\text{(가)}}} \int_0^\pi \boxed{\text{(나)}}\, dx = \frac{1}{\boxed{\text{(가)}}} \left[\boxed{\text{(다)}}\right]_0^\pi$$

$$= \boxed{\text{(라)}}$$

3 곡선과 좌표축 사이의 넓이

614

다음 곡선과 직선으로 둘러싸인 도형의 넓이를 구하여라.

(1) $y=\sqrt{x}$, x축, $x=1$

(2) $y=\sin x$ $(0\leq x\leq\pi)$, x축

(3) $y=\ln x$, x축, $x=e$

615

다음 곡선과 직선으로 둘러싸인 도형의 넓이를 구하여라.

(1) $y=\dfrac{1}{x}$, y축, $y=1$, $y=2$

(2) $y=e^{2x}$, y축, $y=e$

(3) $y=\ln(x-2)$, y축, $y=0$, $y=2$

4 두 곡선 사이의 넓이

616

곡선 $y=\sqrt{x}$와 직선 $y=x$로 둘러싸인 도형의 넓이를 구하여라.

617

$0\leq x\leq\dfrac{\pi}{2}$에서 두 곡선 $y=\sin x$, $y=\cos x$ 및 두 직선 $x=0$, $x=\dfrac{\pi}{2}$로 둘러싸인 도형의 넓이를 구하여라.

5 입체도형의 부피

618

높이가 $4\,cm$인 입체도형을 밑면으로부터 $x\,cm$인 지점에서 밑면에 평행한 평면으로 자른 단면의 넓이가 $\sqrt{x}\,cm^2$일 때, 이 입체도형의 부피는 몇 cm^3인지 구하여라.

6 속도와 거리

619

원점을 출발하여 수직선 위를 움직이는 점 P의 시각 t에서의 속도가 $v(t)=\sqrt{t}-1$일 때, 다음을 구하여라.

(1) 시각 t에서 점 P의 위치

(2) 시각 $t=1$에서 $t=4$까지 점 P의 위치의 변화량

(3) 시각 $t=0$에서 $t=4$까지 점 P가 움직인 거리

620

좌표평면 위를 움직이는 점 $P(x,\ y)$의 시각 t에서의 위치가 다음과 같을 때, $t=0$에서 $t=1$까지 점 P가 움직인 거리를 구하여라.

(1) $x=2t^2$, $y=t^2-1$

(2) $x=\dfrac{4}{3}t\sqrt{t}$, $y=\dfrac{1}{2}t^2-t+3$

621

좌표평면 위를 움직이는 점 $P(x,\ y)$의 시각 t에서의 위치가 다음과 같을 때, $t=0$에서 $t=2$까지 점 P가 움직인 거리를 구하여라.

(1) $x=1-\sin t$, $y=\cos t$

(2) $x=-\cos 2t$, $y=3+\sin 2t$

622

다음 곡선의 길이를 구하여라.

(1) $x=\sqrt{2}\,t^2$, $y=\dfrac{1}{3}t^3-2t$ $(0\leq t\leq 1)$

(2) $x=3\sin t$, $y=4-3\cos t$ $(0\leq t\leq\pi)$

(3) $f(x)=x\sqrt{x}$ $\left(0\leq x\leq\dfrac{20}{3}\right)$

유형 112 넓이는 평면도형을 n등분한 기본 도형의 넓이의 합의 극한값을 구하자!

(1) 평면도형의 넓이 S를 다음의 단계에 따라 구하는 방법을 구분구적법이라 한다.

step1 주어진 도형을 충분히 작은 n개의 기본 도형으로 잘게 나눈다.

step2 그 기본 도형의 넓이의 합 S_n을 구한다.

step3 **step2**에서 구한 합의 $n \to \infty$일 때의 극한값을 구한다. 즉, $S = \lim_{n \to \infty} S_n$이다.

(2) 함수 $f(x)$가 닫힌구간 $[a, b]$에서 연속일 때

$$\lim_{n \to \infty} \sum_{k=1}^{n} f(x_k) \Delta x = \int_a^b f(x) dx$$

$$\left(\text{단}, \ \Delta x = \frac{b-a}{n}, \ x_k = a + k\Delta x \right)$$

유형 113 급수를 정적분으로 바꿀 때에는 dx와 아래끝, 위끝에 주의하자!

(1) $\lim_{n \to \infty} \sum_{k=1}^{n} f\left(\frac{k}{n}\right) \times \frac{1}{n} = \int_0^1 f(x) dx$

➡ $\frac{k}{n} = x$로 놓는 경우

(2) $\lim_{n \to \infty} \sum_{k=1}^{n} f\left(a + \frac{b-a}{n}k\right) \times \frac{b-a}{n} = \int_a^b f(x) dx$

➡ $a + \frac{b-a}{n}k = x$로 놓는 경우

(3) $\lim_{n \to \infty} \sum_{k=1}^{n} f\left(a + \frac{p}{n}k\right) \times \frac{p}{n} = \int_0^p f(a+x) dx$

➡ $\frac{p}{n}k = x$로 놓는 경우

(4) 급수가 $\sum$의 형태로 주어지지 않은 경우

➡ 주어진 식을 $\sum$를 이용하여 간단히 나타낸 후 정적분으로 변형한다.

623 BOB 대표

다음은 구분구적법을 이용하여 곡선 $y = x^3$과 x축 및 직선 $x = 1$로 둘러싸인 부분의 넓이를 구하는 과정이다. □ 안에 알맞은 식은?

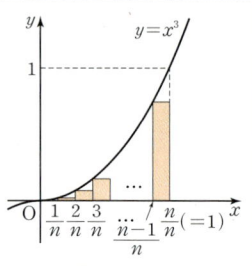

닫힌구간 $[0, 1]$을 n등분하면 양 끝점을 포함한 각 분점의 x좌표는 각각

$0, \frac{1}{n}, \frac{2}{n}, \cdots, \frac{n-1}{n}, \frac{n}{n}(=1)$

이므로 오른쪽 그림의 직사각형의 넓이의 합을 S_n이라 하면 구하는 넓이 S는

$$S = \lim_{n \to \infty} S_n = \lim_{n \to \infty} \boxed{} = \frac{1}{4}$$

① $\sum_{k=1}^{n} \frac{k^2}{n^2}$ ② $\sum_{k=1}^{n} \frac{k^3}{n^3}$ ③ $\sum_{k=1}^{n} \frac{k^3}{n^4}$

④ $\sum_{k=0}^{n-1} \frac{k^3}{n^3}$ ⑤ $\sum_{k=0}^{n-1} \frac{k^3}{n^4}$

624 중

$\int_0^2 (x^2+1) dx = \lim_{n \to \infty} \sum_{k=1}^{n} \left\{ \left(\frac{ak}{n}\right)^2 + 1 \right\} \times \frac{a}{n}$일 때, 상수 a의 값을 구하여라.

625 BOB 대표

$\lim_{n \to \infty} \left(\frac{1}{2n+1} + \frac{1}{2n+2} + \frac{1}{2n+3} + \cdots + \frac{1}{3n} \right)$의 값은?

① $\ln \frac{3}{4}$ ② $\ln \frac{3}{2}$ ③ $\ln 2$

④ $\ln 3$ ⑤ $\ln 6$

626 중

$\lim_{n \to \infty} \sum_{k=1}^{n} \frac{k^2}{n^3 + k^3}$의 값은?

① $\frac{1}{3} \ln 2$ ② $\frac{1}{2} \ln 2$ ③ $\ln 2$

④ $2 \ln 2$ ⑤ $3 \ln 2$

627 상

$S_n(x) = \frac{1}{n^2}(x^{\frac{1}{n}} + 2x^{\frac{2}{n}} + 3x^{\frac{3}{n}} + \cdots + nx^{\frac{n}{n}})$일 때, $\lim_{n \to \infty} S_n\left(\frac{1}{e}\right)$의 값은?

① $1 - \frac{2}{e}$ ② $1 - \frac{1}{e}$ ③ 1

④ $1 + \frac{1}{e}$ ⑤ $1 + \frac{2}{e}$

유형 114 곡선과 좌표축 사이의 넓이는 그래프를 그려서 적분 구간을 나눈다!

함수 $f(x)$가 닫힌구간 $[a, b]$에서 연속일 때, 곡선 $y=f(x)$와 x축 및 두 직선 $x=a$, $x=b$로 둘러싸인 도형의 넓이 S는

→ $S=\int_a^b |f(x)| dx$

628 **BOB 대표**

곡선 $y=\ln x$와 x축 및 두 직선 $x=1+a$, $x=e$로 둘러싸인 도형의 넓이가 $2(1-\ln 2)$일 때, 상수 a의 값은? (단, $0<a<e-1$)

① $\frac{1}{3}$ ② $\frac{1}{2}$ ③ $\frac{2}{3}$

④ 1 ⑤ $\frac{3}{2}$

629 하

곡선 $y=\dfrac{1}{x-1}$과 x축 및 두 직선 $x=2$, $x=e+1$로 둘러싸인 도형의 넓이는?

① 1 ② 2 ③ 3

④ 4 ⑤ 5

630 중 **서술형**

곡선 $y=\sin x+\sqrt{3}\cos x$와 x축으로 둘러싸인 도형의 넓이를 구하여라. $\left(단, -\dfrac{\pi}{3} \leq x \leq \dfrac{2}{3}\pi\right)$

유형 115 두 곡선 사이의 넓이는 두 곡선의 교점의 좌표를 먼저 구하자!

두 함수 $f(x)$, $g(x)$가 닫힌구간 $[a, b]$에서 연속일 때, 두 곡선 $y=f(x)$, $y=g(x)$와 두 직선 $x=a$, $x=b$로 둘러싸인 도형의 넓이 S는

→ $S=\int_a^b |f(x)-g(x)| dx$

631 **BOB 대표**

두 곡선 $y=x^2$, $y=2\sqrt{2x}$로 둘러싸인 도형의 넓이는?

① 1 ② $\frac{4}{3}$ ③ $\frac{5}{3}$

④ 2 ⑤ $\frac{8}{3}$

632 중

두 곡선 $y=e^x$, $y=e^{-x}$과 직선 $y=2$로 둘러싸인 도형의 넓이는?

① $2\ln 2-2$ ② $4\ln 2-2$ ③ $4\ln 2$

④ $2\ln 2+2$ ⑤ $4\ln 2+2$

633 중

오른쪽 그림과 같이 곡선 $y=\sin\dfrac{\pi}{2}x$와 y축 및 두 직선 $x=1$, $y=k$로 둘러싸인 두 도형 A, B의 넓이가 서로 같을 때, 상수 k의 값을 구하여라.

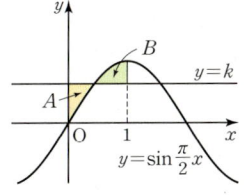

116 곡선과 접선으로 둘러싸인 도형의 넓이는 먼저 접선의 방정식을 구하자!

곡선과 접선으로 둘러싸인 도형의 넓이는 다음과 같은 순서로 구한다.

step 1 곡선 $y=f(x)$ 위의 점 $(t, f(t))$에서의 ~~접선의 방정식은 $y-f(t)=f'(t)(x-t)$~~임을 이용하여 접선의 방정식을 구한다.

step 2 곡선과 접선의 방정식을 이용하여 그래프를 그린다.

step 3 정적분을 이용하여 도형의 넓이를 구한다.

634 BOB 대표

곡선 $y=3e^{x-1}$과 원점에서 이 곡선에 그은 접선 및 y축으로 둘러싸인 도형의 넓이를 구하여라.

635 중

곡선 $y=2\sqrt{x-4}$와 이 곡선 위의 점 $(8, 4)$에서의 접선 및 x축으로 둘러싸인 도형의 넓이를 구하여라.

유형

117 함수와 그 역함수의 정적분은 직선 $y=x$에 대칭임을 이용하자!

함수 $f(x)$가 증가하는 함수이고 역함수가 $g(x)$일 때, 두 곡선 $y=f(x)$와 $y=g(x)$로 둘러싸인 도형의 넓이는 곡선 $y=f(x)$와 직선 $y=x$로 둘러싸인 도형의 넓이의 2배와 같다.

636 BOB 대표

함수 $f(x)=\sqrt{4x-3}$의 역함수를 $g(x)$라 할 때, 두 곡선 $y=f(x)$, $y=g(x)$로 둘러싸인 도형의 넓이를 구하여라.

637 중

함수 $f(x)=e^x+1$의 역함수를 $g(x)$라 할 때, $\int_0^1 f(x)dx+\int_2^{e+1} g(x)dx$의 값을 구하여라.

유형

118 입체도형의 부피는 축을 설정한 후 축에 수직인 단면의 넓이를 적분하자!

닫힌구간 $[a, b]$의 임의의 점 x에서 x축에 수직인 평면으로 자른 단면의 넓이가 $S(x)$인 입체도형의 부피 V는

$$\Rightarrow V=\int_a^b S(x)dx$$

(단, $S(x)$는 닫힌구간 $[a, b]$에서 연속이다.)

638 BOB 대표

높이가 $\dfrac{\pi}{2}$인 입체도형이 있다. 이 입체도형을 밑면으로부터의 높이가 x인 지점에서 밑면과 평행한 평면으로 자른 단면이 한 변의 길이가 $\sqrt{2\sin x}$인 정삼각형일 때, 이 입체도형의 부피는?

① $\dfrac{\sqrt{2}}{3}$ ② $\dfrac{\sqrt{3}}{2}$ ③ $\sqrt{3}$

④ $2\sqrt{3}$ ⑤ $3\sqrt{2}$

639 하

어떤 그릇에 물을 넣으면 물의 깊이가 x일 때 수면의 넓이가 $\ln(x+1)$이 된다고 한다. 물의 깊이가 3일 때, 그릇에 담긴 물의 부피는?

① $4\ln 2$ ② $6\ln 2-3$ ③ $6\ln 2-2$

④ $8\ln 2-3$ ⑤ $8\ln 2-2$

640 중   서술형

어떤 입체도형을 $x=t$인 점에서 x축에 수직인 평면으로 자른 단면이 한 변의 길이가 $\sqrt{9-t^2}$인 정사각형일 때, 이 입체도형의 부피를 구하여라.

정답과 풀이 p.111

유형 119

속도를 나타내는 함수를 정적분하면 위치의 변화량과 움직인 거리를 구할 수 있다!

수직선 위를 움직이는 점 P의 시각 t에서의 속도가 $v(t)$이고 시각 $t=a$에서의 위치가 x_0일 때

(1) 시각 t에서 점 P의 위치 x

$\rightarrow x = x_0 + \int_a^t v(t)dt$

(2) 시각 $t=a$에서 $t=b$까지 점 P의 위치의 변화량

$\rightarrow \int_a^b v(t)dt$

(3) 시각 $t=a$에서 $t=b$까지 점 P가 움직인 거리 s

$\rightarrow s = \int_a^b |v(t)|dt$

641 BOB 대표

수직선 위를 움직이는 점 P의 시각 t에서의 속도가 $v(t) = \cos \pi t$일 때, 출발 후 두 번째로 운동 방향이 바뀔 때까지 점 P가 움직인 거리는?

① $\dfrac{1}{\pi}$ ② $\dfrac{2}{\pi}$ ③ $\dfrac{3}{\pi}$

④ $\dfrac{4}{\pi}$ ⑤ $\dfrac{5}{\pi}$

642 하

원점을 출발하여 수직선 위를 움직이는 점 P의 시각 t에서의 속도가 $v(t) = 3 - \sqrt{t}$일 때, 점 P의 운동 방향이 바뀌는 시각에서의 점 P의 위치를 구하여라.

643 하

원점을 출발하여 수직선 위를 움직이는 점 P의 시각 t에서의 속도가 $v(t) = \sin t - \sin 2t$일 때, $t = \pi$일 때의 점 P의 위치는?

① -2 ② -1 ③ 0

④ 1 ⑤ 2

유형 120

평면 운동에서 속력을 나타내는 함수를 정적분하면 움직인 거리를 구할 수 있다!

좌표평면 위를 움직이는 점 $P(x, y)$의 시각 t에서의 위치가 $x = f(t)$, $y = g(t)$일 때, 시각 $t=a$에서 $t=b$까지 점 P가 움직인 거리 s는

$\rightarrow s = \int_a^b \sqrt{\left(\dfrac{dx}{dt}\right)^2 + \left(\dfrac{dy}{dt}\right)^2}\, dt = \int_a^b \sqrt{\{f'(t)\}^2 + \{g'(t)\}^2}\, dt$

644 BOB 대표

좌표평면 위를 움직이는 점 $P(x, y)$의 시각 t에서의 위치가

$$x = \frac{1}{4}(2t - t^2),\quad y = \frac{2}{3}t\sqrt{t}$$

일 때, $t=0$에서 $t=4$까지 점 P가 움직인 거리를 구하여라.

645 중

좌표평면 위를 움직이는 점 $P(x, y)$의 시각 t에서의 위치가

$$x = t\cos t - \sin t,\quad y = \cos t + t\sin t$$

일 때, $t=0$에서 $t=\dfrac{\pi}{4}$까지 점 P가 움직인 거리는 $\dfrac{\pi^2}{n}$이다. 자연수 n의 값을 구하여라.

유형 121

곡선의 길이는 평면 위에서 점이 움직인 거리를 이용하여 구한다!

곡선 $y = f(x)$ $(a \le x \le b)$의 길이 l은

$\rightarrow l = \int_a^b \sqrt{1 + \{f'(x)\}^2}\, dx$

646 BOB 대표

$0 \le x \le 3$에서 곡선 $y = \dfrac{2}{3}x\sqrt{x}$의 길이를 구하여라.

647 하

$1 \le x \le 4$에서 곡선 $y = \dfrac{1}{4}x^2 - \ln\sqrt{x}$의 길이 $l = \dfrac{a}{4} + \ln b$일 때, 자연수 a, b에 대하여 $a+b$의 값을 구하여라.

648

다음 중 $\lim\limits_{n \to \infty} \sum\limits_{k=1}^{n} e^{\frac{k}{n}} \times \dfrac{3}{n}$ 을 정적분으로 바르게 나타낸 것은?

① $\displaystyle\int_0^1 e^x \, dx$ ② $\displaystyle\int_0^3 e^x \, dx$ ③ $3\displaystyle\int_0^1 e^x \, dx$

④ $3\displaystyle\int_0^3 e^x \, dx$ ⑤ $\displaystyle\int_0^1 e^{3x} \, dx$

649

$\lim\limits_{n \to \infty} \dfrac{2}{\sqrt{n}} \left(\dfrac{1}{\sqrt{n+1}} + \dfrac{1}{\sqrt{n+2}} + \dfrac{1}{\sqrt{n+3}} + \cdots + \dfrac{1}{\sqrt{2n}} \right)$ 의 값을 구하여라.

650

$\lim\limits_{n \to \infty} \dfrac{\pi}{n} \left\{ \left(\sin \dfrac{\pi}{n} \right)^3 + \left(\sin \dfrac{2}{n}\pi \right)^3 + \left(\sin \dfrac{3}{n}\pi \right)^3 + \cdots + \left(\sin \dfrac{n}{n}\pi \right)^3 \right\}$
의 값은?

① $\dfrac{1}{2}$ ② $\dfrac{4}{3}$ ③ $\dfrac{3}{2}$

④ $\dfrac{5}{3}$ ⑤ $\dfrac{7}{2}$

651

$\lim\limits_{n \to \infty} \sum\limits_{k=1}^{n} \dfrac{2k}{n^2} e^{\frac{k}{n}}$ 의 값은?

① 1 ② 2 ③ e

④ $2e$ ⑤ $3e$

652

함수 $f(x) = 1 - e^x$에 대하여
$$\lim_{n \to \infty} \frac{1}{n} \left\{ f\left(\frac{2}{n}\right) + f\left(\frac{4}{n}\right) + \cdots + f\left(\frac{2n}{n}\right) \right\}$$
의 값은?

① $\dfrac{1}{5}(3 - e^2)$ ② $\dfrac{1}{4}(3 - e^2)$ ③ $\dfrac{1}{3}(3 - e^2)$

④ $\dfrac{1}{2}(3 - e^2)$ ⑤ $3 - e^2$

653

함수 $f(x) = e^x + 2$에 대하여
$$\lim_{n \to \infty} \sum_{k=1}^{n} f\left(\frac{k}{n}\right)\frac{1}{n} + \lim_{n \to \infty} \sum_{k=1}^{2n} f\left(1 + \frac{k}{n}\right)\frac{1}{n}$$
의 값은?

① $e^3 + 1$ ② $e^3 + 2$ ③ $e^3 + 3$

④ $e^3 + 4$ ⑤ $e^3 + 5$

654

함수 $f(x) = x^2$에 대하여 오른쪽 그림과 같이 닫힌구간 $[0, 1]$을 $2n$등분한 후, 닫힌구간 $\left[\dfrac{k-1}{2n}, \dfrac{k}{2n}\right]$를 밑변으로 하고 높이가 $f\left(\dfrac{k}{2n}\right)$인 직사각형의 넓이를 S_k라 하자. 〈보기〉에서 옳은 것만을 있는 대로 고른 것은?

(단, n은 자연수이고, $k = 1, 2, 3, \cdots, 2n$이다.)

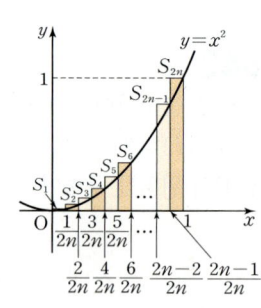

보기

ㄱ. $\lim\limits_{n \to \infty} \sum\limits_{k=1}^{n} S_k = \displaystyle\int_0^{\frac{1}{2}} x^2 \, dx$

ㄴ. $\lim\limits_{n \to \infty} \sum\limits_{k=1}^{n} (S_{2k} - S_{2k-1}) = 0$

ㄷ. $\lim\limits_{n \to \infty} \sum\limits_{k=1}^{n} S_{2k} = \dfrac{1}{2}\displaystyle\int_0^1 x^2 \, dx$

① ㄱ ② ㄱ, ㄴ ③ ㄱ, ㄷ

④ ㄴ, ㄷ ⑤ ㄱ, ㄴ, ㄷ

655

다른 풀이

곡선 $y=\sqrt{x}$와 x축 및 직선 $y=x-2$로 둘러싸인 도형의 넓이는?

① $\dfrac{8}{3}$ 　　　② 3 　　　③ $\dfrac{10}{3}$

④ $\dfrac{11}{3}$ 　　　⑤ 4

656

오른쪽 그림과 같이 곡선 $y=\dfrac{x}{x^2+1}$
와 직선 $y=\dfrac{1}{2}x$로 둘러싸인 도형의
넓이는?

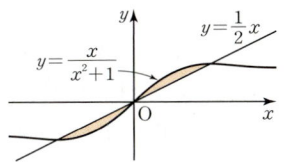

① $\ln 2-\dfrac{1}{4}$ 　　② $\ln 2-\dfrac{1}{2}$

③ $\ln 2+\dfrac{1}{2}$ 　　④ $2\ln 2-\dfrac{1}{4}$

⑤ $2\ln 2-\dfrac{1}{2}$

657

오른쪽 그림과 같이 연속함수
$y=f(x)$의 그래프와 x축으로 둘러
싸인 두 도형의 넓이를 각각 S_1, S_2
라 하자. $S_1=4$, $S_2=12$일 때, 정적
분 $\displaystyle\int_0^3 f(2x)dx$의 값을 구하여라.
(단, $y=f(x)$의 그래프는 세 점 $(0, 0)$, $(3, 0)$, $(6, 0)$을 지난다.)

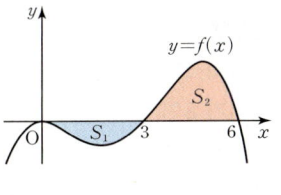

658

오른쪽 그림과 같이 곡선 $y=\sqrt{x}$와
x축 및 두 직선 $x=n$, $x=n+1$로
둘러싸인 도형의 넓이를 S_n이라 할
때, $\displaystyle\lim_{n\to\infty}\dfrac{S_{n+1}}{S_n}$의 값은?

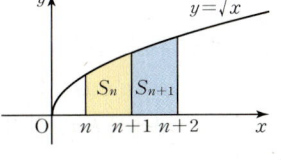

① 1 　　　② $\sqrt{e}$ 　　　③ 2

④ e 　　　⑤ $1+e$

659

오른쪽 그림과 같이 곡선
$y=\ln(x+1)$과 두 직선 $x=0$, $y=k$
로 둘러싸인 도형의 넓이와 곡선
$y=\ln(x+1)$과 두 직선 $x=e-1$,
$y=k$로 둘러싸인 도형의 넓이가 서로
같을 때, 상수 k의 값은?

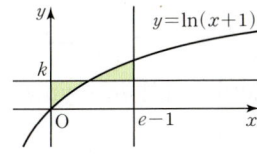

① $\dfrac{1}{e-1}$ 　　② $\dfrac{2}{e-1}$ 　　③ $\dfrac{1}{e-2}$

④ $\dfrac{2}{e-2}$ 　　⑤ $\dfrac{e}{e-2}$

660

각 항이 양수인 수열 $\{a_n\}$은 모든 자연수 n에 대하여 다음 조건
을 만족시킨다.

> ㈎ $a_n>a_{n+1}$
>
> ㈏ 곡선 $y=\dfrac{1}{x}$과 x축 및 두 직선 $x=a_{n+1}$, $x=a_n$으로 둘러싸인
> 　도형의 넓이는 1이다.

$a_1=\dfrac{1}{e}$일 때, $\displaystyle\sum_{n=1}^{\infty}a_n$의 값을 구하여라.

661

두 곡선 $y=e^x-1$, $y=e^{-x}-1$과 직선 $y=3$으로 둘러싸인 도형
의 넓이는?

① $16\ln 2-7$ 　　② $16\ln 2-6$ 　　③ $16\ln 2-5$

④ $16\ln 2-4$ 　　⑤ $16\ln 2-3$

662

$0\le x\le\pi$에서 두 곡선 $y=\sin x$, $y=\sin 2x$로 둘러싸인 두 도
형 중에서 작은 도형의 넓이를 S_1, 큰 도형의 넓이를 S_2라 할 때,
$S_1 : S_2$는?

① $1 : 5$ 　　　② $1 : 6$ 　　　③ $1 : 7$

④ $1 : 8$ 　　　⑤ $1 : 9$

663

곡선 $y=\cos x\left(0\leq x\leq\dfrac{\pi}{2}\right)$와 x축 및 y축으로 둘러싸인 도형의 넓이를 곡선 $y=a\sin x$가 이등분할 때, 양수 a의 값은?

① $\dfrac{1}{2}$　　② $\dfrac{\sqrt{2}}{2}$　　③ $\dfrac{3}{4}$

④ $\dfrac{4}{3}$　　⑤ $\sqrt{2}$

664

곡선 $y=e^{x-2}$과 점 $(1,0)$에서 이 곡선에 그은 접선 및 y축으로 둘러싸인 도형의 넓이는?

① $\dfrac{1}{2}-\dfrac{1}{e}$　　② $\dfrac{1}{2}-\dfrac{1}{e^2}$　　③ $1-\dfrac{1}{e}$

④ $1-\dfrac{1}{e^2}$　　⑤ $2-\dfrac{1}{e^2}$

665　보충 설명

곡선 $y=x^2$ 위의 두 점 $P(a, a^2)$, $Q(b, b^2)$이 다음 조건을 만족시키면서 움직이고 있다. $\lim\limits_{a\to\infty}\dfrac{\overline{PQ}}{a}$의 값을 구하여라.

(단, $0<a<b$)

> 직선 PQ와 곡선 $y=x^2$으로 둘러싸인 도형의 넓이는 36이다.

666

함수 $y=f(x)$와 그 역함수 $y=g(x)$의 그래프가 오른쪽 그림과 같다. 두 함수의 그래프로 둘러싸인 도형의 넓이가 $\dfrac{2}{3}$일 때, 정적분 $\displaystyle\int_0^1 f(x)dx$의 값을 구하여라.

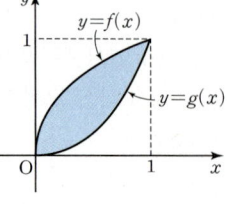

667

함수 $f(x)=2x+3\sqrt{x}$의 역함수를 $g(x)$라 할 때, 정적분 $\displaystyle\int_{f(1)}^{f(4)}g(y)dy$의 값은?

① 22　　② 28　　③ 34
④ 40　　⑤ 46

668

곡선 $y=\sin x\ (0\leq x\leq\pi)$ 위의 점 P에서 x축에 내린 수선의 발을 Q라 하고 선분 PQ를 한 변으로 하는 정삼각형 PQR를 x축에 수직인 평면 위에 만들 때, 이 정삼각형들로 이루어지는 입체도형의 부피는?

① $\dfrac{1}{8}\pi$　　② $\dfrac{\sqrt{2}}{8}\pi$　　③ $\dfrac{\sqrt{3}}{8}\pi$

④ $\dfrac{1}{4}\pi$　　⑤ $\dfrac{\sqrt{6}}{8}\pi$

669

오른쪽 그림과 같이 밑면의 반지름의 길이가 3, 높이가 8인 원기둥이 있다. 이 원기둥을 밑면의 중심을 지나고 밑면과 45°의 각을 이루는 평면으로 자를 때 생기는 입체도형 중 작은 쪽의 입체도형의 부피를 구하여라.

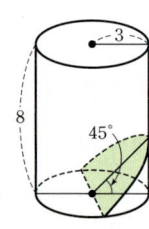

670

좌표평면 위를 움직이는 점 $P(x, y)$의 시각 t에서의 위치가
$$x=e^t\cos t,\ y=e^t\sin t$$
일 때, $t=0$에서 $t=\pi$까지 점 P가 움직인 거리는?

① $e^\pi-1$　　② e^π　　③ $\sqrt{2}(e^\pi-1)$
④ $2(e^\pi-1)$　　⑤ $4(e^\pi-1)$

671

좌표평면 위를 움직이는 점 $P(x, y)$의 시각 t에서의 위치가
$$x=\sqrt{3}\sin t+\cos t, \quad y=\sqrt{3}\cos t-\sin t$$
일 때, $t=0$에서 $t=a$까지 점 P가 움직인 거리가 2π가 되도록 하는 양수 a의 값은?

① $\dfrac{\pi}{4}$ ② $\dfrac{\pi}{2}$ ③ π

④ 2π ⑤ 4π

672

원점을 출발하여 수직선 위를 움직이는 점 P의 시각 t에서의 속도 $v(t)$가 $v(t)=e^{-t}\sin t$일 때, 점 P가 $t=0$에서 $t=\pi$까지 움직인 거리는?

① $\dfrac{e^{\pi}-1}{2e^{\pi}}$ ② $e^{\pi}-1$ ③ $\dfrac{1}{e^{\pi}}$

④ $\dfrac{e^{\pi}+1}{2e^{\pi}}$ ⑤ $e^{\pi}+1$

673

$1 \leq x \leq 4$에서 곡선 $y=\dfrac{1}{3}\sqrt{x}(x-3)$의 길이는?

① $\dfrac{8}{3}$ ② $\dfrac{10}{3}$ ③ $\dfrac{13}{3}$

④ $\dfrac{16}{3}$ ⑤ $\dfrac{20}{3}$

674

$\dfrac{\pi}{3} \leq x \leq \dfrac{\pi}{2}$에서 곡선 $y=\ln(\sin x)$의 길이는?

① $\dfrac{1}{2}\ln 2$ ② $\dfrac{1}{2}\ln 3$ ③ $\ln 2$

④ $\dfrac{1}{2}\ln 5$ ⑤ $\dfrac{1}{2}\ln 6$

675   서술형

함수 $f(x)=e^{x-a}$과 그 역함수 $g(x)$에 대하여 두 곡선 $y=f(x)$, $y=g(x)$가 $x=1$인 점에서 공통인 접선을 가지도록 실수 a의 값을 정할 때, 두 곡선 $y=f(x)$, $y=g(x)$와 x축 및 y축으로 둘러싸인 도형의 넓이를 구하여라.

676   서술형

함수 $f(x)=\dfrac{\ln x}{x}$ $(x>0)$가 $x=a$에서 극값을 갖고, 변곡점의 x좌표가 b일 때, 곡선 $y=f(x)$와 x축 및 두 직선 $x=a$, $x=b$로 둘러싸인 도형의 넓이를 구하여라.

677   서술형

어떤 그릇에 물을 부으면 물의 깊이가 x일 때 수면은 반지름의 길이가 e^x인 원이 된다고 한다. 물의 깊이가 $\ln 3$일 때 그릇에 담긴 물의 부피를 V_1, 물의 깊이가 $\ln 4$일 때 그릇에 담긴 물의 부피를 V_2라 하면 $V_1 : V_2 = m : n$이다. 서로소인 자연수 m, n에 대하여 $m+n$의 값을 구하여라.

678   서술형

원점을 출발하여 곡선 $y=2\sqrt{x}$ 위를 움직이는 점 P가 있다. 점 P에서 x축에 내린 수선의 발을 Q라 할 때, 이 곡선과 x축 및 선분 PQ로 둘러싸인 도형의 넓이 S는 매초 4만큼 증가한다. 점 P가 점 $(4, 4)$를 지날 때, 점 P의 속력을 구하여라.

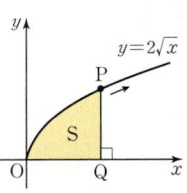

MEMO

MEMO

MEMO

MEMO

MEMO

MEMO

MEMO

新 수학의 바이블 유형서

BOB 밥

新수학의 바이블 BOB(밥)은 Best of the 수학의 Bible의 약자로, 新수학의 바이블의 대표 예제와 고등 수학에서 꼭 알아야 할 필수 유형만 선정하여 수록한 유형서입니다.

121개 필수 유형
내신과 수능에 꼭 필요한 121개 유형만 수록

콕콕 시스템
3단계로 유형을 완성하는 개념(개념 확인) ▶ 유형(유형 파악) ▶ 실력(해결력 강화) 콕콕 시스템

학습 지원 서비스
QR코드를 통한 新수학의 바이블과의 연계 학습

新 **수학의 바이블** 유형서

BOB
밥

수학의 밥과 같은 존재,
유형!

이창희·민경도·김덕환 지음

미적분

정답과 풀이

이투스북

2015 개정
교육과정

新 수학의 바이블 유형서

BoB
밥

미적분

I. 수열의 극한

01 수열의 극한

본문 p.9~19

001 (1) 발산 (2) 발산 (3) 수렴, 0 (4) 수렴, 1 (5) 수렴, 5　　**002** 풀이 참조　**003** (1) 0 (2) 7 (3) -6 (4) -1

004 (1) 발산 (2) 수렴, 1 (3) 수렴, 0　**005** (1) 0 (2) 1　**006** (1) 발산 (2) 발산　**007** 2

008 (1) 0 (2) -1 (3) 2 (4) 0　**009** (1) $-\dfrac{1}{3}<r\leq\dfrac{1}{3}$ (2) $-2\leq r<2$ (3) $0<r\leq 2$　**010** ③　**011** ⑤　**012** 10

013 ⑤　**014** ①　**015** ㄴ　**016** ③　**017** ⑤　**018** $-\dfrac{1}{3}$　**019** ⑤　**020** ③

021 $\dfrac{1}{2}$　**022** ①　**023** ⑤　**024** $\dfrac{\sqrt{2}}{4}$　**025** ②　**026** ④　**027** ③　**028** ⑤

029 ①　**030** $\dfrac{1}{3}$　**031** ②　**032** $\dfrac{1}{2}$　**033** 3　**034** ②　**035** 10　**036** $\dfrac{2}{3}$

037 ④　**038** ㄷ　**039** ㄱ　**040** ④　**041** ③　**042** -3　**043** ⑤　**044** ②

045 7　**046** $-\dfrac{3}{2}$　**047** ㄴ, ㄷ　**048** 풀이 참조　**049** ②　**050** 6　**051** 120　**052** ④

053 4　**054** ②　**055** ①　**056** 25　**057** $\dfrac{7}{2}$　**058** 10　**059** 5　**060** 180

061 ③　**062** ③　**063** ②　**064** ⑤　**065** ①　**066** 5　**067** -1

02 급수

본문 p.21~29

068 (1) 2 (2) 1　**069** (1) 발산 (2) 수렴, 2　**070** (1) 수렴, 1 (2) 발산　**071** 풀이 참조　**072** 풀이 참조

073 (1) 5 (2) -11　**074** (1) 수렴, 2 (2) 수렴, $\dfrac{3}{4}$ (3) 발산 (4) 발산　**075** (1) 수렴, $\dfrac{4}{5}$ (2) 발산

076 (1) $\dfrac{3}{2}$ (2) $-\dfrac{2}{3}$ (3) $\dfrac{5}{2}$ (4) 10　**077** (1) $-\dfrac{1}{3}<x<\dfrac{1}{3}$ (2) $-1<x<0$ (3) $-2<x<2$　**078** ④　**079** ②　**080** ④

081 ②　**082** ④　**083** (1) 발산 (2) 수렴, 1　**084** ④　**085** ①　**086** 2　**087** ②

088 ②　**089** $\dfrac{2}{3}$　**090** ③　**091** ⑤　**092** $\dfrac{92}{15}$　**093** ④　**094** ②

095 ㄱ, ㄷ　**096** ①　**097** ④　**098** $\dfrac{1}{3}$　**099** ⑤　**100** 4　**101** ②　**102** 6

103 ④　**104** ②　**105** ④　**106** ②　**107** ②　**108** 6　**109** ②　**110** 23

111 ②　**112** ⑤　**113** ④　**114** 10　**115** ⑤　**116** ④　**117** $\dfrac{3}{8}$　**118** ③

119 6　**120** 8

II. 미분법

03 지수함수와 로그함수의 미분

본문 p.33~39

121 (1) 0 (2) 1 (3) $\dfrac{1}{3}$ (4) ∞ (5) 1 (6) 1　　**122** (1) $-\infty$ (2) $-\infty$ (3) ∞ (4) 0 (5) -2 (6) 2　　**123** (1) e^3 (2) e^2

124 (1) $\dfrac{1}{e^3}$ (2) $\pm e^2$ (3) $\ln 5$ (4) $-\ln 2$　　**125** (1) 2 (2) -1 (3) $\dfrac{3}{2}$ (4) $-\dfrac{1}{2}$　　**126** (1) 3 (2) 2 (3) $\dfrac{2}{\ln 3}$ (4) $\ln\sqrt{3}$

127 (1) $y'=3e^x$ (2) $y'=(x+3)e^x$ (3) $y'=2\ln 3\times 3^x$ (4) $y'=2^x(x\ln 2+1)$

128 (1) $y'=\dfrac{1}{x}$ (2) $y'=\ln x+1$ (3) $y'=\dfrac{1}{x\ln 2}$ (4) $y'=\log_2 5x+\dfrac{1}{\ln 2}$　　**129** ①　　**130** ②

131 ㄱ, ㄷ   **132** ②   **133** ②   **134** ㄷ, ㄹ   **135** ⑤   **136** ①   **137** ㄱ, ㄴ, ㄹ   **138** ②

139 ②   **140** $\dfrac{3}{2}$ **141** ③   **142** ④   **143** $\ln\sqrt{3}$ **144** ③   **145** $\dfrac{3}{4}$ **146** 8

147 ②   **148** ③   **149** 2   **150** ④   **151** 2   **152** $4\ln 2-2$ **153** 1   **154** ④

155 1   **156** (1) 0   (2) 1   **157** ②   **158** ②   **159** ④   **160** ③   **161** ④   **162** ④

163 ②   **164** 100   **165** ①   **166** $\dfrac{3}{\ln 2}$ **167** e^2 **168** 9   **169** $-2, 2$

삼각함수의 덧셈정리

170 (1) $\dfrac{\sqrt{6}-\sqrt{2}}{4}$ (2) $\dfrac{\sqrt{6}-\sqrt{2}}{4}$ (3) $-2-\sqrt{3}$ **171** (1) $\dfrac{\sqrt{2}+\sqrt{6}}{4}$ (2) $\dfrac{\sqrt{2}-\sqrt{6}}{4}$ (3) $2-\sqrt{3}$ **172** (1) $\dfrac{\sqrt{3}}{2}$ (2) $\dfrac{1}{2}$ (3) $\dfrac{\sqrt{3}}{3}$

173 (1) $\dfrac{63}{65}$ (2) $\dfrac{56}{65}$ (3) $-\dfrac{33}{56}$ **174** (1) $\sqrt{2}\sin\left(\theta+\dfrac{\pi}{4}\right)$ (2) $2\sin\left(\theta+\dfrac{\pi}{6}\right)$ (3) $2\sin\left(\theta+\dfrac{5}{3}\pi\right)$

175 (1) 주기 : 2π, 최댓값 : $\sqrt{2}$, 최솟값 : $-\sqrt{2}$ (2) 주기 : 2π, 최댓값 : 2, 최솟값 : -2

176 ③   **177** ②   **178** ③   **179** ②   **180** ⑤   **181** $\dfrac{63}{16}$ **182** ①   **183** 4

184 $\dfrac{\sqrt{5}}{5}$ **185** ③   **186** $\dfrac{9}{40}$ **187** 18   **188** ⑤   **189** ①   **190** $\dfrac{3}{2}$ **191** ⑤

192 ③   **193** $-\dfrac{5}{3}\pi$ **194** ④   **195** ③   **196** $1+2\sqrt{2}$ **197** ②   **198** $\dfrac{\pi}{4}$

199 $2\sqrt{13}$ **200** ④   **201** ④   **202** ⑤   **203** ④   **204** ④   **205** ③   **206** ②

207 ⑤   **208** ④   **209** ③   **210** ①   **211** ②   **212** ⑤   **213** ②

214 $\dfrac{2(\sqrt{10}-1)}{9}$ **215** $-\dfrac{4}{3}$

삼각함수의 미분

216 (1) $\dfrac{\sqrt{3}}{2}$ (2) -2 (3) $\dfrac{\sqrt{2}}{2}$ (4) $\sqrt{2}$ **217** (1) 3   (2) $\dfrac{2}{3}$ (3) $\dfrac{4}{5}$ (4) 4   **218** (1) 0   (2) 1   (3) 1   (4) 2

219 (1) $y'=1+3\cos x$ (2) $y'=2\cos x+4\sin x$ (3) $y'=e^x-2\sin x$ (4) $y'=\dfrac{3}{x}-\cos x$

220 (1) $y'=\cos^2 x-\sin^2 x$ (2) $y'=3x^2\sin x+x^3\cos x$ (3) $y'=e^x(\sin x+\cos x)$ (4) $y'=\dfrac{\cos x}{x}-\ln x\times\sin x$ **221** ③

222 0   **223** ④   **224** ③   **225** ③   **226** 1   **227** ①   **228** ④   **229** 1

230 ⑤   **231** ②   **232** $\dfrac{1}{9}$ **233** ②   **234** ②   **235** 2   **236** ⑤   **237** ②

238 2   **239** ②   **240** ③   **241** -8π **242** ②   **243** ②   **244** 9   **245** 2

246 $\dfrac{1}{2}$ **247** 2   **248** ②   **249** ①   **250** $\dfrac{5}{2}\pi$ **251** ①   **252** ②   **253** $-\dfrac{\pi}{2}$

254 ③   **255** ④   **256** 2   **257** ②   **258** ①   **259** ③   **260** ④   **261** ⑤

262 ⑤   **263** ①   **264** ⑤   **265** ②   **266** ⑤   **267** ⑤   **268** ⑤

269 ④   **270** ③   **271** $-\pi$ **272** 3π

06 여러 가지 미분법

273 (1) $y'=-\dfrac{13}{(x-4)^2}$ (2) $y'=\dfrac{4x^2+4x+2}{(2x+1)^2}$ (3) $y'=-\dfrac{2}{(2x-1)^2}$

274 (1) $y'=-\dfrac{2\sin x}{(1-\cos x)^2}$ (2) $y'=\dfrac{3(1-x\ln 5)}{5^x}$ (3) $y'=\dfrac{1-x\ln x}{xe^x}$

275 (1) $y'=\sec x\tan x+2\csc x\cot x$ (2) $y'=3\sec^2 x-5\csc^2 x$ **276** (1) $y'=-\dfrac{4}{x^5}$ (2) $y'=-\dfrac{2}{x^3}$ (3) $y'=-\dfrac{3}{x^4}+\dfrac{15}{x^6}$

277 (1) $y'=12(3x-1)^3$ (2) $y'=3(4x+1)(2x^2+x+3)^2$ (3) $y'=-\dfrac{5}{(x-2)^6}$

278 (1) $y'=(x+5)(4x^2+7x+1)$ (2) $y'=\dfrac{2(3x+4)(3x-7)}{(2x-1)^2}$

279 (1) $y'=-\sin x\cos(\cos x)$ (2) $y'=4\sin x(1-\cos x)^3$ (3) $y'=\sin x\cos^2 x(2\cos^2 x-3\sin^2 x)$

280 (1) $y'=2e^{2x-1}$ (2) $y'=3^{2x-5}\times 2\ln 3$ (3) $y'=4^{x^2-1}\times 2x\ln 4$ **281** (1) $y'=\dfrac{2}{2x-1}$ (2) $y'=\dfrac{2x}{(x^2+1)\ln 3}$ (3) $y'=\cot x$

282 (1) $y'=\dfrac{1}{2\sqrt{x}}$ (2) $y'=2\sqrt{3}\,x^{\sqrt{3}-1}$ (3) $y'=-\dfrac{e}{x^{e+1}}$

283 (1) $y'=-\dfrac{2x}{3\sqrt[3]{(5-x^2)^2}}$ (2) $y'=\dfrac{6x-1}{\sqrt{4x-5}}$ (3) $y'=\dfrac{9x^2+4x-6}{(3x+1)\sqrt{3x+1}}$

284 (1) $\dfrac{dy}{dx}=-\dfrac{2}{3}t$ (2) $\dfrac{dy}{dx}=\dfrac{t^2-1}{4t^3}$ (단, $t\neq 0$) (3) $\dfrac{dy}{dx}=4t\sqrt{t+1}$ (4) $\dfrac{dy}{dx}=\cot t$ (5) $\dfrac{dy}{dx}=2\csc t$

285 (1) $\dfrac{dy}{dx}=-\dfrac{x}{y+1}$ (단, $y\neq -1$) (2) $\dfrac{dy}{dx}=-\dfrac{y}{x}$ (단, $x\neq 0$) (3) $\dfrac{dy}{dx}=\dfrac{1}{3y}$ (단, $y\neq 0$) (4) $\dfrac{dy}{dx}=\dfrac{2x-y}{x-2y}$ (단, $x-2y\neq 0$)

286 (1) $\dfrac{dy}{dx}=\dfrac{1}{2y}$ (단, $y\neq 0$) (2) $\dfrac{dy}{dx}=\dfrac{1}{8y-1}$ $\left(단, y\neq\dfrac{1}{8}\right)$ (3) $\dfrac{dy}{dx}=\dfrac{1}{3y^2}$ (단, $y\neq 0$)

287 (1) $y''=18x+2$ (2) $y''=-\dfrac{2}{9}x^{-\frac{5}{3}}$ (3) $y''=-9\sin 3x$ (4) $y''=9e^{3x}$ (5) $y''=-\dfrac{2}{x^2}$

288 (1) $y''=(x^2+4x+2)e^x$ (2) $y''=-2e^x\sin x$ (3) $y''=-\dfrac{2(x^2+1)}{(x^2-1)^2}$

289 ②	**290** ③	**291** -2	**292** ④	**293** ①	**294** 5	**295** ④	**296** ⑤
297 3	**298** ②	**299** ④	**300** $\dfrac{1}{2}$	**301** ②	**302** ②	**303** ⑤	**304** ⑤
305 ⑤	**306** ④	**307** ⑤	**308** ④	**309** -2			

310 (가) $\dfrac{5x^2+5x-4}{x(x-1)(x+1)}$ (나) $\dfrac{x^3(x-1)^2(5x^2+5x-4)}{(x+1)^3}$ **311** (가) $\dfrac{2}{x}\ln 2x$ (나) $4x^{\ln 2x-1}\ln 2x$

312 (1) $y'=\dfrac{-2(x+1)(x^2-6)}{x^4(x-4)^2}$ (2) $y'=x^x(\ln x+1)$ **313** ②   **314** ①   **315** 2   **316** ②

317 ⑤	**318** 2	**319** ①	**320** ⑤	**321** $\dfrac{4}{11}$	**322** ③	**323** ③	**324** 4
325 ①	**326** ①	**327** ⑤	**328** ③	**329** ②	**330** ④	**331** ①	**332** ⑤
333 ⑤	**334** ①	**335** ③	**336** ④	**337** ①	**338** 4	**339** 8	**340** 7

07 접선의 방정식

341 (1) $y=-3x+2$ (2) $y=3x-4$ (3) $y=\dfrac{4}{3}x-\dfrac{2}{9}\pi+\dfrac{\sqrt{3}}{3}$ (4) $y=2x+2$ (5) $y=x-3+\ln 2$

342 (1) $y=\dfrac{1}{5}x-\dfrac{1}{5}$ (2) $y=\dfrac{1}{2}x+2$ (3) $y=\sqrt{2}x-\dfrac{\sqrt{2}}{4}\pi+\sqrt{2}$ (4) $y=2x+3$ (5) $y=x-2+2\ln 2$

343 (1) $y=-2x+4$ (2) $y=\dfrac{1}{2}x+1$ (3) $y=-3x+3$ (4) $y=\dfrac{1}{e}x$

344 (1) $\dfrac{dy}{dx}=-\dfrac{1}{(t-2)^2}$ (단, $t\neq 2$) (2) $x=2,\ y=-1,\ \dfrac{dy}{dx}=-1$ (3) $y=-x+1$ **345** $y=2x-1$

346 (1) $\dfrac{dy}{dx}=-\dfrac{x}{y+1}$ (단, $y\neq -1$) (2) -1 (3) $y=-x+1$ **347** $y=-x+2$ **348** ① **349** ③ **350** $\dfrac{\pi}{2}$

351 ⑤ **352** ④ **353** ③ **354** ④ **355** ⑤ **356** $y=-\dfrac{1}{2}x+\dfrac{3}{2}$ **357** ④

358 ⑤ **359** 2 **360** ⑤ **361** $y=-x+2$ **362** $-\dfrac{2}{3}\pi$ **363** ① **364** ② **365** 2

366 (가) 2 (나) $\dfrac{1}{12}$ (다) $\dfrac{1}{12}x+\dfrac{4}{3}$ **367** $y=\dfrac{1}{4}x$ **368** ④ **369** 2 **370** ① **371** $\dfrac{2}{e}$ **372** ④

373 ② **374** ⑤ **375** ① **376** ① **377** ① **378** ④ **379** ③ **380** ④

381 ① **382** ② **383** ⑤ **384** -9 **385** 2 **386** $x_n=2-(n-1)\log_2 e,\ y_n=4e^{1-n}$

387 $y=-5x+31$

08 함수의 극대, 극소와 그래프

388 풀이 참조 **389** 풀이 참조 **390** 풀이 참조

391 (1) 극댓값 : 1, 극솟값 : $-\dfrac{1}{3}$ (2) 극댓값 : $4\sqrt{2}$ (3) 극댓값 : $\dfrac{\pi}{2}$, 극솟값 : $-\dfrac{3}{2}\pi$ (4) 극솟값 : $-\dfrac{2}{e}$ (5) 극댓값 : $\dfrac{1}{3e}$

392 (1) 극댓값 : -2, 극솟값 : 2 (2) 극댓값 : 2 (3) 극댓값 : $\dfrac{\pi}{6}+\sqrt{3}$, 극솟값 : $\dfrac{5}{6}\pi-\sqrt{3}$ (4) 극댓값 : $\dfrac{3}{e}$, 극솟값 : 1 (5) 극솟값 : -1

393 풀이 참조 **394** 풀이 참조 **395** (1) $(1,\ -10)$ (2) $(0,\ 0),\ (2,\ -16)$ (3) $\left(-\dfrac{\sqrt{3}}{3},\ \dfrac{3}{4}\right),\ \left(\dfrac{\sqrt{3}}{3},\ \dfrac{3}{4}\right)$

396 (1) $\left(\dfrac{\pi}{2},\ 1\right)$ (2) $\left(-\dfrac{\sqrt{2}}{2},\ \dfrac{1}{\sqrt{e}}\right),\ \left(\dfrac{\sqrt{2}}{2},\ \dfrac{1}{\sqrt{e}}\right)$ (3) $(-\sqrt{3},\ \ln 6),\ (\sqrt{3},\ \ln 6)$ **397** 풀이 참조 **398** 풀이 참조 **399** ③

400 ③ **401** 6 **402** ③ **403** ① **404** ④ **405** ① **406** ④ **407** 2

408 ③ **409** ⑤ **410** $-5e$ **411** ③ **412** ⑤ **413** $-e^{2\pi}$ **414** ② **415** ④

416 $a\geq 2$ **417** ④ **418** ⑤ **419** 1 **420** 풀이 참조 **421** 풀이 참조 **422** 풀이 참조 **423** ⑤

424 ㄴ **425** ㄴ, ㄷ **426** ⑤ **427** ④ **428** ㄴ **429** ① **430** ③ **431** ⑤

432 -2 **433** ③ **434** ④ **435** ④ **436** ② **437** ② **438** ④ **439** ②

440 ⑤ **441** ② **442** ④ **443** 3 **444** $0<k<2$

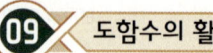

본문 p.89~95

445 (1) 최댓값 : $\frac{1}{2}$, 최솟값 : $\frac{1}{3}$ (2) 최댓값 : 3, 최솟값 : -8

446 (1) 최댓값 : $4e^2$, 최솟값 : $-\frac{2}{e}$ (2) 최댓값 : $\frac{1}{2e}$, 최솟값 : $-\frac{e}{2}$ (3) 최댓값 : $\frac{\pi}{2}$, 최솟값 : $-\frac{3}{2}\pi$ **447** (1) 0 (2) 2 (3) 1

448 (1) $0<k<\frac{1}{e}$ (2) $k\leq0$ 또는 $k=\frac{1}{e}$ (3) $k>\frac{1}{e}$ **449** 풀이 참조   **450** 풀이 참조   **451** 풀이 참조

452 (1) $(-\pi, 0)$, π, $(0, \pi^2)$, π^2 (2) $(e, 2e)$, $\sqrt{5}e$, $(e, 2e)$, $\sqrt{5}e$ (3) $(3, 4)$, 5, $(-3, 2)$, $\sqrt{13}$ **453** ①   **454** ③

455 -1 **456** $1+\ln 2$ **457** ④   **458** 6   **459** ③   **460** ②   **461** $\frac{2\sqrt{6}}{3}\pi$ **462** ②

463 ①   **464** $0\leq k<1$ **465** ①   **466** ④   **467** ②   **468** ⑤   **469** ③   **470** $\frac{3}{4}\pi$

471 ③   **472** ②   **473** 2   **474** (가) $\frac{t}{3}$ (나) $\frac{1}{3\sec^2\theta}$ (다) $\frac{3}{25}$ **475** $\frac{9}{4}$ m/s   **476** $\frac{5}{3}\pi$ **477** ④

478 ⑤   **479** ②   **480** ③   **481** ④   **482** ⑤   **483** ⑤   **484** ⑤   **485** ①

486 ②   **487** ③   **488** ①   **489** $\frac{6\sqrt{2}}{5}$ **490** 2   **491** 3   **492** $\frac{17}{2}\pi$

Ⅲ. 적분법

본문 p.99~107

493 (1) $5\ln|x|+C$ (2) $-\frac{1}{x^2}+C$ (3) $\frac{3}{5}x^3\sqrt[3]{x^2}+C$ (4) $\frac{2}{7}x^3\sqrt{x}+C$ **494** (1) $x-\frac{2}{x^2}+C$ (2) $\frac{2}{5}x^2\sqrt{x}+\frac{1}{x^3}+C$

495 (1) $2x^2-\ln|x|+C$ (2) $4\sqrt{x}-\ln|x|+C$

496 (1) $4e^x+C$ (2) $e^{x+1}+C$ (3) $\frac{1}{2}e^{2x}-2e^x+x+C$ (4) $\frac{3^{x-1}}{\ln 3}+C$ (5) $\frac{9^x}{\ln 9}+2\times\frac{3^x}{\ln 3}+x+C$

497 (1) $-2\cos x+C$ (2) $-3\cos x-\sin x+C$ (3) $x+\sin x+C$ (4) $x+2\tan x+C$ **498** (1) $\tan x+C$ (2) $-\cot x-3x+C$

499 (1) $\frac{1}{4}(x^2-1)^4+C$ (2) $e^{x^2}+C$ (3) $\frac{1}{2}(\ln x)^2+C$ (4) $\frac{1}{3}(1+\sin x)^3+C$

500 (1) $\frac{1}{15}(3x-1)^5+C$ (2) $-\frac{1}{2(2x+1)}+C$ (3) $-\frac{1}{2}e^{-2x+1}+C$ (4) $-\frac{1}{2}\cos(2x+3)+C$

501 (1) $\ln(4+x^2)+C$ (2) $\ln|e^x-2|+C$ (3) $\ln|x-\cos x|+C$ **502** 풀이 참조   **503** 풀이 참조

504 (1) $\frac{1}{2}x^2-2x+4\ln|x+2|+C$ (2) $\ln\left|\frac{x-1}{x}\right|+C$ **505** 풀이 참조

506 (1) $-x\cos x+\sin x+C$ (2) $x\ln x-x+C$ **507** ①   **508** ④   **509** $\frac{4}{\sqrt{x}}+5x+C$ **510** ⑤

511 ③   **512** 0   **513** ②   **514** ⑤   **515** $\frac{2\sqrt{3}}{3}$ **516** ⑤   **517** ④   **518** ②

519 ④   **520** ⑤   **521** ④   **522** ③   **523** ④   **524** ②   **525** ②   **526** ①

527 1   **528** ②   **529** ④   **530** $\frac{2}{3}$ **531** ①   **532** ③   **533** ①   **534** ①

535 ⑤   **536** $5-4e^2$ **537** ①   **538** ②   **539** ⑤   **540** ③   **541** ③   **542** ⑤

543 ②   **544** ③   **545** ②   **546** ④   **547** ③   **548** ⑤   **549** ④   **550** $\frac{\pi}{2}$

551 2   **552** $4\ln 2+1$

11 정적분

553 (1) 14 (2) $\dfrac{45}{4}$ (3) $\dfrac{3}{8}$ (4) 1   **554** (1) 1 (2) 1 (3) $\dfrac{1}{2}$ (4) $\dfrac{2}{\ln 3}$ **555** (1) 2 (2) 0 (3) 4 (4) $\dfrac{5}{3}$

556 (1) 0 (2) 0 (3) 2 (4) $2\left(e-\dfrac{1}{e}\right)$ **557** (1) $\dfrac{1}{2}\ln\dfrac{3}{2}$ (2) $\dfrac{14}{3}$ (3) $2\sqrt{3}$ (4) $2(\sqrt{2}-1)$ **558** (1) $\dfrac{1}{6}$ (2) $\dfrac{1}{2}\ln 2$ (3) $e-1$ (4) 1

559 (1) $\dfrac{\pi}{6}$ (2) $\dfrac{\pi}{4}$ **560** (가) $\dfrac{1}{x}$ (나) x (다) $e-1$ (라) 1   **561** (1) 1 (2) -2

562 (1) $f(x)=\dfrac{1}{2\sqrt{x}}$ (2) $f(x)=-\sin x+\cos x$ (3) $f(x)=\dfrac{1}{x}$ (4) $f(x)=2^x\ln 2$ **563** (1) 2 (2) $-\pi$ **564** ③   **565** ④

566 ①   **567** ④   **568** ①   **569** ②   **570** ①   **571** ③   **572** ①   **573** ④

574 ③   **575** 2   **576** ①   **577** ②   **578** ②   **579** ③   **580** $\dfrac{\pi}{4}$ **581** $\dfrac{1}{4}$

582 ⑤   **583** ①   **584** 1   **585** ①   **586** ①   **587** 5   **588** ①   **589** ⑤

590 $5-2e$ **591** ①   **592** 1   **593** 2π **594** ①   **595** 2   **596** ③   **597** ②

598 36   **599** 12   **600** (1) $\dfrac{4}{5}$ (2) $2e(e-1)$ (3) $2\left(1-\dfrac{1}{e}\right)$ (4) $\dfrac{8}{15}$ **601** ②   **602** ①   **603** ⑤

604 ④   **605** 3   **606** ①   **607** ③   **608** $3e^{\pi}$ **609** 4

12 정적분의 활용

610 (가) $\dfrac{ah}{n^2}$ (나) $\dfrac{ah(n+1)}{2n}$ **611** (가) 2 (나) 4 (다) k (라) $\dfrac{n(n+1)}{2}$ (마) 2

612 (가) $2k$ (나) $\dfrac{2k}{n}$ (다) x (라) $\ln|1+x|$ (마) $\ln 3$ **613** (가) π (나) $\cos x$ (다) $\sin x$ (라) 0   **614** (1) $\dfrac{2}{3}$ (2) 2 (3) 1

615 (1) $\ln 2$ (2) $\dfrac{1}{2}$ (3) e^2+3 **616** $\dfrac{1}{6}$ **617** $2(\sqrt{2}-1)$ **618** $\dfrac{16}{3}$ **619** (1) $\dfrac{2}{3}t\sqrt{t}-t$ (2) $\dfrac{5}{3}$ (3) 2

620 (1) $\sqrt{5}$ (2) $\dfrac{3}{2}$ **621** (1) 2 (2) 4   **622** (1) $\dfrac{7}{3}$ (2) 3π (3) $\dfrac{56}{3}$ **623** ⑤   **624** 2   **625** ②   **626** ①

627 ①   **628** ④   **629** ①   **630** 4   **631** ⑤   **632** ②   **633** $\dfrac{2}{\pi}$

634 $\dfrac{3}{2}-\dfrac{3}{e}$ **635** $\dfrac{16}{3}$ **636** $\dfrac{2}{3}$ **637** $e+1$ **638** ②   **639** ④   **640** 36   **641** ③

642 9   **643** ⑤   **644** 6   **645** 32   **646** $\dfrac{14}{3}$ **647** 17   **648** ③

649 $4(\sqrt{2}-1)$ **650** ②   **651** ②   **652** ④   **653** ⑤   **654** ⑤   **655** ③   **656** ②

657 4   **658** ①   **659** ①   **660** $\dfrac{1}{e-1}$ **661** ②   **662** ⑤   **663** ③   **664** ④

665 12   **666** $\dfrac{5}{6}$ **667** ①   **668** ③   **669** 18   **670** ③   **671** ③   **672** ④

673 ②   **674** ②   **675** $1-\dfrac{2}{e}$ **676** $\dfrac{5}{8}$ **677** 23   **678** $\dfrac{\sqrt{5}}{2}$

I. 수열의 극한

01 수열의 극한

◉ 개념 **콕콕**

본문 p.9~10

001

(1) n이 증가하면서 변화하는 a_n의 값을 좌표평면 위에 나타내면 오른쪽 그림과 같으므로 n이 한없이 커질 때 $2n-1$의 값도 한없이 커짐을 알 수 있다.
따라서 주어진 수열은 양의 무한대로 발산한다.

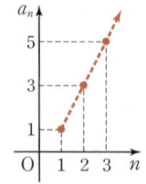

(2) n이 증가하면서 변화하는 a_n의 값을 좌표평면 위에 나타내면 오른쪽 그림과 같으므로 n이 한없이 커질 때 $-n^2+2$의 값은 한없이 작아짐을 알 수 있다.
따라서 주어진 수열은 음의 무한대로 발산한다.

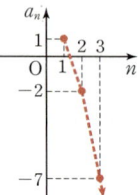

(3) n이 증가하면서 변화하는 a_n의 값을 좌표평면 위에 나타내면 오른쪽 그림과 같으므로 n이 한없이 커질 때 $\dfrac{1}{n^2}$의 값은 0에 한없이 가까워짐을 알 수 있다.
따라서 주어진 수열은 0에 수렴한다.

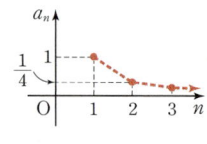

(4) n이 증가하면서 변화하는 a_n의 값을 좌표평면 위에 나타내면 오른쪽 그림과 같으므로 n이 한없이 커질 때 $(-1)^{2n}$의 값은 1에 수렴한다.

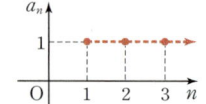

(5) n이 증가하면서 변화하는 a_n의 값을 좌표평면 위에 나타내면 오른쪽 그림과 같으므로 n이 한없이 커질 때 $5-\dfrac{1}{n}$의 값은 5에 한없이 가까워짐을 알 수 있다.
따라서 주어진 수열은 5에 수렴한다.

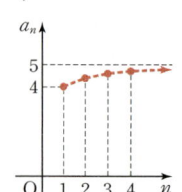

답 (1) 발산 (2) 발산 (3) 수렴, 0 (4) 수렴, 1 (5) 수렴, 5

002

$\lim\limits_{n\to\infty}a_n=\lim\limits_{n\to\infty}\left(1+\dfrac{1}{n}\right)=1$, $\lim\limits_{n\to\infty}b_n=\lim\limits_{n\to\infty}\left(2-\dfrac{1}{n}\right)=2$

(1) $a_n+b_n=\left(1+\dfrac{1}{n}\right)+\left(2-\dfrac{1}{n}\right)=3$이므로

$\lim\limits_{n\to\infty}(a_n+b_n)=\lim\limits_{n\to\infty}3=3$

또한 $\lim\limits_{n\to\infty}a_n+\lim\limits_{n\to\infty}b_n=1+2=3$

$\therefore \lim\limits_{n\to\infty}(a_n+b_n)=\lim\limits_{n\to\infty}a_n+\lim\limits_{n\to\infty}b_n$

(2) $2a_n=2\left(1+\dfrac{1}{n}\right)=2+\dfrac{2}{n}$이므로

$\lim\limits_{n\to\infty}2a_n=\lim\limits_{n\to\infty}\left(2+\dfrac{2}{n}\right)=2$

또한 $2\lim\limits_{n\to\infty}a_n=2\times1=2$

$\therefore \lim\limits_{n\to\infty}2a_n=2\lim\limits_{n\to\infty}a_n$

(3) $a_nb_n=\left(1+\dfrac{1}{n}\right)\left(2-\dfrac{1}{n}\right)=2+\dfrac{1}{n}-\dfrac{1}{n^2}$이므로

$\lim\limits_{n\to\infty}a_nb_n=\lim\limits_{n\to\infty}\left(2+\dfrac{1}{n}-\dfrac{1}{n^2}\right)=2$

또한 $\lim\limits_{n\to\infty}a_n\times\lim\limits_{n\to\infty}b_n=1\times2=2$

$\therefore \lim\limits_{n\to\infty}a_nb_n=\lim\limits_{n\to\infty}a_n\times\lim\limits_{n\to\infty}b_n$

(4) $\dfrac{a_n}{b_n}=\dfrac{1+\dfrac{1}{n}}{2-\dfrac{1}{n}}=\dfrac{n+1}{2n-1}=\dfrac{1}{2}+\dfrac{3}{4n-2}$이므로

$\lim\limits_{n\to\infty}\dfrac{a_n}{b_n}=\lim\limits_{n\to\infty}\left(\dfrac{1}{2}+\dfrac{3}{4n-2}\right)=\dfrac{1}{2}$

또한 $\dfrac{\lim\limits_{n\to\infty}a_n}{\lim\limits_{n\to\infty}b_n}=\dfrac{1}{2}$ $\therefore \lim\limits_{n\to\infty}\dfrac{a_n}{b_n}=\dfrac{\lim\limits_{n\to\infty}a_n}{\lim\limits_{n\to\infty}b_n}$

답 풀이 참조

003

(1) $\lim\limits_{n\to\infty}(a_n-1)=\lim\limits_{n\to\infty}a_n-\lim\limits_{n\to\infty}1=1-1=0$

(2) $\lim\limits_{n\to\infty}(3a_n-2b_n)=3\lim\limits_{n\to\infty}a_n-2\lim\limits_{n\to\infty}b_n=3\times1-2\times(-2)=7$

(3) $\lim\limits_{n\to\infty}3a_nb_n=3\lim\limits_{n\to\infty}a_n\times\lim\limits_{n\to\infty}b_n=3\times1\times(-2)=-6$

(4) $\lim\limits_{n\to\infty}\dfrac{2a_n}{b_n}=\dfrac{2\lim\limits_{n\to\infty}a_n}{\lim\limits_{n\to\infty}b_n}=\dfrac{2\times1}{-2}=-1$

답 (1) 0 (2) 7 (3) -6 (4) -1

004

(1) $\lim\limits_{n\to\infty}\dfrac{n^2+n}{3n-1}=\lim\limits_{n\to\infty}\dfrac{n+1}{3-\dfrac{1}{n}}=\infty$

(2) $\lim\limits_{n\to\infty}\dfrac{(n+1)(n-1)}{n^2}=\lim\limits_{n\to\infty}\dfrac{n^2-1}{n^2}=\lim\limits_{n\to\infty}\left(1-\dfrac{1}{n^2}\right)=1$

(3) $\lim\limits_{n\to\infty}\dfrac{4n}{n^2+1}=\lim\limits_{n\to\infty}\dfrac{\dfrac{4}{n}}{1+\dfrac{1}{n^2}}=\dfrac{0}{1+0}=0$

답 (1) 발산 (2) 수렴, 1 (3) 수렴, 0

005

(1) $\lim\limits_{n\to\infty}(\sqrt{n+1}-\sqrt{n})=\lim\limits_{n\to\infty}\dfrac{(\sqrt{n+1}-\sqrt{n})(\sqrt{n+1}+\sqrt{n})}{\sqrt{n+1}+\sqrt{n}}$

$=\lim\limits_{n\to\infty}\dfrac{1}{\sqrt{n+1}+\sqrt{n}}=0$

(2) $\lim\limits_{n\to\infty}\dfrac{1}{\sqrt{n^2+2n}-n}=\lim\limits_{n\to\infty}\dfrac{\sqrt{n^2+2n}+n}{(\sqrt{n^2+2n}-n)(\sqrt{n^2+2n}+n)}$

$=\lim\limits_{n\to\infty}\dfrac{\sqrt{n^2+2n}+n}{2n}=\lim\limits_{n\to\infty}\dfrac{\sqrt{1+\dfrac{2}{n}}+1}{2}=\dfrac{2}{2}=1$

답 (1) 0 (2) 1

006

(1) $\lim\limits_{n\to\infty}(n^2-3n+4)=\lim\limits_{n\to\infty}n^2\left(1-\dfrac{3}{n}+\dfrac{4}{n^2}\right)=\infty$

(2) $\lim\limits_{n\to\infty}(2n-n^2)=\lim\limits_{n\to\infty}n^2\left(\dfrac{2}{n}-1\right)=-\infty$

답 (1) 발산 (2) 발산

007

$\dfrac{2n-1}{n+2}<a_n<\dfrac{4n+1}{2n-1}$에서

$\lim\limits_{n\to\infty}\dfrac{2n-1}{n+2}=2$, $\lim\limits_{n\to\infty}\dfrac{4n+1}{2n-1}=2$ $\therefore \lim\limits_{n\to\infty}a_n=2$ **답** 2

008

(1) $\displaystyle\lim_{n\to\infty}\frac{2^n}{3^n-1}=\lim_{n\to\infty}\frac{\left(\frac{2}{3}\right)^n}{1-\left(\frac{1}{3}\right)^n}=\frac{0}{1-0}=0$

(2) $\displaystyle\lim_{n\to\infty}\frac{6-5^n}{6+5^n}=\lim_{n\to\infty}\frac{\frac{6}{5^n}-1}{\frac{6}{5^n}+1}=\lim_{n\to\infty}\frac{6\times\left(\frac{1}{5}\right)^n-1}{6\times\left(\frac{1}{5}\right)^n+1}=\frac{0-1}{0+1}=-1$

(3) $\displaystyle\lim_{n\to\infty}\frac{2^{n+1}}{2^n-3}=\lim_{n\to\infty}\frac{2}{1-\frac{3}{2^n}}=\lim_{n\to\infty}\frac{2}{1-3\times\left(\frac{1}{2}\right)^n}=\frac{2}{1-0}=2$

(4) $\displaystyle\lim_{n\to\infty}\frac{4^n+(-3)^n}{5^n}=\lim_{n\to\infty}\left\{\left(\frac{4}{5}\right)^n+\left(-\frac{3}{5}\right)^n\right\}=0$

답 (1) 0 (2) -1 (3) 2 (4) 0

009

(1) 공비가 $3r$이므로 주어진 등비수열이 수렴하려면

$-1<3r\le1$ $\therefore -\frac{1}{3}<r\le\frac{1}{3}$

(2) 공비가 $-\frac{r}{2}$이므로 주어진 등비수열이 수렴하려면

$-1<-\frac{r}{2}\le1$ $\therefore -2\le r<2$

(3) 공비가 $r-1$이므로 주어진 등비수열이 수렴하려면

$-1<r-1\le1$ $\therefore 0<r\le2$

답 (1) $-\frac{1}{3}<r\le\frac{1}{3}$ (2) $-2\le r<2$ (3) $0<r\le2$

유형 콕콕   본문 p.11~17

010 ③	011 ⑤	012 10	013 ⑤	014 ①	015 ㄴ
016 ③	017 ⑤	018 $-\frac{1}{3}$	019 ⑤	020 ③	021 $\frac{1}{2}$
022 ①	023 ⑤	024 $\frac{\sqrt{2}}{4}$	025 ②	026 ④	027 ③
028 ⑤	029 ①	030 $\frac{1}{3}$	031 ②	032 $\frac{1}{2}$	033 3
034 ②	035 10	036 $\frac{2}{3}$	037 ④	038 ㄷ	039 ㄱ
040 ④	041 ③	042 -3	043 ⑤	044 ②	045 7
046 $-\frac{3}{2}$	047 ㄴ, ㄷ	048 풀이 참조		049 ②	050 6
051 120					

010

$\displaystyle\lim_{n\to\infty}\frac{a_n-b_n}{a_nb_n+1}=\frac{\displaystyle\lim_{n\to\infty}(a_n-b_n)}{\displaystyle\lim_{n\to\infty}(a_nb_n+1)}$

$\displaystyle=\frac{\displaystyle\lim_{n\to\infty}a_n-\lim_{n\to\infty}b_n}{\displaystyle\lim_{n\to\infty}a_n\times\lim_{n\to\infty}b_n+1}$

$\displaystyle=\frac{2-(-3)}{2\times(-3)+1}=-1$

답 ③

011

$\displaystyle\lim_{n\to\infty}(a_n+3)=5$에서 $\displaystyle\lim_{n\to\infty}a_n=2$

$\therefore \displaystyle\lim_{n\to\infty}a_n(a_n+1)=\lim_{n\to\infty}a_n\times\lim_{n\to\infty}(a_n+1)$

$=2\times(2+1)=6$

답 ⑤

012

$\displaystyle\lim_{n\to\infty}(a_n{}^2+b_n{}^2)=\lim_{n\to\infty}\{(a_n+b_n)^2-2a_nb_n\}$

$=\displaystyle\lim_{n\to\infty}(a_n+b_n)\times\lim_{n\to\infty}(a_n+b_n)-2\lim_{n\to\infty}a_nb_n$

$=2\times2-2\times(-3)=10$

답 10

013

수열 $\{a_n\}$이 수렴하므로 $\displaystyle\lim_{n\to\infty}a_n=\alpha$ (α는 실수)라 하면

$\displaystyle\lim_{n\to\infty}a_{n+2}=\alpha$

$\displaystyle\lim_{n\to\infty}\frac{3a_{n+2}-1}{a_n+3}=2$에서 $\displaystyle\frac{3\alpha-1}{\alpha+3}=2$

$3\alpha-1=2\alpha+6$ $\therefore \alpha=7$

$\therefore \displaystyle\lim_{n\to\infty}a_n=7$

답 ⑤

014

수열 $\{a_n\}$이 수렴하므로 $\displaystyle\lim_{n\to\infty}a_n=\alpha$ (α는 실수)라 하면

$\displaystyle\lim_{n\to\infty}a_{n+1}=\alpha$

$\displaystyle\lim_{n\to\infty}\frac{2a_{n+1}+1}{a_n-1}=-4$에서 $\displaystyle\frac{2\alpha+1}{\alpha-1}=-4$

$2\alpha+1=-4\alpha+4,\ 6\alpha=3$ $\therefore \alpha=\frac{1}{2}$

$\therefore \displaystyle\lim_{n\to\infty}a_n=\frac{1}{2}$

답 ①

015

ㄱ. [반례] 수열 $\{a_n\}$이 $1,\ -1,\ 1,\ -1,\ 1,\ -1,\ 1,\ \cdots$이면
$\displaystyle\lim_{n\to\infty}a_{2n-1}=1$이지만 $\displaystyle\lim_{n\to\infty}a_n$은 발산(진동)한다. (거짓)

ㄴ. $\displaystyle\lim_{n\to\infty}a_{2n-1}=1$에서 n 대신 $2n$을 대입하면 $\displaystyle\lim_{2n\to\infty}a_{4n-1}=1$
이때, $2n\to\infty$이면 $n\to\infty$이므로 $\displaystyle\lim_{n\to\infty}a_{4n-1}=1$ (참)

ㄷ. [반례] 수열 $\{a_n\}$이 $1,\ -1,\ 1,\ -1,\ 1,\ -1,\ 1,\ \cdots$이면
$\displaystyle\lim_{n\to\infty}a_{2n-1}=1$이지만 $\displaystyle\lim_{n\to\infty}a_{2n}=-1$이다. (거짓)

따라서 옳은 것은 ㄴ뿐이다.

답 ㄴ

016

$\displaystyle\lim_{n\to\infty}\frac{n^2}{(2n-1)(2n+1)}=\lim_{n\to\infty}\frac{n^2}{4n^2-1}$

$=\displaystyle\lim_{n\to\infty}\frac{1}{4-\frac{1}{n^2}}=\frac{1}{4}$

답 ③

017

$\displaystyle\lim_{n\to\infty}\frac{3n-2}{\sqrt{4n^2-n}+n}=\lim_{n\to\infty}\frac{3-\frac{2}{n}}{\sqrt{4-\frac{1}{n}}+1}=1$

답 ⑤

018

이차방정식의 근과 계수의 관계에 의하여

$a_n+b_n=-3n,\ a_nb_n=-2$이므로

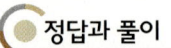

$$a_n{}^2+b_n{}^2=(a_n+b_n)^2-2a_nb_n$$
$$=(-3n)^2-2\times(-2)=9n^2+4$$

·· 나

$$\therefore \lim_{n\to\infty}\frac{n(a_n+b_n)}{a_n{}^2+b_n{}^2}=\lim_{n\to\infty}\frac{n\times(-3n)}{9n^2+4}=\lim_{n\to\infty}\frac{-3n^2}{9n^2+4}$$
$$=\lim_{n\to\infty}\frac{-3}{9+\dfrac{4}{n^2}}=-\frac{1}{3}$$

·· 다

단계	채점 요소	비율
가	이차방정식의 근과 계수의 관계를 이용하여 a_n+b_n, a_nb_n 구하기	30%
나	$a_n{}^2+b_n{}^2$을 n에 대한 식으로 나타내기	30%
다	$\displaystyle\lim_{n\to\infty}\frac{n(a_n+b_n)}{a_n{}^2+b_n{}^2}$의 값 구하기	40%

답 $-\dfrac{1}{3}$

019

$a\neq0$이면 $\displaystyle\lim_{n\to\infty}\frac{an^2+bn+7}{3n+1}=\infty$ (또는 $-\infty$)이므로 $a=0$

$$\therefore \lim_{n\to\infty}\frac{an^2+bn+7}{3n+1}=\lim_{n\to\infty}\frac{bn+7}{3n+1}=\lim_{n\to\infty}\frac{b+\dfrac{7}{n}}{3+\dfrac{1}{n}}=\frac{b}{3}$$

따라서 $\dfrac{b}{3}=4$이므로 $b=12$

$\therefore a+b=0+12=12$

답 ⑤

020

$$\lim_{n\to\infty}\frac{n+2}{\sqrt{4n^2+3n-1}+an}=\lim_{n\to\infty}\frac{1+\dfrac{2}{n}}{\sqrt{4+\dfrac{3}{n}-\dfrac{1}{n^2}}+a}=\frac{1}{2+a}$$

따라서 $\dfrac{1}{2+a}=\dfrac{1}{5}$이므로 $a=3$

답 ③

021

$c\neq0$이면 $\displaystyle\lim_{n\to\infty}\frac{an^2+bn+3}{cn^3+2n+2}=0$이므로 $c=0$

또한 $a\neq0$이면

$$\lim_{n\to\infty}\frac{an^2+bn+3}{cn^3+2n+2}=\lim_{n\to\infty}\frac{an^2+bn+3}{2n+2}=\infty \ (\text{또는} -\infty)$$

이므로 $a=0$

즉, $\displaystyle\lim_{n\to\infty}\frac{an^2+bn+3}{2n+2}=\lim_{n\to\infty}\frac{bn+3}{2n+2}=\lim_{n\to\infty}\frac{b+\dfrac{3}{n}}{2+\dfrac{2}{n}}=\frac{b}{2}$

따라서 $\dfrac{b}{2}=4$이므로 $b=8$

$$\therefore \lim_{n\to\infty}\frac{4n^2+an-1}{bn^2-cn+1}=\lim_{n\to\infty}\frac{4n^2-1}{8n^2+1}=\lim_{n\to\infty}\frac{4-\dfrac{1}{n^2}}{8+\dfrac{1}{n^2}}=\frac{1}{2}$$

답 $\dfrac{1}{2}$

022

$$\lim_{n\to\infty}(\sqrt{4n^2-8n}-2n)=\lim_{n\to\infty}\frac{(\sqrt{4n^2-8n}-2n)(\sqrt{4n^2-8n}+2n)}{\sqrt{4n^2-8n}+2n}$$
$$=\lim_{n\to\infty}\frac{-8n}{\sqrt{4n^2-8n}+2n}=\lim_{n\to\infty}\frac{-8}{\sqrt{4-\dfrac{8}{n}}+2}$$
$$=-2$$

답 ①

023

$$\lim_{n\to\infty}\frac{\sqrt{n^2+6}-n}{\sqrt{n^2+2}-n}=\lim_{n\to\infty}\frac{(\sqrt{n^2+6}-n)(\sqrt{n^2+6}+n)(\sqrt{n^2+2}+n)}{(\sqrt{n^2+2}-n)(\sqrt{n^2+2}+n)(\sqrt{n^2+6}+n)}$$
$$=\lim_{n\to\infty}\frac{6(\sqrt{n^2+2}+n)}{2(\sqrt{n^2+6}+n)}$$
$$=\lim_{n\to\infty}\frac{6\left(\sqrt{1+\dfrac{2}{n^2}}+1\right)}{2\left(\sqrt{1+\dfrac{6}{n^2}}+1\right)}$$
$$=3$$

답 ⑤

024

$$4+8+12+\cdots+4n=\sum_{k=1}^{n}4k=4\times\frac{n(n+1)}{2}=2n(n+1)$$

$$3+7+11+\cdots+(4n-1)=\sum_{k=1}^{n}(4k-1)$$
$$=4\times\frac{n(n+1)}{2}-n=n(2n+1)$$

이므로

$$\lim_{n\to\infty}\{\sqrt{4+8+12+\cdots+4n}-\sqrt{3+7+11+\cdots+(4n-1)}\}$$
$$=\lim_{n\to\infty}\{\sqrt{2n(n+1)}-\sqrt{n(2n+1)}\}$$
$$=\lim_{n\to\infty}\frac{\{\sqrt{2n(n+1)}-\sqrt{n(2n+1)}\}\{\sqrt{2n(n+1)}+\sqrt{n(2n+1)}\}}{\sqrt{2n(n+1)}+\sqrt{n(2n+1)}}$$
$$=\lim_{n\to\infty}\frac{n}{\sqrt{2n(n+1)}+\sqrt{n(2n+1)}}$$
$$=\lim_{n\to\infty}\frac{n}{\sqrt{2n^2+2n}+\sqrt{2n^2+n}}$$
$$=\lim_{n\to\infty}\frac{1}{\sqrt{2+\dfrac{2}{n}}+\sqrt{2+\dfrac{1}{n}}}$$
$$=\frac{1}{2\sqrt{2}}=\frac{\sqrt{2}}{4}$$

답 $\dfrac{\sqrt{2}}{4}$

025

$a\leq0$이면 $\displaystyle\lim_{n\to\infty}\{\sqrt{n^2+3n}-(an+b)\}=\infty$이므로 $a>0$

$$\therefore \lim_{n\to\infty}\{\sqrt{n^2+3n}-(an+b)\}$$
$$=\lim_{n\to\infty}\frac{\{\sqrt{n^2+3n}-(an+b)\}\{\sqrt{n^2+3n}+(an+b)\}}{\sqrt{n^2+3n}+an+b}$$
$$=\lim_{n\to\infty}\frac{(1-a^2)n^2+(3-2ab)n-b^2}{\sqrt{n^2+3n}+an+b}$$
$$=\lim_{n\to\infty}\frac{(1-a^2)n+(3-2ab)-\dfrac{b^2}{n}}{\sqrt{1+\dfrac{3}{n}}+a+\dfrac{b}{n}}$$

이때, 이 식의 극한값이 $\dfrac{7}{2}$이므로

$$1-a^2=0, \ \frac{3-2ab}{1+a}=\frac{7}{2}$$

위의 두 식을 연립하여 풀면

$a=1 \ (\because a>0)$, $b=-2$

$\therefore a+b=1+(-2)=-1$

답 ②

026

$$\lim_{n\to\infty}(\sqrt{n^2+an+3}-\sqrt{n^2+bn+2})$$
$$=\lim_{n\to\infty}\frac{(\sqrt{n^2+an+3}-\sqrt{n^2+bn+2})(\sqrt{n^2+an+3}+\sqrt{n^2+bn+2})}{\sqrt{n^2+an+3}+\sqrt{n^2+bn+2}}$$

$$= \lim_{n \to \infty} \frac{(a-b)n+1}{\sqrt{n^2+an+3}+\sqrt{n^2+bn+2}}$$

$$= \lim_{n \to \infty} \frac{(a-b)+\dfrac{1}{n}}{\sqrt{1+\dfrac{a}{n}+\dfrac{3}{n^2}}+\sqrt{1+\dfrac{b}{n}+\dfrac{2}{n^2}}}$$

$$= \frac{a-b}{2} = 5$$

$$\therefore a-b = 10$$

답 ④

027

$$\lim_{n \to \infty} \frac{1}{an-\sqrt{n^2+2n}} = \lim_{n \to \infty} \frac{an+\sqrt{n^2+2n}}{(an-\sqrt{n^2+2n})(an+\sqrt{n^2+2n})}$$

$$= \lim_{n \to \infty} \frac{an+\sqrt{n^2+2n}}{a^2n^2-(n^2+2n)}$$

$$= \lim_{n \to \infty} \frac{an+\sqrt{n^2+2n}}{(a^2-1)n^2-2n}$$

이때, 이 식의 극한값이 b $(b \neq 0)$이므로

$$a^2-1=0 \qquad \therefore a=1 \ (\because a>0)$$

$$\therefore b = \lim_{n \to \infty} \frac{n+\sqrt{n^2+2n}}{-2n} = \lim_{n \to \infty} \frac{1+\sqrt{1+\dfrac{2}{n}}}{-2} = -1$$

$$\therefore a+b = 1+(-1) = 0$$

답 ③

028

$\dfrac{n^2}{n+1} < \dfrac{1}{2}a_n(2n+1) < n+1$에서

$$\frac{2n^2}{(n+1)(2n+1)} < a_n < \frac{2(n+1)}{2n+1} \ (\because 2n+1>0)$$

이때, $\displaystyle\lim_{n \to \infty} \frac{2n^2}{(n+1)(2n+1)} = 1$, $\displaystyle\lim_{n \to \infty} \frac{2(n+1)}{2n+1} = 1$이므로

$$\lim_{n \to \infty} a_n = 1$$

답 ⑤

029

$n^2+n < (3n^2+2)a_n < n^2+3n$에서

$$\frac{n^2+n}{3n^2+2} < a_n < \frac{n^2+3n}{3n^2+2} \ (\because 3n^2+2>0)$$

이때, $\displaystyle\lim_{n \to \infty} \frac{n^2+n}{3n^2+2} = \frac{1}{3}$, $\displaystyle\lim_{n \to \infty} \frac{n^2+3n}{3n^2+2} = \frac{1}{3}$이므로

$$\lim_{n \to \infty} a_n = \frac{1}{3}$$

답 ①

030

$2n-1 < a_n < 2n+1$에서

$$\sum_{k=1}^{n}(2k-1) < \sum_{k=1}^{n} a_k < \sum_{k=1}^{n}(2k+1)$$

$$n(n+1)-n < \sum_{k=1}^{n} a_k < n(n+1)+n$$

$$n^2 < \sum_{k=1}^{n} a_k < n^2+2n$$

즉, $n^2 < a_1+a_2+\cdots+a_n < n^2+2n$이므로

$$\frac{n^2}{3n^2+4} < \frac{a_1+a_2+\cdots+a_n}{3n^2+4} < \frac{n^2+2n}{3n^2+4} \ (\because 3n^2+4>0)$$

이때, $\displaystyle\lim_{n \to \infty} \frac{n^2}{3n^2+4} = \frac{1}{3}$, $\displaystyle\lim_{n \to \infty} \frac{n^2+2n}{3n^2+4} = \frac{1}{3}$이므로

$$\lim_{n \to \infty} \frac{a_1+a_2+\cdots+a_n}{3n^2+4} = \frac{1}{3}$$

답 $\dfrac{1}{3}$

031

$(2n)^2 < 4n^2+2n+1 < (2n+1)^2$이므로

$2n < \sqrt{4n^2+2n+1} < 2n+1 \ (\because 2n>0, \ 4n^2+2n+1>0, \ 2n+1>0)$

$\therefore a_n = 2n, \ b_n = \sqrt{4n^2+2n+1}-2n$

$$\therefore \lim_{n \to \infty} \frac{a_n b_n}{3n} = \lim_{n \to \infty} \frac{2n(\sqrt{4n^2+2n+1}-2n)}{3n}$$

$$= \frac{2}{3} \lim_{n \to \infty} \frac{(\sqrt{4n^2+2n+1}-2n)(\sqrt{4n^2+2n+1}+2n)}{\sqrt{4n^2+2n+1}+2n}$$

$$= \frac{2}{3} \lim_{n \to \infty} \frac{2n+1}{\sqrt{4n^2+2n+1}+2n}$$

$$= \frac{2}{3} \lim_{n \to \infty} \frac{2+\dfrac{1}{n}}{\sqrt{4+\dfrac{2}{n}+\dfrac{1}{n^2}}+2}$$

$$= \frac{2}{3} \times \frac{2}{4} = \frac{1}{3}$$

답 ②

032

$\left[\sqrt{9n^2+3n+1}\right]$은 $\sqrt{9n^2+3n+1}$의 정수 부분을 나타낸다.

$(3n)^2 < 9n^2+3n+1 < (3n+1)^2$이므로

$3n < \sqrt{9n^2+3n+1} < 3n+1 \ (\because 3n>0, \ 9n^2+3n+1>0, \ 3n+1>0)$

$$\therefore \left[\sqrt{9n^2+3n+1}\right] = 3n$$

⋯⋯ 가

$$\therefore \lim_{n \to \infty} a_n = \lim_{n \to \infty} (\sqrt{9n^2+3n+1}-3n)$$

$$= \lim_{n \to \infty} \frac{(\sqrt{9n^2+3n+1}-3n)(\sqrt{9n^2+3n+1}+3n)}{\sqrt{9n^2+3n+1}+3n}$$

$$= \lim_{n \to \infty} \frac{3n+1}{\sqrt{9n^2+3n+1}+3n}$$

$$= \lim_{n \to \infty} \frac{3+\dfrac{1}{n}}{\sqrt{9+\dfrac{3}{n}+\dfrac{1}{n^2}}+3}$$

$$= \frac{1}{2}$$

⋯⋯ 나

단계	채점 요소	비율
가	$[\sqrt{9n^2+3n+1}]$을 n에 대한 식으로 나타내기	40%
나	$\displaystyle\lim_{n \to \infty} a_n$의 값 구하기	60%

답 $\dfrac{1}{2}$

033

$\dfrac{n}{2}-1 < \left[\dfrac{n}{2}\right] \leq \dfrac{n}{2}$이므로

$$\frac{6}{n+3}\left(\frac{n}{2}-1\right) < \frac{6}{n+3}\left[\frac{n}{2}\right] \leq \frac{6}{n+3} \times \frac{n}{2}$$

이때, $\displaystyle\lim_{n \to \infty} \frac{6}{n+3}\left(\frac{n}{2}-1\right) = 3$, $\displaystyle\lim_{n \to \infty} \left(\frac{6}{n+3} \times \frac{n}{2}\right) = 3$이므로

$$\lim_{n \to \infty} \frac{6}{n+3}\left[\frac{n}{2}\right] = 3$$

답 3

034

$(n^2-2n+3)a_n = b_n$으로 놓으면 $a_n = \dfrac{b_n}{n^2-2n+3}$

이때, $\displaystyle\lim_{n \to \infty} b_n = 4$이므로

$$\lim_{n \to \infty} (3n^2 - n)a_n = \lim_{n \to \infty} \left\{ (3n^2 - n) \times \frac{b_n}{n^2 - 2n + 3} \right\}$$
$$= \lim_{n \to \infty} \frac{3n^2 - n}{n^2 - 2n + 3} \times \lim_{n \to \infty} b_n$$
$$= 3 \times 4 = 12 \qquad \text{답 ②}$$

035

$(n+1)a_n = c_n$으로 놓으면 $a_n = \dfrac{c_n}{n+1}$

$(n^2+1)b_n = d_n$으로 놓으면 $b_n = \dfrac{d_n}{n^2+1}$

이때, $\lim_{n \to \infty} c_n = 3$, $\lim_{n \to \infty} d_n = 6$이므로

$$\lim_{n \to \infty} \frac{(5n-2)b_n}{a_n} = \lim_{n \to \infty} \frac{(5n-2) \times \dfrac{d_n}{n^2+1}}{\dfrac{c_n}{n+1}}$$
$$= \lim_{n \to \infty} \frac{\dfrac{(5n-2)d_n}{n^2+1}}{\dfrac{c_n}{n+1}}$$
$$= \lim_{n \to \infty} \frac{(n+1)(5n-2)d_n}{(n^2+1)c_n}$$
$$= \lim_{n \to \infty} \left(\frac{5n^2 + 3n - 2}{n^2 + 1} \times \frac{d_n}{c_n} \right)$$
$$= 5 \times \frac{6}{3} = 10 \qquad \text{답 } 10$$

036

$\lim_{n \to \infty} a_n = \infty$이므로 $\lim_{n \to \infty} \dfrac{1}{a_n} = 0$

또한 $\lim_{n \to \infty} (a_n + b_n) = 1$이므로 $a_n + b_n = c_n$으로 놓으면

$b_n = c_n - a_n$이고 $\lim_{n \to \infty} c_n = 1$이다.

$$\therefore \lim_{n \to \infty} \frac{c_n}{a_n} = 1 \times 0 = 0$$
$$\therefore \lim_{n \to \infty} \frac{3a_n + b_n}{2a_n - b_n} = \lim_{n \to \infty} \frac{3a_n + (c_n - a_n)}{2a_n - (c_n - a_n)} = \lim_{n \to \infty} \frac{2a_n + c_n}{3a_n - c_n}$$
$$= \lim_{n \to \infty} \frac{2 + \dfrac{c_n}{a_n}}{3 - \dfrac{c_n}{a_n}} = \frac{2}{3} \qquad \text{답 } \frac{2}{3}$$

037

ㄱ. [반례] $a_n = n$, $b_n = \dfrac{2}{n}$이면

$\lim_{n \to \infty} a_n = \infty$, $\lim_{n \to \infty} b_n = 0$이지만

$\lim_{n \to \infty} a_n b_n = \lim_{n \to \infty} \left(n \times \dfrac{2}{n} \right) = \lim_{n \to \infty} 2 = 2$ (거짓)

ㄴ. $\lim_{n \to \infty} b_n \neq \infty$라고 가정하자.

(i) $\lim_{n \to \infty} b_n = \alpha$ $(\alpha \neq 0)$이면

$\lim_{n \to \infty} (a_n - b_n) = \infty$이므로 모순이다.

(ii) $\lim_{n \to \infty} b_n = -\infty$이면

$\lim_{n \to \infty} (a_n - b_n) = \infty$이므로 모순이다.

(iii) 수열 $\{b_n\}$이 진동하면

수열 $\{a_n - b_n\}$은 ∞로 발산하거나 진동하므로 모순이다.

(i)~(iii)에서 $\lim_{n \to \infty} b_n = \infty$이다. (참)

ㄷ. $\lim_{n \to \infty} a_n = \infty$, $\lim_{n \to \infty} (2a_n - b_n) = \alpha$이므로

$$\lim_{n \to \infty} \frac{2a_n - b_n}{a_n} = \lim_{n \to \infty} \left(2 - \frac{b_n}{a_n} \right) = 0$$
$$\therefore \lim_{n \to \infty} \frac{b_n}{a_n} = 2 \text{ (참)}$$

따라서 옳은 것은 ㄴ, ㄷ이다. 　　　　　　　　　　답 ④

038

ㄱ. [반례] $a_n = (-1)^{n+1}$, $b_n = (-1)^n$이면

두 수열 $\{a_n\}$, $\{b_n\}$이 모두 발산하지만

$$\frac{a_n}{b_n} = \frac{(-1)^{n+1}}{(-1)^n} = -1$$

이므로 수열 $\left\{ \dfrac{a_n}{b_n} \right\}$은 -1에 수렴한다. (거짓)

ㄴ. [반례] $a_n = \dfrac{1}{n}$, $b_n = n$이면

$\lim_{n \to \infty} a_n = 0$, $\lim_{n \to \infty} a_n b_n = \lim_{n \to \infty} \dfrac{n}{n} = 1$

이지만 수열 $\{b_n\}$은 발산한다. (거짓)

ㄷ. $\lim_{n \to \infty} (a_n + b_n) = \alpha$, $\lim_{n \to \infty} (a_n - b_n) = \beta$ (α, β는 실수)라 하면

$$\lim_{n \to \infty} a_n = \lim_{n \to \infty} \frac{1}{2} \{ (a_n + b_n) + (a_n - b_n) \}$$
$$= \frac{1}{2} \left\{ \lim_{n \to \infty} (a_n + b_n) + \lim_{n \to \infty} (a_n - b_n) \right\} = \frac{1}{2} (\alpha + \beta)$$
$$\lim_{n \to \infty} b_n = \lim_{n \to \infty} \frac{1}{2} \{ (a_n + b_n) - (a_n - b_n) \}$$
$$= \frac{1}{2} \left\{ \lim_{n \to \infty} (a_n + b_n) - \lim_{n \to \infty} (a_n - b_n) \right\} = \frac{1}{2} (\alpha - \beta)$$

즉, 두 수열 $\{a_n\}$, $\{b_n\}$은 모두 수렴한다. (참)

따라서 옳은 것은 ㄷ뿐이다. 　　　　　　　　　　답 ㄷ

039

ㄱ. $a_n < b_n$에서 $\lim_{n \to \infty} a_n \le \lim_{n \to \infty} b_n$

이때, $\lim_{n \to \infty} a_n = \infty$이므로 $\lim_{n \to \infty} b_n = \infty$ (참)

ㄴ. [반례] $a_n = \dfrac{1}{n}$, $b_n = \dfrac{2}{n}$이면

$a_n < b_n$이지만 $\lim_{n \to \infty} a_n = \lim_{n \to \infty} b_n = 0$이다. (거짓)

ㄷ. [반례] $a_n = n - \dfrac{1}{n}$, $b_n = n + \dfrac{1}{n}$, $c_n = n$이면

$a_n < c_n < b_n$이고 $\lim_{n \to \infty} (b_n - a_n) = \lim_{n \to \infty} \dfrac{2}{n} = 0$이지만

수열 $\{c_n\}$은 발산한다. (거짓)

따라서 옳은 것은 ㄱ뿐이다. 　　　　　　　　　　답 ㄱ

040

$$\lim_{n \to \infty} \frac{5^{n+1} + 3^{n+2} + 10}{5^n + 3^n} = \lim_{n \to \infty} \frac{5 \times 5^n + 3^2 \times 3^n + 10}{5^n + 3^n}$$
$$= \lim_{n \to \infty} \frac{5 + 9 \times \left(\dfrac{3}{5} \right)^n + 10 \times \left(\dfrac{1}{5} \right)^n}{1 + \left(\dfrac{3}{5} \right)^n} = 5 \qquad \text{답 ④}$$

041

$$1 + 4 + 4^2 + \cdots + 4^{n-1} = \frac{4^n - 1}{4 - 1} = \frac{1}{3}(4^n - 1)$$

$$\therefore \lim_{n \to \infty} \frac{3^n - 2^{2n}}{1 + 4 + 4^2 + \cdots + 4^{n-1}} = \lim_{n \to \infty} \frac{3^n - 4^n}{\dfrac{1}{3}(4^n - 1)} = 3 \lim_{n \to \infty} \frac{\left(\dfrac{3}{4} \right)^n - 1}{1 - \left(\dfrac{1}{4} \right)^n}$$
$$= 3 \times (-1) = -3 \qquad \text{답 ③}$$

042

수열 $\{a_n\}$이 수렴하므로 $\lim\limits_{n\to\infty} a_n = \alpha$ (α는 실수)라 하면

$$\lim_{n\to\infty}\frac{3^{n+1}+2^n\times a_n}{2^n-3^n\times a_n}=\lim_{n\to\infty}\frac{3\times 3^n+2^n\times a_n}{2^n-3^n\times a_n}$$

$$=\lim_{n\to\infty}\frac{3+\left(\dfrac{2}{3}\right)^n\times a_n}{\left(\dfrac{2}{3}\right)^n-a_n}=\frac{3}{-\alpha}$$

이때, $\dfrac{3}{-\alpha}=1$이므로 $\alpha=-3$

$\therefore \lim\limits_{n\to\infty} a_n = -3$ 답 -3

043

등비수열 $\{r^n\}$이 수렴하므로 $-1<r\le 1$ $\cdots\cdots$ ㉠

ㄱ. 공비가 $\dfrac{r}{3}-1$이고 ㉠에서

$$-\frac{1}{3}<\frac{r}{3}\le\frac{1}{3},\ -\frac{1}{3}-1<\frac{r}{3}-1\le\frac{1}{3}-1$$

$$\therefore -\frac{4}{3}<\frac{r}{3}-1\le-\frac{2}{3}$$

즉, 등비수열 $\left\{\left(\dfrac{r}{3}-1\right)^n\right\}$은 항상 수렴하지는 않는다.

ㄴ. 공비가 $\dfrac{r+1}{2}$이고 ㉠에서

$$0<r+1\le 2,\ \frac{0}{2}<\frac{r+1}{2}\le\frac{2}{2} \quad \therefore 0<\frac{r+1}{2}\le 1$$

즉, 등비수열 $\left\{\left(\dfrac{r+1}{2}\right)^n\right\}$은 항상 수렴한다.

ㄷ. 수열 $\{r^n\}$이 수렴하므로 $\lim\limits_{n\to\infty}\left(\dfrac{r^n}{3}+4\right)=\dfrac{1}{3}\lim\limits_{n\to\infty}r^n+4$

즉, 수열 $\left\{\dfrac{r^n}{3}+4\right\}$는 항상 수렴한다.

따라서 항상 수렴하는 수열은 ㄴ, ㄷ이다.   답 ⑤

044

공비가 $\dfrac{x-1}{3}$이므로 주어진 등비수열이 수렴하려면

$$-1<\frac{x-1}{3}\le 1,\ -3<x-1\le 3 \quad \therefore -2<x\le 4$$

따라서 주어진 등비수열이 수렴하도록 하는 정수 x는 -1, 0, 1, 2, 3, 4의 6개이다.   답 ②

045

등비수열 $\{(x-6)(2x-1)^n\}$의 첫째항이 $(x-6)(2x-1)$, 공비가 $2x-1$이므로 이 등비수열이 수렴하려면

$(x-6)(2x-1)=0$ 또는 $-1<2x-1\le 1$

--------- 가

(i) $(x-6)(2x-1)=0$에서

   $x=\dfrac{1}{2}$ 또는 $x=6$

(ii) $-1<2x-1\le 1$에서

   $0<2x\le 2 \quad \therefore 0<x\le 1$

(i), (ii)에서 $0<x\le 1$ 또는 $x=6$

--------- 나

따라서 주어진 등비수열이 수렴하기 위한 모든 정수 x의 값의 합은
$1+6=7$

--------- 다

단계	채점 요소	비율
가	등비수열의 수렴 조건 구하기	30%
나	등비수열이 수렴하는 x의 값의 범위 구하기	50%
다	모든 정수 x의 값의 합 구하기	20%

답 7

046

$\lim\limits_{n\to\infty}\dfrac{r^n-2}{r^n+1}$에서

(i) $|r|<1$일 때, $\lim\limits_{n\to\infty}r^n=0$이므로

$$a=\lim_{n\to\infty}\frac{r^n-2}{r^n+1}=-2$$

(ii) $r=1$일 때, $\lim\limits_{n\to\infty}r^n=1$이므로

$$b=\lim_{n\to\infty}\frac{r^n-2}{r^n+1}=\frac{1-2}{1+1}=-\frac{1}{2}$$

(iii) $|r|>1$일 때, $\lim\limits_{n\to\infty}|r^n|=\infty$이므로

$$c=\lim_{n\to\infty}\frac{r^n-2}{r^n+1}=\lim_{n\to\infty}\frac{1-\dfrac{2}{r^n}}{1+\dfrac{1}{r^n}}=1$$

$\therefore a+b+c=-2+\left(-\dfrac{1}{2}\right)+1=-\dfrac{3}{2}$ 답 $-\dfrac{3}{2}$

047

ㄱ. $|r|<1$일 때, $\lim\limits_{n\to\infty}r^n=0$이므로

$$\lim_{n\to\infty}\frac{r^n}{r^{n+1}+1}=\lim_{n\to\infty}\frac{r^n}{r\times r^n+1}=0$$

즉, 주어진 수열은 0에 수렴한다. (거짓)

ㄴ. $r=1$일 때, $\lim\limits_{n\to\infty}r^n=\lim\limits_{n\to\infty}r^{n+1}=1$이므로

$$\lim_{n\to\infty}\frac{r^n}{r^{n+1}+1}=\frac{1}{1+1}=\frac{1}{2}$$

즉, 주어진 수열은 $\dfrac{1}{2}$에 수렴한다. (참)

ㄷ. $|r|>1$일 때, $\lim\limits_{n\to\infty}|r^n|=\infty$이므로

$$\lim_{n\to\infty}\frac{r^n}{r^{n+1}+1}=\lim_{n\to\infty}\frac{1}{r+\dfrac{1}{r^n}}=\frac{1}{r}$$

$r=\dfrac{3}{2}$일 때, 주어진 수열은 $\dfrac{1}{\dfrac{3}{2}}=\dfrac{2}{3}$에 수렴한다. (참)

따라서 옳은 것은 ㄴ, ㄷ이다.   답 ㄴ, ㄷ

048

(i) $|x|<1$일 때, $\lim\limits_{n\to\infty}x^{2n+1}=\lim\limits_{n\to\infty}x^{2n}=0$이므로

$$f(x)=\lim_{n\to\infty}\frac{x^{2n+1}}{x^{2n}+1}=\frac{0}{0+1}=0$$

(ii) $x=1$일 때, $\lim\limits_{n\to\infty}x^{2n+1}=\lim\limits_{n\to\infty}x^{2n}=1$이므로

$$f(1)=\lim_{n\to\infty}\frac{x^{2n+1}}{x^{2n}+1}=\frac{1}{1+1}=\frac{1}{2}$$

(iii) $|x|>1$일 때, $\lim\limits_{n\to\infty}|x^{2n}|=\infty$이므로

$$f(x)=\lim_{n\to\infty}\frac{x^{2n+1}}{x^{2n}+1}=\lim_{n\to\infty}\frac{x}{1+\dfrac{1}{x^{2n}}}=x$$

(iv) $x=-1$일 때, $\lim\limits_{n\to\infty}x^{2n+1}=-1$, $\lim\limits_{n\to\infty}x^{2n}=1$이므로

$$f(-1)=\lim_{n\to\infty}\frac{x^{2n+1}}{x^{2n}+1}=\frac{-1}{1+1}=-\frac{1}{2}$$

(i) ~ (iv)에 의하여

$$f(x) = \begin{cases} 0 & (|x|<1) \\ \dfrac{1}{2} & (x=1) \\ x & (|x|>1) \\ -\dfrac{1}{2} & (x=-1) \end{cases}$$

답 풀이 참조

049

$a_{n+1} = \dfrac{1}{2} a_n + 1$에서 $a_{n+1} - 2 = \dfrac{1}{2}(a_n - 2)$

즉, 수열 $\{a_n - 2\}$는 첫째항이 $a_1 - 2 = 3 - 2 = 1$, 공비가 $\dfrac{1}{2}$인 등비수열이므로

$a_n - 2 = 1 \times \left(\dfrac{1}{2}\right)^{n-1}$ $\therefore a_n = \left(\dfrac{1}{2}\right)^{n-1} + 2$

$\therefore \lim\limits_{n \to \infty} a_n = \lim\limits_{n \to \infty} \left\{ \left(\dfrac{1}{2}\right)^{n-1} + 2 \right\} = 2$

다른 풀이

$a_{n+1} = \dfrac{1}{2} a_n + 1$에서 $a_{n+1} - 2 = \dfrac{1}{2}(a_n - 2)$

이때, $-1 < \dfrac{1}{2} < 1$이므로 $\lim\limits_{n \to \infty} a_n = \alpha$ (α는 실수)라 하면 $\lim\limits_{n \to \infty} a_{n+1} = \alpha$

$\lim\limits_{n \to \infty} a_{n+1} = \lim\limits_{n \to \infty} \left(\dfrac{1}{2} a_n + 1 \right)$에서 $\alpha = \dfrac{1}{2} \alpha + 1$

$\therefore \alpha = 2$ $\therefore \lim\limits_{n \to \infty} a_n = 2$

답 ②

050

이차방정식 $x^2 - 2\sqrt{a_n} x + 2(a_{n+1} - 3) = 0$이 중근을 가지므로 이차방정식의 판별식을 D라 하면

$\dfrac{D}{4} = (-\sqrt{a_n})^2 - 2(a_{n+1} - 3) = 0$, $2a_{n+1} - a_n - 6 = 0$

$a_{n+1} = \dfrac{1}{2} a_n + 3$ $\therefore a_{n+1} - 6 = \dfrac{1}{2}(a_n - 6)$

즉, 수열 $\{a_n - 6\}$은 첫째항이 $a_1 - 6 = 1 - 6 = -5$, 공비가 $\dfrac{1}{2}$인 등비수열이므로

$a_n - 6 = -5 \times \left(\dfrac{1}{2}\right)^{n-1}$ $\therefore a_n = -5 \times \left(\dfrac{1}{2}\right)^{n-1} + 6$

$\therefore \lim\limits_{n \to \infty} a_n = \lim\limits_{n \to \infty} \left\{ -5 \times \left(\dfrac{1}{2}\right)^{n-1} + 6 \right\} = 6$

답 6

051

주어진 조건에서 $a_1 = 1000$, $a_{n+1} = \dfrac{3}{4} a_n + 30$이므로

$a_{n+1} - 120 = \dfrac{3}{4}(a_n - 120)$

즉, 수열 $\{a_n - 120\}$은 첫째항이 $a_1 - 120 = 1000 - 120 = 880$, 공비가 $\dfrac{3}{4}$인 등비수열이므로

$a_n - 120 = 880 \times \left(\dfrac{3}{4}\right)^{n-1}$ $\therefore a_n = 880 \times \left(\dfrac{3}{4}\right)^{n-1} + 120$

$\therefore \lim\limits_{n \to \infty} a_n = \lim\limits_{n \to \infty} \left\{ 880 \times \left(\dfrac{3}{4}\right)^{n-1} + 120 \right\} = 120$

답 120

◆ 실력 **콕콕** ◆　　　　　　　　　　　본문 p.18~19

052 ④	053 4	054 ②	055 ①	056 25	057 $\dfrac{7}{2}$
058 10	059 5	060 180	061 ③	062 ③	063 ②
064 ⑤	065 ①	066 5	067 -1		

052

$\lim\limits_{n \to \infty} (a_n^3 - b_n^3) = \lim\limits_{n \to \infty} \{ (a_n - b_n)^3 + 3a_n b_n (a_n - b_n) \}$

$= \lim\limits_{n \to \infty} (a_n - b_n) \times \lim\limits_{n \to \infty} (a_n - b_n) \times \lim\limits_{n \to \infty} (a_n - b_n)$

$\quad + 3 \lim\limits_{n \to \infty} a_n b_n \times \lim\limits_{n \to \infty} (a_n - b_n)$

$= 3 \times 3 \times 3 + 3 \times (-2) \times 3$

$= 27 - 18 = 9$

답 ④

053

$\lim\limits_{n \to \infty} \dfrac{a_n - 2}{a_n + 4} = \lim\limits_{n \to \infty} \dfrac{1^3 + 2^3 + \cdots + n^3}{1 + n^4}$

$= \lim\limits_{n \to \infty} \left[\left\{ \dfrac{n(n+1)}{2} \right\}^2 \times \dfrac{1}{1 + n^4} \right]$

$= \lim\limits_{n \to \infty} \dfrac{n^2(n+1)^2}{4(1 + n^4)}$

$= \lim\limits_{n \to \infty} \dfrac{n^4 + 2n^3 + n^2}{4n^4 + 4}$

$= \lim\limits_{n \to \infty} \dfrac{1 + \dfrac{2}{n} + \dfrac{1}{n^2}}{4 + \dfrac{4}{n^4}} = \dfrac{1}{4}$

이때, 수열 $\{a_n\}$이 수렴하므로 $\lim\limits_{n \to \infty} a_n = \alpha$ (α는 실수)라 하면

$\lim\limits_{n \to \infty} \dfrac{a_n - 2}{a_n + 4} = \dfrac{1}{4}$에서 $\dfrac{\alpha - 2}{\alpha + 4} = \dfrac{1}{4}$

$4(\alpha - 2) = \alpha + 4$, $3\alpha = 12$ $\therefore \alpha = 4$

$\therefore \lim\limits_{n \to \infty} a_n = 4$

답 4

054

$1^2 - 2^2 + 3^2 - 4^2 + \cdots + (2n-1)^2 - (2n)^2$

$= \sum\limits_{k=1}^{n} \{ (2k-1)^2 - (2k)^2 \}$

$= \sum\limits_{k=1}^{n} (-4k + 1) = -4 \sum\limits_{k=1}^{n} k + n$

$= -4 \times \dfrac{n(n+1)}{2} + n = -2n^2 - n$

$\therefore \lim\limits_{n \to \infty} \dfrac{1^2 - 2^2 + 3^2 - 4^2 + \cdots + (2n-1)^2 - (2n)^2}{n^2 + 1}$

$= \lim\limits_{n \to \infty} \dfrac{-2n^2 - n}{n^2 + 1}$

$= \lim\limits_{n \to \infty} \dfrac{-2 - \dfrac{1}{n}}{1 + \dfrac{1}{n^2}} = -2$

답 ②

055

등차수열 $\{a_n\}$의 첫째항이 1, 공차가 6이므로

$a_n = 1 + (n-1) \times 6 = 6n - 5$ $\therefore a_{n+1} = 6(n+1) - 5 = 6n + 1$

이때, $b_n = \dfrac{a_n + a_{n+1}}{3}$이므로

$b_n = \dfrac{6n - 5 + 6n + 1}{3} = \dfrac{12n - 4}{3} = 4n - \dfrac{4}{3}$

$\therefore \lim\limits_{n \to \infty} \dfrac{b_n}{a_n} = \lim\limits_{n \to \infty} \dfrac{4n - \dfrac{4}{3}}{6n - 5} = \lim\limits_{n \to \infty} \dfrac{4 - \dfrac{4}{3n}}{6 - \dfrac{5}{n}} = \dfrac{2}{3}$

답 ①

056

$$\lim_{n\to\infty}\frac{\sqrt{kn+1}}{n(\sqrt{n+1}-\sqrt{n-1})}=\lim_{n\to\infty}\frac{\sqrt{kn+1}(\sqrt{n+1}+\sqrt{n-1})}{n(\sqrt{n+1}-\sqrt{n-1})(\sqrt{n+1}+\sqrt{n-1})}$$

$$=\lim_{n\to\infty}\frac{\sqrt{kn+1}(\sqrt{n+1}+\sqrt{n-1})}{2n}$$

$$=\lim_{n\to\infty}\frac{\sqrt{k+\dfrac{1}{n}}\left(\sqrt{1+\dfrac{1}{n}}+\sqrt{1-\dfrac{1}{n}}\right)}{2}$$

$$=\sqrt{k}=5$$

$\therefore k=25$

답 25

057

$k\geq0$이면 $\lim\limits_{n\to\infty}a_n=\infty$이므로 $k<0$

$\therefore \lim_{n\to\infty}a_n=\lim_{n\to\infty}\{\sqrt{(n+3)(n+4)}+kn\}$

$$=\lim_{n\to\infty}\frac{\{\sqrt{(n+3)(n+4)}+kn\}\{\sqrt{(n+3)(n+4)}-kn\}}{\sqrt{(n+3)(n+4)}-kn}$$

$$=\lim_{n\to\infty}\frac{(1-k^2)n^2+7n+12}{\sqrt{n^2+7n+12}-kn}$$

$$=\lim_{n\to\infty}\frac{(1-k^2)n+7+\dfrac{12}{n}}{\sqrt{1+\dfrac{7}{n}+\dfrac{12}{n^2}}-k}$$

이때, 수열 $\{a_n\}$이 수렴하므로

$1-k^2=0$ $\therefore k=-1\ (\because k<0)$

$\therefore \lim_{n\to\infty}a_n=\lim_{n\to\infty}\dfrac{7+\dfrac{12}{n}}{\sqrt{1+\dfrac{7}{n}+\dfrac{12}{n^2}}+1}=\dfrac{7}{1+1}=\dfrac{7}{2}$

답 $\dfrac{7}{2}$

058

$$\lim_{n\to\infty}\frac{1}{n^a}\left\{\left(n+\frac{1}{n}\right)^{10}-\frac{1}{n^{10}}\right\}=\lim_{n\to\infty}\frac{1}{n^a}\left\{\left(\frac{n^2+1}{n}\right)^{10}-\frac{1}{n^{10}}\right\}$$

$$=\lim_{n\to\infty}\frac{1}{n^a}\left\{\frac{(n^2+1)^{10}}{n^{10}}-\frac{1}{n^{10}}\right\}$$

$$=\lim_{n\to\infty}\left\{\frac{1}{n^a}\times\frac{(n^2+1)^{10}-1}{n^{10}}\right\}$$

$$=\lim_{n\to\infty}\frac{(n^2+1)^{10}-1}{n^{a+10}}$$

이때, 분자의 차수가 20이므로 극한값이 존재하려면 분모의 차수가 20 이상이어야 한다.

즉, $a+10\geq20$이므로 $a\geq10$

따라서 자연수 a의 최솟값은 10이다.

답 10

059

$\dfrac{10}{2n^2+3n}<a_n<\dfrac{10}{2n^2+n}$에서

$\dfrac{10n^2}{2n^2+3n}<n^2a_n<\dfrac{10n^2}{2n^2+n}\ (\because n^2>0)$

이때, $\lim\limits_{n\to\infty}\dfrac{10n^2}{2n^2+3n}=5$, $\lim\limits=\dfrac{10n^2}{2n^2+n}=5$이므로

$\lim\limits_{n\to\infty}n^2a_n=5$

답 5

060

$$\lim_{n\to\infty}(2^n+3^{n+2})a_n=\lim_{n\to\infty}\left\{(2^{n+2}+3^n)a_n\times\frac{2^n+3^{n+2}}{2^{n+2}+3^n}\right\}$$

$$=\lim_{n\to\infty}(2^{n+2}+3^n)a_n\times\lim_{n\to\infty}\frac{2^n+3^{n+2}}{2^{n+2}+3^n}$$

$$=20\lim_{n\to\infty}\frac{2^n+9\times3^n}{4\times2^n+3^n}$$

$$=20\lim_{n\to\infty}\frac{\left(\dfrac{2}{3}\right)^n+9}{4\times\left(\dfrac{2}{3}\right)^n+1}$$

$$=20\times9=180$$

답 180

061

$S_n=3^n+4^n$이므로

$a_n=S_n-S_{n-1}$

$=(3^n+4^n)-(3^{n-1}+4^{n-1})$

$=2\times3^{n-1}+3\times4^{n-1}\ (n\geq2)$

$\therefore \lim_{n\to\infty}\frac{a_n}{S_n}=\lim_{n\to\infty}\frac{2\times3^{n-1}+3\times4^{n-1}}{3^n+4^n}$

$$=\lim_{n\to\infty}\frac{\dfrac{1}{2}\left(\dfrac{3}{4}\right)^{n-1}+\dfrac{3}{4}}{\left(\dfrac{3}{4}\right)^n+1}=\frac{3}{4}$$

답 ③

062

$$\lim_{n\to\infty}(\sqrt{36^n+a^n}-6^n)=\lim_{n\to\infty}\frac{(\sqrt{36^n+a^n}-6^n)(\sqrt{36^n+a^n}+6^n)}{\sqrt{36^n+a^n}+6^n}$$

$$=\lim_{n\to\infty}\frac{a^n}{\sqrt{36^n+a^n}+6^n}$$

(i) $1\leq a<6$일 때

$$\lim_{n\to\infty}\frac{a^n}{\sqrt{36^n+a^n}+6^n}=\lim_{n\to\infty}\frac{\left(\dfrac{a}{6}\right)^n}{\sqrt{1+\left(\dfrac{a}{36}\right)^n}+1}=0$$

(ii) $a=6$일 때

$$\lim_{n\to\infty}\frac{a^n}{\sqrt{36^n+a^n}+6^n}=\lim_{n\to\infty}\frac{6^n}{\sqrt{36^n+6^n}+6^n}$$

$$=\lim_{n\to\infty}\frac{1}{\sqrt{1+\left(\dfrac{1}{6}\right)^n}+1}=\frac{1}{2}$$

(iii) $6<a\leq36$일 때

$$\lim_{n\to\infty}\frac{a^n}{\sqrt{36^n+a^n}+6^n}=\lim_{n\to\infty}\frac{\left(\dfrac{a}{6}\right)^n}{\sqrt{1+\left(\dfrac{a}{36}\right)^n}+1}=\infty$$

(iv) $a>36$일 때

$$\lim_{n\to\infty}\frac{a^n}{\sqrt{36^n+a^n}+6^n}=\lim_{n\to\infty}\frac{\left(\dfrac{a}{\sqrt{a}}\right)^n}{\sqrt{\left(\dfrac{36}{a}\right)^n+1}+\left(\dfrac{6}{\sqrt{a}}\right)^n}$$

$$=\lim_{n\to\infty}\frac{(\sqrt{a})^n}{\sqrt{\left(\dfrac{36}{a}\right)^n+1}+\left(\dfrac{6}{\sqrt{a}}\right)^n}=\infty$$

따라서 주어진 수열이 수렴하도록 하는 a의 값의 범위는 $1 \le a \le 6$이므로 자연수 a는 1, 2, 3, 4, 5, 6의 6개이다.　　　　　　　　답 ③

063

(i) $-1 < x < 1$일 때, $\lim\limits_{n \to \infty} x^n = 0$이므로

$$f(x) = \lim_{n \to \infty} \frac{x^{n+2} - 6x + 2}{x^n + 1} = \lim_{n \to \infty} \frac{x^2 \times x^n - 6x + 2}{x^n + 1}$$
$$= -6x + 2$$

(ii) $x > 1$일 때, $\lim\limits_{n \to \infty} x^n = \infty$이므로

$$f(x) = \lim_{n \to \infty} \frac{x^{n+2} - 6x + 2}{x^n + 1} = \lim_{n \to \infty} \frac{x^2 - \dfrac{6x}{x^n} + \dfrac{2}{x^n}}{1 + \dfrac{1}{x^n}}$$
$$= x^2$$

$$\therefore f\left(-\frac{1}{2}\right) + f(4) = 5 + 16 = 21$$　　　　　답 ②

064

$a_{n+1} - a_n = 10n$의 양변에 n 대신 1, 2, 3, $\cdots$, $n-1$을 차례대로 대입하여 변끼리 더하면

$$a_2 - a_1 = 10 \times 1$$
$$a_3 - a_2 = 10 \times 2$$
$$a_4 - a_3 = 10 \times 3$$
$$\vdots$$
$$\underline{+)\ a_n - a_{n-1} = 10(n-1)}$$
$$a_n - a_1 = 10 \times 1 + 10 \times 2 + 10 \times 3 + \cdots + 10(n-1)$$

$$a_n = a_1 + \sum_{k=1}^{n-1} 10k = 20 + 10 \times \frac{n(n-1)}{2}$$
$$= 5n^2 - 5n + 20$$

$$\therefore \lim_{n \to \infty} \frac{a_n}{n^2 + 1} = \lim_{n \to \infty} \frac{5n^2 - 5n + 20}{n^2 + 1}$$
$$= \lim_{n \to \infty} \frac{5 - \dfrac{5}{n} + \dfrac{20}{n^2}}{1 + \dfrac{1}{n^2}} = 5$$　　　　　답 ⑤

065

두 점 P_n, Q_n은 이차함수 $f(x) = 2x^2$의 그래프 위의 점이므로
$P_n(n, 2n^2)$, $Q_n(n+1, 2(n+1)^2)$
따라서 두 점 P_n, Q_n 사이의 거리는

$$a_n = \sqrt{(n+1-n)^2 + \{2(n+1)^2 - 2n^2\}^2} = \sqrt{1^2 + (4n+2)^2}$$
$$= \sqrt{16n^2 + 16n + 5}$$

$$\therefore \lim_{n \to \infty} \frac{a_n}{n} = \lim_{n \to \infty} \frac{\sqrt{16n^2 + 16n + 5}}{n}$$
$$= \lim_{n \to \infty} \frac{\sqrt{16 + \dfrac{16}{n} + \dfrac{5}{n^2}}}{1} = 4$$　　　　　답 ①

066

조건 ㈎에서

$$\lim_{n \to \infty}\left(20 - \frac{1}{n}\right) = 20, \quad \lim_{n \to \infty}\left(20 + \frac{1}{n}\right) = 20$$이므로

$$\lim_{n \to \infty}(a_n + b_n) = 20$$　　　　　㉮

조건 ㈏에서

$$\lim_{n \to \infty}\left(10 - \frac{1}{n}\right) = 10, \quad \lim_{n \to \infty}\left(10 + \frac{1}{n}\right) = 10$$이므로

$$\lim_{n \to \infty}(a_n - b_n) = 10$$　　　　　㉯

한편, $(a_n + b_n) - (a_n - b_n) = 2b_n$이므로

$$b_n = \frac{1}{2}\{(a_n + b_n) - (a_n - b_n)\}$$　　　　　㉰

$$\therefore \lim_{n \to \infty} b_n = \lim_{n \to \infty} \frac{1}{2}\{(a_n + b_n) - (a_n - b_n)\}$$
$$= \frac{1}{2}\lim_{n \to \infty}(a_n + b_n) - \frac{1}{2}\lim_{n \to \infty}(a_n - b_n)$$
$$= \frac{1}{2} \times 20 - \frac{1}{2} \times 10$$
$$= 10 - 5 = 5$$　　　　　㉱

단계	채점 요소	비율
㉮	$\lim\limits_{n \to \infty}(a_n + b_n)$의 값 구하기	20%
㉯	$\lim\limits_{n \to \infty}(a_n - b_n)$의 값 구하기	20%
㉰	b_n을 $a_n + b_n$, $a_n - b_n$에 대한 식으로 나타내기	30%
㉱	$\lim\limits_{n \to \infty} b_n$의 값 구하기	30%

답 5

067

다항식 $(x+1)^n$을 $x^2 - 3x + 2 = (x-1)(x-2)$로 나누었을 때의 몫을 $Q(x)$, 나머지를 $R(x) = ax + b$ (a, b는 상수)라 하면
$$(x+1)^n = (x-1)(x-2)Q(x) + ax + b$$　　　…… ㉠　㉮

㉠의 양변에 $x = 1$을 대입하면
$$2^n = a + b$$　　　…… ㉡

㉠의 양변에 $x = 2$를 대입하면
$$3^n = 2a + b$$　　　…… ㉢

㉡, ㉢을 연립하여 풀면
$$a = 3^n - 2^n, \quad b = 2^{n+1} - 3^n$$　　　　　㉯

따라서 $R(x) = (3^n - 2^n)x + 2^{n+1} - 3^n$이므로

$$\lim_{n \to \infty} \frac{R(0)}{3^n + 2^n} = \lim_{n \to \infty} \frac{2^{n+1} - 3^n}{3^n + 2^n}$$
$$= \lim_{n \to \infty} \frac{2 \times \left(\dfrac{2}{3}\right)^n - 1}{1 + \left(\dfrac{2}{3}\right)^n}$$
$$= -1$$　　　　　㉰

단계	채점 요소	비율
㉮	몫을 $Q(x)$, 나머지를 $R(x) = ax + b$로 놓고 주어진 조건으로 항등식 세우기	30%
㉯	a, b를 n에 대한 식으로 나타내기	30%
㉰	$\lim\limits_{n \to \infty} \dfrac{R(0)}{3^n + 2^n}$의 값 구하기	40%

답 -1

02 급수

본문 p.21~22

068

(1) $\displaystyle\sum_{n=1}^{\infty} a_n = \lim_{n\to\infty} S_n = \lim_{n\to\infty} \frac{2n-1}{n+1} = 2$

(2) $\displaystyle\sum_{n=1}^{\infty} a_n = \lim_{n\to\infty} S_n = \lim_{n\to\infty}\left\{1+\left(\frac{1}{3}\right)^n\right\} = 1$

답 (1) 2 (2) 1

069

(1) 주어진 급수는 첫째항이 -1, 공차가 2인 등차수열의 합이므로 제 n 항까지의 부분합을 S_n이라 하면

$$S_n = \frac{n\{2\times(-1)+(n-1)\times 2\}}{2} = n(n-2)$$

$$\therefore \lim_{n\to\infty} S_n = \lim_{n\to\infty} n(n-2) = \infty$$

따라서 주어진 급수는 발산한다.

(2) 주어진 급수는 첫째항이 1, 공비가 $\frac{1}{2}$인 등비수열의 합이므로 제 n 항까지의 부분합을 S_n이라 하면

$$S_n = \frac{1-\left(\frac{1}{2}\right)^n}{1-\frac{1}{2}} = 2\left\{1-\left(\frac{1}{2}\right)^n\right\}$$

$$\therefore \lim_{n\to\infty} S_n = \lim_{n\to\infty} 2\left\{1-\left(\frac{1}{2}\right)^n\right\} = 2$$

따라서 주어진 급수는 수렴하고, 그 합은 2이다.

답 (1) 발산 (2) 수렴, 2

070

(1) 제 n 항까지의 부분합을 S_n이라 하면

$$S_n = \sum_{k=1}^{n} \frac{1}{k(k+1)} = \sum_{k=1}^{n}\left(\frac{1}{k}-\frac{1}{k+1}\right)$$

$$= \left(1-\frac{1}{2}\right)+\left(\frac{1}{2}-\frac{1}{3}\right)+\left(\frac{1}{3}-\frac{1}{4}\right)$$

$$+\cdots+\left(\frac{1}{n-1}-\frac{1}{n}\right)+\left(\frac{1}{n}-\frac{1}{n+1}\right)$$

$$= 1-\frac{1}{n+1}$$

$$\therefore \lim_{n\to\infty} S_n = \lim_{n\to\infty}\left(1-\frac{1}{n+1}\right) = 1$$

따라서 주어진 급수는 수렴하고, 그 합은 1이다.

(2) 제 n 항까지의 부분합을 S_n이라 하면

$$S_n = \sum_{k=1}^{n} \frac{1}{\sqrt{k}+\sqrt{k+1}}$$

$$= \sum_{k=1}^{n} \frac{\sqrt{k+1}-\sqrt{k}}{(\sqrt{k+1}+\sqrt{k})(\sqrt{k+1}-\sqrt{k})}$$

$$= \sum_{k=1}^{n}(\sqrt{k+1}-\sqrt{k})$$

$$= (\sqrt{2}-\sqrt{1})+(\sqrt{3}-\sqrt{2})+(\sqrt{4}-\sqrt{3})+\cdots+(\sqrt{n+1}-\sqrt{n})$$

$$= \sqrt{n+1}-1$$

$$\therefore \lim_{n\to\infty} S_n = \lim_{n\to\infty}(\sqrt{n+1}-1) = \infty$$

따라서 주어진 급수는 발산한다.

답 (1) 수렴, 1 (2) 발산

071

(1) 주어진 급수는 첫째항이 1, 공차가 4인 등차수열의 합이므로 제 n 항을 a_n이라 하면

$$a_n = 1+(n-1)\times 4 = 4n-3$$

$$\therefore \lim_{n\to\infty} a_n = \lim_{n\to\infty}(4n-3) = \infty \neq 0$$

따라서 주어진 급수는 발산한다.

(2) 주어진 급수의 제 n 항을 a_n이라 하면 $a_n = 2$

$$\therefore \lim_{n\to\infty} a_n = \lim_{n\to\infty} 2 = 2 \neq 0$$

따라서 주어진 급수는 발산한다.

답 풀이 참조

072

(1) $a_n = \dfrac{n}{3n-1}$으로 놓으면

$$\lim_{n\to\infty} a_n = \lim_{n\to\infty} \frac{n}{3n-1} = \frac{1}{3} \neq 0$$

따라서 주어진 급수는 발산한다.

(2) $a_n = \sqrt{n^2+n}-n$으로 놓으면

$$\lim_{n\to\infty} a_n = \lim_{n\to\infty}(\sqrt{n^2+n}-n)$$

$$= \lim_{n\to\infty} \frac{(\sqrt{n^2+n}-n)(\sqrt{n^2+n}+n)}{\sqrt{n^2+n}+n}$$

$$= \lim_{n\to\infty} \frac{n}{\sqrt{n^2+n}+n}$$

$$= \lim_{n\to\infty} \frac{1}{\sqrt{1+\frac{1}{n}}+1} = \frac{1}{2} \neq 0$$

따라서 주어진 급수는 발산한다.

답 풀이 참조

073

(1) $\displaystyle\sum_{n=1}^{\infty}(a_n+2b_n) = \sum_{n=1}^{\infty} a_n + 2\sum_{n=1}^{\infty} b_n = -1+2\times 3 = 5$

(2) $\displaystyle\sum_{n=1}^{\infty}(2a_n-3b_n) = 2\sum_{n=1}^{\infty} a_n - 3\sum_{n=1}^{\infty} b_n = 2\times(-1)-3\times 3 = -11$

답 (1) 5 (2) -11

074

(1) 첫째항이 1, 공비가 $\frac{1}{2}$이고, $-1 < \frac{1}{2} < 1$이므로 주어진 등비급수는 수렴한다.

따라서 그 합은 $\dfrac{1}{1-\frac{1}{2}} = \dfrac{1}{\frac{1}{2}} = 2$

(2) 첫째항이 1, 공비가 $-\frac{1}{3}$이고, $-1 < -\frac{1}{3} < 1$이므로 주어진 등비급수는 수렴한다.

따라서 그 합은 $\dfrac{1}{1-\left(-\frac{1}{3}\right)} = \dfrac{1}{\frac{4}{3}} = \dfrac{3}{4}$

(3) 공비가 $-\sqrt{2}$이고, $-\sqrt{2} < -1$이므로 주어진 등비급수는 발산한다.

(4) 공비가 $\sqrt{3}$이고, $\sqrt{3} > 1$이므로 주어진 등비급수는 발산한다.

답 (1) 수렴, 2 (2) 수렴, $\frac{3}{4}$ (3) 발산 (4) 발산

075

(1) $\sum_{n=1}^{\infty}\left(-\dfrac{1}{4}\right)^{n-1}$에서 첫째항이 1, 공비가 $-\dfrac{1}{4}$이고, $-1<-\dfrac{1}{4}<1$이므로 주어진 등비급수는 수렴한다.

따라서 그 합은 $\dfrac{1}{1-\left(-\dfrac{1}{4}\right)}=\dfrac{1}{\dfrac{5}{4}}=\dfrac{4}{5}$

(2) $\sum_{n=1}^{\infty}(1+\sqrt{2})^n$에서 공비가 $1+\sqrt{2}>1$이므로 주어진 등비급수는 발산한다.

$\textcircled{답}$ (1) 수렴, $\dfrac{4}{5}$ (2) 발산

076

(1) $\sum_{n=1}^{\infty}\left\{\left(\dfrac{1}{2}\right)^n+\left(\dfrac{1}{3}\right)^n\right\}=\sum_{n=1}^{\infty}\left(\dfrac{1}{2}\right)^n+\sum_{n=1}^{\infty}\left(\dfrac{1}{3}\right)^n$

$=\dfrac{\dfrac{1}{2}}{1-\dfrac{1}{2}}+\dfrac{\dfrac{1}{3}}{1-\dfrac{1}{3}}$

$=1+\dfrac{1}{2}=\dfrac{3}{2}$

(2) $\sum_{n=1}^{\infty}\left(\dfrac{1}{2^n}-\dfrac{5}{4^n}\right)=\sum_{n=1}^{\infty}\left(\dfrac{1}{2}\right)^n-5\sum_{n=1}^{\infty}\left(\dfrac{1}{4}\right)^n$

$=\dfrac{\dfrac{1}{2}}{1-\dfrac{1}{2}}-5\times\dfrac{\dfrac{1}{4}}{1-\dfrac{1}{4}}$

$=1-5\times\dfrac{1}{3}=-\dfrac{2}{3}$

(3) $\sum_{n=1}^{\infty}\dfrac{1+2^n}{3^n}=\sum_{n=1}^{\infty}\left(\dfrac{1}{3}\right)^n+\sum_{n=1}^{\infty}\left(\dfrac{2}{3}\right)^n$

$=\dfrac{\dfrac{1}{3}}{1-\dfrac{1}{3}}+\dfrac{\dfrac{2}{3}}{1-\dfrac{2}{3}}$

$=\dfrac{1}{2}+2=\dfrac{5}{2}$

(4) $\sum_{n=1}^{\infty}\dfrac{2^n+3^{n+1}}{4^n}=\sum_{n=1}^{\infty}\dfrac{2^n+3\times3^n}{4^n}$

$=\sum_{n=1}^{\infty}\left(\dfrac{1}{2}\right)^n+3\sum_{n=1}^{\infty}\left(\dfrac{3}{4}\right)^n$

$=\dfrac{\dfrac{1}{2}}{1-\dfrac{1}{2}}+3\times\dfrac{\dfrac{3}{4}}{1-\dfrac{3}{4}}$

$=1+3\times3=10$

$\textcircled{답}$ (1) $\dfrac{3}{2}$ (2) $-\dfrac{2}{3}$ (3) $\dfrac{5}{2}$ (4) 10

077

(1) 주어진 등비급수의 공비가 $-3x$이므로 수렴하려면

$-1<-3x<1$ ∴ $-\dfrac{1}{3}<x<\dfrac{1}{3}$

(2) 주어진 등비급수의 공비가 $2x+1$이므로 수렴하려면

$-1<2x+1<1$, $-2<2x<0$ ∴ $-1<x<0$

(3) 주어진 등비급수의 공비가 $-\dfrac{x}{2}$이므로 수렴하려면

$-1<-\dfrac{x}{2}<1$ ∴ $-2<x<2$

$\textcircled{답}$ (1) $-\dfrac{1}{3}<x<\dfrac{1}{3}$ (2) $-1<x<0$ (3) $-2<x<2$

---

078 ④	**079** ②	**080** ④	**081** ②	**082** ④
083 (1) 발산 (2) 수렴, 1			**084** ④	**085** ①	**086** 2
087 ②	**088** ②	**089** $\dfrac{2}{3}$	**090** ③	**091** ⑤
092 $\dfrac{92}{15}$	**093** ④	**094** ②	**095** ㄱ, ㄷ	**096** ①	**097** ④
098 $\dfrac{1}{3}$	**099** ⑤	**100** 4	**101** ②	**102** 6	**103** ④
104 ②				

078

주어진 급수의 제n항을 a_n이라 하면

$a_n=\dfrac{2}{1+2+3+\cdots+n}=\dfrac{2}{\dfrac{n(n+1)}{2}}=\dfrac{4}{n(n+1)}=4\left(\dfrac{1}{n}-\dfrac{1}{n+1}\right)$

이때, 제n항까지의 부분합을 S_n이라 하면

$S_n=\sum_{k=1}^{n}a_k=\sum_{k=1}^{n}4\left(\dfrac{1}{k}-\dfrac{1}{k+1}\right)$

$=4\left\{\left(\dfrac{1}{1}-\dfrac{1}{2}\right)+\left(\dfrac{1}{2}-\dfrac{1}{3}\right)+\left(\dfrac{1}{3}-\dfrac{1}{4}\right)+\cdots+\left(\dfrac{1}{n}-\dfrac{1}{n+1}\right)\right\}$

$=4\left(1-\dfrac{1}{n+1}\right)$

∴ $\lim_{n\to\infty}S_n=\lim_{n\to\infty}4\left(1-\dfrac{1}{n+1}\right)=4$

$\textcircled{답}$ ④

079

주어진 급수의 제n항을 a_n이라 하면

$a_n=\dfrac{1}{(2n-1)(2n+1)}=\dfrac{1}{2}\left(\dfrac{1}{2n-1}-\dfrac{1}{2n+1}\right)$

이때, 제n항까지의 부분합을 S_n이라 하면

$S_n=\sum_{k=1}^{n}\dfrac{1}{2}\left(\dfrac{1}{2k-1}-\dfrac{1}{2k+1}\right)$

$=\dfrac{1}{2}\left\{\left(1-\dfrac{1}{3}\right)+\left(\dfrac{1}{3}-\dfrac{1}{5}\right)+\left(\dfrac{1}{5}-\dfrac{1}{7}\right)+\cdots+\left(\dfrac{1}{2n-1}-\dfrac{1}{2n+1}\right)\right\}$

$=\dfrac{1}{2}\left(1-\dfrac{1}{2n+1}\right)$

∴ $\lim_{n\to\infty}S_n=\lim_{n\to\infty}\dfrac{1}{2}\left(1-\dfrac{1}{2n+1}\right)=\dfrac{1}{2}$

$\textcircled{답}$ ②

080

$S_n=\dfrac{n\{2\times4+(n-1)\times2\}}{2}=n(n+3)$이므로

$\sum_{k=1}^{n}\dfrac{1}{S_k}=\sum_{k=1}^{n}\dfrac{1}{k(k+3)}$

$=\sum_{k=1}^{n}\dfrac{1}{3}\left(\dfrac{1}{k}-\dfrac{1}{k+3}\right)$

$=\dfrac{1}{3}\left\{\left(1-\dfrac{1}{4}\right)+\left(\dfrac{1}{2}-\dfrac{1}{5}\right)+\left(\dfrac{1}{3}-\dfrac{1}{6}\right)+\left(\dfrac{1}{4}-\dfrac{1}{7}\right)\right.$

$\left.+\cdots+\left(\dfrac{1}{n-2}-\dfrac{1}{n+1}\right)+\left(\dfrac{1}{n-1}-\dfrac{1}{n+2}\right)+\left(\dfrac{1}{n}-\dfrac{1}{n+3}\right)\right\}$

$=\dfrac{1}{3}\left(1+\dfrac{1}{2}+\dfrac{1}{3}-\dfrac{1}{n+1}-\dfrac{1}{n+2}-\dfrac{1}{n+3}\right)$

∴ $\lim_{n\to\infty}\sum_{k=1}^{n}\dfrac{1}{S_k}=\lim_{n\to\infty}\dfrac{1}{3}\left(1+\dfrac{1}{2}+\dfrac{1}{3}-\dfrac{1}{n+1}-\dfrac{1}{n+2}-\dfrac{1}{n+3}\right)$

$=\dfrac{1}{3}\times\dfrac{11}{6}=\dfrac{11}{18}$

$\textcircled{답}$ ④

081

주어진 급수의 제n항을 a_n이라 하면

$a_n = \log_4\left\{1 - \dfrac{1}{(n+1)^2}\right\} = \dfrac{1}{2}\log_2\left\{1 - \dfrac{1}{(n+1)^2}\right\}$

$= \dfrac{1}{2}\log_2\left\{\left(1 - \dfrac{1}{n+1}\right)\left(1 + \dfrac{1}{n+1}\right)\right\}$

$= \dfrac{1}{2}\log_2\left(\dfrac{n}{n+1} \times \dfrac{n+2}{n+1}\right)$

이때, 제n항까지의 부분합을 S_n이라 하면

$S_n = \sum\limits_{k=1}^{n} \dfrac{1}{2}\log_2\left(\dfrac{k}{k+1} \times \dfrac{k+2}{k+1}\right)$

$= \dfrac{1}{2}\left[\log_2\left(\dfrac{1}{2} \times \dfrac{3}{2}\right) + \log_2\left(\dfrac{2}{3} \times \dfrac{4}{3}\right) + \log_2\left(\dfrac{3}{4} \times \dfrac{5}{4}\right)\right.$

$\left. + \cdots + \log_2\left(\dfrac{n}{n+1} \times \dfrac{n+2}{n+1}\right)\right]$

$= \dfrac{1}{2}\log_2\left(\dfrac{1}{2} \times \dfrac{\cancel{3}}{\cancel{2}} \times \dfrac{\cancel{2}}{\cancel{3}} \times \dfrac{\cancel{4}}{\cancel{3}} \times \dfrac{\cancel{3}}{\cancel{4}} \times \dfrac{\cancel{5}}{\cancel{4}} \times \cdots \times \dfrac{\cancel{n}}{n+1} \times \dfrac{n+2}{n+1}\right)$

$= \dfrac{1}{2}\log_2\dfrac{n+2}{2(n+1)}$

$\therefore \sum\limits_{n=1}^{\infty}\log_4\left\{1 - \dfrac{1}{(n+1)^2}\right\} = \lim\limits_{n\to\infty}S_n = \lim\limits_{n\to\infty}\dfrac{1}{2}\log_2\dfrac{n+2}{2(n+1)}$

$= \dfrac{1}{2}\log_2\dfrac{1}{2} = -\dfrac{1}{2}$ **답** ②

082

주어진 급수의 제n항까지의 부분합을 S_n이라 하면

$S_n = \sum\limits_{k=1}^{n}\log_2 a_k$

$= \log_2 a_1 + \log_2 a_2 + \log_2 a_3 + \cdots + \log_2 a_n$

$= \log_2(a_1 a_2 a_3 \cdots a_n)$

$= \log_2\dfrac{4n}{n+4}$

$\therefore \sum\limits_{n=1}^{\infty}\log_2 a_n = \lim\limits_{n\to\infty}S_n = \lim\limits_{n\to\infty}\log_2\dfrac{4n}{n+4}$

$= \log_2 4 = 2$ **답** ④

083

(1) 주어진 급수의 제n항까지의 부분합을 S_n이라 하면

$S_n = \sum\limits_{k=1}^{n}\log\dfrac{k+1}{k}$

$= \log\dfrac{2}{1} + \log\dfrac{3}{2} + \log\dfrac{4}{3} + \cdots + \log\dfrac{n+1}{n}$

$= \log\left(\dfrac{\cancel{2}}{1} \times \dfrac{\cancel{3}}{\cancel{2}} \times \dfrac{\cancel{4}}{\cancel{3}} \times \cdots \times \dfrac{n+1}{\cancel{n}}\right)$

$= \log(n+1)$

$\therefore \lim\limits_{n\to\infty}S_n = \lim\limits_{n\to\infty}\log(n+1) = \infty$

따라서 주어진 급수는 발산한다.

(2) 주어진 급수의 제n항을 a_n이라 하면

$a_n = \log_2\dfrac{(n+1)^2}{(n+1)^2 - 1} = \log_2\dfrac{(n+1)^2}{n^2 + 2n}$

$= \log_2\dfrac{(n+1)(n+1)}{n(n+2)} = \log_2\left(\dfrac{n+1}{n} \times \dfrac{n+1}{n+2}\right)$

이때, 제n항까지의 부분합을 S_n이라 하면

$S_n = \sum\limits_{k=1}^{n}\log_2\left(\dfrac{k+1}{k} \times \dfrac{k+1}{k+2}\right)$

$= \log_2\left(\dfrac{2}{1} \times \dfrac{2}{3}\right) + \log_2\left(\dfrac{3}{2} \times \dfrac{3}{4}\right) + \cdots + \log_2\left(\dfrac{n+1}{n} \times \dfrac{n+1}{n+2}\right)$

$= \log_2\left(\dfrac{2}{1} \times \dfrac{\cancel{2}}{\cancel{3}} \times \dfrac{\cancel{3}}{\cancel{2}} \times \dfrac{\cancel{3}}{\cancel{4}} \times \cdots \times \dfrac{n+1}{\cancel{n}} \times \dfrac{n+1}{n+2}\right)$

$= \log_2\dfrac{2(n+1)}{n+2}$

$\therefore \lim\limits_{n\to\infty}S_n = \lim\limits_{n\to\infty}\log_2\dfrac{2(n+1)}{n+2} = \log_2 2 = 1$

답 (1) 발산 (2) 수렴, 1

084

$\sum\limits_{n=1}^{\infty}\left(a_n - \dfrac{2n^2}{3n^2+1}\right)$이 수렴하므로

$\lim\limits_{n\to\infty}\left(a_n - \dfrac{2n^2}{3n^2+1}\right) = 0$

이때, $\lim\limits_{n\to\infty}\dfrac{2n^2}{3n^2+1} = \dfrac{2}{3}$이므로

$\lim\limits_{n\to\infty}a_n = \dfrac{2}{3}$ **답** ④

085

$\sum\limits_{n=1}^{\infty}a_n$이 수렴하므로 $\lim\limits_{n\to\infty}a_n = 0$

$\therefore \lim\limits_{n\to\infty}\dfrac{2a_n-3}{a_n+1} = \dfrac{2\times 0 - 3}{0+1} = -3$ **답** ①

086

$\sum\limits_{n=1}^{\infty}a_n$이 수렴하므로 $\lim\limits_{n\to\infty}a_n = 0$

$\lim\limits_{n\to\infty}S_n = \lim\limits_{n\to\infty}\sum\limits_{k=1}^{n}a_k = \sum\limits_{n=1}^{\infty}a_n = 5$ **㉮**

$\therefore \lim\limits_{n\to\infty}\dfrac{2S_n+a_n}{S_n+3a_n} = \dfrac{2\times 5 + 0}{5 + 3\times 0} = 2$ **㉯**

단계	채점 요소	비율
㉮	$\lim\limits_{n\to\infty}a_n$, $\lim\limits_{n\to\infty}S_n$의 값 각각 구하기	40%
㉯	$\lim\limits_{n\to\infty}\dfrac{2S_n+a_n}{S_n+3a_n}$의 값 구하기	60%

답 2

087

$\sum\limits_{n=1}^{\infty}\left\{\dfrac{1+(-1)^n}{4}\right\}^n = 0 + \left(\dfrac{2}{4}\right)^2 + 0 + \left(\dfrac{2}{4}\right)^4 + 0 + \left(\dfrac{2}{4}\right)^6 + \cdots$

$= \left(\dfrac{1}{2}\right)^2 + \left(\dfrac{1}{2}\right)^4 + \left(\dfrac{1}{2}\right)^6 + \cdots$

$= \dfrac{\dfrac{1}{4}}{1 - \dfrac{1}{4}} = \dfrac{1}{3}$ **답** ②

088

$x^2 - x - 6 = 0$에서 $(x+2)(x-3) = 0$이므로

$x = -2$ 또는 $x = 3$ $\therefore \alpha = 3,\ \beta = -2\ (\because \beta < \alpha)$

$\therefore \sum\limits_{n=1}^{\infty}\left(\dfrac{6}{\alpha^n} + \dfrac{3}{\beta^n}\right) = \sum\limits_{n=1}^{\infty}\left\{\dfrac{6}{3^n} + \dfrac{3}{(-2)^n}\right\}$

$= 6\sum\limits_{n=1}^{\infty}\left(\dfrac{1}{3}\right)^n + 3\sum\limits_{n=1}^{\infty}\left(-\dfrac{1}{2}\right)^n$

$= 6 \times \dfrac{\dfrac{1}{3}}{1 - \dfrac{1}{3}} + 3 \times \dfrac{-\dfrac{1}{2}}{1 - \left(-\dfrac{1}{2}\right)}$

$= 3 + (-1) = 2$ **답** ②

089

자연수 n을 2로 나눈 나머지는

$n=1$일 때, $a_1=1$

$n=2$일 때, $a_2=0$

$n=3$일 때, $a_3=1$

$n=4$일 때, $a_4=0$

$\vdots$

$\therefore \displaystyle\sum_{n=1}^{\infty} \frac{a_n}{2^n} = \frac{1}{2} + \frac{1}{2^3} + \frac{1}{2^5} + \cdots = \frac{\frac{1}{2}}{1-\frac{1}{4}} = \frac{2}{3}$ 　**답** $\dfrac{2}{3}$

090

등비수열 $\{a_n\}$의 첫째항을 a, 공비를 $r\ (-1<r<1)$라 하면

$\displaystyle\sum_{n=1}^{\infty} a_n = 1$에서 $\dfrac{a}{1-r}=1$ 　　$\cdots\cdots$ ㉠

또한 수열 $\{a_n^2\}$의 첫째항은 a^2, 공비는 r^2이므로

$\displaystyle\sum_{n=1}^{\infty} a_n^2 = 3$에서 $\dfrac{a^2}{1-r^2} = \dfrac{a}{1-r} \times \dfrac{a}{1+r} = 3$ 　$\cdots\cdots$ ㉡

㉠을 ㉡에 대입하면 $\dfrac{a}{1+r} = 3$ 　　$\cdots\cdots$ ㉢

㉠$\div$㉢을 하면 $\dfrac{1+r}{1-r} = \dfrac{1}{3}$

$3(1+r) = 1-r,\ 4r = -2$ 　　$\therefore r = -\dfrac{1}{2}$

$r = -\dfrac{1}{2}$을 ㉠에 대입하면 $\dfrac{a}{1-\left(-\frac{1}{2}\right)} = 1$ 　　$\therefore a = \dfrac{3}{2}$

따라서 수열 $\{a_n^3\}$의 첫째항은 $a^3 = \left(\dfrac{3}{2}\right)^3 = \dfrac{27}{8}$, 공비는 $r^3 = \left(-\dfrac{1}{2}\right)^3 = -\dfrac{1}{8}$

이므로

$\displaystyle\sum_{n=1}^{\infty} a_n^3 = \dfrac{a^3}{1-r^3} = \dfrac{\frac{27}{8}}{1-\left(-\frac{1}{8}\right)} = 3$ 　**답** ③

091

등비수열 $\{a_n\}$의 첫째항을 a, 공비를 $r\ (-1<r<1)$라 하면

$a_2 = -3$이므로 $ar = -3$ 　　$\cdots\cdots$ ㉠

또한 $\displaystyle\sum_{n=1}^{\infty} a_n = 4$에서 $\dfrac{a}{1-r} = 4$이므로 $a = 4(1-r)$ 　$\cdots\cdots$ ㉡

㉡을 ㉠에 대입하면 $4(1-r)r = -3$

$4r^2 - 4r - 3 = 0,\ (2r+1)(2r-3) = 0$

$\therefore r = -\dfrac{1}{2}\ (\because -1<r<1)$

$r = -\dfrac{1}{2}$을 ㉡에 대입하면 $a = 4\left\{1-\left(-\dfrac{1}{2}\right)\right\} = 6$

따라서 수열 $\{a_n^2\}$의 첫째항은 $a^2 = 6^2 = 36$, 공비는 $r^2 = \left(-\dfrac{1}{2}\right)^2 = \dfrac{1}{4}$

이므로

$\displaystyle\sum_{n=1}^{\infty} a_n^2 = \dfrac{a^2}{1-r^2} = \dfrac{36}{1-\frac{1}{4}} = 48$ 　**답** ⑤

092

두 등비수열 $\{a_n\}$, $\{b_n\}$의 공비를 각각 r_1, r_2라 하면

$\displaystyle\sum_{n=1}^{\infty} a_n = \dfrac{1}{1-r_1} = 3$에서 $1-r_1 = \dfrac{1}{3}$ 　　$\therefore r_1 = \dfrac{2}{3}$

$\displaystyle\sum_{n=1}^{\infty} b_n = \dfrac{1}{1-r_2} = 2$에서 $1-r_2 = \dfrac{1}{2}$ 　　$\therefore r_2 = \dfrac{1}{2}$

　　　　㉮

$\therefore \displaystyle\sum_{n=1}^{\infty} (a_n + b_n)^2$

$= \displaystyle\sum_{n=1}^{\infty} a_n^2 + \displaystyle\sum_{n=1}^{\infty} 2a_n b_n + \displaystyle\sum_{n=1}^{\infty} b_n^2$

$= \dfrac{1^2}{1-\left(\frac{2}{3}\right)^2} + 2 \times \dfrac{1 \times 1}{1 - \frac{2}{3} \times \frac{1}{2}} + \dfrac{1^2}{1-\left(\frac{1}{2}\right)^2}$

$= \dfrac{9}{5} + 2 \times \dfrac{3}{2} + \dfrac{4}{3} = \dfrac{92}{15}$

　　　　㉯

단계	채점 요소	비율
㉮	등비수열 $\{a_n\}$, $\{b_n\}$의 공비 각각 구하기	50%
㉯	$\displaystyle\sum_{n=1}^{\infty} (a_n+b_n)^2$의 값 구하기	50%

답 $\dfrac{92}{15}$

093

$\displaystyle\sum_{n=1}^{\infty} \dfrac{(2x+1)^n}{3^{2n}} = \displaystyle\sum_{n=1}^{\infty} \left(\dfrac{2x+1}{3^2}\right)^n$은 공비가 $\dfrac{2x+1}{9}$이므로 수렴하려면

$-1 < \dfrac{2x+1}{9} < 1,\ -9 < 2x+1 < 9$

$-10 < 2x < 8$ 　　$\therefore -5 < x < 4$

따라서 정수 x는 $-4, -3, -2, -1, 0, 1, 2, 3$의 8개이다. 　**답** ④

094

(i) $x=0$일 때, 주어진 급수는 0에 수렴한다.

(ii) $x \neq 0$일 때, 공비가 $1-x$이므로 주어진 급수가 수렴하려면

　$-1 < 1-x < 1,\ -2 < -x < 0$ 　　$\therefore 0 < x < 2$

(i), (ii)에서 실수 x의 값의 범위는 $0 \leq x < 2$이므로 정수 x는 0, 1의 2개

이다. 　**답** ②

095

$\displaystyle\sum_{n=1}^{\infty} a^{n+1}$이 수렴하므로 $-1 < a < 1$ 　　$\cdots\cdots$ ㉠

$\displaystyle\sum_{n=1}^{\infty} b^{n-1}$이 수렴하므로 $-1 < b < 1$ 　　$\cdots\cdots$ ㉡

ㄱ. $\displaystyle\sum_{n=1}^{\infty} a^{2n-1}$은 공비가 a^2인 등비급수이고, ㉠에서 $0 \leq a^2 < 1$이므로 주어

　진 급수는 수렴한다.

ㄴ. $\displaystyle\sum_{n=1}^{\infty} (a+b)^{n-1}$은 공비가 $a+b$인 등비급수이고, ㉠, ㉡에서

　$-2 < a+b < 2$이므로 주어진 급수는 항상 수렴한다고 할 수 없다.

ㄷ. $\displaystyle\sum_{n=1}^{\infty} (ab)^{n-1}$은 공비가 ab인 등비급수이고, ㉠, ㉡에서 $-1 < ab < 1$이

　므로 주어진 급수는 수렴한다.

ㄹ. [반례] $\displaystyle\sum_{n=1}^{\infty} \left(\dfrac{a}{b}\right)^{n-1}$은 공비가 $\dfrac{a}{b}$인 등비급수이고, $a = \dfrac{1}{2}$, $b = \dfrac{1}{4}$이면

　$\dfrac{a}{b} = 2 > 1$이므로 주어진 급수는 발산한다.

따라서 주어진 급수 중 항상 수렴하는 것은 ㄱ, ㄷ이다. 　**답** ㄱ, ㄷ

096

$2a_{n+1} = a_n + 1$에서 $a_{n+1} = \dfrac{1}{2}a_n + \dfrac{1}{2}$이므로

$a_{n+1} - 1 = \dfrac{1}{2}(a_n - 1)$

즉, 수열 $\{a_n-1\}$은 첫째항이 $a_1-1=2-1=1$, 공비가 $\dfrac{1}{2}$인 등비수열이

므로

$$a_n-1=1\times\left(\dfrac{1}{2}\right)^{n-1}=\left(\dfrac{1}{2}\right)^{n-1}$$

$$\therefore \sum_{n=1}^{\infty}(a_n-1)=\sum_{n=1}^{\infty}\left(\dfrac{1}{2}\right)^{n-1}=\dfrac{1}{1-\dfrac{1}{2}}=2 \qquad \text{답 ①}$$

097

$a_{n+1}=\dfrac{2}{3}a_n+1$에서 $a_{n+1}-3=\dfrac{2}{3}(a_n-3)$

즉, 수열 $\{a_n-3\}$은 첫째항이 $a_1-3=5-3=2$, 공비가 $\dfrac{2}{3}$인 등비수열

이므로

$$a_n-3=2\times\left(\dfrac{2}{3}\right)^{n-1}$$

$$\therefore \sum_{n=1}^{\infty}(a_n-3)=\sum_{n=1}^{\infty}2\times\left(\dfrac{2}{3}\right)^{n-1}=\dfrac{2}{1-\dfrac{2}{3}}=6 \qquad \text{답 ④}$$

098

$a_{n+2}=a_n+a_{n+1}$에서 $a_n=a_{n+2}-a_{n+1}$

$$\therefore \dfrac{a_n}{a_{n+1}a_{n+2}}=\dfrac{a_{n+2}-a_{n+1}}{a_{n+1}a_{n+2}}=\dfrac{1}{a_{n+1}}-\dfrac{1}{a_{n+2}} \qquad \text{가}$$

$$\therefore \sum_{n=1}^{\infty}\dfrac{a_n}{a_{n+1}a_{n+2}}$$

$$=\sum_{n=1}^{\infty}\left(\dfrac{1}{a_{n+1}}-\dfrac{1}{a_{n+2}}\right)$$

$$=\lim_{n\to\infty}\sum_{k=1}^{n}\left(\dfrac{1}{a_{k+1}}-\dfrac{1}{a_{k+2}}\right)$$

$$=\lim_{n\to\infty}\left\{\left(\dfrac{1}{a_2}-\dfrac{1}{a_3}\right)+\left(\dfrac{1}{a_3}-\dfrac{1}{a_4}\right)+\cdots+\left(\dfrac{1}{a_{n+1}}-\dfrac{1}{a_{n+2}}\right)\right\}$$

$$=\lim_{n\to\infty}\left(\dfrac{1}{a_2}-\dfrac{1}{a_{n+2}}\right)=\dfrac{1}{a_2}=\dfrac{1}{3} \qquad \text{나}$$

단계	채점 요소	비율
가	$\dfrac{a_n}{a_{n+1}a_{n+2}}=\dfrac{1}{a_{n+1}}-\dfrac{1}{a_{n+2}}$임을 알기	50%
나	$\sum_{n=1}^{\infty}\dfrac{a_n}{a_{n+1}a_{n+2}}$의 값 구하기	50%

보충 설명

$a_1=2$, $a_2=3$에서 $a_3=5$, $a_4=8$, $a_5=13$, $\cdots$

즉, $a_{n+1}>a_n$이므로 $\lim\limits_{n\to\infty}a_n=\infty$

$$\therefore \lim_{n\to\infty}\dfrac{1}{a_{n+2}}=\lim_{n\to\infty}\dfrac{1}{a_n}=0 \qquad \text{답 } \dfrac{1}{3}$$

099

$\triangle OAA_1$, $\triangle OA_1A_2$, $\triangle OA_2A_3$, $\cdots$은 모두 직각이등변삼각형이므로

$$\overline{AA_1}=\overline{OA}\times\sin 45°=4\times\dfrac{\sqrt{2}}{2}=2\sqrt{2}$$

$$\overline{A_1A_2}=\overline{OA_1}\times\sin 45°=\overline{AA_1}\times\sin 45°=2\sqrt{2}\times\dfrac{\sqrt{2}}{2}=2$$

$$\overline{A_2A_3}=\overline{OA_2}\times\sin 45°=\overline{A_1A_2}\times\sin 45°=2\times\dfrac{\sqrt{2}}{2}=\sqrt{2}$$

$$\vdots$$

$$\therefore \overline{AA_1}+\overline{A_1A_2}+\overline{A_2A_3}+\cdots=2\sqrt{2}+2+\sqrt{2}+\cdots$$

$$=\dfrac{2\sqrt{2}}{1-\dfrac{\sqrt{2}}{2}}=4+4\sqrt{2} \qquad \text{답 ⑤}$$

100

직각이등변삼각형 OPQ에서 $\overline{OQ}:\overline{PQ}=\sqrt{2}:1$이므로

$2\sqrt{2}:\overline{PQ}=\sqrt{2}:1$ $\quad \therefore \overline{PQ}=2$

이때, $\triangle OPQ \infty \triangle OP_1Q_1$이므로

$\overline{PQ}:\overline{P_1Q_1}=\overline{OP}:\overline{OP_1}=2:1$에서 $\overline{P_1Q_1}=1$

이와 같은 방법으로 하면

$$\overline{P_2Q_2}=\dfrac{1}{2}\overline{P_1Q_1}=\dfrac{1}{2}\times1=\dfrac{1}{2}$$

$$\vdots$$

$$\therefore \overline{PQ}+\overline{P_1Q_1}+\overline{P_2Q_2}+\cdots=2+1+\dfrac{1}{2}+\cdots$$

$$=\dfrac{2}{1-\dfrac{1}{2}}=4 \qquad \text{답 4}$$

101

점 $A_1(1, 4)$이고, 점 B_1은 점 A_1과 y좌표가 같고 직선 $y=\dfrac{1}{4}x$ 위의 점

이므로 $B_1(16, 4)$

또한 점 A_2는 점 $B_1(16, 4)$와 직선 $y=x$에 대하여 대칭이므로 $A_2(4, 16)$

이고, 점 B_2는 점 A_2와 y좌표가 같고 직선 $y=\dfrac{1}{4}x$ 위의 점이므로

$B_2(64, 16)$

점 A_3은 점 $B_2(64, 16)$과 직선 $y=x$에 대하여 대칭이므로 $A_3(16, 64)$

이고, 점 B_3는 점 A_3과 y좌표가 같고 직선 $y=\dfrac{1}{4}x$ 위의 점이므로

$B_3(256, 64)$

$$\vdots$$

$$\therefore \sum_{n=1}^{\infty}\dfrac{1}{\overline{A_nB_n}}=\dfrac{1}{\overline{A_1B_1}}+\dfrac{1}{\overline{A_2B_2}}+\dfrac{1}{\overline{A_3B_3}}+\cdots$$

$$=\dfrac{1}{16-1}+\dfrac{1}{64-4}+\dfrac{1}{256-16}+\cdots$$

$$=\dfrac{1}{15}+\dfrac{1}{60}+\dfrac{1}{240}+\cdots$$

$$=\dfrac{\dfrac{1}{15}}{1-\dfrac{1}{4}}=\dfrac{4}{45} \qquad \text{답 ②}$$

102

직선 AP_1은 직선 $x+y=4$와 수직이고 점 $A(0, 2)$를 지나므로 직선의

방정식은 $y=x+2$ $\qquad\qquad \cdots\cdots ㉠$

㉠과 $x+y=4$를 연립하여 풀면 $x=1$, $y=3$

즉, $P_1(1, 3)$이므로 $Q_1(1, 0)$ $\quad \therefore \overline{P_1Q_1}=3$

또한 직선 Q_1P_2는 직선 $x+y=4$와 수직이고 점 $Q_1(1, 0)$을 지나므로 직

선의 방정식은 $y=x-1$ $\qquad\qquad \cdots\cdots ㉡$

㉡과 $x+y=4$를 연립하여 풀면 $x=\dfrac{5}{2}$, $y=\dfrac{3}{2}$

즉, $P_2\left(\dfrac{5}{2}, \dfrac{3}{2}\right)$이므로 $Q_2\left(\dfrac{5}{2}, 0\right)$ $\quad \therefore \overline{P_2Q_2}=\dfrac{3}{2}$

직선 Q_2P_3는 직선 $x+y=4$와 수직이고 점 $Q_2\left(\dfrac{5}{2}, 0\right)$을 지나므로 직선의

방정식은 $y=x-\dfrac{5}{2}$ $\qquad\qquad \cdots\cdots ㉢$

㉢과 $x+y=4$를 연립하여 풀면 $x=\dfrac{13}{4}$, $y=\dfrac{3}{4}$

즉, $P_3\left(\dfrac{13}{4}, \dfrac{3}{4}\right)$이므로 $Q_3\left(\dfrac{13}{4}, 0\right)$ $\quad \therefore \overline{P_3Q_3}=\dfrac{3}{4}$

$$\therefore \sum_{n=1}^{\infty}\overline{P_nQ_n}=\overline{P_1Q_1}+\overline{P_2Q_2}+\overline{P_3Q_3}+\cdots$$

$$=3+\dfrac{3}{2}+\dfrac{3}{4}+\cdots=\dfrac{3}{1-\dfrac{1}{2}}=6 \qquad \text{답 6}$$

103

오른쪽 그림에서 정사각형 D_1의 한 변의 길이를 x라 하면 직각삼각형 ABC와 직각삼각형 EFC는 서로 닮은 도형이므로

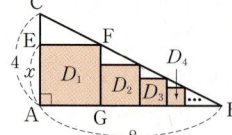

$\overline{CA} : \overline{CE} = \overline{AB} : \overline{EF}$에서

$4 : (4-x) = 8 : x$

$4x = 8(4-x)$, $12x = 32$ $\quad \therefore x = \dfrac{8}{3}$

한편, $\overline{CA} : \overline{FG} = 4 : \dfrac{8}{3} = 3 : 2$에서 두 정사각형 D_1, D_2의 닮음비가 $3 : 2$이므로 이 두 정사각형의 넓이의 비는

$3^2 : 2^2 = 9 : 4 = 1 : \dfrac{4}{9}$

따라서 구하는 모든 정사각형의 넓이의 합은 첫째항이 $\left(\dfrac{8}{3}\right)^2 = \dfrac{64}{9}$, 공비가 $\dfrac{4}{9}$인 등비급수의 합이므로

$\dfrac{\dfrac{64}{9}}{1 - \dfrac{4}{9}} = \dfrac{64}{5}$

다른 풀이

오른쪽 그림과 같이 왼쪽으로부터 n번째 정사각형의 한 변의 길이를 a_n, 넓이를 S_n이라 하면

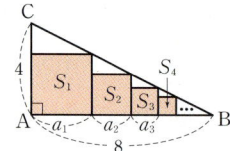

$(4 - a_1) : a_1 = 4 : 8$에서

$8(4 - a_1) = 4a_1$

$12a_1 = 32 \quad \therefore a_1 = \dfrac{8}{3}$

$\therefore S_1 = \left(\dfrac{8}{3}\right)^2 = \dfrac{64}{9}$

또한 $(a_n - a_{n+1}) : a_{n+1} = 4 : 8$에서 $8(a_n - a_{n+1}) = 4a_{n+1}$

$12a_{n+1} = 8a_n \quad \therefore a_{n+1} = \dfrac{2}{3}a_n$

$\therefore S_{n+1} = \left(\dfrac{2}{3}\right)^2 S_n = \dfrac{4}{9}S_n$

따라서 수열 $\{S_n\}$은 첫째항이 $\dfrac{64}{9}$, 공비가 $\dfrac{4}{9}$인 등비수열이므로 구하는 모든 정사각형의 넓이의 합은

$\displaystyle\sum_{n=1}^{\infty} S_n = S_1 + S_2 + S_3 + \cdots = \dfrac{\dfrac{64}{9}}{1 - \dfrac{4}{9}} = \dfrac{64}{5}$ 〔답〕④

104

정삼각형 $A_1B_1C_1$의 둘레의 길이가 l이고, 정삼각형 $A_1B_1C_1$과 정삼각형 $A_2B_2C_2$는 닮음비가 $2 : 1$인 닮은 도형이므로 두 정삼각형의 둘레의 길이의 비는

$2 : 1 = 1 : \dfrac{1}{2}$

따라서 $\displaystyle\sum_{n=1}^{\infty} l_n$, 즉 모든 정삼각형의 둘레의 길이의 합은 첫째항이 $l_1 = l$이고 공비가 $\dfrac{1}{2}$인 등비급수의 합과 같으므로

$\displaystyle\sum_{n=1}^{\infty} l_n = \dfrac{l}{1 - \dfrac{1}{2}} = 12$에서 $2l = 12 \quad \therefore l = 6$

한편, 정삼각형 $A_1B_1C_1$의 한 변의 길이가 $\dfrac{6}{3} = 2$이므로 그 넓이는

$\dfrac{\sqrt{3}}{4} \times 2^2 = \sqrt{3}$

이고, 정삼각형 $A_1B_1C_1$과 정삼각형 $A_2B_2C_2$의 넓이의 비는

$2^2 : 1^2 = 4 : 1 = 1 : \dfrac{1}{4}$

따라서 $\displaystyle\sum_{n=1}^{\infty} S_n$, 즉 모든 정삼각형의 넓이의 합은 첫째항이 $S_1 = \sqrt{3}$이고 공비가 $\dfrac{1}{4}$인 등비급수의 합과 같으므로

$\displaystyle\sum_{n=1}^{\infty} S_n = \dfrac{\sqrt{3}}{1 - \dfrac{1}{4}} = \dfrac{4\sqrt{3}}{3}$ 〔답〕②

105

$\displaystyle\sum_{n=1}^{\infty}\left(\sqrt{\dfrac{4n-3}{4n-2}} - \sqrt{\dfrac{4n+1}{4n+2}}\right)$

$= \displaystyle\lim_{n \to \infty} \sum_{k=1}^{n}\left(\sqrt{\dfrac{4k-3}{4k-2}} - \sqrt{\dfrac{4k+1}{4k+2}}\right)$

$= \displaystyle\lim_{n \to \infty}\left\{\left(\sqrt{\dfrac{1}{2}} - \sqrt{\dfrac{5}{6}}\right) + \left(\sqrt{\dfrac{5}{6}} - \sqrt{\dfrac{9}{10}}\right) + \left(\sqrt{\dfrac{9}{10}} - \sqrt{\dfrac{13}{14}}\right)\right.$
$\left. \qquad + \cdots + \left(\sqrt{\dfrac{4n-3}{4n-2}} - \sqrt{\dfrac{4n+1}{4n+2}}\right)\right\}$

$= \displaystyle\lim_{n \to \infty}\left(\sqrt{\dfrac{1}{2}} - \sqrt{\dfrac{4n+1}{4n+2}}\right)$

$= \dfrac{\sqrt{2}}{2} - 1$ 〔답〕④

106

$a_n = 5 + 2(n-1) = 2n + 3$이므로

$a_{n+1} = 2(n+1) + 3 = 2n + 5$

$\therefore \displaystyle\sum_{n=1}^{\infty} \dfrac{2}{a_n a_{n+1}}$

$= \displaystyle\sum_{n=1}^{\infty} \dfrac{2}{(2n+3)(2n+5)}$

$= \displaystyle\lim_{n \to \infty} \sum_{k=1}^{n} \dfrac{2}{(2k+3)(2k+5)}$

$= \displaystyle\lim_{n \to \infty} \sum_{k=1}^{n}\left(\dfrac{1}{2k+3} - \dfrac{1}{2k+5}\right)$

$= \displaystyle\lim_{n \to \infty}\left\{\left(\dfrac{1}{5} - \dfrac{1}{7}\right) + \left(\dfrac{1}{7} - \dfrac{1}{9}\right) + \cdots + \left(\dfrac{1}{2n+3} - \dfrac{1}{2n+5}\right)\right\}$

$= \displaystyle\lim_{n \to \infty}\left(\dfrac{1}{5} - \dfrac{1}{2n+5}\right) = \dfrac{1}{5}$ 〔답〕②

107

주어진 급수의 제n항을 a_n이라 하면

$a_n = \log_{n+1} 2 - \log_{n+2} 2 = \dfrac{1}{\log_2(n+1)} - \dfrac{1}{\log_2(n+2)}$

이때, 제n항까지의 부분합을 S_n이라 하면

$$S_n = \sum_{k=1}^{n} \left\{ \frac{1}{\log_2(k+1)} - \frac{1}{\log_2(k+2)} \right\}$$

$$= \left(\frac{1}{\log_2 2} - \frac{1}{\log_2 3} \right) + \left(\frac{1}{\log_2 3} - \frac{1}{\log_2 4} \right)$$

$$+ \cdots + \left\{ \frac{1}{\log_2(n+1)} - \frac{1}{\log_2(n+2)} \right\}$$

$$= \frac{1}{\log_2 2} - \frac{1}{\log_2(n+2)} = 1 - \frac{1}{\log_2(n+2)}$$

$$\therefore \lim_{n \to \infty} S_n = \lim_{n \to \infty} \left\{ 1 - \frac{1}{\log_2(n+2)} \right\} = 1$$

$a > 0$, $a \neq 1$, $b > 0$, $b \neq 1$일 때

$$\log_a b = \frac{1}{\log_b a}$$

답 ②

108

(i) $n = 1$일 때

$$a_1 = S_1 = \frac{4 \times 1}{1+1} = 2$$

(ii) $n \geq 2$일 때

$$a_n = S_n - S_{n-1}$$

$$= \frac{4n}{n+1} - \frac{4(n-1)}{n}$$

$$= \frac{4n^2 - 4(n+1)(n-1)}{n(n+1)} = \frac{4}{n(n+1)} \quad \cdots\cdots \; \ominus$$

이때, $a_1 = 2$는 $\ominus$에 $n = 1$을 대입한 것과 같으므로

$$a_n = \frac{4}{n(n+1)} \; (n \geq 1)$$

$$\therefore \sum_{n=1}^{\infty} (a_n + a_{n+1})$$

$$= \lim_{n \to \infty} \sum_{k=1}^{n} (a_k + a_{k+1})$$

$$= \lim_{n \to \infty} \left(\sum_{k=1}^{n} a_k + \sum_{k=1}^{n} a_{k+1} \right)$$

$$= \lim_{n \to \infty} \left\{ \sum_{k=1}^{n} \frac{4}{k(k+1)} + \sum_{k=1}^{n} \frac{4}{(k+1)(k+2)} \right\}$$

$$= \lim_{n \to \infty} \left\{ \sum_{k=1}^{n} 4 \left(\frac{1}{k} - \frac{1}{k+1} \right) + \sum_{k=1}^{n} 4 \left(\frac{1}{k+1} - \frac{1}{k+2} \right) \right\}$$

$$= \lim_{n \to \infty} 4 \left\{ \left(1 - \frac{1}{2} \right) + \left(\frac{1}{2} - \frac{1}{3} \right) + \cdots + \left(\frac{1}{n} - \frac{1}{n+1} \right) \right\}$$

$$+ \lim_{n \to \infty} 4 \left\{ \left(\frac{1}{2} - \frac{1}{3} \right) + \left(\frac{1}{3} - \frac{1}{4} \right) + \cdots + \left(\frac{1}{n+1} - \frac{1}{n+2} \right) \right\}$$

$$= \lim_{n \to \infty} 4 \left(1 - \frac{1}{n+1} \right) + \lim_{n \to \infty} 4 \left(\frac{1}{2} - \frac{1}{n+2} \right)$$

$$= 4 + 2 = 6$$

$S_n = \dfrac{4n}{n+1}$이므로

$$\lim_{n \to \infty} S_n = \lim_{n \to \infty} \frac{4n}{n+1} = 4, \; \lim_{n \to \infty} S_{n+1} = \lim_{n \to \infty} \frac{4n+4}{n+2} = 4$$

$$\therefore \sum_{n=1}^{\infty} (a_n + a_{n+1}) = \lim_{n \to \infty} \sum_{k=1}^{n} (a_k + a_{k+1})$$

$$= \lim_{n \to \infty} \left(\sum_{k=1}^{n} a_k + \sum_{k=1}^{n} a_{k+1} \right)$$

$$= \lim_{n \to \infty} (S_n + S_{n+1} - a_1)$$

$$= \lim_{n \to \infty} S_n + \lim_{n \to \infty} S_{n+1} - a_1$$

$$= 4 + 4 - 2 = 6 \left(\because a_1 = S_1 = \frac{4 \times 1}{1+1} = 2 \right)$$

답 6

109

$n \geq 2$일 때, $a_n = S_n - S_{n-1}$이므로

$$S_n - a_n = S_{n-1} = \frac{n+3}{n+2} \; (n \geq 2)$$

$$\therefore \sum_{n=1}^{\infty} a_n = \lim_{n \to \infty} S_n = \lim_{n \to \infty} S_{n-1}$$

$$= \lim_{n \to \infty} \frac{n+3}{n+2} = \lim_{n \to \infty} \frac{1 + \frac{3}{n}}{1 + \frac{2}{n}} = 1$$

답 ②

110

x에 대한 다항식 $a_n x^2 + a_n x + 2$를 $x - n$으로 나눈 나머지가 25이므로 나머지정리에 의하여

$n^2 a_n + n a_n + 2 = 25$에서 $a_n(n^2 + n) = 23$ $\therefore a_n = \dfrac{23}{n(n+1)}$

$$\therefore \sum_{n=1}^{\infty} a_n = \sum_{n=1}^{\infty} \frac{23}{n(n+1)}$$

$$= \lim_{n \to \infty} \sum_{k=1}^{n} \frac{23}{k(k+1)}$$

$$= \lim_{n \to \infty} \sum_{k=1}^{n} 23 \left(\frac{1}{k} - \frac{1}{k+1} \right)$$

$$= \lim_{n \to \infty} 23 \left\{ \left(1 - \frac{1}{2} \right) + \left(\frac{1}{2} - \frac{1}{3} \right) + \cdots + \left(\frac{1}{n} - \frac{1}{n+1} \right) \right\}$$

$$= \lim_{n \to \infty} 23 \left(1 - \frac{1}{n+1} \right) = 23$$

x에 대한 다항식 $f(x)$를 일차식 $x - a$로 나누었을 때의 몫을 $Q(x)$, 나머지를 R라 하면

$f(x) = (x-a)Q(x) + R$ (단, R는 상수이다.)

위의 식은 x에 대한 항등식이므로 양변에 $x = a$를 대입하면

$f(a) = 0 \times Q(a) + R$

$\therefore R = f(a)$

답 23

111

$\displaystyle\sum_{n=1}^{\infty} \left(\frac{a_n}{3^n} - 4 \right)$가 수렴하므로 $\displaystyle\lim_{n \to \infty} \left(\frac{a_n}{3^n} - 4 \right) = 0$

$$\therefore \lim_{n \to \infty} \frac{a_n}{3^n} = 4$$

$$\therefore \lim_{n \to \infty} \frac{a_n + 2^n}{3^{n-1} + 4} = \lim_{n \to \infty} \frac{\frac{a_n}{3^n} + \left(\frac{2}{3} \right)^n}{\frac{1}{3} + 4 \times \left(\frac{1}{3} \right)^n}$$

$$= \frac{4 + 0}{\frac{1}{3} + 0} = 12$$

답 ②

112

ㄱ. $\displaystyle\sum_{n=1}^{\infty} (a_n - 1)$이 수렴하므로 $\displaystyle\lim_{n \to \infty} (a_n - 1) = 0$

   $\therefore \displaystyle\lim_{n \to \infty} a_n = 1$ (참)

ㄴ. $\displaystyle\sum_{n=1}^{\infty} (b_n + 1)$이 수렴하므로 $\displaystyle\lim_{n \to \infty} (b_n + 1) = 0$

   $\therefore \displaystyle\lim_{n \to \infty} b_n = -1 \neq 0$

   즉, 급수 $\displaystyle\sum_{n=1}^{\infty} b_n$은 발산한다. (참)

ㄷ. $\displaystyle\sum_{n=1}^{\infty} (a_n - 1)$, $\displaystyle\sum_{n=1}^{\infty} (b_n + 1)$이 모두 수렴하므로

   $\displaystyle\sum_{n=1}^{\infty} (a_n - 1) + \sum_{n=1}^{\infty} (b_n + 1) = \sum_{n=1}^{\infty} \{(a_n - 1) + (b_n + 1)\} = \sum_{n=1}^{\infty} (a_n + b_n)$

즉, 급수 $\sum\limits_{n=1}^{\infty}(a_n+b_n)$은 수렴한다. (참)

따라서 옳은 것은 ㄱ, ㄴ, ㄷ이다.　　　　　　　　　**답 ⑤**

113

$$a_n a_{n+1}=\left(\frac{1}{4}\right)^n \qquad\cdots\cdots\; ㉠$$

$$a_{n+1} a_{n+2}=\left(\frac{1}{4}\right)^{n+1} \qquad\cdots\cdots\; ㉡$$

㉡÷㉠을 하면

$$\frac{a_{n+1}a_{n+2}}{a_n a_{n+1}}=\frac{\frac{1}{4}\times\left(\frac{1}{4}\right)^n}{\left(\frac{1}{4}\right)^n}\text{에서 }\frac{a_{n+2}}{a_n}=\frac{1}{4} \qquad\cdots\cdots\; ㉢$$

한편, $a_1 a_2=1\times a_2=\frac{1}{4}$이므로 $a_2=\frac{1}{4}$

㉢에서

$\dfrac{a_4}{a_2}=\dfrac{a_4}{\frac{1}{4}}=\dfrac{1}{4}$이므로 $a_4=\left(\dfrac{1}{4}\right)^2$

$\dfrac{a_6}{a_4}=\dfrac{a_6}{\left(\frac{1}{4}\right)^2}=\dfrac{1}{4}$이므로 $a_6=\left(\dfrac{1}{4}\right)^3$

$$\vdots$$

따라서 수열 $\{a_{2n}\}$은 첫째항이 $\frac{1}{4}$, 공비가 $\frac{1}{4}$인 등비수열이므로

$$\sum_{n=1}^{\infty}a_{2n}=\frac{\frac{1}{4}}{1-\frac{1}{4}}=\frac{1}{3}\qquad\qquad\text{답 ④}$$

114

주어진 수열의 첫째항부터 제n항까지의 합을 S_n이라 하면

$$S_n=a_1+2a_2+2^2 a_3+\cdots+2^{n-1}a_n=5n \qquad\cdots\cdots\; ㉠$$

㉠의 양변에 n 대신 $n-1$을 대입하면

$$S_{n-1}=a_1+2a_2+2^2 a_3+\cdots+2^{n-2}a_{n-1}=5(n-1) \qquad\cdots\cdots\; ㉡$$

㉠－㉡을 하면

$$S_n-S_{n-1}=2^{n-1}a_n=5n-5(n-1)=5\;(n\geq 2)$$

$$\therefore a_n=\frac{5}{2^{n-1}}\;(n\geq 2) \qquad\cdots\cdots\; ㉢$$

한편, $a_1=S_1=5\times 1=5$

이때, $a_1=5$는 ㉢에 $n=1$을 대입한 것과 같으므로

$$a_n=\frac{5}{2^{n-1}}=5\times\left(\frac{1}{2}\right)^{n-1}\;(n\geq 1)$$

$$\therefore \sum_{n=1}^{\infty}a_n=\frac{5}{1-\frac{1}{2}}=10\qquad\qquad\text{답 10}$$

115

첫째항이 $0.\dot{4}=\dfrac{4}{9}$, 제4항이 $0.0\dot{5}=\dfrac{5}{90}=\dfrac{1}{18}$이므로 공비를 r라 하면

$$\frac{4}{9}r^3=\frac{1}{18},\; r^3=\frac{1}{8}$$

모든 항은 실수이므로 $r=\dfrac{1}{2}$

따라서 구하는 등비급수의 합은

$$\frac{\frac{4}{9}}{1-\frac{1}{2}}=\frac{8}{9}\qquad\qquad\text{답 ⑤}$$

116

$x-3y+3=0$에서 $y=\frac{1}{3}x+1$이므로 y좌표가 자연수이려면 x좌표가 3의 배수이어야 한다.

이때, $x=3n\;(n=1,2,3,\cdots)$으로 놓으면 $y=n+1$이므로

$a_n=3n$, $b_n=n+1$

$$\begin{aligned}\therefore \sum_{n=1}^{\infty}\frac{1}{a_n b_n}&=\sum_{n=1}^{\infty}\frac{1}{3n(n+1)}\\&=\lim_{n\to\infty}\sum_{k=1}^{n}\frac{1}{3k(k+1)}\\&=\lim_{n\to\infty}\sum_{k=1}^{n}\frac{1}{3}\left(\frac{1}{k}-\frac{1}{k+1}\right)\\&=\lim_{n\to\infty}\frac{1}{3}\left\{\left(1-\frac{1}{2}\right)+\left(\frac{1}{2}-\frac{1}{3}\right)+\cdots+\left(\frac{1}{n}-\frac{1}{n+1}\right)\right\}\\&=\lim_{n\to\infty}\frac{1}{3}\left(1-\frac{1}{n+1}\right)=\frac{1}{3}\end{aligned}$$

답 ④

117

주어진 일차함수의 그래프의 x절편은 $\dfrac{1}{n+1}$, y절편은 $\dfrac{1}{n-1}$이므로 주어진 함수의 그래프는 오른쪽 그림과 같다.

이때, 색칠한 부분은 직각삼각형이므로

$$\begin{aligned}S_n&=\frac{1}{2}\times\frac{1}{n+1}\times\frac{1}{n-1}\\&=\frac{1}{2(n+1)(n-1)}\;(n\geq 2)\end{aligned}$$

$$\begin{aligned}\therefore \sum_{n=2}^{\infty}S_n&=\sum_{n=2}^{\infty}\frac{1}{2(n+1)(n-1)}\\&=\lim_{n\to\infty}\sum_{k=2}^{n}\frac{1}{2(k+1)(k-1)}\\&=\lim_{n\to\infty}\sum_{k=2}^{n}\frac{1}{4}\left(\frac{1}{k-1}-\frac{1}{k+1}\right)\\&=\lim_{n\to\infty}\frac{1}{4}\left\{\left(1-\frac{1}{3}\right)+\left(\frac{1}{2}-\frac{1}{4}\right)+\left(\frac{1}{3}-\frac{1}{5}\right)+\left(\frac{1}{4}-\frac{1}{6}\right)\right.\\&\qquad\qquad\left.+\cdots+\left(\frac{1}{n-3}-\frac{1}{n-1}\right)+\left(\frac{1}{n-2}-\frac{1}{n}\right)\right.\\&\qquad\qquad\left.+\left(\frac{1}{n-1}-\frac{1}{n+1}\right)\right\}\\&=\lim_{n\to\infty}\frac{1}{4}\left(1+\frac{1}{2}-\frac{1}{n}-\frac{1}{n+1}\right)=\frac{3}{8}\end{aligned}$$

답 $\dfrac{3}{8}$

118

오른쪽 그림에서 정삼각형 $B_1 B A_1$의 한 변의 길이는 1이므로 그 넓이는

$$\frac{\sqrt{3}}{4}\times 1^2=\frac{\sqrt{3}}{4}$$

한편, $\overline{B_1 C_1}=2$이므로 $\overline{B_1 A_3}=\dfrac{2}{3}$

$\triangle B_1 B A_1 \varpropto \triangle B_2 B_1 A_3$이므로 닮음비는

$$\overline{BA_1}:\overline{B_1 A_3}=1:\frac{2}{3}$$

즉, 두 정삼각형 $B_1 B A_1$, $B_2 B_1 A_3$의 넓이의 비는

$$1^2:\left(\frac{2}{3}\right)^2=1:\frac{4}{9}$$

이때, 크기가 같은 정삼각형은 3개씩 만들어지므로 색칠한 부분의 넓이의 합은 첫째항이 $\frac{\sqrt{3}}{4}\times3=\frac{3\sqrt{3}}{4}$, 공비가 $\frac{4}{9}$인 등비급수의 합과 같다.

따라서 색칠한 부분의 넓이의 합은

$$\frac{\frac{3\sqrt{3}}{4}}{1-\frac{4}{9}}=\frac{27\sqrt{3}}{20}$$

답 ③

119

급수 $\sum_{n=1}^{\infty}(4^n a_n-3)$이 수렴하므로

$$\lim_{n\to\infty}(4^n a_n-3)=0 \qquad \therefore \lim_{n\to\infty}4^n a_n=3$$

〈가〉

$$\begin{aligned}\therefore \lim_{n\to\infty}\frac{8a_n+5\times5^{-n}}{a_n+4^{-n}}&=\lim_{n\to\infty}\frac{4^n(8a_n+5\times5^{-n})}{4^n(a_n+4^{-n})}\\&=\lim_{n\to\infty}\frac{8\times4^n a_n+5\times\left(\frac{4}{5}\right)^n}{4^n a_n+1}\\&=\frac{8\times3+5\times0}{3+1}=6\end{aligned}$$

〈나〉

단계	채점 요소	비율
〈가〉	$\lim_{n\to\infty}4^n a_n$의 값 구하기	40%
〈나〉	주어진 극한값 구하기	60%

답 6

120

꼭짓점 A_n이 한없이 가까워지는 점의 x좌표는 모든 정삼각형의 한 변의 길이의 합과 같다.

정삼각형 $A_{n-1}A_nB_n$의 한 변의 길이를 a_n이라 하면 정삼각형 $A_nA_{n+1}B_{n+1}$의 한 변의 길이는 a_{n+1}이다.

이때, 정삼각형 $A_nA_{n+1}B_{n+1}$의 넓이는 정삼각형 $A_{n-1}A_nB_n$의 넓이를 $\frac{1}{4}$의 비율로 축소한 것이므로

$$\frac{\sqrt{3}}{4}a_{n+1}{}^2=\frac{1}{4}\times\frac{\sqrt{3}}{4}a_n{}^2$$

$$a_{n+1}{}^2=\frac{1}{4}a_n{}^2 \qquad \therefore a_{n+1}=\frac{1}{2}a_n$$

〈가〉

한 변의 길이가 a_1인 정삼각형 OA_1B_1의 넓이가 $4\sqrt{3}$이므로

$$\frac{\sqrt{3}}{4}a_1{}^2=4\sqrt{3} \qquad \therefore a_1=4$$

〈나〉

따라서 수열 $\{a_n\}$은 첫째항이 4, 공비가 $\frac{1}{2}$인 등비수열이므로 꼭짓점 A_n이 한없이 가까워지는 점의 x좌표는

$$\sum_{n=1}^{\infty}a_n=\frac{4}{1-\frac{1}{2}}=8$$

〈다〉

단계	채점 요소	비율
〈가〉	정삼각형 $A_{n-1}A_nB_n$의 한 변의 길이를 a_n으로 놓고 a_n과 a_{n+1} 사이의 관계식 구하기	40%
〈나〉	a_1의 값 구하기	30%
〈다〉	꼭짓점 A_n이 한없이 가까워지는 점의 x좌표 구하기	30%

답 8

03 지수함수와 로그함수의 미분

개념 콕콕

본문 p.33

121

(1) $\lim_{x\to\infty}\frac{4^x}{3^{2x}}=\lim_{x\to\infty}\left(\frac{4}{9}\right)^x=0$

(2) $\lim_{x\to\infty}\frac{3^x}{3^x+1}=\lim_{x\to\infty}\frac{1}{1+\left(\frac{1}{3}\right)^x}=\frac{1}{1+0}=1$

(3) $\lim_{x\to\infty}\left\{\left(\frac{1}{2}\right)^x+\frac{1}{3}\right\}=0+\frac{1}{3}=\frac{1}{3}$

(4) $\lim_{x\to\infty}(5^x-2^x)=\lim_{x\to\infty}5^x\left\{1-\left(\frac{2}{5}\right)^x\right\}$

이때, $\lim_{x\to\infty}\left\{1-\left(\frac{2}{5}\right)^x\right\}=1-0=1$이므로 $\lim_{x\to\infty}5^x\left\{1-\left(\frac{2}{5}\right)^x\right\}=\infty$

(5) $\lim_{x\to\infty}\frac{2^x+2^{-x}}{2^x-2^{-x}}=\lim_{x\to\infty}\frac{1+2^{-2x}}{1-2^{-2x}}=\lim_{x\to\infty}\frac{1+\frac{1}{2^{2x}}}{1-\frac{1}{2^{2x}}}$

$$=\lim_{x\to\infty}\frac{1+\left(\frac{1}{4}\right)^x}{1-\left(\frac{1}{4}\right)^x}=\frac{1+0}{1-0}=1$$

(6) $\lim_{x\to0}\frac{2^{x+1}}{\left(\frac{1}{3}\right)^x+4^x}=\frac{2^1}{\left(\frac{1}{3}\right)^0+4^0}=\frac{2}{1+1}=1$

답 (1) 0 (2) 1 (3) $\frac{1}{3}$ (4) ∞ (5) 1 (6) 1

122

(1) $\lim_{x\to0+}\log x=-\infty$

(2) $\lim_{x\to\frac{1}{2}}\log_{\frac{1}{2}}(x+2)=-\infty$

(3) $\lim_{x\to\infty}\log_2(x^2+1)=\infty$

(4) $\lim_{x\to\infty}\{\log_3(x+1)-\log_3 x\}$

$$=\lim_{x\to\infty}\log_3\frac{x+1}{x}$$

$$=\lim_{x\to\infty}\log_3\left(1+\frac{1}{x}\right)$$

$$=\log_3 1=0$$

(5) $\lim_{x\to4}\log_2\frac{1}{x}=\log_2\frac{1}{4}=-\log_2 4=-2$

(6) $\lim_{x\to2}\{\log_2(x^2+4)-\log_2 x\}$

$$=\log_2 8-\log_2 2=3-1=2$$

답 (1) $-\infty$ (2) $-\infty$ (3) ∞ (4) 0 (5) -2 (6) 2

123

(1) $\lim_{x\to0}(1+3x)^{\frac{1}{x}}=\lim_{x\to0}\left\{(1+3x)^{\frac{1}{3x}}\right\}^3=e^3$

(2) $\lim_{x\to\infty}\left(1+\frac{2}{x}\right)^x=\lim_{x\to\infty}\left\{\left(1+\frac{2}{x}\right)^{\frac{x}{2}}\right\}^2=e^2$

답 (1) e^3 (2) e^2

124

(1) $\ln x = -3$에서 $x = e^{-3} = \dfrac{1}{e^3}$

(2) $\ln x^2 = 4$에서 $\ln x^2 = \ln e^4$이므로 $x^2 = e^4$

$\therefore x = \pm e^2$

(3) $e^x = 5$에서 $x = \ln 5$

(4) $e^{3x} = \dfrac{1}{8}$에서 $3x = \ln \dfrac{1}{8}$, $3x = -3\ln 2$

$\therefore x = -\ln 2$

답 (1) $\dfrac{1}{e^3}$ (2) $\pm e^2$ (3) $\ln 5$ (4) $-\ln 2$

125

(1) $\ln e^2 = 2\ln e = 2$

(2) $\ln \dfrac{1}{e} = \ln e^{-1} = -1$

(3) $\ln \sqrt{e^3} = \ln e^{\frac{3}{2}} = \dfrac{3}{2}$

(4) $\ln \dfrac{1}{\sqrt{e}} = \ln e^{-\frac{1}{2}} = -\dfrac{1}{2}$

답 (1) 2 (2) -1 (3) $\dfrac{3}{2}$ (4) $-\dfrac{1}{2}$

126

(1) $\displaystyle\lim_{x\to 0} \dfrac{\ln(1+3x)}{x} = \lim_{x\to 0}\left\{\dfrac{\ln(1+3x)}{3x} \times 3\right\}$

$= 1 \times 3 = 3$

(2) $\displaystyle\lim_{x\to 0} \dfrac{e^{2x}-1}{x} = \lim_{x\to 0}\left(\dfrac{e^{2x}-1}{2x} \times 2\right) = 1 \times 2 = 2$

(3) $\displaystyle\lim_{x\to 0} \dfrac{\log_3(1+2x)}{x} = \lim_{x\to 0}\left\{\dfrac{\log_3(1+2x)}{2x} \times 2\right\}$

$= \dfrac{1}{\ln 3} \times 2 = \dfrac{2}{\ln 3}$

(4) $\displaystyle\lim_{x\to 0} \dfrac{3^x - 1}{2x} = \lim_{x\to 0}\left(\dfrac{3^x-1}{x} \times \dfrac{1}{2}\right) = \dfrac{1}{2}\ln 3 = \ln\sqrt{3}$

답 (1) 3 (2) 2 (3) $\dfrac{2}{\ln 3}$ (4) $\ln\sqrt{3}$

127

(1) $y' = 3e^x$

(2) $y' = e^x + (x+2)e^x = (x+3)e^x$

(3) $y' = 2 \times 3^x \ln 3 = 2\ln 3 \times 3^x$

(4) $y' = 2^x + x \times 2^x \ln 2 = 2^x(x\ln 2 + 1)$

답 (1) $y' = 3e^x$ (2) $y' = (x+3)e^x$

(3) $y' = 2\ln 3 \times 3^x$ (4) $y' = 2^x(x\ln 2 + 1)$

128

(1) $y = \ln 5x = \ln 5 + \ln x$이므로 $y' = \dfrac{1}{x}$

(2) $y' = 1 \times \ln x + x \times \dfrac{1}{x} = \ln x + 1$

(3) $y = \log_2 3x = \log_2 3 + \log_2 x$이므로 $y' = \dfrac{1}{x\ln 2}$

(4) $y = x\log_2 5x = x(\log_2 5 + \log_2 x)$이므로

$y' = 1 \times (\log_2 5 + \log_2 x) + x \times \dfrac{1}{x\ln 2} = \log_2 5x + \dfrac{1}{\ln 2}$

답 (1) $y' = \dfrac{1}{x}$ (2) $y' = \ln x + 1$

(3) $y' = \dfrac{1}{x\ln 2}$ (4) $y' = \log_2 5x + \dfrac{1}{\ln 2}$

유형 콕콕
본문 p.34~37

129 ①	**130** ②	**131** ㄱ, ㄷ	**132** ②	**133** ②
134 ㄷ, ㄹ	**135** ⑤	**136** ①	**137** ㄱ, ㄴ, ㄹ	**138** ②
139 ②	**140** $\dfrac{3}{2}$	**141** ③	**142** ④	**143** $\ln\sqrt{3}$ **144** ③
145 $\dfrac{3}{4}$	**146** 8	**147** ②	**148** ③	**149** 2 **150** ④
151 2	**152** $4\ln 2 - 2$	**153** 1		

129

$\displaystyle\lim_{x\to\infty} \dfrac{3^x - 1}{3^x + 2^x} = \lim_{x\to\infty} \dfrac{1 - \left(\dfrac{1}{3}\right)^x}{1 + \left(\dfrac{2}{3}\right)^x}$

$= \dfrac{1-0}{1+0} = 1$ **답** ①

130

$\displaystyle\lim_{x\to\infty}(3^x - 2^x)^{\frac{1}{x}} = \lim_{x\to\infty}\left\{3^x\left(1 - \dfrac{2^x}{3^x}\right)\right\}^{\frac{1}{x}}$

$= \lim_{x\to\infty}\left[(3^x)^{\frac{1}{x}}\left\{1 - \left(\dfrac{2}{3}\right)^x\right\}^{\frac{1}{x}}\right]$

$= 3 \times 1 = 3$ **답** ②

131

ㄱ. $\displaystyle\lim_{x\to-\infty} \dfrac{2^x}{2^x - 2^{-x}} = \lim_{x\to-\infty} \dfrac{2^{2x}}{2^{2x} - 1} = \lim_{x\to-\infty} \dfrac{4^x}{4^x - 1}$

이때, $\displaystyle\lim_{x\to-\infty} 4^x = 0$이므로 $\displaystyle\lim_{x\to-\infty} \dfrac{4^x}{4^x - 1} = 0$

ㄴ. $\displaystyle\lim_{x\to\infty}(2^x - 3^x) = \lim_{x\to\infty} 3^x\left\{\left(\dfrac{2}{3}\right)^x - 1\right\}$

이때, $\displaystyle\lim_{x\to\infty}\left\{\left(\dfrac{2}{3}\right)^x - 1\right\} = -1$이므로 $\displaystyle\lim_{x\to\infty} 3^x\left\{\left(\dfrac{2}{3}\right)^x - 1\right\} = -\infty$

ㄷ. $\displaystyle\lim_{x\to-\infty} \dfrac{2^x}{\sqrt{3^x}} = \lim_{x\to-\infty}\left(\dfrac{2}{\sqrt{3}}\right)^x = 0$

ㄹ. $\displaystyle\lim_{x\to-\infty} \dfrac{1}{x} = 0$이므로 $\displaystyle\lim_{x\to-\infty} 3^{\frac{1}{x}} = 1$

$\therefore \displaystyle\lim_{x\to-\infty} \dfrac{1}{1 - 3^{\frac{1}{x}}} = \infty$

따라서 극한값이 존재하는 것은 ㄱ, ㄷ이다. **답** ㄱ, ㄷ

132

$\displaystyle\lim_{x\to\infty}\{\log_2(5+2x) - \log_2 x\}$

$= \lim_{x\to\infty} \log_2 \dfrac{5+2x}{x}$

$= \lim_{x\to\infty} \log_2\left(\dfrac{5}{x} + 2\right)$

$= \log_2 2 = 1$ **답** ②

133

$\displaystyle\lim_{x\to 2}(\log_2|x^3 - 8| - \log_2|x^2 - 4|)$

$= \lim_{x\to 2} \log_2\left|\dfrac{x^3 - 8}{x^2 - 4}\right|$

$= \lim_{x\to 2} \log_2\left|\dfrac{(x-2)(x^2+2x+4)}{(x-2)(x+2)}\right|$

$= \lim_{x\to 2} \log_2\left|\dfrac{x^2+2x+4}{x+2}\right|$

$= \log_2\left|\dfrac{4+4+4}{4}\right| = \log_2 3$ **답** ②

134

ㄱ. $\lim\limits_{x \to 1+} \log_3 x = 0$이므로 $\lim\limits_{x \to 1+} \dfrac{x}{\log_3 x} = \infty$

ㄴ. $\lim\limits_{x \to \infty} \log_2 \dfrac{1}{x} = \lim\limits_{x \to \infty} (-\log_2 x) = -\infty$

ㄷ. $\lim\limits_{x \to \infty} \log_4 \dfrac{2x^2 - 3x}{x^2 + 4} = \lim\limits_{x \to \infty} \log_4 \dfrac{2 - \dfrac{3}{x}}{1 + \dfrac{4}{x^2}} = \log_4 2 = \dfrac{1}{2}$

ㄹ. $\lim\limits_{x \to \infty} (\log_3 \sqrt{3x^2 + 1} - \log_3 x)$

$= \lim\limits_{x \to \infty} \log_3 \dfrac{\sqrt{3x^2 + 1}}{x}$

$= \lim\limits_{x \to \infty} \log_3 \sqrt{3 + \dfrac{1}{x^2}}$

$= \log_3 \sqrt{3} = \dfrac{1}{2}$

따라서 극한값이 존재하는 것은 ㄷ, ㄹ이다.　　**답** ㄷ, ㄹ

135

$\lim\limits_{x \to 0} (1 + 5x)^{\frac{2}{x}} = \lim\limits_{x \to 0} \{ (1 + 5x)^{\frac{1}{5x}} \}^{10} = e^{10}$　　**답** ⑤

136

$-x = t$로 놓으면 $x \to -\infty$일 때 $t \to \infty$이므로

$\lim\limits_{x \to -\infty} \left(1 - \dfrac{1}{x}\right)^{4x} = \lim\limits_{t \to \infty} \left(1 + \dfrac{1}{t}\right)^{-4t} = \lim\limits_{t \to \infty} \left\{ \left(1 + \dfrac{1}{t}\right)^t \right\}^{-4}$

$= e^{-4} = \dfrac{1}{e^4}$　　**답** ①

137

ㄱ. $x - 1 = t$로 놓으면 $x \to 1$일 때 $t \to 0$이므로

$\lim\limits_{x \to 1} x^{\frac{1}{x-1}} = \lim\limits_{t \to 0} (1 + t)^{\frac{1}{t}} = e$

ㄴ. $-x = t$로 놓으면 $x \to -\infty$일 때 $t \to \infty$이므로

$\lim\limits_{x \to -\infty} \left(1 + \dfrac{1}{x}\right)^x = \lim\limits_{t \to \infty} \left(1 - \dfrac{1}{t}\right)^{-t} = e$

ㄷ. $\lim\limits_{x \to \infty} \left(\dfrac{x+1}{x-1}\right)^x = \lim\limits_{x \to \infty} \dfrac{\left(1 + \dfrac{1}{x}\right)^x}{\left(1 - \dfrac{1}{x}\right)^x}$

$= \lim\limits_{x \to \infty} \dfrac{\left(1 + \dfrac{1}{x}\right)^x}{\left\{ \left(1 - \dfrac{1}{x}\right)^{-x} \right\}^{-1}}$

$= \dfrac{e}{e^{-1}} = e^2$

ㄹ. $x - 3 = t$로 놓으면 $x \to 3$일 때 $t \to 0$이므로

$\lim\limits_{x \to 3} (x - 2)^{\frac{1}{x-3}} = \lim\limits_{t \to 0} (1 + t)^{\frac{1}{t}} = e$

따라서 극한값이 e인 것은 ㄱ, ㄴ, ㄹ이다.　　**답** ㄱ, ㄴ, ㄹ

138

$\lim\limits_{x \to 0} \dfrac{1}{3x} \ln(1 + 6x) = \lim\limits_{x \to 0} \dfrac{\ln(1 + 6x)}{3x}$

$= \lim\limits_{x \to 0} \left\{ \dfrac{\ln(1 + 6x)}{6x} \times 2 \right\}$

$= 1 \times 2 = 2$

다른 풀이

$\lim\limits_{x \to 0} \dfrac{1}{3x} \ln(1 + 6x) = \lim\limits_{x \to 0} \ln(1 + 6x)^{\frac{1}{3x}}$

$= \lim\limits_{x \to 0} \ln \{ (1 + 6x)^{\frac{1}{6x}} \}^2$

$= \ln e^2 = 2$　　**답** ②

139

$x - 1 = t$로 놓으면 $x \to 1$일 때 $t \to 0$이므로

$\lim\limits_{x \to 1} \dfrac{e^{x-1} - 1 - \ln(2x - 1)}{x - 1}$

$= \lim\limits_{t \to 0} \dfrac{e^t - 1 - \ln(1 + 2t)}{t}$

$= \lim\limits_{t \to 0} \left\{ \dfrac{e^t - 1}{t} - \dfrac{\ln(1 + 2t)}{2t} \times 2 \right\}$

$= 1 - 1 \times 2 = -1$　　**답** ②

140

$\lim\limits_{x \to 0} \dfrac{1}{x} \ln \dfrac{2 + 4x}{2 + x}$

$= \lim\limits_{x \to 0} \dfrac{1}{x} \ln \dfrac{1 + 2x}{1 + \dfrac{x}{2}}$

$= \lim\limits_{x \to 0} \dfrac{1}{x} \left\{ \ln(1 + 2x) - \ln\left(1 + \dfrac{x}{2}\right) \right\}$

$= \lim\limits_{x \to 0} \left\{ \dfrac{\ln(1 + 2x)}{x} - \dfrac{\ln\left(1 + \dfrac{x}{2}\right)}{x} \right\}$

$= \lim\limits_{x \to 0} \left\{ \dfrac{\ln(1 + 2x)}{2x} \times 2 - \dfrac{\ln\left(1 + \dfrac{x}{2}\right)}{\dfrac{x}{2}} \times \dfrac{1}{2} \right\}$

$= 1 \times 2 - 1 \times \dfrac{1}{2} = \dfrac{3}{2}$　　**답** $\dfrac{3}{2}$

141

$\lim\limits_{x \to 0} \dfrac{(a+2)^x - a^x}{x} = \lim\limits_{x \to 0} \dfrac{(a+2)^x - 1 - (a^x - 1)}{x}$

$= \lim\limits_{x \to 0} \dfrac{(a+2)^x - 1}{x} - \lim\limits_{x \to 0} \dfrac{a^x - 1}{x}$

$= \ln(a + 2) - \ln a$

$= \ln \dfrac{a + 2}{a}$

따라서 $\ln \dfrac{a+2}{a} = \ln 2$이므로

$\dfrac{a+2}{a} = 2$　　$\therefore a = 2$　　**답** ③

142

$\lim\limits_{x \to 0} \dfrac{\log_3 (2 + x) - \log_3 2}{x} = \lim\limits_{x \to 0} \dfrac{\log_3 \left(1 + \dfrac{x}{2}\right)}{x}$

$= \lim\limits_{x \to 0} \left\{ \dfrac{\log_3 \left(1 + \dfrac{x}{2}\right)}{\dfrac{x}{2}} \times \dfrac{1}{2} \right\}$

$= \dfrac{1}{\ln 3} \times \dfrac{1}{2} = \dfrac{1}{2 \ln 3}$　　**답** ④

143

$\lim\limits_{x \to 1} \dfrac{3^{x-1} - 1}{x^2 - 1} = \lim\limits_{x \to 1} \left(\dfrac{3^{x-1} - 1}{x - 1} \times \dfrac{1}{x + 1} \right)$　　…… ㉠

$x - 1 = t$로 놓으면 $x \to 1$일 때 $t \to 0$이므로 ㉠에서

$\lim\limits_{t \to 0} \left(\dfrac{3^t - 1}{t} \times \dfrac{1}{t + 2} \right) = \ln 3 \times \dfrac{1}{2}$

$= \dfrac{1}{2} \ln 3 = \ln \sqrt{3}$　　**답** $\ln \sqrt{3}$

144

$\lim\limits_{x \to 0} \dfrac{\ln(a+3x)}{x} = b$에서 $x \to 0$일 때 (분모) $\to 0$이고 극한값이 존재하므로 (분자) $\to 0$이다.

즉, $\lim\limits_{x \to 0} \ln(a+3x) = 0$이므로 $\ln a = 0$ $\quad \therefore a = 1$

$a = 1$을 주어진 식에 대입하면

$$\lim_{x \to 0} \frac{\ln(1+3x)}{x} = \lim_{x \to 0} \left\{ \frac{\ln(1+3x)}{3x} \times 3 \right\}$$
$$= 1 \times 3 = 3 = b$$

따라서 $a = 1$, $b = 3$이므로

$a + b = 1 + 3 = 4$ 답 ③

145

$\lim\limits_{x \to 2} \dfrac{e^{x-2}-a}{x^2-4} = b$에서 $x \to 2$일 때 (분모) $\to 0$이고 극한값이 존재하므로 (분자) $\to 0$이다.

즉, $\lim\limits_{x \to 2}(e^{x-2}-a) = 0$이므로 $1-a = 0$ $\quad \therefore a = 1$ …… 가

$a = 1$을 주어진 식에 대입하면

$$\lim_{x \to 2} \frac{e^{x-2}-a}{x^2-4} = \lim_{x \to 2} \frac{e^{x-2}-1}{x^2-4}$$

$x - 2 = t$로 놓으면 $x \to 2$일 때 $t \to 0$이므로

$$\lim_{x \to 2} \frac{e^{x-2}-1}{x^2-4} = \lim_{t \to 0} \frac{e^t-1}{(t+2)^2-4}$$
$$= \lim_{t \to 0} \frac{e^t-1}{t(t+4)}$$
$$= \lim_{t \to 0} \left(\frac{e^t-1}{t} \times \frac{1}{t+4} \right)$$
$$= 1 \times \frac{1}{4} = \frac{1}{4} = b$$ …… 나

따라서 $a = 1$, $b = \dfrac{1}{4}$이므로

$a - b = 1 - \dfrac{1}{4} = \dfrac{3}{4}$ …… 다

단계	채점 요소	비율
가	a의 값 구하기	30%
나	b의 값 구하기	50%
다	$a-b$의 값 구하기	20%

답 $\dfrac{3}{4}$

146

$\lim\limits_{x \to 1} \dfrac{ax+b}{\ln x} = 2$에서 $x \to 1$일 때 (분모) $\to 0$이고 극한값이 존재하므로 (분자) $\to 0$이다.

즉, $\lim\limits_{x \to 1}(ax+b) = 0$이므로 $a+b = 0$

$\therefore a = -b$ …… ㉠

㉠을 주어진 식에 대입하면

$$\lim_{x \to 1} \frac{-bx+b}{\ln x} = \lim_{x \to 1} \frac{-b(x-1)}{\ln x}$$ …… ㉡

$x - 1 = t$로 놓으면 $x \to 1$일 때 $t \to 0$이므로 ㉡에서

$$\lim_{t \to 0} \left\{ \frac{t}{\ln(1+t)} \times (-b) \right\} = -b$$

즉, $-b = 2$에서 $b = -2$이므로

$b = -2$를 ㉠에 대입하면 $a = 2$

따라서 $a = 2$, $b = -2$이므로

$a^2 + b^2 = 2^2 + (-2)^2 = 8$ 답 8

147

$f(x) = 3^x(3x^2+2)$에서

$$f'(x) = (3^x)'(3x^2+2) + 3^x(3x^2+2)'$$
$$= 3^x \times \ln 3 \times (3x^2+2) + 3^x \times 6x$$

$\therefore f'(0) = 3^0 \times \ln 3 \times 2 = 2\ln 3$ 답 ②

148

$f(x) = \log_2 x - 2\ln x$에서

$$f'(x) = \frac{1}{x\ln 2} - \frac{2}{x} = \frac{1}{x}\left(\frac{1}{\ln 2} - 2 \right)$$

$\therefore f'(1) = \dfrac{1}{\ln 2} - 2$ 답 ③

149

$f(x) = (x-a)e^x$에서

$$f'(x) = (x-a)'e^x + (x-a)(e^x)'$$
$$= e^x + (x-a)e^x$$
$$= (1+x-a)e^x$$ …… 가

이때, 함수 $f(x) = (x-a)e^x$의 그래프 위의 점 $(2, f(2))$에서의 미분계수는

$f'(2) = (3-a)e^2$

즉, $(3-a)e^2 = e^2$이므로 $3-a = 1$

$\therefore a = 2$ …… 나

단계	채점 요소	비율
가	$f'(x)$ 구하기	50%
나	a의 값 구하기	50%

답 2

150

$$\lim_{h \to 0} \frac{f(1+2h)-f(1)}{h} = \lim_{h \to 0} \frac{f(1+2h)-f(1)}{2h} \times 2$$
$$= 2f'(1)$$

이때, $f(x) = xe^x$에서

$$f'(x) = e^x + xe^x = (1+x)e^x$$

$\therefore 2f'(1) = 2(1+1)e^1 = 4e$ 답 ④

151

$$\lim_{h \to 0} \frac{f(1+h)-f(1-h)}{h}$$
$$= \lim_{h \to 0} \frac{f(1+h)-f(1)-f(1-h)+f(1)}{h}$$
$$= \lim_{h \to 0} \frac{f(1+h)-f(1)}{h} + \lim_{h \to 0} \frac{f(1-h)-f(1)}{-h}$$
$$= f'(1) + f'(1) = 2f'(1)$$

이때, $f(x) = x\ln x$에서

$$f'(x) = \ln x + x \times \frac{1}{x} = \ln x + 1$$

이므로 $2f'(1) = 2(\ln 1 + 1) = 2$ 답 2

152

함수 $f(x)$가 $x=1$에서 미분가능하므로 $x=1$에서 연속이다.

즉, $\lim\limits_{x \to 1+} 2^x = \lim\limits_{x \to 1-} (ax+b) = f(1)$

$\therefore a+b=2$ ······ ㉠

또한 $f'(1)$이 존재하므로

$f'(x) = \begin{cases} 2^x \ln 2 & (x>1) \\ a & (x<1) \end{cases}$

에서 $\lim\limits_{x \to 1+} 2^x \ln 2 = \lim\limits_{x \to 1-} a$

$\therefore a = 2 \ln 2$

$a = 2 \ln 2$를 ㉠에 대입하면

$b = 2 - 2 \ln 2$

$\therefore a-b = 2 \ln 2 - (2 - 2 \ln 2) = 4 \ln 2 - 2$

답 $4 \ln 2 - 2$

153

함수 $f(x)$가 $x=1$에서 미분가능하므로 $x=1$에서 연속이다.

즉, $\lim\limits_{x \to 1+} \ln x = \lim\limits_{x \to 1-} (x^2 + ax + b) = f(1)$

$1+a+b=0$ $\therefore b = -a-1$ ······ ㉠

또한 $f'(1)$이 존재하므로

$f'(x) = \begin{cases} \dfrac{1}{x} & (x>1) \\ 2x+a & (x<1) \end{cases}$

에서 $\lim\limits_{x \to 1+} \dfrac{1}{x} = \lim\limits_{x \to 1-} (2x+a)$

$1 = 2+a$ $\therefore a = -1$

$a=-1$을 ㉠에 대입하면

$b = -(-1) - 1 = 0$

$\therefore b-a = 0 - (-1) = 1$

답 1

실력 콕콕 본문 p.38~39

154 ④	**155** 1	**156** (1) 0 (2) 1	**157** ②	**158** ②
159 ④	**160** ③	**161** ④	**162** ④	**163** ②
164 100	**165** ①	**166** $\dfrac{3}{\ln 2}$	**167** e^2	**168** 9
169 -2, 2				

154

$f(2) = \lim\limits_{n \to \infty} \dfrac{1}{n} \log(2^n + 2^{3n})$

$= \lim\limits_{n \to \infty} \dfrac{1}{n} \log\{2^{3n}(2^{-2n}+1)\}$

$= \lim\limits_{n \to \infty} \left\{ 3 \log 2 + \dfrac{1}{n} \log(2^{-2n}+1) \right\}$

$= 3 \log 2$

$f\left(\dfrac{1}{2}\right) = \lim\limits_{n \to \infty} \dfrac{1}{n} \log(2^{-n} + 2^{-3n})$

$= \lim\limits_{n \to \infty} \dfrac{1}{n} \log\{2^{-n}(1+2^{-2n})\}$

$= \lim\limits_{n \to \infty} \left\{ -\log 2 + \dfrac{1}{n} \log(1+2^{-2n}) \right\}$

$= -\log 2$

$\therefore f(2) - f\left(\dfrac{1}{2}\right) = 3 \log 2 - (-\log 2) = 4 \log 2$

답 ④

155

$\lim\limits_{x \to \infty} \dfrac{\ln(ax+b)}{\ln x} = \lim\limits_{x \to \infty} \dfrac{\ln\left\{x\left(a+\dfrac{b}{x}\right)\right\}}{\ln x}$

$= \lim\limits_{x \to \infty} \dfrac{\ln x + \ln\left(a + \dfrac{b}{x}\right)}{\ln x}$

$= \lim\limits_{x \to \infty} \left\{ 1 + \dfrac{\ln\left(a + \dfrac{b}{x}\right)}{\ln x} \right\} = 1$

답 1

156

(1) $\lim\limits_{x \to \infty} \dfrac{e^{g(x)}}{e^{f(x)}} = \lim\limits_{x \to \infty} e^{g(x)-f(x)} = \lim\limits_{x \to \infty} e^{f(x)\left[\frac{g(x)}{f(x)}-1\right]}$

$x \to \infty$일 때 $f(x) \to \infty$이고 $\dfrac{g(x)}{f(x)} \to 0$이므로

$f(x) \left\{ \dfrac{g(x)}{f(x)} - 1 \right\} \to -\infty$

$\therefore \lim\limits_{x \to \infty} e^{f(x)\left[\frac{g(x)}{f(x)}-1\right]} = 0$

(2) $\lim\limits_{x \to \infty} \dfrac{\ln g(x)}{\ln f(x)} = \lim\limits_{x \to \infty} \dfrac{\ln f(x) + \ln \dfrac{g(x)}{f(x)}}{\ln f(x)}$

$= \lim\limits_{x \to \infty} \left\{ 1 + \dfrac{\ln \dfrac{g(x)}{f(x)}}{\ln f(x)} \right\}$

$x \to \infty$일 때 $f(x) \to \infty$이고 $\dfrac{g(x)}{f(x)} \to 1$이므로

$\dfrac{\ln \dfrac{g(x)}{f(x)}}{\ln f(x)} \to 0$

$\therefore \lim\limits_{x \to \infty} \left\{ 1 + \dfrac{\ln \dfrac{g(x)}{f(x)}}{\ln f(x)} \right\} = 1$

답 (1) 0 (2) 1

157

$x-2=t$로 놓으면 $x \to 2$일 때 $t \to 0$이므로

$\lim\limits_{x \to 2} \ln\left(\dfrac{x}{2}\right)^{\frac{1}{2-x}} = \lim\limits_{t \to 0} \ln\left(\dfrac{t+2}{2}\right)^{-\frac{1}{t}}$

$= \lim\limits_{t \to 0} \left\{ -\dfrac{1}{t} \ln\left(1 + \dfrac{t}{2}\right) \right\}$

$= \lim\limits_{t \to 0} \dfrac{\ln\left(1 + \dfrac{t}{2}\right)}{-t}$

$= \lim\limits_{t \to 0} \left\{ \dfrac{\ln\left(1 + \dfrac{t}{2}\right)}{\dfrac{t}{2}} \times \left(-\dfrac{1}{2}\right) \right\}$

$= 1 \times \left(-\dfrac{1}{2}\right) = -\dfrac{1}{2}$

다른 풀이

$x-2=t$로 놓으면 $x \to 2$일 때 $t \to 0$이므로

$\lim\limits_{x \to 2} \ln\left(\dfrac{x}{2}\right)^{\frac{1}{2-x}} = \lim\limits_{t \to 0} \ln\left(\dfrac{t+2}{2}\right)^{-\frac{1}{t}}$

$= \lim\limits_{t \to 0} \ln\left\{ \left(1 + \dfrac{t}{2}\right)^{\frac{2}{t}} \right\}^{-\frac{1}{2}}$

03. 지수함수와 로그함수의 미분 **029**

$$=\lim_{t\to 0}\left\{-\frac{1}{2}\ln\left(1+\frac{t}{2}\right)^{\frac{2}{t}}\right\}$$
$$=-\frac{1}{2}\ln e=-\frac{1}{2}$$ 답 ②

158

$$\lim_{x\to\infty}x\{\ln(x+1)-\ln(x-1)\}$$
$$=\lim_{x\to\infty}x\ln\frac{x+1}{x-1}$$
$$=\lim_{x\to\infty}\ln\left(1+\frac{2}{x-1}\right)^{x}$$
$$=\lim_{x\to\infty}\ln\left\{\left(1+\frac{2}{x-1}\right)^{x-1}\times\left(1+\frac{2}{x-1}\right)\right\}$$
$$=\lim_{x\to\infty}\left[\ln\left\{\left(1+\frac{2}{x-1}\right)^{\frac{x-1}{2}}\right\}^{2}+\ln\left(1+\frac{2}{x-1}\right)\right]$$
$$=\ln e^{2}+\ln 1=2$$ 답 ②

159

$$\lim_{x\to\infty}f(x)\ln\left(1+\frac{1}{3x}\right)=\lim_{x\to\infty}\left\{f(x)\times\frac{1}{3x}\ln\left(1+\frac{1}{3x}\right)^{3x}\right\}$$
$$=\lim_{x\to\infty}\left\{\frac{f(x)}{3x}\times\ln\left(1+\frac{1}{3x}\right)^{3x}\right\}$$
$$=\lim_{x\to\infty}\frac{f(x)}{3x}\times\lim_{x\to\infty}\ln\left(1+\frac{1}{3x}\right)^{3x}$$
$$=\lim_{x\to\infty}\frac{f(x)}{3x}\times\ln e$$
$$=\lim_{x\to\infty}\frac{f(x)}{3x}$$

즉, $\lim_{x\to\infty}\dfrac{f(x)}{3x}=4$이므로

$$\lim_{x\to\infty}\frac{f(x)}{x}=12$$ 답 ④

160

$$\lim_{x\to 0}\left(\frac{e^{2x}-1}{x^{2}-x}+\frac{e^{x}-e^{-x}}{x}\right)$$
$$=\lim_{x\to 0}\left\{\frac{e^{2x}-1}{x(x-1)}+\frac{(e^{x}-1)-(e^{-x}-1)}{x}\right\}$$
$$=\lim_{x\to 0}\left\{\frac{\frac{e^{2x}-1}{2x}}{\frac{x-1}{2}}+\frac{e^{x}-1}{x}+\frac{e^{-x}-1}{-x}\right\}$$
$$=\frac{1}{-\frac{1}{2}}+1+1=0$$ 답 ③

161

$$\lim_{n\to\infty}\ln\left\{\frac{1}{2}\left(1+\frac{1}{n}\right)\left(1+\frac{1}{n+1}\right)\left(1+\frac{1}{n+2}\right)\cdots\left(1+\frac{1}{2n}\right)\right\}^{2n}$$
$$=\lim_{n\to\infty}\ln\left(\frac{1}{2}\times\frac{n+1}{n}\times\frac{n+2}{n+1}\times\frac{n+3}{n+2}\times\cdots\times\frac{2n+1}{2n}\right)^{2n}$$
$$=\lim_{n\to\infty}\ln\left(\frac{2n+1}{2n}\right)^{2n}$$
$$=\lim_{n\to\infty}\ln\left(1+\frac{1}{2n}\right)^{2n}=\ln e=1$$ 답 ④

162

$x-1=t$로 놓으면 $x\to 1$일 때 $t\to 0$이므로
$$\lim_{x\to 1}\left(\frac{x-1}{\log_9 x}-\frac{x-1}{\log_3 x}\right)=\lim_{t\to 0}\left\{\frac{t}{\log_9(1+t)}-\frac{t}{\log_3(1+t)}\right\}$$
$$=\lim_{t\to 0}\frac{1}{\frac{\log_9(1+t)}{t}}-\lim_{t\to 0}\frac{1}{\frac{\log_3(1+t)}{t}}$$
$$=\ln 9-\ln 3=\ln 3$$ 답 ④

163

$\ln x=t$로 놓으면 $x>1$에서 $t>0$이므로
$$f(x)=\lim_{h\to 0}\frac{t^{h}-1}{h}=\ln t=\ln(\ln x)$$
$$\therefore f(x^{4})-f(x^{2})=\ln(\ln x^{4})-\ln(\ln x^{2})$$
$$=\ln\left(\frac{4\ln x}{2\ln x}\right)=\ln 2$$ 답 ②

164

$$\lim_{x\to\infty}\left(\frac{x+a}{x-a}\right)^{x}=\lim_{x\to\infty}\left(1+\frac{2a}{x-a}\right)^{x}$$에서
$x-a=t$로 놓으면 $x\to\infty$일 때 $t\to\infty$이므로
$$\lim_{x\to\infty}\left(1+\frac{2a}{x-a}\right)^{x}=\lim_{t\to\infty}\left(1+\frac{2a}{t}\right)^{t+a}=\lim_{t\to\infty}\left\{\left(1+\frac{2a}{t}\right)^{\frac{t}{2a}}\right\}^{\frac{2a(t+a)}{t}}$$
$$=e^{2a}$$
따라서 $e^{2a}=e^{200}$에서 $2a=200$이므로
$a=100$ 답 100

165

ㄱ. $\lim_{x\to 0}\dfrac{e^{f(x)}-1}{x}=\lim_{x\to 0}\dfrac{e^{x^{2}}-1}{x}=\lim_{x\to 0}\left(\dfrac{e^{x^{2}}-1}{x^{2}}\times x\right)$
$$=1\times 0=0\text{ (참)}$$

ㄴ. $\lim_{x\to 0}\dfrac{e^{x}-1}{f(x)}=\lim_{x\to 0}\left\{\dfrac{e^{x}-1}{x}\times\dfrac{x}{f(x)}\right\}$
$$=\lim_{x\to 0}\left\{1\times\dfrac{x}{f(x)}\right\}=1$$

이므로 $\lim_{x\to 0}\dfrac{x}{f(x)}=1$

$\therefore \lim_{x\to 0}\dfrac{(e^{x})^{2}-1}{\{f(x)\}^{2}}=\lim_{x\to 0}\dfrac{(e^{x}-1)(e^{x}+1)}{\{f(x)\}^{2}}$
$$=\lim_{x\to 0}\left\{\dfrac{e^{x}-1}{f(x)}\times\dfrac{x}{f(x)}\times\dfrac{e^{x}+1}{x}\right\}$$

이때, $\lim_{x\to 0+}\dfrac{e^{x}+1}{x}=\infty$, $\lim_{x\to 0-}\dfrac{e^{x}+1}{x}=-\infty$이므로 주어진 식의 극한
은 존재하지 않는다. (거짓)

ㄷ. [반례] $f(x)=|x|$라 하면
$$\lim_{x\to 0}f(x)=0$$이지만
$$\lim_{x\to 0+}\dfrac{e^{|x|}-1}{x}=\lim_{x\to 0+}\left(\dfrac{e^{|x|}-1}{|x|}\times\dfrac{|x|}{x}\right)$$
$$=\lim_{x\to 0+}\left(\dfrac{e^{x}-1}{x}\times 1\right)=1$$
$$\lim_{x\to 0-}\dfrac{e^{|x|}-1}{x}=\lim_{x\to 0-}\left(\dfrac{e^{|x|}-1}{|x|}\times\dfrac{|x|}{x}\right)$$
$$=\lim_{x\to 0-}\left\{\dfrac{e^{-x}-1}{-x}\times(-1)\right\}=-1$$
에서 $\lim_{x\to 0+}\dfrac{e^{|x|}-1}{x}\neq\lim_{x\to 0-}\dfrac{e^{|x|}-1}{x}$
즉, $\lim_{x\to 0}\dfrac{e^{|x|}-1}{x}$의 값은 존재하지 않는다. (거짓)
따라서 옳은 것은 ㄱ뿐이다. 답 ①

166

함수 $f(x)=\ln x$는 닫힌구간 $[3, 6]$에서 연속이고 열린구간 $(3, 6)$에서 미분가능하다.

$f'(x)=\dfrac{1}{x}$이고, $\dfrac{f(6)-f(3)}{6-3}=\dfrac{\ln 6-\ln 3}{6-3}=\dfrac{\ln 2}{3}$이므로 평균값 정리

에 의하여

$f'(c)=\dfrac{\ln 2}{3}$ $(3<c<6)$

를 만족시키는 실수 c가 존재한다.

따라서 $\dfrac{1}{c}=\dfrac{\ln 2}{3}$이므로 $c=\dfrac{3}{\ln 2}$　　　　　　탑 $\dfrac{3}{\ln 2}$

167

함수 $f(x)$가 $x=b$에서 미분가능하므로 $x=b$에서 연속이다.

즉, $\displaystyle\lim_{x\to b+} ax^2=\lim_{x\to b-} e^{2x}=f(b)$

$\therefore ab^2=e^{2b}$　　　　　　　　　　　　　　　……㉠

또한 $f'(b)$가 존재하므로

$f'(x)=\begin{cases} 2e^{2x} & (x<b) \\ 2ax & (x>b) \end{cases}$ 에서

$\displaystyle\lim_{x\to b+} 2ax=\lim_{x\to b-} 2e^{2x}$

$2ab=2e^{2b}$　$\therefore ab=e^{2b}$　　　　　　　　　……㉡

㉠, ㉡을 연립하여 풀면 $a=e^2$, $b=1$

$\therefore ab=e^2\times 1=e^2$　　　　　　　　　　탑 e^2

168

$\displaystyle\lim_{x\to 1}\dfrac{f(x)-3}{x-1}=6$에서 $x\to 1$일 때 (분모) $\to 0$이고 극한값이 존재하므로 (분자) $\to 0$이다.

즉, $\displaystyle\lim_{x\to 1}\{f(x)-3\}=0$이므로

$f(1)-3=0$　　$\therefore f(1)=3$

$f(1)=a\ln 1+b=3$에서 $b=3$

──────────────────────────────── 가

$\therefore f(x)=a\ln x+3$

한편, $\displaystyle\lim_{x\to 1}\dfrac{f(x)-3}{x-1}=\lim_{x\to 1}\dfrac{f(x)-f(1)}{x-1}=f'(1)$이고

$f'(x)=\dfrac{a}{x}$이므로

$f'(1)=\dfrac{a}{1}=6$　　$\therefore a=6$

──────────────────────────────── 나

따라서 $f(x)=6\ln x+3$이므로

$f(e)=6+3=9$

──────────────────────────────── 다

단계	채점 요소	비율
가	b의 값 구하기	40%
나	a의 값 구하기	40%
다	$f(e)$의 값 구하기	20%

탑 9

169

x의 값의 범위를 $|x|<2$, $|x|=2$, $|x|>2$로 나누어 함수 $f(x)$를 구하면

(i) $|x|<2$일 때

$0\le\log_3(1+|x|)<1$이므로 $\displaystyle\lim_{n\to\infty}\{\log_3(1+|x|)\}^n=0$

$\therefore f(x)=\displaystyle\lim_{n\to\infty}\dfrac{9-\{\log_3(1+|x|)\}^n}{3+\{\log_3(1+|x|)\}^n}=\dfrac{9-0}{3+0}=3$

──────────────────────────────── 가

(ii) $|x|=2$일 때

$\log_3(1+|x|)=1$이므로 $\displaystyle\lim_{n\to\infty}\{\log_3(1+|x|)\}^n=1$

$\therefore f(x)=\displaystyle\lim_{n\to\infty}\dfrac{9-\{\log_3(1+|x|)\}^n}{3+\{\log_3(1+|x|)\}^n}=\dfrac{9-1}{3+1}=2$

──────────────────────────────── 나

(iii) $|x|>2$일 때

$\log_3(1+|x|)>1$이므로 $\displaystyle\lim_{n\to\infty}\{\log_3(1+|x|)\}^n=\infty$

$\therefore f(x)=\displaystyle\lim_{n\to\infty}\dfrac{9-\{\log_3(1+|x|)\}^n}{3+\{\log_3(1+|x|)\}^n}$

$=\displaystyle\lim_{n\to\infty}\dfrac{\dfrac{9}{\{\log_3(1+|x|)\}^n}-1}{\dfrac{3}{\{\log_3(1+|x|)\}^n}+1}=\dfrac{0-1}{0+1}=-1$

──────────────────────────────── 다

(i)~(iii)에서 함수 $y=f(x)$의 그래프는 다음 그림과 같다.

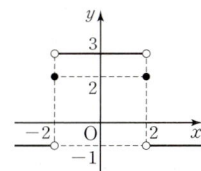

따라서 함수 $f(x)$는 $x=-2$, $x=2$에서 불연속이다.

──────────────────────────────── 라

단계	채점 요소	비율
가	$|x|<2$에서의 함수 $f(x)$ 구하기	25%
나	$|x|=2$에서의 함수 $f(x)$ 구하기	25%
다	$|x|>2$에서의 함수 $f(x)$ 구하기	25%
라	함수 $f(x)$가 불연속인 x의 값 구하기	25%

탑 -2, 2

 **04** Ⅱ. 미분법

삼각함수의 덧셈정리

개념 콕콕 본문 p.41

170

(1) $\sin 15° = \sin(45° - 30°)$

$\quad = \sin 45° \cos 30° - \cos 45° \sin 30°$

$\quad = \dfrac{\sqrt{2}}{2} \times \dfrac{\sqrt{3}}{2} - \dfrac{\sqrt{2}}{2} \times \dfrac{1}{2} = \dfrac{\sqrt{6} - \sqrt{2}}{4}$

(2) $\cos 75° = \cos(30° + 45°)$

$\quad = \cos 30° \cos 45° - \sin 30° \sin 45°$

$\quad = \dfrac{\sqrt{3}}{2} \times \dfrac{\sqrt{2}}{2} - \dfrac{1}{2} \times \dfrac{\sqrt{2}}{2} = \dfrac{\sqrt{6} - \sqrt{2}}{4}$

(3) $\tan 105° = \tan(45° + 60°)$

$\quad = \dfrac{\tan 45° + \tan 60°}{1 - \tan 45° \tan 60°}$

$\quad = \dfrac{1 + \sqrt{3}}{1 - 1 \times \sqrt{3}} = -2 - \sqrt{3}$

답 (1) $\dfrac{\sqrt{6} - \sqrt{2}}{4}$ (2) $\dfrac{\sqrt{6} - \sqrt{2}}{4}$ (3) $-2 - \sqrt{3}$

171

(1) $\sin \dfrac{5}{12}\pi = \sin\left(\dfrac{\pi}{6} + \dfrac{\pi}{4}\right)$

$\quad = \sin \dfrac{\pi}{6} \cos \dfrac{\pi}{4} + \cos \dfrac{\pi}{6} \sin \dfrac{\pi}{4}$

$\quad = \dfrac{1}{2} \times \dfrac{\sqrt{2}}{2} + \dfrac{\sqrt{3}}{2} \times \dfrac{\sqrt{2}}{2} = \dfrac{\sqrt{2} + \sqrt{6}}{4}$

(2) $\cos \dfrac{7}{12}\pi = \cos\left(\dfrac{\pi}{4} + \dfrac{\pi}{3}\right)$

$\quad = \cos \dfrac{\pi}{4} \cos \dfrac{\pi}{3} - \sin \dfrac{\pi}{4} \sin \dfrac{\pi}{3}$

$\quad = \dfrac{\sqrt{2}}{2} \times \dfrac{1}{2} - \dfrac{\sqrt{2}}{2} \times \dfrac{\sqrt{3}}{2} = \dfrac{\sqrt{2} - \sqrt{6}}{4}$

(3) $\tan \dfrac{\pi}{12} = \tan\left(\dfrac{\pi}{4} - \dfrac{\pi}{6}\right)$

$\quad = \dfrac{\tan \dfrac{\pi}{4} - \tan \dfrac{\pi}{6}}{1 + \tan \dfrac{\pi}{4} \tan \dfrac{\pi}{6}}$

$\quad = \dfrac{1 - \dfrac{\sqrt{3}}{3}}{1 + 1 \times \dfrac{\sqrt{3}}{3}} = 2 - \sqrt{3}$

답 (1) $\dfrac{\sqrt{2} + \sqrt{6}}{4}$ (2) $\dfrac{\sqrt{2} - \sqrt{6}}{4}$ (3) $2 - \sqrt{3}$

172

(1) $\sin 80° \cos 20° - \cos 80° \sin 20° = \sin(80° - 20°)$

$\quad = \sin 60° = \dfrac{\sqrt{3}}{2}$

(2) $\cos 25° \cos 35° - \sin 25° \sin 35° = \cos(25° + 35°)$

$\quad = \cos 60° = \dfrac{1}{2}$

(3) $\dfrac{\tan 80° - \tan 50°}{1 + \tan 80° \tan 50°} = \tan(80° - 50°)$

$\quad = \tan 30° = \dfrac{\sqrt{3}}{3}$

답 (1) $\dfrac{\sqrt{3}}{2}$ (2) $\dfrac{1}{2}$ (3) $\dfrac{\sqrt{3}}{3}$

173

$0 < \alpha < \dfrac{\pi}{2}$에서 $\cos \alpha > 0$이므로

$\cos \alpha = \sqrt{1 - \sin^2 \alpha} = \sqrt{1 - \left(\dfrac{3}{5}\right)^2} = \dfrac{4}{5}$

즉, $\tan \alpha = \dfrac{\sin \alpha}{\cos \alpha} = \dfrac{\dfrac{3}{5}}{\dfrac{4}{5}} = \dfrac{3}{4}$

$0 < \beta < \dfrac{\pi}{2}$에서 $\sin \beta > 0$이므로

$\sin \beta = \sqrt{1 - \cos^2 \beta} = \sqrt{1 - \left(\dfrac{5}{13}\right)^2} = \dfrac{12}{13}$

즉, $\tan \beta = \dfrac{\sin \beta}{\cos \beta} = \dfrac{\dfrac{12}{13}}{\dfrac{5}{13}} = \dfrac{12}{5}$

(1) $\sin(\alpha + \beta) = \sin \alpha \cos \beta + \cos \alpha \sin \beta$

$\quad = \dfrac{3}{5} \times \dfrac{5}{13} + \dfrac{4}{5} \times \dfrac{12}{13} = \dfrac{63}{65}$

(2) $\cos(\alpha - \beta) = \cos \alpha \cos \beta + \sin \alpha \sin \beta$

$\quad = \dfrac{4}{5} \times \dfrac{5}{13} + \dfrac{3}{5} \times \dfrac{12}{13} = \dfrac{56}{65}$

(3) $\tan(\alpha - \beta) = \dfrac{\tan \alpha - \tan \beta}{1 + \tan \alpha \tan \beta}$

$\quad = \dfrac{\dfrac{3}{4} - \dfrac{12}{5}}{1 + \dfrac{3}{4} \times \dfrac{12}{5}} = -\dfrac{33}{56}$

답 (1) $\dfrac{63}{65}$ (2) $\dfrac{56}{65}$ (3) $-\dfrac{33}{56}$

174

(1) 오른쪽 그림과 같이 좌표평면 위에 점 P(1, 1)을 잡으면

$\overline{OP} = \sqrt{1^2 + 1^2} = \sqrt{2}$

$\therefore \sin \theta + \cos \theta$

$\quad = \sqrt{2}\left(\sin \theta \times \dfrac{1}{\sqrt{2}} + \cos \theta \times \dfrac{1}{\sqrt{2}}\right)$

$\quad = \sqrt{2}\left(\sin \theta \cos \dfrac{\pi}{4} + \cos \theta \sin \dfrac{\pi}{4}\right)$

$\quad = \sqrt{2}\sin\left(\theta + \dfrac{\pi}{4}\right)$

(2) 오른쪽 그림과 같이 좌표평면 위에 점 P($\sqrt{3}$, 1)을 잡으면

$\overline{OP} = \sqrt{(\sqrt{3})^2 + 1^2} = 2$

$\therefore \sqrt{3}\sin \theta + \cos \theta$

$\quad = 2\left(\sin \theta \times \dfrac{\sqrt{3}}{2} + \cos \theta \times \dfrac{1}{2}\right)$

$\quad = 2\left(\sin \theta \cos \dfrac{\pi}{6} + \cos \theta \sin \dfrac{\pi}{6}\right)$

$\quad = 2\sin\left(\theta + \dfrac{\pi}{6}\right)$

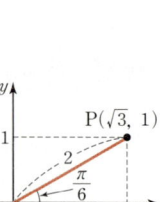

(3) 오른쪽 그림과 같이 좌표평면 위에 점

$P(1, -\sqrt{3})$을 잡으면

$\overline{OP}=\sqrt{1^2+(-\sqrt{3})^2}=2$

$\therefore \sin\theta-\sqrt{3}\cos\theta$

$=2\left\{\sin\theta\times\dfrac{1}{2}+\cos\theta\times\left(-\dfrac{\sqrt{3}}{2}\right)\right\}$

$=2\left(\sin\theta\cos\dfrac{5}{3}\pi+\cos\theta\sin\dfrac{5}{3}\pi\right)$

$=2\sin\left(\theta+\dfrac{5}{3}\pi\right)$

답 (1) $\sqrt{2}\sin\left(\theta+\dfrac{\pi}{4}\right)$ (2) $2\sin\left(\theta+\dfrac{\pi}{6}\right)$ (3) $2\sin\left(\theta+\dfrac{5}{3}\pi\right)$

175

(1) $y=\cos x-\sin x$

$=\sqrt{2}\left\{\cos x\times\dfrac{1}{\sqrt{2}}+\sin x\times\left(-\dfrac{1}{\sqrt{2}}\right)\right\}$

$=\sqrt{2}\left(\cos x\cos\dfrac{7}{4}\pi+\sin x\sin\dfrac{7}{4}\pi\right)$

$=\sqrt{2}\cos\left(x-\dfrac{7}{4}\pi\right)$

따라서 함수 $y=\cos x-\sin x$의 주기는 2π, 최댓값은 $\sqrt{2}$, 최솟값은 $-\sqrt{2}$이다.

(2) $y=\sin x+\sqrt{3}\cos x$

$=2\left(\sin x\times\dfrac{1}{2}+\cos x\times\dfrac{\sqrt{3}}{2}\right)$

$=2\left(\sin x\cos\dfrac{\pi}{3}+\cos x\sin\dfrac{\pi}{3}\right)$

$=2\sin\left(x+\dfrac{\pi}{3}\right)$

따라서 함수 $y=\sin x+\sqrt{3}\cos x$의 주기는 2π, 최댓값은 2, 최솟값은 -2이다.

답 (1) 주기 : 2π, 최댓값 : $\sqrt{2}$, 최솟값 : $-\sqrt{2}$
(2) 주기 : 2π, 최댓값 : 2, 최솟값 : -2

유형 콕콕
본문 p.42~45

176 ③	**177** ②	**178** ③	**179** ②	**180** ⑤
181 $\dfrac{63}{16}$	**182** ①	**183** 4	**184** $\dfrac{\sqrt{5}}{5}$	**185** ③
186 $\dfrac{9}{40}$	**187** 18	**188** ⑤	**189** ①	**190** $\dfrac{3}{2}$	**191** ⑤
192 ③	**193** $-\dfrac{5}{3}\pi$	**194** ④	**195** ③	**196** $1+2\sqrt{2}$
197 ②	**198** $\dfrac{\pi}{4}$	**199** $2\sqrt{13}$		

176

α, β가 제1사분면의 각이므로 $\cos\alpha>0$, $\sin\beta>0$

$\therefore \cos\alpha=\sqrt{1-\sin^2\alpha}=\sqrt{1-\left(\dfrac{12}{13}\right)^2}=\dfrac{5}{13}$,

$\sin\beta=\sqrt{1-\cos^2\beta}=\sqrt{1-\left(\dfrac{4}{5}\right)^2}=\dfrac{3}{5}$

$\therefore \sin(\alpha+\beta)+\cos(\alpha+\beta)$

$=\sin\alpha\cos\beta+\cos\alpha\sin\beta+\cos\alpha\cos\beta-\sin\alpha\sin\beta$

$=\dfrac{12}{13}\times\dfrac{4}{5}+\dfrac{5}{13}\times\dfrac{3}{5}+\dfrac{5}{13}\times\dfrac{4}{5}-\dfrac{12}{13}\times\dfrac{3}{5}=\dfrac{47}{65}$

답 ③

177

$\dfrac{\sin 4\theta}{\sin 2\theta}-\dfrac{\cos 4\theta}{\cos 2\theta}=\dfrac{\sin 4\theta\cos 2\theta-\cos 4\theta\sin 2\theta}{\sin 2\theta\cos 2\theta}$

$=\dfrac{\sin(4\theta-2\theta)}{\sin 2\theta\cos 2\theta}$

$=\dfrac{\sin 2\theta}{\sin 2\theta\cos 2\theta}$

$=\dfrac{1}{\cos 2\theta}$

답 ②

178

$\sin 50°\sin 70°-\sin 40°\sin 20°$

$=\sin(90°-40°)\sin(90°-20°)-\sin 40°\sin 20°$

$=(\sin 90°\cos 40°-\cos 90°\sin 40°)(\sin 90°\cos 20°-\cos 90°\sin 20°)$
$\qquad\qquad\qquad\qquad\qquad\qquad -\sin 40°\sin 20°$

$=\cos 40°\cos 20°-\sin 40°\sin 20°$

$=\cos(40°+20°)$

$=\cos 60°=\dfrac{1}{2}$

보충 설명

$\dfrac{\pi}{2}\pm\theta$의 삼각함수 성질은 다음과 같다.

$\sin\left(\dfrac{\pi}{2}\pm\theta\right)=\cos\theta$, $\cos\left(\dfrac{\pi}{2}\pm\theta\right)=\mp\sin\theta$, $\tan\left(\dfrac{\pi}{2}\pm\theta\right)=\mp\dfrac{1}{\tan\theta}$

(복부호동순)

즉, $\sin(90°-40°)=\cos 40°$, $\sin(90°-20°)=\cos 20°$이다.

답 ③

179

$\tan\beta=\tan\{(\alpha+\beta)-\alpha\}$

$=\dfrac{\tan(\alpha+\beta)-\tan\alpha}{1+\tan(\alpha+\beta)\tan\alpha}$

$=\dfrac{1-\dfrac{1}{4}}{1+1\times\dfrac{1}{4}}=\dfrac{3}{5}$

답 ②

180

$\tan(\alpha+\beta)=\dfrac{\tan\alpha+\tan\beta}{1-\tan\alpha\tan\beta}=1$이므로

$\tan\alpha+\tan\beta=1-\tan\alpha\tan\beta$

$\therefore (1+\tan\alpha)(1+\tan\beta)$

$=1+\tan\alpha+\tan\beta+\tan\alpha\tan\beta$

$=1+(1-\tan\alpha\tan\beta)+\tan\alpha\tan\beta$

$=2$

답 ⑤

181

$0<\alpha<\dfrac{\pi}{2}$에서 $\sin\alpha>0$이므로

$\sin\alpha=\sqrt{1-\cos^2\alpha}=\sqrt{1-\left(\dfrac{3}{5}\right)^2}=\dfrac{4}{5}$

$\dfrac{\pi}{2}<\beta<\pi$에서 $\cos\beta<0$이므로

$\cos\beta=-\sqrt{1-\sin^2\beta}=-\sqrt{1-\left(\dfrac{5}{13}\right)^2}=-\dfrac{12}{13}$

$\therefore \tan\alpha=\dfrac{\sin\alpha}{\cos\alpha}=\dfrac{\dfrac{4}{5}}{\dfrac{3}{5}}=\dfrac{4}{3}$,

$\tan\beta=\dfrac{\sin\beta}{\cos\beta}=\dfrac{\dfrac{5}{13}}{-\dfrac{12}{13}}=-\dfrac{5}{12}$

$$\therefore \tan(\alpha-\beta)=\frac{\tan\alpha-\tan\beta}{1+\tan\alpha\tan\beta}$$

$$=\frac{\dfrac{4}{3}-\left(-\dfrac{5}{12}\right)}{1+\dfrac{4}{3}\times\left(-\dfrac{5}{12}\right)}$$

$$=\frac{63}{16}$$

답 $\dfrac{63}{16}$

182

$\sin\alpha+\cos\beta=\dfrac{1}{2}$의 양변을 제곱하면

$$\sin^2\alpha+2\sin\alpha\cos\beta+\cos^2\beta=\frac{1}{4} \qquad \cdots\cdots \text{㉠}$$

$\cos\alpha+\sin\beta=\dfrac{\sqrt{2}}{2}$의 양변을 제곱하면

$$\cos^2\alpha+2\cos\alpha\sin\beta+\sin^2\beta=\frac{1}{2} \qquad \cdots\cdots \text{㉡}$$

㉠+㉡을 하면

$$(\sin^2\alpha+\cos^2\alpha)+2(\sin\alpha\cos\beta+\cos\alpha\sin\beta)+(\cos^2\beta+\sin^2\beta)=\frac{3}{4}$$

$$2+2(\sin\alpha\cos\beta+\cos\alpha\sin\beta)=\frac{3}{4}$$

$$\therefore \sin\alpha\cos\beta+\cos\alpha\sin\beta=-\frac{5}{8}$$

$$\therefore \sin(\alpha+\beta)=\sin\alpha\cos\beta+\cos\alpha\sin\beta=-\frac{5}{8}$$

답 ①

183

이차방정식의 근과 계수의 관계에 의하여

$$\tan\alpha+\tan\beta=-k, \quad \tan\alpha\tan\beta=2$$

따라서 $\tan(\alpha+\beta)=\dfrac{\tan\alpha+\tan\beta}{1-\tan\alpha\tan\beta}=\dfrac{-k}{1-2}=k$이므로

$k=4$

답 4

184

이차방정식의 근과 계수의 관계에 의하여

$$\tan\alpha+\tan\beta=6, \quad \tan\alpha\tan\beta=4$$

$$\therefore \tan(\alpha+\beta)$$

$$=\frac{\tan\alpha+\tan\beta}{1-\tan\alpha\tan\beta}$$

$$=\frac{6}{1-4}=-2$$

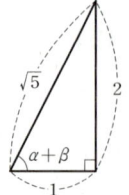

가

따라서 오른쪽 그림과 같은 직각삼각형에서 빗변의 길이는 $\sqrt{5}$이고 $\dfrac{\pi}{2}<\alpha+\beta<\pi$, 즉 $\cos(\alpha+\beta)<0$이므로

$$\cos(\alpha+\beta)=-\frac{1}{\sqrt{5}}=-\frac{\sqrt{5}}{5}$$

$$\therefore \sin\alpha\sin\beta-\cos\alpha\cos\beta$$

$$=-\cos(\alpha+\beta)$$

$$=-\left(-\frac{\sqrt{5}}{5}\right)=\frac{\sqrt{5}}{5}$$

나

단계	채점 요소	비율
가	$\tan(\alpha+\beta)$의 값 구하기	30%
나	$\sin\alpha\sin\beta-\cos\alpha\cos\beta$의 값 구하기	70%

답 $\dfrac{\sqrt{5}}{5}$

185

두 직각삼각형 ABC, ACD에서

$\overline{AC}=\sqrt{4^2+3^2}=5$, $\overline{AD}=\sqrt{5^2+2^2}=\sqrt{29}$

$\angle CAB=\alpha$, $\angle DAC=\beta$라 하면

$\sin\alpha=\dfrac{3}{5}$, $\cos\alpha=\dfrac{4}{5}$

$\sin\beta=\dfrac{2}{\sqrt{29}}$, $\cos\beta=\dfrac{5}{\sqrt{29}}$

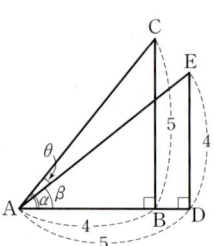

$$\therefore \cos(\alpha+\beta)=\cos\alpha\cos\beta-\sin\alpha\sin\beta$$

$$=\frac{4}{5}\times\frac{5}{\sqrt{29}}-\frac{3}{5}\times\frac{2}{\sqrt{29}}=\frac{14}{5\sqrt{29}}$$

$$\therefore \overline{AE}=\overline{AD}\cos(\alpha+\beta)=\sqrt{29}\times\frac{14}{5\sqrt{29}}=\frac{14}{5}$$

답 ③

186

$\angle CAB=\alpha$, $\angle EAD=\beta$라 하면

$\tan\alpha=\dfrac{5}{4}$, $\tan\beta=\dfrac{4}{5}$

$\theta=\alpha-\beta$이므로

$$\tan\theta=\tan(\alpha-\beta)$$

$$=\frac{\tan\alpha-\tan\beta}{1+\tan\alpha\tan\beta}$$

$$=\frac{\dfrac{5}{4}-\dfrac{4}{5}}{1+\dfrac{5}{4}\times\dfrac{4}{5}}=\frac{9}{40}$$

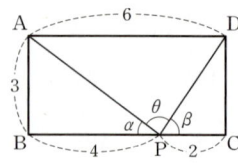

다른 풀이

$\angle EAD=\beta$라 하면 직각삼각형 ADE에서

$$\tan\beta=\frac{4}{5} \qquad \cdots\cdots \text{㉠}$$

또한 직각삼각형 ABC에서 $\tan(\theta+\beta)=\dfrac{5}{4}$이므로

$$\frac{\tan\theta+\tan\beta}{1-\tan\theta\tan\beta}=\frac{5}{4} \qquad \cdots\cdots \text{㉡}$$

㉠을 ㉡에 대입하면

$$\frac{\tan\theta+\dfrac{4}{5}}{1-\tan\theta\times\dfrac{4}{5}}=\frac{5}{4}, \quad \frac{5}{4}-\tan\theta=\tan\theta+\frac{4}{5}$$

$$\therefore \tan\theta=\frac{9}{40}$$

답 $\dfrac{9}{40}$

187

점 P는 $\overline{BC}$를 $2:1$로 내분하므로

$\overline{BP}=4$, $\overline{CP}=2$

$\angle APB=\alpha$, $\angle DPC=\beta$라 하면

$\tan\alpha=\dfrac{3}{4}$, $\tan\beta=\dfrac{3}{2}$

$\theta=\pi-(\alpha+\beta)$이므로

$$\tan\theta=\tan\{\pi-(\alpha+\beta)\}=-\tan(\alpha+\beta)$$

$$=-\frac{\tan\alpha+\tan\beta}{1-\tan\alpha\tan\beta}$$

$$=-\frac{\dfrac{3}{4}+\dfrac{3}{2}}{1-\dfrac{3}{4}\times\dfrac{3}{2}}=18$$

보충 설명

$\pi\pm\theta$의 삼각함수 성질은 다음과 같다.

$$\sin(\pi\pm\theta)=\mp\sin\theta, \quad \cos(\pi\pm\theta)=-\cos\theta, \quad \tan(\pi\pm\theta)=\pm\tan\theta$$

(복부호동순)

즉, $\tan\{\pi-(\alpha+\beta)\}=-\tan(\alpha+\beta)$이다.

답 18

188

두 직선 $y=-x+1$, $y=3x-2$가 x축의 양의 방향과 이루는 각의 크기를 각각 α, β라 하면

$\tan\alpha=-1$, $\tan\beta=3$

$$\therefore \tan\theta=|\tan(\alpha-\beta)|=\left|\frac{\tan\alpha-\tan\beta}{1+\tan\alpha\tan\beta}\right|$$

$$=\left|\frac{-1-3}{1+(-1)\times3}\right|=2$$

이때, θ는 예각이므로 $\sin\theta>0$이고 $\tan\theta=2$이므로 오른쪽 그림에서 $\sin\theta=\dfrac{2}{\sqrt{5}}=\dfrac{2\sqrt{5}}{5}$

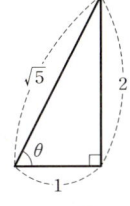

답 ⑤

189

직선 $x-3y=0$, 즉 $y=\dfrac{1}{3}x$가 x축의 양의 방향과 이루는 각의 크기를 θ라 하면 $\tan\theta=\dfrac{1}{3}$이다.

한편, 직선 $y=\dfrac{1}{3}x$ 위의 점 $(3, 1)$을 중심으로 $45°$만큼 시계 반대 방향으로 회전하여 얻은 직선의 방정식을 $y=mx+n$이라 하면 이 직선이 x축의 양의 방향과 이루는 각의 크기는 $\theta+45°$이다.

$$\therefore m=\tan(\theta+45°)=\frac{\tan\theta+\tan45°}{1-\tan\theta\tan45°}=\frac{\frac{1}{3}+1}{1-\frac{1}{3}\times1}=2$$

이때, 직선 $y=2x+n$이 점 $(3, 1)$을 지나므로

$1=6+n$ ∴ $n=-5$

따라서 직선 $y=2x-5$가 점 $(1, a)$를 지나므로

$a=2\times1-5=-3$

답 ①

190

두 직선 $ax-y+3=0$, $x-3y-5=0$, 즉 $y=ax+3$, $y=\dfrac{1}{3}x-\dfrac{5}{3}$가 x축의 양의 방향과 이루는 각의 크기를 각각 α, β라 하면

$\tan\alpha=a$, $\tan\beta=\dfrac{1}{3}$

이때, 두 직선이 이루는 예각의 크기가 $45°$이므로

$|\tan(\alpha-\beta)|=\tan45°$

$\left|\dfrac{\tan\alpha-\tan\beta}{1+\tan\alpha\tan\beta}\right|=1$

$\dfrac{a-\frac{1}{3}}{1+a\times\frac{1}{3}}=\pm1$

$a-\dfrac{1}{3}=1+\dfrac{1}{3}a$ 또는 $a-\dfrac{1}{3}=-1-\dfrac{1}{3}a$

$\therefore a=2$ 또는 $a=-\dfrac{1}{2}$

따라서 모든 상수 a의 값의 합은

$2+\left(-\dfrac{1}{2}\right)=\dfrac{3}{2}$

답 $\dfrac{3}{2}$

191

$$\sqrt{2}\sin\left(x+\frac{\pi}{4}\right)-2\cos x$$

$$=\sqrt{2}\left(\sin x\cos\frac{\pi}{4}+\cos x\sin\frac{\pi}{4}\right)-2\cos x$$

$$=\sqrt{2}\left(\frac{\sqrt{2}}{2}\sin x+\frac{\sqrt{2}}{2}\cos x\right)-2\cos x$$

$$=\sin x-\cos x$$

$$=\sqrt{2}\left\{\sin x\times\frac{1}{\sqrt{2}}+\cos x\times\left(-\frac{1}{\sqrt{2}}\right)\right\}$$

$$=\sqrt{2}\left(\sin x\cos\frac{7}{4}\pi+\cos x\sin\frac{7}{4}\pi\right)$$

$$=\sqrt{2}\sin\left(x+\frac{7}{4}\pi\right)$$

$$\therefore \alpha=\frac{7}{4}\pi$$

답 ⑤

192

$$\sqrt{3}\sin x-\cos x=2\left\{\sin x\times\frac{\sqrt{3}}{2}+\cos x\times\left(-\frac{1}{2}\right)\right\}$$

$$=2\left(\sin x\cos\frac{11}{6}\pi+\cos x\sin\frac{11}{6}\pi\right)$$

$$=2\sin\left(x+\frac{11}{6}\pi\right)$$

따라서 $\alpha=\dfrac{11}{6}\pi$이므로

$$\tan\alpha=\tan\frac{11}{6}\pi=\tan\left(2\pi-\frac{\pi}{6}\right)=-\tan\frac{\pi}{6}=-\frac{\sqrt{3}}{3}$$

답 ③

193

$$y=2\cos x-2\sin\left(x+\frac{\pi}{6}\right)$$

$$=2\cos x-2\left(\sin x\cos\frac{\pi}{6}+\cos x\sin\frac{\pi}{6}\right)$$

$$=2\cos x-2\left(\frac{\sqrt{3}}{2}\sin x+\frac{1}{2}\cos x\right)$$

$$=-\sqrt{3}\sin x+\cos x$$

$$=2\left\{\sin x\times\left(-\frac{\sqrt{3}}{2}\right)+\cos x\times\frac{1}{2}\right\}$$

$$=2\left(\sin x\cos\frac{5}{6}\pi+\cos x\sin\frac{5}{6}\pi\right)$$

$$=2\sin\left(x+\frac{5}{6}\pi\right)$$

따라서 함수 $y=2\cos x-2\sin\left(x+\dfrac{\pi}{6}\right)$의 그래프는 함수 $y=2\sin x$의 그래프를 x축의 방향으로 $-\dfrac{5}{6}\pi$만큼 평행이동한 것이므로

$a=2$, $b=-\dfrac{5}{6}\pi$

⟶ 가

$$\therefore ab=2\times\left(-\frac{5}{6}\pi\right)=-\frac{5}{3}\pi$$

⟶ 나

단계	채점 요소	비율
가	a, b의 값 각각 구하기	90%
나	ab의 값 구하기	10%

답 $-\dfrac{5}{3}\pi$

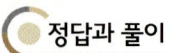

194

$y=-\sqrt{2}\sin x+\sqrt{2}\cos x$

$\qquad =2\left\{\sin x\times\left(-\dfrac{\sqrt{2}}{2}\right)+\cos x\times\dfrac{\sqrt{2}}{2}\right\}$

$\qquad =2\left(\sin x\cos\dfrac{3}{4}\pi+\cos x\sin\dfrac{3}{4}\pi\right)$

$\qquad =2\sin\left(x+\dfrac{3}{4}\pi\right)$

이때, $-1\leq\sin\left(x+\dfrac{3}{4}\pi\right)\leq1$이므로 $-2\leq2\sin\left(x+\dfrac{3}{4}\pi\right)\leq2$

따라서 주어진 함수의 최댓값은 2, 최솟값은 -2이므로

$M=2,\ m=-2$

$\therefore M-m=2-(-2)=4$ ﹛답﹜ ④

195

$y=\cos\left(x+\dfrac{\pi}{6}\right)+\sin x$

$\qquad =\left(\cos x\cos\dfrac{\pi}{6}-\sin x\sin\dfrac{\pi}{6}\right)+\sin x$

$\qquad =\left(\dfrac{\sqrt{3}}{2}\cos x-\dfrac{1}{2}\sin x\right)+\sin x$

$\qquad =\dfrac{1}{2}\sin x+\dfrac{\sqrt{3}}{2}\cos x$

$\qquad =\sin x\cos\dfrac{\pi}{3}+\cos x\sin\dfrac{\pi}{3}$

$\qquad =\sin\left(x+\dfrac{\pi}{3}\right)$

따라서 주어진 함수는 $x+\dfrac{\pi}{3}=\dfrac{\pi}{2}$, 즉 $x=\dfrac{\pi}{2}-\dfrac{\pi}{3}=\dfrac{\pi}{6}$일 때 최댓값 1을 갖는다. ($\because 0\leq x<2\pi$)

$\therefore \alpha=\dfrac{\pi}{6}$

$\therefore \tan\alpha=\tan\dfrac{\pi}{6}=\dfrac{\sqrt{3}}{3}$ ﹛답﹜ ③

196

$\sin x+\cos x=t$로 놓으면

$t=\sin x+\cos x$

$\qquad =\sqrt{2}\left(\sin x\times\dfrac{1}{\sqrt{2}}+\cos x\times\dfrac{1}{\sqrt{2}}\right)$

$\qquad =\sqrt{2}\left(\sin x\cos\dfrac{\pi}{4}+\cos x\sin\dfrac{\pi}{4}\right)$

$\qquad =\sqrt{2}\sin\left(x+\dfrac{\pi}{4}\right)$

﹙가﹚

이때, $-1\leq\sin\left(x+\dfrac{\pi}{4}\right)\leq1$이므로

$-\sqrt{2}\leq\sqrt{2}\sin\left(x+\dfrac{\pi}{4}\right)\leq\sqrt{2}$

$\therefore -\sqrt{2}\leq t\leq\sqrt{2}$

이때,

$y=2(\sin x+\cos x)+(\sin x+\cos x)^2$

$\qquad =2t+t^2$

$\qquad =(t+1)^2-1\ (-\sqrt{2}\leq t\leq\sqrt{2})$

이므로

$t=\sqrt{2}$일 때 최댓값 $2+2\sqrt{2}$, $t=-1$일 때 최솟값 -1을 갖는다.

﹙나﹚

따라서 최댓값과 최솟값의 합은

$2+2\sqrt{2}+(-1)=1+2\sqrt{2}$

﹙다﹚

단계	채점 요소	비율
㉮	$\sin x+\cos x=t$로 치환하여 $t=r\sin(x+\alpha)$ $(r>0,\ 0\leq\alpha<2\pi)$ 꼴로 나타내기	20%
㉯	주어진 함수의 최댓값과 최솟값 각각 구하기	70%
㉰	주어진 함수의 최댓값과 최솟값의 합 구하기	10%

﹛답﹜ $1+2\sqrt{2}$

197

$\angle APB=\dfrac{\pi}{2}$이므로 직각삼각형 ABP에서

$\overline{AP}=\cos\theta,\ \overline{BP}=\sin\theta$

$\therefore \overline{AP}+2\overline{BP}=\cos\theta+2\sin\theta$

$\qquad =\sqrt{5}\left(\cos\theta\times\dfrac{1}{\sqrt{5}}+\sin\theta\times\dfrac{2}{\sqrt{5}}\right)$

$\qquad =\sqrt{5}\cos(\theta-\beta)\ \left(단,\ \sin\beta=\dfrac{2}{\sqrt{5}},\ \cos\beta=\dfrac{1}{\sqrt{5}}\right)$

이때, $\overline{AP}+2\overline{BP}$는 $\cos(\theta-\beta)=1$, 즉 $\theta-\beta=0$일 때 최댓값 $\sqrt{5}$를 갖는다.

따라서 $\theta=\beta$일 때의 $\cos\theta$의 값은

$\cos\theta=\cos\beta=\dfrac{1}{\sqrt{5}}=\dfrac{\sqrt{5}}{5}$

보충 설명

$\overline{AP}+2\overline{BP}=\sqrt{5}\cos(\theta-\beta)$에서 β는 일반적으로 $0\leq\beta<2\pi$인 것을 택하고, $\sin\beta>0,\ \cos\beta>0$에서 β는 제1사분면의 각이므로 $0<\beta<\dfrac{\pi}{2}$로 생각할 수 있다. 이때, $0\leq\theta<\dfrac{\pi}{2}$이므로 $-\dfrac{\pi}{2}<\theta-\beta<\dfrac{\pi}{2}$이다.

따라서 $\overline{AP}+2\overline{BP}$는 $\theta-\beta=0$일 때 최대가 된다. ﹛답﹜ ②

198

오른쪽 그림과 같이 $\angle ADP=\theta$이면

$\angle QAB=\angle DCS=\theta$이므로

$\overline{PS}=\overline{PD}+\overline{SD}=3\cos\theta+4\sin\theta$

$\overline{PQ}=\overline{PA}+\overline{QA}=3\sin\theta+4\cos\theta$

이때, 직사각형 PQRS의 둘레의 길이를 l이라 하면

$l=2(\overline{PS}+\overline{PQ})$

$\quad =2(7\sin\theta+7\cos\theta)$

$\quad =14(\sin\theta+\cos\theta)$

$\quad =14\sqrt{2}\left(\sin\theta\times\dfrac{1}{\sqrt{2}}+\cos\theta\times\dfrac{1}{\sqrt{2}}\right)$

$\quad =14\sqrt{2}\left(\sin\theta\cos\dfrac{\pi}{4}+\cos\theta\sin\dfrac{\pi}{4}\right)$

$\quad =14\sqrt{2}\sin\left(\theta+\dfrac{\pi}{4}\right)$

따라서 l은 $\sin\left(\theta+\dfrac{\pi}{4}\right)=1$, 즉 $\theta+\dfrac{\pi}{4}=\dfrac{\pi}{2}$일 때 최댓값 $14\sqrt{2}$를 갖는다.

$\therefore \theta=\dfrac{\pi}{2}-\dfrac{\pi}{4}=\dfrac{\pi}{4}$ ﹛답﹜ $\dfrac{\pi}{4}$

199

$\angle DBC = \theta$라 하면 $\angle ABD = \dfrac{\pi}{2} - \theta$이다.

이때, 사각형 ABCD의 넓이를 S라 하면

$S = \triangle DBC + \triangle ABD$

$\quad = \dfrac{1}{2} \times 3 \times 4 \times \sin\theta + \dfrac{1}{2} \times 2 \times 4 \times \sin\left(\dfrac{\pi}{2} - \theta\right)$

$\quad = 6\sin\theta + 4\cos\theta$

$\quad = 2\sqrt{13}\left(\sin\theta \times \dfrac{3}{\sqrt{13}} + \cos\theta \times \dfrac{2}{\sqrt{13}}\right)$

$\quad = 2\sqrt{13}\,\sin(\theta + \alpha)$ $\left(\text{단, } \sin\alpha = \dfrac{2}{\sqrt{13}},\ \cos\alpha = \dfrac{3}{\sqrt{13}}\right)$

따라서 사각형 ABCD의 넓이의 최댓값은 $2\sqrt{13}$이다.　　　　**답** $2\sqrt{13}$

◎ 실력 **콕콕** ◎　　　　　　　　　　　　　　　본문 p.46~47

200 ④	**201** ④	**202** ⑤	**203** ④	**204** ④	**205** ③
206 ②	**207** ⑤	**208** ④	**209** ③	**210** ①	**211** ②
212 ⑤	**213** ②	**214** $\dfrac{2(\sqrt{10}-1)}{9}$		**215** $-\dfrac{4}{3}$	

200

θ가 제1사분면의 각이므로 $\sin\theta > 0$, $\cos\theta > 0$이고
$\tan\theta = 2$이므로 오른쪽 그림에서

$\sin\theta = \dfrac{2}{\sqrt{5}} = \dfrac{2\sqrt{5}}{5}$

$\cos\theta = \dfrac{1}{\sqrt{5}} = \dfrac{\sqrt{5}}{5}$

$\therefore \sin\left(\theta + \dfrac{\pi}{3}\right) = \sin\theta\cos\dfrac{\pi}{3} + \cos\theta\sin\dfrac{\pi}{3}$

$\qquad\qquad\quad = \dfrac{2\sqrt{5}}{5} \times \dfrac{1}{2} + \dfrac{\sqrt{5}}{5} \times \dfrac{\sqrt{3}}{2}$

$\qquad\qquad\quad = \dfrac{2\sqrt{5} + \sqrt{15}}{10}$

답 ④

201

$\sin(\alpha + \beta) = 1$에서

$\sin\alpha\cos\beta + \cos\alpha\sin\beta = 1$　　　　……㉠

$\sin(\alpha - \beta) = -\dfrac{7}{9}$에서

$\sin\alpha\cos\beta - \cos\alpha\sin\beta = -\dfrac{7}{9}$　　　　……㉡

㉠+㉡을 하면

$2\sin\alpha\cos\beta = \dfrac{2}{9}$　　$\therefore \sin\alpha\cos\beta = \dfrac{1}{9}$

㉠-㉡을 하면

$2\cos\alpha\sin\beta = \dfrac{16}{9}$　　$\therefore \cos\alpha\sin\beta = \dfrac{8}{9}$

$\therefore \dfrac{\tan\alpha}{\tan\beta} = \dfrac{\dfrac{\sin\alpha}{\cos\alpha}}{\dfrac{\sin\beta}{\cos\beta}} = \dfrac{\sin\alpha\cos\beta}{\cos\alpha\sin\beta} = \dfrac{\dfrac{1}{9}}{\dfrac{8}{9}} = \dfrac{1}{8}$　　**답** ④

202

$(\tan x + \sqrt{2})(\tan y - \sqrt{2}) = -3$에서

$\tan x\tan y - \sqrt{2}(\tan x - \tan y) - 2 = -3$

$\therefore \tan x\tan y + 1 = \sqrt{2}(\tan x - \tan y)$

$\therefore \tan(x - y) = \dfrac{\tan x - \tan y}{1 + \tan x\tan y}$

$\qquad\qquad\quad = \dfrac{\tan x - \tan y}{\sqrt{2}(\tan x - \tan y)}$

$\qquad\qquad\quad = \dfrac{1}{\sqrt{2}} = \dfrac{\sqrt{2}}{2}$

이때, $0 \leq x < \dfrac{\pi}{2}$, $0 \leq y < \dfrac{\pi}{2}$에서

$-\dfrac{\pi}{2} < x - y < \dfrac{\pi}{2}$

그런데 $\tan(x - y) > 0$이므로

$0 < x - y < \dfrac{\pi}{2}$

따라서 $\cos(x - y) > 0$이고 $\tan(x - y) = \dfrac{\sqrt{2}}{2}$이므로

오른쪽 그림에서 $\cos(x - y) = \dfrac{\sqrt{2}}{\sqrt{3}} = \dfrac{\sqrt{6}}{3}$

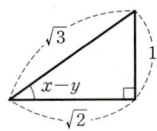

보충 설명

06. 여러 가지 미분법을 학습한 후에는 다음과 같이 구할 수 있다.

$\tan(x - y) > 0$이므로 $0 < x - y < \dfrac{\pi}{2}$

따라서 $\cos(x - y) > 0$이고

$\sec^2(x - y) = 1 + \tan^2(x - y) = 1 + \left(\dfrac{\sqrt{2}}{2}\right)^2 = \dfrac{3}{2}$이므로

$\cos(x - y) = \dfrac{1}{\sqrt{\sec^2(x - y)}} = \sqrt{\dfrac{2}{3}} = \dfrac{\sqrt{6}}{3}$　　**답** ⑤

203

$\overline{AB} = \overline{DB} = \sqrt{3^2 + 1^2} = \sqrt{10}$이므로

$\angle ABC = \alpha$라 하면

$\sin\alpha = \dfrac{1}{\sqrt{10}} = \dfrac{\sqrt{10}}{10}$

$\cos\alpha = \dfrac{3}{\sqrt{10}} = \dfrac{3\sqrt{10}}{10}$

이때, $\angle DBA = \dfrac{\pi}{3}$이므로

$\overline{DE} = \overline{DB}\sin\left(\alpha + \dfrac{\pi}{3}\right)$

$\quad = \sqrt{10}\left(\sin\alpha\cos\dfrac{\pi}{3} + \cos\alpha\sin\dfrac{\pi}{3}\right)$

$\quad = \sqrt{10}\left(\dfrac{\sqrt{10}}{10} \times \dfrac{1}{2} + \dfrac{3\sqrt{10}}{10} \times \dfrac{\sqrt{3}}{2}\right)$

$\quad = \dfrac{3\sqrt{3} + 1}{2}$

답 ④

204

$\overline{AB} = k\ (k > 0)$로 놓으면

$\overline{BG} = \sqrt{(2k)^2 + k^2} = \sqrt{5}k$이므로

$$\sin\alpha=\frac{\overline{GH}}{\overline{BG}}=\frac{k}{\sqrt{5}k}=\frac{1}{\sqrt{5}}=\frac{\sqrt{5}}{5}$$

$$\cos\alpha=\frac{\overline{BH}}{\overline{BG}}=\frac{2k}{\sqrt{5}k}=\frac{2}{\sqrt{5}}=\frac{2\sqrt{5}}{5}$$

$\overline{BD}=\sqrt{(3k)^2+k^2}=\sqrt{10}k$이므로

$$\sin\beta=\frac{\overline{DC}}{\overline{BD}}=\frac{k}{\sqrt{10}k}=\frac{1}{\sqrt{10}}=\frac{\sqrt{10}}{10}$$

$$\cos\beta=\frac{\overline{BC}}{\overline{BD}}=\frac{3k}{\sqrt{10}k}=\frac{3}{\sqrt{10}}=\frac{3\sqrt{10}}{10}$$

$$\begin{aligned}\therefore \sin(\alpha+\beta)&=\sin\alpha\cos\beta+\cos\alpha\sin\beta\\&=\frac{\sqrt{5}}{5}\times\frac{3\sqrt{10}}{10}+\frac{2\sqrt{5}}{5}\times\frac{\sqrt{10}}{10}\\&=\frac{\sqrt{2}}{2}\end{aligned}$$

답 ④

205

정사각형 ABCD의 한 변의 길이를 $4a$ $(a>0)$라 하고, $\angle PBC=\theta_1$, $\angle QBC=\theta_2$라 하면

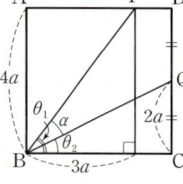

$$\tan\theta_1=\frac{4a}{3a}=\frac{4}{3}, \tan\theta_2=\frac{2a}{4a}=\frac{1}{2}$$

이때, $\alpha=\theta_1-\theta_2$이므로

$$\begin{aligned}\tan\alpha&=\tan(\theta_1-\theta_2)\\&=\frac{\tan\theta_1-\tan\theta_2}{1+\tan\theta_1\tan\theta_2}\\&=\frac{\frac{4}{3}-\frac{1}{2}}{1+\frac{4}{3}\times\frac{1}{2}}=\frac{1}{2}\end{aligned}$$

답 ③

206

두 직선 $y=-2x+2$, $y=x+2$가 x축의 양의 방향과 이루는 각의 크기를 각각 α, β라 하면

$\tan\alpha=-2, \tan\beta=1$

이므로

$$\begin{aligned}\tan\theta&=|\tan(\alpha-\beta)|\\&=\left|\frac{\tan\alpha-\tan\beta}{1+\tan\alpha\tan\beta}\right|\\&=\left|\frac{-2-1}{1+(-2)\times1}\right|=3\end{aligned}$$

$$\therefore \tan\left(\theta-\frac{\pi}{4}\right)=\frac{\tan\theta-\tan\frac{\pi}{4}}{1+\tan\theta\tan\frac{\pi}{4}}=\frac{3-1}{1+3\times1}=\frac{1}{2}$$

답 ②

207

원 $x^2+y^2=5$ 위의 점 $P(2, -1)$에서의 접선 l_1의 방정식은

$2x-y=5$ $\therefore y=2x-5$

또한 원 $x^2+y^2=5$ 위의 점 $Q(-1, 2)$에서의 접선 l_2의 방정식은

$-x+2y=5$ $\therefore y=\frac{1}{2}x+\frac{5}{2}$

이때, 두 직선 l_1, l_2가 x축의 양의 방향과 이루는 각의 크기를 각각 α, β라 하면

$\tan\alpha=2, \tan\beta=\frac{1}{2}$

이므로

$$\tan\theta=|\tan(\alpha-\beta)|=\left|\frac{\tan\alpha-\tan\beta}{1+\tan\alpha\tan\beta}\right|=\left|\frac{2-\frac{1}{2}}{1+2\times\frac{1}{2}}\right|=\frac{3}{4}$$

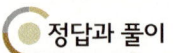

보충 설명

원 위의 한 점에서의 접선의 방정식은 다음과 같다.

원 $x^2+y^2=r^2$ $(r>0)$ 위의 점 (x_1, y_1)에서의 접선의 방정식은

$x_1x+y_1y=r^2$

답 ⑤

208

두 직선 $y=x+2$, $y=mx-3$이 x축의 양의 방향과 이루는 각의 크기를 각각 α, β라 하면

$\tan\alpha=1, \tan\beta=m$

이때, 두 직선이 이루는 예각의 크기가 $\frac{\pi}{6}$이므로

$$|\tan(\alpha-\beta)|=\tan\frac{\pi}{6}$$

$$\left|\frac{\tan\alpha-\tan\beta}{1+\tan\alpha\tan\beta}\right|=\frac{\sqrt{3}}{3}$$

$$\left|\frac{1-m}{1+m}\right|=\frac{\sqrt{3}}{3}, \left(\frac{1-m}{1+m}\right)^2=\frac{1}{3}$$

$3(1-m)^2=(1+m)^2$ $\therefore m^2-4m+1=0$

따라서 이차방정식의 근과 계수의 관계에 의하여 구하는 모든 상수 m의 값의 합은 4이다.

답 ④

209

$$\begin{aligned}-\sqrt{2}\cos\theta-\sqrt{2}\sin\theta&=2\left\{\cos\theta\times\left(-\frac{\sqrt{2}}{2}\right)+\sin\theta\times\left(-\frac{\sqrt{2}}{2}\right)\right\}\\&=2\left(\cos\theta\sin\frac{5}{4}\pi+\sin\theta\cos\frac{5}{4}\pi\right)\\&=2\sin\left(\theta+\frac{5}{4}\pi\right)=1\end{aligned}$$

에서 $\sin\left(\theta+\frac{5}{4}\pi\right)=\frac{1}{2}$이므로

$$\sin\left(\theta+\frac{5}{4}\pi\right)=\sin\left(\theta+\frac{3}{4}\pi+\frac{\pi}{2}\right)=\cos\left(\theta+\frac{3}{4}\pi\right)=\frac{1}{2}$$

이때, $\frac{\pi}{2}<\theta<\pi$, 즉 $\frac{5}{4}\pi<\theta+\frac{3}{4}\pi<\frac{7}{4}\pi$에서 $\sin\left(\theta+\frac{3}{4}\pi\right)<0$이므로

$$\sin\left(\theta+\frac{3}{4}\pi\right)=-\sqrt{1-\cos^2\left(\theta+\frac{3}{4}\pi\right)}=-\sqrt{1-\left(\frac{1}{2}\right)^2}=-\frac{\sqrt{3}}{2}$$

$$\begin{aligned}\therefore -\sqrt{2}\sin\theta+\sqrt{2}\cos\theta&=2\left\{\sin\theta\times\left(-\frac{\sqrt{2}}{2}\right)+\cos\theta\times\frac{\sqrt{2}}{2}\right\}\\&=2\left(\sin\theta\cos\frac{3}{4}\pi+\cos\theta\sin\frac{3}{4}\pi\right)\\&=2\sin\left(\theta+\frac{3}{4}\pi\right)\\&=2\times\left(-\frac{\sqrt{3}}{2}\right)=-\sqrt{3}\end{aligned}$$

답 ③

210

$$\begin{aligned}y&=2\sin x+4\sin\left(x-\frac{\pi}{3}\right)\\&=2\sin x+4\left(\sin x\cos\frac{\pi}{3}-\cos x\sin\frac{\pi}{3}\right)\\&=2\sin x+4\left(\frac{1}{2}\sin x-\frac{\sqrt{3}}{2}\cos x\right)\\&=4\sin x-2\sqrt{3}\cos x\\&=2\sqrt{7}\sin(x+\alpha)\left(\text{단, }\sin\alpha=-\frac{\sqrt{3}}{\sqrt{7}}, \cos\alpha=\frac{2}{\sqrt{7}}\right)\end{aligned}$$

따라서 주어진 함수의 최댓값은 $2\sqrt{7}$, 최솟값은 $-2\sqrt{7}$이므로 최댓값과 최솟값의 곱은

$2\sqrt{7}\times(-2\sqrt{7})=-28$

답 ①

211

$f(x)=a\sin x+b\cos x=\sqrt{a^2+b^2}\sin(x+\alpha)$

$$\left(단,\ \sin\alpha=\frac{b}{\sqrt{a^2+b^2}},\ \cos\alpha=\frac{a}{\sqrt{a^2+b^2}}\right)$$

이때, $f(x)$의 최댓값이 4이므로

$\sqrt{a^2+b^2}=4$ ∴ $a^2+b^2=16$

또한 $f\left(\dfrac{\pi}{4}\right)=4$에서 $\dfrac{\sqrt{2}}{2}a+\dfrac{\sqrt{2}}{2}b=4$이므로

$a+b=4\sqrt{2}$

따라서 $a^2+b^2=(a+b)^2-2ab$이므로

$16=(4\sqrt{2})^2-2ab,\ 2ab=16$

∴ $ab=8$ 　　　　　　　　　　　　　　　　　　**답** ②

212

$y=\sin x+\sqrt{3}\cos x+2$

$\quad=2\left(\sin x\times\dfrac{1}{2}+\cos x\times\dfrac{\sqrt{3}}{2}\right)+2$

$\quad=2\left(\sin x\cos\dfrac{\pi}{3}+\cos x\sin\dfrac{\pi}{3}\right)+2$

$\quad=2\sin\left(x+\dfrac{\pi}{3}\right)+2$

주어진 함수는 $\sin\left(x+\dfrac{\pi}{3}\right)=1$일 때 최댓값 4를 가지므로

$x+\dfrac{\pi}{3}=\dfrac{\pi}{2}$에서 $x=\dfrac{\pi}{6}$ ($\because 0\le x<2\pi$)　∴ $a=\dfrac{\pi}{6}$

또한 주어진 함수는 $\sin\left(x+\dfrac{\pi}{3}\right)=-1$일 때 최솟값 0을 가지므로

$x+\dfrac{\pi}{3}=\dfrac{3}{2}\pi$에서 $x=\dfrac{7}{6}\pi$ ($\because 0\le x<2\pi$)　∴ $b=\dfrac{7}{6}\pi$

∴ $b-a=\dfrac{7}{6}\pi-\dfrac{\pi}{6}=\pi$ 　　　　　　　　　**답** ⑤

213

두 직선 AB, AC가 x축의 양의 방향과 이루는 각의 크기를 각각 α, β라

하면

$\tan\alpha=\dfrac{x_2^2-x_1^2}{x_2-x_1}=x_2+x_1$

$\quad\quad=x_2+(x_2-1)=2x_2-1$ ($\because x_1=x_2-1$)

$\tan\beta=\dfrac{x_3^2-x_1^2}{x_3-x_1}=x_3+x_1$

$\quad\quad=(x_2+1)+(x_2-1)=2x_2$ ($\because x_1=x_2-1,\ x_3=x_2+1$)

한편, $\angle BAC=\theta$에서 $\theta=\beta-\alpha$이므로

$\tan\theta=\tan(\beta-\alpha)$

$\quad=\dfrac{\tan\beta-\tan\alpha}{1+\tan\beta\tan\alpha}$

$\quad=\dfrac{2x_2-(2x_2-1)}{1+2x_2(2x_2-1)}$

$\quad=\dfrac{1}{4x_2^2-2x_2+1}$

$\quad=\dfrac{1}{4\left(x_2-\dfrac{1}{4}\right)^2+\dfrac{3}{4}}$

이때, $\tan\theta>0$이고 $0<\theta<\dfrac{\pi}{2}$이므로 $\tan\theta$의 값이 최대일 때 θ의 값도

최대이다. 즉, $x_2=\dfrac{1}{4}$일 때 $\tan\theta$의 값이 최대이므로 θ의 값도 최대이다.

∴ $x_1+x_2+x_3=(x_2-1)+x_2+(x_2+1)$

$\quad\quad\quad\quad\quad=3x_2=3\times\dfrac{1}{4}=\dfrac{3}{4}$ 　　　　**답** ②

214

두 직각삼각형 EBC, DBC에서

$\cos B=\dfrac{\overline{BE}}{\overline{BC}}=\dfrac{2}{3}$, $\cos C=\dfrac{\overline{CD}}{\overline{BC}}=\dfrac{1}{3}$

이고 $\sin B>0$, $\sin C>0$이므로

$\sin B=\sqrt{1-\cos^2 B}=\sqrt{1-\left(\dfrac{2}{3}\right)^2}=\dfrac{\sqrt{5}}{3}$

$\sin C=\sqrt{1-\cos^2 C}=\sqrt{1-\left(\dfrac{1}{3}\right)^2}=\dfrac{2\sqrt{2}}{3}$

　　　　　　　　　　　　　　　　　　　　　　　⑦

한편, 삼각형의 세 내각의 크기의 합이 π이므로

$A=\pi-(B+C)$

∴ $\cos A=\cos\{\pi-(B+C)\}$

$\quad\quad\quad=-\cos(B+C)$

$\quad\quad\quad=-(\cos B\cos C-\sin B\sin C)$

$\quad\quad\quad=-\left(\dfrac{2}{3}\times\dfrac{1}{3}-\dfrac{\sqrt{5}}{3}\times\dfrac{2\sqrt{2}}{3}\right)$

$\quad\quad\quad=\dfrac{2(\sqrt{10}-1)}{9}$

　　　　　　　　　　　　　　　　　　　　　　　④

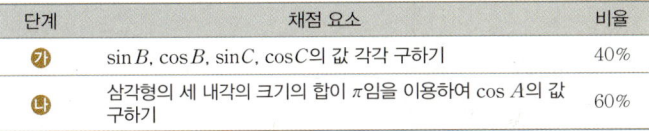

단계	채점 요소	비율
⑦	$\sin B$, $\cos B$, $\sin C$, $\cos C$의 값 각각 구하기	40%
④	삼각형의 세 내각의 크기의 합이 π임을 이용하여 $\cos A$의 값 구하기	60%

답 $\dfrac{2(\sqrt{10}-1)}{9}$

215

$f(x)=\cos x+\cos\left(x+\dfrac{\pi}{3}\right)+\cos\left(x+\dfrac{2}{3}\pi\right)$

$\quad=\cos x+\left(\cos x\cos\dfrac{\pi}{3}-\sin x\sin\dfrac{\pi}{3}\right)$

$\quad\quad\quad\quad\quad\quad\quad+\left(\cos x\cos\dfrac{2}{3}\pi-\sin x\sin\dfrac{2}{3}\pi\right)$

$\quad=\cos x+\left(\dfrac{1}{2}\cos x-\dfrac{\sqrt{3}}{2}\sin x\right)+\left(-\dfrac{1}{2}\cos x-\dfrac{\sqrt{3}}{2}\sin x\right)$

$\quad=\cos x-\sqrt{3}\sin x$

$\quad=2\left\{\dfrac{1}{2}\times\cos x+\left(-\dfrac{\sqrt{3}}{2}\right)\times\sin x\right\}$

$\quad=2\left(\sin\dfrac{5}{6}\pi\cos x+\cos\dfrac{5}{6}\pi\sin x\right)$

$\quad=2\sin\left(x+\dfrac{5}{6}\pi\right)$

　　　　　　　　　　　　　　　　　　　　　　　⑦

함수 $f(x)$는 $\sin\left(x+\dfrac{5}{6}\pi\right)=-1$일 때 최솟값 -2를 갖는다.

즉, $x+\dfrac{5}{6}\pi=\dfrac{3}{2}\pi$에서 $x=\dfrac{2}{3}\pi$ ($\because 0\le x<\pi$)

따라서 $a=\dfrac{2}{3}$, $b=-2$이므로

$a+b=\dfrac{2}{3}+(-2)=-\dfrac{4}{3}$

　　　　　　　　　　　　　　　　　　　　　　　④

단계	채점 요소	비율
⑦	삼각함수의 합성을 이용하여 주어진 함수를 간단히 하기	50%
④	a, b의 값을 각각 구하여 $a+b$의 값 구하기	50%

답 $-\dfrac{4}{3}$

05 삼각함수의 미분

개념 콕콕

본문 p.49

216

(1) $\displaystyle\lim_{x\to\frac{\pi}{6}}\sin 2x=\sin\frac{\pi}{3}$

$\qquad\qquad\quad=\dfrac{\sqrt{3}}{2}$

(2) $\displaystyle\lim_{x\to\frac{\pi}{3}}4\cos 2x=4\cos\frac{2}{3}\pi$

$\qquad\qquad\qquad=4\times\left(-\dfrac{1}{2}\right)=-2$

(3) $\displaystyle\lim_{x\to\frac{\pi}{4}}\frac{\sin x}{\tan x}=\frac{\sin\frac{\pi}{4}}{\tan\frac{\pi}{4}}$

$\qquad\qquad\qquad=\dfrac{\frac{\sqrt{2}}{2}}{1}=\dfrac{\sqrt{2}}{2}$

(4) $\displaystyle\lim_{x\to\frac{\pi}{4}}\frac{\sin 2x}{\sin x}=\frac{\sin\frac{\pi}{2}}{\sin\frac{\pi}{4}}$

$\qquad\qquad\qquad=\dfrac{1}{\frac{\sqrt{2}}{2}}=\sqrt{2}$

답 (1) $\dfrac{\sqrt{3}}{2}$ (2) -2 (3) $\dfrac{\sqrt{2}}{2}$ (4) $\sqrt{2}$

217

(1) $\displaystyle\lim_{x\to 0}\frac{\sin 3x}{x}=\lim_{x\to 0}\left(\frac{\sin 3x}{3x}\times 3\right)$

$\qquad\qquad\qquad=1\times 3=3$

(2) $\displaystyle\lim_{x\to 0}\frac{\tan 2x}{3x}=\lim_{x\to 0}\left(\frac{\tan 2x}{2x}\times\frac{2}{3}\right)$

$\qquad\qquad\qquad=1\times\dfrac{2}{3}=\dfrac{2}{3}$

(3) $\displaystyle\lim_{x\to 0}\frac{\tan 4x}{\sin 5x}=\lim_{x\to 0}\frac{\frac{\tan 4x}{x}}{\frac{\sin 5x}{x}}$

$\qquad\qquad\qquad=\displaystyle\lim_{x\to 0}\frac{\frac{\tan 4x}{4x}\times 4}{\frac{\sin 5x}{5x}\times 5}$

$\qquad\qquad\qquad=\dfrac{1\times 4}{1\times 5}=\dfrac{4}{5}$

(4) $\displaystyle\lim_{x\to 0}\frac{\sin x+\tan 3x}{x}=\lim_{x\to 0}\left(\frac{\sin x}{x}+\frac{\tan 3x}{x}\right)$

$\qquad\qquad\qquad=\displaystyle\lim_{x\to 0}\left(\frac{\sin x}{x}+\frac{\tan 3x}{3x}\times 3\right)$

$\qquad\qquad\qquad=1+1\times 3=4$

답 (1) 3 (2) $\dfrac{2}{3}$ (3) $\dfrac{4}{5}$ (4) 4

218

(1) $\displaystyle\lim_{x\to 0}\frac{\cos x-1}{x}=\lim_{x\to 0}\frac{(\cos x-1)(\cos x+1)}{x(\cos x+1)}$

$\qquad\qquad\qquad=\displaystyle\lim_{x\to 0}\frac{\cos^2 x-1}{x(\cos x+1)}$

$\qquad\qquad\qquad=\displaystyle\lim_{x\to 0}\frac{-\sin^2 x}{x(\cos x+1)}$

$\qquad\qquad\qquad=\displaystyle\lim_{x\to 0}\left(\frac{\sin x}{x}\times\frac{-\sin x}{\cos x+1}\right)$

$\qquad\qquad\qquad=1\times 0=0$

(2) $\dfrac{1}{x}=t$로 놓으면 $x\to\infty$일 때 $t\to 0+$이므로

$\qquad\displaystyle\lim_{x\to\infty}x\sin\frac{1}{x}=\lim_{t\to 0+}\frac{\sin t}{t}=1$

(3) $\dfrac{1}{x}=t$로 놓으면 $x\to\infty$일 때 $t\to 0+$이므로

$\qquad\displaystyle\lim_{x\to\infty}x\tan\frac{1}{x}=\lim_{t\to 0+}\frac{\tan t}{t}=1$

(4) $\dfrac{\pi}{2}-x=t$로 놓으면 $x\to\dfrac{\pi}{2}$일 때 $t\to 0$이므로

$\qquad\displaystyle\lim_{x\to\frac{\pi}{2}}\frac{\pi-2x}{\tan\left(\frac{\pi}{2}-x\right)}=\lim_{t\to 0}\frac{2t}{\tan t}$

$\qquad\qquad\qquad\qquad=\displaystyle\lim_{t\to 0}\frac{2}{\frac{\tan t}{t}}$

$\qquad\qquad\qquad\qquad=\dfrac{2}{1}=2$

답 (1) 0 (2) 1 (3) 1 (4) 2

219

(1) $y'=(x)'+(3\sin x)'$

$\qquad=1+3\cos x$

(2) $y'=(2\sin x)'-(4\cos x)'$

$\qquad=2\cos x-4(-\sin x)$

$\qquad=2\cos x+4\sin x$

(3) $y'=(e^x)'+(2\cos x)'$

$\qquad=e^x+2(-\sin x)$

$\qquad=e^x-2\sin x$

(4) $y'=(3\ln x)'-(\sin x)'$

$\qquad=\dfrac{3}{x}-\cos x$

답 (1) $y'=1+3\cos x$ (2) $y'=2\cos x+4\sin x$

$\qquad$ (3) $y'=e^x-2\sin x$ (4) $y'=\dfrac{3}{x}-\cos x$

220

(1) $y'=(\sin x)'\cos x+\sin x(\cos x)'$

$\qquad=\cos x\cos x+\sin x(-\sin x)$

$\qquad=\cos^2 x-\sin^2 x$

(2) $y'=(x^3)'\sin x+x^3(\sin x)'$

$\qquad=3x^2\sin x+x^3\cos x$

(3) $y'=(e^x)'\sin x+e^x(\sin x)'$

$\qquad=e^x\sin x+e^x\cos x$

$\qquad=e^x(\sin x+\cos x)$

(4) $y'=(\ln x)'\times\cos x+\ln x\times(\cos x)'$

$\qquad=\dfrac{1}{x}\times\cos x+\ln x\times(-\sin x)$

$\qquad=\dfrac{\cos x}{x}-\ln x\times\sin x$

답 (1) $y'=\cos^2 x-\sin^2 x$　(2) $y'=3x^2\sin x+x^3\cos x$

$\quad\quad$ (3) $y'=e^x(\sin x+\cos x)$　(4) $y'=\dfrac{\cos x}{x}-\ln x\times\sin x$

유형 콕콕

221 ③	**222** 0	**223** ④	**224** ③	**225** ③	**226** 1
227 ①	**228** ④	**229** 1	**230** ⑤	**231** ②	**232** $\dfrac{1}{9}$
233 ②	**234** ②	**235** 2	**236** ⑤	**237** ②	**238** 2
239 ②	**240** ③	**241** -8π	**242** ②	**243** ②	**244** 9
245 2	**246** $\dfrac{1}{2}$	**247** 2	**248** ②	**249** ①	
250 $\dfrac{5}{2}\pi$	**251** ①	**252** ②	**253** $-\dfrac{\pi}{2}$	**254** ③	**255** ④
256 2					

221

$$\lim_{x\to\frac{\pi}{2}}\frac{1-\sin x}{\cos^2 x}=\lim_{x\to\frac{\pi}{2}}\frac{1-\sin x}{1-\sin^2 x}$$

$$=\lim_{x\to\frac{\pi}{2}}\frac{1-\sin x}{(1-\sin x)(1+\sin x)}$$

$$=\lim_{x\to\frac{\pi}{2}}\frac{1}{1+\sin x}$$

$$=\frac{1}{1+1}=\frac{1}{2}$$

답 ③

222

$$\lim_{x\to 0}\frac{2\sin x-\sin 2x}{1-\cos^2 x}=\lim_{x\to 0}\frac{2\sin x-2\sin x\cos x}{(1+\cos x)(1-\cos x)}$$

$$=\lim_{x\to 0}\frac{2\sin x(1-\cos x)}{(1+\cos x)(1-\cos x)}$$

$$=\lim_{x\to 0}\frac{2\sin x}{1+\cos x}=0$$

답 0

223

$$\lim_{x\to\frac{\pi}{4}}\frac{\cos x-\sin x}{1-\tan^2 x}=\lim_{x\to\frac{\pi}{4}}\frac{\cos x-\sin x}{1-\dfrac{\sin^2 x}{\cos^2 x}}$$

$$=\lim_{x\to\frac{\pi}{4}}\frac{\cos^2 x(\cos x-\sin x)}{\cos^2 x-\sin^2 x}$$

$$=\lim_{x\to\frac{\pi}{4}}\frac{\cos^2 x(\cos x-\sin x)}{(\cos x+\sin x)(\cos x-\sin x)}$$

$$=\lim_{x\to\frac{\pi}{4}}\frac{\cos^2 x}{\cos x+\sin x}$$

$$=\frac{\left(\dfrac{\sqrt{2}}{2}\right)^2}{\dfrac{\sqrt{2}}{2}+\dfrac{\sqrt{2}}{2}}=\frac{\sqrt{2}}{4}$$

답 ④

224

$$\lim_{x\to 0}\frac{\sin(\sin 3x)}{\sin 5x}=\lim_{x\to 0}\left\{\frac{\sin(\sin 3x)}{\sin 3x}\times\frac{\sin 3x}{\sin 5x}\right\}$$

$$=\lim_{x\to 0}\left\{\frac{\sin(\sin 3x)}{\sin 3x}\times\frac{\dfrac{\sin 3x}{3x}\times 3}{\dfrac{\sin 5x}{5x}\times 5}\right\}$$

$$=1\times\frac{1\times 3}{1\times 5}=\frac{3}{5}$$

답 ③

225

$$\lim_{x\to 0}\frac{\sin 4x-\sin 2x}{3x}=\lim_{x\to 0}\left(\frac{\sin 4x}{3x}-\frac{\sin 2x}{3x}\right)$$

$$=\lim_{x\to 0}\left(\frac{\sin 4x}{4x}\times\frac{4}{3}-\frac{\sin 2x}{2x}\times\frac{2}{3}\right)$$

$$=1\times\frac{4}{3}-1\times\frac{2}{3}=\frac{2}{3}$$

답 ③

226

$f(x)=x^2-3x$이므로

$$\lim_{x\to 0}\frac{\sin f(x)}{f(\sin x)}=\lim_{x\to 0}\frac{\sin(x^2-3x)}{\sin^2 x-3\sin x}$$

$$=\lim_{x\to 0}\left\{\frac{\sin(x^2-3x)}{x^2-3x}\times\frac{x^2-3x}{\sin^2 x-3\sin x}\right\}$$

$$=\lim_{x\to 0}\left\{\frac{\sin(x^2-3x)}{x^2-3x}\times\frac{x(x-3)}{\sin x(\sin x-3)}\right\}$$

$$=\lim_{x\to 0}\left\{\frac{\sin(x^2-3x)}{x^2-3x}\times\frac{x}{\sin x}\times\frac{x-3}{\sin x-3}\right\}$$

$$=1\times 1\times\frac{-3}{-3}=1$$

답 1

227

$$\lim_{x\to 0}\frac{\tan x-\tan 4x}{\tan 3x}=\lim_{x\to 0}\left(\frac{\tan x}{\tan 3x}-\frac{\tan 4x}{\tan 3x}\right)$$

$$=\lim_{x\to 0}\left(\frac{\dfrac{\tan x}{x}}{\dfrac{\tan 3x}{3x}\times 3}-\frac{\dfrac{\tan 4x}{4x}\times 4}{\dfrac{\tan 3x}{3x}\times 3}\right)$$

$$=\frac{1}{1\times 3}-\frac{1\times 4}{1\times 3}=-1$$

답 ①

228

$$\lim_{x\to 0}\frac{\tan(\sin 4x)}{\tan 3x}=\lim_{x\to 0}\left\{\frac{\tan(\sin 4x)}{\sin 4x}\times\frac{\sin 4x}{\tan 3x}\right\}$$

$$=\lim_{x\to 0}\left\{\frac{\tan(\sin 4x)}{\sin 4x}\times\frac{\dfrac{\sin 4x}{4x}\times 4}{\dfrac{\tan 3x}{3x}\times 3}\right\}$$

$$=1\times\frac{1\times 4}{1\times 3}=\frac{4}{3}$$

답 ④

229

두 함수 $f(x)=3x$, $g(x)=\tan 2x$에 대하여

$f(g(x))=f(\tan 2x)=3\tan 2x$

$g(f(x))=g(3x)=\tan 6x$

$$\therefore\lim_{x\to 0}\frac{f(g(x))}{g(f(x))}=\lim_{x\to 0}\frac{3\tan 2x}{\tan 6x}$$

$$=\lim_{x\to 0}\frac{3\times\dfrac{\tan 2x}{2x}\times 2}{\dfrac{\tan 6x}{6x}\times 6}$$

$$=\frac{3\times 1\times 2}{1\times 6}=1$$

답 1

230

$$\lim_{x \to 0} \frac{1-\cos 2x}{x \sin 2x} = \lim_{x \to 0} \frac{(1-\cos 2x)(1+\cos 2x)}{x \sin 2x(1+\cos 2x)}$$

$$= \lim_{x \to 0} \frac{1-\cos^2 2x}{x \sin 2x(1+\cos 2x)}$$

$$= \lim_{x \to 0} \frac{\sin^2 2x}{x \sin 2x(1+\cos 2x)}$$

$$= \lim_{x \to 0} \frac{\sin 2x}{x(1+\cos 2x)}$$

$$= \lim_{x \to 0} \left(\frac{\sin 2x}{2x} \times 2 \times \frac{1}{1+\cos 2x} \right)$$

$$= 1 \times 2 \times \frac{1}{2} = 1 \qquad \text{답 ⑤}$$

231

$$\lim_{x \to 0} \frac{4\cos^2 x + 3\cos x - 7}{x^2}$$

$$= \lim_{x \to 0} \frac{(\cos x - 1)(4\cos x + 7)}{x^2}$$

$$= \lim_{x \to 0} \frac{(\cos x - 1)(4\cos x + 7)(\cos x + 1)}{x^2(\cos x + 1)}$$

$$= \lim_{x \to 0} \frac{(\cos^2 x - 1)(4\cos x + 7)}{x^2(\cos x + 1)}$$

$$= \lim_{x \to 0} \frac{-\sin^2 x(4\cos x + 7)}{x^2(\cos x + 1)}$$

$$= \lim_{x \to 0} \left\{ (-1) \times \left(\frac{\sin x}{x} \right)^2 \times \frac{4\cos x + 7}{\cos x + 1} \right\}$$

$$= -1 \times 1^2 \times \frac{11}{2} = -\frac{11}{2} \qquad \text{답 ②}$$

232

$$\lim_{x \to 0} \frac{1-\cos x}{1-\cos 3x}$$

$$= \lim_{x \to 0} \left(\frac{1-\cos x}{1-\cos 3x} \times \frac{1+\cos x}{1+\cos x} \times \frac{1+\cos 3x}{1+\cos 3x} \right)$$

$$= \lim_{x \to 0} \left(\frac{1-\cos^2 x}{1-\cos^2 3x} \times \frac{1+\cos 3x}{1+\cos x} \right)$$

$$= \lim_{x \to 0} \left(\frac{\sin^2 x}{\sin^2 3x} \times \frac{1+\cos 3x}{1+\cos x} \right)$$

$$= \lim_{x \to 0} \left(\frac{\frac{\sin^2 x}{x^2}}{\frac{\sin^2 3x}{x^2}} \times \frac{1+\cos 3x}{1+\cos x} \right)$$

$$= \lim_{x \to 0} \left\{ \frac{\frac{\sin^2 x}{x^2}}{\frac{\sin^2 3x}{(3x)^2} \times 9} \times \frac{1+\cos 3x}{1+\cos x} \right\}$$

$$= \lim_{x \to 0} \left\{ \frac{\left(\frac{\sin x}{x} \right)^2}{\left(\frac{\sin 3x}{3x} \right)^2 \times 9} \times \frac{1+\cos 3x}{1+\cos x} \right\}$$

$$= \frac{1^2}{1^2 \times 9} \times \frac{2}{2} = \frac{1}{9} \qquad \text{답 } \frac{1}{9}$$

233

$x - \dfrac{\pi}{2} = t$로 놓으면 $x \to \dfrac{\pi}{2}$일 때 $t \to 0$이므로

$$\lim_{x \to \frac{\pi}{2}} \frac{\cos x}{x - \frac{\pi}{2}} = \lim_{t \to 0} \frac{\cos\left(\frac{\pi}{2} + t \right)}{t}$$

$$= \lim_{t \to 0} \frac{-\sin t}{t} = -1 \qquad \text{답 ②}$$

234

$x - \dfrac{1}{2} = t$로 놓으면 $x \to \dfrac{1}{2}$일 때 $t \to 0$이므로

$$\lim_{x \to \frac{1}{2}} \frac{\sin(\cos \pi x)}{x - \frac{1}{2}} = \lim_{t \to 0} \frac{\sin\left\{ \cos \pi \left(\frac{1}{2} + t \right) \right\}}{t}$$

$$= \lim_{t \to 0} \frac{\sin\left\{ \cos\left(\frac{\pi}{2} + \pi t \right) \right\}}{t}$$

$$= \lim_{t \to 0} \frac{\sin(-\sin \pi t)}{t}$$

$$= \lim_{t \to 0} \left\{ \frac{\sin(-\sin \pi t)}{-\sin \pi t} \times \frac{-\sin \pi t}{t} \right\}$$

$$= \lim_{t \to 0} \left\{ \frac{\sin(-\sin \pi t)}{-\sin \pi t} \times \frac{\sin \pi t}{\pi t} \times (-\pi) \right\}$$

$$= 1 \times 1 \times (-\pi) = -\pi \qquad \text{답 ②}$$

235

$$\sqrt{3}\sin x + \cos x = 2\sin\left(x + \frac{\pi}{6} \right)$$

$x + \dfrac{\pi}{6} = t$로 놓으면 $x \to -\dfrac{\pi}{6}$일 때 $t \to 0$이므로

$$\lim_{x \to -\frac{\pi}{6}} \frac{\sqrt{3}\sin x + \cos x}{x + \frac{\pi}{6}} = \lim_{x \to -\frac{\pi}{6}} \frac{2\sin\left(x + \frac{\pi}{6} \right)}{x + \frac{\pi}{6}}$$

$$= 2\lim_{t \to 0} \frac{\sin t}{t}$$

$$= 2 \times 1 = 2$$

보충 설명

$$\sqrt{3}\sin x + \cos x = 2\left(\sin x \times \frac{\sqrt{3}}{2} + \cos x \times \frac{1}{2} \right)$$

$$= 2\left(\sin x \cos \frac{\pi}{6} + \cos x \sin \frac{\pi}{6} \right)$$

$$= 2\sin\left(x + \frac{\pi}{6} \right) \qquad \text{답 2}$$

236

$\dfrac{1}{x} = t$로 놓으면 $x \to \infty$일 때 $t \to 0+$이므로

$$\lim_{x \to \infty} x \tan \frac{3}{x} = \lim_{t \to 0+} \frac{\tan 3t}{t}$$

$$= \lim_{t \to 0+} \left(\frac{\tan 3t}{3t} \times 3 \right)$$

$$= 1 \times 3 = 3 \qquad \text{답 ⑤}$$

237

$\dfrac{1}{x} = t$로 놓으면 $x \to \infty$일 때 $t \to 0+$이고 $x° = \dfrac{\pi}{180}x$이므로

$$\lim_{x \to \infty} x° \sin \frac{1}{2x} = \lim_{x \to \infty} \frac{\pi}{180} x \sin \frac{1}{2x}$$

$$= \lim_{t \to 0+} \left(\frac{\pi}{180} \times \frac{\sin \frac{1}{2}t}{t} \right)$$

$$= \lim_{t \to 0+} \left(\frac{\pi}{180} \times \frac{\sin \frac{1}{2}t}{\frac{1}{2}t} \times \frac{1}{2} \right)$$

$$= \frac{\pi}{180} \times 1 \times \frac{1}{2} = \frac{\pi}{360} \qquad \text{답 ②}$$

238

$\dfrac{3}{x-2}=t$로 놓으면 $x=\dfrac{3}{t}+2$이고, $x\to\infty$일 때 $t\to 0+$이므로

$$\lim_{x\to\infty}\left(\dfrac{2x+4}{3}\times\tan\dfrac{3}{x-2}\right)=\lim_{t\to 0+}\left(\dfrac{8t+6}{3t}\times\tan t\right)$$
$$=\lim_{t\to 0+}\left(\dfrac{8t+6}{3}\times\dfrac{\tan t}{t}\right)$$
$$=2\times 1=2 \qquad \text{탑} \; 2$$

239

$\lim\limits_{x\to 0}\dfrac{\tan 3x}{\sqrt{ax+b}-2}=4$에서 $x\to 0$일 때 (분자)$\to 0$이고 0이 아닌 극한값이 존재하므로 (분모)$\to 0$이다.

즉, $\lim\limits_{x\to 0}(\sqrt{ax+b}-2)=\sqrt{b}-2=0$ $\quad\therefore b=4$ $\qquad\cdots\cdots$ ㉠

㉠을 주어진 식에 대입하면

$$\lim_{x\to 0}\dfrac{\tan 3x}{\sqrt{ax+b}-2}=\lim_{x\to 0}\dfrac{\tan 3x}{\sqrt{ax+4}-2}$$
$$=\lim_{x\to 0}\dfrac{\tan 3x(\sqrt{ax+4}+2)}{(\sqrt{ax+4}-2)(\sqrt{ax+4}+2)}$$
$$=\lim_{x\to 0}\dfrac{\tan 3x(\sqrt{ax+4}+2)}{ax}$$
$$=\lim_{x\to 0}\left(\dfrac{\tan 3x}{3x}\times 3\times\dfrac{\sqrt{ax+4}+2}{a}\right)$$
$$=1\times 3\times\dfrac{4}{a}=4$$

$\therefore a=3$

$\therefore ab=3\times 4=12$ $\qquad \text{탑} \; ②$

240

$\lim\limits_{x\to 0}\dfrac{\ln(a+2x)}{\sin x}=b$에서 $x\to 0$일 때 (분모)$\to 0$이고 극한값이 존재하므로 (분자)$\to 0$이다.

즉, $\lim\limits_{x\to 0}\ln(a+2x)=\ln a=0$ $\quad\therefore a=1$ $\qquad\cdots\cdots$ ㉠

㉠을 주어진 식에 대입하면

$$\lim_{x\to 0}\dfrac{\ln(a+2x)}{\sin x}=\lim_{x\to 0}\dfrac{\ln(1+2x)}{\sin x}$$
$$=\lim_{x\to 0}\dfrac{\dfrac{\ln(1+2x)}{2x}\times 2}{\dfrac{\sin x}{x}}$$
$$=\dfrac{1\times 2}{1}$$
$$=2=b$$

$\therefore a+b=1+2=3$ $\qquad \text{탑} \; ③$

241

$\lim\limits_{x\to\frac{\pi}{2}}\dfrac{\cos x}{ax+b}=\dfrac{1}{4}$에서 $x\to\dfrac{\pi}{2}$일 때 (분자)$\to 0$이고 0이 아닌 극한값이 존재하므로 (분모)$\to 0$이다.

즉, $\lim\limits_{x\to\frac{\pi}{2}}(ax+b)=\dfrac{\pi}{2}a+b=0$ $\quad\therefore b=-\dfrac{\pi}{2}a$ $\qquad\cdots\cdots$ ㉠

$x-\dfrac{\pi}{2}=t$로 놓으면 $x\to\dfrac{\pi}{2}$일 때 $t\to 0$이므로

$$\lim_{x\to\frac{\pi}{2}}\dfrac{\cos x}{ax+b}=\lim_{x\to\frac{\pi}{2}}\dfrac{\cos x}{ax-\dfrac{\pi}{2}a}\ (\because\text{㉠})$$
$$=\dfrac{1}{a}\lim_{x\to\frac{\pi}{2}}\dfrac{\cos x}{x-\dfrac{\pi}{2}}$$
$$=\dfrac{1}{a}\lim_{t\to 0}\dfrac{\cos\left(\dfrac{\pi}{2}+t\right)}{t}$$
$$=\dfrac{1}{a}\lim_{t\to 0}\dfrac{-\sin t}{t}$$
$$=\dfrac{1}{a}\times(-1)=\dfrac{1}{4}$$

$\therefore a=-4$ ─────── 가

㉠에서 $b=-\dfrac{\pi}{2}\times(-4)=2\pi$ ─────── 나

$\therefore ab=-4\times 2\pi=-8\pi$ ─────── 다

단계	채점 요소	비율
가	a의 값 구하기	70%
나	b의 값 구하기	20%
다	ab의 값 구하기	10%

$\text{탑} \; -8\pi$

242

함수 $f(x)$가 $x=1$에서 연속이려면

$\lim\limits_{x\to 1}f(x)=f(1)$

즉, $\lim\limits_{x\to 1}\dfrac{\sin 2(x-1)}{x-1}=k$

$x-1=t$로 놓으면 $x\to 1$일 때 $t\to 0$이므로

$$k=\lim_{x\to 1}\dfrac{\sin 2(x-1)}{x-1}$$
$$=\lim_{t\to 0}\dfrac{\sin 2t}{t}$$
$$=\lim_{t\to 0}\left(\dfrac{\sin 2t}{2t}\times 2\right)$$
$$=1\times 2=2 \qquad \text{탑} \; ②$$

243

$(x-2)f(x)=\sin(x-2)\pi$이므로 $x\neq 2$일 때

$f(x)=\dfrac{\sin(x-2)\pi}{x-2}$

함수 $f(x)$가 $x=2$에서 연속이므로

$f(2)=\lim\limits_{x\to 2}f(x)=\lim\limits_{x\to 2}\dfrac{\sin(x-2)\pi}{x-2}$

$x-2=t$로 놓으면 $x\to 2$일 때 $t\to 0$이므로

$$f(2)=\lim_{x\to 2}\dfrac{\sin(x-2)\pi}{x-2}$$
$$=\lim_{t\to 0}\dfrac{\sin\pi t}{t}$$
$$=\lim_{t\to 0}\left(\dfrac{\sin\pi t}{\pi t}\times\pi\right)$$
$$=1\times\pi=\pi \qquad \text{탑} \; ②$$

244

함수 $f(x)$가 $x=0$에서 연속이므로

$\lim\limits_{x\to 0} f(x)=f(0)$

$\therefore \lim\limits_{x\to 0}\dfrac{a-\cos x}{\sin^2 2x}=b$ ...... ㉠

㉠에서 $x \to 0$일 때 (분모) $\to 0$이고 극한값이 존재하므로 (분자) $\to 0$
이다.

즉, $\lim\limits_{x\to 0}(a-\cos x)=a-1=0$ $\therefore a=1$

$a=1$을 ㉠에 대입하면

$\begin{aligned}
\lim_{x\to 0}\frac{a-\cos x}{\sin^2 2x} &= \lim_{x\to 0}\frac{1-\cos x}{\sin^2 2x}\\
&= \lim_{x\to 0}\frac{(1-\cos x)(1+\cos x)}{\sin^2 2x(1+\cos x)}\\
&= \lim_{x\to 0}\frac{1-\cos^2 x}{\sin^2 2x(1+\cos x)}\\
&= \lim_{x\to 0}\frac{\sin^2 x}{\sin^2 2x(1+\cos x)}\\
&= \lim_{x\to 0}\left\{\frac{\dfrac{\sin^2 x}{x^2}}{\dfrac{\sin^2 2x}{(2x)^2}\times 4}\times\frac{1}{1+\cos x}\right\}\\
&= \frac{1^2}{1^2\times 4}\times\frac{1}{2}=\frac{1}{8}=b
\end{aligned}$

$\therefore 8(a+b)=8\left(1+\dfrac{1}{8}\right)=9$ **답** 9

245

오른쪽 그림에서 $\sin\theta=\dfrac{r}{2-r}$

$(2-r)\sin\theta=r$, $r(1+\sin\theta)=2\sin\theta$

$\therefore r=\dfrac{2\sin\theta}{1+\sin\theta}$

$\begin{aligned}
\therefore \lim_{\theta\to 0+}\frac{r}{\theta} &= \lim_{\theta\to 0+}\frac{2\sin\theta}{\theta(1+\sin\theta)}\\
&= \lim_{\theta\to 0+}\left(\frac{\sin\theta}{\theta}\times\frac{2}{1+\sin\theta}\right)\\
&= 1\times\frac{2}{1+0}=2
\end{aligned}$ **답** 2

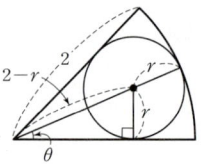

246

$\triangle ABC \backsim \triangle ACH$이므로

$\angle ACH=\angle ABC=\theta$

$\triangle HBC$에서 $\overline{CH}=\dfrac{1}{2}\sin\theta$

$\triangle AHC$에서 $\overline{AH}=\overline{CH}\tan\theta=\dfrac{1}{2}\sin\theta\tan\theta$

$\begin{aligned}
\therefore \lim_{\theta\to 0+}\frac{\overline{AH}}{\theta^2} &= \lim_{\theta\to 0+}\frac{\dfrac{1}{2}\sin\theta\tan\theta}{\theta^2}\\
&= \frac{1}{2}\lim_{\theta\to 0+}\left(\frac{\sin\theta}{\theta}\times\frac{\tan\theta}{\theta}\right)\\
&= \frac{1}{2}\times 1\times 1=\frac{1}{2}
\end{aligned}$ **답** $\dfrac{1}{2}$

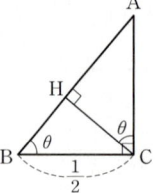

247

$\overline{OH}=\overline{OA}\cos\theta=4\cos\theta$이므로

$\overline{BH}=4-4\cos\theta=4(1-\cos\theta)$

$\begin{aligned}
\therefore \lim_{\theta\to 0+}\frac{\overline{BH}}{\theta^2} &= \lim_{\theta\to 0+}\frac{4(1-\cos\theta)}{\theta^2}\\
&= \lim_{\theta\to 0+}\frac{4(1-\cos\theta)(1+\cos\theta)}{\theta^2(1+\cos\theta)}
\end{aligned}$

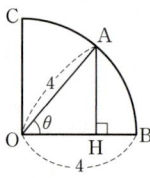

$\begin{aligned}
&= \lim_{\theta\to 0+}\frac{4(1-\cos^2\theta)}{\theta^2(1+\cos\theta)}\\
&= \lim_{\theta\to 0+}\frac{4\sin^2\theta}{\theta^2(1+\cos\theta)}\\
&= \lim_{\theta\to 0+}\left\{\left(\frac{\sin\theta}{\theta}\right)^2\times\frac{4}{1+\cos\theta}\right\}\\
&= 1^2\times\frac{4}{2}=2
\end{aligned}$ **답** 2

248

$f(x)=e^x(2\sin x-3)$에서

$\begin{aligned}
f'(x) &= (e^x)'(2\sin x-3)+e^x(2\sin x-3)'\\
&= e^x(2\sin x-3)+e^x\times 2\cos x\\
&= e^x(2\sin x+2\cos x-3)
\end{aligned}$

$\therefore f'(0)=1\times(0+2-3)=-1$ **답** ②

249

$f(x)=(x^2-1)\cos x$에서

$\begin{aligned}
f'(x) &= (x^2-1)'\cos x+(x^2-1)(\cos x)'\\
&= 2x\cos x+(x^2-1)\times(-\sin x)\\
&= 2x\cos x-(x^2-1)\sin x
\end{aligned}$

$\therefore f'(\pi)=2\pi\times(-1)-0=-2\pi$ **답** ①

250

$f(x)=e^x\sin x$에서

$\begin{aligned}
f'(x) &= (e^x)'\sin x+e^x(\sin x)'\\
&= e^x\sin x+e^x\cos x\\
&= e^x(\sin x+\cos x)
\end{aligned}$

$f'(x)=0$에서 $\sin x+\cos x=0$ $(\because e^x>0)$

$\sin x=-\cos x$, $\tan x=-1$

$\therefore x=\dfrac{3}{4}\pi$ 또는 $x=\dfrac{7}{4}\pi$ $(\because 0<x<2\pi)$

따라서 모든 x의 값의 합은

$\dfrac{3}{4}\pi+\dfrac{7}{4}\pi=\dfrac{5}{2}\pi$ **답** $\dfrac{5}{2}\pi$

251

$\begin{aligned}
\lim_{h\to 0}\frac{f(\pi+3h)-f(\pi)}{h} &= \lim_{h\to 0}\left\{\frac{f(\pi+3h)-f(\pi)}{3h}\times 3\right\}\\
&= 3f'(\pi)
\end{aligned}$

이때, $f'(x)=\sin x+x\cos x$이므로

$3f'(\pi)=3(\sin\pi+\pi\cos\pi)=3\times(-\pi)=-3\pi$ **답** ①

252

$\lim\limits_{x\to 0}\dfrac{f(\sin x)-f(2x)}{x}$

$\begin{aligned}
&= \lim_{x\to 0}\left\{\frac{f(\sin x)-f(0)}{x}-\frac{f(2x)-f(0)}{x}\right\}\\
&= \lim_{x\to 0}\left\{\frac{f(\sin x)-f(0)}{\sin x}\times\frac{\sin x}{x}-\frac{f(2x)-f(0)}{2x}\times 2\right\}\\
&= f'(0)\times 1-2f'(0)\\
&= -f'(0)=-3
\end{aligned}$ **답** ②

253

$$f(x) = \lim_{h \to 0} \frac{x\sin(x+h) - x\sin x}{h}$$

$$= x \lim_{h \to 0} \frac{\sin(x+h) - \sin x}{h}$$

$$= x(\sin x)' = x\cos x$$

이므로

$$f'(x) = \cos x - x\sin x$$

$$\therefore f'\left(\frac{\pi}{2}\right) = \cos\frac{\pi}{2} - \frac{\pi}{2}\sin\frac{\pi}{2} = -\frac{\pi}{2}$$

답 $-\dfrac{\pi}{2}$

254

함수 $f(x)$가 $x=0$에서 미분가능하면 $x=0$에서 연속이므로

$$\lim_{x \to 0+} \sin x = \lim_{x \to 0-} (ax+b) = \sin 0$$

$$\therefore b = 0$$

또한 $f'(0)$이 존재하므로

$$f'(x) = \begin{cases} \cos x & (x>0) \\ a & (x<0) \end{cases}$$

에서 $\displaystyle\lim_{x \to 0+} \cos x = \lim_{x \to 0-} a$

$$\therefore a = 1$$

$$\therefore a^2 + b^2 = 1^2 + 0^2 = 1$$

답 ③

255

함수 $f(x)$가 $x=0$에서 미분가능하면 $x=0$에서 연속이므로

$$\lim_{x \to 0+} (2x^2 + ax + b) = \lim_{x \to 0-} \cos x = \cos 0$$

$$\therefore b = 1$$

또한 $f'(0)$이 존재하므로

$$f'(x) = \begin{cases} 4x+a & (x>0) \\ -\sin x & (x<0) \end{cases}$$

에서 $\displaystyle\lim_{x \to 0+} (4x+a) = \lim_{x \to 0-} (-\sin x)$

$$\therefore a = 0$$

$$\therefore a + b = 0 + 1 = 1$$

답 ④

256

함수 $f(x)$가 $x=0$에서 미분가능하면 $x=0$에서 연속이므로

$$\lim_{x \to 0+} (a\cos x + b\sin x) = \lim_{x \to 0-} e^x = a\cos 0 + b\sin 0$$

$$\therefore a = 1$$

⑳ 가

또한 $f'(0)$이 존재하므로

$$f'(x) = \begin{cases} -a\sin x + b\cos x & (x>0) \\ e^x & (x<0) \end{cases}$$

에서 $\displaystyle\lim_{x \to 0+} (-a\sin x + b\cos x) = \lim_{x \to 0-} e^x$

$$\therefore b = 1$$

⑳ 나

$$\therefore a + b = 1 + 1 = 2$$

⑳ 다

단계	채점 요소	비율
가	a의 값 구하기	45%
나	b의 값 구하기	45%
다	$a+b$의 값 구하기	10%

답 2

◦ 실력 **콕콕** ◦   본문 p.56~57

257 ②	258 ①	259 ③	260 ④	261 ⑤	262 ⑤
263 ①	264 ⑤	265 ②	266 ⑤	267 ⑤	268 ⑤
269 ④	270 ③	271 $-\pi$	272 3π		

257

$$\lim_{x \to 0} \frac{\dfrac{\cos x}{\sin x} - \dfrac{1}{\sin x}}{x} = \lim_{x \to 0} \frac{\cos x - 1}{x\sin x}$$

$$= \lim_{x \to 0} \frac{(\cos x - 1)(\cos x + 1)}{x\sin x(\cos x + 1)}$$

$$= \lim_{x \to 0} \frac{\cos^2 x - 1}{x\sin x(\cos x + 1)}$$

$$= \lim_{x \to 0} \frac{-\sin^2 x}{x\sin x(\cos x + 1)}$$

$$= \lim_{x \to 0} \frac{-\sin x}{x(\cos x + 1)}$$

$$= \lim_{x \to 0} \left\{ (-1) \times \frac{\sin x}{x} \times \frac{1}{\cos x + 1} \right\}$$

$$= -1 \times 1 \times \frac{1}{2} = -\frac{1}{2}$$

답 ②

258

$$\lim_{x \to 0} \frac{f(x)}{x + 2\sin x} = 4$$이므로

$$\lim_{x \to 0} \frac{f(x)}{x - 2\sin x} = \lim_{x \to 0} \left\{ \frac{f(x)}{x + 2\sin x} \times \frac{x + 2\sin x}{x - 2\sin x} \right\}$$

$$= \lim_{x \to 0} \left\{ \frac{f(x)}{x + 2\sin x} \times \frac{1 + 2 \times \dfrac{\sin x}{x}}{1 - 2 \times \dfrac{\sin x}{x}} \right\}$$

$$= 4 \times \frac{1 + 2 \times 1}{1 - 2 \times 1} = -12$$

답 ①

259

$$\lim_{x \to 0} \frac{f(x)}{1 - \cos x} = 30$$이므로

$$\lim_{x \to 0} \frac{f(x)}{x^2} = \lim_{x \to 0} \left\{ \frac{f(x)}{1 - \cos x} \times \frac{1 - \cos x}{x^2} \right\}$$

$$= \lim_{x \to 0} \left\{ \frac{f(x)}{1 - \cos x} \times \frac{(1 - \cos x)(1 + \cos x)}{x^2(1 + \cos x)} \right\}$$

$$= \lim_{x \to 0} \left\{ \frac{f(x)}{1 - \cos x} \times \frac{1 - \cos^2 x}{x^2(1 + \cos x)} \right\}$$

$$= \lim_{x \to 0} \left\{ \frac{f(x)}{1 - \cos x} \times \frac{\sin^2 x}{x^2(1 + \cos x)} \right\}$$

$$= \lim_{x \to 0} \left\{ \frac{f(x)}{1 - \cos x} \times \left(\frac{\sin x}{x} \right)^2 \times \frac{1}{1 + \cos x} \right\}$$

$$= 30 \times 1^2 \times \frac{1}{2} = 15$$

다른 **풀이**

$$\lim_{x \to 0} \frac{1 - \cos x}{x^2} = \frac{1}{2}$$이므로

$$\lim_{x \to 0} \frac{f(x)}{x^2} = \lim_{x \to 0} \left\{ \frac{f(x)}{1 - \cos x} \times \frac{1 - \cos x}{x^2} \right\} = 30 \times \frac{1}{2} = 15$$

답 ③

260

$\lim\limits_{x\to\infty}\left\{x\left(\dfrac{5}{x}-\sin\dfrac{3}{x}\right)\right\}$에서 $\dfrac{1}{x}=t$로 놓으면 $x\to\infty$일 때 $t\to 0+$이므로

$\lim\limits_{x\to\infty}\left\{x\left(\dfrac{5}{x}-\sin\dfrac{3}{x}\right)\right\}=\lim\limits_{x\to\infty}\left(5-x\sin\dfrac{3}{x}\right)$

$\qquad\qquad\qquad\qquad\quad=\lim\limits_{t\to 0+}\left(5-\dfrac{\sin 3t}{t}\right)$

$\qquad\qquad\qquad\qquad\quad=\lim\limits_{t\to 0+}\left(5-\dfrac{\sin 3t}{3t}\times 3\right)$

$\qquad\qquad\qquad\qquad\quad=5-1\times 3=2$

$\therefore\ \lim\limits_{x\to\infty}\dfrac{f(x)}{x}=\lim\limits_{x\to\infty}\dfrac{f(x)\left(\dfrac{5}{x}-\sin\dfrac{3}{x}\right)}{x\left(\dfrac{5}{x}-\sin\dfrac{3}{x}\right)}$

$\qquad\qquad\quad=\dfrac{\lim\limits_{x\to\infty}\left\{f(x)\left(\dfrac{5}{x}-\sin\dfrac{3}{x}\right)\right\}}{\lim\limits_{x\to\infty}\left\{x\left(\dfrac{5}{x}-\sin\dfrac{3}{x}\right)\right\}}$

$\qquad\qquad\quad=\dfrac{6}{2}=3$ **답** ④

261

$x°=\dfrac{\pi}{180}x$이므로

$\lim\limits_{x\to\infty}x\sin\dfrac{1}{x°}=\lim\limits_{x\to\infty}x\sin\dfrac{180}{\pi x}$

$\dfrac{180}{\pi x}=t$로 놓으면 $x\to\infty$일 때 $t\to 0+$이므로

$\lim\limits_{x\to\infty}x\sin\dfrac{180}{\pi x}=\lim\limits_{t\to 0+}\left(\dfrac{180}{\pi}\times\dfrac{\sin t}{t}\right)$

$\qquad\qquad\qquad=\dfrac{180}{\pi}\times 1=\dfrac{180}{\pi}$ **답** ⑤

262

$\lim\limits_{x\to 0}\dfrac{1-4\cos x+a}{x\sin x}=b$에서 $x\to 0$일 때 (분모) $\to 0$이고 극한값이 존재하므로 (분자) $\to 0$이다.

즉, $\lim\limits_{x\to 0}(1-4\cos x+a)=1-4+a=0$ $\therefore\ a=3$ ······ ㉠

㉠을 주어진 식에 대입하면

$\lim\limits_{x\to 0}\dfrac{1-4\cos x+a}{x\sin x}=\lim\limits_{x\to 0}\dfrac{4(1-\cos x)}{x\sin x}$

$\qquad\qquad\qquad=\lim\limits_{x\to 0}\dfrac{4(1-\cos x)(1+\cos x)}{x\sin x(1+\cos x)}$

$\qquad\qquad\qquad=\lim\limits_{x\to 0}\dfrac{4(1-\cos^2 x)}{x\sin x(1+\cos x)}$

$\qquad\qquad\qquad=\lim\limits_{x\to 0}\dfrac{4\sin^2 x}{x\sin x(1+\cos x)}$

$\qquad\qquad\qquad=\lim\limits_{x\to 0}\dfrac{4\sin x}{x(1+\cos x)}$

$\qquad\qquad\qquad=\lim\limits_{x\to 0}\left(4\times\dfrac{\sin x}{x}\times\dfrac{1}{1+\cos x}\right)$

$\qquad\qquad\qquad=4\times 1\times\dfrac{1}{2}=2=b$

$\therefore\ a+b=3+2=5$

다른 풀이

$\lim\limits_{x\to 0}\dfrac{1-4\cos x+a}{x\sin x}=b$에서 $x\to 0$일 때 (분모) $\to 0$이고 극한값이 존재하므로 (분자) $\to 0$이다.

즉, $\lim\limits_{x\to 0}(1-4\cos x+a)=1-4+a=0$ $\therefore\ a=3$ ······ ㉠

㉠을 주어진 식에 대입하면

$\lim\limits_{x\to 0}\dfrac{1-4\cos x+a}{x\sin x}=\lim\limits_{x\to 0}\dfrac{4(1-\cos x)}{x\sin x}$ ······ ㉡

$\lim\limits_{x\to 0}\dfrac{1-\cos x}{x^2}=\dfrac{1}{2}$이므로 ㉡에서

$\lim\limits_{x\to 0}\dfrac{4(1-\cos x)}{x\sin x}=\lim\limits_{x\to 0}\dfrac{4\times\dfrac{1-\cos x}{x^2}}{\dfrac{\sin x}{x}}$

$\qquad\qquad\qquad=\dfrac{4\times\dfrac{1}{2}}{1}=2=b$

$\therefore\ a+b=3+2=5$ **답** ⑤

263

$\lim\limits_{x\to 0}\dfrac{x\sin 2x}{4+a\cos x}=b\ (b\neq 0)$에서 $x\to 0$일 때 (분자) $\to 0$이고 0이 아닌 극한값이 존재하므로 (분모) $\to 0$이다.

즉, $\lim\limits_{x\to 0}(4+a\cos x)=4+a=0$ $\therefore\ a=-4$ ······ ㉠

㉠을 주어진 식에 대입하면

$\lim\limits_{x\to 0}\dfrac{x\sin 2x}{4+a\cos x}=\lim\limits_{x\to 0}\dfrac{x\sin 2x}{4(1-\cos x)}$

$\qquad\qquad\qquad=\lim\limits_{x\to 0}\dfrac{x\sin 2x(1+\cos x)}{4(1-\cos x)(1+\cos x)}$

$\qquad\qquad\qquad=\lim\limits_{x\to 0}\dfrac{x\sin 2x(1+\cos x)}{4(1-\cos^2 x)}$

$\qquad\qquad\qquad=\lim\limits_{x\to 0}\dfrac{x\sin 2x(1+\cos x)}{4\sin^2 x}$

$\qquad\qquad\qquad=\lim\limits_{x\to 0}\dfrac{\dfrac{\sin 2x}{2x}\times 2\times(1+\cos x)}{4\times\left(\dfrac{\sin x}{x}\right)^2}$

$\qquad\qquad\qquad=\dfrac{1\times 2\times 2}{4\times 1^2}$

$\qquad\qquad\qquad=1=b$

$\therefore\ ab=-4\times 1=-4$ **답** ①

264

$x^2 f(x)=a-3\cos 2x$이므로 $x\neq 0$일 때

$f(x)=\dfrac{a-3\cos 2x}{x^2}$

함수 $f(x)$는 $x=0$에서 연속이므로

$\lim\limits_{x\to 0}f(x)=f(0)$

$\therefore\ \lim\limits_{x\to 0}\dfrac{a-3\cos 2x}{x^2}=f(0)$ ······ ㉠

㉠에서 $x\to 0$일 때 (분모) $\to 0$이고 극한값이 존재하므로 (분자) $\to 0$이다.

즉, $\lim\limits_{x\to 0}(a-3\cos 2x)=a-3=0$ $\therefore\ a=3$

$a=3$을 ㉠에 대입하면

$\lim\limits_{x\to 0}\dfrac{a-3\cos 2x}{x^2}=\lim\limits_{x\to 0}\dfrac{3(1-\cos 2x)}{x^2}$

$\qquad\qquad\qquad=\lim\limits_{x\to 0}\dfrac{3(1-\cos 2x)(1+\cos 2x)}{x^2(1+\cos 2x)}$

$\qquad\qquad\qquad=\lim\limits_{x\to 0}\dfrac{3(1-\cos^2 2x)}{x^2(1+\cos 2x)}$

$$= \lim_{x \to 0} \frac{3\sin^2 2x}{x^2(1+\cos 2x)}$$

$$= \lim_{x \to 0} \left\{ 3 \times \frac{\sin^2 2x}{(2x)^2} \times 4 \times \frac{1}{1+\cos 2x} \right\}$$

$$= \lim_{x \to 0} \left\{ 3 \times \left(\frac{\sin 2x}{2x} \right)^2 \times 4 \times \frac{1}{1+\cos 2x} \right\}$$

$$= 3 \times 1^2 \times 4 \times \frac{1}{2}$$

$$= 6 = f(0)$$

$$\therefore a + f(0) = 3 + 6 = 9$$

다른 풀이

$x^2 f(x) = a - 3\cos 2x$이므로 $x \neq 0$일 때

$$f(x) = \frac{a - 3\cos 2x}{x^2}$$

함수 $f(x)$는 $x=0$에서 연속이므로

$$\lim_{x \to 0} f(x) = f(0)$$

$$\therefore \lim_{x \to 0} \frac{a - 3\cos 2x}{x^2} = f(0) \qquad \cdots\cdots \text{㉠}$$

㉠에서 $x \to 0$일 때 (분모) $\to 0$이고 극한값이 존재하므로 (분자) $\to 0$
이다.

즉, $\lim_{x \to 0} (a - 3\cos 2x) = a - 3 = 0$ $\qquad \therefore a = 3$

$a = 3$을 ㉠에 대입하면

$$\lim_{x \to 0} \frac{a - 3\cos 2x}{x^2} = \lim_{x \to 0} \frac{3(1 - \cos 2x)}{x^2} \qquad \cdots\cdots \text{㉡}$$

$\lim_{x \to 0} \frac{1 - \cos x}{x^2} = \frac{1}{2}$이므로 ㉡에서

$$\lim_{x \to 0} \frac{3(1 - \cos 2x)}{x^2} = \lim_{x \to 0} \left\{ 3 \times \frac{1 - \cos 2x}{(2x)^2} \times 4 \right\}$$

$$= 3 \times \frac{1}{2} \times 4$$

$$= 6 = f(0)$$

$$\therefore a + f(0) = 3 + 6 = 9 \qquad \qquad \text{답 ⑤}$$

265

부채꼴의 내접원의 반지름의 길이를 r라 하면

$$\sin \frac{\theta}{2} = \frac{r}{10 - r}$$

$$(10 - r) \sin \frac{\theta}{2} = r$$

$$10 \sin \frac{\theta}{2} = r \left(1 + \sin \frac{\theta}{2} \right)$$

$$\therefore r = \frac{10 \sin \frac{\theta}{2}}{1 + \sin \frac{\theta}{2}}$$

따라서 부채꼴에 내접하는 원의 둘레의 길이 l_1은

$$l_1 = 2\pi r = \frac{20\pi \sin \frac{\theta}{2}}{1 + \sin \frac{\theta}{2}}$$

부채꼴의 호 AB의 길이 l_2는

$$l_2 = 10\theta$$

$$\therefore \lim_{\theta \to 0+} \frac{l_2}{l_1} = \lim_{\theta \to 0+} \frac{10\theta}{\dfrac{20\pi \sin \frac{\theta}{2}}{1 + \sin \frac{\theta}{2}}}$$

$$= \frac{1}{2\pi} \lim_{\theta \to 0+} \frac{\theta \left(1 + \sin \frac{\theta}{2} \right)}{\sin \frac{\theta}{2}}$$

$$= \frac{1}{2\pi} \lim_{\theta \to 0+} \left\{ 2 \times \frac{\dfrac{\theta}{2}}{\sin \frac{\theta}{2}} \times \left(1 + \sin \frac{\theta}{2} \right) \right\}$$

$$= \frac{1}{2\pi} \times 2 \times 1 \times 1 = \frac{1}{\pi} \qquad \text{답 ②}$$

266

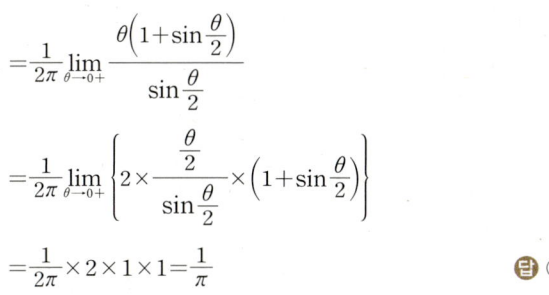

선분 OA와 현 PQ의 교점을 M이라 하면

$$\overline{PM} = \overline{QM}$$

이때, $\overline{PM} = \sin\theta$, $\overline{OM} = \cos\theta$이고

$$\overline{MA} = 1 - \overline{OM} = 1 - \cos\theta$$

따라서 삼각형 APQ의 넓이 $S(\theta)$는

$$S(\theta) = 2 \triangle PMA$$

$$= 2 \times \frac{1}{2} \times \overline{PM} \times \overline{MA}$$

$$= \sin\theta (1 - \cos\theta)$$

$$\therefore \lim_{\theta \to 0+} \frac{S(\theta)}{\theta^3} = \lim_{\theta \to 0+} \frac{\sin\theta (1 - \cos\theta)}{\theta^3}$$

$$= \lim_{\theta \to 0+} \frac{\sin\theta (1 - \cos\theta)(1 + \cos\theta)}{\theta^3 (1 + \cos\theta)}$$

$$= \lim_{\theta \to 0+} \frac{\sin\theta (1 - \cos^2\theta)}{\theta^3 (1 + \cos\theta)}$$

$$= \lim_{\theta \to 0+} \frac{\sin^3\theta}{\theta^3 (1 + \cos\theta)}$$

$$= \lim_{\theta \to 0+} \left\{ \left(\frac{\sin\theta}{\theta} \right)^3 \times \frac{1}{1 + \cos\theta} \right\}$$

$$= 1^3 \times \frac{1}{2} = \frac{1}{2} \qquad \text{답 ⑤}$$

267

$f(x) = \sin^2 x = \sin x \sin x$에서

$$f'(x) = (\sin x)' \sin x + \sin x (\sin x)'$$

$$= \cos x \sin x + \sin x \cos x$$

$$= 2 \sin x \cos x$$

$$\therefore \lim_{x \to 0} \frac{x f'(x)}{1 - \cos x} = \lim_{x \to 0} \frac{2x \sin x \cos x}{1 - \cos x}$$

$$= \lim_{x \to 0} \frac{2x \sin x \cos x (1 + \cos x)}{(1 - \cos x)(1 + \cos x)}$$

$$= \lim_{x \to 0} \frac{2x \sin x \cos x (1 + \cos x)}{1 - \cos^2 x}$$

$$= \lim_{x \to 0} \frac{2x \sin x \cos x (1 + \cos x)}{\sin^2 x}$$

$$= \lim_{x \to 0} \frac{2x \cos x (1 + \cos x)}{\sin x}$$

$$= \lim_{x \to 0} \frac{2\cos x (1 + \cos x)}{\dfrac{\sin x}{x}}$$

$$= \frac{2 \times 1 \times 2}{1} = 4 \qquad \text{답 ⑤}$$

268

$f(x)=e^x\cos x$에서 $f(0)=1$이므로

$$\lim_{h\to 0}\frac{f(10h)-1}{h}=\lim_{h\to 0}\frac{f(0+10h)-f(0)}{h}$$
$$=\lim_{h\to 0}\left\{\frac{f(0+10h)-f(0)}{10h}\times 10\right\}$$
$$=10f'(0)$$

이때, $f'(x)=e^x\cos x-e^x\sin x$이므로

$10f'(0)=10\times 1=10$

답 ⑤

269

$$f(x)=\lim_{t\to x}\frac{t\sin x-x\sin t}{t-x}$$
$$=\lim_{t\to x}\frac{t\sin x-x\sin x+x\sin x-x\sin t}{t-x}$$
$$=\lim_{t\to x}\frac{(t-x)\sin x-x(\sin t-\sin x)}{t-x}$$
$$=\lim_{t\to x}\left(\sin x-x\times\frac{\sin t-\sin x}{t-x}\right)$$
$$=\sin x-x(\sin x)'$$
$$=\sin x-x\cos x$$

$f'(x)=\cos x-\cos x+x\sin x=x\sin x$

$\therefore f'\left(\dfrac{\pi}{2}\right)=\dfrac{\pi}{2}\sin\dfrac{\pi}{2}=\dfrac{\pi}{2}$

답 ④

270

함수 $f(x)$가 $x=0$에서 미분가능하면 $x=0$에서 연속이므로

$$\lim_{x\to 0+}(3\sin x+b\cos x)=\lim_{x\to 0-}ae^x=3\sin 0+b\cos 0$$

$\therefore a=b$ ······ ㉠

또한 $f'(0)$이 존재하므로

$$f'(x)=\begin{cases}3\cos x-b\sin x & (x>0)\\ae^x & (x<0)\end{cases}$$

에서 $\displaystyle\lim_{x\to 0+}(3\cos x-b\sin x)=\lim_{x\to 0-}ae^x$

$\therefore a=3$

㉠에서 $b=3$이므로

$a+b=3+3=6$

답 ③

271

$f(x)$가 일차함수이므로 $f(x)=ax+b\ (a\neq 0)$로 놓으면

$$\lim_{x\to\frac{\pi}{2}}\frac{\cos x}{f(x)}=\lim_{x\to\frac{\pi}{2}}\frac{\cos x}{ax+b}=\frac{1}{2}$$

이고, $x\to\dfrac{\pi}{2}$일 때 (분자) $\to 0$이고 0이 아닌 극한값이 존재하므로 (분모) $\to 0$이다.

즉, $\displaystyle\lim_{x\to\frac{\pi}{2}}(ax+b)=\frac{\pi}{2}a+b=0$

$\therefore b=-\dfrac{\pi}{2}a$ ······ ㉠

〔가〕

$x-\dfrac{\pi}{2}=t$로 놓으면 $x\to\dfrac{\pi}{2}$일 때 $t\to 0$이므로

$$\lim_{x\to\frac{\pi}{2}}\frac{\cos x}{f(x)}=\lim_{x\to\frac{\pi}{2}}\frac{\cos x}{ax+b}$$
$$=\lim_{x\to\frac{\pi}{2}}\frac{\cos x}{a\left(x-\frac{\pi}{2}\right)}\ (\because ㉠)$$
$$=\lim_{t\to 0}\frac{\cos\left(\frac{\pi}{2}+t\right)}{at}$$
$$=\lim_{t\to 0}\frac{-\sin t}{at}$$
$$=-\frac{1}{a}=\frac{1}{2}$$

$\therefore a=-2$

㉠에서 $b=-\dfrac{\pi}{2}\times(-2)=\pi$

〔나〕

따라서 $f(x)=-2x+\pi$이므로

$f(\pi)=-2\pi+\pi=-\pi$

〔다〕

단계	채점 요소	비율
〔가〕	일차함수 $f(x)$의 계수들의 관계식 구하기	40%
〔나〕	일차함수 $f(x)$의 계수들의 값 각각 구하기	40%
〔다〕	$f(\pi)$의 값 구하기	20%

답 $-\pi$

272

$f(x)=\sin x(1+\cos x)$에서

$$f'(x)=(\sin x)'(1+\cos x)+\sin x(1+\cos x)'$$
$$=\cos x(1+\cos x)+\sin x(-\sin x)$$
$$=\cos^2 x+\cos x-\sin^2 x$$
$$=\cos^2 x+\cos x-(1-\cos^2 x)$$
$$=2\cos^2 x+\cos x-1$$
$$=(2\cos x-1)(\cos x+1)$$

〔가〕

$f'(x)=0$에서 $\cos x=\dfrac{1}{2}$ 또는 $\cos x=-1$

$0\leq x<2\pi$이므로

$\cos x=\dfrac{1}{2}$에서

$x=\dfrac{\pi}{3}$ 또는 $x=\dfrac{5}{3}\pi$

$\cos x=-1$에서

$x=\pi$

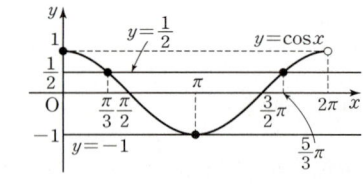

〔나〕

따라서 $f'(x)=0$을 만족시키는 모든 실수 x의 값의 합은

$\dfrac{\pi}{3}+\dfrac{5}{3}\pi+\pi=3\pi$

〔다〕

단계	채점 요소	비율
〔가〕	함수 $f(x)$의 도함수 $f'(x)$ 구하기	45%
〔나〕	방정식 $f'(x)=0$ 풀기	45%
〔다〕	$f'(x)=0$을 만족시키는 모든 실수 x의 값의 합 구하기	10%

답 3π

06 여러 가지 미분법

본문 p.60~61

개념 콕콕

273

(1) $y'=\dfrac{(3x+1)'(x-4)-(3x+1)(x-4)'}{(x-4)^2}$

$=\dfrac{3(x-4)-(3x+1)\times 1}{(x-4)^2}=-\dfrac{13}{(x-4)^2}$

(2) $y'=\dfrac{(2x^2-1)'(2x+1)-(2x^2-1)(2x+1)'}{(2x+1)^2}$

$=\dfrac{4x(2x+1)-(2x^2-1)\times 2}{(2x+1)^2}=\dfrac{4x^2+4x+2}{(2x+1)^2}$

(3) $y'=-\dfrac{(2x-1)'}{(2x-1)^2}=-\dfrac{2}{(2x-1)^2}$

📩 (1) $y'=-\dfrac{13}{(x-4)^2}$ (2) $y'=\dfrac{4x^2+4x+2}{(2x+1)^2}$ (3) $y'=-\dfrac{2}{(2x-1)^2}$

274

(1) $y'=\dfrac{(1+\cos x)'(1-\cos x)-(1+\cos x)(1-\cos x)'}{(1-\cos x)^2}$

$=\dfrac{-\sin x(1-\cos x)-(1+\cos x)\times \sin x}{(1-\cos x)^2}$

$=-\dfrac{2\sin x}{(1-\cos x)^2}$

(2) $y'=\dfrac{(3x)'\times 5^x-3x\times(5^x)'}{(5^x)^2}=\dfrac{3\times 5^x-3x\times 5^x\ln 5}{5^{2x}}$

$=\dfrac{3\times 5^x(1-x\ln 5)}{5^{2x}}=\dfrac{3(1-x\ln 5)}{5^x}$

(3) $y'=\dfrac{(\ln x)'\times e^x-\ln x\times(e^x)'}{(e^x)^2}$

$=\dfrac{\dfrac{1}{x}\times e^x-\ln x\times e^x}{e^{2x}}=\dfrac{1-x\ln x}{xe^x}$

📩 (1) $y'=-\dfrac{2\sin x}{(1-\cos x)^2}$ (2) $y'=\dfrac{3(1-x\ln 5)}{5^x}$ (3) $y'=\dfrac{1-x\ln x}{xe^x}$

275

(1) $y'=\sec x\tan x-2(-\csc x\cot x)$

$=\sec x\tan x+2\csc x\cot x$

(2) $y'=3\sec^2 x+5(-\csc^2 x)$

$=3\sec^2 x-5\csc^2 x$

📩 (1) $y'=\sec x\tan x+2\csc x\cot x$

(2) $y'=3\sec^2 x-5\csc^2 x$

276

(1) $y'=-4x^{-4-1}=-4x^{-5}=-\dfrac{4}{x^5}$

(2) $y=\dfrac{1}{x^2}=x^{-2}$이므로

$y'=-2x^{-2-1}=-2x^{-3}=-\dfrac{2}{x^3}$

(3) $y=\dfrac{x^2-3}{x^5}=\dfrac{1}{x^3}-\dfrac{3}{x^5}=x^{-3}-3x^{-5}$이므로

$y'=-3x^{-3-1}-3\times(-5)x^{-5-1}$

$=-3x^{-4}+15x^{-6}=-\dfrac{3}{x^4}+\dfrac{15}{x^6}$

📩 (1) $y'=-\dfrac{4}{x^5}$ (2) $y'=-\dfrac{2}{x^3}$ (3) $y'=-\dfrac{3}{x^4}+\dfrac{15}{x^6}$

277

(1) $y'=4(3x-1)^3(3x-1)'=4(3x-1)^3\times 3=12(3x-1)^3$

(2) $y'=3(2x^2+x+3)^2(2x^2+x+3)'$

$=3(4x+1)(2x^2+x+3)^2$

(3) $y=(x-2)^{-5}$이므로

$y'=-5(x-2)^{-5-1}(x-2)'$

$=-5(x-2)^{-6}=-\dfrac{5}{(x-2)^6}$

📩 (1) $y'=12(3x-1)^3$ (2) $y'=3(4x+1)(2x^2+x+3)^2$

(3) $y'=-\dfrac{5}{(x-2)^6}$

278

(1) $y'=(x^2-x+3)'(x+5)^2+(x^2-x+3)\{(x+5)^2\}'$

$=(2x-1)(x+5)^2+(x^2-x+3)\times 2(x+5)\times(x+5)'$

$=(x+5)\{(2x-1)(x+5)+2(x^2-x+3)\}$

$=(x+5)(4x^2+7x+1)$

(2) $y'=\dfrac{\{(3x+4)^2\}'(2x-1)-(3x+4)^2(2x-1)'}{(2x-1)^2}$

$=\dfrac{2(3x+4)\times(3x+4)'(2x-1)-(3x+4)^2\times 2}{(2x-1)^2}$

$=\dfrac{2(3x+4)\{3(2x-1)-(3x+4)\}}{(2x-1)^2}$

$=\dfrac{2(3x+4)(3x-7)}{(2x-1)^2}$

📩 (1) $y'=(x+5)(4x^2+7x+1)$ (2) $y'=\dfrac{2(3x+4)(3x-7)}{(2x-1)^2}$

279

(1) $y'=\cos(\cos x)(\cos x)'=-\sin x\cos(\cos x)$

(2) $y'=4(1-\cos x)^3(1-\cos x)'=4\sin x(1-\cos x)^3$

(3) $y'=(\sin^2 x)'\cos^3 x+\sin^2 x(\cos^3 x)'$

$=2\sin x\times(\sin x)'\times\cos^3 x+\sin^2 x\times 3\cos^2 x\times(\cos x)'$

$=2\sin x\times\cos x\times\cos^3 x+\sin^2 x\times 3\cos^2 x\times(-\sin x)$

$=\sin x\cos^2 x(2\cos^2 x-3\sin^2 x)$

📩 (1) $y'=-\sin x\cos(\cos x)$ (2) $y'=4\sin x(1-\cos x)^3$

(3) $y'=\sin x\cos^2 x(2\cos^2 x-3\sin^2 x)$

280

(1) $y'=e^{2x-1}\times(2x-1)'=2e^{2x-1}$

(2) $y'=3^{2x-5}\times\ln 3\times(2x-5)'=3^{2x-5}\times 2\ln 3$

(3) $y'=4^{x^2-1}\times\ln 4\times(x^2-1)'=4^{x^2-1}\times 2x\ln 4$

📩 (1) $y'=2e^{2x-1}$ (2) $y'=3^{2x-5}\times 2\ln 3$ (3) $y'=4^{x^2-1}\times 2x\ln 4$

281

(1) $y'=\dfrac{(2x-1)'}{2x-1}=\dfrac{2}{2x-1}$

(2) $y'=\dfrac{(x^2+1)'}{(x^2+1)\ln 3}=\dfrac{2x}{(x^2+1)\ln 3}$

(3) $y'=\dfrac{(\sin x)'}{\sin x}=\dfrac{\cos x}{\sin x}=\cot x$

📩 (1) $y'=\dfrac{2}{2x-1}$ (2) $y'=\dfrac{2x}{(x^2+1)\ln 3}$ (3) $y'=\cot x$

282

(1) $y=x^{\frac{1}{2}}$이므로

$$y'=\frac{1}{2}x^{\frac{1}{2}-1}=\frac{1}{2}x^{-\frac{1}{2}}=\frac{1}{2\sqrt{x}}$$

(2) $y'=2\sqrt{3}\,x^{\sqrt{3}-1}$

(3) $y'=-ex^{-e-1}=-\dfrac{e}{x^{e+1}}$

답 (1) $y'=\dfrac{1}{2\sqrt{x}}$ (2) $y'=2\sqrt{3}\,x^{\sqrt{3}-1}$ (3) $y'=-\dfrac{e}{x^{e+1}}$

283

(1) $y=(5-x^2)^{\frac{1}{3}}$이므로

$$y'=\frac{1}{3}(5-x^2)^{\frac{1}{3}-1}(5-x^2)'=\frac{1}{3}(5-x^2)^{-\frac{2}{3}}\times(-2x)$$

$$=-\frac{2x}{3\sqrt[3]{(5-x^2)^2}}$$

(2) $y=(x+2)(4x-5)^{\frac{1}{2}}$이므로

$$y'=(x+2)'(4x-5)^{\frac{1}{2}}+(x+2)\{(4x-5)^{\frac{1}{2}}\}'$$

$$=(4x-5)^{\frac{1}{2}}+(x+2)\times\frac{1}{2}(4x-5)^{\frac{1}{2}-1}\times(4x-5)'$$

$$=(4x-5)^{\frac{1}{2}}+2(x+2)(4x-5)^{-\frac{1}{2}}$$

$$=\sqrt{4x-5}+\frac{2(x+2)}{\sqrt{4x-5}}=\frac{6x-1}{\sqrt{4x-5}}$$

(3) $y=(2x^2+4)(3x+1)^{-\frac{1}{2}}$이므로

$$y'=(2x^2+4)'(3x+1)^{-\frac{1}{2}}+(2x^2+4)\{(3x+1)^{-\frac{1}{2}}\}'$$

$$=4x\times(3x+1)^{-\frac{1}{2}}+(2x^2+4)\left\{-\frac{1}{2}(3x+1)^{-\frac{1}{2}-1}(3x+1)'\right\}$$

$$=4x(3x+1)^{-\frac{1}{2}}-\frac{3}{2}(2x^2+4)(3x+1)^{-\frac{3}{2}}$$

$$=\frac{4x}{\sqrt{3x+1}}-\frac{3x^2+6}{(3x+1)\sqrt{3x+1}}=\frac{9x^2+4x-6}{(3x+1)\sqrt{3x+1}}$$

답 (1) $y'=-\dfrac{2x}{3\sqrt[3]{(5-x^2)^2}}$ (2) $y'=\dfrac{6x-1}{\sqrt{4x-5}}$

(3) $y'=\dfrac{9x^2+4x-6}{(3x+1)\sqrt{3x+1}}$

284

(1) $\dfrac{dx}{dt}=-3$, $\dfrac{dy}{dt}=2t$이므로

$$\frac{dy}{dx}=\frac{\dfrac{dy}{dt}}{\dfrac{dx}{dt}}=\frac{2t}{-3}=-\frac{2}{3}t$$

(2) $\dfrac{dx}{dt}=4t$, $\dfrac{dy}{dt}=1-\dfrac{1}{t^2}$이므로

$$\frac{dy}{dx}=\frac{\dfrac{dy}{dt}}{\dfrac{dx}{dt}}=\frac{1-\dfrac{1}{t^2}}{4t}=\frac{t^2-1}{4t^3}\ (단,\ t\neq0)$$

(3) $\dfrac{dx}{dt}=\dfrac{1}{2\sqrt{t+1}}$, $\dfrac{dy}{dt}=2t$이므로

$$\frac{dy}{dx}=\frac{\dfrac{dy}{dt}}{\dfrac{dx}{dt}}=\frac{2t}{\dfrac{1}{2\sqrt{t+1}}}=4t\sqrt{t+1}$$

(4) $\dfrac{dx}{dt}=-2\sin t$, $\dfrac{dy}{dt}=-2\cos t$이므로

$$\frac{dy}{dx}=\frac{\dfrac{dy}{dt}}{\dfrac{dx}{dt}}=\frac{-2\cos t}{-2\sin t}=\cot t$$

(5) $\dfrac{dx}{dt}=\sec t\tan t$, $\dfrac{dy}{dt}=2\sec^2 t$이므로

$$\frac{dy}{dx}=\frac{\dfrac{dy}{dt}}{\dfrac{dx}{dt}}=\frac{2\sec^2 t}{\sec t\tan t}=2\csc t$$

답 (1) $\dfrac{dy}{dx}=-\dfrac{2}{3}t$ (2) $\dfrac{dy}{dx}=\dfrac{t^2-1}{4t^3}$ (단, $t\neq0$) (3) $\dfrac{dy}{dx}=4t\sqrt{t+1}$

(4) $\dfrac{dy}{dx}=\cot t$ (5) $\dfrac{dy}{dx}=2\csc t$

285

(1) $x^2+y^2+2y=1$의 양변을 x에 대하여 미분하면

$$2x+2y\frac{dy}{dx}+2\frac{dy}{dx}=0$$

$$(2y+2)\frac{dy}{dx}=-2x$$

$$\therefore \frac{dy}{dx}=-\frac{x}{y+1}\ (단,\ y\neq-1)$$

(2) $xy=2$의 양변을 x에 대하여 미분하면

$$y+x\frac{dy}{dx}=0$$

$$\therefore \frac{dy}{dx}=-\frac{y}{x}\ (단,\ x\neq0)$$

(3) $2x-3y^2=4$의 양변을 x에 대하여 미분하면

$$2-6y\frac{dy}{dx}=0$$

$$\therefore \frac{dy}{dx}=\frac{1}{3y}\ (단,\ y\neq0)$$

(4) $x^2-xy+y^2=3$의 양변을 x에 대하여 미분하면

$$2x-y-x\frac{dy}{dx}+2y\frac{dy}{dx}=0$$

$$(x-2y)\frac{dy}{dx}=2x-y$$

$$\therefore \frac{dy}{dx}=\frac{2x-y}{x-2y}\ (단,\ x-2y\neq0)$$

답 (1) $\dfrac{dy}{dx}=-\dfrac{x}{y+1}$ (단, $y\neq-1$) (2) $\dfrac{dy}{dx}=-\dfrac{y}{x}$ (단, $x\neq0$)

(3) $\dfrac{dy}{dx}=\dfrac{1}{3y}$ (단, $y\neq0$) (4) $\dfrac{dy}{dx}=\dfrac{2x-y}{x-2y}$ (단, $x-2y\neq0$)

286

(1) $x=y^2$의 양변을 y에 대하여 미분하면

$$\frac{dx}{dy}=2y$$

$$\therefore \frac{dy}{dx}=\frac{1}{\dfrac{dx}{dy}}=\frac{1}{2y}\ (단,\ y\neq0)$$

(2) $x=4y^2-y+4$의 양변을 y에 대하여 미분하면

$$\frac{dx}{dy}=8y-1$$

$$\therefore \frac{dy}{dx}=\frac{1}{\dfrac{dx}{dy}}=\frac{1}{8y-1}\left(단,\ y\neq\frac{1}{8}\right)$$

(3) $y=\sqrt[3]{x+2}$에서 $x=y^3-2$이므로 양변을 y에 대하여 미분하면

$$\frac{dx}{dy}=3y^2$$

$$\therefore \frac{dy}{dx}=\frac{1}{\dfrac{dx}{dy}}=\frac{1}{3y^2}\ (단,\ y\neq0)$$

답 (1) $\dfrac{dy}{dx}=\dfrac{1}{2y}$ (단, $y\neq0$) (2) $\dfrac{dy}{dx}=\dfrac{1}{8y-1}$ $\Big($단, $y\neq\dfrac{1}{8}\Big)$

(3) $\dfrac{dy}{dx}=\dfrac{1}{3y^2}$ (단, $y\neq0$)

287

(1) $y'=9x^2+2x$이므로 $y''=18x+2$

(2) $y'=\dfrac{1}{3}x^{-\frac{2}{3}}$이므로 $y''=-\dfrac{2}{9}x^{-\frac{5}{3}}$

(3) $y'=3\cos3x$이므로 $y''=-9\sin3x$

(4) $y'=3e^{3x}$이므로 $y''=9e^{3x}$

(5) $y'=\dfrac{2}{x}$이므로 $y''=-\dfrac{2}{x^2}$

답 (1) $y''=18x+2$ (2) $y''=-\dfrac{2}{9}x^{-\frac{5}{3}}$ (3) $y''=-9\sin3x$

(4) $y''=9e^{3x}$ (5) $y''=-\dfrac{2}{x^2}$

288

(1) $y'=2xe^x+x^2e^x=(x^2+2x)e^x$이므로

$y''=(2x+2)e^x+(x^2+2x)e^x$

$=(x^2+4x+2)e^x$

(2) $y'=e^x\cos x-e^x\sin x=e^x(\cos x-\sin x)$이므로

$y''=e^x(\cos x-\sin x)+e^x(-\sin x-\cos x)$

$=e^x(-2\sin x)$

$=-2e^x\sin x$

(3) $y'=\dfrac{2x}{x^2-1}$이므로

$y''=\dfrac{2(x^2-1)-2x\times2x}{(x^2-1)^2}=-\dfrac{2(x^2+1)}{(x^2-1)^2}$

답 (1) $y''=(x^2+4x+2)e^x$ (2) $y''=-2e^x\sin x$ (3) $y''=-\dfrac{2(x^2+1)}{(x^2-1)^2}$

유형 콕콕 본문 p.62~67

289 ②	**290** ③	**291** -2	**292** ④	**293** ①	**294** 5
295 ④	**296** ⑤	**297** 3	**298** ②	**299** ④	**300** $\dfrac{1}{2}$
301 ②	**302** ②	**303** ⑤	**304** ⑤	**305** ⑤	**306** ④
307 ⑤	**308** ④	**309** -2			
310 (가) $\dfrac{5x^2+5x-4}{x(x-1)(x+1)}$ (나) $\dfrac{x^3(x-1)^2(5x^2+5x-4)}{(x+1)^3}$					
311 (가) $\dfrac{2}{x}\ln2x$ (나) $4x^{\ln2x-1}\ln2x$					
312 (1) $y'=\dfrac{-2(x+1)(x^2-6)}{x^4(x-4)^2}$ (2) $y'=x^x(\ln x+1)$					
313 ②	**314** ①	**315** 2	**316** ②	**317** ⑤	**318** 2
319 ①	**320** ⑤	**321** $\dfrac{4}{11}$	**322** ③	**323** ③	**324** 4

289

$f'(x)=\dfrac{(x^2-x+1)'(x-1)-(x^2-x+1)(x-1)'}{(x-1)^2}$

$=\dfrac{(2x-1)(x-1)-(x^2-x+1)\times1}{(x-1)^2}=\dfrac{x^2-2x}{(x-1)^2}$

$\therefore f'(-1)=\dfrac{3}{4}$

답 ②

290

$\displaystyle\lim_{h\to0}\dfrac{f(1+h)-f(1)}{h}=f'(1)$

이때,

$f'(x)=\dfrac{(x^2)'(x+1)-x^2(x+1)'}{(x+1)^2}$

$=\dfrac{2x(x+1)-x^2\times1}{(x+1)^2}=\dfrac{x^2+2x}{(x+1)^2}$

이므로

$f'(1)=\dfrac{3}{4}$

답 ③

291

$f(1)=2$이므로

$\displaystyle\lim_{x\to1}\dfrac{f(x^2)-2}{x-1}=\lim_{x\to1}\dfrac{f(x^2)-f(1)}{x-1}$

$=\displaystyle\lim_{x\to1}\Big\{\dfrac{f(x^2)-f(1)}{x^2-1}\times(x+1)\Big\}$

$=2f'(1)$

한편, $f(x)=\dfrac{4}{x^2-x+2}$에서

$f'(x)=\dfrac{-4(x^2-x+2)'}{(x^2-x+2)^2}=\dfrac{-4(2x-1)}{(x^2-x+2)^2}$

이므로

$2f'(1)=2\times\dfrac{-4}{4}=-2$

답 -2

292

$f'(x)=\dfrac{(\sin x)'(\sin x+\cos x)-\sin x(\sin x+\cos x)'}{(\sin x+\cos x)^2}$

$=\dfrac{\cos x(\sin x+\cos x)-\sin x(\cos x-\sin x)}{(\sin x+\cos x)^2}$

$=\dfrac{\cos^2x+\sin^2x}{(\sin x+\cos x)^2}$

$=\dfrac{1}{(\sin x+\cos x)^2}$

$\therefore f'(\pi)=\dfrac{1}{(-1)^2}=1$

답 ④

293

$\displaystyle\lim_{h\to0}\dfrac{f\Big(\dfrac{\pi}{4}+2h\Big)-f\Big(\dfrac{\pi}{4}\Big)}{h}=\lim_{h\to0}\Bigg\{\dfrac{f\Big(\dfrac{\pi}{4}+2h\Big)-f\Big(\dfrac{\pi}{4}\Big)}{2h}\times2\Bigg\}$

$=2f'\Big(\dfrac{\pi}{4}\Big)$

한편, $f(x)=\csc x-\sec x$에서

$f'(x)=-\csc x\cot x-\sec x\tan x$

이므로

$2f'\Big(\dfrac{\pi}{4}\Big)=2\Big(-\csc\dfrac{\pi}{4}\cot\dfrac{\pi}{4}-\sec\dfrac{\pi}{4}\tan\dfrac{\pi}{4}\Big)$

$=2(-\sqrt{2}\times1-\sqrt{2}\times1)=-4\sqrt{2}$

답 ①

294

함수 $f(x)$가 $x=0$에서 미분가능하면 $x=0$에서 연속이므로

$\displaystyle\lim_{x\to0+}(x^2+ax+b)=\lim_{x\to0-}(2\sin x+3\tan x)=0^2+a\times0+b$

$\therefore b=0$

또한 $f'(0)$이 존재하므로

$$f'(x)=\begin{cases} 2x+a & (x>0) \\ 2\cos x+3\sec^2 x & (x<0) \end{cases}$$

에서 $\lim_{x\to 0+}(2x+a)=\lim_{x\to 0-}(2\cos x+3\sec^2 x)$

$\therefore a=5$

$\therefore a+b=5+0=5$　　　　　　　　　　　　　　**답** 5

295

$y'=3x^2\times\{f(x)\}^2+x^3\times 2f(x)\times f'(x)$

이므로 $x=1$에서의 미분계수는

$3\{f(1)\}^2+2f(1)\times f'(1)=3\times 2^2+2\times 2\times 3=24$　　**답** ④

296

$f(3x-1)=x^3-2x^2+3x+1$의 양변을 x에 대하여 미분하면

$f'(3x-1)(3x-1)'=3x^2-4x+3$

$3f'(3x-1)=3x^2-4x+3$　　　　　　　　　…… ㉠

㉠의 양변에 $x=0$을 대입하면

$3f'(-1)=3$　　$\therefore f'(-1)=1$　　　　　　**답** ⑤

297

$h(x)=g(f(x))$로 놓으면

$h(2)=g(f(2))=g(2)=1$

$\therefore \lim_{x\to 2}\dfrac{g(f(x))-1}{x-2}=\lim_{x\to 2}\dfrac{h(x)-h(2)}{x-2}=h'(2)$

이때,

$h'(x)=g'(f(x))f'(x)$

이므로

$h'(2)=g'(f(2))f'(2)=g'(2)f'(2)$

　　　$=-1\times(-3)=3$　　　　　　　　　　**답** 3

298

$y=2x\sqrt{f(x)}$에서

$y'=2\sqrt{f(x)}+2x\dfrac{f'(x)}{2\sqrt{f(x)}}=2\sqrt{f(x)}+\dfrac{xf'(x)}{\sqrt{f(x)}}$

이고, $x=1$에서의 미분계수가 5이므로

$2\sqrt{f(1)}+\dfrac{f'(1)}{\sqrt{f(1)}}=5,\ 2\sqrt 4+\dfrac{f'(1)}{\sqrt 4}=5$

$4+\dfrac{f'(1)}{2}=5$　　$\therefore f'(1)=2$　　　　　**답** ②

299

$y'=(3x^2-1)\sqrt{4x+1}+(x^3-x)\times\dfrac{(4x+1)'}{2\sqrt{4x+1}}$

　$=(3x^2-1)\sqrt{4x+1}+(x^3-x)\times\dfrac{2}{\sqrt{4x+1}}$

이므로 $x=2$에서의 미분계수는

$11\times\sqrt 9+6\times\dfrac{2}{\sqrt 9}=33+4=37$　　　　　**답** ④

300

함수 $y=f(x)$의 그래프 위의 점 $(2,f(2))$에서의 접선의 기울기가 2이므로 $f'(2)=2$

　　　　　　　　　　　　　　　　　　　　　　　㉮

한편, $y=f(\sqrt x)$에서

$y'=f'(\sqrt x)(\sqrt x)'=f'(\sqrt x)\times\dfrac{1}{2\sqrt x}$

이므로 $x=4$에서의 미분계수는

$f'(\sqrt 4)\times\dfrac{1}{2\sqrt 4}=f'(2)\times\dfrac{1}{4}=2\times\dfrac{1}{4}=\dfrac{1}{2}$

　　　　　　　　　　　　　　　　　　　　　　　㉯

단계	채점 요소	비율
㉮	$f'(2)$의 값 구하기	30%
㉯	함수 $y=f(\sqrt x)$의 $x=4$에서의 미분계수 구하기	70%

답 $\dfrac{1}{2}$

301

$y'=\sec^2(\sin x)\times(\sin x)'$

　$=\sec^2(\sin x)\times\cos x$

이므로 점 $(\pi,0)$에서의 접선의 기울기는

$\sec^2(\sin\pi)\times\cos\pi=1\times(-1)=-1$　　　　**답** ②

302

$y'=\cos(\pi+x)\times(\pi+x)'-\sin 2x\times(2x)'$

　$=\cos(\pi+x)-2\sin 2x$

　$=-2\sin 2x-\cos x$

이므로 $a=-2,\ b=-1$

$\therefore a-b=-2-(-1)=-1$　　　　　　　　　**답** ②

303

$y'=\cos\sqrt{1-x^2}\times(\sqrt{1-x^2})'$

　$=\cos\sqrt{1-x^2}\times\dfrac{(1-x^2)'}{2\sqrt{1-x^2}}$

　$=\cos\sqrt{1-x^2}\times\dfrac{-2x}{2\sqrt{1-x^2}}$

　$=-\dfrac{x}{\sqrt{1-x^2}}\times\cos\sqrt{1-x^2}$　　　　　　**답** ⑤

304

$y'=5^{-\frac{1}{x^2}}\times\ln 5\times\left(-\dfrac{1}{x^2}\right)'$

　$=5^{-\frac{1}{x^2}}\times\ln 5\times\dfrac{2}{x^3}$

이므로 $x=1$에서의 미분계수는

$5^{-1}\times\ln 5\times 2=\dfrac{2}{5}\ln 5$　　　　　　　　**답** ⑤

305

$f'(x)=\dfrac{(e^{2x})'(1-\sin x)-e^{2x}(1-\sin x)'}{(1-\sin x)^2}$

　　$=\dfrac{2e^{2x}(1-\sin x)-e^{2x}(-\cos x)}{(1-\sin x)^2}$

　　$=\dfrac{e^{2x}(2-2\sin x+\cos x)}{(1-\sin x)^2}$

이고

$f(0)=\dfrac{e^0}{1-\sin 0}=\dfrac{1}{1-0}=1$

$f'(0)=\dfrac{e^0(2-2\sin 0+\cos 0)}{(1-\sin 0)^2}=\dfrac{1\times(2-0+1)}{(1-0)^2}=3$

이므로

$f(0)+f'(0)=1+3=4$　　　　　　　　　　　**답** ⑤

306

$g(x)=(f \circ f)(x)$에서

$g'(x)=(f \circ f)'(x)=f'(f(x))f'(x)$

한편, $f(x)=e^{3x}$에서 $f'(x)=3e^{3x}$이므로

$f(0)=e^0=1,\ f'(0)=3e^0=3$

$\therefore g'(0)=f'(f(0))f'(0)=f'(1)\times 3$

이때, $f'(1)=3e^3$이므로

$g'(0)=3e^3\times 3=9e^3$　　　　　　　　　　　　**답 ④**

307

$f(x)=\log_2(\sin^4 x)=4\log_2|\sin x|$이므로

$f'(x)=4\times\dfrac{(\sin x)'}{\sin x\times\ln 2}=\dfrac{4\cos x}{\ln 2\times\sin x}$

$\therefore f'\left(\dfrac{\pi}{4}\right)=\dfrac{4\cos\dfrac{\pi}{4}}{\ln 2\times\sin\dfrac{\pi}{4}}=\dfrac{4\times\dfrac{\sqrt{2}}{2}}{\ln 2\times\dfrac{\sqrt{2}}{2}}=\dfrac{4}{\ln 2}$　　　**답 ⑤**

308

$f(x)=\log_4(\tan x)$로 놓으면 $f\left(\dfrac{\pi}{4}\right)=0$이므로

$\displaystyle\lim_{x\to\frac{\pi}{4}}\dfrac{\log_4(\tan x)}{x-\dfrac{\pi}{4}}=\lim_{x\to\frac{\pi}{4}}\dfrac{f(x)-f\left(\dfrac{\pi}{4}\right)}{x-\dfrac{\pi}{4}}=f'\left(\dfrac{\pi}{4}\right)$

한편, $f'(x)=\dfrac{(\tan x)'}{\tan x\times\ln 4}=\dfrac{\sec^2 x}{\ln 4\times\tan x}$이므로

$f'\left(\dfrac{\pi}{4}\right)=\dfrac{\sec^2\dfrac{\pi}{4}}{\ln 4\times\tan\dfrac{\pi}{4}}=\dfrac{2}{2\ln 2}=\dfrac{1}{\ln 2}=\log_2 e$　　**답 ④**

309

$y=\ln\sqrt{\dfrac{1+\cos x}{1-\cos x}}=\ln\left(\dfrac{1+\cos x}{1-\cos x}\right)^{\frac{1}{2}}=\dfrac{1}{2}\ln\dfrac{1+\cos x}{1-\cos x}$

$=\dfrac{1}{2}\{\ln(1+\cos x)-\ln(1-\cos x)\}$

$\therefore y'=\dfrac{1}{2}\left\{\dfrac{(1+\cos x)'}{1+\cos x}-\dfrac{(1-\cos x)'}{1-\cos x}\right\}$

$=\dfrac{1}{2}\left(\dfrac{-\sin x}{1+\cos x}-\dfrac{\sin x}{1-\cos x}\right)$

$=\dfrac{-\sin x(1-\cos x)-\sin x(1+\cos x)}{2(1-\cos^2 x)}$

$=\dfrac{-2\sin x}{2\sin^2 x}=-\dfrac{1}{\sin x}$　　　　　　　　　　　**㉮**

따라서 $x=\dfrac{\pi}{6}$에서의 미분계수는

$-\dfrac{1}{\sin\dfrac{\pi}{6}}=-\dfrac{1}{\dfrac{1}{2}}=-2$　　　　　　　　　　　**㉯**

단계	채점 요소	비율
㉮	y' 구하기	80%
㉯	주어진 함수의 $x=\dfrac{\pi}{6}$에서의 미분계수 구하기	20%

답 -2

310

주어진 식의 양변의 절댓값에 자연로그를 취하면

$\ln|y|=\ln\left|\dfrac{x^4(x-1)^3}{(x+1)^2}\right|=4\ln|x|+3\ln|x-1|-2\ln|x+1|$

위의 식의 양변을 x에 대하여 미분하면

$\dfrac{y'}{y}=\dfrac{4}{x}+\dfrac{3}{x-1}-\dfrac{2}{x+1}$

$=\dfrac{4(x-1)(x+1)+3x(x+1)-2x(x-1)}{x(x-1)(x+1)}$

$=\boxed{\dfrac{5x^2+5x-4}{x(x-1)(x+1)}}$

$\therefore y'=y\times\dfrac{5x^2+5x-4}{x(x-1)(x+1)}$

$=\dfrac{x^4(x-1)^3}{(x+1)^2}\times\dfrac{5x^2+5x-4}{x(x-1)(x+1)}$

$=\boxed{\dfrac{x^3(x-1)^2(5x^2+5x-4)}{(x+1)^3}}$

답 ㈎ $\dfrac{5x^2+5x-4}{x(x-1)(x+1)}$ ㈏ $\dfrac{x^3(x-1)^2(5x^2+5x-4)}{(x+1)^3}$

311

주어진 식의 양변에 자연로그를 취하면

$\ln y=\ln 2x^{\ln 2x}=(\ln 2x)^2$

위의 식의 양변을 x에 대하여 미분하면

$\dfrac{y'}{y}=2\ln 2x\times(\ln 2x)'=2\ln 2x\times\dfrac{2}{2x}=\boxed{\dfrac{2}{x}\ln 2x}$

$\therefore y'=y\times\dfrac{2}{x}\ln 2x=2x^{\ln 2x}\times\dfrac{2}{x}\ln 2x=\boxed{4x^{\ln 2x-1}\ln 2x}$

답 ㈎ $\dfrac{2}{x}\ln 2x$ ㈏ $4x^{\ln 2x-1}\ln 2x$

312

(1) 주어진 식의 양변의 절댓값에 자연로그를 취하면

$\ln|y|=\ln\left|\dfrac{(x+1)^2}{x^3(x-4)}\right|=2\ln|x+1|-3\ln|x|-\ln|x-4|$

위의 식의 양변을 x에 대하여 미분하면

$\dfrac{y'}{y}=\dfrac{2}{x+1}-\dfrac{3}{x}-\dfrac{1}{x-4}$

$=\dfrac{2x(x-4)-3(x+1)(x-4)-x(x+1)}{x(x+1)(x-4)}$

$=\dfrac{-2(x^2-6)}{x(x+1)(x-4)}$

$\therefore y'=y\times\dfrac{-2(x^2-6)}{x(x+1)(x-4)}$

$=\dfrac{(x+1)^2}{x^3(x-4)}\times\dfrac{-2(x^2-6)}{x(x+1)(x-4)}$

$=\dfrac{-2(x+1)(x^2-6)}{x^4(x-4)^2}$

(2) 주어진 식의 양변에 자연로그를 취하면

$\ln y=\ln x^x=x\ln x$

위의 식의 양변을 x에 대하여 미분하면

$\dfrac{y'}{y}=(x)'\ln x+x(\ln x)'=1\times\ln x+x\times\dfrac{1}{x}=\ln x+1$

$\therefore y'=y(\ln x+1)=x^x(\ln x+1)$

답 (1) $y'=\dfrac{-2(x+1)(x^2-6)}{x^4(x-4)^2}$ (2) $y'=x^x(\ln x+1)$

313

$x=\dfrac{1}{t}$, $y=\dfrac{t}{t-1}$ 를 각각 t에 대하여 미분하면

$\dfrac{dx}{dt}=-\dfrac{1}{t^2}$, $\dfrac{dy}{dt}=\dfrac{1\times(t-1)-t\times1}{(t-1)^2}=-\dfrac{1}{(t-1)^2}$

$\therefore \dfrac{dy}{dx}=\dfrac{\dfrac{dy}{dt}}{\dfrac{dx}{dt}}=\dfrac{-\dfrac{1}{(t-1)^2}}{-\dfrac{1}{t^2}}=\dfrac{t^2}{(t-1)^2}$

따라서 $t=-1$일 때 $\dfrac{dy}{dx}$의 값은

$\dfrac{(-1)^2}{(-1-1)^2}=\dfrac{1}{4}$　　　　　답 ②

314

$x=t-\cos t$, $y=t+\sin t$를 각각 t에 대하여 미분하면

$\dfrac{dx}{dt}=1+\sin t$, $\dfrac{dy}{dt}=1+\cos t$

$\therefore \dfrac{dy}{dx}=\dfrac{\dfrac{dy}{dt}}{\dfrac{dx}{dt}}=\dfrac{1+\cos t}{1+\sin t}$

$\therefore \lim\limits_{t\to\frac{\pi}{2}}\dfrac{dy}{dx}=\lim\limits_{t\to\frac{\pi}{2}}\dfrac{1+\cos t}{1+\sin t}=\dfrac{1}{2}$　　답 ①

315

$2t-4=2$에서 $t=3$이고

$t=3$, $y=5$를 $y=t^2+at+2$에 대입하면

$5=9+3a+2$　　$\therefore a=-2$

$\dfrac{dx}{dt}=2$, $\dfrac{dy}{dt}=2t+a=2t-2$이므로

$\dfrac{dy}{dx}=\dfrac{\dfrac{dy}{dt}}{\dfrac{dx}{dt}}=\dfrac{2t-2}{2}=t-1$

따라서 점 $(2,5)$에서의 접선의 기울기는 $t=3$일 때이므로

$3-1=2$　　　　　답 2

316

$xy+2(x+y)=5$의 양변을 x에 대하여 미분하면

$y+x\dfrac{dy}{dx}+2\left(1+\dfrac{dy}{dx}\right)=0$

$(y+2)+(x+2)\dfrac{dy}{dx}=0$

$\therefore \dfrac{dy}{dx}=-\dfrac{y+2}{x+2}$ (단, $x\neq-2$)

$xy+2(x+y)=5$에서 $x=1$일 때, $y+2(1+y)=5$　　$\therefore y=1$

따라서 구하는 $\dfrac{dy}{dx}$의 값은

$-\dfrac{1+2}{1+2}=-1$　　　　　답 ②

317

$x^2+y^2+ax+b=0$의 양변을 x에 대하여 미분하면

$2x+2y\dfrac{dy}{dx}+a=0$, $(2x+a)+2y\dfrac{dy}{dx}=0$

$\therefore \dfrac{dy}{dx}=-\dfrac{2x+a}{2y}$ (단, $y\neq0$)

주어진 곡선 위의 점 $(1,2)$에서의 $\dfrac{dy}{dx}$의 값이 $\dfrac{1}{4}$이므로

$-\dfrac{2+a}{4}=\dfrac{1}{4}$　　$\therefore a=-3$

또한 점 $(1,2)$가 주어진 곡선 위의 점이므로

$1+4+a+b=0$

$\therefore a+b=-5$　　　　　……㉠

㉠에 $a=-3$을 대입하면 $b=-2$

$\therefore ab=-3\times(-2)=6$　　　　　답 ⑤

318

$x^3+y^2+axy+b=0$의 양변을 x에 대하여 미분하면

$3x^2+2y\dfrac{dy}{dx}+ay+ax\dfrac{dy}{dx}=0$

$(2y+ax)\dfrac{dy}{dx}=-(3x^2+ay)$

$\therefore \dfrac{dy}{dx}=-\dfrac{3x^2+ay}{2y+ax}$

주어진 곡선 위의 점 $(1,1)$에서의 접선의 기울기가 -2이므로

$\dfrac{dy}{dx}$의 값이 -2이다. 즉,

$-\dfrac{3+a}{2+a}=-2$, $3+a=4+2a$　　$\therefore a=-1$

또한 점 $(1,1)$이 주어진 곡선 위의 점이므로

$1+1+a+b=0$　　$\therefore a+b=-2$　　　……㉠

㉠에 $a=-1$을 대입하면 $b=-1$

$\therefore a^2+b^2=(-1)^2+(-1)^2=2$　　　　　답 2

319

$\lim\limits_{x\to3}\dfrac{f(x)-4}{x-3}=5$에서 $x\to3$일 때 (분모) $\to0$이고 극한값이 존재하므로 (분자) $\to0$이다.

즉, $\lim\limits_{x\to3}\{f(x)-4\}=0$이므로

$f(3)=4$　　　　　……㉠

$\therefore \lim\limits_{x\to3}\dfrac{f(x)-4}{x-3}=\lim\limits_{x\to3}\dfrac{f(x)-f(3)}{x-3}=f'(3)=5$

한편, $g(x)$는 $f(x)$의 역함수이므로 ㉠에서

$g(4)=3$

$\therefore g'(4)=\dfrac{1}{f'(g(4))}=\dfrac{1}{f'(3)}=\dfrac{1}{5}$　　답 ①

320

$g\left(\dfrac{1}{2}\right)=a$라 하면 $f(a)=\dfrac{1}{2}$이므로

$\sin a=\dfrac{1}{2}$

$\therefore a=\dfrac{\pi}{6}$ $\left(\because 0<a<\dfrac{\pi}{2}\right)$

따라서 $g\left(\dfrac{1}{2}\right)=\dfrac{\pi}{6}$이고 $f'(x)=\cos x$이므로

$g'\left(\dfrac{1}{2}\right)=\dfrac{1}{f'\left(g\left(\frac{1}{2}\right)\right)}=\dfrac{1}{f'\left(\frac{\pi}{6}\right)}$

$=\dfrac{1}{\cos\frac{\pi}{6}}=\dfrac{1}{\frac{\sqrt{3}}{2}}=\dfrac{2\sqrt{3}}{3}$　　　　답 ⑤

321

$x=\sqrt{y^3+y^2}$의 양변을 y에 대하여 미분하면

$$\frac{dx}{dy}=\frac{(y^3+y^2)'}{2\sqrt{y^3+y^2}}=\frac{3y^2+2y}{2\sqrt{y^3+y^2}}$$

이므로 역함수의 미분법에 의하여

$$\frac{dy}{dx}=\frac{1}{\dfrac{dx}{dy}}=\frac{1}{\dfrac{3y^2+2y}{2\sqrt{y^3+y^2}}}=\frac{2\sqrt{y^3+y^2}}{3y^2+2y}\left(\text{단, } y\neq0,\ y\neq-\frac{2}{3}\right)$$

따라서 $y=3$일 때의 접선의 기울기는

$$\frac{2\sqrt{3^3+3^2}}{3\times3^2+2\times3}=\frac{12}{33}=\frac{4}{11}$$

답 $\dfrac{4}{11}$

322

$$f'(x)=1\times e^{bx}+(x+a)\times be^{bx}$$
$$\qquad=e^{bx}(bx+ab+1)$$
$$f''(x)=be^{bx}(bx+ab+1)+e^{bx}\times b$$
$$\qquad=be^{bx}(bx+ab+2)$$

$f'(0)=2$에서 $ab+1=2$

$\therefore ab=1$ ······ ㉠

$f''(0)=6$에서 $b(ab+2)=6$ ······ ㉡

㉠, ㉡에서 $a=\dfrac{1}{2}$, $b=2$

$\therefore 10a+b=10\times\dfrac{1}{2}+2=7$

답 ③

323

$f(x)=e^x\sin x$에서

$$f'(x)=e^x\sin x+e^x\cos x=e^x(\sin x+\cos x)$$
$$f''(x)=e^x(\sin x+\cos x)+e^x(\cos x-\sin x)=2e^x\cos x$$

$\therefore f(0)+f'(0)+f''(0)=0+1+2=3$

답 ③

324

$f(x)=x^2\ln x$에서

$$f'(x)=2x\ln x+x^2\times\frac{1}{x}=2x\ln x+x$$

$$f''(x)=2\ln x+2x\times\frac{1}{x}+1=2\ln x+3$$

이것을 $f(x)-f'(x)-f''(x)=\ln x-x-3$에 대입하면

$$x^2\ln x-(2x\ln x+x)-(2\ln x+3)=\ln x-x-3$$
$$(x^2-2x-3)\ln x=0$$
$$(x+1)(x-3)\ln x=0$$

$\therefore x=-1$ 또는 $x=3$ 또는 $x=1$

그런데 $f(x)=x^2\ln x$에서 진수 조건에 의하여 $x>0$이므로

$x=1$ 또는 $x=3$

따라서 주어진 등식이 성립하도록 하는 모든 x의 값의 합은

$1+3=4$

답 4

325

$\displaystyle\lim_{x\to-1}\frac{f(x)+3}{x+1}=4$에서 $x\to-1$일 때 (분모) $\to0$이고 극한값이 존재하므로 (분자) $\to0$이다.

즉, $\displaystyle\lim_{x\to-1}\{f(x)+3\}=0$이므로 $f(-1)=-3$

$$\therefore \lim_{x\to-1}\frac{f(x)+3}{x+1}=\lim_{x\to-1}\frac{f(x)-f(-1)}{x-(-1)}=f'(-1)=4$$

한편, $g(x)=\dfrac{x}{f(x)}$로 놓으면

$$g(-1)=\frac{-1}{f(-1)}=\frac{1}{3}$$

$$\therefore \lim_{h\to0}\frac{1}{h}\left\{\frac{h-1}{f(h-1)}-\frac{1}{3}\right\}=\lim_{h\to0}\frac{g(-1+h)-g(-1)}{h}=g'(-1)$$

이때,

$$g'(x)=\frac{f(x)-xf'(x)}{\{f(x)\}^2}$$

이므로

$$g'(-1)=\frac{f(-1)+f'(-1)}{\{f(-1)\}^2}=\frac{-3+4}{(-3)^2}=\frac{1}{9}$$

답 ①

326

$$\lim_{x\to0}\frac{f(1+2x)-f(1-x)}{x}$$
$$=\lim_{x\to0}\frac{\{f(1+2x)-f(1)\}-\{f(1-x)-f(1)\}}{x}$$
$$=\lim_{x\to0}\left\{\frac{f(1+2x)-f(1)}{2x}\times2+\frac{f(1-x)-f(1)}{-x}\right\}$$
$$=2f'(1)+f'(1)$$
$$=3f'(1)$$

$$f(x)=1+\frac{1}{x}+\frac{1}{x^2}+\frac{1}{x^3}+\cdots+\frac{1}{x^9}$$
$$\qquad=1+x^{-1}+x^{-2}+x^{-3}+\cdots+x^{-9}$$

에서

$$f'(x)=-(x^{-2}+2x^{-3}+3x^{-4}+\cdots+9x^{-10})$$

$$\therefore f'(1)=-(1+2+3+\cdots+9)=-45$$

따라서 구하는 값은

$3f'(1)=3\times(-45)=-135$

답 ①

327

함수 $f(x)$가 $x=1$에서 미분가능하면 $x=1$에서 연속이므로

$$\lim_{x\to1+}\left(x+b\sin\frac{\pi}{2}x\right)=\lim_{x\to1-}(3+ae^{-x})=3+ae^{-1}$$

$$1+b=3+\frac{a}{e}$$

$$\therefore b-\frac{a}{e}=2 \qquad\qquad ······ ㉠$$

또한 $f'(1)$이 존재하므로

$$f'(x)=\begin{cases}1+\dfrac{\pi}{2}b\cos\dfrac{\pi}{2}x & (x>1)\\[2mm] -ae^{-x} & (x<1)\end{cases}$$

에서 $\displaystyle\lim_{x\to1+}\left(1+\frac{\pi}{2}b\cos\frac{\pi}{2}x\right)=\lim_{x\to1-}(-ae^{-x})$

$$1=-\frac{a}{e} \qquad \therefore a=-e$$

$a=-e$를 ㉠에 대입하면 $b=1$

$\therefore ab=-e\times1=-e$

답 ⑤

328

$h(x)=f(g(x))$로 놓으면

$h(x)=2\cos(\tan x)$

이므로

$h(\pi)=2\cos(\tan \pi)=2\cos 0=2$

$\therefore \lim\limits_{x\to\pi}\dfrac{f(g(x))-2}{x-\pi}=\lim\limits_{x\to\pi}\dfrac{h(x)-h(\pi)}{x-\pi}=h'(\pi)$

이때,

$h'(x)=-2\sin(\tan x)\times\sec^2 x$

이므로

$h'(\pi)=-2\sin(\tan \pi)\times\sec^2 \pi$

$\qquad\quad =-2\times 0\times 1=0$ **답** ③

329

$F(x)=(g\circ f)(x)=g(f(x))$에서 $F'(x)=g'(f(x))f'(x)$이므로

$F'(0)=g'(f(0))f'(0)$

한편, $f(x)=\dfrac{\pi}{2}e^x$에서

$f'(x)=\dfrac{\pi}{2}e^x$

또한 $g(x)=\sin 2x+\cos 2x$에서

$g'(x)=2\cos 2x-2\sin 2x$

$\therefore F'(0)=g'(f(0))f'(0)$

$\qquad\quad =g'\left(\dfrac{\pi}{2}\right)\times\dfrac{\pi}{2}$

$\qquad\quad =(2\cos \pi-2\sin \pi)\times\dfrac{\pi}{2}$

$\qquad\quad =-2\times\dfrac{\pi}{2}$

$\qquad\quad =-\pi$ **답** ②

330

$f(x)=\dfrac{(x+3)^2(x+4)}{(x+1)^4(x+2)^3}$의 양변의 절댓값에 자연로그를 취하면

$\ln|f(x)|=\ln\left|\dfrac{(x+3)^2(x+4)}{(x+1)^4(x+2)^3}\right|$

$\qquad\qquad =2\ln|x+3|+\ln|x+4|-4\ln|x+1|-3\ln|x+2|$

위의 식의 양변을 x에 대하여 미분하면

$\dfrac{f'(x)}{f(x)}=\dfrac{2}{x+3}+\dfrac{1}{x+4}-\dfrac{4}{x+1}-\dfrac{3}{x+2}$

$\therefore \dfrac{f'(1)}{f(1)}=\dfrac{1}{2}+\dfrac{1}{5}-2-1=-\dfrac{23}{10}$ **답** ④

331

$f(\pi)=\pi^{\sin \pi}=1$이므로

$\lim\limits_{x\to\pi}\dfrac{f(x)-1}{x-\pi}=\lim\limits_{x\to\pi}\dfrac{f(x)-f(\pi)}{x-\pi}=f'(\pi)$

한편, $f(x)=x^{\sin x}$의 양변에 자연로그를 취하면

$\ln f(x)=\ln x^{\sin x}=\sin x\times\ln x$

위의 식의 양변을 x에 대하여 미분하면

$\dfrac{f'(x)}{f(x)}=\cos x\times\ln x+\sin x\times\dfrac{1}{x}$

$\therefore f'(x)=f(x)\left(\cos x\times\ln x+\sin x\times\dfrac{1}{x}\right)$

$\qquad\quad =x^{\sin x}\left(\cos x\times\ln x+\sin x\times\dfrac{1}{x}\right)$

$\therefore f'(\pi)=\pi^{\sin \pi}\left(\cos \pi\times\ln \pi+\sin \pi\times\dfrac{1}{\pi}\right)$

$\qquad\quad =\pi^0(-\ln \pi+0)$

$\qquad\quad =-\ln \pi=\ln\dfrac{1}{\pi}$ **답** ①

332

$\dfrac{dx}{dt}=\dfrac{2t(1+t^2)-t^2\times 2t}{(1+t^2)^2}=\dfrac{2t}{(1+t^2)^2}$

$\dfrac{dy}{dt}=\dfrac{2(1+t^2)-2t\times 2t}{(1+t^2)^2}=\dfrac{2-2t^2}{(1+t^2)^2}$

$\therefore \dfrac{dy}{dx}=\dfrac{\dfrac{dy}{dt}}{\dfrac{dx}{dt}}=\dfrac{\dfrac{2-2t^2}{(1+t^2)^2}}{\dfrac{2t}{(1+t^2)^2}}=\dfrac{1-t^2}{t}$ (단, $t\neq 0$)

따라서 $t=-2$일 때 $\dfrac{dy}{dx}$의 값은

$\dfrac{1-(-2)^2}{-2}=\dfrac{3}{2}$ **답** ⑤

333

$x^3\sin x+y^3\cos x+axy+b=0$의 양변을 x에 대하여 미분하면

$3x^2\sin x+x^3\cos x+3y^2\dfrac{dy}{dx}\cos x+y^3\times(-\sin x)+ay+ax\dfrac{dy}{dx}=0$

$(3y^2\cos x+ax)\dfrac{dy}{dx}=-\sin x(3x^2-y^3)-x^3\cos x-ay$

$\therefore \dfrac{dy}{dx}=\dfrac{-\sin x(3x^2-y^3)-x^3\cos x-ay}{3y^2\cos x+ax}$

점 $(\pi, 0)$에서의 접선의 기울기가 $\dfrac{1}{10}$이므로

$\dfrac{-\pi^3\times(-1)}{a\pi}=\dfrac{1}{10}$, $10\pi^3=a\pi$

$\therefore a=10\pi^2$

또한 점 $(\pi, 0)$이 곡선 $x^3\sin x+y^3\cos x+axy+b=0$ 위의 점이므로

$b=0$

$\therefore a+b=10\pi^2+0=10\pi^2$ **답** ⑤

334

$g(\sqrt{3})=a$라 하면 $f(a)=\sqrt{3}$이므로

$\tan\dfrac{a}{2}=\sqrt{3}$

이때, $-\pi<a<\pi$에서 $-\dfrac{\pi}{2}<\dfrac{a}{2}<\dfrac{\pi}{2}$이므로

$\dfrac{a}{2}=\dfrac{\pi}{3}$

$\therefore a=\dfrac{2}{3}\pi$

따라서 $g(\sqrt{3})=\dfrac{2}{3}\pi$이고 $f'(x)=\dfrac{1}{2}\sec^2\dfrac{x}{2}$이므로

$g'(\sqrt{3})=\dfrac{1}{f'(g(\sqrt{3}))}=\dfrac{1}{f'\left(\dfrac{2}{3}\pi\right)}$

$\qquad\quad =\dfrac{1}{\dfrac{1}{2}\sec^2\dfrac{\pi}{3}}=\dfrac{1}{\dfrac{1}{2}\times 4}=\dfrac{1}{2}$ **답** ①

335

함수 $y=f(x)$의 그래프 위의 점 $(3, 4)$에서의 접선의 기울기가 1이므로

$f(3)=4$, $f'(3)=1$

한편, 함수 $f(3x)$의 역함수가 $g(x)$이므로

$g(f(3x))=x$

위의 식의 양변을 x에 대하여 미분하면

$g'(f(3x)) \times f'(3x) \times 3 = 1$

이므로 양변에 $x=1$을 대입하면

$g'(f(3)) \times f'(3) \times 3 = 1$

$g'(4) \times 1 \times 3 = 1$

$\therefore g'(4) = \dfrac{1}{3}$

답 ③

336

$f(x)=\ln(x^2-2x+2)$에서

$f'(x)=\dfrac{2x-2}{x^2-2x+2}$

이므로 $f(1)=\ln 1=0$, $f'(1)=0$

$\therefore \displaystyle\lim_{h\to 0}\dfrac{f(1+h)+f'(1+2h)}{h}$

$=\displaystyle\lim_{h\to 0}\dfrac{f(1+h)-f(1)+f'(1+2h)-f'(1)}{h}$

$=\displaystyle\lim_{h\to 0}\dfrac{f(1+h)-f(1)}{h}+2\lim_{h\to 0}\dfrac{f'(1+2h)-f'(1)}{2h}$

$=f'(1)+2f''(1)$

이때,

$f''(x)=\dfrac{2(x^2-2x+2)-(2x-2)\times(2x-2)}{(x^2-2x+2)^2}$

$=\dfrac{-2x(x-2)}{(x^2-2x+2)^2}$

이므로 $f'(1)+2f''(1)=0+2\times 2=4$

답 ④

337

$f'(x)=ae^{ax}\sin bx+e^{ax}\cos bx\times b$

$\quad = e^{ax}(a\sin bx+b\cos bx)$

$f''(x)=ae^{ax}(a\sin bx+b\cos bx)+e^{ax}(ab\cos bx-b^2\sin bx)$

$\quad = e^{ax}\{(a^2-b^2)\sin bx+2ab\cos bx\}$

$f'(0)=1$에서 $b=1$

$f''(0)=2$에서 $2ab=2$

$\therefore a=1$

따라서 $f'(x)=e^x(\sin x+\cos x)$, $f''(x)=2e^x\cos x$이므로

$f'(\pi)=e^\pi(\sin\pi+\cos\pi)=-e^\pi$

$\therefore \displaystyle\lim_{x\to\sqrt{\pi}}\dfrac{f'(x^2)+e^\pi}{x-\sqrt{\pi}}=\lim_{x\to\sqrt{\pi}}\left\{\dfrac{f'(x^2)-f'(\pi)}{x^2-\pi}\times(x+\sqrt{\pi})\right\}$

$=f''(\pi)\times(\sqrt{\pi}+\sqrt{\pi})$

$=2e^\pi\cos\pi\times 2\sqrt{\pi}=-4\sqrt{\pi}e^\pi$

답 ①

338

조건 (나)에서 $x\to 1$일 때 (분모)$\to 0$이고 극한값이 존재하므로 (분자)$\to 0$이다.

즉, $\displaystyle\lim_{x\to 1}\{f'(f(x^2))-1\}=0$이므로 $f'(f(1))=1$

$\therefore \displaystyle\lim_{x\to 1}\dfrac{f'(f(x^2))-1}{x-1}$

$=\displaystyle\lim_{x\to 1}\left\{\dfrac{f'(f(x^2))-f'(f(1))}{f(x^2)-f(1)}\times\dfrac{f(x^2)-f(1)}{x^2-1}\times(x+1)\right\}$

$=f''(f(1))\times f'(1)\times 2$

$=f''(2)\times 3\times 2\ (\because 조건\ (가))$

$=6f''(2)=24$

$\therefore f''(2)=4$

답 4

339

이차함수 $f(x)$가 $\displaystyle\lim_{x\to\infty}\dfrac{f(x)-1}{x^2-1}=1$을 만족시키므로 $f(x)$의 이차항의 계수는 1이다.

또한 $\displaystyle\lim_{x\to 1}\dfrac{f(x)}{x^2-1}=1$에서 $x\to 1$일 때 (분모)$\to 0$이고 극한값이 존재하므로 (분자)$\to 0$이다.

즉, $\displaystyle\lim_{x\to 1}f(x)=0$이므로 $f(1)=0$

따라서 $f(x)$는 $x-1$을 인수로 가지므로 $f(x)=(x-1)(x+a)$로 놓으면

가

$\displaystyle\lim_{x\to 1}\dfrac{f(x)}{x^2-1}=\lim_{x\to 1}\dfrac{(x-1)(x+a)}{x^2-1}$

$=\displaystyle\lim_{x\to 1}\dfrac{x+a}{x+1}$

$=\dfrac{1+a}{2}=1$

$\therefore a=1$

$\therefore f(x)=(x-1)(x+1)=x^2-1$

나

$f(2x)=4x^2-1$이므로 $h(x)=4x^2-1$로 놓으면 함수 $h(x)$의 역함수가 $g(x)$이므로

$g'(3)=\dfrac{1}{h'(g(3))}$

$\therefore \dfrac{1}{g'(3)}=h'(g(3))$

$g(3)=b$로 놓으면 $h(b)=3$이므로

$4b^2-1=3$, $4b^2=4$, $b^2=1$

$\therefore b=1\ (\because b\geq 0)$

따라서 $\dfrac{1}{g'(3)}=h'(1)$이고, $h'(x)=8x$이므로

$\dfrac{1}{g'(3)}=h'(1)=8$

다

단계	채점 요소	비율
가	주어진 극한값을 이용하여 함수 $f(x)$의 식 세우기	35%
나	함수 $f(x)$ 구하기	30%
다	역함수의 미분법을 이용하여 $\dfrac{1}{g'(3)}$의 값 구하기	35%

답 8

340

$y=\dfrac{1}{2}e^x\cos 2x$에서

$y'=\dfrac{1}{2}e^x\cos 2x-e^x\sin 2x$

$\quad =\dfrac{1}{2}e^x(\cos 2x-2\sin 2x)$

$y''=\dfrac{1}{2}e^x(\cos 2x-2\sin 2x)+\dfrac{1}{2}e^x(-2\sin 2x-4\cos 2x)$

$\quad =-\dfrac{1}{2}e^x(4\sin 2x+3\cos 2x)$

가

이것을 $y''-ay'+by=0$에 대입하면

$-\dfrac{1}{2}e^x(4\sin 2x+3\cos 2x)-\dfrac{1}{2}ae^x(\cos 2x-2\sin 2x)$

$+\dfrac{1}{2}be^x\cos 2x=0$

$$-\frac{1}{2}e^x\{(4-2a)\sin 2x+(3+a-b)\cos 2x\}=0$$

───────────────────────────── 나

위의 등식이 x의 값에 관계없이 항상 성립하므로

$4-2a=0,\ 3+a-b=0$

$\therefore a=2,\ b=5$

$\therefore a+b=2+5=7$

───────────────────────────── 다

단계	채점 요소	비율
가	y', y'' 각각 구하기	40%
나	y, y', y''을 등식 $y''-ay'+by=0$에 대입하여 정리하기	30%
다	$a+b$의 값 구하기	30%

답 7

II. 미분법

07 접선의 방정식

● 개념 **콕콕** ●　　　　　　　　　　　　　　본문 p.71

341

(1) $f(x)=\dfrac{x^2}{x-2}$이라 하면

$$f'(x)=\frac{2x(x-2)-x^2}{(x-2)^2}=\frac{x^2-4x}{(x-2)^2}$$이므로

$$f'(1)=\frac{1^2-4\times 1}{(-1)^2}=-3$$

따라서 구하는 접선의 방정식은 $y-(-1)=-3(x-1)$

$$\therefore y=-3x+2$$

(2) $f(x)=x\sqrt{x}$라 하면 $f'(x)=\dfrac{3}{2}x^{\frac{1}{2}}=\dfrac{3\sqrt{x}}{2}$이므로

$$f'(4)=\frac{3\sqrt{4}}{2}=3$$

따라서 구하는 접선의 방정식은 $y-8=3(x-4)$

$$\therefore y=3x-4$$

(3) $f(x)=\tan x$라 하면 $f'(x)=\sec^2 x$이므로

$$f'\left(\frac{\pi}{6}\right)=\sec^2\frac{\pi}{6}=\left(\frac{2}{\sqrt{3}}\right)^2=\frac{4}{3}$$

따라서 구하는 접선의 방정식은 $y-\dfrac{\sqrt{3}}{3}=\dfrac{4}{3}\left(x-\dfrac{\pi}{6}\right)$

$$\therefore y=\frac{4}{3}x-\frac{2}{9}\pi+\frac{\sqrt{3}}{3}$$

(4) $f(x)=2e^x$이라 하면 $f'(x)=2e^x$이므로

$$f'(0)=2e^0=2$$

따라서 구하는 접선의 방정식은 $y-2=2(x-0)$

$$\therefore y=2x+2$$

(5) $f(x)=\ln(2x-4)$라 하면 $f'(x)=\dfrac{2}{2x-4}=\dfrac{1}{x-2}$이므로

$$f'(3)=1$$

따라서 구하는 접선의 방정식은 $y-\ln 2=1\times(x-3)$

$$\therefore y=x-3+\ln 2$$

답 (1) $y=-3x+2$　　　(2) $y=3x-4$

(3) $y=\dfrac{4}{3}x-\dfrac{2}{9}\pi+\dfrac{\sqrt{3}}{3}$　(4) $y=2x+2$

(5) $y=x-3+\ln 2$

342

(1) $f(x)=\dfrac{x-1}{x+4}$이라 하면

$$f'(x)=\frac{x+4-(x-1)}{(x+4)^2}=\frac{5}{(x+4)^2}$$

접점의 좌표를 $\left(t,\ \dfrac{t-1}{t+4}\right)$이라 하면 $f'(t)=\dfrac{1}{5}$이므로

$$\frac{5}{(t+4)^2}=\frac{1}{5},\ (t+4)^2=25$$

$t+4=\pm 5$　　$\therefore t=1\ (\because t>0)$

따라서 접점의 좌표가 $(1,\ 0)$이므로 구하는 접선의 방정식은

$$y-0=\frac{1}{5}(x-1)\qquad\therefore y=\frac{1}{5}x-\frac{1}{5}$$

(2) $f(x)=2\sqrt{x}$라 하면 $f'(x)=\dfrac{1}{\sqrt{x}}$

접점의 좌표를 $(t, 2\sqrt{t})$라 하면 $f'(t)=\dfrac{1}{2}$이므로

$\dfrac{1}{\sqrt{t}}=\dfrac{1}{2}$, $\sqrt{t}=2$ $\quad \therefore t=4$

따라서 접점의 좌표가 $(4, 4)$이므로 구하는 접선의 방정식은

$y-4=\dfrac{1}{2}(x-4)$ $\quad \therefore y=\dfrac{1}{2}x+2$

(3) $f(x)=2\sin x$라 하면 $f'(x)=2\cos x$

접점의 좌표를 $(t, 2\sin t)$라 하면 $f'(t)=\sqrt{2}$이므로

$2\cos t=\sqrt{2}$, $\cos t=\dfrac{\sqrt{2}}{2}$

$\therefore t=\dfrac{\pi}{4}$ $(\because 0\le t\le\pi)$

따라서 접점의 좌표가 $\left(\dfrac{\pi}{4}, \sqrt{2}\right)$이므로 구하는 접선의 방정식은

$y-\sqrt{2}=\sqrt{2}\left(x-\dfrac{\pi}{4}\right)$ $\quad \therefore y=\sqrt{2}x-\dfrac{\sqrt{2}}{4}\pi+\sqrt{2}$

(4) $f(x)=e^{2(x+1)}$이라 하면 $f'(x)=2e^{2(x+1)}$

접점의 좌표를 $(t, e^{2(t+1)})$이라 하면 $f'(t)=2$이므로

$2e^{2(t+1)}=2$, $e^{2(t+1)}=1$

$2(t+1)=0$ $\quad \therefore t=-1$

따라서 접점의 좌표가 $(-1, 1)$이므로 구하는 접선의 방정식은

$y-1=2(x+1)$ $\quad \therefore y=2x+3$

(5) $f(x)=2\ln x$라 하면 $f'(x)=\dfrac{2}{x}$

접점의 좌표를 $(t, 2\ln t)$라 하면 $f'(t)=1$이므로

$\dfrac{2}{t}=1$ $\quad \therefore t=2$

따라서 접점의 좌표가 $(2, 2\ln 2)$이므로 구하는 접선의 방정식은

$y-2\ln 2=1\times(x-2)$ $\quad \therefore y=x-2+2\ln 2$

🔶 (1) $y=\dfrac{1}{5}x-\dfrac{1}{5}$ (2) $y=\dfrac{1}{2}x+2$

(3) $y=\sqrt{2}x-\dfrac{\sqrt{2}}{4}\pi+\sqrt{2}$ (4) $y=2x+3$

(5) $y=x-2+2\ln 2$

343

(1) $f(x)=\dfrac{2}{x}$라 하면 $f'(x)=-\dfrac{2}{x^2}$

접점의 좌표를 $\left(t, \dfrac{2}{t}\right)$라 하면 이 점에서의 접선의 기울기는

$f'(t)=-\dfrac{2}{t^2}$이므로 접선의 방정식은

$y-\dfrac{2}{t}=-\dfrac{2}{t^2}(x-t)$ $\quad\quad\cdots\cdots\;\bigcirc$

이 직선이 점 $(2, 0)$을 지나므로

$-\dfrac{2}{t}=-\dfrac{2}{t^2}(2-t)$, $t=2-t$ $\quad \therefore t=1$

$t=1$을 $\bigcirc$에 대입하면 $y-2=-2(x-1)$

$\therefore y=-2x+4$

(2) $f(x)=\sqrt{x+1}$이라 하면 $f'(x)=\dfrac{1}{2\sqrt{x+1}}$

접점의 좌표를 $(t, \sqrt{t+1})$이라 하면 이 점에서의 접선의 기울기는

$f'(t)=\dfrac{1}{2\sqrt{t+1}}$이므로 접선의 방정식은

$y-\sqrt{t+1}=\dfrac{1}{2\sqrt{t+1}}(x-t)$ $\quad\quad\cdots\cdots\;\bigcirc$

이 직선이 점 $(-2, 0)$을 지나므로

$-\sqrt{t+1}=\dfrac{1}{2\sqrt{t+1}}(-2-t)$, $2t+2=2+t$

$\therefore t=0$

$t=0$을 $\bigcirc$에 대입하면 $y-1=\dfrac{1}{2}(x-0)$

$\therefore y=\dfrac{1}{2}x+1$

(3) $f(x)=3e^{-x}$이라 하면 $f'(x)=-3e^{-x}$

접점의 좌표를 $(t, 3e^{-t})$이라 하면 이 점에서의 접선의 기울기는

$f'(t)=-3e^{-t}$이므로 접선의 방정식은

$y-3e^{-t}=-3e^{-t}(x-t)$ $\quad\quad\cdots\cdots\;\bigcirc$

이 직선이 점 $(1, 0)$을 지나므로

$-3e^{-t}=-3e^{-t}(1-t)$, $1=1-t$ $\quad \therefore t=0$

$t=0$을 $\bigcirc$에 대입하면 $y-3=-3(x-0)$

$\therefore y=-3x+3$

(4) $f(x)=\ln x$라 하면 $f'(x)=\dfrac{1}{x}$

접점의 좌표를 $(t, \ln t)$라 하면 이 점에서의 접선의 기울기는

$f'(t)=\dfrac{1}{t}$이므로 접선의 방정식은

$y-\ln t=\dfrac{1}{t}(x-t)$ $\quad\quad\cdots\cdots\;\bigcirc$

이 직선이 점 $(0, 0)$을 지나므로

$-\ln t=\dfrac{1}{t}(-t)$, $\ln t=1$ $\quad \therefore t=e$

$t=e$를 $\bigcirc$에 대입하면 $y-1=\dfrac{1}{e}(x-e)$

$\therefore y=\dfrac{1}{e}x$

🔶 (1) $y=-2x+4$ (2) $y=\dfrac{1}{2}x+1$

(3) $y=-3x+3$ (4) $y=\dfrac{1}{e}x$

344

(1) $\dfrac{dx}{dt}=1$, $\dfrac{dy}{dt}=-\dfrac{1}{(t-2)^2}$이므로

$\dfrac{dy}{dx}=\dfrac{\dfrac{dy}{dt}}{\dfrac{dx}{dt}}=\dfrac{-\dfrac{1}{(t-2)^2}}{1}=-\dfrac{1}{(t-2)^2}$ (단, $t\ne 2$)

(2) $t=1$일 때, $x=1+1=2$, $y=\dfrac{1}{1-2}=-1$, $\dfrac{dy}{dx}=-\dfrac{1}{(1-2)^2}=-1$

(3) $t=1$일 때 곡선은 점 $(2, -1)$을 지나고, 이 점에서의 접선의 기울기는 -1이므로 구하는 접선의 방정식은

$y-(-1)=-(x-2)$ $\quad \therefore y=-x+1$

🔶 (1) $\dfrac{dy}{dx}=-\dfrac{1}{(t-2)^2}$ (단, $t\ne 2$)

(2) $x=2$, $y=-1$, $\dfrac{dy}{dx}=-1$

(3) $y=-x+1$

345

$\dfrac{dx}{dt}=\sec t\tan t$, $\dfrac{dy}{dt}=\sqrt{3}\sec^2 t$이므로

$\dfrac{dy}{dx}=\dfrac{\dfrac{dy}{dt}}{\dfrac{dx}{dt}}=\dfrac{\sqrt{3}\sec^2 t}{\sec t\tan t}=\sqrt{3}\csc t$

$t=\dfrac{\pi}{3}$일 때 $x=\sec\dfrac{\pi}{3}=2$, $y=\sqrt{3}\tan\dfrac{\pi}{3}=3$,

$\dfrac{dy}{dx}=\sqrt{3}\csc\dfrac{\pi}{3}=2$

따라서 $t=\dfrac{\pi}{3}$일 때 곡선은 점 $(2, 3)$을 지나고, 이 점에서의 접선의 기울기는 2이므로 구하는 접선의 방정식은

$y-3=2(x-2)$ $\quad \therefore y=2x-1$ 🔶 $y=2x-1$

346

(1) $x^2+y^2+2y=1$의 양변을 x에 대하여 미분하면

$$2x+2y\frac{dy}{dx}+2\frac{dy}{dx}=0$$

$$(2y+2)\frac{dy}{dx}=-2x$$

$$\therefore \frac{dy}{dx}=-\frac{x}{y+1}\ (단,\ y\neq-1)$$

(2) 점 $(1,\ 0)$에서의 접선의 기울기는 $x=1$, $y=0$일 때의 $\frac{dy}{dx}$의 값이므로

$$-\frac{1}{0+1}=-1$$

(3) $y-0=-1\times(x-1)$ $\therefore y=-x+1$

답 (1) $\frac{dy}{dx}=-\frac{x}{y+1}$ (단, $y\neq-1$) (2) -1 (3) $y=-x+1$

347

$x^2-4xy+y^2+2=0$의 양변을 x에 대하여 미분하면

$$2x-4y-4x\frac{dy}{dx}+2y\frac{dy}{dx}=0$$

$$(-4x+2y)\frac{dy}{dx}=-2x+4y$$

$$\therefore \frac{dy}{dx}=\frac{-x+2y}{-2x+y}\ (단,\ -2x+y\neq0)$$

점 $(1,\ 1)$에서의 접선의 기울기는 $x=1$, $y=1$일 때의 $\frac{dy}{dx}$의 값이므로

$$\frac{-1+2}{-2+1}=-1$$

따라서 구하는 접선의 방정식은

$$y-1=-1\times(x-1)\quad \therefore y=-x+2$$

답 $y=-x+2$

유형 콕콕
본문 p.72~75

348 ①	349 ③	350 $\frac{\pi}{2}$	351 ⑤	352 ④	353 ③
354 ④	355 ⑤	356 $y=-\frac{1}{2}x+\frac{3}{2}$	357 ④	358 ⑤	
359 2	360 ⑤	361 $y=-x+2$	362 $-\frac{2}{3}\pi$	363 ①	
364 ②	365 2	366 (가) 2 (나) $\frac{1}{12}$ (다) $\frac{1}{12}x+\frac{4}{3}$			
367 $y=\frac{1}{4}x$	368 ④	369 2	370 ①	371 $\frac{2}{e}$	

348

$f(x)=\cos x+\sqrt{3}\sin x$라 하면

$$f'(x)=-\sin x+\sqrt{3}\cos x$$

점 $\left(\frac{\pi}{6},\ \sqrt{3}\right)$에서의 접선의 기울기가

$$f'\left(\frac{\pi}{6}\right)=-\sin\frac{\pi}{6}+\sqrt{3}\cos\frac{\pi}{6}=-\frac{1}{2}+\frac{3}{2}=1$$

이므로 접선의 방정식은

$$y-\sqrt{3}=1\times\left(x-\frac{\pi}{6}\right)\quad \therefore y=x+\sqrt{3}-\frac{\pi}{6}$$

따라서 구하는 접선의 y절편은 $\sqrt{3}-\frac{\pi}{6}$이다.

답 ①

349

$f(x)=x+2x\ln x$라 하면

$$f'(x)=1+2\ln x+2x\times\frac{1}{x}=3+2\ln x$$

$x=e$인 점에서의 접선의 기울기는

$$f'(e)=3+2\ln e=5$$

이때, $f(e)=3e$이므로 점 $(e,\ 3e)$에서의 접선의 방정식은

$$y-3e=5(x-e)\quad \therefore y=5x-2e$$

답 ③

350

$f(x)=\sqrt{3}\sin x+\cos x$라 하면 $f'(x)=\sqrt{3}\cos x-\sin x$

점 $\left(\frac{\pi}{2},\ \sqrt{3}\right)$에서의 접선의 기울기는

$$f'\left(\frac{\pi}{2}\right)=\sqrt{3}\cos\frac{\pi}{2}-\sin\frac{\pi}{2}=-1$$ **가**

이므로 접선의 방정식은

$$y-\sqrt{3}=-\left(x-\frac{\pi}{2}\right)\quad \therefore y=-x+\frac{\pi}{2}+\sqrt{3}$$ **나**

이 접선이 점 $(\sqrt{3},\ a)$를 지나므로

$$a=-\sqrt{3}+\frac{\pi}{2}+\sqrt{3}$$

$$\therefore a=\frac{\pi}{2}$$ **다**

단계	채점 요소	비율
가	점 $\left(\frac{\pi}{2},\ \sqrt{3}\right)$에서의 접선의 기울기 구하기	60%
나	접선의 방정식 구하기	20%
다	a의 값 구하기	20%

답 $\frac{\pi}{2}$

351

$f(x)=e^{x-a}$이라 하면 $f'(x)=e^{x-a}$이므로

$$f'(2)=e^{2-a}$$

따라서 점 $(2,\ b)$에서의 접선에 수직인 직선의 기울기는 -1이므로

$$-\frac{1}{f'(2)}=-\frac{1}{e^{2-a}}=-e^{a-2}=-1$$

$$e^{a-2}=1,\ a-2=0\quad \therefore a=2$$

점 $(2,\ b)$는 곡선 $y=e^{x-2}$ 위의 점이므로

$$b=e^{2-2}\quad \therefore b=1$$

즉, 곡선 $y=e^{x-2}$ 위의 점 $(2,\ 1)$을 지나고, 이 점에서의 접선에 수직인 직선의 방정식은

$$y-1=-(x-2),\ 즉\ y=-x+3$$이므로 $c=3$

$$\therefore a+b+c=2+1+3=6$$

답 ⑤

352

$f(x)=\frac{2}{1+x}$라 하면 $f'(x)=-\frac{2}{(1+x)^2}$이므로

$$f'(0)=-2$$

따라서 점 $(0,\ 2)$에서의 접선에 수직인 직선의 기울기는 $\frac{1}{2}$이므로 구하는 직선의 방정식은

$$y-2=\frac{1}{2}(x-0)\quad \therefore y=\frac{1}{2}x+2$$

답 ④

353

$f(x)=\ln(2x+1)$, $g(x)=k-\ln x$라 하면

$f'(x)=\dfrac{2}{2x+1}$, $g'(x)=-\dfrac{1}{x}$

두 곡선이 만나는 점의 x좌표를 t라 하면

$f(t)=g(t)$에서 $\ln(2t+1)=k-\ln t$ ······ ㉠

$x=t$인 점에서 두 곡선의 접선이 서로 수직이려면

$f'(t)g'(t)=-1$에서 $\dfrac{2}{2t+1}\times\left(-\dfrac{1}{t}\right)=-1$ ······ ㉡

㉡에서 $t(2t+1)=2$

㉠에서 $k=\ln(2t+1)+\ln t=\ln\{t(2t+1)\}=\ln 2$ **답** ③

354

$f(x)=2\cos 2x$라 하면 $f'(x)=-4\sin 2x$

직선 $4x+y+3=0$, 즉 $y=-4x-3$에 평행하므로 구하는 직선의 기울기는 -4이고 접점의 좌표를 $(t,\ 2\cos 2t)$라 하면

$f'(t)=-4\sin 2t=-4$, $\sin 2t=1$

$0\le t\le\pi$에서 $0\le 2t\le 2\pi$이므로

$2t=\dfrac{\pi}{2}$ $\therefore t=\dfrac{\pi}{4}$

따라서 접점의 좌표가 $\left(\dfrac{\pi}{4},\ 0\right)$이므로 구하는 접선의 방정식은

$y-0=-4\left(x-\dfrac{\pi}{4}\right)$ $\therefore y=-4x+\pi$ **답** ④

355

$f(x)=3x\ln x$라 하면 $f'(x)=3\ln x+3x\times\dfrac{1}{x}=3\ln x+3$

점 $(a,\ 3a\ln a)$에서의 접선의 기울기가 6이므로

$f'(a)=3\ln a+3=6$

$\ln a=1$ $\therefore a=e$ **답** ⑤

356

$f(x)=\dfrac{x+1}{x^2+1}$이라 하면

$f'(x)=\dfrac{x^2+1-(x+1)\times 2x}{(x^2+1)^2}=\dfrac{-x^2-2x+1}{(x^2+1)^2}$

접점의 좌표를 $\left(t,\ \dfrac{t+1}{t^2+1}\right)$이라 하면 이 점에서의 접선의 기울기가 $-\dfrac{1}{2}$이므로

$f'(t)=\dfrac{-t^2-2t+1}{(t^2+1)^2}=-\dfrac{1}{2}$

$-2(-t^2-2t+1)=(t^2+1)^2$

$t^4-4t+3=0$, $(t-1)^2(t^2+2t+3)=0$

$\therefore t=1\ (\because t^2+2t+3>0)$

따라서 접점의 좌표가 $(1,\ 1)$이므로 구하는 접선의 방정식은

$y-1=-\dfrac{1}{2}(x-1)$ $\therefore y=-\dfrac{1}{2}x+\dfrac{3}{2}$ **답** $y=-\dfrac{1}{2}x+\dfrac{3}{2}$

357

$f(x)=2x\ln x$라 하면 $f'(x)=2\ln x+2x\times\dfrac{1}{x}=2\ln x+2$

접점의 좌표를 $(t,\ 2t\ln t)$라 하면 이 점에서의 접선의 기울기는

$f'(t)=2\ln t+2$이므로 접선의 방정식은

$y-2t\ln t=(2\ln t+2)(x-t)$ ······ ㉠

이 직선이 점 $(0,\ -2)$를 지나므로

$-2-2t\ln t=(2\ln t+2)\times(-t)$, $-2=-2t$ $\therefore t=1$

$t=1$을 ㉠에 대입하면

$y=2x-2$

이 직선이 점 $(a,\ 0)$을 지나므로

$0=2a-2$ $\therefore a=1$ **답** ④

358

$f(x)=xe^{-x}$이라 하면

$f'(x)=e^{-x}-xe^{-x}=e^{-x}(1-x)$

접점의 좌표를 $(t,\ te^{-t})$라 하면 이 점에서의 접선의 기울기는

$f'(t)=e^{-t}(1-t)$이므로 접선의 방정식은

$y-te^{-t}=e^{-t}(1-t)(x-t)$

이 직선이 점 $(-2,\ 0)$을 지나므로

$-te^{-t}=e^{-t}(1-t)(-2-t)$, $e^{-t}(t^2+2t-2)=0$

$\therefore t^2+2t-2=0\ (\because e^{-t}>0)$

이 이차방정식의 두 근을 α, β라 하면 근과 계수의 관계에 의하여

$\alpha+\beta=-2$, $\alpha\beta=-2$

이고, 접선의 기울기는 각각 $e^{-\alpha}(1-\alpha)$, $e^{-\beta}(1-\beta)$이므로 두 접선의 기울기의 곱은

$e^{-\alpha}(1-\alpha)\times e^{-\beta}(1-\beta)=e^{-(\alpha+\beta)}\{1-(\alpha+\beta)+\alpha\beta\}$

$\qquad\qquad =e^2(1+2-2)=e^2$ **답** ⑤

359

$f(x)=\dfrac{2x}{x-1}$라 하면

$f'(x)=\dfrac{2(x-1)-2x}{(x-1)^2}=-\dfrac{2}{(x-1)^2}$

접점의 좌표를 $\left(t,\ \dfrac{2t}{t-1}\right)$라 하면 이 점에서의 접선의 기울기는

$f'(t)=-\dfrac{2}{(t-1)^2}$이므로 접선의 방정식은

$y-\dfrac{2t}{t-1}=-\dfrac{2}{(t-1)^2}(x-t)$ ······ ㉠

이 직선이 점 $(2,\ 0)$을 지나므로

$-\dfrac{2t}{t-1}=-\dfrac{2}{(t-1)^2}(2-t)$

$t(t-1)=2-t$, $t^2=2$ $\therefore t=\pm\sqrt{2}$

이때, $t=\pm\sqrt{2}$는 모두 ㉠의 분모를 0으로 하지 않으므로 점 $(2,\ 0)$에서 그을 수 있는 접선의 개수는 2이다. **답** 2

360

$x=\dfrac{1+t^2}{1-t^2}$, $y=\dfrac{2t}{1-t^2}$를 각각 t에 대하여 미분하면

$\dfrac{dx}{dt}=\dfrac{2t(1-t^2)-(1+t^2)\times(-2t)}{(1-t^2)^2}=\dfrac{4t}{(1-t^2)^2}$

$\dfrac{dy}{dt}=\dfrac{2(1-t^2)-2t\times(-2t)}{(1-t^2)^2}=\dfrac{2(1+t^2)}{(1-t^2)^2}$

$\therefore \dfrac{dy}{dx}=\dfrac{\dfrac{dy}{dt}}{\dfrac{dx}{dt}}=\dfrac{\dfrac{2(1+t^2)}{(1-t^2)^2}}{\dfrac{4t}{(1-t^2)^2}}=\dfrac{1+t^2}{2t}$

$t=2$일 때

$x=\dfrac{1+2^2}{1-2^2}=-\dfrac{5}{3}$, $y=\dfrac{2\times 2}{1-2^2}=-\dfrac{4}{3}$, $\dfrac{dy}{dx}=\dfrac{1+2^2}{2\times 2}=\dfrac{5}{4}$

따라서 $t=2$일 때, 곡선은 점 $\left(-\dfrac{5}{3},\ -\dfrac{4}{3}\right)$를 지나고, 이 점에서의 접선의 기울기는 $\dfrac{5}{4}$이므로 구하는 접선의 방정식은

$y-\left(-\dfrac{4}{3}\right)=\dfrac{5}{4}\left\{x-\left(-\dfrac{5}{3}\right)\right\}$ $\therefore y=\dfrac{5}{4}x+\dfrac{3}{4}$ **답** ⑤

361

$x=\cos t-\sin t$, $y=\cos t+\sin t$를 각각 t에 대하여 미분하면

$\dfrac{dx}{dt}=-\sin t-\cos t$,

$\dfrac{dy}{dt}=-\sin t+\cos t$

$\therefore \dfrac{dy}{dx}=\dfrac{\dfrac{dy}{dt}}{\dfrac{dx}{dt}}=\dfrac{-\sin t+\cos t}{-\sin t-\cos t}=\dfrac{x}{-y}=-\dfrac{x}{y}$ (단, $y\neq0$)

따라서 곡선 위의 점 $(1,\ 1)$에서의 접선의 기울기는 $-\dfrac{1}{1}=-1$이므로 구하는 접선의 방정식은

$y-1=-(x-1)$

$\therefore y=-x+2$ 답 $y=-x+2$

362

$x=\cos t$, $y=2\sin^2 t$를 각각 t에 대하여 미분하면

$\dfrac{dx}{dt}=-\sin t$, $\dfrac{dy}{dt}=4\sin t\cos t$

$\therefore \dfrac{dy}{dx}=\dfrac{\dfrac{dy}{dt}}{\dfrac{dx}{dt}}=\dfrac{4\sin t\cos t}{-\sin t}=-4\cos t=-4x$

따라서 곡선 위의 점 $\left(\dfrac{1}{2},\ \dfrac{3}{2}\right)$에서의 접선의 기울기는

$-4\times\dfrac{1}{2}=-2$ $\therefore b=-2$ ⑦

또한 곡선 위의 점 $\left(\dfrac{1}{2},\ \dfrac{3}{2}\right)$에 대하여

$x=\cos t=\dfrac{1}{2}$, $y=2\sin^2 t=\dfrac{3}{2}$

이므로 $t=\dfrac{\pi}{3}$ $\left(\because 0\leq t\leq\pi\right)$ $\therefore a=\dfrac{\pi}{3}$ ⑭

$\therefore ab=\dfrac{\pi}{3}\times(-2)=-\dfrac{2}{3}\pi$ ⑮

단계	채점 요소	비율
⑦	b의 값 구하기	60%
⑭	a의 값 구하기	30%
⑮	ab의 값 구하기	10%

답 $-\dfrac{2}{3}\pi$

363

$2x^2-y^2=1$의 양변을 x에 대하여 미분하면

$4x-2y\dfrac{dy}{dx}=0$ $\therefore \dfrac{dy}{dx}=\dfrac{2x}{y}$ (단, $y\neq0$)   ……㉠

곡선 위의 점 $(1,\ 1)$에서의 접선의 기울기는 ㉠에 $x=1$, $y=1$을 대입한 값과 같으므로

$\dfrac{2\times1}{1}=2$

따라서 곡선 위의 점 $(1,\ 1)$에서의 접선에 수직인 직선의 기울기는

$-\dfrac{1}{2}$이므로 구하는 직선의 방정식은

$y-1=-\dfrac{1}{2}(x-1)$

$\therefore y=-\dfrac{1}{2}x+\dfrac{3}{2}$ 답 ①

364

$x^2+xy+y=5$의 양변을 x에 대하여 미분하면

$2x+y+x\dfrac{dy}{dx}+\dfrac{dy}{dx}=0$

$(x+1)\dfrac{dy}{dx}=-2x-y$

$\therefore \dfrac{dy}{dx}=-\dfrac{2x+y}{x+1}$ (단, $x\neq-1$)   ……㉠

곡선 위의 점 $(1,\ 2)$에서의 접선의 기울기는 ㉠에 $x=1$, $y=2$를 대입한 값과 같으므로

$-\dfrac{2\times1+2}{1+1}=-\dfrac{4}{2}=-2$

즉, 점 $(1,\ 2)$에서의 접선의 방정식은

$y-2=-2(x-1)$ $\therefore y=-2x+4$

따라서 $a=-2$, $b=4$이므로

$ab=-2\times4=-8$ 답 ②

365

$x^3+y^2+axy+b=0$의 양변을 x에 대하여 미분하면

$3x^2+2y\dfrac{dy}{dx}+ay+ax\dfrac{dy}{dx}=0$

$(2y+ax)\dfrac{dy}{dx}=-(3x^2+ay)$

$\therefore \dfrac{dy}{dx}=-\dfrac{3x^2+ay}{2y+ax}$ ……㉠

곡선 위의 점 $(1,\ 1)$에서의 접선의 기울기는 ㉠에 $x=1$, $y=1$을 대입한 값과 같으므로

$-\dfrac{3+a}{2+a}=-2$, $3+a=4+2a$ $\therefore a=-1$

또한 점 $(1,\ 1)$이 주어진 곡선 위의 점이므로

$1+1+a+b=0$ $\therefore a+b=-2$ ……㉡

㉡에 $a=-1$을 대입하면 $b=-1$

$\therefore a^2+b^2=(-1)^2+(-1)^2=2$ 답 2

366

함수 $g(x)$가 $f(x)$의 역함수이므로 $g(8)=k$라 하면 $f(k)=8$에서

$k^3=8$, $k^3-8=0$, $(k-2)(k^2+2k+4)=0$

$\therefore k=\boxed{2}$ $(\because k^2+2k+4>0)$

즉, $g(8)=2$이다.

이때, $f'(x)=3x^2$이므로

$g'(8)=\dfrac{1}{f'(\boxed{2})}=\boxed{\dfrac{1}{12}}$

따라서 구하는 접선의 방정식은

$y-2=\dfrac{1}{12}(x-8)$ $\therefore y=\boxed{\dfrac{1}{12}x+\dfrac{4}{3}}$

답 ㈎ 2 ㈏ $\dfrac{1}{12}$ ㈐ $\dfrac{1}{12}x+\dfrac{4}{3}$

367

함수 $g(x)$가 $f(x)$의 역함수이므로 $g(4)=k$라 하면 $f(k)=4$에서

$k^3+k+2=4$, $k^3+k-2=0$, $(k-1)(k^2+k+2)=0$

$\therefore k=1$ $(\because k^2+k+2>0)$

즉, $g(4)=1$이다.

이때, $f'(x)=3x^2+1$이므로

$g'(4)=\dfrac{1}{f'(1)}=\dfrac{1}{3\times1^2+1}=\dfrac{1}{4}$

따라서 곡선 $y=g(x)$ 위의 점 $(4,1)$에서의 접선의 방정식은

$y-1=\dfrac{1}{4}(x-4)$

$\therefore y=\dfrac{1}{4}x$ 답 $y=\dfrac{1}{4}x$

368

$\displaystyle\lim_{x\to1}\dfrac{g(x)-2}{x-1}=\dfrac{1}{2}$에서 $x\to1$일 때 (분모) $\to0$이고 극한값이 존재하

므로 (분자) $\to0$이다.

즉, $\displaystyle\lim_{x\to1}\{g(x)-2\}=0$이므로

$g(1)=2$ ······ ㉠

$\displaystyle\lim_{x\to1}\dfrac{g(x)-2}{x-1}=\lim_{x\to1}\dfrac{g(x)-g(1)}{x-1}=g'(1)=\dfrac{1}{2}$

한편, $g(x)$는 $f(x)$의 역함수이므로 ㉠에서

$f(2)=1$

따라서 곡선 $y=f(x)$ 위의 $x=2$인 점에서의 접선의 기울기는

$f'(2)=\dfrac{1}{g'(1)}=\dfrac{1}{\frac{1}{2}}=2$ 답 ④

369

$f(x)=a-2\cos x$, $g(x)=\sin^2x$라 하면

$f'(x)=2\sin x$, $g'(x)=2\sin x\cos x$

두 곡선이 $x=t$인 점에서 공통인 접선을 가지므로

$f(t)=g(t)$에서 $a-2\cos t=\sin^2t$

$\therefore a=\sin^2t+2\cos t$ ······ ㉠

$f'(t)=g'(t)$에서 $2\sin t=2\sin t\cos t$

$2\sin t(1-\cos t)=0$ $\therefore \sin t=0$ 또는 $\cos t=1$

$\therefore t=0 \left(\because -\dfrac{\pi}{2}<t<\dfrac{\pi}{2}\right)$

$t=0$을 ㉠에 대입하면

$a=0^2+2\times1=2$ 답 2

370

$f(x)=\dfrac{a}{x}$, $g(x)=e^{x+1}$이라 하면

$f'(x)=-\dfrac{a}{x^2}$, $g'(x)=e^{x+1}$

두 곡선이 $x=t$인 점에서 공통인 접선을 가진다고 하면

$f(t)=g(t)$에서 $\dfrac{a}{t}=e^{t+1}$ ······ ㉠

$f'(t)=g'(t)$에서 $-\dfrac{a}{t^2}=e^{t+1}$ ······ ㉡

㉠, ㉡에서 $\dfrac{a}{t}=-\dfrac{a}{t^2}$

$\therefore t=-1 (\because t\neq0)$

$t=-1$을 ㉠에 대입하면

$a=-e^0=-1$ 답 ①

371

$f(x)=2\ln x$, $g(x)=ax+\dfrac{b}{x}$라 하면

$f'(x)=\dfrac{2}{x}$, $g'(x)=a-\dfrac{b}{x^2}$

두 곡선이 $x=e$인 점에서 공통인 접선을 가지므로

$f(e)=g(e)$에서 $2\ln e=ae+\dfrac{b}{e}$

$\therefore ae+\dfrac{b}{e}=2$ ······ ㉠

$f'(e)=g'(e)$에서 $\dfrac{2}{e}=a-\dfrac{b}{e^2}$

$\therefore a=\dfrac{2}{e}+\dfrac{b}{e^2}$ ······ ㉡

㉡을 ㉠에 대입하면

$\left(\dfrac{2}{e}+\dfrac{b}{e^2}\right)e+\dfrac{b}{e}=2$

$\dfrac{2b}{e}=0$ $\therefore b=0$

$b=0$을 ㉡에 대입하면

$a=\dfrac{2}{e}$

$\therefore a+b=\dfrac{2}{e}$ 답 $\dfrac{2}{e}$

실력 콕콕   본문 p.76~77

372 ④	373 ②	374 ⑤	375 ①	376 ①	377 ①
378 ④	379 ③	380 ④	381 ①	382 ②	383 ⑤
384 -9	385 2	386 $x_n=2-(n-1)\log_2e,\ y_n=4e^{1-n}$			
387 $y=-5x+31$					

372

$f(x)=\dfrac{\sin x}{x+1}$라 하면 $f'(x)=\dfrac{\cos x\times(x+1)-\sin x}{(x+1)^2}$

점 $(\pi,0)$에서의 접선의 기울기가

$f'(\pi)=-\dfrac{\pi+1}{(\pi+1)^2}=-\dfrac{1}{\pi+1}$

이므로 접선의 방정식은

$y-0=-\dfrac{1}{\pi+1}(x-\pi)$ $\therefore y=-\dfrac{1}{\pi+1}(x-\pi)$

이 접선이 점 $(-1,k)$를 지나므로

$k=-\dfrac{1}{\pi+1}\times(-1-\pi)=1$ 답 ④

373

$f(x)=\dfrac{1}{2+\sin x}$이라 하면 $f'(x)=-\dfrac{\cos x}{(2+\sin x)^2}$이므로

$f'(0)=-\dfrac{1}{4}$

따라서 점 $\left(0,\dfrac{1}{2}\right)$에서의 접선에 수직인 직선의 기울기는 4이므로

직선의 방정식은

$y-\dfrac{1}{2}=4(x-0)$ $\therefore y=4x+\dfrac{1}{2}$ ······ ㉠

㉠에 $y=0$을 대입하면

$0=4x+\dfrac{1}{2}$ $\therefore x=-\dfrac{1}{8}$

즉, 구하는 x절편은 $-\dfrac{1}{8}$이다.   답 ②

374

$f(x)=\ln(3+x)$라 하면 $f'(x)=\dfrac{1}{3+x}$

접점의 좌표를 $(t,\ln(3+t))$라 하면 직선 $y=5-x$에 수직인 직선의 기울기는 1이므로

$f'(t)=\dfrac{1}{3+t}=1$ $\therefore t=-2$

따라서 접점의 좌표가 $(-2,0)$이므로 구하는 접선의 방정식은

$$y-0=1\times\{x-(-2)\} \qquad \therefore y=x+2 \qquad \text{답 ⑤}$$

375

$f(x)=2\sin x+4\cos x$라 하면 $f'(x)=2\cos x-4\sin x$이므로

$$f'\left(\frac{\pi}{2}t\right)=2\cos\frac{\pi}{2}t-4\sin\frac{\pi}{2}t$$

따라서 $x=\frac{\pi}{2}t$인 점에서의 접선에 수직인 직선의 기울기는

$$-\cfrac{1}{2\cos\frac{\pi}{2}t-4\sin\frac{\pi}{2}t}\text{이므로 직선의 방정식은}$$

$$y-\left(2\sin\frac{\pi}{2}t+4\cos\frac{\pi}{2}t\right)=-\cfrac{1}{2\cos\frac{\pi}{2}t-4\sin\frac{\pi}{2}t}\left(x-\frac{\pi}{2}t\right)$$

$$\therefore y=-\cfrac{1}{2\cos\frac{\pi}{2}t-4\sin\frac{\pi}{2}t}x+\cfrac{\pi t}{4\cos\frac{\pi}{2}t-8\sin\frac{\pi}{2}t}$$
$$+2\sin\frac{\pi}{2}t+4\cos\frac{\pi}{2}t$$

즉, $g(t)=\cfrac{\pi t}{4\cos\frac{\pi}{2}t-8\sin\frac{\pi}{2}t}+2\sin\frac{\pi}{2}t+4\cos\frac{\pi}{2}t$이므로

$$\lim_{t\to1}g(t)=\lim_{t\to1}\left(\cfrac{\pi t}{4\cos\frac{\pi}{2}t-8\sin\frac{\pi}{2}t}+2\sin\frac{\pi}{2}t+4\cos\frac{\pi}{2}t\right)$$
$$=-\frac{\pi}{8}+2 \qquad \text{답 ①}$$

376

$f(x)=3x+x\ln x$라 하면

$$f'(x)=3+\ln x+x\times\frac{1}{x}=\ln x+4$$

직선 $5x-y+3=0$, 즉 $y=5x+3$에 평행하므로 구하는 직선의 기울기는 5이고 접점의 좌표를 $(t, 3t+t\ln t)$라 하면

$$f'(t)=\ln t+4=5, \ \ln t=1 \quad \therefore t=e$$

따라서 접점의 좌표가 $(e, 4e)$이므로 접선의 방정식은

$$y-4e=5(x-e) \quad \therefore y=5x-e$$

즉, $m=5$, $n=-e$이므로 $mn=5\times(-e)=-5e$ $\qquad$ 답 ①

377

$f(x)=2x+\ln|x|$라 하면 $f'(x)=2+\frac{1}{x}$

접점의 좌표를 $(t, 2t+\ln|t|)$라 하면 이 점에서의 접선의 기울기가 3이므로

$$f'(t)=2+\frac{1}{t}=3 \quad \therefore t=1$$

따라서 접점의 좌표는 $(1, 2)$이므로 접선의 방정식은

$$y-2=3(x-1) \quad \therefore y=3x-1$$

직선 $y=3x-1$이 x축, y축과 만나는 점의 좌표는 각각 $A\left(\frac{1}{3}, 0\right)$, $B(0, -1)$이므로 삼각형 OAB의 넓이는

$$\frac{1}{2}\times\frac{1}{3}\times1=\frac{1}{6} \qquad \text{답 ①}$$

378

$f(x)=e^{2x-k}$이라 하면 $f'(x)=2e^{2x-k}$

접점의 좌표를 (t, e^{2t-k})이라 하면 이 점에서의 접선의 기울기는

$$f'(t)=2e^{2t-k}$$

이므로 접선의 방정식은

$$y-e^{2t-k}=2e^{2t-k}(x-t)$$
$$\therefore y=2e^{2t-k}x+e^{2t-k}(1-2t) \qquad\qquad \cdots\cdots \text{㉠}$$

이 직선이 원점을 지나므로

$$0=e^{2t-k}(1-2t), \ 1-2t=0 \quad \therefore t=\frac{1}{2}$$

$t=\frac{1}{2}$을 ㉠에 대입하면 $y=2e^{1-k}x$

이 직선이 점 $(1, 2)$를 지나므로

$$2=2e^{1-k}, \ e^{1-k}=1, \ 1-k=0$$
$$\therefore k=1 \qquad\qquad \text{답 ④}$$

379

$f(x)=\dfrac{\ln x}{x^2}$라 하면

$$f'(x)=\frac{\frac{1}{x}\times x^2-\ln x\times 2x}{x^4}=\frac{1-2\ln x}{x^3}$$

접점의 좌표를 $\left(t, \dfrac{\ln t}{t^2}\right)$라 하면 이 점에서의 접선의 기울기는

$$f'(t)=\frac{1-2\ln t}{t^3}$$

이므로 접선의 방정식은

$$y-\frac{\ln t}{t^2}=\frac{1-2\ln t}{t^3}(x-t)$$

이 직선이 원점을 지나므로

$$-\frac{\ln t}{t^2}=\frac{1-2\ln t}{t^3}\times(-t)\text{에서 } -\ln t=-1+2\ln t$$

$$\ln t=\frac{1}{3} \quad \therefore t=e^{\frac{1}{3}}$$

따라서 접점의 좌표는 $\left(e^{\frac{1}{3}}, \dfrac{1}{3e^{\frac{2}{3}}}\right)$이므로 $a=e^{\frac{1}{3}}$, $b=\dfrac{1}{3e^{\frac{2}{3}}}$

$$\therefore a^2b=e^{\frac{2}{3}}\times\frac{1}{3e^{\frac{2}{3}}}=\frac{1}{3} \qquad \text{답 ③}$$

380

$f(x)=(2x+k)e^{-x}$이라 하면

$$f'(x)=2e^{-x}+(2x+k)\times(-e^{-x})=-e^{-x}(2x+k-2)$$

접점의 좌표를 $(t, (2t+k)e^{-t})$이라 하면 이 점에서 접선의 기울기는

$f'(t)=-e^{-t}(2t+k-2)$이므로 접선의 방정식은

$$y-(2t+k)e^{-t}=-e^{-t}(2t+k-2)(x-t)$$

이 직선이 원점을 지나므로

$$-(2t+k)e^{-t}=-e^{-t}(2t+k-2)\times(-t)$$
$$e^{-t}(2t^2+kt+k)=0$$
$$\therefore 2t^2+kt+k=0 \ (\because e^{-t}>0) \qquad\qquad \cdots\cdots \text{㉠}$$

원점에서 곡선 $y=(2x+k)e^{-x}$에 적어도 한 개의 접선을 그을 수 있으려면 방정식 ㉠이 실근을 가져야 하므로 ㉠의 판별식을 D라 하면

$$D=k^2-4\times2\times k\geq0, \ k^2-8k\geq0, \ k(k-8)\geq0$$
$$\therefore k\leq0 \text{ 또는 } k\geq8$$

따라서 구하는 자연수 k의 최솟값은 8이다. $\qquad$ 답 ④

381

$x=\cos t, y=2\sin t$를 각각 t에 대하여 미분하면

$$\frac{dx}{dt}=-\sin t, \ \frac{dy}{dt}=2\cos t$$

$$\therefore \frac{dy}{dx}=\frac{\frac{dy}{dt}}{\frac{dx}{dt}}=-\frac{2\cos t}{\sin t}$$

$t=a$인 점에서 접한다고 하면 접점의 좌표는 $(\cos a, 2\sin a)$이므로 접선의 방정식은

$$y-2\sin a=-\frac{2\cos a}{\sin a}(x-\cos a)$$

$$2x\cos a+y\sin a=2\sin^2 a+2\cos^2 a$$

$$\therefore 2x\cos a+y\sin a=2 \qquad\qquad \cdots\cdots \text{㉠}$$

㉠이 점 $(2, 0)$을 지나므로

$$4\cos a=2 \qquad \therefore \cos a=\frac{1}{2} \qquad\qquad \cdots\cdots \text{㉡}$$

$$\sin^2 a=1-\cos^2 a=1-\left(\frac{1}{2}\right)^2=\frac{3}{4}\text{이므로}$$

$$\sin a=\frac{\sqrt{3}}{2} \text{ 또는 } \sin a=-\frac{\sqrt{3}}{2} \qquad\qquad \cdots\cdots \text{㉢}$$

㉡, ㉢을 ㉠에 대입하면

$$x+\frac{\sqrt{3}}{2}y=2 \text{ 또는 } x-\frac{\sqrt{3}}{2}y=2$$

두 직선 중 기울기가 양수인 접선의 방정식은 $x-\frac{\sqrt{3}}{2}y=2$, 즉

$y=\frac{2\sqrt{3}}{3}x-\frac{4\sqrt{3}}{3}$이므로 y절편은 $-\frac{4\sqrt{3}}{3}$이다.   📗 ①

382

$x=\sqrt{2}\cos 2t-2$, $y=\sqrt{2}\sin 2t-1$을 각각 t에 대하여 미분하면

$$\frac{dx}{dt}=-2\sqrt{2}\sin 2t, \frac{dy}{dt}=2\sqrt{2}\cos 2t$$

$$\therefore \frac{dy}{dx}=\frac{\frac{dy}{dt}}{\frac{dx}{dt}}=\frac{2\sqrt{2}\cos 2t}{-2\sqrt{2}\sin 2t}=-\cot 2t \text{ (단, } \sin 2t\neq 0)$$

$t=\frac{\pi}{8}$일 때,

$$x=\sqrt{2}\cos\frac{\pi}{4}-2=\sqrt{2}\times\frac{\sqrt{2}}{2}-2=-1,$$

$$y=\sqrt{2}\sin\frac{\pi}{4}-1=\sqrt{2}\times\frac{\sqrt{2}}{2}-1=0,$$

$$\frac{dy}{dx}=-\cot\frac{\pi}{4}=-1$$

따라서 $t=\frac{\pi}{8}$에 대응하는 점에서의 접선의 방정식은

$$y-0=-\{x-(-1)\} \qquad \therefore y=-x-1$$

이 직선의 x절편과 y절편은 각각 -1, -1이므로 구하는 도형의 넓이는

$$\frac{1}{2}\times 1\times 1=\frac{1}{2}$$ 📗 ②

383

$x^2y+xy^2=6$의 양변을 x에 대하여 미분하면

$$2xy+x^2\frac{dy}{dx}+y^2+2xy\frac{dy}{dx}=0, (x^2+2xy)\frac{dy}{dx}=-y^2-2xy$$

$$\therefore \frac{dy}{dx}=-\frac{y^2+2xy}{x^2+2xy} \text{ (단, } x^2+2xy\neq 0) \qquad\qquad \cdots\cdots \text{㉠}$$

곡선 위의 점 $(1, 2)$에서의 접선의 기울기는 ㉠에 $x=1$, $y=2$를 대입한 값과 같으므로

$$-\frac{2^2+2\times 1\times 2}{1^2+2\times 1\times 2}=-\frac{8}{5}$$

즉, 점 $(1, 2)$에서의 접선의 방정식은

$$y-2=-\frac{8}{5}(x-1) \qquad \therefore y=-\frac{8}{5}x+\frac{18}{5}$$

이때, 접선의 x절편은 $\frac{9}{4}$, y절편은 $\frac{18}{5}$이므로 구하는 삼각형의 넓이는

$$\frac{1}{2}\times\frac{9}{4}\times\frac{18}{5}=\frac{81}{20}$$ 📗 ⑤

384

$6x-y^2=0$의 양변을 x에 대하여 미분하면

$$6-2y\frac{dy}{dx}=0 \qquad \therefore \frac{dy}{dx}=\frac{3}{y} \text{ (단, } y\neq 0)$$

곡선 $6x-y^2=0$ 위의 한 점을 (x_1, y_1)이라 하면 이 점에서의 접선의 기울기는 $\frac{3}{y_1}$이므로 두 점 $\mathrm{P}(a, b)$, $\mathrm{Q}(c, d)$에서의 접선의 기울기는 각각 $\frac{3}{b}$, $\frac{3}{d}$이다.

이때, 두 접선이 서로 수직이므로

$$\frac{3}{b}\times\frac{3}{d}=-1 \qquad \therefore bd=-9$$

보충 설명

곡선 $6x-y^2=0$ 위의 한 점 (x_1, y_1)에서의 접선의 방정식을 구해 보자.

점 (x_1, y_1)에서의 기울기가 $\frac{3}{y_1}$이므로 접선의 방정식은

$$y-y_1=\frac{3}{y_1}(x-x_1) \qquad \therefore y_1y-y_1^2=3(x-x_1) \qquad\qquad \cdots\cdots \text{㉠}$$

또한 점 (x_1, y_1)은 곡선 위의 점이므로

$$6x_1-y_1^2=0 \qquad \therefore y_1^2=6x_1 \qquad\qquad \cdots\cdots \text{㉡}$$

㉡을 ㉠에 대입하면 $y_1y-6x_1=3(x-x_1)$, $y_1y=3(x+x_1)$

$$\therefore y=\frac{3}{y_1}x+\frac{3x_1}{y_1}$$ 📗 -9

385

$f(x)=e^{x-b}$, $g(x)=\ln x+1$이라 하면

$$f'(x)=e^{x-b}, g'(x)=\frac{1}{x}$$

두 곡선이 $x=a$인 점에서 공통인 접선을 가지므로

$f(a)=g(a)$에서 $e^{a-b}=\ln a+1$ $\cdots\cdots$ ㉠

$f'(a)=g'(a)$에서 $e^{a-b}=\frac{1}{a}$ $\cdots\cdots$ ㉡

㉠, ㉡에서 $\ln a+1=\frac{1}{a}$이므로

$$\ln a=\frac{1}{a}-1$$

이때, a는 두 곡선 $y=\ln x$, $y=\frac{1}{x}-1$의 교점의 x좌표이다.

오른쪽 그림과 같이 두 곡선 $y=\ln x$, $y=\frac{1}{x}-1$이 점 $(1, 0)$에서 만나므로 $a=1$이다.

$a=1$을 ㉡에 대입하면

$$e^{1-b}=1, 1-b=0 \qquad \therefore b=1$$

$$\therefore a+b=1+1=2$$

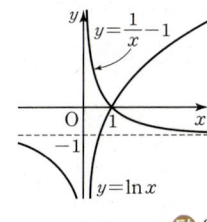

   📗 2

386

$y=2^x$에서 $y'=2^x\ln 2$이므로 곡선 $y=2^x$ 위의 점 $\mathrm{P}_n(x_n, y_n)$에서의 접선의 방정식은

$$y-y_n=2^{x_n}\ln 2\times(x-x_n) \qquad\qquad \cdots\cdots \text{㉠}$$

                  〈가〉

이 접선이 x축과 만나는 점이 Q_n이므로 점 Q_n의 x좌표를 구하기 위하여 ㉠에 $y=0$을 대입하면

$$-y_n=2^{x_n}\ln 2\times(x-x_n)$$

$$\therefore x=x_n-\frac{1}{\ln 2} \ (\because y_n=2^{x_n})$$

이때, 점 P_{n+1}의 x좌표는 점 Q_n의 x좌표와 같으므로

$$x_{n+1}=x_n-\frac{1}{\ln 2}, \ x_{n+1}=x_n-\log_2 e$$

$$\therefore x_{n+1}-x_n=-\log_2 e$$

───────────────────────────── ㉯

따라서 수열 $\{x_n\}$은 첫째항이 2, 공차가 $-\log_2 e$인 등차수열이므로

$$x_n=2-(n-1)\log_2 e$$

이고, $y_n=2^{x_n}$이므로

$$y_n=2^{2-(n-1)\log_2 e}=2^2\times\frac{1}{2^{(n-1)\log_2 e}}$$

$$=4\times\frac{1}{2^{\log_2 e^{n-1}}}=4\times\frac{1}{e^{n-1}}=4e^{1-n}$$

───────────────────────────── ㉰

단계	채점 요소	비율
㉮	점 $\mathrm{P}_n(x_n, y_n)$에서의 접선의 방정식 구하기	30%
㉯	점 P_{n+1}의 x좌표가 점 Q_n의 x좌표와 같음을 이용하여 점화식 세우기	40%
㉰	두 수열 $\{x_n\}$, $\{y_n\}$의 일반항 구하기	30%

답 $x_n=2-(n-1)\log_2 e$, $y_n=4e^{1-n}$

387

함수 $g(x)$가 $f(x)$의 역함수이므로

$g(6)=k$라 하면 $f(k)=6$에서

$$k^3+2k+3=6, \ k^3+2k-3=0, \ (k-1)(k^2+k+3)=0$$

$$\therefore k=1 \ (\because k^2+k+3>0)$$

즉, $g(6)=1$이다.

───────────────────────────── ㉮

이때, $f'(x)=3x^2+2$이므로

$$f'(1)=3\times 1^2+2=5$$

따라서 곡선 $y=g(x)$ 위의 점 $(6, 1)$에서의 접선의 기울기는

$$g'(6)=\frac{1}{f'(1)}=\frac{1}{5}$$

───────────────────────────── ㉯

곡선 $y=g(x)$ 위의 점 $(6, 1)$에서의 접선에 수직인 직선의 기울기는 -5이므로 구하는 직선의 방정식은

$$y-1=-5(x-6) \qquad \therefore y=-5x+31$$

───────────────────────────── ㉰

단계	채점 요소	비율
㉮	$g(6)$의 값 구하기	60%
㉯	$g'(6)$의 값 구하기	20%
㉰	직선의 방정식 구하기	20%

보충 설명

함수 $f(x)$의 역함수를 $g(x)$라 할 때, 함수 $y=f(x)$의 그래프와 그 역함수 $y=g(x)$의 그래프는 직선 $y=x$에 대하여 서로 대칭이다.

곡선 $y=f(x)$ 위의 점 $\mathrm{P}(p, q)$에서의 접선 l의 기울기는 $f'(p)$이고, 곡선 $y=g(x)$ 위의 점 $\mathrm{Q}(q, p)$에서의 접선 m의 기울기는 $g'(q)$이다.

즉, $f(p)=q$에서 $g(q)=p$이므로

$$g'(q)=\frac{1}{f'(g(q))}=\frac{1}{f'(p)}$$

따라서 두 직선 l, m의 기울기는 서로 역수인 관계에 있다.

답 $y=-5x+31$

Ⅱ. 미분법

08 함수의 극대, 극소와 그래프

개념 콕콕 본문 p.79~80

388

(1) $f(x)=x+\dfrac{4}{x}$에서 $x\neq 0$이고 $f'(x)=1-\dfrac{4}{x^2}$

$f'(x)=0$에서 $\dfrac{4}{x^2}=1$, $x^2=4$

$\therefore x=-2$ 또는 $x=2$

$f'(x)$의 부호를 조사하여 함수 $f(x)$의 증가와 감소를 표로 나타내면 다음과 같다.

x	$\cdots$	-2	$\cdots$	(0)	$\cdots$	2	$\cdots$
$f'(x)$	$+$	0	$-$		$-$	0	$+$
$f(x)$	↗		↘		↘		↗

따라서 함수 $f(x)$는 구간 $(-\infty, -2]$ 또는 $[2, \infty)$에서 증가하고, 구간 $[-2, 0)$ 또는 $(0, 2]$에서 감소한다.

(2) $f(x)=\dfrac{x}{x^2+1}$에서 $f'(x)=\dfrac{x^2+1-x\times 2x}{(x^2+1)^2}=\dfrac{-x^2+1}{(x^2+1)^2}$

$f'(x)=0$에서 $-x^2+1=0$, $x^2=1$

$\therefore x=-1$ 또는 $x=1$

$f'(x)$의 부호를 조사하여 함수 $f(x)$의 증가와 감소를 표로 나타내면 다음과 같다.

x	$\cdots$	-1	$\cdots$	1	$\cdots$
$f'(x)$	$-$	0	$+$	0	$-$
$f(x)$	↘		↗		↘

따라서 함수 $f(x)$는 구간 $(-\infty, -1]$ 또는 $[1, \infty)$에서 감소하고, 구간 $[-1, 1]$에서 증가한다.

(3) $f(x)=\sqrt[3]{x^2}$에서 $f'(x)=\dfrac{2}{3\sqrt[3]{x}}$

$f'(x)$의 부호를 조사하여 함수 $f(x)$의 증가와 감소를 표로 나타내면 다음과 같다.

x	$\cdots$	0	$\cdots$
$f'(x)$	$-$		$+$
$f(x)$	↘		↗

따라서 함수 $f(x)$는 구간 $(-\infty, 0]$에서 감소하고, 구간 $[0, \infty)$에서 증가한다.

(4) $f(x)=\sqrt{x^2+4}$에서 $f'(x)=\dfrac{x}{\sqrt{x^2+4}}$

$f'(x)=0$에서 $x=0$

$f'(x)$의 부호를 조사하여 함수 $f(x)$의 증가와 감소를 표로 나타내면 다음과 같다.

x	$\cdots$	0	$\cdots$
$f'(x)$	$-$	0	$+$
$f(x)$	↘		↗

따라서 함수 $f(x)$는 구간 $(-\infty, 0]$에서 감소하고, 구간 $[0, \infty)$에서 증가한다.

답 풀이 참조

389

(1) $f(x)=x-2\sin x$에서 $f'(x)=1-2\cos x$

$f'(x)=0$에서 $\cos x=\dfrac{1}{2}$

$\therefore x=\dfrac{\pi}{3}\ (\because 0<x<\pi)$

$f'(x)$의 부호를 조사하여 함수 $f(x)$의 증가와 감소를 표로 나타내면 다음과 같다.

x	(0)	$\cdots$	$\dfrac{\pi}{3}$	$\cdots$	(π)
$f'(x)$		$-$	0	$+$	
$f(x)$		↘		↗	

따라서 함수 $f(x)$는 구간 $\left(0,\dfrac{\pi}{3}\right]$에서 감소하고, 구간 $\left[\dfrac{\pi}{3},\pi\right)$에서 증가한다.

(2) $f(x)=\sin x+\cos x$에서 $f'(x)=\cos x-\sin x$

$f'(x)=0$에서 $\cos x=\sin x$

$\therefore x=\dfrac{\pi}{4}$ 또는 $x=\dfrac{5}{4}\pi\ (\because 0<x<2\pi)$

$f'(x)$의 부호를 조사하여 함수 $f(x)$의 증가와 감소를 표로 나타내면 다음과 같다.

x	(0)	$\cdots$	$\dfrac{\pi}{4}$	$\cdots$	$\dfrac{5}{4}\pi$	$\cdots$	(2π)
$f'(x)$		$+$	0	$-$	0	$+$	
$f(x)$		↗		↘		↗	

따라서 함수 $f(x)$는 구간 $\left(0,\dfrac{\pi}{4}\right]$ 또는 $\left[\dfrac{5}{4}\pi,2\pi\right)$에서 증가하고, 구간 $\left[\dfrac{\pi}{4},\dfrac{5}{4}\pi\right]$에서 감소한다.

(3) $f(x)=\dfrac{2+\cos x}{\sin x}$에서

$f'(x)=\dfrac{-\sin x\times\sin x-(2+\cos x)\times\cos x}{\sin^2 x}$

$\quad\ =\dfrac{-1-2\cos x}{\sin^2 x}$

$f'(x)=0$에서 $-1-2\cos x=0$, $\cos x=-\dfrac{1}{2}$

$\therefore x=\dfrac{2}{3}\pi\ (\because 0<x<\pi)$

$f'(x)$의 부호를 조사하여 함수 $f(x)$의 증가와 감소를 표로 나타내면 다음과 같다.

x	(0)	$\cdots$	$\dfrac{2}{3}\pi$	$\cdots$	(π)
$f'(x)$		$-$	0	$+$	
$f(x)$		↘		↗	

따라서 함수 $f(x)$는 구간 $\left(0,\dfrac{2}{3}\pi\right]$에서 감소하고, 구간 $\left[\dfrac{2}{3}\pi,\pi\right)$에서 증가한다.

답 풀이 참조

390

(1) $f(x)=xe^{2x}$에서 $f'(x)=e^{2x}+2xe^{2x}=(1+2x)e^{2x}$

$f'(x)=0$에서 $1+2x=0\ (\because e^{2x}>0)$ $\quad\therefore x=-\dfrac{1}{2}$

$f'(x)$의 부호를 조사하여 함수 $f(x)$의 증가와 감소를 표로 나타내면 다음과 같다.

x	$\cdots$	$-\dfrac{1}{2}$	$\cdots$
$f'(x)$	$-$	0	$+$
$f(x)$	↘		↗

따라서 함수 $f(x)$는 구간 $\left(-\infty,-\dfrac{1}{2}\right]$에서 감소하고, 구간 $\left[-\dfrac{1}{2},\infty\right)$에서 증가한다.

(2) $f(x)=3x-e^{3x}$에서 $f'(x)=3-3e^{3x}=3(1-e^{3x})$

$f'(x)=0$에서 $e^{3x}=1$ $\quad\therefore x=0$

$f'(x)$의 부호를 조사하여 함수 $f(x)$의 증가와 감소를 표로 나타내면 다음과 같다.

x	$\cdots$	0	$\cdots$
$f'(x)$	$+$	0	$-$
$f(x)$	↗		↘

따라서 함수 $f(x)$는 구간 $(-\infty,0]$에서 증가하고, 구간 $[0,\infty)$에서 감소한다.

(3) $f(x)=x\ln x$에서 $x>0$이고 $f'(x)=\ln x+x\times\dfrac{1}{x}=\ln x+1$

$f'(x)=0$에서 $\ln x=-1$ $\quad\therefore x=\dfrac{1}{e}$

$f'(x)$의 부호를 조사하여 함수 $f(x)$의 증가와 감소를 표로 나타내면 다음과 같다.

x	(0)	$\cdots$	$\dfrac{1}{e}$	$\cdots$
$f'(x)$		$-$	0	$+$
$f(x)$		↘		↗

따라서 함수 $f(x)$는 구간 $\left(0,\dfrac{1}{e}\right]$에서 감소하고, 구간 $\left[\dfrac{1}{e},\infty\right)$에서 증가한다.

(4) $f(x)=\dfrac{\ln x}{x}$에서 $x>0$이고

$f'(x)=\dfrac{\dfrac{1}{x}\times x-\ln x\times 1}{x^2}=\dfrac{1-\ln x}{x^2}$

$f'(x)=0$에서 $\ln x=1$ $\quad\therefore x=e$

$f'(x)$의 부호를 조사하여 함수 $f(x)$의 증가와 감소를 표로 나타내면 다음과 같다.

x	(0)	$\cdots$	e	$\cdots$
$f'(x)$		$+$	0	$-$
$f(x)$		↗		↘

따라서 함수 $f(x)$는 구간 $(0,e]$에서 증가하고, 구간 $[e,\infty)$에서 감소한다.

답 풀이 참조

391

(1) $f(x)=\dfrac{x^2-1}{x^3-1}$에서 $x\neq 1$이고

$f(x)=\dfrac{(x+1)(x-1)}{(x-1)(x^2+x+1)}=\dfrac{x+1}{x^2+x+1}$

$f'(x)=\dfrac{x^2+x+1-(x+1)(2x+1)}{(x^2+x+1)^2}=\dfrac{-x^2-2x}{(x^2+x+1)^2}$

$f'(x)=0$에서 $-x^2-2x=0$, $-x(x+2)=0$

$\therefore x=-2$ 또는 $x=0$

$f'(x)$의 부호를 조사하여 함수 $f(x)$의 증가와 감소를 표로 나타내면 다음과 같다.

x	$\cdots$	-2	$\cdots$	0	$\cdots$	(1)	$\cdots$
$f'(x)$	$-$	0	$+$	0	$-$		$-$
$f(x)$	$\searrow$	$-\dfrac{1}{3}$	$\nearrow$	1	$\searrow$		$\searrow$

따라서 함수 $f(x)$의 극댓값은 $f(0)=1$, 극솟값은 $f(-2)=-\dfrac{1}{3}$이다.

(2) $f(x)=(3-x)\sqrt{x+3}$에서 $x+3\geq0$이므로 $x\geq-3$이고

$$f'(x)=-\sqrt{x+3}+(3-x)\times\dfrac{1}{2\sqrt{x+3}}=\dfrac{-3x-3}{2\sqrt{x+3}}$$

$f'(x)=0$에서 $-3x-3=0$ $\quad\therefore x=-1$

$f'(x)$의 부호를 조사하여 함수 $f(x)$의 증가와 감소를 표로 나타내면 다음과 같다.

x	-3	$\cdots$	-1	$\cdots$
$f'(x)$		$+$	0	$-$
$f(x)$	0	$\nearrow$	$4\sqrt{2}$	$\searrow$

따라서 함수 $f(x)$의 극댓값은 $f(-1)=4\sqrt{2}$이다.

(3) $f(x)=x\sin x+\cos x$에서

$f'(x)=\sin x+x\cos x-\sin x=x\cos x$

$f'(x)=0$에서 $x=\dfrac{\pi}{2}$ 또는 $x=\dfrac{3}{2}\pi$ $(\because 0<x<2\pi)$

$f'(x)$의 부호를 조사하여 함수 $f(x)$의 증가와 감소를 표로 나타내면 다음과 같다.

x	(0)	$\cdots$	$\dfrac{\pi}{2}$	$\cdots$	$\dfrac{3}{2}\pi$	$\cdots$	(2π)
$f'(x)$		$+$	0	$-$	0	$+$	
$f(x)$		$\nearrow$	$\dfrac{\pi}{2}$	$\searrow$	$-\dfrac{3}{2}\pi$	$\nearrow$	

따라서 함수 $f(x)$의 극댓값은 $f\left(\dfrac{\pi}{2}\right)=\dfrac{\pi}{2}$, 극솟값은

$f\left(\dfrac{3}{2}\pi\right)=-\dfrac{3}{2}\pi$이다.

(4) $f(x)=2xe^x$에서

$f'(x)=2e^x+2xe^x=2e^x(1+x)$

$f'(x)=0$에서 $1+x=0$ $(\because e^x>0)$ $\quad\therefore x=-1$

$f'(x)$의 부호를 조사하여 함수 $f(x)$의 증가와 감소를 표로 나타내면 다음과 같다.

x	$\cdots$	-1	$\cdots$
$f'(x)$	$-$	0	$+$
$f(x)$	$\searrow$	$-\dfrac{2}{e}$	$\nearrow$

따라서 함수 $f(x)$의 극솟값은 $f(-1)=-\dfrac{2}{e}$이다.

(5) $f(x)=-x\ln3x$에서 $x>0$이고

$f'(x)=-\ln3x-x\times\dfrac{3}{3x}=-\ln3x-1$

$f'(x)=0$에서 $\ln3x=-1$, $3x=\dfrac{1}{e}$ $\quad\therefore x=\dfrac{1}{3e}$

$f'(x)$의 부호를 조사하여 함수 $f(x)$의 증가와 감소를 표로 나타내면 다음과 같다.

x	(0)	$\cdots$	$\dfrac{1}{3e}$	$\cdots$
$f'(x)$		$+$	0	$-$
$f(x)$		$\nearrow$	$\dfrac{1}{3e}$	$\searrow$

따라서 함수 $f(x)$의 극댓값은 $f\left(\dfrac{1}{3e}\right)=\dfrac{1}{3e}$이다.

답 (1) 극댓값 : 1, 극솟값 : $-\dfrac{1}{3}$ (2) 극댓값 : $4\sqrt{2}$

(3) 극댓값 : $\dfrac{\pi}{2}$, 극솟값 : $-\dfrac{3}{2}\pi$ (4) 극솟값 : $-\dfrac{2}{e}$

(5) 극댓값 : $\dfrac{1}{3e}$

392

(1) $f(x)=x+\dfrac{1}{x}$에서 $x\neq0$이고

$f'(x)=1-\dfrac{1}{x^2}$, $f''(x)=\dfrac{2}{x^3}$

$f'(x)=0$에서 $\dfrac{1}{x^2}=1$, $x^2=1$

$\therefore x=-1$ 또는 $x=1$

이때, $f''(-1)=-2<0$, $f''(1)=2>0$이므로 함수 $f(x)$의 극댓값은 $f(-1)=-2$, 극솟값은 $f(1)=2$이다.

(2) $f(x)=\sqrt{4x-x^2}$에서 $4x-x^2\geq0$이므로 $0\leq x\leq4$이고

$f'(x)=\dfrac{4-2x}{2\sqrt{4x-x^2}}=\dfrac{2-x}{\sqrt{4x-x^2}}$

$$f''(x)=\dfrac{-\sqrt{4x-x^2}-(2-x)\times\dfrac{2-x}{\sqrt{4x-x^2}}}{4x-x^2}$$

$$=\dfrac{-4}{(4x-x^2)\sqrt{4x-x^2}}$$

$f'(x)=0$에서 $2-x=0$ $\quad\therefore x=2$

이때, $f''(2)=-\dfrac{1}{2}<0$이므로 함수 $f(x)$의 극댓값은 $f(2)=2$이다.

(3) $f(x)=x+2\cos x$에서

$f'(x)=1-2\sin x$, $f''(x)=-2\cos x$

$f'(x)=0$에서 $\sin x=\dfrac{1}{2}$

$\therefore x=\dfrac{\pi}{6}$ 또는 $x=\dfrac{5}{6}\pi$ $(\because 0<x<\pi)$

이때, $f''\left(\dfrac{\pi}{6}\right)=-\sqrt{3}<0$, $f''\left(\dfrac{5}{6}\pi\right)=\sqrt{3}>0$이므로 함수 $f(x)$의 극댓

값은 $f\left(\dfrac{\pi}{6}\right)=\dfrac{\pi}{6}+\sqrt{3}$, 극솟값은 $f\left(\dfrac{5}{6}\pi\right)=\dfrac{5}{6}\pi-\sqrt{3}$이다.

(4) $f(x)=e^x(x^2-x+1)$에서

$f'(x)=e^x(x^2-x+1)+e^x(2x-1)=e^x(x^2+x)$

$f''(x)=e^x(x^2+x)+e^x(2x+1)=e^x(x^2+3x+1)$

$f'(x)=0$에서 $x^2+x=0$ $(\because e^x>0)$, $x(x+1)=0$

$\therefore x=-1$ 또는 $x=0$

이때, $f''(-1)=-\dfrac{1}{e}<0$, $f''(0)=1>0$이므로 함수 $f(x)$의 극댓값

은 $f(-1)=\dfrac{3}{e}$, 극솟값은 $f(0)=1$이다.

(5) $f(x)=x\ln x-x$에서 $x>0$이고

$f'(x)=\ln x+x\times\dfrac{1}{x}-1=\ln x$

$f''(x)=\dfrac{1}{x}$

$f'(x)=0$에서 $\ln x=0$ $\quad\therefore x=1$

이때, $f''(1)=1>0$이므로 함수 $f(x)$의 극솟값은 $f(1)=-1$이다.

답 (1) 극댓값 : -2, 극솟값 : 2 (2) 극댓값 : 2

(3) 극댓값 : $\dfrac{\pi}{6}+\sqrt{3}$, 극솟값 : $\dfrac{5}{6}\pi-\sqrt{3}$

(4) 극댓값 : $\dfrac{3}{e}$, 극솟값 : 1 (5) 극솟값 : -1

393

(1) $f(x)=x^3-3x^2+3$이라 하면

$f'(x)=3x^2-6x$, $f''(x)=6x-6=6(x-1)$

$f''(x)=0$에서 $x=1$

따라서 곡선 $y=f(x)$는 구간 $(-\infty,\ 1)$에서 $f''(x)<0$이므로 위로 볼록하고, 구간 $(1,\ \infty)$에서 $f''(x)>0$이므로 아래로 볼록하다.

(2) $f(x)=-x^4+2x^3-2x$라 하면

$f'(x)=-4x^3+6x^2-2$

$f''(x)=-12x^2+12x=-12x(x-1)$

$f''(x)=0$에서 $x=0$ 또는 $x=1$

따라서 곡선 $y=f(x)$는 구간 $(-\infty,\ 0)$ 또는 $(1,\ \infty)$에서 $f''(x)<0$이므로 위로 볼록하고, 구간 $(0,\ 1)$에서 $f''(x)>0$이므로 아래로 볼록하다.

(3) $f(x)=\dfrac{2x^2}{x^2+1}$이라 하면

$f'(x)=\dfrac{4x(x^2+1)-2x^2\times 2x}{(x^2+1)^2}=\dfrac{4x}{(x^2+1)^2}$

$f''(x)=\dfrac{4(x^2+1)^2-4x\times 2(x^2+1)\times 2x}{(x^2+1)^4}$

$\qquad\ \ =\dfrac{4(1-3x^2)}{(x^2+1)^3}$

$f''(x)=0$에서 $1-3x^2=0$

$\therefore x=-\dfrac{\sqrt{3}}{3}$ 또는 $x=\dfrac{\sqrt{3}}{3}$

따라서 곡선 $y=f(x)$는 구간 $\left(-\infty,\ -\dfrac{\sqrt{3}}{3}\right)$ 또는 $\left(\dfrac{\sqrt{3}}{3},\ \infty\right)$에서 $f''(x)<0$이므로 위로 볼록하고, 구간 $\left(-\dfrac{\sqrt{3}}{3},\ \dfrac{\sqrt{3}}{3}\right)$에서 $f''(x)>0$이므로 아래로 볼록하다.

답 풀이 참조

394

(1) $f(x)=x-\cos x$라 하면

$f'(x)=1+\sin x$, $f''(x)=\cos x$

$f''(x)=0$에서 $x=\dfrac{\pi}{2}\ (\because 0<x<\pi)$

따라서 곡선 $y=f(x)$는 구간 $\left(0,\ \dfrac{\pi}{2}\right)$에서 $f''(x)>0$이므로 아래로 볼록하고, 구간 $\left(\dfrac{\pi}{2},\ \pi\right)$에서 $f''(x)<0$이므로 위로 볼록하다.

(2) $f(x)=\dfrac{xe^x}{2}$이라 하면

$f'(x)=\dfrac{e^x+xe^x}{2}=\dfrac{e^x(1+x)}{2}$

$f''(x)=\dfrac{e^x(1+x)+e^x}{2}=\dfrac{e^x(2+x)}{2}$

$f''(x)=0$에서 $x=-2\ (\because e^x>0)$

따라서 곡선 $y=f(x)$는 구간 $(-\infty,\ -2)$에서 $f''(x)<0$이므로 위로 볼록하고, 구간 $(-2,\ \infty)$에서 $f''(x)>0$이므로 아래로 볼록하다.

(3) $f(x)=\ln(x-2)$라 하면 $x>2$이고

$f'(x)=\dfrac{1}{x-2}$, $f''(x)=-\dfrac{1}{(x-2)^2}$

따라서 곡선 $y=f(x)$는 구간 $(2,\ \infty)$에서 $f''(x)<0$이므로 위로 볼록하다.

답 풀이 참조

395

(1) $f(x)=2x^3-6x^2+6x-12$라 하면

$f'(x)=6x^2-12x+6$

$f''(x)=12x-12=12(x-1)$

$f''(x)=0$에서 $x=1$

$x<1$일 때 $f''(x)<0$, $x>1$일 때 $f''(x)>0$

따라서 $x=1$의 좌우에서 $f''(x)$의 부호가 바뀌므로 변곡점의 좌표는 $(1,\ -10)$이다.

(2) $f(x)=x^4-4x^3$이라 하면

$f'(x)=4x^3-12x^2$, $f''(x)=12x^2-24x=12x(x-2)$

$f''(x)=0$에서 $x=0$ 또는 $x=2$

$x<0$ 또는 $x>2$일 때 $f''(x)>0$

$0<x<2$일 때 $f''(x)<0$

따라서 $x=0$, $x=2$의 좌우에서 $f''(x)$의 부호가 바뀌므로 변곡점의 좌표는 $(0,\ 0)$, $(2,\ -16)$이다.

(3) $f(x)=\dfrac{1}{x^2+1}$이라 하면

$f'(x)=\dfrac{-2x}{(x^2+1)^2}$

$f''(x)=\dfrac{-2(x^2+1)^2-(-2x)\times 2(x^2+1)\times 2x}{(x^2+1)^4}$

$\qquad\ \ =\dfrac{2(3x^2-1)}{(x^2+1)^3}$

$f''(x)=0$에서 $3x^2-1=0$

$\therefore x=-\dfrac{\sqrt{3}}{3}$ 또는 $x=\dfrac{\sqrt{3}}{3}$

$x<-\dfrac{\sqrt{3}}{3}$ 또는 $x>\dfrac{\sqrt{3}}{3}$일 때 $f''(x)>0$

$-\dfrac{\sqrt{3}}{3}<x<\dfrac{\sqrt{3}}{3}$일 때 $f''(x)<0$

따라서 $x=-\dfrac{\sqrt{3}}{3}$, $x=\dfrac{\sqrt{3}}{3}$의 좌우에서 $f''(x)$의 부호가 바뀌므로 변곡점의 좌표는 $\left(-\dfrac{\sqrt{3}}{3},\ \dfrac{3}{4}\right)$, $\left(\dfrac{\sqrt{3}}{3},\ \dfrac{3}{4}\right)$이다.

답 (1) $(1,\ -10)$ (2) $(0,\ 0)$, $(2,\ -16)$

$\qquad$ (3) $\left(-\dfrac{\sqrt{3}}{3},\ \dfrac{3}{4}\right)$, $\left(\dfrac{\sqrt{3}}{3},\ \dfrac{3}{4}\right)$

396

(1) $f(x)=1+\sin 2x$라 하면

$f'(x)=2\cos 2x$, $f''(x)=-4\sin 2x$

$f''(x)=0$에서 $2x=\pi\ (\because 0<x<\pi)$

$\therefore x=\dfrac{\pi}{2}$

$0<x<\dfrac{\pi}{2}$일 때 $f''(x)<0$, $\dfrac{\pi}{2}<x<\pi$일 때 $f''(x)>0$

따라서 $x=\dfrac{\pi}{2}$의 좌우에서 $f''(x)$의 부호가 바뀌므로 변곡점의 좌표는 $\left(\dfrac{\pi}{2},\ 1\right)$이다.

(2) $f(x)=e^{-x^2}$이라 하면

$f'(x)=-2xe^{-x^2}$

$f''(x)=-2e^{-x^2}-2xe^{-x^2}\times(-2x)=2e^{-x^2}(2x^2-1)$

$f''(x)=0$에서 $2x^2-1=0\ (\because e^{-x^2}>0)$

$\therefore x=-\dfrac{\sqrt{2}}{2}$ 또는 $x=\dfrac{\sqrt{2}}{2}$

$x<-\dfrac{\sqrt2}{2}$ 또는 $x>\dfrac{\sqrt2}{2}$일 때 $f''(x)>0$

$-\dfrac{\sqrt2}{2}<x<\dfrac{\sqrt2}{2}$일 때 $f''(x)<0$

따라서 $x=-\dfrac{\sqrt2}{2}$, $x=\dfrac{\sqrt2}{2}$의 좌우에서 $f''(x)$의 부호가 바뀌므로 변

곡점의 좌표는 $\left(-\dfrac{\sqrt2}{2},\ \dfrac{1}{\sqrt e}\right)$, $\left(\dfrac{\sqrt2}{2},\ \dfrac{1}{\sqrt e}\right)$이다.

(3) $f(x)=\ln(x^2+3)$이라 하면

$f'(x)=\dfrac{2x}{x^2+3}$

$f''(x)=\dfrac{2(x^2+3)-2x\times2x}{(x^2+3)^2}=\dfrac{6-2x^2}{(x^2+3)^2}$

$f''(x)=0$에서 $6-2x^2=0$

$\therefore x=-\sqrt3$ 또는 $x=\sqrt3$

$x<-\sqrt3$ 또는 $x>\sqrt3$일 때 $f''(x)<0$

$-\sqrt3<x<\sqrt3$일 때 $f''(x)>0$

따라서 $x=-\sqrt3$, $x=\sqrt3$의 좌우에서 $f''(x)$의 부호가 바뀌므로 변곡점의 좌표는 $(-\sqrt3,\ \ln6)$, $(\sqrt3,\ \ln6)$이다.

답 (1) $\left(\dfrac{\pi}{2},\ 1\right)$ (2) $\left(-\dfrac{\sqrt2}{2},\ \dfrac{1}{\sqrt e}\right)$, $\left(\dfrac{\sqrt2}{2},\ \dfrac{1}{\sqrt e}\right)$

(3) $(-\sqrt3,\ \ln6)$, $(\sqrt3,\ \ln6)$

397

$f(x)=-x^4+4x^3-16$이라 하면

$f'(x)=-4x^3+12x^2=\boxed{-4x^2(x-3)}$

$f''(x)=-12x^2+24x=\boxed{-12x(x-2)}$

$f'(x)=0$에서 $x=\boxed{0}$ 또는 $x=\boxed{3}$

$f''(x)=0$에서 $x=\boxed{0}$ 또는 $x=\boxed{2}$

함수 $f(x)$의 증가와 감소, 오목과 볼록을 표로 나타내면 다음과 같다.

x	$\cdots$	$\boxed{0}$	$\cdots$	$\boxed{2}$	$\cdots$	$\boxed{3}$	$\cdots$
$f'(x)$	$+$	$\boxed{0}$	$+$	$+$	$+$	$\boxed{0}$	$-$
$f''(x)$	$-$	$\boxed{0}$	$+$	$\boxed{0}$	$-$	$-$	$-$
$f(x)$	↗	$\boxed{-16}$	↗	$\boxed{0}$	↗	$\boxed{11}$	↘

따라서 함수 $y=f(x)$의 그래프는 오른쪽 그림과 같다.

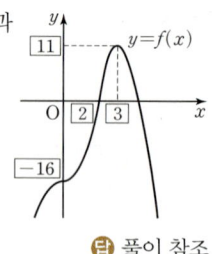

답 풀이 참조

398

$f(x)=(2-x)e^{x-1}$이라 하면

$f'(x)=-e^{x-1}+(2-x)e^{x-1}=\boxed{(1-x)e^{x-1}}$

$f''(x)=-e^{x-1}+(1-x)e^{x-1}=\boxed{-xe^{x-1}}$

$f'(x)=0$에서 $x=\boxed{1}$ $(\because e^{x-1}>0)$

$f''(x)=0$에서 $x=\boxed{0}$ $(\because e^{x-1}>0)$

함수 $f(x)$의 증가와 감소, 오목과 볼록을 표로 나타내면 다음과 같다.

x	$\cdots$	$\boxed{0}$	$\cdots$	$\boxed{1}$	$\cdots$
$f'(x)$	$+$	$+$	$+$	$\boxed{0}$	$-$
$f''(x)$	$+$	$\boxed{0}$	$-$	$-$	$-$
$f(x)$	↗	$\boxed{\dfrac{2}{e}}$	↗	$\boxed{1}$	↘

이때, $\displaystyle\lim_{x\to\infty}f(x)=\boxed{-\infty}$,

$\displaystyle\lim_{x\to-\infty}f(x)=\boxed{0}$이므로 점근선은 $\boxed{x}$축

이다.

따라서 함수 $y=f(x)$의 그래프는 오른쪽 그림과 같다.

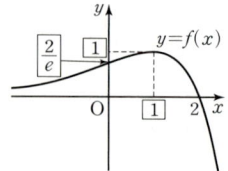

답 풀이 참조

유형 콕콕　　　　　　　　본문 p.81~85

399 ③	**400** ③	**401** 6	**402** ③	**403** ①	**404** ④
405 ①	**406** ④	**407** 2	**408** ③	**409** ⑤	
410 $-5e$	**411** ③	**412** ⑤	**413** $-e^{2\pi}$	**414** ②	**415** ④
416 $a\geq2$	**417** ④	**418** ⑤	**419** 1	**420** 풀이 참조	
421 풀이 참조		**422** 풀이 참조		**423** ⑤	**424** ㄴ
425 ㄴ, ㄷ	**426** ⑤	**427** ④	**428** ㄴ		

399

$f(x)=(1+\sin x)\cos x$에서

$f'(x)=\cos x\times\cos x+(1+\sin x)\times(-\sin x)$

$\qquad=\cos^2x-\sin^2x-\sin x$

$\qquad=(1-\sin^2x)-\sin^2x-\sin x$

$\qquad=-2\sin^2x-\sin x+1$

$\qquad=-(\sin x+1)(2\sin x-1)$

$f'(x)=0$에서 $\sin x=-1$ 또는 $\sin x=\dfrac{1}{2}$

$\therefore x=\dfrac{\pi}{6}$ 또는 $x=\dfrac{5}{6}\pi$ $(\because 0<x<\pi)$

$f'(x)$의 부호를 조사하여 함수 $f(x)$의 증가와 감소를 표로 나타내면 다음과 같다.

x	(0)	$\cdots$	$\dfrac{\pi}{6}$	$\cdots$	$\dfrac{5}{6}\pi$	$\cdots$	(π)
$f'(x)$		$+$	0	$-$	0	$+$	
$f(x)$		↗		↘		↗	

따라서 함수 $f(x)$가 감소하는 x의 값의 범위는 $\dfrac{\pi}{6}\leq x\leq\dfrac{5}{6}\pi$이므로

$\alpha=\dfrac{\pi}{6}$, $\beta=\dfrac{5}{6}\pi$

$\therefore \alpha+\beta=\dfrac{\pi}{6}+\dfrac{5}{6}\pi=\pi$　　**답** ③

400

$f(x)=x^2-\ln x$에서 $f'(x)=2x-\dfrac{1}{x}=\dfrac{2x^2-1}{x}$

$f'(x)=0$에서 $2x^2-1=0$　　$\therefore x=\dfrac{\sqrt2}{2}$ $(\because x>0)$

$f'(x)$의 부호를 조사하여 함수 $f(x)$의 증가와 감소를 표로 나타내면 다음과 같다.

x	(0)	$\cdots$	$\dfrac{\sqrt{2}}{2}$	$\cdots$
$f'(x)$		$-$	0	$+$
$f(x)$		$\searrow$		$\nearrow$

따라서 함수 $f(x)$는 구간 $\left(0, \dfrac{\sqrt{2}}{2}\right]$에서 감소하고, 구간 $\left[\dfrac{\sqrt{2}}{2}, \infty\right)$

에서 증가하므로 $a=\dfrac{\sqrt{2}}{2}$ **답** ③

401

$f(x)=x+\sqrt{20-x^2}$에서 $20-x^2\geq 0$이므로

$x^2-20\leq 0$, $(x+2\sqrt{5})(x-2\sqrt{5})\leq 0$

$\therefore 0<x\leq 2\sqrt{5}$ $(\because x>0)$

$f'(x)=1+\dfrac{-2x}{2\sqrt{20-x^2}}=\dfrac{\sqrt{20-x^2}-x}{\sqrt{20-x^2}}$

$f'(x)=0$에서 $\sqrt{20-x^2}=x$

양변을 제곱하여 정리하면 $x^2=10$

$\therefore x=\sqrt{10}$ $(\because 0<x\leq 2\sqrt{5})$

$f'(x)$의 부호를 조사하여 함수 $f(x)$의 증가와 감소를 표로 나타내면 다음과 같다.

x	(0)	$\cdots$	$\sqrt{10}$	$\cdots$	$2\sqrt{5}$
$f'(x)$		$+$	0	$-$	
$f(x)$		$\nearrow$		$\searrow$	

따라서 함수 $f(x)$가 증가하는 구간은 $(0, \sqrt{10}]$이므로

                                            가

이 구간에 속하는 모든 정수 x의 값의 합은

$1+2+3=6$

                                            나

단계	채점 요소	비율
가	함수 $f(x)$가 증가하는 구간 구하기	80%
나	정수 x의 값의 합 구하기	20%

                                            답 6

402

$f(x)=e^x(x^2+ax+5)$에서

$f'(x)=e^x(x^2+ax+5)+e^x(2x+a)$

$\qquad =e^x\{x^2+(a+2)x+a+5\}$

함수 $f(x)$가 실수 전체의 집합에서 증가하려면 모든 실수 x에 대하여 $f'(x)\geq 0$이어야 한다.

이때, $e^x>0$이므로 $x^2+(a+2)x+a+5\geq 0$이어야 한다.

이차방정식 $x^2+(a+2)x+a+5=0$의 판별식을 D라 하면

$D=(a+2)^2-4(a+5)\leq 0$, $a^2-16\leq 0$, $(a+4)(a-4)\leq 0$

$\therefore -4\leq a\leq 4$ **답** ③

403

$f(x)=ax-\cos x$에서 $f'(x)=a+\sin x$

함수 $f(x)$가 구간 $\left(0, \dfrac{\pi}{2}\right)$에서 감소하려면 $0<x<\dfrac{\pi}{2}$일 때 $f'(x)\leq 0$이어야 한다.

이때, $0<x<\dfrac{\pi}{2}$에서 $0<\sin x<1$이므로

$a<a+\sin x<a+1$

따라서 $a+1\leq 0$이어야 하므로

$a\leq -1$ **답** ①

404

$f(x)=a\ln x+x^2-4x$에서 $x>0$이고

$f'(x)=\dfrac{a}{x}+2x-4=\dfrac{2x^2-4x+a}{x}$

함수 $f(x)$가 구간 $(0, \infty)$에서 증가하려면 이 구간에서 $f'(x)\geq 0$이어야 한다. 즉, $x>0$에서 $2x^2-4x+a\geq 0$이어야 한다.

이때, $g(x)=2x^2-4x+a$라 하면

$g(x)=2(x-1)^2+a-2$

$x>0$에서 $g(x)\geq 0$이려면

$g(1)=a-2\geq 0$ $\therefore a\geq 2$

따라서 실수 a의 최솟값은 2이다.   **답** ④

405

$f(x)=\dfrac{2x^2+x+2}{x^2+1}$에서

$f'(x)=\dfrac{(4x+1)(x^2+1)-(2x^2+x+2)\times 2x}{(x^2+1)^2}$

$\qquad =\dfrac{-x^2+1}{(x^2+1)^2}=\dfrac{-(x+1)(x-1)}{(x^2+1)^2}$

$f'(x)=0$에서 $x=-1$ 또는 $x=1$

$f'(x)$의 부호를 조사하여 함수 $f(x)$의 증가와 감소를 표로 나타내면 다음과 같다.

x	$\cdots$	-1	$\cdots$	1	$\cdots$
$f'(x)$	$-$	0	$+$	0	$-$
$f(x)$	$\searrow$	$\dfrac{3}{2}$	$\nearrow$	$\dfrac{5}{2}$	$\searrow$

따라서 함수 $f(x)$는 $x=1$에서 극대이고 $x=-1$에서 극소이므로

$\alpha=1$, $\beta=-1$

$\therefore \dfrac{f(\alpha)}{f(\beta)}=\dfrac{f(1)}{f(-1)}=\dfrac{\dfrac{5}{2}}{\dfrac{3}{2}}=\dfrac{5}{3}$ **답** ①

406

$f(x)=\dfrac{3x-2}{x^2+5}$에서

$f'(x)=\dfrac{3(x^2+5)-(3x-2)\times 2x}{(x^2+5)^2}=\dfrac{-3x^2+4x+15}{(x^2+5)^2}$

$\qquad =\dfrac{-(3x+5)(x-3)}{(x^2+5)^2}$

$f'(x)=0$에서 $x=-\dfrac{5}{3}$ 또는 $x=3$

$f'(x)$의 부호를 조사하여 함수 $f(x)$의 증가와 감소를 표로 나타내면 다음과 같다.

x	$\cdots$	$-\dfrac{5}{3}$	$\cdots$	3	$\cdots$
$f'(x)$	$-$	0	$+$	0	$-$
$f(x)$	$\searrow$	$-\dfrac{9}{10}$	$\nearrow$	$\dfrac{1}{2}$	$\searrow$

따라서 함수 $f(x)$의 극댓값은 $f(3)=\dfrac{1}{2}$이다.   **답** ④

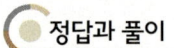

407

$f(x)=x\sqrt{2-x^2}$에서 $2-x^2\geq0$이므로 $-\sqrt{2}\leq x\leq\sqrt{2}$이고

$f'(x)=\sqrt{2-x^2}+x\times\dfrac{-2x}{2\sqrt{2-x^2}}=\dfrac{2-2x^2}{\sqrt{2-x^2}}$

$\qquad\ =\dfrac{-2(x+1)(x-1)}{\sqrt{2-x^2}}$

$f'(x)=0$에서 $x=-1$ 또는 $x=1$

$f'(x)$의 부호를 조사하여 함수 $f(x)$의 증가와 감소를 표로 나타내면 다음과 같다.

x	$-\sqrt{2}$	$\cdots$	-1	$\cdots$	1	$\cdots$	$\sqrt{2}$
$f'(x)$		$-$	0	$+$	0	$-$	
$f(x)$	0	$\searrow$	-1	$\nearrow$	1	$\searrow$	0

따라서 함수 $f(x)$의 극댓값은 $f(1)=1$, 극솟값은 $f(-1)=-1$이므로

$M=1$, $m=-1$

$\therefore M-m=1-(-1)=2$　　**답** 2

408

$f(x)=x(\ln x)^2$에서 $x>0$이고

$f'(x)=(\ln x)^2+x\times2\ln x\times\dfrac{1}{x}=\ln x(\ln x+2)$

$f'(x)=0$에서 $\ln x=-2$ 또는 $\ln x=0$

$\therefore x=\dfrac{1}{e^2}$ 또는 $x=1$

$f'(x)$의 부호를 조사하여 함수 $f(x)$의 증가와 감소를 표로 나타내면 다음과 같다.

x	(0)	$\cdots$	$\dfrac{1}{e^2}$	$\cdots$	1	$\cdots$
$f'(x)$		$+$	0	$-$	0	$+$
$f(x)$		$\nearrow$	$\dfrac{4}{e^2}$	$\searrow$	0	$\nearrow$

따라서 함수 $f(x)$의 극댓값은 $f\left(\dfrac{1}{e^2}\right)=\dfrac{4}{e^2}$, 극솟값은 $f(1)=0$이므로

$M=\dfrac{4}{e^2}$, $m=0$

$\therefore M+m=\dfrac{4}{e^2}+0=\dfrac{4}{e^2}$　　**답** ③

409

$f(x)=a\ln x+x^2+bx$에서 $f'(x)=\dfrac{a}{x}+2x+b$

함수 $f(x)$가 $x=1$, $x=2$에서 극값을 가지므로

$f'(1)=0$, $f'(2)=0$

$a+2+b=0$, $\dfrac{a}{2}+4+b=0$

위의 두 식을 연립하여 풀면 $a=4$, $b=-6$

$\therefore a-b=4-(-6)=10$　　**답** ⑤

410

$f(x)=(x^2-3x+1)e^x$에서

$f'(x)=(2x-3)e^x+(x^2-3x+1)e^x$

$\qquad\ =(x^2-x-2)e^x=(x+1)(x-2)e^x$

$f'(x)=0$에서 $x=-1$ 또는 $x=2$　　**가**

$f'(x)$의 부호를 조사하여 함수 $f(x)$의 증가와 감소를 표로 나타내면 다음과 같다.

x	$\cdots$	-1	$\cdots$	2	$\cdots$
$f'(x)$	$+$	0	$-$	0	$+$
$f(x)$	$\nearrow$	$\dfrac{5}{e}$	$\searrow$	$-e^2$	$\nearrow$

따라서 함수 $f(x)$의 극댓값은 $f(-1)=\dfrac{5}{e}$, 극솟값은 $f(2)=-e^2$이므로

$M=\dfrac{5}{e}$, $m=-e^2$　　**나**

$\therefore Mm=\dfrac{5}{e}\times(-e^2)=-5e$　　**다**

단계	채점 요소	비율
가	$f'(x)=0$이 되는 x의 값 구하기	40%
나	M, m의 값 각각 구하기	40%
다	Mm의 값 구하기	20%

답 $-5e$

411

$f(x)=2x-\tan x$에서

$f'(x)=2-\sec^2 x$

$f'(x)=0$에서 $\sec^2 x=2$, $\cos^2 x=\dfrac{1}{2}$

$\cos x=-\dfrac{\sqrt{2}}{2}$ 또는 $\cos x=\dfrac{\sqrt{2}}{2}$

$\therefore x=-\dfrac{\pi}{4}$ 또는 $x=\dfrac{\pi}{4}$ $\left(\because -\dfrac{\pi}{2}<x<\dfrac{\pi}{2}\right)$

$f'(x)$의 부호를 조사하여 함수 $f(x)$의 증가와 감소를 표로 나타내면 다음과 같다.

x	$\left(-\dfrac{\pi}{2}\right)$	$\cdots$	$-\dfrac{\pi}{4}$	$\cdots$	$\dfrac{\pi}{4}$	$\cdots$	$\left(\dfrac{\pi}{2}\right)$
$f'(x)$		$-$	0	$+$	0	$-$	
$f(x)$		$\searrow$	$-\dfrac{\pi}{2}+1$	$\nearrow$	$\dfrac{\pi}{2}-1$	$\searrow$	

따라서 함수 $f(x)$의 극댓값은 $f\left(\dfrac{\pi}{4}\right)=\dfrac{\pi}{2}-1$, 극솟값은

$f\left(-\dfrac{\pi}{4}\right)=-\dfrac{\pi}{2}+1$이므로

$M=\dfrac{\pi}{2}-1$, $m=-\dfrac{\pi}{2}+1$

$\therefore M-m=\left(\dfrac{\pi}{2}-1\right)-\left(-\dfrac{\pi}{2}+1\right)=\pi-2$　　**답** ③

412

$f(x)=a\sin x+b\cos x$에서 $f'(x)=a\cos x-b\sin x$

함수 $f(x)$가 $x=\dfrac{\pi}{3}$에서 극댓값 2를 가지므로

$f\left(\dfrac{\pi}{3}\right)=2$, $f'\left(\dfrac{\pi}{3}\right)=0$

$\dfrac{\sqrt{3}}{2}a+\dfrac{1}{2}b=2$, $\dfrac{1}{2}a-\dfrac{\sqrt{3}}{2}b=0$

위의 두 식을 연립하여 풀면 $a=\sqrt{3}$, $b=1$

$\therefore ab=\sqrt{3}\times1=\sqrt{3}$　　**답** ⑤

413

$f(x)=e^x(\sin x+\cos x)$에서

$f'(x)=e^x(\sin x+\cos x)+e^x(\cos x-\sin x)=2e^x\cos x$

$f'(x)=0$에서 $\cos x=0$ $(\because e^x>0)$

$\therefore x=\dfrac{\pi}{2}$ 또는 $x=\dfrac{3}{2}\pi$ $(\because 0<x<2\pi)$

$f'(x)$의 부호를 조사하여 함수 $f(x)$의 증가와 감소를 표로 나타내면 다음과 같다.

x	(0)	$\cdots$	$\dfrac{\pi}{2}$	$\cdots$	$\dfrac{3}{2}\pi$	$\cdots$	(2π)
$f'(x)$		$+$	0	$-$	0	$+$	
$f(x)$		$\nearrow$	$e^{\frac{\pi}{2}}$	$\searrow$	$-e^{\frac{3}{2}\pi}$	$\nearrow$	

따라서 함수 $f(x)$의 극댓값은 $f\left(\dfrac{\pi}{2}\right)=e^{\frac{\pi}{2}}$, 극솟값은 $f\left(\dfrac{3}{2}\pi\right)=-e^{\frac{3}{2}\pi}$

이므로

$M=e^{\frac{\pi}{2}}$, $m=-e^{\frac{3}{2}\pi}$ $\therefore Mm=e^{\frac{\pi}{2}}\times\left(-e^{\frac{3}{2}\pi}\right)=-e^{2\pi}$ **답** $-e^{2\pi}$

414

$f(x)=x^2+4\sin x$라 하면

$f'(x)=2x+4\cos x$, $f''(x)=2-4\sin x$

곡선 $y=f(x)$가 위로 볼록하려면 $f''(x)<0$이어야 하므로

$2-4\sin x<0$, $\sin x>\dfrac{1}{2}$

$\therefore \dfrac{\pi}{6}<x<\dfrac{5}{6}\pi$ $(\because 0<x<2\pi)$

따라서 곡선 $y=f(x)$가 위로 볼록한 구간은 $\left(\dfrac{\pi}{6}, \dfrac{5}{6}\pi\right)$이다.   **답** ②

415

$f(x)=\dfrac{1}{2x^2+1}$이라 하면

$f'(x)=\dfrac{-4x}{(2x^2+1)^2}$

$f''(x)=\dfrac{-4(2x^2+1)^2+4x\times 2(2x^2+1)\times 4x}{(2x^2+1)^4}=\dfrac{4(6x^2-1)}{(2x^2+1)^3}$

곡선 $y=f(x)$가 위로 볼록하려면 $f''(x)<0$이어야 하므로

$\dfrac{4(6x^2-1)}{(2x^2+1)^3}<0$

이때, $(2x^2+1)^3>0$이므로 $4(6x^2-1)<0$

$4(\sqrt{6}x+1)(\sqrt{6}x-1)<0$ $\therefore -\dfrac{\sqrt{6}}{6}<x<\dfrac{\sqrt{6}}{6}$

따라서 $\alpha=-\dfrac{\sqrt{6}}{6}$, $\beta=\dfrac{\sqrt{6}}{6}$이므로

$12\alpha\beta=12\times\left(-\dfrac{\sqrt{6}}{6}\right)\times\dfrac{\sqrt{6}}{6}=-2$ **답** ④

416

$f(x)=(a+x^2)e^{-x}$이라 하면

$f'(x)=2xe^{-x}+(a+x^2)\times(-e^{-x})=(-x^2+2x-a)e^{-x}$

$f''(x)=(-2x+2)e^{-x}+(-x^2+2x-a)\times(-e^{-x})$

$\qquad=(x^2-4x+a+2)e^{-x}$

곡선 $y=f(x)$가 실수 전체의 구간에서 아래로 볼록하려면 모든 실수 x에 대하여 $f''(x)\geq 0$이어야 하므로

$x^2-4x+a+2\geq 0$ $(\because e^{-x}>0)$

이차방정식 $x^2-4x+a+2=0$의 판별식을 D라 하면

$\dfrac{D}{4}=(-2)^2-(a+2)\leq 0$

$-a+2\leq 0$ $\therefore a\geq 2$ **답** $a\geq 2$

417

$f(x)=\ln(x^2+2)$에서

$f'(x)=\dfrac{2x}{x^2+2}$

$f''(x)=\dfrac{2(x^2+2)-2x\times 2x}{(x^2+2)^2}=\dfrac{-2(x^2-2)}{(x^2+2)^2}$

$f''(x)=0$에서 $x^2-2=0$ $\therefore x=-\sqrt{2}$ 또는 $x=\sqrt{2}$

$x<-\sqrt{2}$ 또는 $x>\sqrt{2}$일 때 $f''(x)<0$

$-\sqrt{2}<x<\sqrt{2}$일 때 $f''(x)>0$

즉, $x=-\sqrt{2}$, $x=\sqrt{2}$의 좌우에서 $f''(x)$의 부호가 바뀌므로 변곡점의 좌표는 $(-\sqrt{2}, 2\ln 2)$, $(\sqrt{2}, 2\ln 2)$이다.

따라서 두 변곡점 사이의 거리는

$\sqrt{2}-(-\sqrt{2})=2\sqrt{2}$ **답** ④

418

$f(x)=1+\dfrac{a}{x}-\dfrac{b}{x^2}$에서

$f'(x)=-\dfrac{a}{x^2}+\dfrac{2b}{x^3}$, $f''(x)=\dfrac{2a}{x^3}-\dfrac{6b}{x^4}$

점 $\left(\dfrac{1}{2}, 9\right)$가 곡선 $y=f(x)$의 변곡점이므로

$f\left(\dfrac{1}{2}\right)=9$, $f''\left(\dfrac{1}{2}\right)=0$

$1+2a-4b=9$, $16a-96b=0$

위의 두 식을 연립하여 풀면 $a=6$, $b=1$

$\therefore a+b=6+1=7$ **답** ⑤

419

$f(x)=axe^{-x}$이라 하면

$f'(x)=ae^{-x}+ax\times(-e^{-x})=a(1-x)e^{-x}$

$f''(x)=-ae^{-x}+a(1-x)\times(-e^{-x})=a(x-2)e^{-x}$

$f''(x)=0$에서 $x=2$ $(\because e^{-x}>0)$

$a>0$이므로 $x<2$일 때 $f''(x)<0$, $x>2$일 때 $f''(x)>0$

즉, $x=2$의 좌우에서 $f''(x)$의 부호가 바뀌므로 변곡점의 좌표는 $\left(2, \dfrac{2a}{e^2}\right)$이다.   **㉮**

이때, 변곡점이 직선 $x+e^2y=4$ 위에 있으므로

$2+e^2\times\dfrac{2a}{e^2}=4$, $2+2a=4$ $\therefore a=1$ **㉯**

단계	채점 요소	비율
㉮	곡선의 변곡점의 좌표 구하기	70%
㉯	상수 a의 값 구하기	30%

답 1

420

$f(x)=\dfrac{x^2-2x+2}{x-1}$라 하면 $x\neq 1$이고

$f'(x)=\dfrac{(2x-2)(x-1)-(x^2-2x+2)}{(x-1)^2}$

$\qquad=\dfrac{x^2-2x}{(x-1)^2}=\dfrac{x(x-2)}{(x-1)^2}$

$$f''(x)=\frac{(2x-2)(x-1)^2-(x^2-2x)\times 2(x-1)}{(x-1)^4}$$

$$=\frac{2}{(x-1)^3}$$

$f'(x)=0$에서 $x=0$ 또는 $x=2$

$f''(x)=0$을 만족시키는 x의 값이 존재하지 않으므로 변곡점은 없다.

함수 $f(x)$의 증가와 감소, 오목과 볼록을 표로 나타내면 다음과 같다.

x	$\cdots$	0	$\cdots$	(1)	$\cdots$	2	$\cdots$
$f'(x)$	+	0	−		−	0	+
$f''(x)$	−	−	−		+	+	+
$f(x)$	↗	-2	↘		↘	2	↗

이때, $\lim\limits_{x\to 1+}f(x)=\infty$, $\lim\limits_{x\to 1-}f(x)=-\infty$

이므로 점근선은 직선 $x=1$이다.

따라서 함수 $y=f(x)$의 그래프는 오른쪽 그림과 같다.

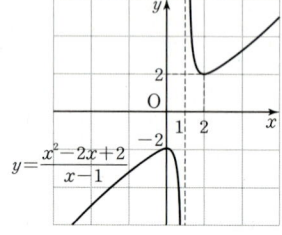

답 풀이 참조

421

$f(x)=2\sqrt{x}-x$라 하면 $x\geq 0$이고

$f'(x)=\dfrac{1}{\sqrt{x}}-1$, $f''(x)=-\dfrac{1}{2x\sqrt{x}}$

$f'(x)=0$에서 $\dfrac{1}{\sqrt{x}}=1$ $\therefore x=1$

$f''(x)=0$을 만족시키는 x의 값이 존재하지 않으므로 변곡점은 없다.

함수 $f(x)$의 증가와 감소, 오목과 볼록을 표로 나타내면 다음과 같다.

x	0	$\cdots$	1	$\cdots$
$f'(x)$		+	0	−
$f''(x)$		−	−	−
$f(x)$	0	↗	1	↘

따라서 함수 $y=f(x)$의 그래프는 오른쪽 그림과 같다.

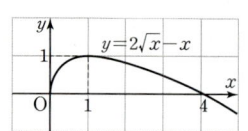

답 풀이 참조

422

$f(x)=x-\sin x$라 하면

$f'(x)=1-\cos x$, $f''(x)=\sin x$

$f'(x)=0$에서 $\cos x=1$

$\therefore x=0$ 또는 $x=2\pi$ ($\because 0\leq x\leq 2\pi$)

$f''(x)=0$에서 $\sin x=0$

$\therefore x=0$ 또는 $x=\pi$ 또는 $x=2\pi$ ($\because 0\leq x\leq 2\pi$)

함수 $f(x)$의 증가와 감소, 오목과 볼록을 표로 나타내면 다음과 같다.

x	0	$\cdots$	π	$\cdots$	2π
$f'(x)$		+	+	+	
$f''(x)$		+	0	−	
$f(x)$	0	↗	π	↗	2π

즉, $x=\pi$의 좌우에서 $f''(x)$의 부호가 바뀌므로 변곡점의 좌표는 (π, π)이다.

따라서 함수 $y=f(x)$의 그래프는 오른쪽 그림과 같다.

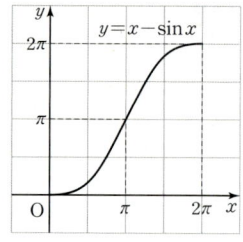

답 풀이 참조

423

$f(x)=\dfrac{2x}{x^2+1}$에서

$f'(x)=\dfrac{2(x^2+1)-2x\times 2x}{(x^2+1)^2}=\dfrac{2-2x^2}{(x^2+1)^2}$

$$=\dfrac{-2(x+1)(x-1)}{(x^2+1)^2}$$

$f''(x)=\dfrac{-4x(x^2+1)^2-(2-2x^2)\times 2(x^2+1)\times 2x}{(x^2+1)^4}$

$$=\dfrac{4x^3-12x}{(x^2+1)^3}=\dfrac{4x(x+\sqrt{3})(x-\sqrt{3})}{(x^2+1)^3}$$

$f'(x)=0$에서 $x=-1$ 또는 $x=1$

$f''(x)=0$에서 $x=-\sqrt{3}$ 또는 $x=0$ 또는 $x=\sqrt{3}$

함수 $f(x)$의 증가와 감소, 오목과 볼록을 표로 나타내면 다음과 같다.

x	$\cdots$	$-\sqrt{3}$	$\cdots$	-1	$\cdots$	0	$\cdots$	1	$\cdots$	$\sqrt{3}$	$\cdots$
$f'(x)$	−	−	−	0	+	+	+	0	−	−	−
$f''(x)$	−	0	+	+	+	0	−	−	−	0	+
$f(x)$	↘	$-\dfrac{\sqrt{3}}{2}$	↘	-1	↗	0	↗	1	↘	$\dfrac{\sqrt{3}}{2}$	↘

이때, $\lim\limits_{x\to\infty}f(x)=0$, $\lim\limits_{x\to -\infty}f(x)=0$이므로 함수 $y=f(x)$의 그래프는 다음 그림과 같다.

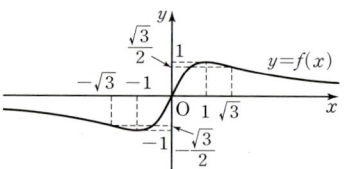

ㄱ. 모든 실수 x에 대하여

$f(-x)=\dfrac{-2x}{(-x)^2+1}=-\dfrac{2x}{x^2+1}=-f(x)$

이므로 곡선 $y=f(x)$는 원점에 대하여 대칭이다. (참)

ㄴ. 함수 $f(x)$의 극댓값은 $f(1)=1$, 극솟값은 $f(-1)=-1$이다. (참)

ㄷ. 곡선 $y=f(x)$의 변곡점은 $\left(-\sqrt{3}, -\dfrac{\sqrt{3}}{2}\right)$, $(0, 0)$, $\left(\sqrt{3}, \dfrac{\sqrt{3}}{2}\right)$의 3개이다. (참)

따라서 옳은 것은 ㄱ, ㄴ, ㄷ이다. **답** ⑤

424

$f(x)=xe^x$에서

$f'(x)=e^x+xe^x=(1+x)e^x$

$f''(x)=e^x+(1+x)e^x=(2+x)e^x$

$f'(x)=0$에서 $x=-1$ ($\because e^x>0$)

$f''(x)=0$에서 $x=-2$ ($\because e^x>0$)

함수 $f(x)$의 증가와 감소, 오목과 볼록을 표로 나타내면 다음과 같다.

x	$\cdots$	-2	$\cdots$	-1	$\cdots$
$f'(x)$	$-$	$-$	$-$	0	$+$
$f''(x)$	$-$	0	$+$	$+$	$+$
$f(x)$	$\searrow$	$-\dfrac{2}{e^2}$	$\searrow$	$-\dfrac{1}{e}$	$\nearrow$

이때, $\lim\limits_{x \to \infty} f(x) = \infty$, $\lim\limits_{x \to -\infty} f(x) = 0$이므로 함수 $y=f(x)$의 그래프는 오른쪽 그림과 같다.

ㄱ. 함수 $f(x)$의 치역은 $\left\{y \,\middle|\, y \geq -\dfrac{1}{e}\right\}$이다.
(거짓)

ㄴ. 함수 $f(x)$는 $x=-1$에서 극솟값 $-\dfrac{1}{e}$을 갖는다. (참)

ㄷ. 곡선 $y=f(x)$의 변곡점은 $\left(-2, -\dfrac{2}{e^2}\right)$의 1개이다. (거짓)

따라서 옳은 것은 ㄴ뿐이다. **답** ㄴ

425

$f(x) = (\ln x)^2$에서 $x>0$이고

$f'(x) = 2 \ln x \times \dfrac{1}{x} = \dfrac{2 \ln x}{x}$, $f''(x) = \dfrac{\frac{2}{x} \times x - 2 \ln x}{x^2} = \dfrac{2(1 - \ln x)}{x^2}$

$f'(x) = 0$에서 $2 \ln x = 0$ $\therefore x=1$

$f''(x) = 0$에서 $\ln x = 1$ $\therefore x=e$

함수 $f(x)$의 증가와 감소, 오목과 볼록을 표로 나타내면 다음과 같다.

x	(0)	$\cdots$	1	$\cdots$	e	$\cdots$
$f'(x)$		$-$	0	$+$	$+$	$+$
$f''(x)$		$+$	$+$	$+$	0	$-$
$f(x)$		$\searrow$	0	$\nearrow$	1	$\curvearrowright$

이때, $\lim\limits_{x \to \infty} f(x) = \infty$, $\lim\limits_{x \to 0+} f(x) = \infty$이므로 함수 $y=f(x)$의 그래프는 오른쪽 그림과 같다.

ㄱ. 함수 $f(x)$의 치역은 $\{y \,|\, y \geq 0\}$이다. (거짓)

ㄴ. 함수 $f(x)$는 $x=1$에서 극솟값 0을 갖는다. (참)

ㄷ. 구간 $(1, e)$에서 $f''(x) > 0$, 즉 아래로 볼록하므로 두 점 $A(1, 0)$, $B(e, 1)$에 대하여 선분 AB는 부등식 $y \geq f(x)$가 나타내는 영역에 있다. (참)

따라서 옳은 것은 ㄴ, ㄷ이다. **답** ㄴ, ㄷ

426

주어진 함수 $y=f'(x)$의 그래프의 변화에 따른 함수 $y=f(x)$의 그래프의 개형은 오른쪽 그림과 같다.

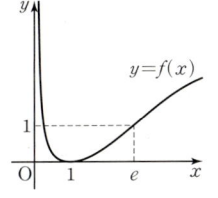

ㄱ. 함수 $f(x)$가 극값을 가지는 점은 $y=f'(x)$의 그래프에서 $f'(x)$의 부호가 바뀌는 점이다.
따라서 함수 $f(x)$는 $x=a$, $x=f$에서 극대, $x=d$에서 극소이므로 극값을 가지는 점은 3개이다. (참)

ㄴ. 곡선 $y=f(x)$의 변곡점은 $y=f'(x)$의 그래프에서 증가와 감소가 바뀌는 점이다.
따라서 곡선 $y=f(x)$의 변곡점은 $x=b$, 0, c, e일 때의 4개이다. (참)

ㄷ. 구간 $[a, f]$에서 함수 $f(x)$는 $x=d$에서 유일한 극소이므로 최소가 됨을 알 수 있다. 따라서 구간 $[a, f]$에서 함수 $f(x)$의 최솟값은 $f(d)$이다. (참)

그러므로 옳은 것은 ㄱ, ㄴ, ㄷ이다. **답** ⑤

427

구간 $[a, f]$에서 $f''(x)$의 부호를 조사하여 표로 나타내면 다음과 같다.

x	a	$\cdots$	0	$\cdots$	b	$\cdots$	c	$\cdots$	d	$\cdots$	e	$\cdots$	f
$f''(x)$	0	$+$	0	$-$	$-$	$-$	0	$+$	$+$	$+$	0	$-$	$-$

곡선 $y=f(x)$가 아래로 볼록하려면 $f''(x) > 0$이어야 하므로 주어진 보기에서 아래로 볼록한 구간은 (c, e)이다. **답** ④

428

주어진 함수 $y=f'(x)$의 그래프의 변화에 따른 함수 $y=f(x)$의 그래프의 개형은 오른쪽 그림과 같다.

ㄱ. 함수 $y=f(x)$의 그래프가 원점을 지나므로 $f(0)=0$이고, 구간 $(0, 1)$에서 함수 $f(x)$가 감소하므로 $f(1) < 0$이다. (거짓)

ㄴ. 구간 $(-3, 3)$에서 함수 $f(x)$는 $x=-2$, $x=2$일 때 극대, $x=1$일 때 극소이므로 3개의 극값을 갖는다. (참)

ㄷ. 구간 $(-1, 0)$에서 $f'(x)$가 증가하므로, 즉 $f''(x) > 0$이므로 곡선 $y=f(x)$는 아래로 볼록하고, 구간 $(0, 1)$에서 $f'(x)$가 감소하므로 즉, $f''(x) < 0$이므로 곡선 $y=f(x)$는 위로 볼록하다. (거짓)

따라서 옳은 것은 ㄴ뿐이다. **답** ㄴ

429

$f(x) = (x-3)\sqrt{2x+7}$에서 $2x+7 \geq 0$이므로 $x \geq -\dfrac{7}{2}$이고

$f'(x) = \sqrt{2x+7} + (x-3) \times \dfrac{2}{2\sqrt{2x+7}} = \dfrac{3x+4}{\sqrt{2x+7}}$

$f'(x) = 0$에서 $3x+4 = 0$ $\therefore x = -\dfrac{4}{3}$

$f'(x)$의 부호를 조사하여 함수 $f(x)$의 증가와 감소를 표로 나타내면 다음과 같다.

x	$-\dfrac{7}{2}$	$\cdots$	$-\dfrac{4}{3}$	$\cdots$
$f'(x)$		$-$	0	$+$
$f(x)$		$\searrow$		$\nearrow$

따라서 함수 $f(x)$가 감소하는 구간은 $\left[-\dfrac{7}{2}, -\dfrac{4}{3}\right]$이므로 이 구간에 속하는 모든 정수 x의 값의 합은 $-3 + (-2) = -5$ **답** ①

430

$f(x)=\ln x-ax$에서 $x>0$이고

$f'(x)=\dfrac{1}{x}-a$

함수 $f(x)$가 구간 $(1,3)$에서 증가하려면 $1<x<3$일 때 $f'(x)\geq0$이어야 하므로 오른쪽 그림에서

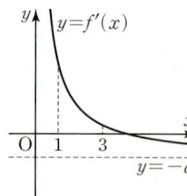

$f'(3)=\dfrac{1}{3}-a\geq0$

$\therefore a\leq\dfrac{1}{3}$

따라서 실수 a의 최댓값은 $\dfrac{1}{3}$이다.　　　　**답** ③

431

$f(x)=(a+\sin x)e^{-x}$에서

$f'(x)=\cos x\times e^{-x}+(a+\sin x)\times(-e^{-x})$
$\qquad=(-\sin x+\cos x-a)e^{-x}$

함수 $f(x)$가 실수 전체의 집합에서 감소하려면 모든 실수 x에 대하여 $f'(x)\leq0$이어야 한다.

이때, $e^{-x}>0$이므로 $-\sin x+\cos x-a\leq0$이어야 한다.

즉, $-\sin x+\cos x\leq a$

$-\sin x+\cos x=\sqrt{2}\sin\left(x+\dfrac{3}{4}\pi\right)$이고

$-1\leq\sin\left(x+\dfrac{3}{4}\pi\right)\leq1$이므로

$-\sqrt{2}\leq-\sin x+\cos x\leq\sqrt{2}$

$\therefore a\geq\sqrt{2}$　　　　**답** ⑤

432

$f(x)=e^{2x}+ae^{x}$에서 $f'(x)=2e^{2x}+ae^{x}$ ...... ㉠

함수 $f(x)$가 구간 $(0,\infty)$에서 증가하려면 $x>0$일 때 $f'(x)\geq0$이어야 한다.

㉠에서 $e^{x}=t$로 놓으면 $x>0$에서 $t>1$이고

$f'(x)=2e^{2x}+ae^{x}=2t^2+at$
$\qquad=2\left(t+\dfrac{a}{4}\right)^2-\dfrac{a^2}{8}$

이때, $g(t)=2\left(t+\dfrac{a}{4}\right)^2-\dfrac{a^2}{8}$으로 놓으면 $t>1$일 때 $g(t)\geq0$이어야 한다.

(i) $-\dfrac{a}{4}<1$, 즉 $a>-4$일 때

　$g(1)\geq0$이어야 하므로

　$2+a\geq0$　　$\therefore a\geq-2$

(ii) $-\dfrac{a}{4}\geq1$, 즉 $a\leq-4$일 때

　$g\left(-\dfrac{a}{4}\right)\geq0$이어야 하므로

　$-\dfrac{a^2}{8}\geq0$, $a^2\leq0$

　그런데 $a\leq-4$인 실수 a는 이 부등식을 만족시키지 않는다.

(i), (ii)에서 $a\geq-2$이므로 실수 a의 최솟값은 -2이다.　　**답** -2

433

$f(x)=x+\ln(x^2+ax+b)$에서

$f'(x)=1+\dfrac{2x+a}{x^2+ax+b}=\dfrac{x^2+(a+2)x+a+b}{x^2+ax+b}$

함수 $f(x)$가 $x=-1$에서 극솟값 -1을 가지므로

$f(-1)=-1$에서 $-1+\ln(1-a+b)=-1$

$\ln(1-a+b)=0$, $1-a+b=1$

$\therefore -a+b=0$ ...... ㉠

$f'(-1)=0$에서 $\dfrac{1-(a+2)+a+b}{1-a+b}=0$

$1-(a+2)+a+b=0$, $-1+b=0$

$\therefore b=1$

$b=1$을 ㉠에 대입하여 풀면 $a=1$

$f(x)=x+\ln(x^2+x+1)$이고,

$f'(x)=\dfrac{x^2+3x+2}{x^2+x+1}=\dfrac{(x+2)(x+1)}{x^2+x+1}$

이므로 $f'(x)=0$에서 $x=-2$ 또는 $x=-1$

$f'(x)$의 부호를 조사하여 함수 $f(x)$의 증가와 감소를 표로 나타내면 다음과 같다.

x	$\cdots$	-2	$\cdots$	-1	$\cdots$
$f'(x)$	$+$	0	$-$	0	$+$
$f(x)$	↗	$-2+\ln3$	↘	-1	↗

따라서 함수 $f(x)$의 극댓값은 $f(-2)=-2+\ln3$이다.　　**답** ③

434

$f(x)=\dfrac{a}{x}-3\ln x+x$에서 $x>0$이고

$f'(x)=-\dfrac{a}{x^2}-\dfrac{3}{x}+1=\dfrac{x^2-3x-a}{x^2}$

함수 $f(x)$가 극값을 가지려면 이차방정식 $x^2-3x-a=0$이 서로 다른 두 실근을 가지며 하나 이상의 양의 실근을 가져야 한다.

이때, 이차함수 $y=x^2-3x-a$의 그래프의 축이 직선 $x=\dfrac{3}{2}$이므로

이차방정식 $x^2-3x-a=0$의 판별식 D에 대하여 $D>0$이면 이차방정식 $x^2-3x-a=0$이 하나 이상의 양의 실근을 갖는다.

즉, $D=(-3)^2-4\times(-a)>0$이므로

$9+4a>0$　　$\therefore a>-\dfrac{9}{4}$

따라서 함수 $f(x)$가 극값을 갖도록 하는 정수 a의 최솟값은 -2이다.　　**답** ②

435

$f(x)=a\sin x+b\cos x-x+\dfrac{\pi}{6}$에서

$f'(x)=a\cos x-b\sin x-1$

함수 $f(x)$가 $x=\dfrac{\pi}{6}$, $x=\dfrac{3}{2}\pi$에서 극값을 가지므로

$f'\left(\dfrac{\pi}{6}\right)=0$에서 $\dfrac{\sqrt{3}}{2}a-\dfrac{1}{2}b-1=0$ ...... ㉠

$f'\left(\dfrac{3}{2}\pi\right)=0$에서 $b-1=0$　　$\therefore b=1$

$b=1$을 ㉠에 대입하여 풀면 $a=\sqrt{3}$

$\therefore ab=\sqrt{3}\times1=\sqrt{3}$　　**답** ④

436

구간 $(0,1)$에 속하는 임의의 서로 다른 두 실수 a, b에 대하여 $f\left(\dfrac{a+b}{2}\right)>\dfrac{1}{2}\{f(a)+f(b)\}$를 만족시키려면 구간 $(0,1)$에서 $y=f(x)$의 그래프는 위로 볼록해야 하므로 $f''(x)<0$이어야 한다.

ㄱ. $f(x)=\dfrac{1}{x}$에서 $f'(x)=-\dfrac{1}{x^2}$, $f''(x)=\dfrac{2}{x^3}$이므로 구간 $(0,\,1)$에서 $f''(x)>0$이다.

ㄴ. $f(x)=\cos x$에서 $f'(x)=-\sin x$, $f''(x)=-\cos x$이므로 구간 $(0,\,1)$에서 $f''(x)<0$이다.

ㄷ. $f(x)=x-e^x$에서 $f'(x)=1-e^x$, $f''(x)=-e^x$이므로 구간 $(0,\,1)$에서 $f''(x)<0$이다.

ㄹ. $f(x)=x-\ln x$에서 $f'(x)=1-\dfrac{1}{x}$, $f''(x)=\dfrac{1}{x^2}$이므로 구간 $(0,\,1)$에서 $f''(x)>0$이다.

따라서 구간 $(0,\,1)$에서 주어진 조건을 만족시키는 함수는 ㄴ, ㄷ이다.
답 ③

437

$f(x)=x^2(\ln x-1)$이라 하면 $x>0$이고

$f'(x)=2x(\ln x-1)+x^2\times\dfrac{1}{x}=2x\ln x-x$

$f''(x)=2\ln x+2x\times\dfrac{1}{x}-1=2\ln x+1$

곡선 $y=f(x)$가 위로 볼록하려면 $f''(x)<0$이어야 하므로

$2\ln x+1<0$, $\ln x<-\dfrac{1}{2}$　∴ $0<x<\dfrac{1}{\sqrt{e}}$ $(\because x>0)$

따라서 $\alpha=0$, $\beta=\dfrac{1}{\sqrt{e}}$이므로

$\beta-\alpha=\dfrac{1}{\sqrt{e}}-0=\dfrac{1}{\sqrt{e}}$
답 ②

438

$f(x)=\dfrac{3}{x}\ln x$에서 $x>0$이고

$f'(x)=-\dfrac{3}{x^2}\ln x+\dfrac{3}{x}\times\dfrac{1}{x}=\dfrac{3}{x^2}(1-\ln x)$

$f''(x)=-\dfrac{6}{x^3}(1-\ln x)+\dfrac{3}{x^2}\times\left(-\dfrac{1}{x}\right)=-\dfrac{3}{x^3}(3-2\ln x)$

$f'(x)=0$에서 $\ln x=1$　∴ $x=e$

$f''(x)=0$에서 $\ln x=\dfrac{3}{2}$　∴ $x=e^{\frac{3}{2}}$

함수 $f(x)$의 증가와 감소, 오목과 볼록을 표로 나타내면 다음과 같다.

x	(0)	$\cdots$	e	$\cdots$	$e^{\frac{3}{2}}$	$\cdots$
$f'(x)$		$+$	0	$-$	$-$	$-$
$f''(x)$		$-$	$-$	$-$	0	$+$
$f(x)$		↗	$\dfrac{3}{e}$	↘	$\dfrac{9}{2}e^{-\frac{3}{2}}$	↘

이때, $\displaystyle\lim_{x\to0+}f(x)=-\infty$, $\displaystyle\lim_{x\to\infty}f(x)=0$이므로 함수 $y=f(x)$의 그래프는 오른쪽 그림과 같다.

ㄱ. 함수 $f(x)$의 치역은 $\left\{y\,\middle|\,y\leq\dfrac{3}{e}\right\}$이다.
(참)

ㄴ. $x>e$일 때 $f'(x)<0$이므로 함수 $f(x)$는 감소한다. (참)

ㄷ. 구간 $(0,\,e)$에서 $f''(x)<0$이므로 곡선 $y=f(x)$는 위로 볼록하다.
(참)

따라서 옳은 것은 ㄱ, ㄴ, ㄷ이다.
답 ⑤

439

$f(x)=x^2-4\cos x$에서

$f'(x)=2x+4\sin x$, $f''(x)=2+4\cos x$

$f''(x)=0$에서 $\cos x=-\dfrac{1}{2}$

∴ $x=\dfrac{2}{3}\pi$ 또는 $x=\dfrac{4}{3}\pi$ $(\because 0<x<2\pi)$

$0<x<\dfrac{2}{3}\pi$ 또는 $\dfrac{4}{3}\pi<x<2\pi$일 때 $f''(x)>0$

$\dfrac{2}{3}\pi<x<\dfrac{4}{3}\pi$일 때 $f''(x)<0$

따라서 $x=\dfrac{2}{3}\pi$, $x=\dfrac{4}{3}\pi$의 좌우에서 $f''(x)$의 부호가 바뀌므로 모든 변곡점의 x좌표의 합은

$\dfrac{2}{3}\pi+\dfrac{4}{3}\pi=2\pi$
답 ②

440

$f(x)=x+a\sin x+b\cos x$에서

$f'(x)=1+a\cos x-b\sin x$, $f''(x)=-a\sin x-b\cos x$

함수 $f(x)$가 $x=\dfrac{\pi}{3}$에서 극소이므로

$f'\left(\dfrac{\pi}{3}\right)=0$에서 $1+\dfrac{1}{2}a-\dfrac{\sqrt{3}}{2}b=0$　……㉠

곡선 $y=f(x)$의 변곡점의 x좌표가 π이므로

$f''(\pi)=0$에서 $b=0$

$b=0$을 ㉠에 대입하여 풀면 $a=-2$

$f(x)=x-2\sin x$이고 $f'(x)=1-2\cos x$이므로

$f'(x)=0$에서 $\cos x=\dfrac{1}{2}$

∴ $x=\dfrac{\pi}{3}$ 또는 $x=\dfrac{5}{3}\pi$ $(\because 0<x<2\pi)$

$f'(x)$의 부호를 조사하여 함수 $f(x)$의 증가와 감소를 표로 나타내면 다음과 같다.

x	(0)	$\cdots$	$\dfrac{\pi}{3}$	$\cdots$	$\dfrac{5}{3}\pi$	$\cdots$	(2π)
$f'(x)$		$-$	0	$+$	0	$-$	
$f(x)$		↘	$\dfrac{\pi}{3}-\sqrt{3}$	↗	$\dfrac{5}{3}\pi+\sqrt{3}$	↘	

따라서 함수 $f(x)$의 극댓값은 $f\left(\dfrac{5}{3}\pi\right)=\dfrac{5}{3}\pi+\sqrt{3}$이다.
답 ⑤

441

$f(x)=ax^2+bx+c\ln x$에서

$f'(x)=2ax+b+\dfrac{c}{x}$, $f''(x)=2a-\dfrac{c}{x^2}$

함수 $f(x)$가 $x=\dfrac{1}{2}$에서 극소이므로 $f'\left(\dfrac{1}{2}\right)=0$

∴ $a+b+2c=0$　……㉠

곡선 $y=f(x)$의 변곡점의 좌표가 $\left(1,\,\dfrac{4}{5}\right)$이므로

$f(1)=\dfrac{4}{5}$에서 $a+b=\dfrac{4}{5}$　……㉡

$f''(1)=0$에서 $2a-c=0$　……㉢

㉠, ㉡, ㉢을 연립하여 풀면

$a=-\dfrac{1}{5}$, $b=1$, $c=-\dfrac{2}{5}$

∴ $a+b+c=-\dfrac{1}{5}+1+\left(-\dfrac{2}{5}\right)=\dfrac{2}{5}$
답 ②

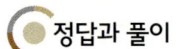

442

$f(x)=e^{-x^2}+1$에서

$f'(x)=-2xe^{-x^2}$

$f''(x)=-2e^{-x^2}-2xe^{-x^2}\times(-2x)=2e^{-x^2}(2x^2-1)$

$f'(x)=0$에서 $x=0$ $(\because e^{-x^2}>0)$

$f''(x)=0$에서 $2x^2-1=0$ $(\because e^{-x^2}>0)$

$\therefore x=-\dfrac{\sqrt{2}}{2}$ 또는 $x=\dfrac{\sqrt{2}}{2}$

함수 $f(x)$의 증가와 감소, 오목과 볼록을 표로 나타내면 다음과 같다.

x	$\cdots$	$-\dfrac{\sqrt{2}}{2}$	$\cdots$	0	$\cdots$	$\dfrac{\sqrt{2}}{2}$	$\cdots$
$f'(x)$	$+$	$+$	$+$	0	$-$	$-$	$-$
$f''(x)$	$+$	0	$-$		$-$	0	$+$
$f(x)$	↗	$\dfrac{1}{\sqrt{e}}+1$	↗	2	↘	$\dfrac{1}{\sqrt{e}}+1$	↘

이때, $\displaystyle\lim_{x\to\infty}f(x)=1$, $\displaystyle\lim_{x\to-\infty}f(x)=1$이므로
함수 $y=f(x)$의 그래프는 오른쪽 그림과 같다.

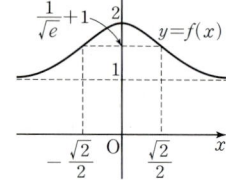

ㄱ. 함수 $f(x)$의 극댓값은 $f(0)=2$이다.

(거짓)

ㄴ. 곡선 $y=f(x)$의 변곡점은

$\left(-\dfrac{\sqrt{2}}{2},\ \dfrac{1}{\sqrt{e}}+1\right)$, $\left(\dfrac{\sqrt{2}}{2},\ \dfrac{1}{\sqrt{e}}+1\right)$의 2개이다. (참)

ㄷ. 함수 $y=f(x)$의 그래프의 점근선의 방정식은 $y=1$이다. (참)

따라서 옳은 것은 ㄴ, ㄷ이다. **답** ④

443

$y=f'(x)$의 그래프에서 $f'(x)$의 값의 부호가 바뀌는 점이 극점이므로 x좌표가 a, b, 0, f인 4개의 점이다.

이 중 $x=a$, $x=0$의 좌우에서 $f'(x)$의 부호가 양$(+)$에서 음$(-)$으로 바뀌므로 극댓값을 갖는다.

$\therefore p=2$

가

$x=b$, $x=f$의 좌우에서 $f'(x)$의 부호가 음$(-)$에서 양$(+)$으로 바뀌므로 극솟값을 갖는다.

$\therefore q=2$

나

$y=f'(x)$의 그래프에서 증가와 감소가 바뀌는 점이 변곡점이므로 x좌표가 c, d, e인 3개의 점이다.

$\therefore r=3$

다

$\therefore p-q+r=2-2+3=3$

라

단계	채점 요소	비율
가	p의 값 구하기	30%
나	q의 값 구하기	30%
다	r의 값 구하기	30%
라	$p-q+r$의 값 구하기	10%

답 3

444

$f(x)=2\ln x+\dfrac{k}{x}-\dfrac{1}{2}x$에서 $x>0$이고

$f'(x)=\dfrac{2}{x}-\dfrac{k}{x^2}-\dfrac{1}{2}=-\dfrac{x^2-4x+2k}{2x^2}$

가

함수 $f(x)$가 극댓값과 극솟값을 모두 가지려면 이차방정식 $x^2-4x+2k=0$이 $x>0$에서 서로 다른 두 실근을 가져야 한다.

나

(i) 이차방정식 $x^2-4x+2k=0$의 판별식을 D라 하면

$\dfrac{D}{4}=(-2)^2-2k>0$, $4-2k>0$ $\therefore k<2$

(ii) (두 근의 합)$=4>0$

(iii) (두 근의 곱)$=2k>0$ $\therefore k>0$

(i)~(iii)에서 상수 k의 값의 범위는 $0<k<2$

다

단계	채점 요소	비율
가	$f'(x)$ 구하기	20%
나	함수 $f(x)$가 극댓값과 극솟값을 모두 가질 조건 구하기	40%
다	상수 k의 값의 범위 구하기	40%

답 $0<k<2$

09 도함수의 활용

본문 p.89

개념 콕콕

445

(1) $f(x)=\dfrac{x+1}{x^2+3}$ 에서

$$f'(x)=\dfrac{x^2+3-(x+1)\times 2x}{(x^2+3)^2}=\dfrac{-x^2-2x+3}{(x^2+3)^2}=\dfrac{-(x+3)(x-1)}{(x^2+3)^2}$$

$f'(x)=0$ 에서 $x=1$ ($\because 0\leq x\leq 2$)

닫힌구간 $[0, 2]$에서 $f'(x)$의 부호를 조사하여 함수 $f(x)$의 증가와 감소를 표로 나타내면 다음과 같다.

x	0	$\cdots$	1	$\cdots$	2
$f'(x)$		$+$	0	$-$	
$f(x)$	$\dfrac{1}{3}$	$\nearrow$	$\dfrac{1}{2}$	$\searrow$	$\dfrac{3}{7}$

따라서 함수 $f(x)$의 최댓값은 $f(1)=\dfrac{1}{2}$, 최솟값은 $f(0)=\dfrac{1}{3}$이다.

(2) $f(x)=4\sqrt{x}-x^2$ 에서

$$f'(x)=\dfrac{2}{\sqrt{x}}-2x=\dfrac{2(1-x\sqrt{x})}{\sqrt{x}}$$

$f'(x)=0$ 에서 $x\sqrt{x}=1$ $\quad\therefore x=1$

닫힌구간 $[0, 4]$에서 $f'(x)$의 부호를 조사하여 함수 $f(x)$의 증가와 감소를 표로 나타내면 다음과 같다.

x	0	$\cdots$	1	$\cdots$	4
$f'(x)$		$+$	0	$-$	
$f(x)$	0	$\nearrow$	3	$\searrow$	-8

따라서 함수 $f(x)$의 최댓값은 $f(1)=3$, 최솟값은 $f(4)=-8$이다.

답 (1) 최댓값 : $\dfrac{1}{2}$, 최솟값 : $\dfrac{1}{3}$ (2) 최댓값 : 3, 최솟값 : -8

446

(1) $f(x)=2xe^x$ 에서

$$f'(x)=2e^x+2xe^x=2e^x(1+x)$$

$f'(x)=0$ 에서 $x=-1$

닫힌구간 $[-2, 2]$에서 $f'(x)$의 부호를 조사하여 함수 $f(x)$의 증가와 감소를 표로 나타내면 다음과 같다.

x	-2	$\cdots$	-1	$\cdots$	2
$f'(x)$		$-$	0	$+$	
$f(x)$	$-\dfrac{4}{e^2}$	$\searrow$	$-\dfrac{2}{e}$	$\nearrow$	$4e^2$

따라서 함수 $f(x)$의 최댓값은 $f(2)=4e^2$, 최솟값은 $f(-1)=-\dfrac{2}{e}$이다.

(2) $f(x)=\dfrac{\ln x}{2x}$ 에서

$$f'(x)=\dfrac{\frac{1}{x}\times 2x-\ln x\times 2}{(2x)^2}=\dfrac{2-2\ln x}{4x^2}=\dfrac{1-\ln x}{2x^2}$$

$f'(x)=0$ 에서 $\ln x=1$ $\quad\therefore x=e$

닫힌구간 $\left[\dfrac{1}{e}, e^2\right]$에서 $f'(x)$의 부호를 조사하여 함수 $f(x)$의 증가와 감소를 표로 나타내면 다음과 같다.

x	$\dfrac{1}{e}$	$\cdots$	e	$\cdots$	e^2
$f'(x)$		$+$	0	$-$	
$f(x)$	$-\dfrac{e}{2}$	$\nearrow$	$\dfrac{1}{2e}$	$\searrow$	$\dfrac{1}{e^2}$

따라서 함수 $f(x)$의 최댓값은 $f(e)=\dfrac{1}{2e}$, 최솟값은 $f\left(\dfrac{1}{e}\right)=-\dfrac{e}{2}$이다.

(3) $f(x)=\cos x+x\sin x$ 에서

$$f'(x)=-\sin x+\sin x+x\cos x=x\cos x$$

$f'(x)=0$ 에서 $x=0$ 또는 $x=\dfrac{\pi}{2}$ 또는 $x=\dfrac{3}{2}\pi$ ($\because 0\leq x\leq 2\pi$)

닫힌구간 $[0, 2\pi]$에서 $f'(x)$의 부호를 조사하여 함수 $f(x)$의 증가와 감소를 표로 나타내면 다음과 같다.

x	0	$\cdots$	$\dfrac{\pi}{2}$	$\cdots$	$\dfrac{3}{2}\pi$	$\cdots$	2π
$f'(x)$	0	$+$	0	$-$	0	$+$	
$f(x)$	1	$\nearrow$	$\dfrac{\pi}{2}$	$\searrow$	$-\dfrac{3}{2}\pi$	$\nearrow$	1

따라서 함수 $f(x)$의 최댓값은 $f\left(\dfrac{\pi}{2}\right)=\dfrac{\pi}{2}$, 최솟값은 $f\left(\dfrac{3}{2}\pi\right)=-\dfrac{3}{2}\pi$ 이다.

답 (1) 최댓값 : $4e^2$, 최솟값 : $-\dfrac{2}{e}$ (2) 최댓값 : $\dfrac{1}{2e}$, 최솟값 : $-\dfrac{e}{2}$

(3) 최댓값 : $\dfrac{\pi}{2}$, 최솟값 : $-\dfrac{3}{2}\pi$

447

(1) $f(x)=\sqrt{x}+\dfrac{1}{2x}$ 이라 하면 $x>0$이고

$$f'(x)=\dfrac{1}{2\sqrt{x}}-\dfrac{1}{2x^2}=\dfrac{x\sqrt{x}-1}{2x^2}$$

$f'(x)=0$ 에서 $x\sqrt{x}=1$ $\quad\therefore x=1$

$x>0$에서 $f'(x)$의 부호를 조사하여 함수 $f(x)$의 증가와 감소를 표로 나타내면 다음과 같다.

x	(0)	$\cdots$	1	$\cdots$
$f'(x)$		$-$	0	$+$
$f(x)$		$\searrow$	$\dfrac{3}{2}$	$\nearrow$

이때, $\lim\limits_{x\to\infty}f(x)=\infty$, $\lim\limits_{x\to 0+}f(x)=\infty$이므로 함수 $y=f(x)$의 그래프는 오른쪽 그림과 같다. 따라서 주어진 방정식은 실근을 갖지 않는다.

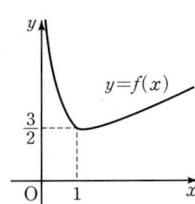

(2) $f(x)=x-e^x+2$라 하면 $f'(x)=1-e^x$

$f'(x)=0$ 에서 $e^x=1$ $\quad\therefore x=0$

$f'(x)$의 부호를 조사하여 함수 $f(x)$의 증가와 감소를 표로 나타내면 오른쪽과 같다.

x	$\cdots$	0	$\cdots$
$f'(x)$	$+$	0	$-$
$f(x)$	$\nearrow$	1	$\searrow$

이때, $\lim\limits_{x\to\infty}f(x)=-\infty$, $\lim\limits_{x\to -\infty}f(x)=-\infty$ 이므로 함수 $y=f(x)$의 그래프는 오른쪽 그림과 같다. 따라서 주어진 방정식은 서로 다른 두 개의 실근을 갖는다.

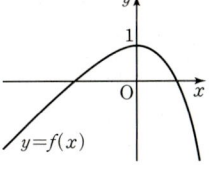

(3) 방정식 $x-\cos x=1$의 실근의 개수는 곡선 $y=x-\cos x$와 직선 $y=1$의 교점의 개수와 같다.

$f(x)=x-\cos x$라 하면

$f'(x)=1+\sin x$

이때, $f'(x)\geq 0$이므로 $f(x)$는 실수 전체의 집합에서 증가하는 함수이다.

또한 $f(0)=-1$, $f\left(\dfrac{\pi}{2}\right)=\dfrac{\pi}{2}$이므로 함수 $y=f(x)$의 그래프는 오른쪽 그림과 같다.

따라서 주어진 방정식은 한 개의 실근을 갖는다.

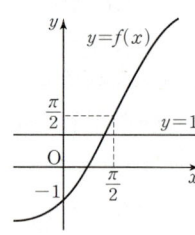

📋 (1) 0 (2) 2 (3) 1

448

방정식 $\ln x=kx$에서 $\dfrac{\ln x}{x}=k$이고 $x>0$

주어진 방정식의 실근의 개수는 곡선 $y=\dfrac{\ln x}{x}$와 직선 $y=k$의 교점의 개수와 같다.

$f(x)=\dfrac{\ln x}{x}$라 하면

$f'(x)=\dfrac{\dfrac{1}{x}\times x-\ln x}{x^2}=\dfrac{1-\ln x}{x^2}$

$f'(x)=0$에서 $\ln x=1$ $\therefore x=e$

$x>0$에서 $f'(x)$의 부호를 조사하여 함수 $f(x)$의 증가와 감소를 표로 나타내면 다음과 같다.

x	(0)	$\cdots$	e	$\cdots$
$f'(x)$		$+$	0	$-$
$f(x)$		↗	$\dfrac{1}{e}$	↘

이때, $\lim\limits_{x\to\infty}f(x)=0$, $\lim\limits_{x\to 0+}f(x)=-\infty$이므로 함수 $y=f(x)$의 그래프는 오른쪽 그림과 같다.

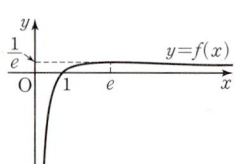

(1) 주어진 방정식이 서로 다른 두 개의 실근을 가지려면 곡선 $y=\dfrac{\ln x}{x}$와 직선 $y=k$가 서로 다른 두 점에서 만나야 하므로 $0<k<\dfrac{1}{e}$

(2) 주어진 방정식이 한 개의 실근을 가지려면 곡선 $y=\dfrac{\ln x}{x}$와 직선 $y=k$가 한 점에서 만나야 하므로 $k\leq 0$ 또는 $k=\dfrac{1}{e}$

(3) 주어진 방정식이 실근을 갖지 않으려면 곡선 $y=\dfrac{\ln x}{x}$와 직선 $y=k$가 만나지 않아야 하므로 $k>\dfrac{1}{e}$

📋 (1) $0<k<\dfrac{1}{e}$ (2) $k\leq 0$ 또는 $k=\dfrac{1}{e}$ (3) $k>\dfrac{1}{e}$

449

$f(x)=x+\dfrac{4}{x^2}-2$라 하면

$f'(x)=1-\dfrac{8}{x^3}=\dfrac{x^3-8}{x^3}$

$f'(x)=0$에서 $x^3=8$ $\therefore x=2$

$x>0$에서 $f'(x)$의 부호를 조사하여 함수 $f(x)$의 증가와 감소를 표로 나타내면 다음과 같다.

x	(0)	$\cdots$	2	$\cdots$
$f'(x)$		$-$	0	$+$
$f(x)$		↘	1	↗

$x>0$일 때, 함수 $f(x)$의 최솟값은 1이므로

$f(x)>0$ $\therefore x+\dfrac{4}{x^2}-2>0$

따라서 $x>0$일 때 부등식 $x+\dfrac{4}{x^2}-2>0$이 성립한다.

📋 풀이 참조

450

$f(x)=x-x\ln x-2$라 하면

$f'(x)=1-\left(\ln x+x\times\dfrac{1}{x}\right)=-\ln x$

$f'(x)=0$에서 $x=1$

$x>0$에서 $f'(x)$의 부호를 조사하여 함수 $f(x)$의 증가와 감소를 표로 나타내면 다음과 같다.

x	(0)	$\cdots$	1	$\cdots$
$f'(x)$		$+$	0	$-$
$f(x)$		↗	-1	↘

$x>0$일 때, 함수 $f(x)$의 최댓값은 -1이므로

$f(x)<0$ $\therefore x-x\ln x-2<0$

따라서 $x>0$일 때 부등식 $x-x\ln x-2<0$이 성립한다.

📋 풀이 참조

451

$f(x)=\cos x+2x-1$이라 하면

$f'(x)=-\sin x+2$

$x>0$일 때, $f'(x)>0$이므로 $f(x)$는 증가하는 함수이고 $f(0)=0$이므로

$f(x)>0$ $\therefore \cos x+2x-1>0$

따라서 $x>0$일 때 부등식 $\cos x>1-2x$가 성립한다.

📋 풀이 참조

452

(1) $\dfrac{dx}{dt}=\pi\cos\pi t$, $\dfrac{dy}{dt}=-\pi\sin\pi t$이므로

$t=1$에서의 속도는 $(-\pi,\ 0)$

$t=1$에서의 속력은 $\sqrt{(-\pi)^2+0^2}=\pi$

또한 $\dfrac{d^2x}{dt^2}=-\pi^2\sin\pi t$, $\dfrac{d^2y}{dt^2}=-\pi^2\cos\pi t$이므로

$t=1$에서의 가속도는 $(0,\ \pi^2)$

$t=1$에서의 가속도의 크기는 $\sqrt{0^2+(\pi^2)^2}=\pi^2$

(2) $\dfrac{dx}{dt}=e^t$, $\dfrac{dy}{dt}=2e^t$이므로

$t=1$에서의 속도는 $(e,\ 2e)$

$t=1$에서의 속력은 $\sqrt{e^2+(2e)^2}=\sqrt{5}e$

또한 $\dfrac{d^2x}{dt^2}=e^t$, $\dfrac{d^2y}{dt^2}=2e^t$이므로

$t=1$에서의 가속도는 $(e,\ 2e)$

$t=1$에서의 가속도의 크기는 $\sqrt{e^2+(2e)^2}=\sqrt{5}e$

(3) $\dfrac{dx}{dt}=\dfrac{3}{t}$, $\dfrac{dy}{dt}=2t+2$이므로

$t=1$에서의 속도는 $(3,\ 4)$

$t=1$에서의 속력은 $\sqrt{3^2+4^2}=5$

또한 $\dfrac{d^2x}{dt^2}=-\dfrac{3}{t^2}$, $\dfrac{d^2y}{dt^2}=2$이므로

$t=1$에서의 가속도는 $(-3,\ 2)$

$t=1$에서의 가속도의 크기는 $\sqrt{(-3)^2+2^2}=\sqrt{13}$

답 (1) $(-\pi,\ 0)$, π, $(0,\ \pi^2)$, π^2

(2) $(e,\ 2e)$, $\sqrt{5}e$, $(e,\ 2e)$, $\sqrt{5}e$

(3) $(3,\ 4)$, 5, $(-3,\ 2)$, $\sqrt{13}$

유형 콕콕

본문 p.90~93

453 ①	**454** ③	**455** -1	**456** $1+\ln 2$	**457** ④
458 6	**459** ③	**460** ②	**461** $\dfrac{2\sqrt{6}}{3}\pi$ **462** ②	**463** ①
464 $0\le k<1$		**465** ①	**466** ④ **467** ②	**468** ⑤
469 ③	**470** $\dfrac{3}{4}\pi$	**471** ③	**472** ②	**473** 2
474 (가) $\dfrac{t}{3}$ (나) $\dfrac{1}{3\sec^2\theta}$ (다) $\dfrac{3}{25}$			**475** $\dfrac{9}{4}$ m/s **476** $\dfrac{5}{3}\pi$	

453

$f(x)=(2+\cos x)\cos x$에서

$f'(x)=-\sin x\times\cos x+(2+\cos x)\times(-\sin x)$

$\qquad=-2\sin x\cos x-2\sin x$

$\qquad=-2\sin x(\cos x+1)$

$f'(x)=0$에서 $\sin x=0$ 또는 $\cos x=-1$

$\therefore x=-\pi$ 또는 $x=0$ 또는 $x=\pi$ $(\because -\pi\le x\le\pi)$

닫힌구간 $[-\pi,\ \pi]$에서 $f'(x)$의 부호를 조사하여 함수 $f(x)$의 증가와 감소를 표로 나타내면 다음과 같다.

x	$-\pi$	$\cdots$	0	$\cdots$	π
$f'(x)$	0	$+$	0	$-$	0
$f(x)$	-1	↗	3	↘	-1

따라서 함수 $f(x)$의 최댓값은 $f(0)=3$, 최솟값은 $f(-\pi)=f(\pi)=-1$이므로 $M=3$, $m=-1$

$\therefore Mm=3\times(-1)=-3$ 답 ①

454

$f(x)=\dfrac{3x}{x^2-x+1}$에서

$f'(x)=\dfrac{3(x^2-x+1)-3x(2x-1)}{(x^2-x+1)^2}$

$\qquad=\dfrac{-3x^2+3}{(x^2-x+1)^2}=\dfrac{-3(x+1)(x-1)}{(x^2-x+1)^2}$

$f'(x)=0$에서 $x=1$ $(\because 0\le x\le 2)$

닫힌구간 $[0,\ 2]$에서 $f'(x)$의 부호를 조사하여 함수 $f(x)$의 증가와 감소를 표로 나타내면 다음과 같다.

x	0	$\cdots$	1	$\cdots$	2
$f'(x)$		$+$	0	$-$	
$f(x)$	0	↗	3	↘	2

따라서 함수 $f(x)$의 최댓값은 $f(1)=3$, 최솟값은 $f(0)=0$이므로 $M=3$, $m=0$

$\therefore M+m=3+0=3$ 답 ③

455

$f(x)=x\sqrt{1-x^2}$에서 $1-x^2\ge 0$이므로 $-1\le x\le 1$이고

$f'(x)=\sqrt{1-x^2}-\dfrac{x^2}{\sqrt{1-x^2}}=\dfrac{1-2x^2}{\sqrt{1-x^2}}$

$f'(x)=0$에서 $1-2x^2=0$

$\therefore x=-\dfrac{\sqrt{2}}{2}$ 또는 $x=\dfrac{\sqrt{2}}{2}$

$-1\le x\le 1$에서 $f'(x)$의 부호를 조사하여 함수 $f(x)$의 증가와 감소를 표로 나타내면 다음과 같다.

x	-1	$\cdots$	$-\dfrac{\sqrt{2}}{2}$	$\cdots$	$\dfrac{\sqrt{2}}{2}$	$\cdots$	1
$f'(x)$		$-$	0	$+$	0	$-$	
$f(x)$	0	↘	$-\dfrac{1}{2}$	↗	$\dfrac{1}{2}$	↘	0

따라서 함수 $f(x)$의 최댓값은 $f\left(\dfrac{\sqrt{2}}{2}\right)=\dfrac{1}{2}$, 최솟값은 $f\left(-\dfrac{\sqrt{2}}{2}\right)=-\dfrac{1}{2}$이므로 $M=\dfrac{1}{2}$, $m=-\dfrac{1}{2}$

$\therefore 4Mm=4\times\dfrac{1}{2}\times\left(-\dfrac{1}{2}\right)=-1$ 답 -1

456

점 A의 좌표를 $(t,\ e^{-2t})$ $(t>0)$이라 하고 사각형 OBAC의 둘레의 길이를 $l(t)$라 하면

$l(t)=2(t+e^{-2t})$

$l'(t)=2(1-2e^{-2t})=4\left(\dfrac{1}{2}-e^{-2t}\right)$

$l'(t)=0$에서 $e^{-2t}=\dfrac{1}{2}$ $\therefore t=\dfrac{1}{2}\ln 2$

$t>0$에서 $l'(t)$의 부호를 조사하여 함수 $l(t)$의 증가와 감소를 표로 나타내면 다음과 같다.

t	(0)	$\cdots$	$\dfrac{1}{2}\ln 2$	$\cdots$
$l'(t)$		$-$	0	$+$
$l(t)$		↘	$1+\ln 2$	↗

따라서 함수 $l(t)$는 $t=\dfrac{1}{2}\ln 2$일 때 극소이며 최소이므로 사각형 OBAC의 둘레의 길이의 최솟값은 $l\left(\dfrac{1}{2}\ln 2\right)=1+\ln 2$이다. 답 $1+\ln 2$

457

점 P의 좌표를 $(t,\ \sqrt{t})$ $(t\ge 0)$라 하고 점 P와 점 $(2,\ 0)$ 사이의 거리를 $f(t)$라 하면

$f(t)=\sqrt{(t-2)^2+(\sqrt{t})^2}=\sqrt{t^2-3t+4}$

$f'(t)=\dfrac{2t-3}{2\sqrt{t^2-3t+4}}$

$f'(t)=0$에서 $t=\dfrac{3}{2}$

$t\ge 0$에서 $f'(t)$의 부호를 조사하여 함수 $f(t)$의 증가와 감소를 표로 나타내면 다음과 같다.

t	0	$\cdots$	$\dfrac{3}{2}$	$\cdots$
$f'(t)$		$-$	0	$+$
$f(t)$	2	↘	$\dfrac{\sqrt{7}}{2}$	↗

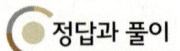

따라서 함수 $f(t)$는 $t=\dfrac{3}{2}$일 때 극소이며 최소이므로 구하는 거리의 최솟

값은 $f\left(\dfrac{3}{2}\right)=\dfrac{\sqrt{7}}{2}$이다. 　　　　　　　　　　　　　 답 ④

458

$\overline{OA}=a$라 하면 $0<a<\dfrac{\pi}{2}$이고

$\overline{AB}=\pi-2a$, $\overline{AD}=4\sin a$

이므로 직사각형 ABCD의 둘레의 길이를 $f(a)$라 하면

$f(a)=2(\pi-2a+4\sin a)=2\pi-4a+8\sin a$

$f'(a)=-4+8\cos a=4(2\cos a-1)$

$f'(a)=0$에서 $\cos a=\dfrac{1}{2}$　　$\therefore a=\dfrac{\pi}{3}\left(\because 0<a<\dfrac{\pi}{2}\right)$

　　　　　　　　　　　　　　　　　　　　　　　　　　 가

$0<a<\dfrac{\pi}{2}$에서 $f'(a)$의 부호를 조사하여 함수 $f(a)$의 증가와 감소를 표

로 나타내면 다음과 같다.

a	(0)	$\cdots$	$\dfrac{\pi}{3}$	$\cdots$	$\left(\dfrac{\pi}{2}\right)$
$f'(a)$		$+$	0	$-$	
$f(a)$		$\nearrow$	$\dfrac{2}{3}\pi+4\sqrt{3}$	$\searrow$	

따라서 함수 $f(a)$는 $a=\dfrac{\pi}{3}$일 때 극대이며 최대이므로 직사각형 ABCD

의 둘레의 길이의 최댓값은

$f\left(\dfrac{\pi}{3}\right)=\dfrac{2}{3}\pi+4\sqrt{3}$

　　　　　　　　　　　　　　　　　　　　　　　　　　 나

즉, $m=2$, $n=4$이므로 $m+n=2+4=6$

　　　　　　　　　　　　　　　　　　　　　　　　　　 다

단계	채점 요소	비율
가	$\overline{OA}=a$라 하고 $f'(a)=0$인 a의 값 구하기	60%
나	$f(a)$의 최댓값 구하기	30%
다	$m+n$의 값 구하기	10%

답 6

459

$\angle DAB=\theta\left(0<\theta<\dfrac{\pi}{2}\right)$라 하고 점 B에서

선분 AD에 내린 수선의 발을 H라 하면

$\overline{AD}=2\times2\times\cos\theta+2=4\cos\theta+2$,

$\overline{BH}=2\sin\theta$

이므로 사다리꼴 ABCD의 넓이를 $S(\theta)$라 하면

$S(\theta)=\dfrac{1}{2}\{(4\cos\theta+2)+2\}\times2\sin\theta=4\sin\theta(\cos\theta+1)$

$S'(\theta)=4\cos\theta(\cos\theta+1)+4\sin\theta(-\sin\theta)$

　　　　$=4\cos^2\theta+4\cos\theta-4\sin^2\theta$

　　　　$=4\cos^2\theta+4\cos\theta-4(1-\cos^2\theta)$

　　　　$=4(2\cos^2\theta+\cos\theta-1)$

　　　　$=4(\cos\theta+1)(2\cos\theta-1)$

$S'(\theta)=0$에서 $\cos\theta=-1$ 또는 $\cos\theta=\dfrac{1}{2}$

$\therefore \theta=\dfrac{\pi}{3}\left(\because 0<\theta<\dfrac{\pi}{2}\right)$

$0<\theta<\dfrac{\pi}{2}$에서 $S'(\theta)$의 부호를 조사하여 함수 $S(\theta)$의 증가와 감소를 표

로 나타내면 다음과 같다.

θ	(0)	$\cdots$	$\dfrac{\pi}{3}$	$\cdots$	$\left(\dfrac{\pi}{2}\right)$
$S'(\theta)$		$+$	0	$-$	
$S(\theta)$		$\nearrow$	$3\sqrt{3}$	$\searrow$	

따라서 함수 $S(\theta)$는 $\theta=\dfrac{\pi}{3}$일 때 극대이며 최대이므로 사다리꼴 ABCD

의 넓이의 최댓값은 $S\left(\dfrac{\pi}{3}\right)=3\sqrt{3}$이다. 　　　　　　　 답 ③

460

$f(x)=e^{-2x}$이라 하면 $f'(x)=-2e^{-2x}$

점 P의 좌표를 $(t, e^{-2t})(t\geq0)$이라 하면 점 P에서의 접선의 기울기는

$f'(t)=-2e^{-2t}$

이므로 접선의 방정식은

$y-e^{-2t}=-2e^{-2t}(x-t)$

$\therefore y=-2e^{-2t}x+(2t+1)e^{-2t}$

이때, x절편은 $0=-2e^{-2t}x+(2t+1)e^{-2t}$에서 $t+\dfrac{1}{2}$,

y절편은 $(2t+1)e^{-2t}$이므로 점 P에서의 접선과 x축, y축으로 둘러싸인

삼각형의 넓이를 $S(t)$라 하면

$S(t)=\dfrac{1}{2}\left(t+\dfrac{1}{2}\right)(2t+1)e^{-2t}=\left(t+\dfrac{1}{2}\right)^2e^{-2t}$

$S'(t)=2\left(t+\dfrac{1}{2}\right)e^{-2t}-2\left(t+\dfrac{1}{2}\right)^2e^{-2t}$

　　　$=-2\left(t+\dfrac{1}{2}\right)\left(t-\dfrac{1}{2}\right)e^{-2t}$

$S'(t)=0$에서 $t=\dfrac{1}{2}\ (\because t\geq0)$

$t\geq0$에서 $S'(t)$의 부호를 조사하여 함수 $S(t)$의 증가와 감소를 표로 나

타내면 다음과 같다.

t	0	$\cdots$	$\dfrac{1}{2}$	$\cdots$
$S'(t)$		$+$	0	$-$
$S(t)$	$\dfrac{1}{4}$	$\nearrow$	$\dfrac{1}{e}$	$\searrow$

따라서 함수 $S(t)$는 $t=\dfrac{1}{2}$일 때 극대이며 최대이므로 구하는 삼각형의

넓이의 최댓값은 $S\left(\dfrac{1}{2}\right)=\dfrac{1}{e}$이다. 　　　　　　　　　 답 ②

461

잘라낸 부채꼴로 오른쪽 그림과 같은 원뿔을 만들었

을 때, 밑면의 반지름의 길이를 r라 하면

$20\theta=2\pi r$

$\therefore \theta=\dfrac{\pi}{10}r$　　　　　　　　 …… ㉠

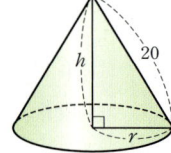

한편, 원뿔의 높이를 h라 하면 $h=\sqrt{400-r^2}$이므로

원뿔의 부피를 $V(r)$라 하면

$V(r)=\dfrac{1}{3}\pi r^2h=\dfrac{1}{3}\pi r^2\sqrt{400-r^2}\ (0<r<20)$

$$V'(r)=\frac{1}{3}\pi\left(2r\sqrt{400-r^2}-\frac{r^3}{\sqrt{400-r^2}}\right)$$
$$=-\frac{\pi r(3r^2-800)}{3\sqrt{400-r^2}}$$

$V'(r)=0$에서 $r^2=\frac{800}{3}$ $\quad\therefore r=\frac{20\sqrt6}{3}$ $(\because 0<r<20)$

$0<r<20$에서 $V'(r)$의 부호를 조사하여 함수 $V(r)$의 증가와 감소를 표로 나타내면 다음과 같다.

r	(0)	$\cdots$	$\frac{20\sqrt6}{3}$	$\cdots$	(20)
$V'(r)$		$+$	0	$-$	
$V(r)$		$\nearrow$	극대	$\searrow$	

따라서 함수 $V(r)$는 $r=\frac{20\sqrt6}{3}$일 때 극대이며 최대이므로 ㉠에서 원뿔의 부피가 최대가 되도록 하는 θ의 값은

$$\theta=\frac{\pi}{10}\times\frac{20\sqrt6}{3}=\frac{2\sqrt6}{3}\pi$$ **답** $\frac{2\sqrt6}{3}\pi$

462

방정식 $xe^{-x}=k$가 서로 다른 두 실근을 가지려면 곡선 $y=xe^{-x}$과 직선 $y=k$가 서로 다른 두 점에서 만나야 한다.

$f(x)=xe^{-x}$이라 하면

$f'(x)=e^{-x}-xe^{-x}=(1-x)e^{-x}$

$f'(x)=0$에서 $x=1$

$f'(x)$의 부호를 조사하여 함수 $f(x)$의 증가와 감소를 표로 나타내면 다음과 같다.

x	$\cdots$	1	$\cdots$
$f'(x)$	$+$	0	$-$
$f(x)$	$\nearrow$	$\frac{1}{e}$	$\searrow$

이때, $\lim_{x\to-\infty}f(x)=0$, $\lim_{x\to\infty}f(x)=-\infty$이므로 함수 $y=f(x)$의 그래프는 오른쪽 그림과 같다.

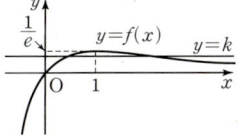

따라서 곡선 $y=xe^{-x}$과 직선 $y=k$가 서로 다른 두 점에서 만나려면

$0<k<\frac{1}{e}$

즉, $\alpha=0$, $\beta=\frac{1}{e}$이므로 $\alpha+\beta=0+\frac{1}{e}=\frac{1}{e}$ **답** ②

463

방정식 $\ln x=x+k$가 서로 다른 두 실근을 가지려면 오른쪽 그림과 같이 곡선 $y=\ln x$와 직선 $y=x+k$가 서로 다른 두 점에서 만나야 한다.

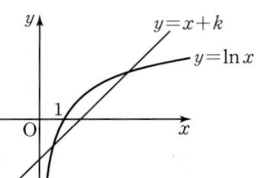

$f(x)=\ln x$, $g(x)=x+k$라 하면

$f'(x)=\frac{1}{x}$, $g'(x)=1$

곡선 $y=f(x)$와 직선 $y=g(x)$가 접할 때 접점의 x좌표를 t라 하면

$f(t)=g(t)$에서 $\ln t=t+k$ $\cdots\cdots$ ㉠

$f'(t)=g'(t)$에서 $\frac{1}{t}=1$ $\quad\therefore t=1$

$t=1$을 ㉠에 대입하면 $0=1+k$ $\quad\therefore k=-1$

따라서 방정식 $\ln x=x+k$가 서로 다른 두 실근을 가질 조건은

$k<-1$ **답** ①

464

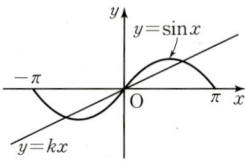

$-\pi\le x\le\pi$에서 방정식 $\sin x=kx$가 서로 다른 세 실근을 가지려면 오른쪽 그림과 같이 곡선 $y=\sin x$와 직선 $y=kx$가 서로 다른 세 점에서 만나야 한다.

$f(x)=\sin x$라 하면 $f'(x)=\cos x$이고

$f'(0)=1$이므로 $y=\sin x$의 그래프 위의 점 $(0,\,0)$에서의 접선의 방정식은

$y-0=1\times(x-0)$ $\quad\therefore y=x$

따라서 곡선 $y=\sin x$와 직선 $y=kx$가 서로 다른 세 점에서 만나려면

$0\le k<1$ **답** $0\le k<1$

465

$2x-k\ge\ln(x+1)$에서 $2x-\ln(x+1)\ge k$

$f(x)=2x-\ln(x+1)$이라 하면 $x>-1$이고

$f'(x)=2-\frac{1}{x+1}=\frac{2x+1}{x+1}$

$f'(x)=0$에서 $x=-\frac{1}{2}$

$x>-1$에서 $f'(x)$의 부호를 조사하여 함수 $f(x)$의 증가와 감소를 표로 나타내면 다음과 같다.

x	(-1)	$\cdots$	$-\frac{1}{2}$	$\cdots$
$f'(x)$		$-$	0	$+$
$f(x)$		$\searrow$	$-1+\ln2$	$\nearrow$

따라서 함수 $f(x)$의 최솟값은 $f\left(-\frac{1}{2}\right)=-1+\ln2$이므로

$f(x)\ge k$가 성립하려면 $k\le-1+\ln2$

즉, 실수 k의 최댓값은 $-1+\ln2$이다.   **답** ①

466

$f(x)=2x-e^x$이라 하면

$f'(x)=2-e^x$

$f'(x)=0$에서 $e^x=2$ $\quad\therefore x=\ln2$

$f'(x)$의 부호를 조사하여 함수 $f(x)$의 증가와 감소를 표로 나타내면 다음과 같다.

x	$\cdots$	$\ln2$	$\cdots$
$f'(x)$	$+$	0	$-$
$f(x)$	$\nearrow$	$2\ln2-2$	$\searrow$

따라서 함수 $f(x)$의 최댓값은 $f(\ln2)=2\ln2-2$이므로

$f(x)\le k$가 성립하려면

$k\ge2\ln2-2$

즉, 실수 k의 최솟값은 $2\ln2-2$이다.   **답** ④

467

$f(x)\le g(x)$에서 $\frac{\ln x}{x^2}\le kx$

$\ln x$에서 $x>0$이므로 $\frac{\ln x}{x^3}\le k$

$h(x)=\frac{\ln x}{x^3}$라 하면

$$h'(x)=\frac{\frac{1}{x}\times x^3-\ln x\times3x^2}{(x^3)^2}=\frac{1-3\ln x}{x^4}$$

$h'(x)=0$에서 $\ln x=\dfrac{1}{3}$ $\quad\therefore x=\sqrt[3]{e}$

$x>0$에서 $h'(x)$의 부호를 조사하여 함수 $h(x)$의 증가와 감소를 표로 나타내면 다음과 같다.

x	(0)	$\cdots$	$\sqrt[3]{e}$	$\cdots$
$h'(x)$		$+$	0	$-$
$h(x)$		$\nearrow$	$\dfrac{1}{3e}$	$\searrow$

따라서 함수 $h(x)$의 최댓값은 $\dfrac{1}{3e}$이므로

$$\dfrac{\ln x}{x^3}\leq\dfrac{1}{3e}$$

즉, $\dfrac{1}{3e}\leq k$이므로 실수 k의 최솟값은 $\dfrac{1}{3e}$이다. **답** ②

468

$\dfrac{dx}{dt}=-\sin 2t$, $\dfrac{dy}{dt}=\cos t$이므로

점 P의 시각 t에서의 속도는 $(-\sin 2t,\ \cos t)$
이고, 속력은

$$\sqrt{(-\sin 2t)^2+\cos^2 t}=\sqrt{\sin^2 2t+\cos^2 t}$$
$$=\sqrt{4\sin^2 t\cos^2 t+\cos^2 t}$$
$$=\sqrt{4(1-\cos^2 t)\cos^2 t+\cos^2 t}$$
$$=\sqrt{-4\cos^4 t+5\cos^2 t}$$

이때, $\cos^2 t=s$로 놓으면 $0\leq s\leq 1$이고

$$\sqrt{-4s^2+5s}=\sqrt{-4\left(s-\dfrac{5}{8}\right)^2+\dfrac{25}{16}}$$

따라서 $s=\dfrac{5}{8}$일 때, 최대이므로 점 P의 속력의 최댓값은 $\dfrac{5}{4}$이다.

답 ⑤

469

$\dfrac{dx}{dt}=\sqrt{3}$, $\dfrac{dy}{dt}=2t-1$

이므로 점 P의 시각 t에서의 속도는
$(\sqrt{3},\ 2t-1)$
이고, 속력은

$$\sqrt{(\sqrt{3})^2+(2t-1)^2}=\sqrt{4t^2-4t+4}$$
$$=\sqrt{4\left(t-\dfrac{1}{2}\right)^2+3}$$

따라서 $t=\dfrac{1}{2}$일 때, 점 P의 속력이 최소이므로 이때의 점 P의 위치는

$$x=\dfrac{\sqrt{3}}{2},\ y=\left(\dfrac{1}{2}\right)^2-\dfrac{1}{2}=-\dfrac{1}{4}$$
$$\therefore \left(\dfrac{\sqrt{3}}{2},\ -\dfrac{1}{4}\right)$$

답 ③

470

$\dfrac{dx}{dt}=\sqrt{2}\sin t$, $\dfrac{dy}{dt}=1-\sqrt{2}\cos t$이므로

점 P의 시각 t에서의 속도는
$(\sqrt{2}\sin t,\ 1-\sqrt{2}\cos t)$
$t=a$에서의 점 P의 속도는
$(\sqrt{2}\sin a,\ 1-\sqrt{2}\cos a)$

······ 가

이때의 속력이 $\sqrt{5}$이므로
$$\sqrt{(\sqrt{2}\sin a)^2+(1-\sqrt{2}\cos a)^2}=\sqrt{5}$$
$$2(\sin^2 a+\cos^2 a)-2\sqrt{2}\cos a+1=5$$
$$-2\sqrt{2}\cos a=2 \quad\therefore \cos a=-\dfrac{1}{\sqrt{2}}$$
$$\therefore a=\dfrac{3}{4}\pi\ \left(\because \dfrac{\pi}{2}\leq t\leq \pi\right)$$

······ 나

단계	채점 요소	비율
가	$t=a$에서의 점 P의 속도 구하기	60%
나	a의 값 구하기	40%

답 $\dfrac{3}{4}\pi$

471

점 $P(x,\ y)$가 점 $(1,\ 0)$을 출발하여 원 위를 시계 반대 방향으로 매초 한 바퀴씩 일정한 속력으로 회전하므로 t초 후의 점 P의 위치 $(x,\ y)$는
$x=\cos 2\pi t$, $y=\sin 2\pi t$
t초 후의 점 P의 속도는
$$\left(\dfrac{dx}{dt},\ \dfrac{dy}{dt}\right)=(-2\pi\sin 2\pi t,\ 2\pi\cos 2\pi t)$$
가속도는
$$\left(\dfrac{d^2x}{dt^2},\ \dfrac{d^2y}{dt^2}\right)=(-4\pi^2\cos 2\pi t,\ -4\pi^2\sin 2\pi t)$$
따라서 $t=\dfrac{1}{2}$일 때 가속도는
$$(-4\pi^2\cos \pi,\ -4\pi^2\sin \pi)=(4\pi^2,\ 0)$$

답 ③

472

$\dfrac{dx}{dt}=1-\cos t$, $\dfrac{dy}{dt}=\sin t$에서

$$\dfrac{d^2x}{dt^2}=\sin t,\ \dfrac{d^2y}{dt^2}=\cos t$$
이므로 점 P의 시각 t에서의 가속도는
$(\sin t,\ \cos t)$
따라서 점 P의 가속도의 크기는
$$\sqrt{\sin^2 t+\cos^2 t}=1$$

답 ②

473

$\dfrac{dx}{dt}=a\cos t$, $\dfrac{dy}{dt}=2at-a\sin t$에서

$$\dfrac{d^2x}{dt^2}=-a\sin t,\ \dfrac{d^2y}{dt^2}=2a-a\cos t$$
이므로 점 P의 시각 t에서의 가속도는
$(-a\sin t,\ 2a-a\cos t)$
$t=\dfrac{\pi}{2}$에서의 점 P의 가속도는
$(-a,\ 2a)$이고, 이때의 가속도의 크기가 $2\sqrt{5}$이므로
$$\sqrt{(-a)^2+(2a)^2}=2\sqrt{5},\ 5a^2=20,\ a^2=4$$
$$\therefore a=2\ (\because a>0)$$

답 2

474

오른쪽 그림과 같이 관찰자의 위치를 P, 버스가 관찰자의 정면에 있을 때의 위치를 Q, t초 후의 버스의 위치를 R라 하면

$\overline{PQ}=75\text{ m}$, $\overline{QR}=25t\text{ m}$이므로

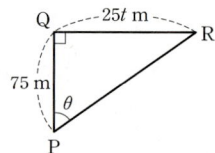

$$\tan\theta=\frac{\overline{\text{QR}}}{\overline{\text{PQ}}}=\frac{25t}{75}=\boxed{\frac{t}{3}}$$

이 식의 양변을 t에 대하여 미분하면

$$\sec^2\theta\,\frac{d\theta}{dt}=\frac{1}{3}\qquad\therefore\frac{d\theta}{dt}=\boxed{\frac{1}{3\sec^2\theta}}$$

$t=4$일 때 $\tan\theta=\frac{4}{3}$이므로 $\sec^2\theta=1+\tan^2\theta=1+\left(\frac{4}{3}\right)^2=\frac{25}{9}$

따라서 4초 후의 θ의 순간변화율은

$$\frac{1}{3\times\frac{25}{9}}=\boxed{\frac{3}{25}}\ (\text{rad/s})\qquad\text{답}\ \text{(가)}\ \frac{t}{3}\ \text{(나)}\ \frac{1}{3\sec^2\theta}\ \text{(다)}\ \frac{3}{25}$$

475

사다리의 아래 끝이 벽에서부터 수평인 방향으로 떨어진 거리를 x m, 사다리의 위 끝이 지면으로부터 수직인 방향으로 떨어진 거리를 y m라 하면

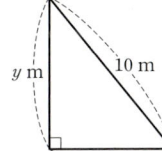

$$y=\sqrt{100-x^2}$$

이 식의 양변을 t에 대하여 미분하면

$$\frac{dy}{dt}=\frac{-2x}{2\sqrt{100-x^2}}\times\frac{dx}{dt}$$

$$\therefore\frac{dy}{dt}=-\frac{x}{\sqrt{100-x^2}}\times\frac{dx}{dt}$$

$\frac{dx}{dt}=3$이고, $t=2$일 때 $x=6$이므로

$$\frac{dy}{dt}=-\frac{6}{\sqrt{100-6^2}}\times3=-\frac{9}{4}$$

따라서 2초 후에 사다리의 위 끝이 벽을 따라 내려오는 속력은 $\frac{9}{4}$ m/s이다.

답 $\frac{9}{4}$ m/s

476

t초 후의 부채꼴의 반지름의 길이를 r라 하면

$$r=5+0.5t$$

이때, 부채꼴의 넓이를 S라 하면

$$S=\frac{1}{2}\times(5+0.5t)^2\times\frac{\pi}{3}=\frac{\pi}{6}(5+0.5t)^2$$

$$\therefore\frac{dS}{dt}=\frac{\pi}{3}(5+0.5t)\times0.5=\frac{\pi}{6}(5+0.5t)$$

따라서 $t=10$일 때 부채꼴의 넓이의 변화율은

$$\frac{\pi}{6}(5+0.5\times10)=\frac{5}{3}\pi\qquad\text{답}\ \frac{5}{3}\pi$$

실력 콕콕 본문 p.94~95

477 ④	478 ⑤	479 ②	480 ③	481 ④	482 ⑤
483 ⑤	484 ⑤	485 ①	486 ②	487 ③	488 ①
489 $\frac{6\sqrt{2}}{5}$	490 2	491 3	492 $\frac{17}{2}\pi$		

477

$f(x)=(x^2-3)e^{-x}$에서

$$f'(x)=2xe^{-x}-(x^2-3)e^{-x}=-(x^2-2x-3)e^{-x}$$
$$=-(x+1)(x-3)e^{-x}$$

$f'(x)=0$에서 $x=-1$ $(\because -2\le x\le2)$

닫힌구간 $[-2,\,2]$에서 $f'(x)$의 부호를 조사하여 함수 $f(x)$의 증가와 감소를 표로 나타내면 다음과 같다.

---

x	-2	$\cdots$	-1	$\cdots$	2
$f'(x)$		$-$	0	$+$	
$f(x)$	e^2	$\searrow$	$-2e$	$\nearrow$	e^{-2}

따라서 함수 $f(x)$의 최댓값은 $f(-2)=e^2$, 최솟값은 $f(-1)=-2e$이므로 $M=e^2$, $m=-2e$

$$\therefore Mm=e^2\times(-2e)=-2e^3\qquad\text{답}\ ④$$

478

$f(x)=x(2-\ln x)+k$에서 $x>0$이고

$$f'(x)=2-\ln x+x\times\left(-\frac{1}{x}\right)=1-\ln x$$

$f'(x)=0$에서 $\ln x=1$ $\therefore x=e$

$x>0$에서 $f'(x)$의 부호를 조사하여 함수 $f(x)$의 증가와 감소를 표로 나타내면 다음과 같다.

x	(0)	$\cdots$	e	$\cdots$
$f'(x)$		$+$	0	$-$
$f(x)$		$\nearrow$	$e+k$	$\searrow$

이때, 함수 $f(x)$의 최댓값은 $f(e)=e+k$이므로

$e+k=e+3$ $\therefore k=3$

따라서 $f(x)=x(2-\ln x)+3$이므로

$$f(1)=2+3=5\qquad\text{답}\ ⑤$$

479

$y=\ln x+4$는 $y=e^{x-4}$의 역함수이므로 두 곡선 $y=\ln x+4$, $y=e^{x-4}$은 직선 $y=x$에 대하여 대칭이다.

직선 $y=-x+k$가 두 곡선과 만나는 두 점은 직선 $y=x$에 대하여 대칭이므로 두 점 사이의 거리는 곡선 $y=\ln x+4$ 위의 점과 직선 $y=x$ 사이의 거리의 2배이다.

곡선 $y=\ln x+4$ 위의 점 $(t,\ \ln t+4)$ $(a\le t\le b)$와 직선 $y=x$ 사이의 거리를 $f(t)$라 하면

$$f(t)=\frac{|t-(\ln t+4)|}{\sqrt{2}}=\frac{\ln t-t+4}{\sqrt{2}}$$

$$f'(t)=\frac{\frac{1}{t}-1}{\sqrt{2}}=\frac{1-t}{\sqrt{2t}}$$

$f'(t)=0$에서 $t=1$

닫힌구간 $[a,\,b]$에서 $f'(t)$의 부호를 조사하여 함수 $f(t)$의 증가와 감소를 표로 나타내면 다음과 같다.

t	a	$\cdots$	1	$\cdots$	b
$f'(t)$		$+$	0	$-$	
$f(t)$	0	$\nearrow$	$\frac{3\sqrt{2}}{2}$	$\searrow$	0

따라서 함수 $f(t)$의 최댓값은 $f(1)=\frac{3\sqrt{2}}{2}$이므로 두 점 사이의 거리의 최댓값은 $\frac{3\sqrt{2}}{2}\times2=3\sqrt{2}$이다.

다른 풀이

$f(x)=\ln x+4$, $g(x)=e^{x-4}$이라 하자.

직선 $y=-x+k$는 직선 $y=x$와 수직이므로 직선 $y=-x+k$와 두 곡선 $y=f(x)$, $y=g(x)$가 만나는 두 점 사이의 거리가 최대이려면 직선 $y=-x+k$가 두 곡선 $y=f(x)$, $y=g(x)$와 만나는 점에서의 접선의 기울기가 1이어야 한다.

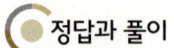

$f'(x) = \dfrac{1}{x} = 1$ $\quad \therefore \ x = 1$

$g'(x) = e^{x-4} = 1$ $\quad \therefore \ x = 4$

따라서 두 점 사이의 거리가 최대일 때의 두 점의 좌표는 각각 $(1, 4)$, $(4, 1)$이고, 최댓값은 $\sqrt{(4-1)^2 + (1-4)^2} = 3\sqrt{2}$이다. **답** ②

480

직사각형 ABCD의 넓이가 최대이려면 원의 중심 O는 직사각형 ABCD의 내부 또는 변 CD 위에 있어야 한다.

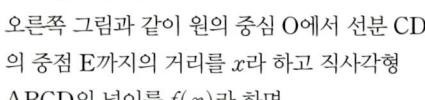

오른쪽 그림과 같이 원의 중심 O에서 선분 CD의 중점 E까지의 거리를 x라 하고 직사각형 ABCD의 넓이를 $f(x)$라 하면

$\overline{OD} = 1$, $\overline{OE} = x$이므로 직각삼각형 OED에서

$\overline{ED} = \sqrt{1-x^2}$

$\therefore f(x) = (1+x) \times 2\sqrt{1-x^2} = 2(1+x)\sqrt{1-x^2} \ (0 \le x < 1)$

$f'(x) = 2\sqrt{1-x^2} + 2(1+x) \times \dfrac{-2x}{2\sqrt{1-x^2}}$

$\qquad = \dfrac{-4x^2 - 2x + 2}{\sqrt{1-x^2}} = -\dfrac{2(2x-1)(x+1)}{\sqrt{1-x^2}}$

$f'(x) = 0$에서 $x = \dfrac{1}{2}$ $(\because \ 0 \le x < 1)$

구간 $[0, 1)$에서 $f'(x)$의 부호를 조사하여 함수 $f(x)$의 증가와 감소를 표로 나타내면 다음과 같다.

x	0	$\cdots$	$\dfrac{1}{2}$	$\cdots$	(1)
$f'(x)$		$+$	0	$-$	
$f(x)$	2	↗	$\dfrac{3\sqrt{3}}{2}$	↘	

따라서 함수 $f(x)$는 $x = \dfrac{1}{2}$일 때 극대이며 최대이므로 직사각형 ABCD의 넓이의 최댓값은 $f\left(\dfrac{1}{2}\right) = \dfrac{3\sqrt{3}}{2}$이다. **답** ③

481

방정식 $k(x^3 + 1) = 2x$에서 $x \ne -1$이므로

$\dfrac{2x}{x^3 + 1} = k$ $\qquad\qquad\qquad$ …… ㉠

방정식 ㉠이 서로 다른 두 실근을 가지려면 곡선 $y = \dfrac{2x}{x^3 + 1}$와 직선 $y = k$가 서로 다른 두 점에서 만나야 한다.

$f(x) = \dfrac{2x}{x^3 + 1}$라 하면 $x \ne -1$이고

$f'(x) = \dfrac{2(x^3 + 1) - 2x \times 3x^2}{(x^3 + 1)^2} = \dfrac{2(1 - 2x^3)}{(x^3 + 1)^2}$

$f'(x) = 0$에서 $1 - 2x^3 = 0$, $x^3 = \dfrac{1}{2}$ $\quad \therefore \ x = \dfrac{1}{\sqrt[3]{2}}$

$x \ne -1$일 때, $f'(x)$의 부호를 조사하여 함수 $f(x)$의 증가와 감소를 표로 나타내면 다음과 같다.

x	$\cdots$	(-1)	$\cdots$	$\dfrac{1}{\sqrt[3]{2}}$	$\cdots$
$f'(x)$	$+$		$+$	0	$-$
$f(x)$	↗		↗	$\dfrac{2\sqrt[3]{4}}{3}$	↘

이때, $\displaystyle\lim_{x \to \infty} \dfrac{2x}{x^3 + 1} = 0$, $\displaystyle\lim_{x \to -\infty} \dfrac{2x}{x^3 + 1} = 0$, $\displaystyle\lim_{x \to -1^+} \dfrac{2x}{x^3 + 1} = -\infty$,

$\displaystyle\lim_{x \to -1^-} \dfrac{2x}{x^3 + 1} = \infty$이므로 함수 $y = f(x)$의 그래프는 다음 그림과 같다.

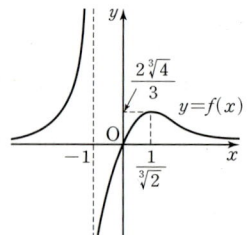

따라서 곡선 $y = \dfrac{2x}{x^3 + 1}$와 직선 $y = k$가 서로 다른 두 점에서 만나려면

$k = \dfrac{2\sqrt[3]{4}}{3}$ **답** ④

482

$2x = \tan x + k$에서 $2x - \tan x = k$ $\qquad$ …… ㉠

방정식 ㉠이 서로 다른 세 실근을 가지려면 곡선 $y = 2x - \tan x$와 직선 $y = k$가 서로 다른 세 점에서 만나야 한다.

$f(x) = 2x - \tan x$라 하면

$f'(x) = 2 - \sec^2 x$

$f'(x) = 0$에서 $\sec^2 x = 2$, $\cos^2 x = \dfrac{1}{2}$, $\cos x = \pm\dfrac{1}{\sqrt{2}}$

$\therefore \ x = -\dfrac{\pi}{4}$ 또는 $x = \dfrac{\pi}{4}$ $\left(\because \ -\dfrac{\pi}{2} < x < \dfrac{\pi}{2}\right)$

$-\dfrac{\pi}{2} < x < \dfrac{\pi}{2}$에서 $f'(x)$의 부호를 조사하여 함수 $f(x)$의 증가와 감소를 표로 나타내면 다음과 같다.

x	$\left(-\dfrac{\pi}{2}\right)$	$\cdots$	$-\dfrac{\pi}{4}$	$\cdots$	$\dfrac{\pi}{4}$	$\cdots$	$\left(\dfrac{\pi}{2}\right)$
$f'(x)$		$-$	0	$+$	0	$-$	
$f(x)$		↘	$-\dfrac{\pi}{2}+1$	↗	$\dfrac{\pi}{2}-1$	↘	

이때, $\displaystyle\lim_{x \to -\frac{\pi}{2}+} f(x) = \infty$, $\displaystyle\lim_{x \to \frac{\pi}{2}-} f(x) = -\infty$이므로 함수 $y = f(x)$의 그래프는 다음 그림과 같다.

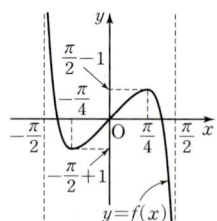

따라서 곡선 $y = 2x - \tan x$와 직선 $y = k$가 서로 다른 세 점에서 만나려면

$-\dfrac{\pi}{2} + 1 < k < \dfrac{\pi}{2} - 1$

즉, $\alpha = -\dfrac{\pi}{2} + 1$, $\beta = \dfrac{\pi}{2} - 1$이므로

$\beta - \alpha = \dfrac{\pi}{2} - 1 - \left(-\dfrac{\pi}{2} + 1\right) = \pi - 2$ **답** ⑤

483

방정식 $e^x = kx$에서 $x \ne 0$이므로

$\dfrac{e^x}{x} = k$ $\qquad\qquad\qquad$ …… ㉠

방정식 ㉠의 실근의 개수는 곡선 $y = \dfrac{e^x}{x}$과 직선 $y = k$의 교점의 개수와 같다.

$f(x)=\dfrac{e^x}{x}$이라 하면 $x\neq0$이고

$f'(x)=\dfrac{e^x x-e^x}{x^2}=\dfrac{e^x(x-1)}{x^2}$

$f'(x)=0$에서 $x=1$ ($\because e^x>0$)

$x\neq0$일 때, $f'(x)$의 부호를 조사하여 함수 $f(x)$의 증가와 감소를 표로 나타내면 다음과 같다.

x	$\cdots$	(0)	$\cdots$	1	$\cdots$
$f'(x)$	$-$		$-$	0	$+$
$f(x)$	$\searrow$		$\searrow$	e	$\nearrow$

이때, $\displaystyle\lim_{x\to0+}f(x)=\infty$, $\displaystyle\lim_{x\to0-}f(x)=-\infty$, $\displaystyle\lim_{x\to\infty}f(x)=\infty$,

$\displaystyle\lim_{x\to-\infty}f(x)=0$이므로 함수 $y=f(x)$의 그래프는 다음 그림과 같다.

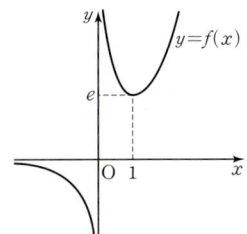

ㄱ. $0\leq k<e$이면 곡선 $y=\dfrac{e^x}{x}$과 직선 $y=k$는 만나지 않으므로 주어진 방정식은 실근을 갖지 않는다. (참)

ㄴ. $k<0$이면 곡선 $y=\dfrac{e^x}{x}$과 직선 $y=k$는 한 점에서 만나므로 주어진 방정식은 한 개의 실근을 갖는다. (참)

ㄷ. $k=e$이면 곡선 $y=\dfrac{e^x}{x}$과 직선 $y=k$는 한 점에서 만나므로 주어진 방정식은 한 개의 실근을 갖는다. 즉, 주어진 방정식이 한 개의 실근을 갖도록 하는 양수 k의 값이 존재한다. (참)

따라서 ㄱ, ㄴ, ㄷ 모두 옳다. 답 ⑤

484

$f(x)=x\sqrt{6-x}$라 하면 $x\leq6$이고

$f'(x)=\sqrt{6-x}-\dfrac{x}{2\sqrt{6-x}}=\dfrac{3(4-x)}{2\sqrt{6-x}}$

$f'(x)=0$에서 $x=4$

$x\leq6$에서 $f'(x)$의 부호를 조사하여 함수 $f(x)$의 증가와 감소를 표로 나타내면 다음과 같다.

x	$\cdots$	4	$\cdots$	6
$f'(x)$	$+$	0	$-$	
$f(x)$	$\nearrow$	$4\sqrt{2}$	$\searrow$	0

따라서 함수 $f(x)$의 최댓값은 $f(4)=4\sqrt{2}$이므로 $f(x)\leq k$를 만족시키려면 $k\geq4\sqrt{2}$

즉, 실수 k의 최솟값은 $4\sqrt{2}$이다. 답 ⑤

485

$1\leq x\leq3$이므로 $\alpha x\leq e^x\leq\beta x$에서

$\alpha\leq\dfrac{e^x}{x}\leq\beta$

이때, $f(x)=\dfrac{e^x}{x}$이라 하면

$f'(x)=\dfrac{e^x x-e^x}{x^2}=\dfrac{e^x(x-1)}{x^2}$

$f'(x)=0$에서 $x=1$ ($\because e^x>0$)

닫힌구간 $[1,3]$에서 $f'(x)$의 부호를 조사하여 함수 $f(x)$의 증가와 감소를 표로 나타내면 다음과 같다.

x	1	$\cdots$	3
$f'(x)$	0	$+$	
$f(x)$	e	$\nearrow$	$\dfrac{e^3}{3}$

따라서 함수 $f(x)$는 $1\leq x\leq3$에서 증가하는 함수이므로

$e\leq\dfrac{e^x}{x}\leq\dfrac{e^3}{3}$

$\therefore \alpha\leq e,\ \beta\geq\dfrac{e^3}{3}$

즉, $\beta-\alpha$의 최솟값은 $\dfrac{e^3}{3}-e$이다. 답 ①

486

$\dfrac{dx}{dt}=\dfrac{1}{1+t},\ \dfrac{dy}{dt}=-\dfrac{1}{(1+t)^2}$

이므로 점 P의 시각 t에서의 속도는

$\left(\dfrac{1}{1+t},\ -\dfrac{1}{(1+t)^2}\right)$

이고, 속력은

$\sqrt{\left(\dfrac{1}{1+t}\right)^2+\left\{-\dfrac{1}{(1+t)^2}\right\}^2}=\dfrac{\sqrt{t^2+2t+2}}{(1+t)^2}$

따라서 $t=2$에서의 점 P의 속력은 $\dfrac{\sqrt{10}}{9}$이다. 답 ②

487

$\dfrac{dx}{dt}=1-a\cos t,\ \dfrac{dy}{dt}=a\sin t$

이므로 점 P의 시각 t에서의 속도는

$(1-a\cos t,\ a\sin t)$

$t=\dfrac{\pi}{3}$에서의 점 P의 속도는

$\left(1-\dfrac{1}{2}a,\ \dfrac{\sqrt{3}}{2}a\right)$이고 이때의 속력은 $\sqrt{3}$이므로

$\sqrt{\left(1-\dfrac{1}{2}a\right)^2+\left(\dfrac{\sqrt{3}}{2}a\right)^2}=\sqrt{3},\ \sqrt{a^2-a+1}=\sqrt{3}$

$a^2-a-2=0,\ (a+1)(a-2)=0$

$\therefore a=2$ ($\because a>0$) 답 ③

488

$\dfrac{dx}{dt}=\dfrac{2}{3}\pi\cos\dfrac{\pi}{3}t,\ \dfrac{dy}{dt}=-\dfrac{2}{3}\pi\sin\dfrac{\pi}{3}t$에서

$\dfrac{d^2x}{dt^2}=-\dfrac{2}{9}\pi^2\sin\dfrac{\pi}{3}t,\ \dfrac{d^2y}{dt^2}=-\dfrac{2}{9}\pi^2\cos\dfrac{\pi}{3}t$

이므로 점 P의 시각 t에서의 가속도는

$\left(-\dfrac{2}{9}\pi^2\sin\dfrac{\pi}{3}t,\ -\dfrac{2}{9}\pi^2\cos\dfrac{\pi}{3}t\right)$

따라서 점 P의 가속도의 크기는

$\sqrt{\left(-\dfrac{2}{9}\pi^2\sin\dfrac{\pi}{3}t\right)^2+\left(-\dfrac{2}{9}\pi^2\cos\dfrac{\pi}{3}t\right)^2}$

$=\sqrt{\left(\dfrac{2}{9}\pi^2\right)^2\left(\sin^2\dfrac{\pi}{3}t+\cos^2\dfrac{\pi}{3}t\right)}=\dfrac{2}{9}\pi^2$ 답 ①

489

두 점 A, B의 t초 후의 위치는 각각 $A(3t, 0)$, $B(0, 2t)$이므로 직선 AB의 방정식은 $\dfrac{x}{3t}+\dfrac{y}{2t}=1$ ...... ㉠

㉠과 $y=x$를 연립하여 풀면

$x=\dfrac{6}{5}t$, $y=\dfrac{6}{5}t$

즉, $\dfrac{dx}{dt}=\dfrac{6}{5}$, $\dfrac{dy}{dt}=\dfrac{6}{5}$이므로 점 P의 시각 t에서의 속도는

$\left(\dfrac{6}{5}, \dfrac{6}{5}\right)$

따라서 점 P의 속력은

$\sqrt{\left(\dfrac{6}{5}\right)^2+\left(\dfrac{6}{5}\right)^2}=\dfrac{6\sqrt{2}}{5}$

$\therefore a=\dfrac{6\sqrt{2}}{5}$

답 $\dfrac{6\sqrt{2}}{5}$

490

$\dfrac{dx}{dt}=-2\sin 2t$, $\dfrac{dy}{dt}=\cos 2t$

이므로 점 P의 시각 t에서의 속도는

$(-2\sin 2t, \cos 2t)$

이고, 속력은

$\sqrt{(-2\sin 2t)^2+(\cos 2t)^2}=\sqrt{4\sin^2 2t+\cos^2 2t}$
$=\sqrt{4\sin^2 2t+(1-\sin^2 2t)}$
$=\sqrt{3\sin^2 2t+1}$

즉, $0<t<\dfrac{\pi}{2}$에서 점 P의 속력은 $t=\dfrac{\pi}{4}$일 때 최대이다.

이때, $\dfrac{d^2x}{dt^2}=-4\cos 2t$, $\dfrac{d^2y}{dt^2}=-2\sin 2t$이므로 점 P의 시각 t에서의 가속도는

$(-4\cos 2t, -2\sin 2t)$

따라서 $t=\dfrac{\pi}{4}$에서 가속도는 $(0, -2)$이므로 구하는 가속도의 크기는

$\sqrt{0^2+(-2)^2}=2$

답 2

491

$g(x)=e^x(\sin x-\cos x)$라 하면

$g'(x)=e^x(\sin x-\cos x)+e^x(\cos x+\sin x)=2e^x\sin x$

$g'(x)=0$에서 $\sin x=0$ $(\because e^x>0)$

$\therefore x=0$ 또는 $x=\pi$ 또는 $x=2\pi$ $(\because 0\le x\le 2\pi)$

닫힌구간 $[0, 2\pi]$에서 $g'(x)$의 부호를 조사하여 함수 $g(x)$의 증가와 감소를 표로 나타내면 다음과 같다.

x	0	$\cdots$	π	$\cdots$	2π
$g'(x)$	0	$+$	0	$-$	0
$g(x)$	-1	↗	e^π	↘	$-e^{2\pi}$

따라서 함수 $y=g(x)$의 그래프는 다음 그림과 같다.

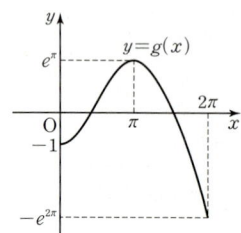

방정식 $e^x(\sin x-\cos x)=t$의 서로 다른 실근의 개수는 곡선 $y=e^x(\sin x-\cos x)$와 직선 $y=t$의 교점의 개수와 같으므로

$f(t)=\begin{cases} 0 & (t<-e^{2\pi} \text{ 또는 } t>e^\pi) \\ 1 & (-e^{2\pi}\le t<-1 \text{ 또는 } t=e^\pi) \\ 2 & (-1\le t<e^\pi) \end{cases}$

즉, 함수 $y=f(t)$의 그래프는 다음 그림과 같다.

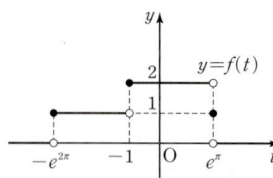

그러므로 함수 $y=f(t)$가 불연속이 되는 점은 $x=-e^{2\pi}$, $x=-1$, $x=e^\pi$의 3개이다.

단계	채점 요소	비율
㉮	곡선 $y=e^x(\sin x-\cos x)$ 그리기	40%
㉯	함수 $y=f(t)$ 구하기	40%
㉰	함수 $y=f(t)$가 불연속이 되는 점의 개수 구하기	20%

답 3

492

t초 후에 $\angle QOP$의 크기를 θ라 하면

$\theta=\dfrac{2\pi}{8}t=\dfrac{\pi}{4}t$ $(0<t<2)$

이때, $\overline{PQ}=2\tan(\angle QOP)=2\tan\dfrac{\pi}{4}t$이므로 삼각형 POQ의 넓이를 S라 하면

$S=\dfrac{1}{2}\times\overline{OP}\times\overline{PQ}=\dfrac{1}{2}\times 2\times 2\tan\dfrac{\pi}{4}t=2\tan\dfrac{\pi}{4}t$ $(0<t<2)$

$\therefore \dfrac{dS}{dt}=2\sec^2\dfrac{\pi}{4}t\times\dfrac{\pi}{4}=\dfrac{\pi}{2}\sec^2\dfrac{\pi}{4}t$

그런데 삼각형 POQ의 넓이가 8, 즉 $S=2\tan\dfrac{\pi}{4}t=8$이면

$\tan\dfrac{\pi}{4}t=4$이므로

$\sec^2\dfrac{\pi}{4}t=1+\tan^2\dfrac{\pi}{4}t=1+4^2=17$

따라서 $S=8$인 순간의 넓이의 변화율은

$\dfrac{\pi}{2}\times 17=\dfrac{17}{2}\pi$

단계	채점 요소	비율
㉮	t초 후의 삼각형 POQ의 넓이 S의 식 구하기	40%
㉯	$\dfrac{dS}{dt}$ 구하기	20%
㉰	삼각형 POQ의 넓이가 8이 되는 순간의 넓이의 변화율 구하기	40%

답 $\dfrac{17}{2}\pi$

10 부정적분

본문 p.99~100

◦ 개념 **콕콕** ◦

493

(1) $\int \frac{5}{x}\,dx = 5\int \frac{1}{x}\,dx = 5\ln|x| + C$

(2) $\int \frac{2}{x^3}\,dx = 2\int x^{-3}\,dx = -x^{-2} + C = -\frac{1}{x^2} + C$

(3) $\int \sqrt[3]{x^2}\,dx = \int x^{\frac{2}{3}}\,dx = \frac{3}{5}x^{\frac{5}{3}} + C = \frac{3}{5}x\sqrt[3]{x^2} + C$

(4) $\int x^2\sqrt{x}\,dx = \int x^{\frac{5}{2}}\,dx = \frac{2}{7}x^{\frac{7}{2}} + C = \frac{2}{7}x^3\sqrt{x} + C$

답 (1) $5\ln|x| + C$ (2) $-\frac{1}{x^2} + C$

(3) $\frac{3}{5}x\sqrt[3]{x^2} + C$ (4) $\frac{2}{7}x^3\sqrt{x} + C$

494

(1) $\int \left(1 + \frac{4}{x^3}\right)dx = \int (1 + 4x^{-3})\,dx$

$\qquad = x - 2x^{-2} + C$

$\qquad = x - \frac{2}{x^2} + C$

(2) $\int \left(x\sqrt{x} - \frac{3}{x^4}\right)dx = \int (x^{\frac{3}{2}} - 3x^{-4})\,dx$

$\qquad = \frac{2}{5}x^{\frac{5}{2}} + x^{-3} + C$

$\qquad = \frac{2}{5}x^2\sqrt{x} + \frac{1}{x^3} + C$

답 (1) $x - \frac{2}{x^2} + C$ (2) $\frac{2}{5}x^2\sqrt{x} + \frac{1}{x^3} + C$

495

(1) $\int \frac{4x^2 - 1}{x}\,dx = \int \left(4x - \frac{1}{x}\right)dx$

$\qquad = 2x^2 - \ln|x| + C$

(2) $\int \frac{2\sqrt{x} - 1}{x}\,dx = \int \left(\frac{2}{\sqrt{x}} - \frac{1}{x}\right)dx$

$\qquad = \int \left(2x^{-\frac{1}{2}} - \frac{1}{x}\right)dx$

$\qquad = 4x^{\frac{1}{2}} - \ln|x| + C$

$\qquad = 4\sqrt{x} - \ln|x| + C$

답 (1) $2x^2 - \ln|x| + C$ (2) $4\sqrt{x} - \ln|x| + C$

496

(1) $\int 4e^x\,dx = 4\int e^x\,dx = 4e^x + C$

(2) $\int e^{x+1}\,dx = \int (e \times e^x)\,dx = e\int e^x\,dx$

$\qquad = e \times e^x + C = e^{x+1} + C$

(3) $\int (e^x - 1)^2\,dx = \int (e^{2x} - 2e^x + 1)\,dx$

$\qquad = \frac{1}{2}e^{2x} - 2e^x + x + C$

(4) $\int 3^{x-1}\,dx = \int (3^x \times 3^{-1})\,dx = \frac{1}{3}\int 3^x\,dx$

$\qquad = \frac{1}{3} \times \frac{3^x}{\ln 3} + C = \frac{3^{x-1}}{\ln 3} + C$

(5) $\int (3^x + 1)^2\,dx = \int (9^x + 2 \times 3^x + 1)\,dx$

$\qquad = \frac{9^x}{\ln 9} + 2 \times \frac{3^x}{\ln 3} + x + C$

답 (1) $4e^x + C$ (2) $e^{x+1} + C$ (3) $\frac{1}{2}e^{2x} - 2e^x + x + C$

(4) $\frac{3^{x-1}}{\ln 3} + C$ (5) $\frac{9^x}{\ln 9} + 2 \times \frac{3^x}{\ln 3} + x + C$

497

(1) $\int 2\sin x\,dx = 2\int \sin x\,dx = -2\cos x + C$

(2) $\int (3\sin x - \cos x)\,dx = 3\int \sin x\,dx - \int \cos x\,dx$

$\qquad = -3\cos x - \sin x + C$

(3) $\int \cos x(\sec x + 1)\,dx = \int (\cos x \sec x + \cos x)\,dx$

$\qquad = \int (1 + \cos x)\,dx$

$\qquad = x + \sin x + C$

(4) $\int \frac{\cos^2 x + 2}{\cos^2 x}\,dx = \int \left(1 + \frac{2}{\cos^2 x}\right)dx$

$\qquad = \int (1 + 2\sec^2 x)\,dx$

$\qquad = x + 2\tan x + C$

답 (1) $-2\cos x + C$ (2) $-3\cos x - \sin x + C$

(3) $x + \sin x + C$ (4) $x + 2\tan x + C$

498

(1) $\int (1 + \tan^2 x)\,dx = \int \sec^2 x\,dx = \tan x + C$

(2) $1 + \cot^2 x = \csc^2 x$이므로

$\cot^2 x = \csc^2 x - 1$

$\therefore \int (\cot^2 x - 2)\,dx = \int (\csc^2 x - 3)\,dx = -\cot x - 3x + C$

답 (1) $\tan x + C$ (2) $-\cot x - 3x + C$

499

(1) $x^2 - 1 = t$로 놓으면 $\frac{dt}{dx} = 2x$이므로

$\int 2x(x^2 - 1)^3\,dx = \int t^3\,dt = \frac{1}{4}t^4 + C = \frac{1}{4}(x^2 - 1)^4 + C$

(2) $x^2 = t$로 놓으면 $\frac{dt}{dx} = 2x$이므로

$\int 2xe^{x^2}\,dx = \int e^t\,dt = e^t + C = e^{x^2} + C$

(3) $\ln x = t$로 놓으면 $\frac{dt}{dx} = \frac{1}{x}$이므로

$\int \frac{\ln x}{x}\,dx = \int t\,dt = \frac{1}{2}t^2 + C = \frac{1}{2}(\ln x)^2 + C$

(4) $1 + \sin x = t$로 놓으면 $\frac{dt}{dx} = \cos x$이므로

$\int (1 + \sin x)^2\cos x\,dx = \int t^2\,dt = \frac{1}{3}t^3 + C = \frac{1}{3}(1 + \sin x)^3 + C$

답 (1) $\frac{1}{4}(x^2 - 1)^4 + C$ (2) $e^{x^2} + C$

(3) $\frac{1}{2}(\ln x)^2 + C$ (4) $\frac{1}{3}(1 + \sin x)^3 + C$

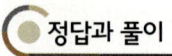

500

(1) $3x-1=t$로 놓으면 $\dfrac{dt}{dx}=3$이므로

$$\int (3x-1)^4 dx = \int t^4 \times \dfrac{1}{3}\,dt = \dfrac{1}{3}\int t^4\,dt$$
$$= \dfrac{1}{15}t^5 + C = \dfrac{1}{15}(3x-1)^5 + C$$

(2) $2x+1=t$로 놓으면 $\dfrac{dt}{dx}=2$이므로

$$\int \dfrac{1}{(2x+1)^2} dx = \int \dfrac{1}{t^2}\times \dfrac{1}{2}\,dt = \dfrac{1}{2}\int t^{-2}\,dt$$
$$= -\dfrac{1}{2}t^{-1}+C = -\dfrac{1}{2t}+C$$
$$= -\dfrac{1}{2(2x+1)}+C$$

(3) $-2x+1=t$로 놓으면 $\dfrac{dt}{dx}=-2$이므로

$$\int e^{-2x+1} dx = \int e^t \times \left(-\dfrac{1}{2}\right)dt = -\dfrac{1}{2}\int e^t dt$$
$$= -\dfrac{1}{2}e^t + C = -\dfrac{1}{2}e^{-2x+1}+C$$

(4) $2x+3=t$로 놓으면 $\dfrac{dt}{dx}=2$이므로

$$\int \sin(2x+3) dx = \int \sin t \times \dfrac{1}{2}\,dt = \dfrac{1}{2}\int \sin t\,dt$$
$$= -\dfrac{1}{2}\cos t + C$$
$$= -\dfrac{1}{2}\cos(2x+3)+C$$

보충 설명

(3) $\displaystyle\int e^{ax+b}\,dx = \dfrac{1}{a}e^{ax+b}+C$

(4) $\displaystyle\int \sin(ax+b)\,dx = -\dfrac{1}{a}\cos(ax+b)+C$

$\displaystyle\int \cos(ax+b)\,dx = \dfrac{1}{a}\sin(ax+b)+C$

답 (1) $\dfrac{1}{15}(3x-1)^5+C$ (2) $-\dfrac{1}{2(2x+1)}+C$

(3) $-\dfrac{1}{2}e^{-2x+1}+C$ (4) $-\dfrac{1}{2}\cos(2x+3)+C$

501

(1) $(4+x^2)'=2x$이므로

$$\int \dfrac{2x}{4+x^2} dx = \int \dfrac{(4+x^2)'}{4+x^2} dx = \ln|4+x^2|+C$$
$$= \ln(4+x^2)+C \;(\because 4+x^2>0)$$

(2) $(e^x-2)'=e^x$이므로

$$\int \dfrac{e^x}{e^x-2} dx = \int \dfrac{(e^x-2)'}{e^x-2} dx = \ln|e^x-2|+C$$

(3) $(x-\cos x)'=1+\sin x$이므로

$$\int \dfrac{1+\sin x}{x-\cos x} dx = \int \dfrac{(x-\cos x)'}{x-\cos x} dx = \ln|x-\cos x|+C$$

답 (1) $\ln(4+x^2)+C$ (2) $\ln|e^x-2|+C$ (3) $\ln|x-\cos x|+C$

502

$\dfrac{x^2+2}{x-1} = \boxed{x+1} + \dfrac{3}{x-1}$이므로

$$\int \dfrac{x^2+2}{x-1} dx = \int \left(\boxed{x+1}+\dfrac{3}{x-1}\right)dx$$
$$= \int (\boxed{x+1})dx + \int \dfrac{3}{x-1} dx$$
$$= \boxed{\dfrac{1}{2}x^2+x} + 3\ln|x-1|+C$$

답 풀이 참조

503

$\dfrac{1}{x^2+3x} = \dfrac{1}{x(\boxed{x+3})} = \dfrac{1}{\boxed{3}}\left(\dfrac{1}{x}-\dfrac{1}{\boxed{x+3}}\right)$이므로

$$\int \dfrac{1}{x^2+3x} dx = \int \dfrac{1}{\boxed{3}}\left(\dfrac{1}{x}-\dfrac{1}{\boxed{x+3}}\right)dx$$
$$= \dfrac{1}{\boxed{3}}\left(\ln|x|-\boxed{\ln|x+3|}\right)+C$$
$$= \dfrac{1}{\boxed{3}}\ln\left|\dfrac{x}{x+3}\right|+C$$

답 풀이 참조

504

(1) $\dfrac{x^2}{x+2} = x-2+\dfrac{4}{x+2}$이므로

$$\int \dfrac{x^2}{x+2} dx = \int \left(x-2+\dfrac{4}{x+2}\right)dx$$
$$= \dfrac{1}{2}x^2-2x+4\ln|x+2|+C$$

(2) $\dfrac{1}{x^2-x} = \dfrac{1}{x(x-1)} = -1\times\left(\dfrac{1}{x}-\dfrac{1}{x-1}\right) = \dfrac{1}{x-1}-\dfrac{1}{x}$

이므로

$$\int \dfrac{1}{x^2-x} dx = \int \left(\dfrac{1}{x-1}-\dfrac{1}{x}\right)dx$$
$$= \ln|x-1|-\ln|x|+C$$
$$= \ln\left|\dfrac{x-1}{x}\right|+C$$

답 (1) $\dfrac{1}{2}x^2-2x+4\ln|x+2|+C$ (2) $\ln\left|\dfrac{x-1}{x}\right|+C$

505

$f(x)=x$, $g'(x)=e^{-x}$으로 놓으면

$f'(x)=1$, $g(x)=\boxed{-e^{-x}}$

$$\therefore \int xe^{-x}dx = x(\boxed{-e^{-x}}) - \int 1\times(\boxed{-e^{-x}})dx$$
$$= -x\times\boxed{e^{-x}} + \int \boxed{e^{-x}}dx$$
$$= -x\times\boxed{e^{-x}} - \boxed{e^{-x}}+C$$
$$= -(x+1)\boxed{e^{-x}}+C$$

답 풀이 참조

506

(1) $f(x)=x$, $g'(x)=\sin x$로 놓으면

$f'(x)=1$, $g(x)=-\cos x$

$$\therefore \int x\sin x\,dx = x(-\cos x) - \int 1\times(-\cos x)dx$$
$$= -x\cos x + \int \cos x\,dx$$
$$= -x\cos x + \sin x + C$$

(2) $f(x)=\ln x$, $g'(x)=1$로 놓으면

$$f'(x)=\frac{1}{x}, \ g(x)=x$$

$$\therefore \int \ln x \, dx = \ln x \times x - \int \frac{1}{x} \times x \, dx$$

$$= x\ln x - \int 1 \, dx$$

$$= x\ln x - x + C$$

답 $(1) -x\cos x + \sin x + C$ $(2) x\ln x - x + C$

유형 콕콕 본문 p.101~105

507 ①	508 ④	509 $\frac{4}{\sqrt{x}}+5x+C$	510 ⑤	511 ③
512 0	513 ②	514 ⑤	515 $\frac{2\sqrt{3}}{3}$	516 ⑤	517 ④
518 ②	519 ④	520 ⑤	521 ④	522 ③	523 ④
524 ②	525 ②	526 ①	527 1	528 ②	529 ④
530 $\frac{2}{3}$	531 ①	532 ③	533 ①	534 ①	535 ⑤
536 $5-4e^2$				

507

$$\int \frac{x^2+x-1}{x^2} \, dx = \int \left(1+\frac{1}{x}-\frac{1}{x^2}\right)dx$$

$$= \int \left(1+\frac{1}{x}-x^{-2}\right)dx$$

$$= x + \ln|x| + x^{-1} + C$$

$$= x + \ln|x| + \frac{1}{x} + C$$

답 ①

508

$$f(x)=\int \sqrt{x^3}\,dx = \int x^{\frac{3}{2}}\,dx$$

$$= \frac{2}{5}x^{\frac{5}{2}}+C = \frac{2}{5}x^2\sqrt{x}+C$$

이때, $f(1)=\frac{2}{5}$이므로

$$\frac{2}{5}+C=\frac{2}{5} \qquad \therefore C=0$$

따라서 $f(x)=\frac{2}{5}x^2\sqrt{x}$이므로

$$f(4)=\frac{2}{5}\times 4^2 \times \sqrt{4}=\frac{64}{5}$$

답 ④

509

$f(x)$를 미분하면 $\frac{3}{x^2\sqrt{x}}$이므로

$$f'(x)=\frac{3}{x^2\sqrt{x}}$$

$$\therefore f(x)=\int f'(x)\,dx = \int \frac{3}{x^2\sqrt{x}}\,dx$$

$$= \int 3x^{-\frac{5}{2}}\,dx = -2x^{-\frac{3}{2}}+C_1$$

$$= -\frac{2}{x\sqrt{x}}+C_1$$

$f(1)=3$이므로 $3=-2+C_1$ $\qquad \therefore C_1=5$

$$\therefore f(x)=-\frac{2}{x\sqrt{x}}+5$$

──────── **가**

따라서 $f(x)$의 부정적분은

$$\int \left(-\frac{2}{x\sqrt{x}}+5\right)dx = \int \left(-2x^{-\frac{3}{2}}+5\right)dx$$

$$= 4x^{-\frac{1}{2}}+5x+C$$

$$= \frac{4}{\sqrt{x}}+5x+C \ (단, \ C는 \ 적분상수이다.)$$

──────── **나**

단계	채점 요소	비율
가	$f(x)$ 구하기	60%
나	$f(x)$의 부정적분 구하기	40%

답 $\frac{4}{\sqrt{x}}+5x+C$

510

$$f(x)=\int \frac{e^{2x}-1}{e^x-1}\,dx = \int \frac{(e^x+1)(e^x-1)}{e^x-1}\,dx$$

$$= \int (e^x+1)\,dx = e^x+x+C$$

이때, $f(2)=e^2$이므로

$$e^2+2+C=e^2 \qquad \therefore C=-2$$

따라서 $f(x)=e^x+x-2$이므로

$$f(3)=e^3+3-2=e^3+1$$

답 ⑤

511

$$\int 3^{2x+1}\,dx = 3\int 9^x\,dx = 3\times \frac{9^x}{\ln 9}+C$$

$$= \frac{3\times 3^{2x}}{2\ln 3}+C = \frac{3^{2x+1}}{2\ln 3}+C$$

$$\therefore a=2\ln 3$$

답 ③

512

$$f(x)=\int (\sqrt{2})^{4x}\,dx = \int 4^x\,dx$$

$$= \frac{4^x}{\ln 4}+C = \frac{4^x}{2\ln 2}+C$$

이때, $f(\log_4 2)=\frac{1}{2\ln 2}$이므로

$$\frac{4^{\log_4 2}}{2\ln 2}+C = \frac{2^{\log_4 4}}{2\ln 2}+C = \frac{2}{2\ln 2}+C$$

$$= \frac{1}{\ln 2}+C = \frac{1}{2\ln 2}$$

$$\therefore C=-\frac{1}{2\ln 2}$$

따라서 $f(x)=\frac{4^x}{2\ln 2}-\frac{1}{2\ln 2}$이므로

$$f(0)=\frac{1}{2\ln 2}-\frac{1}{2\ln 2}=0$$

답 0

513

$$f(x)=\int \frac{\sin^2 x}{1+\cos x}\,dx = \int \frac{1-\cos^2 x}{1+\cos x}\,dx$$

$$= \int \frac{(1+\cos x)(1-\cos x)}{1+\cos x}\,dx$$

$$= \int (1-\cos x)\,dx$$

$$= x-\sin x+C$$

이때, $f\left(\frac{\pi}{6}\right)=\frac{\pi}{6}$이므로

$$\frac{\pi}{6}-\frac{1}{2}+C=\frac{\pi}{6} \qquad \therefore C=\frac{1}{2}$$

따라서 $f(x)=x-\sin x+\dfrac{1}{2}$이므로

$f\left(\dfrac{\pi}{2}\right)=\dfrac{\pi}{2}-1+\dfrac{1}{2}=\dfrac{\pi}{2}-\dfrac{1}{2}$ 답 ②

514

$f'(x)=\cos x+\sec x\tan x$이므로

$f(x)=\displaystyle\int(\cos x+\sec x\tan x)dx$

$=\sin x+\sec x+C$

이때, $f(0)=-1$이므로

$0+1+C=-1$ $\therefore C=-2$

따라서 $f(x)=\sin x+\sec x-2$이므로

$f\left(\dfrac{\pi}{3}\right)=\dfrac{\sqrt{3}}{2}+2-2=\dfrac{\sqrt{3}}{2}$ 답 ⑤

515

$f(\theta)=\displaystyle\int\left(\dfrac{1}{\cos^2\theta}+\dfrac{1}{\sin^2\theta}\right)d\theta$

$=\displaystyle\int(\sec^2\theta+\csc^2\theta)d\theta$

$=\tan\theta-\cot\theta+C$ 가

$\therefore f\left(\dfrac{\pi}{4}\right)-f\left(\dfrac{\pi}{6}\right)=(1-1+C)-\left(\dfrac{\sqrt{3}}{3}-\sqrt{3}+C\right)$

$=\dfrac{2\sqrt{3}}{3}$ 나

단계	채점 요소	비율
가	$f(\theta)$ 구하기	50%
나	$f\left(\dfrac{\pi}{4}\right)-f\left(\dfrac{\pi}{6}\right)$의 값 구하기	50%

답 $\dfrac{2\sqrt{3}}{3}$

516

$2x^2-x+1=t$로 놓으면 $\dfrac{dt}{dx}=4x-1$이므로

$f(x)=\displaystyle\int(4x-1)(2x^2-x+1)^4dx$

$=\displaystyle\int t^4\,dt=\dfrac{1}{5}t^5+C$

$=\dfrac{1}{5}(2x^2-x+1)^5+C$

이때, $f(0)=\dfrac{1}{5}$이므로 $\dfrac{1}{5}+C=\dfrac{1}{5}$ $\therefore C=0$

따라서 $f(x)=\dfrac{1}{5}(2x^2-x+1)^5$이므로

$f(1)=\dfrac{1}{5}\times2^5=\dfrac{32}{5}$ 답 ⑤

517

$3x-1=t$로 놓으면 $\dfrac{dt}{dx}=3$이므로

$\displaystyle\int(3x-1)^3dx=\int t^3\times\dfrac{1}{3}\,dt=\dfrac{1}{12}t^4+C$

$=\dfrac{1}{12}(3x-1)^4+C$

따라서 $a=12$, $b=4$이므로

$a+b=12+4=16$ 답 ④

518

$x^2-x+1=t$로 놓으면 $\dfrac{dt}{dx}=2x-1$이므로

$\displaystyle\int\dfrac{2x-1}{x^2-x+1}dx=\int\dfrac{1}{t}\,dt=\ln|t|+C$

$=\ln|x^2-x+1|+C$

$=\ln(x^2-x+1)+C\ (\because x^2-x+1>0)$

따라서 $a=-1$, $b=1$이므로

$ab=-1\times1=-1$

다른 풀이

$(x^2-x+1)'=2x-1$이므로

$\displaystyle\int\dfrac{2x-1}{x^2-x+1}dx=\int\dfrac{(x^2-x+1)'}{x^2-x+1}dx$

$=\ln|x^2-x+1|+C$

$=\ln(x^2-x+1)+C\ (\because x^2-x+1>0)$

따라서 $a=-1$, $b=1$이므로

$ab=-1\times1=-1$ 답 ②

519

$2x^2+x+1=t$로 놓으면 $\dfrac{dt}{dx}=4x+1$이므로

$\displaystyle\int(4x+1)\sqrt[3]{2x^2+x+1}\,dx$

$=\displaystyle\int\sqrt[3]{t}\,dt=\int t^{\frac{1}{3}}\,dt$

$=\dfrac{3}{4}t^{\frac{4}{3}}+C=\dfrac{3}{4}t\sqrt[3]{t}+C$

$=\dfrac{3}{4}(2x^2+x+1)\sqrt[3]{2x^2+x+1}+C$ 답 ④

520

$x^4+1=t$로 놓으면 $\dfrac{dt}{dx}=4x^3$이므로

$\displaystyle\int\dfrac{x^3}{\sqrt{x^4+1}}dx=\int\dfrac{1}{\sqrt{t}}\times\dfrac{1}{4}\,dt=\dfrac{1}{4}\int t^{-\frac{1}{2}}\,dt$

$=\dfrac{1}{2}\sqrt{t}+C=\dfrac{1}{2}\sqrt{x^4+1}+C$

$\therefore a=\dfrac{1}{2}$ 답 ⑤

521

$\sqrt{x+2}=t$로 놓으면 $x+2=t^2$

즉, $x=t^2-2$이고 $\dfrac{dt}{dx}=\dfrac{1}{2t}$이므로

$f(x)=\displaystyle\int\dfrac{x^2}{\sqrt{x+2}}dx$

$=\displaystyle\int\dfrac{(t^2-2)^2}{t}\times2t\,dt$

$=2\displaystyle\int(t^4-4t^2+4)dt$

$=\dfrac{2}{5}t^5-\dfrac{8}{3}t^3+8t+C$

$=\dfrac{2}{5}(x+2)^{\frac{5}{2}}-\dfrac{8}{3}(x+2)^{\frac{3}{2}}+8(x+2)^{\frac{1}{2}}+C$

이때, $f(-1)=6$이므로

$\dfrac{2}{5}-\dfrac{8}{3}+8+C=6$ $\therefore C=\dfrac{4}{15}$

따라서 $f(x)=\dfrac{2}{5}(x+2)^{\frac{5}{2}}-\dfrac{8}{3}(x+2)^{\frac{3}{2}}+8(x+2)^{\frac{1}{2}}+\dfrac{4}{15}$이므로

$f(-2)=\dfrac{4}{15}$ 답 ④

522

$x^2-1=t$로 놓으면 $\dfrac{dt}{dx}=2x$이므로

$$f(x)=\int 6xe^{x^2-1}dx=\int e^t\times 3\,dt$$
$$=3e^t+C=3e^{x^2-1}+C$$

이때, $f(1)=1$이므로

$3+C=1$ $\quad\therefore C=-2$

따라서 $f(x)=3e^{x^2-1}-2$이므로

$f(2)=3e^3-2$ 　　　　　　　　　　　　　　　답 ③

523

$x^3=t$로 놓으면 $\dfrac{dt}{dx}=3x^2$이므로

$$f(x)=\int 3x^2e^{x^3}dx=\int e^t\,dt$$
$$=e^t+C=e^{x^3}+C$$

이때, $f(0)=2$이므로

$1+C=2$ $\quad\therefore C=1$

$\therefore f(x)=e^{x^3}+1$ 　　　　　　　　　　　답 ④

524

$f'(x)=\dfrac{e^x}{e^x+2}$이므로 $f(x)=\displaystyle\int \dfrac{e^x}{e^x+2}dx$

$e^x+2=t$로 놓으면 $\dfrac{dt}{dx}=e^x$이므로

$$f(x)=\int \dfrac{e^x}{e^x+2}dx=\int \dfrac{1}{t}\,dt$$
$$=\ln|t|+C=\ln|e^x+2|+C$$
$$=\ln(e^x+2)+C\ (\because e^x+2>0)$$

이때, $f(0)=\ln 3$이므로

$\ln 3+C=\ln 3$ $\quad\therefore C=0$

따라서 $f(x)=\ln(e^x+2)$이므로

$f(1)=\ln(e+2)$ 　　　　　　　　　　　　답 ②

525

$\ln x+2=t$로 놓으면 $\dfrac{dt}{dx}=\dfrac{1}{x}$이므로

$$f(x)=\int \dfrac{1}{x\sqrt{\ln x+2}}dx$$
$$=\int \dfrac{1}{\sqrt{t}}\,dt=\int t^{-\frac{1}{2}}\,dt$$
$$=2t^{\frac{1}{2}}+C=2\sqrt{t}+C$$
$$=2\sqrt{\ln x+2}+C$$

이때, $f(e^2)=1$이므로 $2\sqrt{2+2}+C=1$ $\quad\therefore C=-3$

따라서 $f(x)=2\sqrt{\ln x+2}-3$이므로

$f\left(\dfrac{1}{e}\right)=2\sqrt{-1+2}-3=-1$ 　　　　답 ②

526

$f'(x)=\dfrac{4(\ln x)^3}{x}$이므로 $f(x)=\displaystyle\int \dfrac{4(\ln x)^3}{x}dx$

$\ln x=t$로 놓으면 $\dfrac{dt}{dx}=\dfrac{1}{x}$이므로

$$f(x)=\int \dfrac{4(\ln x)^3}{x}dx=\int 4t^3\,dt$$
$$=t^4+C=(\ln x)^4+C$$

이때, $f(1)=0$이므로

$C=0$

따라서 $f(x)=(\ln x)^4$이므로

$f(e)=1$ 　　　　　　　　　　　　　　　답 ①

527

$xf'(x)=2(\ln x)^3$에서 $f'(x)=\dfrac{2(\ln x)^3}{x}$

$\therefore f(x)=\displaystyle\int \dfrac{2(\ln x)^3}{x}dx$

$\ln x=t$로 놓으면 $\dfrac{dt}{dx}=\dfrac{1}{x}$이므로

$$f(x)=\int \dfrac{2(\ln x)^3}{x}dx=\int 2t^3\,dt$$
$$=\dfrac{1}{2}t^4+C=\dfrac{1}{2}(\ln x)^4+C$$

이때, $f(e)=\dfrac{3}{2}$이므로

$\dfrac{1}{2}+C=\dfrac{3}{2}$ $\quad\therefore C=1$

$\therefore f(x)=\dfrac{1}{2}(\ln x)^4+1$

방정식 $f(x)=9$에서

$\dfrac{1}{2}(\ln x)^4+1=9,\ (\ln x)^4=16$

$\ln x=-2$ 또는 $\ln x=2\ (\because x$는 실수$)$

$\therefore x=\dfrac{1}{e^2}$ 또는 $x=e^2$

따라서 주어진 방정식을 만족시키는 모든 실수 x의 값의 곱은

$\dfrac{1}{e^2}\times e^2=1$ 　　　　　　　　　　　답 1

528

$\sin x=t$로 놓으면 $\dfrac{dt}{dx}=\cos x$이므로

$$f(x)=\int \cos x\sin^2 x\,dx=\int t^2\,dt$$
$$=\dfrac{1}{3}t^3+C=\dfrac{1}{3}\sin^3 x+C$$

이때, $f\left(\dfrac{\pi}{2}\right)=0$이므로

$\dfrac{1}{3}+C=0$ $\quad\therefore C=-\dfrac{1}{3}$

따라서 $f(x)=\dfrac{1}{3}\sin^3 x-\dfrac{1}{3}$이므로

$f(\pi)=0-\dfrac{1}{3}=-\dfrac{1}{3}$ 　　　　　　　　답 ②

529

$f'(x)=\dfrac{\sin x}{2+\cos x}$이므로 $f(x)=\displaystyle\int \dfrac{\sin x}{2+\cos x}dx$

$2+\cos x=t$로 놓으면 $\dfrac{dt}{dx}=-\sin x$이므로

$$f(x)=\int \dfrac{\sin x}{2+\cos x}dx=\int \dfrac{1}{t}\times(-1)dt$$
$$=-\ln|t|+C=-\ln|2+\cos x|+C$$
$$=-\ln(2+\cos x)+C\ (\because 2+\cos x>0)$$

이때, $f(\pi)=1$이므로

$0+C=1$ $\quad\therefore C=1$

따라서 $f(x)=-\ln(2+\cos x)+1$이므로

$f(2\pi)+\ln 3=-\ln 3+1+\ln 3=1$ 　　　　답 ④

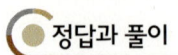

530

$\cos^3 x = \cos^2 x \cos x = (1-\sin^2 x)\cos x$

$\sin x = t$로 놓으면 $\dfrac{dt}{dx} = \cos x$이므로

$f(x) = \displaystyle\int \cos^3 x\, dx = \int (1-\sin^2 x)\cos x\, dx$

$\qquad = \displaystyle\int (1-t^2)\,dt = t - \dfrac{1}{3}t^3 + C$

$\qquad = \sin x - \dfrac{1}{3}\sin^3 x + C$

이때, $f(0)=0$이므로 $C=0$

$\therefore f(x) = \sin x - \dfrac{1}{3}\sin^3 x = \sin x\left(1 - \dfrac{1}{3}\sin^2 x\right)$

$\qquad\qquad\qquad\qquad\qquad\qquad\qquad\qquad\qquad\qquad$ 🟠가

따라서 $a=1$, $b=-\dfrac{1}{3}$이므로

$\qquad\qquad\qquad\qquad\qquad\qquad\qquad\qquad\qquad\qquad$ 🟠나

$a+b = 1 + \left(-\dfrac{1}{3}\right) = \dfrac{2}{3}$

$\qquad\qquad\qquad\qquad\qquad\qquad\qquad\qquad\qquad\qquad$ 🟠다

단계	채점 요소	비율
🟠가	$f(x)$ 구하기	70%
🟠나	$a,\ b$의 값 각각 구하기	20%
🟠다	$a+b$의 값 구하기	10%

답 $\dfrac{2}{3}$

531

$f(x) = x-2$, $g'(x) = \sin x$로 놓으면

$f'(x) = 1$, $g(x) = -\cos x$

$\therefore F(x) = \displaystyle\int (x-2)\sin x\, dx$

$\qquad = (x-2)(-\cos x) - \displaystyle\int 1\times(-\cos x)\,dx$

$\qquad = -(x-2)\cos x + \displaystyle\int \cos x\, dx$

$\qquad = -(x-2)\cos x + \sin x + C$

이때, $F\left(\dfrac{\pi}{2}\right) = 1$이므로

$0 + 1 + C = 1 \qquad \therefore C = 0$

따라서 $F(x) = -(x-2)\cos x + \sin x$이므로

$F(\pi) = (\pi-2) + 0 = \pi - 2$

답 ①

532

$f(x) = \ln x$, $g'(x) = x$로 놓으면

$f'(x) = \dfrac{1}{x}$, $g(x) = \dfrac{1}{2}x^2$

$\therefore F(x) = \displaystyle\int x \ln x\, dx$

$\qquad = \ln x \times \dfrac{1}{2}x^2 - \displaystyle\int \dfrac{1}{x} \times \dfrac{1}{2}x^2\, dx$

$\qquad = \dfrac{1}{2}x^2 \ln x - \dfrac{1}{2}\displaystyle\int x\, dx$

$\qquad = \dfrac{1}{2}x^2 \ln x - \dfrac{1}{4}x^2 + C$

이때, $F(1) = -\dfrac{1}{4}$이므로

$0 - \dfrac{1}{4} + C = -\dfrac{1}{4} \qquad \therefore C = 0$

따라서 $F(x) = \dfrac{1}{2}x^2 \ln x - \dfrac{1}{4}x^2$이므로

$F(e) = \dfrac{1}{2}e^2 - \dfrac{1}{4}e^2 = \dfrac{1}{4}e^2$

답 ③

533

$f(x) = 2x$, $g'(x) = \cos 2x$로 놓으면

$f'(x) = 2$, $g(x) = \dfrac{1}{2}\sin 2x$

$\therefore \displaystyle\int 2x \cos 2x\, dx = 2x \times \dfrac{1}{2}\sin 2x - \int 2 \times \dfrac{1}{2}\sin 2x\, dx$

$\qquad = x \sin 2x - \displaystyle\int \sin 2x\, dx$

$\qquad = x \sin 2x + \dfrac{1}{2}\cos 2x + C$

따라서 $a=1$, $b=\dfrac{1}{2}$이므로

$a - b = 1 - \dfrac{1}{2} = \dfrac{1}{2}$

답 ①

534

$f(x) = \sin 2x$, $g'(x) = e^{2x}$으로 놓으면

$f'(x) = 2\cos 2x$, $g(x) = \dfrac{1}{2}e^{2x}$

$\therefore \displaystyle\int e^{2x}\sin 2x\, dx = \sin 2x \times \dfrac{1}{2}e^{2x} - \int 2\cos 2x \times \dfrac{1}{2}e^{2x}\, dx$

$\qquad = \dfrac{1}{2}e^{2x}\sin 2x - \displaystyle\int e^{2x}\cos 2x\, dx \qquad \cdots\cdots ㉠$

㉠의 $\displaystyle\int e^{2x}\cos 2x\, dx$에서 $u(x)=\cos 2x$, $v'(x)=e^{2x}$으로 놓으면

$u'(x) = -2\sin 2x$, $v(x) = \dfrac{1}{2}e^{2x}$

$\therefore \displaystyle\int e^{2x}\cos 2x\, dx = \cos 2x \times \dfrac{1}{2}e^{2x} - \int (-2\sin 2x) \times \dfrac{1}{2}e^{2x}\, dx$

$\qquad = \dfrac{1}{2}e^{2x}\cos 2x + \displaystyle\int e^{2x}\sin 2x\, dx \qquad \cdots\cdots ㉡$

㉡을 ㉠에 대입하면

$\displaystyle\int e^{2x}\sin 2x\, dx = \dfrac{1}{2}e^{2x}\sin 2x - \dfrac{1}{2}e^{2x}\cos 2x - \int e^{2x}\sin 2x\, dx$

$2\displaystyle\int e^{2x}\sin 2x\, dx = \dfrac{1}{2}e^{2x}(\sin 2x - \cos 2x)$

$\therefore \displaystyle\int e^{2x}\sin 2x\, dx = \dfrac{1}{4}e^{2x}(\sin 2x - \cos 2x) + C$

답 ①

535

$f(x) = x^2$, $g'(x) = \sin x$로 놓으면

$f'(x) = 2x$, $g(x) = -\cos x$

$\therefore F(x) = \displaystyle\int x^2 \sin x\, dx$

$\qquad = x^2 \times (-\cos x) - \displaystyle\int 2x \times (-\cos x)\,dx$

$\qquad = -x^2 \cos x + 2\displaystyle\int x \cos x\, dx \qquad \cdots\cdots ㉠$

㉠의 $\displaystyle\int x \cos x\, dx$에서 $u(x)=x$, $v'(x)=\cos x$로 놓으면

$u'(x) = 1$, $v(x) = \sin x$

$\therefore \displaystyle\int x \cos x\, dx = x \sin x - \displaystyle\int \sin x\, dx$

$\qquad = x \sin x + \cos x + C_1 \qquad \cdots\cdots ㉡$

ⓛ을 ㉠에 대입하면
$$F(x) = -x^2\cos x + 2x\sin x + 2\cos x + C$$
$$= (2-x^2)\cos x + 2x\sin x + C$$
$F\left(\dfrac{3}{2}\pi\right) = \pi$이므로 $\pi = -3\pi + C$ $\therefore C = 4\pi$

따라서 $F(x) = (2-x^2)\cos x + 2x\sin x + 4\pi$이므로
$$F\left(\dfrac{\pi}{2}\right) = \pi + 4\pi = 5\pi$$
답 ⑤

536

$f(x) = (\ln x)^2$, $g'(x) = 1$로 놓으면

$f'(x) = 2\ln x \times \dfrac{1}{x}$, $g(x) = x$

$\therefore F(x) = \displaystyle\int (\ln x)^2 dx$

$\qquad = (\ln x)^2 \times x - \displaystyle\int 2\ln x \times \dfrac{1}{x} \times x\, dx$

$\qquad = x(\ln x)^2 - 2\displaystyle\int \ln x\, dx$ ...... ㉠

㉠의 $\displaystyle\int \ln x\, dx$에서 $u(x) = \ln x$, $v'(x) = 1$로 놓으면

$u'(x) = \dfrac{1}{x}$, $v(x) = x$

$\therefore \displaystyle\int \ln x\, dx = \ln x \times x - \displaystyle\int \dfrac{1}{x} \times x\, dx$

$\qquad\qquad = x\ln x - x + C_1$ ...... ㉡

㉡을 ㉠에 대입하면
$$F(x) = x(\ln x)^2 - 2(x\ln x - x + C_1)$$
$$= x(\ln x)^2 - 2x\ln x + 2x + C$$

$F(e) = -3e$이므로 $e - 2e + 2e + C = -3e$ $\therefore C = -4e$

따라서 $F(x) = x(\ln x)^2 - 2x\ln x + 2x - 4e$이므로
$$eF\left(\dfrac{1}{e}\right) = e \times \left\{ \dfrac{1}{e} \times (-1)^2 - 2 \times \dfrac{1}{e} \times (-1) + 2 \times \dfrac{1}{e} - 4e \right\} = 5 - 4e^2$$
답 $5 - 4e^2$

537

$f(x) = \displaystyle\int \left(x + \dfrac{2}{x}\right)^2 dx = \displaystyle\int \left(x^2 + 4 + \dfrac{4}{x^2}\right)dx$

$\qquad = \displaystyle\int (x^2 + 4 + 4x^{-2})dx = \dfrac{1}{3}x^3 + 4x - 4x^{-1} + C$

$\qquad = \dfrac{1}{3}x^3 + 4x - \dfrac{4}{x} + C$

$\therefore f(2) - f(1) = \left(\dfrac{8}{3} + 8 - 2 + C\right) - \left(\dfrac{1}{3} + 4 - 4 + C\right)$

$\qquad\qquad\qquad = \dfrac{25}{3}$
답 ①

538

$F'(x) = f(x)$이므로 $F(x) = xf(x) - \sqrt{x}$의 양변을 x에 대하여 미분하면
$$f(x) = f(x) + xf'(x) - \dfrac{1}{2\sqrt{x}}$$

에서 $f'(x) = \dfrac{1}{2x\sqrt{x}}$

$\therefore f(x) = \displaystyle\int \dfrac{1}{2x\sqrt{x}}dx = \dfrac{1}{2}\displaystyle\int x^{-\frac{3}{2}}dx$

$\qquad = -x^{-\frac{1}{2}} + C = -\dfrac{1}{\sqrt{x}} + C$

이때, $F(1) = f(1) - 1 = 0$에서 $f(1) = 1$이므로

$-1 + C = 1$ $\therefore C = 2$

따라서 $f(x) = -\dfrac{1}{\sqrt{x}} + 2$이므로
$$f\left(\dfrac{1}{9}\right) = -3 + 2 = -1$$
답 ②

539

$h(x) = f(x) - g(x)$라 하면

$h'(x) = f'(x) - g'(x)$

$\qquad = \dfrac{x\sqrt{x}}{x+\sqrt{x}} - \dfrac{\sqrt{x}}{x+\sqrt{x}} = \sqrt{x} - 1$

이므로
$$h(x) = \displaystyle\int (\sqrt{x} - 1)dx = \dfrac{2}{3}x\sqrt{x} - x + C$$

이때, $f(1) = g(1)$에서 $f(1) - g(1) = 0$이므로

$h(1) = 0$, $\dfrac{2}{3} - 1 + C = 0$ $\therefore C = \dfrac{1}{3}$

따라서 $h(x) = \dfrac{2}{3}x\sqrt{x} - x + \dfrac{1}{3}$이므로
$$f(4) - g(4) = h(4) = \dfrac{16}{3} - 4 + \dfrac{1}{3} = \dfrac{5}{3}$$
답 ⑤

540

$f'(x) = 2e^{2x} - e^x$이므로
$$f(x) = \displaystyle\int (2e^{2x} - e^x)dx = e^{2x} - e^x + C$$

이때, $f(0) = -2$이므로

$1 - 1 + C = -2$ $\therefore C = -2$

$\therefore f(x) = e^{2x} - e^x - 2$

방정식 $f(x) = 0$에서
$$e^{2x} - e^x - 2 = 0,\ (e^x - 2)(e^x + 1) = 0$$

$e^x > 0$이므로 $e^x = 2$

$\therefore x = \ln 2$
답 ③

541

$f(x) = \displaystyle\int \dfrac{8^x - 1}{2^x - 1}dx$

$\qquad = \displaystyle\int \dfrac{(2^x - 1)(4^x + 2^x + 1)}{2^x - 1}dx$

$\qquad = \displaystyle\int (4^x + 2^x + 1)dx$

$\qquad = \dfrac{4^x}{2\ln 2} + \dfrac{2^x}{\ln 2} + x + C$

이때, $f(0) = 0$이므로

$\dfrac{1}{2\ln 2} + \dfrac{1}{\ln 2} + 0 + C = 0$ $\therefore C = -\dfrac{3}{2\ln 2}$

따라서 $f(x)=\dfrac{4^x}{2\ln 2}+\dfrac{2^x}{\ln 2}+x-\dfrac{3}{2\ln 2}$ 이므로

$$\lim_{h\to 0}\frac{F(1+4h)-F(1)}{h}=\lim_{h\to 0}\left\{\frac{F(1+4h)-F(1)}{4h}\times 4\right\}$$

$$=4F'(1)=4f(1)$$

$$=4\left(\frac{5}{2\ln 2}+1\right)=\frac{10}{\ln 2}+4 \qquad \text{답} ⑤$$

542

$$f(\theta)=\int\left(\sin\frac{\theta}{2}+\cos\frac{\theta}{2}\right)^2 d\theta$$

$$=\int\left(\sin^2\frac{\theta}{2}+\cos^2\frac{\theta}{2}+2\sin\frac{\theta}{2}\cos\frac{\theta}{2}\right)d\theta$$

$$=\int\left(1+2\sin\frac{\theta}{2}\cos\frac{\theta}{2}\right)d\theta$$

$$=\int(1+\sin\theta)d\theta=\theta-\cos\theta+C$$

$$\therefore f(\pi)-f\left(\frac{\pi}{2}\right)=\{\pi-(-1)+C\}-\left(\frac{\pi}{2}-0+C\right)$$

$$=\frac{\pi}{2}+1$$

보충 설명

$$\sin\theta=\sin\left(\frac{\theta}{2}+\frac{\theta}{2}\right)$$

$$=\sin\frac{\theta}{2}\cos\frac{\theta}{2}+\cos\frac{\theta}{2}\sin\frac{\theta}{2}$$

$$=2\sin\frac{\theta}{2}\cos\frac{\theta}{2} \qquad \text{답} ⑤$$

543

$$f'(x)=\sin 2x-\sin x$$

$$=(\sin x\cos x+\cos x\sin x)-\sin x$$

$$=2\sin x\cos x-\sin x$$

$$=\sin x(2\cos x-1)$$

$f'(x)=0$ 에서 $\sin x=0$ 또는 $\cos x=\dfrac{1}{2}$

$\therefore x=\dfrac{\pi}{3}$ 또는 $x=\pi$ 또는 $x=\dfrac{5}{3}\pi$ $(\because 0<x<2\pi)$

x	(0)	$\cdots$	$\frac{\pi}{3}$	$\cdots$	π	$\cdots$	$\frac{5}{3}\pi$	$\cdots$	(2π)
$f'(x)$		$+$	0	$-$	0	$+$	0	$-$	
$f(x)$		↗	극대	↘	극소	↗	극대	↘	

따라서 함수 $f(x)$는 $x=\dfrac{\pi}{3}$, $x=\dfrac{5}{3}\pi$에서 극댓값을 갖고, $x=\pi$에서 극솟값을 갖는다. 또한

$$f(x)=\int(\sin 2x-\sin x)dx$$

$$=-\frac{1}{2}\cos 2x+\cos x+C$$

이고 극댓값이 1이므로

$$f\left(\frac{\pi}{3}\right)=f\left(\frac{5}{3}\pi\right)=1$$

$$-\frac{1}{2}\times\left(-\frac{1}{2}\right)+\frac{1}{2}+C=1 \qquad \therefore C=\frac{1}{4}$$

따라서 $f(x)=-\dfrac{1}{2}\cos 2x+\cos x+\dfrac{1}{4}$ 이므로 극솟값은

$$f(\pi)=-\frac{1}{2}-1+\frac{1}{4}=-\frac{5}{4} \qquad \text{답} ②$$

544

$f'(x)=\dfrac{2}{x^2-6x+8}$ 이므로

$$f(x)=\int\frac{2}{x^2-6x+8}dx$$

$$=\int\frac{2}{(x-4)(x-2)}dx$$

$$=\int\left(\frac{1}{x-4}-\frac{1}{x-2}\right)dx$$

$$=\ln|x-4|-\ln|x-2|+C$$

$$=\ln\left|\frac{x-4}{x-2}\right|+C$$

이때, $f(0)=\ln 2$ 이므로

$$\ln 2+C=\ln 2 \qquad \therefore C=0$$

따라서 $f(x)=\ln\left|\dfrac{x-4}{x-2}\right|$ 이므로

$$f(6)=\ln\frac{1}{2}=-\ln 2 \qquad \text{답} ③$$

545

$x^2+1=t$ 로 놓으면 $\dfrac{dt}{dx}=2x$ 이므로

$$f(x)=\int\frac{x}{x^2+1}dx=\int\frac{1}{t}\times\frac{1}{2}dt$$

$$=\frac{1}{2}\ln|t|+C=\frac{1}{2}\ln|x^2+1|+C$$

$$=\frac{1}{2}\ln(x^2+1)+C \ (\because x^2+1>0)$$

이때, $f(0)=0$ 이므로 $C=0$

$$\therefore f(x)=\frac{1}{2}\ln(x^2+1)$$

방정식 $f(x)=1$ 에서

$$\frac{1}{2}\ln(x^2+1)=1, \ \ln(x^2+1)=2$$

$$x^2+1=e^2, \ x^2=e^2-1 \qquad \therefore x=\pm\sqrt{e^2-1}$$

따라서 주어진 방정식을 만족시키는 모든 x의 값의 곱은

$$\sqrt{e^2-1}\times(-\sqrt{e^2-1})=1-e^2 \qquad \text{답} ②$$

546

$$\lim_{h\to 0}\frac{f(x+h)-f(x-h)}{h}$$

$$=\lim_{h\to 0}\frac{f(x+h)-f(x)+f(x)-f(x-h)}{h}$$

$$=\lim_{h\to 0}\frac{f(x+h)-f(x)}{h}+\lim_{h\to 0}\frac{f(x-h)-f(x)}{-h}$$

$$=f'(x)+f'(x)=2f'(x)$$

이므로

$$2f'(x)=\frac{2}{x(\ln x)^2}$$

$$\therefore f'(x)=\frac{1}{x(\ln x)^2}$$

따라서 $f(x)=\displaystyle\int\dfrac{1}{x(\ln x)^2}dx$ 에서 $\ln x=t$ 로 놓으면 $\dfrac{dt}{dx}=\dfrac{1}{x}$ 이므로

$$f(x)=\int\frac{1}{x(\ln x)^2}dx=\int\frac{1}{t^2}dt$$

$$=-\frac{1}{t}+C=-\frac{1}{\ln x}+C$$

$$\therefore f(e^2)-f(e)=\left(-\frac{1}{2}+C\right)-(-1+C)=\frac{1}{2} \qquad \text{답} ④$$

547

$$\sin^5 x = \sin^4 x \sin x$$
$$= (1-\cos^2 x)^2 \sin x$$

$\cos x = t$로 놓으면 $\dfrac{dt}{dx} = -\sin x$이므로

$$f(x) = \int \sin^5 x\, dx = \int (1-\cos^2 x)^2 \sin x\, dx$$
$$= -\int (1-t^2)^2 dt = \int (-t^4 + 2t^2 - 1)\, dt$$
$$= -\frac{1}{5} t^5 + \frac{2}{3} t^3 - t + C$$
$$= -\frac{1}{5} \cos^5 x + \frac{2}{3} \cos^3 x - \cos x + C$$

이때, $f\left(\dfrac{\pi}{2}\right) = 1$이므로 $0 + C = 1$ ∴ $C = 1$

따라서 $f(x) = -\dfrac{1}{5}\cos^5 x + \dfrac{2}{3}\cos^3 x - \cos x + 1$이므로

$$f(0) = -\frac{1}{5} + \frac{2}{3} - 1 + 1 = \frac{7}{15}$$

답 ③

548

$$\lim_{h \to 0} \frac{f(1+2h)-f(1)}{h} = \lim_{h \to 0}\left\{\frac{f(1+2h)-f(1)}{2h} \times 2\right\} = 2f'(1)$$

이때, $f(x) = \int (x + \ln x)^2 dx$의 양변을 x에 대하여 미분하면

$$\frac{d}{dx} f(x) = \frac{d}{dx}\left\{\int (x+\ln x)^2 dx\right\}$$
$$\therefore f'(x) = (x + \ln x)^2$$

따라서 $f'(1) = (1+0)^2 = 1$이므로 구하는 값은

$$2f'(1) = 2 \times 1 = 2$$

답 ⑤

549

$h'(x) = g(x)$에서

$$h''(x) = \frac{d}{dx} h'(x) = \frac{d}{dx} g(x) = g'(x)$$

이때, $h''(x) = f(x)$이므로 $g'(x) = f(x)$

$$\therefore \int x f(x)\, dx = \int x g'(x)\, dx$$
$$= x g(x) - \int 1 \times g(x)\, dx$$
$$= x g(x) - h(x) + C$$

답 ④

550

$f'(x) = x \cos 2x = 0$에서 $x > 0$이므로

$\cos 2x = 0$ ∴ $x = \dfrac{\pi}{4}$ 또는 $x = \dfrac{3}{4}\pi$ ($\because 0 < x < \pi$)

x	(0)	$\cdots$	$\dfrac{\pi}{4}$	$\cdots$	$\dfrac{3}{4}\pi$	$\cdots$	(π)
$f'(x)$		$+$	0	$-$	0	$+$	
$f(x)$		↗	극대	↘	극소	↗	

따라서 함수 $f(x)$는 $x = \dfrac{\pi}{4}$에서 극댓값을 갖고, $x = \dfrac{3}{4}\pi$에서 극솟값을 갖는다.

또한 $f(x) = \int x \cos 2x\, dx$에서 $u(x) = x$, $v'(x) = \cos 2x$로 놓으면

$$u'(x) = 1,\ v(x) = \frac{1}{2}\sin 2x$$

$$\therefore f(x) = \int x \cos 2x\, dx$$
$$= \frac{1}{2} x \sin 2x - \int \frac{1}{2} \sin 2x\, dx$$
$$= \frac{1}{2} x \sin 2x + \frac{1}{4} \cos 2x + C$$

이때, $f(x)$의 극댓값이 π이므로

$$f\left(\frac{\pi}{4}\right) = \pi,\ \frac{\pi}{8} + 0 + C = \pi \qquad \therefore C = \frac{7}{8}\pi$$

따라서 $f(x) = \dfrac{1}{2} x \sin 2x + \dfrac{1}{4}\cos 2x + \dfrac{7}{8}\pi$이므로 극솟값은

$$f\left(\frac{3}{4}\pi\right) = -\frac{3}{8}\pi + 0 + \frac{7}{8}\pi = \frac{\pi}{2}$$

답 $\dfrac{\pi}{2}$

551

조건 (나)에서 $F(x) = x\{f(x) - 1\}$의 양변을 x에 대하여 미분하면

$f(x) = f(x) - 1 + x f'(x)$ ($\because$ 조건 (가))

$x f'(x) = 1$ ...... ㉠

이때, $x = 0$을 ㉠의 양변에 대입하면 등식이 성립하지 않으므로

$x \neq 0$

㉠의 양변을 x로 나누면

$$f'(x) = \frac{1}{x}$$

────────────────── ㉮

$$\therefore f(x) = \int \frac{1}{x} dx = \ln|x| + C$$

────────────────── ㉯

또한 조건 (나), (다)에서

$F(1) = 1 \times \{f(1) - 1\} = 0$이므로

$f(1) = 1$

즉, $f(1) = 0 + C = 1$ ∴ $C = 1$

따라서 $f(x) = \ln|x| + 1$이므로

────────────────── ㉰

$$f(e) = 1 + 1 = 2$$

────────────────── ㉱

단계	채점 요소	비율
㉮	조건 (가), (나)를 이용하여 $f'(x)$ 구하기	40%
㉯	부정적분을 이용하여 함수 $f(x)$의 식 세우기	20%
㉰	조건 (나), (다)를 이용하여 함수 $f(x)$ 구하기	30%
㉱	$f(e)$의 값 구하기	10%

답 2

552

$$f(x) = \begin{cases} \displaystyle\int \ln x^2\, dx & (x \neq 1) \\ 3 & (x = 1) \end{cases}$$이므로

$$\int \ln x^2\, dx = 2\int \ln x\, dx\ (\because x > 0)$$에서

$u(x) = \ln x$, $v'(x) = 1$로 놓으면

$$u'(x) = \frac{1}{x},\ v(x) = x$$

$$\therefore \int \ln x^2\, dx = 2\int \ln x\, dx$$
$$= 2\left(\ln x \times x - \int \frac{1}{x} \times x\, dx\right)$$
$$= 2\left(x \ln x - \int 1\, dx\right)$$
$$= 2x \ln x - 2x + C$$

즉, $f(x)=\begin{cases} 2x\ln x-2x+C & (x\neq 1) \\ 3 & (x=1) \end{cases}$

.... ㉮

함수 $f(x)$가 $x=1$에서 연속이므로

$\lim_{x\to 1}(2x\ln x-2x+C)=f(1)$

$0-2+C=3$ $\quad \therefore C=5$

따라서

$f(x)=\begin{cases} 2x\ln x-2x+5 & (x\neq 1) \\ 3 & (x=1) \end{cases}$

이므로

.... ㉯

$f(2)=4\ln 2-4+5=4\ln 2+1$

.... ㉰

단계	채점 요소	비율
㉮	부정적분 $\int \ln x^2\, dx$ 구하기	45%
㉯	함수 $f(x)$가 $x=1$에서 연속임을 이용하여 $f(x)$ 구하기	45%
㉰	$f(2)$의 값 구하기	10%

답 $4\ln 2+1$

Ⅲ. 적분법

11 정적분

● 개념 콕콕 ●

본문 p.109~110

553

(1) $\int_1^4 3\sqrt{x}\, dx=3\int_1^4 x^{\frac{1}{2}}\, dx=3\left[\dfrac{2}{3}x^{\frac{3}{2}}\right]_1^4$

$\qquad =2\left[x^{\frac{3}{2}}\right]_1^4=2(8-1)=14$

(2) $\int_1^8 \sqrt[3]{x}\, dx=\int_1^8 x^{\frac{1}{3}}\, dx=\left[\dfrac{3}{4}x^{\frac{4}{3}}\right]_1^8$

$\qquad =\dfrac{3}{4}\left[x^{\frac{4}{3}}\right]_1^8=\dfrac{3}{4}(16-1)=\dfrac{45}{4}$

(3) $\int_{-1}^2 \dfrac{1}{x^3}\, dx=\int_{-1}^2 x^{-3}\, dx=\left[-\dfrac{1}{2}x^{-2}\right]_{-1}^2$

$\qquad =-\dfrac{1}{2}\left[\dfrac{1}{x^2}\right]_{-1}^2=-\dfrac{1}{2}\left(\dfrac{1}{4}-1\right)=\dfrac{3}{8}$

(4) $\int_1^e \dfrac{1}{x}\, dx=\Big[\ln |x|\Big]_1^e=\ln e-\ln 1=1$

답 (1) 14 (2) $\dfrac{45}{4}$ (3) $\dfrac{3}{8}$ (4) 1

554

(1) $\int_0^{\frac{\pi}{2}} \cos x\, dx=\Big[\sin x\Big]_0^{\frac{\pi}{2}}=1-0=1$

(2) $\int_0^{\frac{\pi}{4}} (1+\tan^2 x)\, dx=\int_0^{\frac{\pi}{4}} \sec^2 x\, dx$

$\qquad\qquad =\Big[\tan x\Big]_0^{\frac{\pi}{4}}=1$

(3) $\int_0^{\ln 2} e^{-x}\, dx=\Big[-e^{-x}\Big]_0^{\ln 2}=-e^{-\ln 2}-(-1)$

$\qquad\qquad =-\dfrac{1}{2}+1=\dfrac{1}{2}$

(4) $\int_0^1 3^x\, dx=\left[\dfrac{3^x}{\ln 3}\right]_0^1=\dfrac{3}{\ln 3}-\dfrac{1}{\ln 3}=\dfrac{2}{\ln 3}$

답 (1) 1 (2) 1 (3) $\dfrac{1}{2}$ (4) $\dfrac{2}{\ln 3}$

555

(1) $\int_0^{\pi} (x^3-x\ln x+\sin x)\, dx-\int_0^{\pi} (x^3-x\ln x)\, dx$

$=\int_0^{\pi} \{(x^3-x\ln x+\sin x)-(x^3-x\ln x)\}\, dx$

$=\int_0^{\pi} \sin x\, dx=\Big[-\cos x\Big]_0^{\pi}=1+1=2$

(2) $\int_0^1 (e^x-1)\, dx+\int_1^0 (e^x-1)\, dx$

$=\int_0^1 (e^x-1)\, dx-\int_0^1 (e^x-1)\, dx=0$

(3) $\int_0^{\frac{\pi}{2}} (\cos x+1)^2\, dx+\int_{\frac{\pi}{2}}^0 (\cos x-1)^2\, dx$

$=\int_0^{\frac{\pi}{2}} (\cos^2 x+2\cos x+1)\, dx-\int_0^{\frac{\pi}{2}} (\cos^2 x-2\cos x+1)\, dx$

$=\int_0^{\frac{\pi}{2}} 4\cos x\, dx=4\Big[\sin x\Big]_0^{\frac{\pi}{2}}=4$

(4) $\int_1^2 (\sqrt{x}-1)\, dx+\int_4^2 (1-\sqrt{x})\, dx$

$=\int_1^2 (\sqrt{x}-1)\, dx-\int_4^2 (\sqrt{x}-1)\, dx$

$=\int_1^2 (\sqrt{x}-1)\, dx+\int_2^4 (\sqrt{x}-1)\, dx$

$$=\int_1^4 (\sqrt{x}-1)\,dx=\left[\frac{2}{3}x^{\frac{3}{2}}-x\right]_1^4$$
$$=\left(\frac{16}{3}-4\right)-\left(\frac{2}{3}-1\right)=\frac{5}{3}$$

🔑 (1) 2   (2) 0   (3) 4   (4) $\dfrac{5}{3}$

556

(1) x^3과 $\sin x$는 각각 기함수이므로
$$\int_{-2}^2 (x^3+\sin x)\,dx=\int_{-2}^2 x^3\,dx+\int_{-2}^2 \sin x\,dx=0$$

(2) $f(x)=x\cos x$로 놓으면
$$f(-x)=-x\cos(-x)=-x\cos x=-f(x)$$
따라서 $x\cos x$는 기함수이므로
$$\int_{-5}^5 x\cos x\,dx=0$$

(3) $\cos x$는 우함수, $\sin x$는 기함수이므로
$$\int_{-\frac{\pi}{2}}^{\frac{\pi}{2}} (\cos x-\sin x)\,dx=\int_{-\frac{\pi}{2}}^{\frac{\pi}{2}} \cos x\,dx-\int_{-\frac{\pi}{2}}^{\frac{\pi}{2}} \sin x\,dx$$
$$=2\int_0^{\frac{\pi}{2}} \cos x\,dx=2\left[\sin x\right]_0^{\frac{\pi}{2}}$$
$$=2\times 1=2$$

(4) $f(x)=e^x+e^{-x}$으로 놓으면 $f(-x)=e^{-x}+e^x=f(x)$
따라서 e^x+e^{-x}은 우함수이므로
$$\int_{-1}^1 (e^x+e^{-x})\,dx=2\int_0^1 (e^x+e^{-x})\,dx$$
$$=2\left[e^x-e^{-x}\right]_0^1=2\left(e-\frac{1}{e}\right)$$

🔑 (1) 0   (2) 0   (3) 2   (4) $2\left(e-\dfrac{1}{e}\right)$

557

(1) $x^2+2=t$로 놓으면 $\dfrac{dt}{dx}=2x$

또한 $x=0$일 때 $t=2$, $x=1$일 때 $t=3$이므로
$$\int_0^1 \frac{x}{x^2+2}\,dx=\int_2^3 \frac{1}{t}\times\frac{1}{2}\,dt=\frac{1}{2}\left[\ln|t|\right]_2^3$$
$$=\frac{1}{2}(\ln 3-\ln 2)=\frac{1}{2}\ln\frac{3}{2}$$

(2) $x+1=t$로 놓으면 $\dfrac{dt}{dx}=1$

또한 $x=0$일 때 $t=1$, $x=3$일 때 $t=4$이므로
$$\int_0^3 \sqrt{x+1}\,dx=\int_1^4 \sqrt{t}\,dt=\int_1^4 t^{\frac{1}{2}}\,dt$$
$$=\left[\frac{2}{3}t^{\frac{3}{2}}\right]_1^4=\frac{2}{3}(8-1)=\frac{14}{3}$$

(3) $x^2-1=t$로 놓으면 $\dfrac{dt}{dx}=2x$

또한 $x=1$일 때 $t=0$, $x=2$일 때 $t=3$이므로
$$\int_1^2 2x\sqrt{x^2-1}\,dx=\int_0^3 \sqrt{t}\,dt=\int_0^3 t^{\frac{1}{2}}\,dt$$
$$=\left[\frac{2}{3}t^{\frac{3}{2}}\right]_0^3=2\sqrt{3}$$

(4) $x^2+1=t$로 놓으면 $\dfrac{dt}{dx}=2x$

또한 $x=0$일 때 $t=1$, $x=1$일 때 $t=2$이므로
$$\int_0^1 \frac{2x}{\sqrt{x^2+1}}\,dx=\int_1^2 \frac{1}{\sqrt{t}}\,dt=\int_1^2 t^{-\frac{1}{2}}\,dt$$
$$=\left[2t^{\frac{1}{2}}\right]_1^2=2(\sqrt{2}-1)$$

🔑 (1) $\dfrac{1}{2}\ln\dfrac{3}{2}$ (2) $\dfrac{14}{3}$ (3) $2\sqrt{3}$ (4) $2(\sqrt{2}-1)$

558

(1) $\sin x=t$로 놓으면 $\dfrac{dt}{dx}=\cos x$

또한 $x=0$일 때 $t=0$, $x=\dfrac{\pi}{2}$일 때 $t=1$이므로
$$\int_0^{\frac{\pi}{2}} \sin^5 x\cos x\,dx=\int_0^1 t^5\,dt=\left[\frac{1}{6}t^6\right]_0^1=\frac{1}{6}$$

(2) $\tan x=\dfrac{\sin x}{\cos x}$에서 $\cos x=t$로 놓으면 $\dfrac{dt}{dx}=-\sin x$

또한 $x=0$일 때 $t=1$, $x=\dfrac{\pi}{4}$일 때 $t=\dfrac{\sqrt{2}}{2}$이므로
$$\int_0^{\frac{\pi}{4}} \tan x\,dx=\int_0^{\frac{\pi}{4}} \frac{\sin x}{\cos x}\,dx=\int_1^{\frac{\sqrt{2}}{2}} \frac{1}{t}\times(-1)\,dt$$
$$=\left[-\ln|t|\right]_1^{\frac{\sqrt{2}}{2}}=-\ln\frac{\sqrt{2}}{2}=\frac{1}{2}\ln 2$$

(3) $x^2=t$로 놓으면 $\dfrac{dt}{dx}=2x$

또한 $x=0$일 때 $t=0$, $x=1$일 때 $t=1$이므로
$$\int_0^1 2xe^{x^2}\,dx=\int_0^1 e^t\,dt=\left[e^t\right]_0^1=e-1$$

(4) $\ln x=t$로 놓으면 $\dfrac{dt}{dx}=\dfrac{1}{x}$

또한 $x=1$일 때 $t=0$, $x=e$일 때 $t=1$이므로
$$\int_1^e \frac{2\ln x}{x}\,dx=\int_0^1 2t\,dt=\left[t^2\right]_0^1=1$$

🔑 (1) $\dfrac{1}{6}$ (2) $\dfrac{1}{2}\ln 2$ (3) $e-1$ (4) 1

559

(1) $x=\sin\theta\left(-\dfrac{\pi}{2}\le\theta\le\dfrac{\pi}{2}\right)$로 놓으면 $\dfrac{dx}{d\theta}=\cos\theta$

또한 $x=0$일 때 $\theta=0$, $x=\dfrac{1}{2}$일 때 $\theta=\dfrac{\pi}{6}$이므로
$$\int_0^{\frac{1}{2}} \frac{1}{\sqrt{1-x^2}}\,dx=\int_0^{\frac{\pi}{6}} \frac{1}{\sqrt{1-\sin^2\theta}}\times\cos\theta\,d\theta$$
$$=\int_0^{\frac{\pi}{6}} \frac{\cos\theta}{\cos\theta}\,d\theta=\int_0^{\frac{\pi}{6}} d\theta$$
$$=\left[\theta\right]_0^{\frac{\pi}{6}}=\frac{\pi}{6}$$

(2) $x=\tan\theta\left(-\dfrac{\pi}{2}<\theta<\dfrac{\pi}{2}\right)$로 놓으면 $\dfrac{dx}{d\theta}=\sec^2\theta$

또한 $x=0$일 때 $\theta=0$, $x=1$일 때 $\theta=\dfrac{\pi}{4}$이므로
$$\int_0^1 \frac{1}{1+x^2}\,dx=\int_0^{\frac{\pi}{4}} \frac{1}{1+\tan^2\theta}\times\sec^2\theta\,d\theta$$
$$=\int_0^{\frac{\pi}{4}} \frac{\sec^2\theta}{\sec^2\theta}\,d\theta=\int_0^{\frac{\pi}{4}} d\theta$$
$$=\left[\theta\right]_0^{\frac{\pi}{4}}=\frac{\pi}{4}$$

🔑 (1) $\dfrac{\pi}{6}$ (2) $\dfrac{\pi}{4}$

560

$f(x)=\ln x$, $g'(x)=1$로 놓으면
$$f'(x)=\boxed{\frac{1}{x}}, \quad g(x)=x$$이므로
$$\int_1^e \ln x\,dx=\left[x\ln x\right]_1^e-\int_1^e \boxed{\frac{1}{x}}\times x\,dx$$
$$=e-\left[\boxed{x}\right]_1^e$$
$$=e-(\boxed{e-1})=\boxed{1}$$

🔑 (가) $\dfrac{1}{x}$ (나) x (다) $e-1$ (라) 1

561

(1) $f(x)=x$, $g'(x)=e^x$으로 놓으면

$f'(x)=1$, $g(x)=e^x$

$\therefore \int_0^1 xe^x\,dx=\left[xe^x\right]_0^1-\int_0^1 e^x\,dx=e-\left[e^x\right]_0^1$

$\qquad =e-(e-1)=1$

(2) $f(x)=x$, $g'(x)=\cos x$로 놓으면

$f'(x)=1$, $g(x)=\sin x$

$\therefore \int_0^\pi x\cos x\,dx=\left[x\sin x\right]_0^\pi-\int_0^\pi \sin x\,dx$

$\qquad =0+\left[\cos x\right]_0^\pi$

$\qquad =-1-1=-2$

답 (1) 1 (2) -2

562

(1) 주어진 식의 양변을 x에 대하여 미분하면

$f(x)=\dfrac{1}{2\sqrt{x}}$

(2) 주어진 식의 양변을 x에 대하여 미분하면

$f(x)=-\sin x+\cos x$

(3) 주어진 식의 양변을 x에 대하여 미분하면

$f(x)=\dfrac{1}{x}$

(4) 주어진 식의 양변을 x에 대하여 미분하면

$f(x)=2^x\ln 2$

답 (1) $f(x)=\dfrac{1}{2\sqrt{x}}$ (2) $f(x)=-\sin x+\cos x$

(3) $f(x)=\dfrac{1}{x}$ (4) $f(x)=2^x\ln 2$

563

(1) $f(t)=e^t+1$로 놓고, $f(t)$의 한 부정적분을 $F(t)$라 하면

$\displaystyle\lim_{h\to 0}\dfrac{1}{h}\int_0^h (e^t+1)dt=\lim_{h\to 0}\dfrac{1}{h}\int_0^h f(t)dt$

$\qquad =\lim_{h\to 0}\dfrac{F(h)-F(0)}{h}$

$\qquad =F'(0)=f(0)=2$

(2) $f(t)=\sin t-t$로 놓고, $f(t)$의 한 부정적분을 $F(t)$라 하면

$\displaystyle\lim_{x\to\pi}\dfrac{1}{x-\pi}\int_\pi^x (\sin t-t)dt=\lim_{x\to\pi}\dfrac{1}{x-\pi}\int_\pi^x f(t)dt$

$\qquad =\lim_{x\to\pi}\dfrac{F(x)-F(\pi)}{x-\pi}$

$\qquad =F'(\pi)=f(\pi)=-\pi$

답 (1) 2 (2) $-\pi$

564

$\displaystyle\int_0^1 (2^x-1)(2^x+1)dx=\int_0^1 (4^x-1)dx=\left[\dfrac{4^x}{\ln 4}-x\right]_0^1$

$\qquad =\left(\dfrac{4}{\ln 4}-1\right)-\dfrac{1}{\ln 4}=\dfrac{3}{\ln 4}-1$

따라서 $a=3$, $b=-1$이므로

$a+b=3+(-1)=2$

답 ③

565

$\displaystyle\int_1^4 \dfrac{x-2}{x^2}dx=\int_1^4 \left(\dfrac{1}{x}-\dfrac{2}{x^2}\right)dx=\int_1^4 \left(\dfrac{1}{x}-2x^{-2}\right)dx$

$\qquad =\left[\ln|x|+\dfrac{2}{x}\right]_1^4=\left(\ln 4+\dfrac{1}{2}\right)-2$

$\qquad =2\ln 2-\dfrac{3}{2}$

답 ④

566

$\displaystyle\int_1^4 \dfrac{(1-\sqrt{x})^2}{\sqrt{x}}dx=\int_1^4 \dfrac{1-2\sqrt{x}+x}{\sqrt{x}}dx$

$\qquad =\int_1^4 \left(x^{-\frac{1}{2}}-2+x^{\frac{1}{2}}\right)dx$

$\qquad =\left[2x^{\frac{1}{2}}-2x+\dfrac{2}{3}x^{\frac{3}{2}}\right]_1^4$

$\qquad =\left(4-8+\dfrac{16}{3}\right)-\left(2-2+\dfrac{2}{3}\right)$

$\qquad =\dfrac{2}{3}$

답 ①

567

$\displaystyle\int_0^{\frac{\pi}{2}} (\sin x+\cos x)^2 dx+\int_{\frac{\pi}{2}}^0 (\sin t-\cos t)^2 dt$

$=\displaystyle\int_0^{\frac{\pi}{2}} (\sin x+\cos x)^2 dx+\int_{\frac{\pi}{2}}^0 (\sin x-\cos x)^2 dx$

$=\displaystyle\int_0^{\frac{\pi}{2}} (\sin x+\cos x)^2 dx-\int_0^{\frac{\pi}{2}} (\sin x-\cos x)^2 dx$

$=\displaystyle\int_0^{\frac{\pi}{2}} \{(\sin x+\cos x)^2-(\sin x-\cos x)^2\}dx$

$=\displaystyle\int_0^{\frac{\pi}{2}} 4\sin x\cos x\,dx$

$=\displaystyle\int_0^{\frac{\pi}{2}} 2\sin 2x\,dx$

$=\left[-\cos 2x\right]_0^{\frac{\pi}{2}}$

$=-(-1)+1=2$

답 ④

568

$\displaystyle\int_0^1 \dfrac{e^{2x}}{e^x+1}dx+\int_1^0 \dfrac{1}{e^t+1}dt=\int_0^1 \dfrac{e^{2x}}{e^x+1}dx+\int_1^0 \dfrac{1}{e^x+1}dx$

$\qquad =\displaystyle\int_0^1 \dfrac{e^{2x}}{e^x+1}dx-\int_0^1 \dfrac{1}{e^x+1}dx$

$\qquad =\displaystyle\int_0^1 \dfrac{e^{2x}-1}{e^x+1}dx$

$\qquad =\displaystyle\int_0^1 \dfrac{(e^x+1)(e^x-1)}{e^x+1}dx$

$\qquad =\displaystyle\int_0^1 (e^x-1)dx$

$\qquad =\left[e^x-x\right]_0^1$

$\qquad =(e-1)-(1-0)$

$\qquad =e-2$

답 ①

569

$$\int_3^9 f(x)\,dx - \int_e^9 f(x)\,dx + \int_1^3 f(x)\,dx$$

$$= \int_3^9 f(x)\,dx + \int_9^e f(x)\,dx + \int_1^3 f(x)\,dx$$

$$= \int_3^e f(x)\,dx + \int_1^3 f(x)\,dx$$

$$= \int_1^e f(x)\,dx$$

$$= \int_1^e \frac{1}{x}\,dx = \Big[\ln|x|\Big]_1^e = 1$$

답 ②

570

오른쪽 그림에서 $0 \le x \le \dfrac{\pi}{4}$일 때

$|\sin x - \cos x| = \cos x - \sin x$

$\dfrac{\pi}{4} \le x \le \dfrac{\pi}{2}$일 때

$|\sin x - \cos x| = \sin x - \cos x$

$$\therefore \int_0^{\frac{\pi}{2}} |\sin x - \cos x|\,dx$$

$$= \int_0^{\frac{\pi}{4}} (\cos x - \sin x)\,dx + \int_{\frac{\pi}{4}}^{\frac{\pi}{2}} (\sin x - \cos x)\,dx$$

$$= \Big[\sin x + \cos x\Big]_0^{\frac{\pi}{4}} + \Big[-\cos x - \sin x\Big]_{\frac{\pi}{4}}^{\frac{\pi}{2}}$$

$$= (\sqrt{2}-1) + (-1+\sqrt{2}) = 2(\sqrt{2}-1)$$

다른 풀이

$$\int_0^{\frac{\pi}{2}} |\sin x - \cos x|\,dx$$

$$= \int_0^{\frac{\pi}{2}} \left| \sqrt{2}\sin\left(x - \frac{\pi}{4}\right) \right| dx$$

$$= -\sqrt{2}\int_0^{\frac{\pi}{4}} \sin\left(x-\frac{\pi}{4}\right)dx + \sqrt{2}\int_{\frac{\pi}{4}}^{\frac{\pi}{2}} \sin\left(x-\frac{\pi}{4}\right)dx$$

$$= \sqrt{2}\Big[\cos\left(x-\frac{\pi}{4}\right)\Big]_0^{\frac{\pi}{4}} + \sqrt{2}\Big[-\cos\left(x-\frac{\pi}{4}\right)\Big]_{\frac{\pi}{4}}^{\frac{\pi}{2}}$$

$$= \sqrt{2}\left(1-\frac{\sqrt{2}}{2}\right) + \sqrt{2}\left(-\frac{\sqrt{2}}{2}+1\right) = 2(\sqrt{2}-1)$$

답 ①

571

$$\int_{\frac{1}{e^2}}^{e} \sqrt[4]{(\ln x)^4}\,dx = \int_{\frac{1}{e^2}}^{e} |\ln x|\,dx$$

$$= \int_{\frac{1}{e^2}}^{1} (-\ln x)\,dx + \int_1^e \ln x\,dx$$

$$= \Big[-x\ln x + x\Big]_{\frac{1}{e^2}}^{1} + \Big[x\ln x - x\Big]_1^e$$

$$= \left(1 - \frac{2}{e^2} - \frac{1}{e^2}\right) + (e-e+1)$$

$$= 2 - \frac{3}{e^2}$$

답 ③

572

$1 \le x \le 2$일 때, $\left|\sqrt{\dfrac{2}{x}} - 1\right| = \sqrt{\dfrac{2}{x}} - 1$

$2 \le x \le 4$일 때, $\left|\sqrt{\dfrac{2}{x}} - 1\right| = -\sqrt{\dfrac{2}{x}} + 1$

$$\therefore \int_1^4 \left|\sqrt{\frac{2}{x}} - 1\right| dx$$

$$= \int_1^2 \left(\sqrt{\frac{2}{x}} - 1\right)dx + \int_2^4 \left(-\sqrt{\frac{2}{x}} + 1\right)dx$$

$$= \int_1^2 \left(\sqrt{2}x^{-\frac{1}{2}} - 1\right)dx + \int_2^4 \left(-\sqrt{2}x^{-\frac{1}{2}} + 1\right)dx$$

$$= \Big[2\sqrt{2}x^{\frac{1}{2}} - x\Big]_1^2 + \Big[-2\sqrt{2}x^{\frac{1}{2}} + x\Big]_2^4$$

$$= \{(4-2) - (2\sqrt{2}-1)\} + \{(-4\sqrt{2}+4) - (-4+2)\}$$

$$= 9 - 6\sqrt{2}$$

답 ①

573

$f(x) = 2^x + 2^{-x}$으로 놓으면

$f(-x) = 2^{-x} + 2^x = f(x)$

이므로 $2^x + 2^{-x}$은 우함수이다.

또한 $g(x) = 5^x - 5^{-x}$으로 놓으면

$g(-x) = 5^{-x} - 5^x = -(5^x - 5^{-x}) = -g(x)$

이므로 $5^x - 5^{-x}$은 기함수이다.

$$\therefore \int_{-1}^{1} (2^x + 5^x + 2^{-x} - 5^{-x})\,dx = 2\int_0^1 (2^x + 2^{-x})\,dx$$

$$= 2\left[\frac{2^x}{\ln 2} - \frac{2^{-x}}{\ln 2}\right]_0^1$$

$$= 2\left(\frac{2}{\ln 2} - \frac{1}{2\ln 2}\right)$$

$$= \frac{3}{\ln 2}$$

답 ④

574

$\sin x$는 기함수이고, $f(x) = x\cos x$로 놓으면

$f(-x) = -x\cos(-x) = -x\cos x = -f(x)$

이므로 $x\cos x$도 기함수이다.

$$\therefore \int_{-\pi}^{\pi} (\sin x + x\cos x)\,dx$$

$$= \int_{-\pi}^{\pi} \sin x\,dx + \int_{-\pi}^{\pi} x\cos x\,dx$$

$$= 0$$

답 ③

575

$f(-x) = f(x)$이므로 $f(x)$는 우함수이고, $\sin x$는 기함수이다.

이때, $f(-x)\sin(-x) = f(x)(-\sin x) = -f(x)\sin x$이므로

$f(x)\sin x$는 기함수이다.

즉, $\displaystyle\int_{-1}^1 f(x)\sin x\,dx = 0$이므로

$a = 0$

⸻ ㉮

또한 $\displaystyle\int_{-1}^1 f(x)\,dx = 2\int_0^1 f(x)\,dx = 2 \times 1 = 2$이므로

$b = 2$

⸻ ㉯

$\therefore a + b = 0 + 2 = 2$

⸻ ㉰

단계	채점 요소	비율
㉮	a의 값 구하기	60%
㉯	b의 값 구하기	30%
㉰	$a+b$의 값 구하기	10%

답 2

576

$1+\ln x=t$로 놓으면 $\dfrac{dt}{dx}=\dfrac{1}{x}$

또한 $x=1$일 때 $t=1$, $x=e$일 때 $t=2$이므로

$\displaystyle\int_{1}^{e}\dfrac{2}{x(1+\ln x)^3}\,dx=\int_{1}^{2}\dfrac{2}{t^3}\,dt=\int_{1}^{2}2t^{-3}\,dt$

$\qquad\qquad=\Big[-t^{-2}\Big]_{1}^{2}=-\dfrac{1}{4}+1=\dfrac{3}{4}$　　**답** ①

577

$e^{x}=t$로 놓으면 $\dfrac{dt}{dx}=e^{x}$

또한 $x=0$일 때 $t=1$, $x=\ln 2$일 때 $t=2$이므로

$\displaystyle\int_{0}^{\ln 2}\dfrac{e^{2x}}{e^{x}+1}\,dx=\int_{0}^{\ln 2}\dfrac{e^{x}}{e^{x}+1}\times e^{x}\,dx$

$\qquad\qquad=\displaystyle\int_{1}^{2}\dfrac{t}{t+1}\,dt=\int_{1}^{2}\Big(1-\dfrac{1}{t+1}\Big)dt$

$\qquad\qquad=\Big[t-\ln|t+1|\Big]_{1}^{2}$

$\qquad\qquad=(2-\ln 3)-(1-\ln 2)$

$\qquad\qquad=1+\ln\dfrac{2}{3}$　　**답** ②

578

$\displaystyle\int_{0}^{\frac{\pi}{2}}\cos^{3}x\,dx=\int_{0}^{\frac{\pi}{2}}\cos^{2}x\times\cos x\,dx$

$\qquad\qquad=\displaystyle\int_{0}^{\frac{\pi}{2}}(1-\sin^{2}x)\cos x\,dx$

이때, $\sin x=t$로 놓으면 $\dfrac{dt}{dx}=\cos x$

또한 $x=0$일 때 $t=0$, $x=\dfrac{\pi}{2}$일 때 $t=1$이므로

$\displaystyle\int_{0}^{\frac{\pi}{2}}(1-\sin^{2}x)\cos x\,dx=\int_{0}^{1}(1-t^{2})\,dt$

$\qquad\qquad=\Big[t-\dfrac{1}{3}t^{3}\Big]_{0}^{1}$

$\qquad\qquad=1-\dfrac{1}{3}=\dfrac{2}{3}$　　**답** ②

579

$f(x)=x+1$, $g'(x)=e^{x}$으로 놓으면

$f'(x)=1$, $g(x)=e^{x}$

$\therefore \displaystyle\int_{0}^{1}(x+1)e^{x}\,dx=\Big[(x+1)e^{x}\Big]_{0}^{1}-\int_{0}^{1}e^{x}\,dx$

$\qquad\qquad=(2e-1)-\Big[e^{x}\Big]_{0}^{1}$

$\qquad\qquad=(2e-1)-(e-1)$

$\qquad\qquad=e$　　**답** ③

580

$f(x)=x$, $g'(x)=\sin 2x$로 놓으면

$f'(x)=1$, $g(x)=-\dfrac{1}{2}\cos 2x$

$\therefore \displaystyle\int_{0}^{\frac{\pi}{2}}x\sin 2x\,dx=\Big[-\dfrac{1}{2}x\cos 2x\Big]_{0}^{\frac{\pi}{2}}-\int_{0}^{\frac{\pi}{2}}\Big(-\dfrac{1}{2}\cos 2x\Big)dx$

$\qquad\qquad=\dfrac{\pi}{4}+\Big[\dfrac{1}{4}\sin 2x\Big]_{0}^{\frac{\pi}{2}}$

$\qquad\qquad=\dfrac{\pi}{4}$　　**답** $\dfrac{\pi}{4}$

581

$f(x)=\ln x$, $g'(x)=x$로 놓으면

$f'(x)=\dfrac{1}{x}$, $g(x)=\dfrac{1}{2}x^{2}$

$\therefore \displaystyle\int_{1}^{\sqrt{2}}x\ln x\,dx=\Big[\dfrac{1}{2}x^{2}\ln x\Big]_{1}^{\sqrt{2}}-\int_{1}^{\sqrt{2}}\dfrac{1}{2}x\,dx$

$\qquad\qquad=\ln\sqrt{2}-\Big[\dfrac{1}{4}x^{2}\Big]_{1}^{\sqrt{2}}$

$\qquad\qquad=\dfrac{1}{2}\ln 2-\Big(\dfrac{1}{2}-\dfrac{1}{4}\Big)$

$\qquad\qquad=\dfrac{1}{2}\ln 2-\dfrac{1}{4}$

따라서 $a=\dfrac{1}{2}$, $b=-\dfrac{1}{4}$이므로

$a+b=\dfrac{1}{2}+\Big(-\dfrac{1}{4}\Big)=\dfrac{1}{4}$　　**답** $\dfrac{1}{4}$

582

$\displaystyle\int_{\frac{\pi}{2}}^{\pi}f(t)\,dt=k$ (k는 상수)　　　……㉠

로 놓으면 $f(x)=4\sin x\cos x+k$

이것을 ㉠에 대입하면

$\displaystyle\int_{\frac{\pi}{2}}^{\pi}(4\sin t\cos t+k)\,dt=k$

$\displaystyle\int_{\frac{\pi}{2}}^{\pi}(2\sin 2t+k)\,dt=k$

$\Big[-\cos 2t+kt\Big]_{\frac{\pi}{2}}^{\pi}=k$

$-1+\pi k-1-\dfrac{\pi}{2}k=k$

$k\Big(\dfrac{\pi}{2}-1\Big)=2$　　$\therefore k=\dfrac{4}{\pi-2}$

따라서 $f(x)=4\sin x\cos x+\dfrac{4}{\pi-2}$이므로

$f(\pi)=\dfrac{4}{\pi-2}$　　**답** ⑤

583

$\displaystyle\int_{0}^{\frac{\pi}{2}}f(t)\,dt=k$ (k는 상수)　　　……㉠

로 놓으면 $f(x)=\cos x+k$

이것을 ㉠에 대입하면

$\displaystyle\int_{0}^{\frac{\pi}{2}}(\cos t+k)\,dt=k$, $\Big[\sin t+kt\Big]_{0}^{\frac{\pi}{2}}=k$

$1+\dfrac{\pi}{2}k=k$, $k\Big(1-\dfrac{\pi}{2}\Big)=1$　　$\therefore k=\dfrac{2}{2-\pi}$

따라서 $f(x)=\cos x+\dfrac{2}{2-\pi}$이므로

$f\Big(\dfrac{\pi}{2}\Big)=\dfrac{2}{2-\pi}$　　**답** ①

584

$\displaystyle\int_{1}^{e}f(t)\,dt=k$ (k는 상수)　　　……㉠

로 놓으면 $f(x)=\ln x-k$

이것을 ㉠에 대입하면

$\displaystyle\int_{1}^{e}(\ln t-k)\,dt=k$

$\Big[t\ln t-t-kt\Big]_{1}^{e}=k$, $-ek+1+k=k$

$ek=1$ $\therefore k=\dfrac{1}{e}$

따라서 $f(x)=\ln x-\dfrac{1}{e}$이므로 $f(1)=-\dfrac{1}{e}$

$\therefore -ef(1)=-e\times\left(-\dfrac{1}{e}\right)=1$ **답** 1

585

$\displaystyle\int_a^x f(t)dt=2\cos x-2\sin x$ ...... ㉠

㉠의 양변에 $x=a$를 대입하면

$2\cos a-2\sin a=0,\ \cos a=\sin a$

$\therefore a=\dfrac{\pi}{4}\left(\because 0<a<\dfrac{\pi}{2}\right)$

㉠의 양변을 x에 대하여 미분하면

$f(x)=-2\sin x-2\cos x$

$\therefore f(a)=f\left(\dfrac{\pi}{4}\right)=-\sqrt{2}-\sqrt{2}=-2\sqrt{2}$ **답** ①

586

$f(x)=\displaystyle\int_0^x (1-\sin t)\cos t\, dt$의 양변을 x에 대하여 미분하면

$f'(x)=(1-\sin x)\cos x$

$\therefore f'\left(\dfrac{\pi}{6}\right)=\left(1-\dfrac{1}{2}\right)\times\dfrac{\sqrt{3}}{2}=\dfrac{\sqrt{3}}{4}$ **답** ①

587

$\displaystyle\int_0^x f(t)dt=e^{2x}-ae^x+bx$ ...... ㉠

㉠의 양변에 $x=0$을 대입하면

$0=1-a$ $\therefore a=1$ **㉮**

㉠의 양변을 x에 대하여 미분하면

$f(x)=2e^{2x}-ae^x+b=2e^{2x}-e^x+b$

이때, $f(0)=0$이므로 $2-1+b=0$

$\therefore b=-1$ **㉯**

따라서 $f(x)=2e^{2x}-e^x-1$이므로

$f(\ln 2)=2e^{2\ln 2}-e^{\ln 2}-1=8-2-1=5$ **㉰**

단계	채점 요소	비율
㉮	a의 값 구하기	40%
㉯	b의 값 구하기	40%
㉰	$f(\ln 2)$의 값 구하기	20%

답 5

588

$\displaystyle\int_\pi^x (x-t)f(t)dt=2\sin x+ax-2\pi$에서

$x\displaystyle\int_\pi^x f(t)dt-\int_\pi^x tf(t)dt=2\sin x+ax-2\pi$ ...... ㉠

㉠의 양변을 x에 대하여 미분하면

$\displaystyle\int_\pi^x f(t)dt+xf(x)-xf(x)=2\cos x+a$

$\therefore \displaystyle\int_\pi^x f(t)dt=2\cos x+a$ ...... ㉡

㉡의 양변에 $x=\pi$를 대입하면

$2\cos\pi+a=0$ $\therefore a=2$

$\therefore \displaystyle\int_\pi^x f(t)dt=2\cos x+2$ ...... ㉢

㉢의 양변을 x에 대하여 미분하면

$f(x)=-2\sin x$

따라서 $f\left(\dfrac{\pi}{6}\right)=-1$이므로 $b=-1$

$\therefore a+b=2+(-1)=1$ **답** ①

589

$f(x)=\displaystyle\int_0^x (x-t)\sin t\, dt$

$=x\displaystyle\int_0^x \sin t\, dt-\int_0^x t\sin t\, dt$ ...... ㉠

㉠의 양변을 x에 대하여 미분하면

$f'(x)=\displaystyle\int_0^x \sin t\, dt+x\sin x-x\sin x$

$=\displaystyle\int_0^x \sin t\, dt=\Big[-\cos t\Big]_0^x$

$=-\cos x+1$

$\therefore f'(\pi)=2$ **답** ⑤

590

$f(x)=x^2+\displaystyle\int_0^1 f(t)(1+xe^t)dt$

$=x^2+\displaystyle\int_0^1 f(t)dt+x\int_0^1 f(t)e^t\, dt$

에서 $\displaystyle\int_0^1 f(t)dt=a,\ \int_0^1 f(t)e^t\, dt=b\ (a,\ b$는 상수$)$로 놓으면

$f(x)=x^2+bx+a$

$a=\displaystyle\int_0^1 f(t)dt=\int_0^1 (t^2+bt+a)\,dt$

$=\Big[\dfrac{1}{3}t^3+\dfrac{b}{2}t^2+at\Big]_0^1=\dfrac{1}{3}+\dfrac{b}{2}+a$

이므로 $0=\dfrac{1}{3}+\dfrac{b}{2}$ $\therefore b=-\dfrac{2}{3}$

$\therefore f(x)=x^2-\dfrac{2}{3}x+a$

$b=\displaystyle\int_0^1 f(t)e^t\, dt=\int_0^1 \left(t^2-\dfrac{2}{3}t+a\right)e^t\, dt$

$=\Big[\left(t^2-\dfrac{2}{3}t+a\right)e^t\Big]_0^1-\displaystyle\int_0^1 \left(2t-\dfrac{2}{3}\right)e^t\, dt$

$=\left(\dfrac{1}{3}+a\right)e-a-\Big[\left(2t-\dfrac{2}{3}\right)e^t\Big]_0^1+\displaystyle\int_0^1 2e^t\, dt$

$=\left(\dfrac{1}{3}+a\right)e-a-\dfrac{4}{3}e-\dfrac{2}{3}+\Big[2e^t\Big]_0^1$

$=(e-1)a+e-\dfrac{8}{3}$

이므로 $b=(e-1)a+e-\dfrac{8}{3}$

$(e-1)a+e=2\left(\because b=-\dfrac{2}{3}\right)$ $\therefore a=\dfrac{2-e}{e-1}$

따라서 $f(x)=x^2-\dfrac{2}{3}x+\dfrac{2-e}{e-1}$이므로

$f(1)=\dfrac{1}{3}+\dfrac{2-e}{e-1}=\dfrac{5-2e}{3(e-1)}$ $\therefore 3(e-1)f(1)=5-2e$

답 $5-2e$

591

$f(t)=t^2\cos t$로 놓고, $f(t)$의 한 부정적분을 $F(t)$라 하면

$$\lim_{x\to\pi}\frac{1}{x-\pi}\int_\pi^x t^2\cos t\,dt=\lim_{x\to\pi}\frac{1}{x-\pi}\int_\pi^x f(t)\,dt$$
$$=\lim_{x\to\pi}\frac{1}{x-\pi}\Big[F(t)\Big]_\pi^x$$
$$=\lim_{x\to\pi}\frac{F(x)-F(\pi)}{x-\pi}$$
$$=F'(\pi)=f(\pi)$$
$$=\pi^2\cos\pi=-\pi^2$$

답 ①

592

$f(t)=\sin\left(t+\dfrac{\pi}{2}\right)$로 놓고, $f(t)$의 한 부정적분을 $F(t)$라 하면

$$\lim_{x\to0}\frac{1}{x}\int_0^x\sin\left(t+\frac{\pi}{2}\right)dt=\lim_{x\to0}\frac{1}{x}\int_0^x f(t)\,dt$$
$$=\lim_{x\to0}\frac{1}{x}\Big[F(t)\Big]_0^x$$
$$=\lim_{x\to0}\frac{F(x)-F(0)}{x-0}$$
$$=F'(0)=f(0)$$
$$=\sin\frac{\pi}{2}=1$$

답 1

593

$f(t)=t\sin\left(t-\dfrac{\pi}{2}\right)$로 놓고, $f(t)$의 한 부정적분을 $F(t)$라 하면

$$\lim_{h\to0}\frac{1}{h}\int_{\pi-h}^{\pi+h}t\sin\left(t-\frac{\pi}{2}\right)dt$$
$$=\lim_{h\to0}\frac{1}{h}\int_{\pi-h}^{\pi+h}f(t)\,dt$$
$$=\lim_{h\to0}\frac{1}{h}\Big[F(t)\Big]_{\pi-h}^{\pi+h}$$
$$=\lim_{h\to0}\frac{F(\pi+h)-F(\pi-h)}{h}$$
$$=\lim_{h\to0}\frac{F(\pi+h)-F(\pi)-\{F(\pi-h)-F(\pi)\}}{h}$$
$$=\lim_{h\to0}\frac{F(\pi+h)-F(\pi)}{h}+\lim_{h\to0}\frac{F(\pi-h)-F(\pi)}{-h}$$
$$=F'(\pi)+F'(\pi)=2F'(\pi)$$
$$=2f(\pi)=2\times\pi\times1=2\pi$$

답 2π

실력 콕콕

본문 p.116~117

594 ①	**595** 2	**596** ③	**597** ②	**598** 36	**599** 12
600 (1) $\dfrac{4}{5}$	(2) $2e(e-1)$	(3) $2\left(1-\dfrac{1}{e}\right)$	(4) $\dfrac{8}{15}$	**601** ②	**602** ①
603 ⑤	**604** ④	**605** 3	**606** ①	**607** ③	
608 $3e^\pi$	**609** 4				

594

$f(x)=\lim\limits_{n\to\infty}\dfrac{x^n+2x-1}{x^{n+1}+1}$에서

(i) $-1<x<1$일 때, $\lim\limits_{n\to\infty}x^n=0$이므로

$$f(x)=\lim_{n\to\infty}\frac{x^n+2x-1}{x^{n+1}+1}=2x-1$$

(ii) $x>1$일 때, $\lim\limits_{n\to\infty}x^n=\infty$이므로

$$f(x)=\lim_{n\to\infty}\frac{x^n+2x-1}{x^{n+1}+1}=\lim_{n\to\infty}\frac{\dfrac{1}{x}+\dfrac{2}{x^n}-\dfrac{1}{x^{n+1}}}{1+\dfrac{1}{x^{n+1}}}=\frac{1}{x}$$

(iii) $x=1$일 때, $f(1)=1$이고

$\lim\limits_{x\to1+}f(x)=\lim\limits_{x\to1-}f(x)=1$이므로

함수 $f(x)$는 $x=1$에서 연속이다.

(i)~(iii)에서

$$\int_0^{e^2}f(x)dx=\int_0^1 f(x)dx+\int_1^{e^2}f(x)dx$$
$$=\int_0^1(2x-1)dx+\int_1^{e^2}\frac{1}{x}\,dx$$
$$=\Big[x^2-x\Big]_0^1+\Big[\ln|x|\Big]_1^{e^2}$$
$$=0+(\ln e^2-0)=2$$

답 ①

595

$$\int_0^1 2^x\,dx=\Big[\frac{2^x}{\ln2}\Big]_0^1=\frac{1}{\ln2}$$
$$\int_1^2\log_2 x\,dx=\int_1^2\frac{\ln x}{\ln2}\,dx=\frac{1}{\ln2}\int_1^2\ln x\,dx$$
$$=\frac{1}{\ln2}\Big[x\ln x-x\Big]_1^2=2-\frac{1}{\ln2}$$
$$\therefore\int_0^1 2^x\,dx+\int_1^2\log_2 x\,dx=\frac{1}{\ln2}+2-\frac{1}{\ln2}=2$$

다른 풀이

$\int_0^1 2^x\,dx+\int_1^2\log_2 x\,dx$에서

$y=2^x$과 $y=\log_2 x$는 서로 역함수이므로 두 함수의 그래프는 오른쪽 그림과 같이 직선 $y=x$에 대하여 대칭이다.

따라서 $\int_0^1 2^x\,dx=S_1$, $\int_1^2\log_2 x\,dx=S_2$ 라 하면

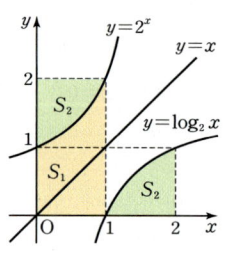

$$\int_0^1 2^x\,dx+\int_1^2\log_2 x\,dx=S_1+S_2=1\times2=2$$

답 2

596

$$\int_{2e}^{4e}f(x)dx-\int_e^{4e}f(x)dx+\int_1^{2e}f(x)dx$$
$$=\int_{2e}^{4e}f(x)dx+\int_{4e}^e f(x)dx+\int_1^{2e}f(x)dx$$
$$=\int_1^{2e}f(x)dx+\int_{2e}^{4e}f(x)dx+\int_{4e}^e f(x)dx$$
$$=\int_1^e f(x)dx=\int_1^e 4x\ln x\,dx$$
$$=\Big[2x^2\ln x\Big]_1^e-\int_1^e\left(2x^2\times\frac{1}{x}\right)dx$$
$$=\Big[2x^2\ln x\Big]_1^e-\int_1^e 2x\,dx$$
$$=2e^2-\Big[x^2\Big]_1^e=2e^2-(e^2-1)=e^2+1$$

답 ③

597

$$2\sin^2 x-1=(1-\cos^2 x)+\sin^2 x-1$$
$$=\sin x\sin x-\cos x\cos x$$
$$=-(\cos x\cos x-\sin x\sin x)=-\cos2x$$

이므로

$$\int_0^{\frac{\pi}{2}} |2\sin^2 x - 1| \, dx = \int_0^{\frac{\pi}{2}} |-\cos 2x| \, dx$$
$$= \int_0^{\frac{\pi}{4}} \cos 2x \, dx - \int_{\frac{\pi}{4}}^{\frac{\pi}{2}} \cos 2x \, dx$$
$$= \left[\frac{1}{2}\sin 2x \right]_0^{\frac{\pi}{4}} - \left[\frac{1}{2}\sin 2x \right]_{\frac{\pi}{4}}^{\frac{\pi}{2}}$$
$$= \frac{1}{2}\{(1-0)-(0-1)\} = 1 \qquad \text{🟤 ②}$$

598

$\sin x$는 기함수이고 $f(x) = \sin^2 x$로 놓으면

$f(-x) = \sin^2(-x) = \sin^2 x = f(x)$

이므로 $\sin^2 x$는 우함수이다.

$$\therefore \int_{-\pi}^{\pi} (4 - 2\sin x)^2 \, dx$$
$$= \int_{-\pi}^{\pi} (16 - 16\sin x + 4\sin^2 x) \, dx$$
$$= 2\int_0^{\pi} (16 + 4\sin^2 x) \, dx$$
$$= 2\int_0^{\pi} (16 + 2 \times 2\sin^2 x) \, dx$$
$$= 2\int_0^{\pi} \{16 + 2(\sin^2 x + 1 - \cos^2 x)\} \, dx$$
$$= 2\int_0^{\pi} \{16 + 2(\sin x \sin x - \cos x \cos x + 1)\} \, dx$$
$$= 2\int_0^{\pi} \{16 + 2(1 - \cos 2x)\} \, dx$$
$$= 2\int_0^{\pi} (18 - 2\cos 2x) \, dx$$
$$= 2\left[18x - \sin 2x \right]_0^{\pi} = 36\pi$$
$$\therefore a = 36 \qquad \text{🟤 36}$$

599

$a - x = t$로 놓으면 $\dfrac{dt}{dx} = -1$

또한 $x = a-1$일 때 $t = 1$, $x = a+1$일 때 $t = -1$이므로

$$\int_{a-1}^{a+1} f(a-x) \, dx = \int_1^{-1} f(t) \times (-1) \, dt = \int_{-1}^1 f(t) \, dt$$

함수 $y = f(x)$의 그래프가 y축에 대하여 대칭이므로

$$\int_{-1}^1 f(t) \, dt = 2\int_0^1 f(t) \, dt = 24$$
$$\therefore \int_0^1 f(x) \, dx = 12$$

[다른 풀이]

모든 실수 a에 대하여 $\int_{a-1}^{a+1} f(a-x) \, dx = 24$가 성립하므로 $a = 0$을 식에 대입하면

$$\int_{-1}^1 f(-x) \, dx = 24$$

연속함수 $y = f(x)$의 그래프가 y축에 대하여 대칭이므로 $f(x) = f(-x)$가 성립한다.

$$\int_{-1}^1 f(-x) \, dx = \int_{-1}^1 f(x) \, dx = 2\int_0^1 f(x) \, dx = 24$$
$$\therefore \int_0^1 f(x) \, dx = 12 \qquad \text{🟤 12}$$

600

(1) $1 + 2\ln x = t$로 놓으면 $\dfrac{dt}{dx} = \dfrac{2}{x}$

또한 $x = 1$일 때 $t = 1$, $x = e^2$일 때 $t = 5$이므로

$$\int_1^{e^2} \frac{2}{x(1 + 2\ln x)^2} \, dx = \int_1^5 \frac{1}{t^2} \, dt = \int_1^5 t^{-2} \, dt$$
$$= \left[-\frac{1}{t} \right]_1^5 = -\frac{1}{5} + 1$$
$$= \frac{4}{5}$$

(2) $\sqrt{x} = t$로 놓으면 $\dfrac{dt}{dx} = \dfrac{1}{2\sqrt{x}}$

또한 $x = 1$일 때 $t = 1$, $x = 4$일 때 $t = 2$이므로

$$\int_1^4 \frac{e^{\sqrt{x}}}{\sqrt{x}} \, dx = \int_1^2 e^t \times 2 \, dt$$
$$= \left[2e^t \right]_1^2 = 2e(e-1)$$

(3) $-1 \le x \le 0$일 때, $|x| = -x$

$0 \le x \le 1$일 때, $|x| = x$이므로

$$\int_{-1}^1 |x| e^x \, dx = \int_{-1}^0 (-xe^x) \, dx + \int_0^1 xe^x \, dx$$

이때, $\int_{-1}^0 (-xe^x) \, dx$에서

$f(x) = -x$, $g'(x) = e^x$으로 놓으면

$f'(x) = -1$, $g(x) = e^x$이므로

$$\int_{-1}^0 (-xe^x) \, dx = \left[-xe^x \right]_{-1}^0 + \int_{-1}^0 e^x \, dx$$
$$= -e^{-1} + \left[e^x \right]_{-1}^0$$
$$= -\frac{1}{e} + 1 - \frac{1}{e} = 1 - \frac{2}{e} \qquad \cdots\cdots \ \text{㉠}$$

또한 $\int_0^1 xe^x \, dx$에서

$u(x) = x$, $v'(x) = e^x$으로 놓으면

$u'(x) = 1$, $v(x) = e^x$이므로

$$\int_0^1 xe^x \, dx = \left[xe^x \right]_0^1 - \int_0^1 e^x \, dx$$
$$= e - \left[e^x \right]_0^1$$
$$= e - e + 1 = 1 \qquad \cdots\cdots \ \text{㉡}$$

㉠, ㉡에서

$$\int_{-1}^1 |x| e^x \, dx = \int_{-1}^0 (-xe^x) \, dx + \int_0^1 xe^x \, dx$$
$$= 1 - \frac{2}{e} + 1 = 2\left(1 - \frac{1}{e}\right)$$

(4) $\sqrt{x^2 - 1} = t$로 놓으면

$x^2 = t^2 + 1$이고 $2x = 2t\dfrac{dt}{dx}$, 즉 $x = t\dfrac{dt}{dx}$

또한 $x = 1$일 때 $t = 0$, $x = \sqrt{2}$일 때 $t = 1$이므로

$$\int_1^{\sqrt{2}} x^3 \sqrt{x^2 - 1} \, dx$$
$$= \int_1^{\sqrt{2}} x^2 \times \sqrt{x^2 - 1} \times x \, dx$$
$$= \int_0^1 (t^2 + 1)t^2 \, dt = \int_0^1 (t^4 + t^2) \, dt$$
$$= \left[\frac{1}{5}t^5 + \frac{1}{3}t^3 \right]_0^1 = \frac{1}{5} + \frac{1}{3} = \frac{8}{15}$$

[다른 풀이]

(4) $x^2 - 1 = t$로 놓으면 $\dfrac{dt}{dx} = 2x$

또한 $x = 1$일 때 $t = 0$, $x = \sqrt{2}$일 때 $t = 1$이므로

$$\int_1^{\sqrt{2}} x^3 \sqrt{x^2 - 1} \, dx = \int_1^{\sqrt{2}} \frac{1}{2}x^2 \times \sqrt{x^2 - 1} \times 2x \, dx$$
$$= \int_0^1 \frac{1}{2}(t+1)\sqrt{t} \, dt = \frac{1}{2}\int_0^1 \left(t^{\frac{3}{2}} + t^{\frac{1}{2}} \right) dt$$

$$= \frac{1}{2} \left[\frac{2}{5} t^{\frac{5}{2}} + \frac{2}{3} t^{\frac{3}{2}} \right]_0^1 = \frac{1}{2} \left(\frac{2}{5} + \frac{2}{3} \right) = \frac{8}{15}$$

답 (1) $\frac{4}{5}$ (2) $2e(e-1)$ (3) $2\left(1-\frac{1}{e}\right)$ (4) $\frac{8}{15}$

601

$f(x) = \ln(\sin x)$, $g'(x) = \cos x$로 놓으면

$f'(x) = \frac{\cos x}{\sin x}$, $g(x) = \sin x$

$\therefore \int_{\frac{\pi}{6}}^{\frac{\pi}{2}} \cos x \ln(\sin x) dx$

$= \left[\ln(\sin x) \times \sin x \right]_{\frac{\pi}{6}}^{\frac{\pi}{2}} - \int_{\frac{\pi}{6}}^{\frac{\pi}{2}} \frac{\cos x}{\sin x} \times \sin x \, dx$

$= -\ln\frac{1}{2} \times \frac{1}{2} - \int_{\frac{\pi}{6}}^{\frac{\pi}{2}} \cos x \, dx$

$= -\frac{1}{2} \ln\frac{1}{2} - \left[\sin x \right]_{\frac{\pi}{6}}^{\frac{\pi}{2}}$

$= \frac{1}{2}(\ln 2 - 1)$

답 ②

602

$$\int_0^2 f(t)dt = k \ (k\text{는 상수}) \qquad \cdots\cdots \ \text{㉠}$$

로 놓으면 $f(x) = \cos\frac{\pi}{4} x + k$

이것을 ㉠에 대입하면

$\int_0^2 \left(\cos\frac{\pi}{4} t + k \right) dt = k$, $\left[\frac{4}{\pi} \sin\frac{\pi}{4} t + kt \right]_0^2 = k$

$\frac{4}{\pi} + 2k = k \qquad \therefore k = -\frac{4}{\pi}$

따라서 $f(x) = \cos\frac{\pi}{4} x - \frac{4}{\pi}$이므로

$f(2) = 0 - \frac{4}{\pi} = -\frac{4}{\pi}$

답 ①

603

$$f(x) = \int_1^x \frac{1}{1 + e^{t^2}} dt \qquad \cdots\cdots \ \text{㉠}$$

㉠의 양변에 $x = 1$을 대입하면

$f(1) = 0$

㉠의 양변을 x에 대하여 미분하면 모든 실수 x에 대하여

$f'(x) = \frac{1}{1 + e^{x^2}} > 0$이 성립하므로 함수 $f(x)$는 실수 전체의 집합에서 증가하는 함수이다.

즉, $f(x)$는 역함수 $g(x)$가 존재하고 $f(1) = 0$에서 $g(0) = 1$

$\therefore g'(0) = \frac{1}{f'(1)} = \frac{1}{\frac{1}{1+e}} = 1 + e$

보충 설명

역함수의 미분법에 의하여

$f^{-1}(x) = g(x)$이고 $f(a) = b$이면 $g'(b) = \frac{1}{f'(a)}$

답 ⑤

604

$\int_x^2 (x-t)f(t)dt = e^x - e^2 x + e^2$에서

$-x\int_2^x f(t)dt + \int_2^x tf(t)dt = e^x - e^2 x + e^2 \qquad \cdots\cdots \ \text{㉠}$

㉠의 양변을 x에 대하여 미분하면

$-\int_2^x f(t)dt - xf(x) + xf(x) = e^x - e^2$

$-\int_2^x f(t)dt = e^x - e^2$

$\therefore \int_2^x f(t)dt = -e^x + e^2 \qquad \cdots\cdots \ \text{㉡}$

㉡의 양변을 x에 대하여 미분하면

$f(x) = -e^x \qquad \therefore f(2) = -e^2$

답 ④

605

주어진 등식의 양변을 x에 대하여 미분하면

$f'(x) = 3 - 2e^x$

$f'(x) = 0$에서 $e^x = \frac{3}{2} \qquad \therefore x = \ln\frac{3}{2}$

$f'(x)$의 부호를 조사하여 함수 $f(x)$의 증가와 감소를 표로 나타내면 다음과 같다.

x	$\cdots$	$\ln\frac{3}{2}$	$\cdots$
$f'(x)$	$+$	0	$-$
$f(x)$	$\nearrow$	극대	$\searrow$

즉, $f(x)$는 $x = \ln\frac{3}{2}$에서 극대이면서 최대이므로 최댓값은

$f\left(\ln\frac{3}{2}\right) = \int_2^{\ln\frac{3}{2}} (3 - 2e^t)dt$

$= \left[3t - 2e^t \right]_2^{\ln\frac{3}{2}} = 3\ln\frac{3}{2} - 2e^{\ln\frac{3}{2}} - (6 - 2e^2)$

$= 3\ln\frac{3}{2} - 9 + 2e^2$

즉, $a = \ln\frac{3}{2}$, $b = 3\ln\frac{3}{2} - 9 + 2e^2$이므로

$6e^a + b - 2e^2 = 6e^{\ln\frac{3}{2}} + 3\ln\frac{3}{2} - 9 + 2e^2 - 2e^2 = 3\ln\frac{3}{2}$

$\therefore c = 3$

답 3

606

$f(t) = t^2 e^t$으로 놓고, $f(t)$의 한 부정적분을 $F(t)$라 하면

$\lim_{x \to 0} \frac{1}{x} \int_1^{x+1} t^2 e^t \, dt = \lim_{x \to 0} \frac{1}{x} \int_1^{x+1} f(t)dt$

$= \lim_{x \to 0} \frac{1}{x} \left[F(t) \right]_1^{x+1}$

$= \lim_{x \to 0} \frac{F(x+1) - F(1)}{x}$

$= F'(1) = f(1) = 1 \times e = e$

답 ①

607

$$f(x) = \int_0^x (2\sin^2 t - 1)dt \qquad \cdots\cdots \ \text{㉠}$$

㉠의 양변에 $x = 0$을 대입하면 $f(0) = 0$

이때, $\lim_{x \to 0} \frac{f(x)}{x} = \lim_{x \to 0} \frac{f(x) - f(0)}{x} = f'(0)$이므로

㉠의 양변을 x에 대하여 미분하면

$f'(x) = 2\sin^2 x - 1 \qquad \therefore f'(0) = -1$

또한

$$f(x)=\int_0^x (2\sin^2 t-1)dt$$

$$=\int_0^x \{\sin^2 t+(1-\cos^2 t)-1\}dt$$

$$=\int_0^x (\sin t\sin t-\cos t\cos t)dt$$

$$=\int_0^x (-\cos 2t)dt$$

$$=\left[-\frac{1}{2}\sin 2t\right]_0^x=-\frac{1}{2}\sin 2x$$

이때, $\displaystyle\lim_{x\to\infty}\frac{f(x)}{x}=\lim_{x\to\infty}\frac{-\frac{1}{2}\sin 2x}{x}=\lim_{x\to\infty}\left(-\frac{\sin 2x}{2x}\right)$에서 임의의 양수

x에 대하여

$-1\le -\sin 2x\le 1$이므로 $-\dfrac{1}{2x}\le -\dfrac{\sin 2x}{2x}\le \dfrac{1}{2x}$

$\displaystyle\lim_{x\to\infty}\left(-\frac{1}{2x}\right)=\lim_{x\to\infty}\frac{1}{2x}=0$이므로 함수의 극한의 대소 관계에 의하여

$$\lim_{x\to\infty}\left(-\frac{\sin 2x}{2x}\right)=0$$

$$\therefore \lim_{x\to 0}\frac{f(x)}{x}+\lim_{x\to\infty}\frac{f(x)}{x}=-1+0=-1$$

답 ③

608

$f(t)$의 한 부정적분을 $F(t)$라 하면

$$\lim_{x\to 0}\frac{1}{x}\int_{\pi-x}^{\pi+2x} f(t)dt$$

$$=\lim_{x\to 0}\frac{1}{x}\Big[F(t)\Big]_{\pi-x}^{\pi+2x}$$

$$=\lim_{x\to 0}\frac{F(\pi+2x)-F(\pi-x)}{x}$$

가

$$=\lim_{x\to 0}\frac{F(\pi+2x)-F(\pi)-\{F(\pi-x)-F(\pi)\}}{x}$$

$$=\lim_{x\to 0}\frac{F(\pi+2x)-F(\pi)}{2x}\times 2+\lim_{x\to 0}\frac{F(\pi-x)-F(\pi)}{-x}$$

$$=2F'(\pi)+F'(\pi)=3F'(\pi)$$

나

$$=3f(\pi)=3(2\cos\pi+e^\pi+2)=3e^\pi$$

다

단계	채점 요소	비율
가	정적분 $\int_{\pi-x}^{\pi+2x} f(t)dt$를 $F(t)$에 대한 식으로 나타내기	40%
나	미분계수의 정의에 의하여 주어진 식 정리하기	40%
다	주어진 극한값 구하기	20%

답 $3e^\pi$

609

$f(x)=\begin{cases}-2x+2 & (0\le x<2)\\ -2e^{2-x} & (x\ge 2)\end{cases}$에서

$$S(a)=\int_0^a |f(x)|dx$$

$$=\int_0^2 |-2x+2|dx+\int_2^a |-2e^{2-x}|dx$$

가

$0\le x\le 1$일 때, $|-2x+2|=-2x+2$

$1\le x<2$일 때, $|-2x+2|=2x-2$이므로

$$S(a)=\int_0^2 |-2x+2|dx+\int_2^a |-2e^{2-x}|dx$$

$$=\int_0^1 (-2x+2)dx+\int_1^2 (2x-2)dx+\int_2^a 2e^{2-x}dx$$

나

$$=\Big[-x^2+2x\Big]_0^1+\Big[x^2-2x\Big]_1^2+\Big[-2e^{2-x}\Big]_2^a$$

$$=1+1-2(e^{2-a}-1)=4-2e^{2-a}$$

다

$$\therefore \lim_{a\to\infty} S(a)=\lim_{a\to\infty}(4-2e^{2-a})=4$$

라

단계	채점 요소	비율
가	구간에 따라 $S(a)$를 나누어 표현하기	20%
나	절댓값 기호 안의 식의 값이 0이 되게 하는 x의 값을 경계로 적분 구간 나누기	30%
다	$S(a)$의 식 구하기	30%
라	$\displaystyle\lim_{a\to\infty} S(a)$의 값 구하기	20%

답 4

12 정적분의 활용

◆ 개념 콕콕 ◆
본문 p.120~121

610

주어진 그림과 같이 삼각형의 밑변을 n등분하여 만든 n개의 직사각형의 넓이의 합을 S_n이라 하고 왼쪽 첫 번째 삼각형의 높이를 x라 하자.

왼쪽 첫 번째 삼각형과 삼각형 ABC는 닮음이므로

$$\frac{a}{n} : a = x : h$$

$$ax = \frac{ah}{n} \qquad \therefore x = \frac{h}{n}$$

이와 같은 방법으로 삼각형의 높이를 구할 수 있다.

$$\therefore S_n = \frac{a}{n} \times \frac{h}{n} + \frac{a}{n} \times \frac{2h}{n} + \frac{a}{n} \times \frac{3h}{n} + \cdots + \frac{a}{n} \times \frac{nh}{n}$$

$$= \boxed{\frac{ah}{n^2}} \sum_{k=1}^{n} k = \frac{ah}{n^2} \times \frac{n(n+1)}{2} = \boxed{\frac{ah(n+1)}{2n}}$$

따라서 구하는 삼각형의 넓이 S는

$$S = \lim_{n \to \infty} S_n = \lim_{n \to \infty} \boxed{\frac{ah(n+1)}{2n}} = \frac{1}{2}ah$$

답 (가) $\frac{ah}{n^2}$ (나) $\frac{ah(n+1)}{2n}$

611

$f(x) = x$로 놓으면 함수 $f(x)$는 닫힌구간 $[0, 2]$에서 연속이다.

이때, $a=0$, $b=2$이므로 $\Delta x = \boxed{\frac{2}{n}}$, $x_k = k\Delta x = \boxed{\frac{2}{n}}k$이고

$$f(x_k) = x_k = \boxed{\frac{2}{n}}k$$

따라서 정적분과 급수의 합 사이의 관계에 의하여

$$\int_0^2 x\,dx = \lim_{n \to \infty} \sum_{k=1}^{n} f(x_k)\Delta x = \lim_{n \to \infty} \sum_{k=1}^{n} \frac{2}{n}k \times \frac{2}{n}$$

$$= \lim_{n \to \infty} \boxed{\frac{4}{n^2}} \times \sum_{k=1}^{n} \boxed{k} = \lim_{n \to \infty} \frac{4}{n^2} \times \boxed{\frac{n(n+1)}{2}}$$

$$= \boxed{2}$$

답 (가) 2 (나) 4 (다) k (라) $\frac{n(n+1)}{2}$ (마) 2

612

$$\lim_{n \to \infty} 2\left(\frac{1}{n+2} + \frac{1}{n+4} + \frac{1}{n+6} + \cdots + \frac{1}{3n} \right)$$

$$= \lim_{n \to \infty} 2\left(\frac{1}{n+2} + \frac{1}{n+4} + \frac{1}{n+6} + \cdots + \frac{1}{n+2n} \right)$$

$$= \lim_{n \to \infty} \sum_{k=1}^{n} \frac{2}{n+\boxed{2k}}$$

$$= \lim_{n \to \infty} \sum_{k=1}^{n} \frac{1}{1+\boxed{\dfrac{2k}{n}}} \times \frac{2}{n}$$

이때, $f(x) = \frac{1}{1+x}$, $a=0$, $b=2$로 놓으면

$$\Delta x = \frac{2-0}{n}, \ x_k = 0 + k \times \frac{2}{n}$$

따라서 정적분과 급수의 합 사이의 관계에 의하여

$$\lim_{n \to \infty} 2\left(\frac{1}{n+2} + \frac{1}{n+4} + \frac{1}{n+6} + \cdots + \frac{1}{3n} \right)$$

$$= \int_0^2 \frac{1}{1+\boxed{x}}\,dx = \left[\, \boxed{\ln|1+x|} \,\right]_0^2 = \boxed{\ln 3}$$

답 (가) $2k$ (나) $\dfrac{2k}{n}$ (다) x (라) $\ln|1+x|$ (마) $\ln 3$

613

$$\lim_{n \to \infty} \frac{1}{n}\left(\cos \frac{\pi}{n} + \cos \frac{2\pi}{n} + \cos \frac{3\pi}{n} + \cdots + \cos \frac{n\pi}{n} \right)$$

$$= \lim_{n \to \infty} \frac{1}{n} \sum_{k=1}^{n} \cos \frac{k\pi}{n}$$

$$= \frac{1}{\boxed{\pi}} \lim_{n \to \infty} \sum_{k=1}^{n} \cos \frac{k\pi}{n} \times \frac{\pi}{n}$$

이때, $f(x) = \cos x$, $a=0$, $b=\pi$로 놓으면

$$\Delta x = \frac{\boxed{\pi} - 0}{n}, \ x_k = 0 + k \times \frac{\pi}{n}$$

따라서 정적분과 급수의 합 사이의 관계에 의하여

$$\lim_{n \to \infty} \frac{1}{n}\left(\cos \frac{\pi}{n} + \cos \frac{2\pi}{n} + \cos \frac{3\pi}{n} + \cdots + \cos \frac{n\pi}{n} \right)$$

$$= \frac{1}{\boxed{\pi}} \int_0^{\pi} \boxed{\cos x}\,dx = \frac{1}{\boxed{\pi}} \left[\, \boxed{\sin x} \,\right]_0^{\pi} = \boxed{0}$$

답 (가) π (나) $\cos x$ (다) $\sin x$ (라) 0

614

(1) 오른쪽 그림에서 구하는 도형의 넓이는

$$\int_0^1 \sqrt{x}\,dx = \left[\frac{2}{3}x^{\frac{3}{2}} \right]_0^1 = \frac{2}{3}$$

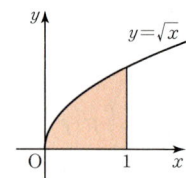

(2) 곡선 $y = \sin x$와 x축의 교점의 x좌표는

$\sin x = 0$에서

$x = 0$ 또는 $x = \pi$ ($\because 0 \le x \le \pi$)

따라서 구하는 도형의 넓이는

$$\int_0^{\pi} \sin x\,dx = \left[-\cos x \right]_0^{\pi} = 2$$

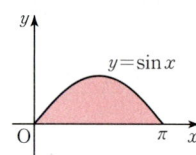

(3) 오른쪽 그림에서 구하는 도형의 넓이는

$$\int_1^e \ln x\,dx = \left[x\ln x - x \right]_1^e = 1$$

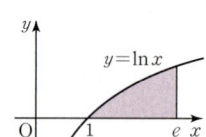

답 (1) $\frac{2}{3}$ (2) 2 (3) 1

615

(1) $y = \frac{1}{x}$에서 $xy = 1$ $\qquad \therefore x = \frac{1}{y}$

따라서 구하는 도형의 넓이는

$$\int_1^2 \frac{1}{y}\,dy = \left[\ln|y| \right]_1^2 = \ln 2$$

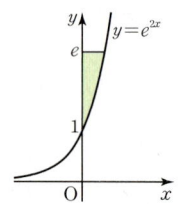

(2) $y = e^{2x}$에서 $2x = \ln y$ $\qquad \therefore x = \frac{1}{2}\ln y$

따라서 구하는 도형의 넓이는

$$\int_1^e \frac{1}{2}\ln y\,dy = \frac{1}{2}\left[y\ln y - y \right]_1^e$$

$$= \frac{1}{2}$$

(3) $y=\ln(x-2)$에서

$e^y=x-2$ ∴ $x=e^y+2$

따라서 구하는 도형의 넓이는

$\int_0^2 (e^y+2)dy=\left[e^y+2y\right]_0^2$

$=e^2+4-1=e^2+3$

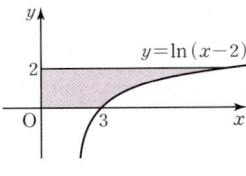

답 (1) $\ln 2$ (2) $\dfrac{1}{2}$ (3) e^2+3

616

곡선 $y=\sqrt{x}$ 와 직선 $y=x$의 교점의 x좌표는

$\sqrt{x}=x$에서 $x=x^2$

$x(x-1)=0$ ∴ $x=0$ 또는 $x=1$

따라서 구하는 도형의 넓이는

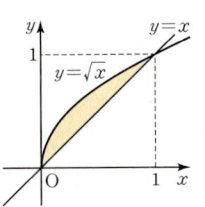

$\int_0^1 (\sqrt{x}-x)dx=\left[\dfrac{2}{3}x^{\frac{3}{2}}-\dfrac{1}{2}x^2\right]_0^1$

$=\dfrac{2}{3}-\dfrac{1}{2}=\dfrac{1}{6}$

답 $\dfrac{1}{6}$

617

두 곡선 $y=\sin x$, $y=\cos x$의 교점의 x좌표는

$\sin x=\cos x$에서 $x=\dfrac{\pi}{4}\left(∵ 0\le x\le \dfrac{\pi}{2}\right)$

$0\le x\le \dfrac{\pi}{4}$일 때 $\sin x\le \cos x$이고,

$\dfrac{\pi}{4}\le x\le \dfrac{\pi}{2}$일 때 $\cos x\le \sin x$이므로 구하는

도형의 넓이는

$\int_0^{\frac{\pi}{4}} (\cos x-\sin x)dx+\int_{\frac{\pi}{4}}^{\frac{\pi}{2}} (\sin x-\cos x)dx$

$=\left[\sin x+\cos x\right]_0^{\frac{\pi}{4}}+\left[-\cos x-\sin x\right]_{\frac{\pi}{4}}^{\frac{\pi}{2}}$

$=(\sqrt{2}-1)+(-1+\sqrt{2})=2(\sqrt{2}-1)$

답 $2(\sqrt{2}-1)$

618

밑면으로부터 x cm인 지점에서의 단면의 넓이가 $\sqrt{x}$ cm²이므로 구하는

부피는

$\int_0^4 \sqrt{x}\,dx=\left[\dfrac{2}{3}x^{\frac{3}{2}}\right]_0^4=\dfrac{2}{3}\times 8=\dfrac{16}{3}\,(\text{cm}^3)$

답 $\dfrac{16}{3}$

619

시각 $t=0$에서의 위치가 0이므로

(1) $\int_0^t (\sqrt{t}-1)dt=\left[\dfrac{2}{3}t^{\frac{3}{2}}-t\right]_0^t=\dfrac{2}{3}t^{\frac{3}{2}}-t=\dfrac{2}{3}t\sqrt{t}-t$

(2) $\int_1^4 (\sqrt{t}-1)dt=\left[\dfrac{2}{3}t^{\frac{3}{2}}-t\right]_1^4=\left(\dfrac{16}{3}-4\right)-\left(\dfrac{2}{3}-1\right)=\dfrac{5}{3}$

(3) $\int_0^4 |\sqrt{t}-1|dt=\int_0^1 (-\sqrt{t}+1)dt+\int_1^4 (\sqrt{t}-1)dt$

$=\left[-\dfrac{2}{3}t^{\frac{3}{2}}+t\right]_0^1+\left[\dfrac{2}{3}t^{\frac{3}{2}}-t\right]_1^4=\dfrac{1}{3}+\dfrac{5}{3}=2$

답 (1) $\dfrac{2}{3}t\sqrt{t}-t$ (2) $\dfrac{5}{3}$ (3) 2

620

(1) $\dfrac{dx}{dt}=4t$, $\dfrac{dy}{dt}=2t$이므로

$\left(\dfrac{dx}{dt}\right)^2+\left(\dfrac{dy}{dt}\right)^2=(4t)^2+(2t)^2=20t^2$

따라서 구하는 거리는

$\int_0^1 \sqrt{20t^2}\,dt=\int_0^1 2\sqrt{5}\,t\,dt=\left[\sqrt{5}\,t^2\right]_0^1=\sqrt{5}$

(2) $\dfrac{dx}{dt}=2t^{\frac{1}{2}}$, $\dfrac{dy}{dt}=t-1$이므로

$\left(\dfrac{dx}{dt}\right)^2+\left(\dfrac{dy}{dt}\right)^2=(2t^{\frac{1}{2}})^2+(t-1)^2=(t+1)^2$

따라서 구하는 거리는

$\int_0^1 \sqrt{(t+1)^2}\,dt=\int_0^1 (t+1)dt=\left[\dfrac{1}{2}t^2+t\right]_0^1=\dfrac{3}{2}$

답 (1) $\sqrt{5}$ (2) $\dfrac{3}{2}$

621

(1) $\dfrac{dx}{dt}=-\cos t$, $\dfrac{dy}{dt}=-\sin t$이므로

$\left(\dfrac{dx}{dt}\right)^2+\left(\dfrac{dy}{dt}\right)^2=(-\cos t)^2+(-\sin t)^2=1$

따라서 구하는 거리는

$\int_0^2 dt=\left[t\right]_0^2=2$

(2) $\dfrac{dx}{dt}=2\sin 2t$, $\dfrac{dy}{dt}=2\cos 2t$이므로

$\left(\dfrac{dx}{dt}\right)^2+\left(\dfrac{dy}{dt}\right)^2=4\sin^2 2t+4\cos^2 2t=4$

따라서 구하는 거리는

$\int_0^2 \sqrt{4}\,dt=\int_0^2 2\,dt=\left[2t\right]_0^2=4$

답 (1) 2 (2) 4

622

(1) $\dfrac{dx}{dt}=2\sqrt{2}\,t$, $\dfrac{dy}{dt}=t^2-2$이므로

$\left(\dfrac{dx}{dt}\right)^2+\left(\dfrac{dy}{dt}\right)^2=(2\sqrt{2}\,t)^2+(t^2-2)^2=8t^2+t^4-4t^2+4$

$=t^4+4t^2+4=(t^2+2)^2$

따라서 구하는 곡선의 길이는

$\int_0^1 \sqrt{(t^2+2)^2}\,dt=\int_0^1 (t^2+2)dt=\left[\dfrac{1}{3}t^3+2t\right]_0^1=\dfrac{7}{3}$

(2) $\dfrac{dx}{dt}=3\cos t$, $\dfrac{dy}{dt}=3\sin t$이므로

$\left(\dfrac{dx}{dt}\right)^2+\left(\dfrac{dy}{dt}\right)^2=9\cos^2 t+9\sin^2 t=9$

따라서 구하는 곡선의 길이는

$\int_0^\pi \sqrt{9}\,dt=\left[3t\right]_0^\pi=3\pi$

(3) $f(x)=x^{\frac{3}{2}}$이므로 $f'(x)=\dfrac{3}{2}x^{\frac{1}{2}}=\dfrac{3}{2}\sqrt{x}$

∴ $\{f'(x)\}^2=\left(\dfrac{3}{2}\sqrt{x}\right)^2=\dfrac{9}{4}x$

따라서 구하는 곡선의 길이는

$\int_0^{\frac{20}{3}} \sqrt{1+\dfrac{9}{4}x}\,dx=\left[\dfrac{8}{27}\left(1+\dfrac{9}{4}x\right)^{\frac{3}{2}}\right]_0^{\frac{20}{3}}$

$=\dfrac{8}{27}(16^{\frac{3}{2}}-1)=\dfrac{56}{3}$

답 (1) $\dfrac{7}{3}$ (2) 3π (3) $\dfrac{56}{3}$

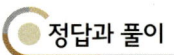

본문 p.122~125

623 ⑤	**624** 2	**625** ②	**626** ①	**627** ①	**628** ④
629 ①	**630** 4	**631** ⑤	**632** ②	**633** $\dfrac{2}{\pi}$	
634 $\dfrac{3}{2}-\dfrac{3}{e}$	**635** $\dfrac{16}{3}$	**636** $\dfrac{2}{3}$	**637** $e+1$	**638** ②	**639** ④
640 36	**641** ③	**642** 9	**643** ⑤	**644** 6	**645** 32
646 $\dfrac{14}{3}$	**647** 17				

623

닫힌구간 $[0, 1]$을 n등분하면 양 끝점을 포함한 각 분점의 x좌표는 각각

$$0, \frac{1}{n}, \frac{2}{n}, \cdots, \frac{n-1}{n}, \frac{n}{n}(=1)$$

이고, 이에 대응하는 y의 값은 각각

$$0^3, \left(\frac{1}{n}\right)^3, \left(\frac{2}{n}\right)^3, \cdots, \left(\frac{n-1}{n}\right)^3, \left(\frac{n}{n}\right)^3$$

직사각형의 넓이의 합을 S_n이라 하면

$$S_n=\frac{1}{n}\times 0^3+\frac{1}{n}\times\left(\frac{1}{n}\right)^3+\frac{1}{n}\times\left(\frac{2}{n}\right)^3+\cdots+\frac{1}{n}\times\left(\frac{n-1}{n}\right)^3$$

$$=\frac{1}{n}\sum_{k=0}^{n-1}\left(\frac{k}{n}\right)^3=\sum_{k=0}^{n-1}\frac{k^3}{n^4}$$

따라서 구하는 넓이 S는

$$S=\lim_{n\to\infty}S_n=\lim_{n\to\infty}\boxed{\sum_{k=0}^{n-1}\frac{k^3}{n^4}}$$

$$=\lim_{n\to\infty}\frac{1}{n^4}\sum_{k=0}^{n-1}k^3=\lim_{n\to\infty}\frac{1}{n^4}\times\left\{\frac{n(n-1)}{2}\right\}^2$$

$$=\lim_{n\to\infty}\frac{n^2(n-1)^2}{4n^4}=\frac{1}{4}$$

답 ⑤

624

$f(x)=x^2+1$로 놓으면 함수 $f(x)$는 닫힌구간 $[0, 2]$에서 연속이다.

이때, $a=0$, $b=2$이므로 $\Delta x=\dfrac{2}{n}$, $x_k=\dfrac{2k}{n}$이고

$$f(x_k)=x_k^2+1=\left(\frac{2k}{n}\right)^2+1$$

따라서 정적분과 급수의 합 사이의 관계에 의하여

$$\int_0^2(x^2+1)dx=\lim_{n\to\infty}\sum_{k=1}^n f(x_k)\Delta x$$

$$=\lim_{n\to\infty}\sum_{k=1}^n\left\{\left(\frac{2k}{n}\right)^2+1\right\}\times\frac{2}{n}$$

$$\therefore a=2$$

답 2

625

$$\lim_{n\to\infty}\left(\frac{1}{2n+1}+\frac{1}{2n+2}+\frac{1}{2n+3}+\cdots+\frac{1}{3n}\right)$$

$$=\lim_{n\to\infty}\sum_{k=1}^n\frac{1}{2n+k}=\lim_{n\to\infty}\sum_{k=1}^n\frac{1}{2+\frac{k}{n}}\times\frac{1}{n}$$

이때, $f(x)=\dfrac{1}{x}$, $a=2$, $b=3$으로 놓으면

$$\Delta x=\frac{3-2}{n}, \ x_k=2+k\times\frac{1}{n}$$

따라서 정적분과 급수의 합 사이의 관계에 의하여

$$\lim_{n\to\infty}\sum_{k=1}^n\frac{1}{2+\frac{k}{n}}\times\frac{1}{n}=\int_2^3\frac{1}{x}dx=\Big[\ln|x|\Big]_2^3$$

$$=\ln 3-\ln 2=\ln\frac{3}{2}$$

답 ②

626

$$\lim_{n\to\infty}\sum_{k=1}^n\frac{k^2}{n^3+k^3}=\lim_{n\to\infty}\sum_{k=1}^n\frac{\left(\frac{k}{n}\right)^2}{1+\left(\frac{k}{n}\right)^3}\times\frac{1}{n}$$

이때, $f(x)=\dfrac{x^2}{1+x^3}$, $a=0$, $b=1$로 놓으면

$$\Delta x=\frac{1-0}{n}=\frac{1}{n}, \ x_k=0+k\times\frac{1}{n}=\frac{k}{n}$$

따라서 정적분과 급수의 합 사이의 관계에 의하여

$$\lim_{n\to\infty}\sum_{k=1}^n\frac{\left(\frac{k}{n}\right)^2}{1+\left(\frac{k}{n}\right)^3}\times\frac{1}{n}=\int_0^1\frac{x^2}{1+x^3}dx$$

$x^3=t$로 놓으면 $\dfrac{dt}{dx}=3x^2$이고

$x=0$일 때 $t=0$, $x=1$일 때 $t=1$이므로

$$\int_0^1\frac{x^2}{1+x^3}dx=\int_0^1\frac{1}{1+t}\times\frac{1}{3}dt$$

$$=\Big[\frac{1}{3}\ln|1+t|\Big]_0^1=\frac{1}{3}\ln 2$$

답 ①

627

$$S_n(x)=\frac{x^{\frac{1}{n}}+2x^{\frac{2}{n}}+3x^{\frac{3}{n}}+\cdots+nx^{\frac{n}{n}}}{n}\times\frac{1}{n}$$

$$=\sum_{k=1}^n\frac{k}{n}x^{\frac{k}{n}}\times\frac{1}{n}$$

$$\therefore \lim_{n\to\infty}S_n\left(\frac{1}{e}\right)=\lim_{n\to\infty}\sum_{k=1}^n\frac{k}{n}e^{-\frac{k}{n}}\times\frac{1}{n}$$

이때, $f(x)=xe^{-x}$, $a=0$, $b=1$로 놓으면

$$\Delta x=\frac{1-0}{n}=\frac{1}{n}, \ x_k=0+k\times\frac{1}{n}=\frac{k}{n}$$

따라서 정적분과 급수의 합 사이의 관계에 의하여

$$\lim_{n\to\infty}\sum_{k=1}^n\frac{k}{n}e^{-\frac{k}{n}}\times\frac{1}{n}=\int_0^1 xe^{-x}dx$$

$u(x)=x$, $v'(x)=e^{-x}$으로 놓으면 $u'(x)=1$, $v(x)=-e^{-x}$

$$\therefore \int_0^1 xe^{-x}dx=\Big[-xe^{-x}\Big]_0^1-\int_0^1(-e^{-x})dx$$

$$=-e^{-1}-\Big[e^{-x}\Big]_0^1$$

$$=-e^{-1}-(e^{-1}-1)$$

$$=1-\frac{2}{e}$$

답 ①

628

오른쪽 그림에서 색칠한 부분의 넓이는

$$\int_{1+a}^e \ln x\,dx$$

$$=\Big[x\ln x-x\Big]_{1+a}^e$$

$$=-(1+a)\ln(1+a)+(1+a)$$

$$=(1+a)\{1-\ln(1+a)\}$$

따라서 $(1+a)\{1-\ln(1+a)\}=2(1-\ln 2)$이므로

$$1+a=2 \qquad \therefore a=1$$

답 ④

629

오른쪽 그림에서 구하는 도형의 넓이는

$$\int_2^{e+1} \frac{1}{x-1}dx = \Big[\ln|x-1|\Big]_2^{e+1} = 1$$

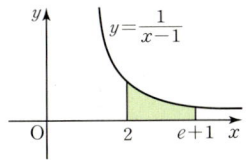

답 ①

630

$y = \sin x + \sqrt{3}\cos x$

$\quad = 2\sin\left(x + \dfrac{\pi}{3}\right)$

이므로 이 곡선과 x축의 교점의 x좌표는

$2\sin\left(x + \dfrac{\pi}{3}\right) = 0$에서

$x = -\dfrac{\pi}{3}$ 또는 $x = \dfrac{2}{3}\pi$ $\left(\because -\dfrac{\pi}{3} \le x \le \dfrac{2}{3}\pi\right)$

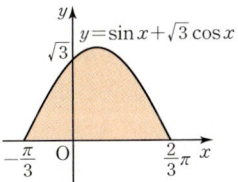

……… ㉮

따라서 구하는 도형의 넓이는

$$\int_{-\frac{\pi}{3}}^{\frac{2}{3}\pi} 2\sin\left(x + \frac{\pi}{3}\right)dx = \Big[-2\cos\left(x + \frac{\pi}{3}\right)\Big]_{-\frac{\pi}{3}}^{\frac{2}{3}\pi}$$
$$= 2 - (-2) = 4$$

……… ㉯

단계	채점 요소	비율
㉮	주어진 곡선과 x축의 교점의 x좌표 구하기	40%
㉯	도형의 넓이 구하기	60%

답 4

631

두 곡선 $y = x^2$, $y = 2\sqrt{2x}$의 교점의 x좌표는

$x^2 = 2\sqrt{2x}$에서

$x^4 = 8x$, $x(x^3 - 8) = 0$

$x(x-2)(x^2 + 2x + 4) = 0$

$\therefore x = 0$ 또는 $x = 2$

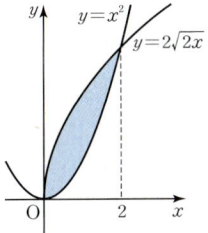

따라서 구하는 도형의 넓이는

$$\int_0^2 (2\sqrt{2x} - x^2)dx = \int_0^2 \left(2\sqrt{2}\,x^{\frac{1}{2}} - x^2\right)dx$$
$$= \Big[\frac{4\sqrt{2}}{3}x^{\frac{3}{2}} - \frac{1}{3}x^3\Big]_0^2$$
$$= \frac{16}{3} - \frac{8}{3} = \frac{8}{3}$$

답 ⑤

632

$y = e^x$에서 $x = \ln y$

$y = e^{-x}$에서 $-x = \ln y$ $\therefore x = -\ln y$

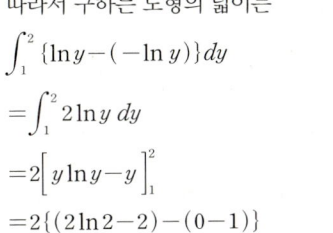

따라서 구하는 도형의 넓이는

$$\int_1^2 \{\ln y - (-\ln y)\}dy$$
$$= \int_1^2 2\ln y\, dy$$
$$= 2\Big[y\ln y - y\Big]_1^2$$
$$= 2\{(2\ln 2 - 2) - (0 - 1)\}$$
$$= 4\ln 2 - 2$$

답 ②

633

곡선 $y = \sin\dfrac{\pi}{2}x$와 y축 및 두 직선 $x=1$, $y=k$로 둘러싸인 두 도형의 넓이가 서로 같으므로 닫힌구간 $[0, 1]$에서 정적분의 값은 0이어야 한다. 즉,

$$\int_0^1 \left(\sin\frac{\pi}{2}x - k\right)dx = 0$$
$$\Big[-\frac{2}{\pi}\cos\frac{\pi}{2}x - kx\Big]_0^1 = 0,\ -k + \frac{2}{\pi} = 0$$
$$\therefore k = \frac{2}{\pi}$$

답 $\dfrac{2}{\pi}$

634

$y = 3e^{x-1}$에서 $y' = 3e^{x-1}$이므로 점 $(t, 3e^{t-1})$에서의 접선의 방정식은 $y - 3e^{t-1} = 3e^{t-1}(x-t)$

이 직선이 원점을 지나므로

$-3e^{t-1} = -3te^{t-1}$, $3e^{t-1}(t-1) = 0$

$\therefore t = 1$

즉, 곡선 $y = 3e^{x-1}$ 위의 점 $(1, 3)$에서의 접선의

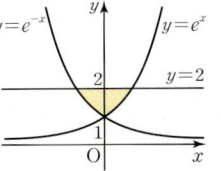

방정식은

$y - 3 = 3(x-1)$ $\therefore y = 3x$

따라서 구하는 도형의 넓이는

$$\int_0^1 (3e^{x-1} - 3x)dx = \Big[3e^{x-1} - \frac{3}{2}x^2\Big]_0^1$$
$$= \frac{3}{2} - \frac{3}{e}$$

답 $\dfrac{3}{2} - \dfrac{3}{e}$

635

$y = 2\sqrt{x-4}$에서 $y' = \dfrac{1}{\sqrt{x-4}}$이므로

점 $(8, 4)$에서의 접선의 방정식은

$y - 4 = \dfrac{1}{2}(x-8)$ $\therefore y = \dfrac{1}{2}x$

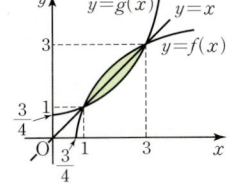

따라서 구하는 도형의 넓이는

$$\frac{1}{2} \times 8 \times 4 - \int_4^8 2\sqrt{x-4}\,dx = 16 - 2\Big[\frac{2}{3}(x-4)^{\frac{3}{2}}\Big]_4^8$$
$$= 16 - \frac{32}{3} = \frac{16}{3}$$

답 $\dfrac{16}{3}$

636

두 곡선 $y = f(x)$, $y = g(x)$의 교점의 x좌표는 곡선 $y = f(x)$와 직선 $y = x$의 교점의 x좌표와 같으므로

$\sqrt{4x-3} = x$에서 $4x - 3 = x^2$

$x^2 - 4x + 3 = 0$, $(x-1)(x-3) = 0$

$\therefore x = 1$ 또는 $x = 3$

이때, 두 곡선 $y = f(x)$와 $y = g(x)$는 직선 $y = x$에 대하여 대칭이므로 두 곡선으로 둘러싸인 도형의 넓이는 곡선 $y = f(x)$와 직선 $y = x$로 둘러싸인 도형의 넓이의 2배와 같다.

따라서 구하는 도형의 넓이는

$$2\int_1^3 (\sqrt{4x-3} - x)dx = 2\Big[\frac{1}{6}(4x-3)^{\frac{3}{2}} - \frac{1}{2}x^2\Big]_1^3$$
$$= 2\Big\{\Big(\frac{27}{6} - \frac{9}{2}\Big) - \Big(\frac{1}{6} - \frac{1}{2}\Big)\Big\} = \frac{2}{3}$$

답 $\dfrac{2}{3}$

637

함수 $f(x)=e^x+1$의 역함수가 $g(x)$이므로 곡선 $y=f(x)$와 곡선 $y=g(x)$는 직선 $y=x$ 에 대하여 대칭이다.

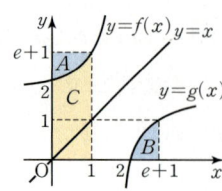

따라서 오른쪽 그림에서 두 도형 A, B의 넓이가 같으므로

$$\int_0^1 f(x)dx+\int_2^{e+1} g(x)dx=C+B=C+A$$
$$=1\times(e+1)=e+1 \qquad \text{탭} \; e+1$$

638

높이가 x일 때, 단면의 넓이를 $S(x)$라 하면

$$S(x)=\frac{\sqrt{3}}{4}(\sqrt{2\sin x})^2=\frac{\sqrt{3}}{2}\sin x$$

따라서 구하는 입체도형의 부피는

$$\int_0^{\frac{\pi}{2}} S(x)dx=\int_0^{\frac{\pi}{2}} \frac{\sqrt{3}}{2}\sin x\, dx$$
$$=\frac{\sqrt{3}}{2}\Big[-\cos x\Big]_0^{\frac{\pi}{2}}=\frac{\sqrt{3}}{2} \qquad \text{탭} \; ②$$

639

물의 깊이가 x일 때, 수면의 넓이를 $S(x)$라 하면

$$S(x)=\ln(x+1)$$

이때, $x+1=t$로 놓으면 $\dfrac{dt}{dx}=1$이고

$x=0$일 때 $t=1$, $x=3$일 때 $t=4$이다.

따라서 물의 깊이가 3일 때 그릇에 담긴 물의 부피는

$$\int_0^3 \ln(x+1)dx=\int_1^4 \ln t\, dt=\Big[t\ln t-t\Big]_1^4$$
$$=4\ln 4-4+1=8\ln 2-3 \qquad \text{탭} \; ④$$

640

$x=t$일 때, 한 변의 길이가 $\sqrt{9-t^2}$인 정사각형의 넓이를 $S(t)$라 하면

$$S(t)=(\sqrt{9-t^2})^2=9-t^2$$

⸺⸺⸺⸺⸺⸺⸺⸺⸺⸺⸺⸺⸺⸺⸺ 가

이때, $9-t^2\geq0$이므로 $-3\leq t\leq 3$

⸺⸺⸺⸺⸺⸺⸺⸺⸺⸺⸺⸺⸺⸺⸺ 나

따라서 구하는 입체도형의 부피는

$$\int_{-3}^3 S(t)dt=\int_{-3}^3 (9-t^2)dt=2\int_0^3 (9-t^2)dt$$
$$=2\Big[9t-\frac{1}{3}t^3\Big]_0^3=36$$

⸺⸺⸺⸺⸺⸺⸺⸺⸺⸺⸺⸺⸺⸺⸺ 다

단계	채점 요소	비율
가	$x=t$일 때, 정사각형의 넓이 구하기	30%
나	t의 값의 범위 구하기	30%
다	입체도형의 부피 구하기	40%

탭 36

641

점 P가 운동 방향을 바꾸는 순간의 속도는 0이므로

$v(t)=0$에서 $\cos\pi t=0$

$\therefore t=\dfrac{1}{2}, \dfrac{3}{2}, \dfrac{5}{2}, \cdots$

따라서 점 P는 $t=\dfrac{3}{2}$에서 출발 후 두 번째로 운동 방향이 바뀌므로

$t=0$에서 $t=\dfrac{3}{2}$까지 점 P가 움직인 거리는

$$\int_0^{\frac{3}{2}} |\cos\pi t|\,dt=\int_0^{\frac{1}{2}}\cos\pi t\,dt+\int_{\frac{1}{2}}^{\frac{3}{2}}(-\cos\pi t)dt$$
$$=\Big[\frac{1}{\pi}\sin\pi t\Big]_0^{\frac{1}{2}}+\Big[-\frac{1}{\pi}\sin\pi t\Big]_{\frac{1}{2}}^{\frac{3}{2}}$$
$$=\frac{1}{\pi}+\frac{1}{\pi}+\frac{1}{\pi}=\frac{3}{\pi} \qquad \text{탭} \; ③$$

642

점 P가 운동 방향을 바꾸는 순간의 속도는 0이므로

$v(t)=0$에서 $3-\sqrt{t}=0$

$\therefore t=9$

따라서 $t=9$에서 점 P의 운동 방향이 바뀌므로 이때의 점 P의 위치는

$$0+\int_0^9 (3-\sqrt{t})dt=\Big[3t-\frac{2}{3}t^{\frac{3}{2}}\Big]_0^9=27-18=9 \qquad \text{탭} \; 9$$

643

$t=\pi$일 때의 점 P의 위치는

$$0+\int_0^\pi (\sin t-\sin 2t)dt=\Big[-\cos t+\frac{1}{2}\cos 2t\Big]_0^\pi$$
$$=\Big(1+\frac{1}{2}\Big)-\Big(-1+\frac{1}{2}\Big)=2 \qquad \text{탭} \; ⑤$$

644

$$\frac{dx}{dt}=\frac{1}{2}(1-t), \quad \frac{dy}{dt}=\sqrt{t}$$

이므로 $t=0$에서 $t=4$까지 점 P가 움직인 거리는

$$\int_0^4 \sqrt{\Big(\frac{1-t}{2}\Big)^2+(\sqrt{t})^2}\,dt=\int_0^4 \sqrt{\frac{(t+1)^2}{4}}\,dt=\int_0^4 \frac{t+1}{2}\,dt$$
$$=\Big[\frac{t^2}{4}+\frac{t}{2}\Big]_0^4=6 \qquad \text{탭} \; 6$$

645

$$\frac{dx}{dt}=\cos t-t\sin t-\cos t=-t\sin t$$

$$\frac{dy}{dt}=-\sin t+\sin t+t\cos t=t\cos t$$

이므로 $t=0$에서 $t=\dfrac{\pi}{4}$까지 점 P가 움직인 거리는

$$\int_0^{\frac{\pi}{4}} \sqrt{(-t\sin t)^2+(t\cos t)^2}\,dt=\int_0^{\frac{\pi}{4}} \sqrt{t^2}\,dt=\int_0^{\frac{\pi}{4}} t\,dt$$
$$=\Big[\frac{1}{2}t^2\Big]_0^{\frac{\pi}{4}}=\frac{\pi^2}{32}$$

$\therefore n=32 \qquad \text{탭} \; 32$

646

$y=\dfrac{2}{3}x^{\frac{3}{2}}$에서 $y'=x^{\frac{1}{2}}=\sqrt{x}$이므로 구하는 곡선의 길이는

$$\int_0^3 \sqrt{1+(\sqrt{x})^2}\,dx=\int_0^3 \sqrt{1+x}\,dx=\Big[\frac{2}{3}(x+1)^{\frac{3}{2}}\Big]_0^3$$
$$=\frac{16}{3}-\frac{2}{3}=\frac{14}{3} \qquad \text{탭} \; \frac{14}{3}$$

647

$y=\dfrac{1}{4}x^2-\dfrac{1}{2}\ln x$에서 $y'=\dfrac{1}{2}x-\dfrac{1}{2x}$이므로 곡선의 길이 l은

$$l=\int_1^4 \sqrt{1+\Big(\frac{1}{2}x-\frac{1}{2x}\Big)^2}\,dx=\int_1^4 \sqrt{\frac{1}{4}x^2+\frac{1}{2}+\frac{1}{4x^2}}\,dx$$
$$=\int_1^4 \sqrt{\Big(\frac{1}{2}x+\frac{1}{2x}\Big)^2}\,dx=\int_1^4 \Big(\frac{1}{2}x+\frac{1}{2x}\Big)dx$$
$$=\Big[\frac{1}{4}x^2+\frac{1}{2}\ln|x|\Big]_1^4=\frac{15}{4}+\ln 2$$

따라서 $a=15$, $b=2$이므로
$$a+b=15+2=17$$
답 17

실력 콕콕   본문 p.126~129

648 ③	649 $4(\sqrt{2}-1)$	650 ②	651 ②	652 ④
653 ⑤	654 ⑤	655 ③	656 ②	657 4	658 ①
659 ①	660 $\dfrac{1}{e-1}$	661 ②	662 ⑤	663 ③	664 ④
665 12	666 $\dfrac{5}{6}$	667 ①	668 ③	669 18	670 ③
671 ③	672 ④	673 ②	674 ②	675 $1-\dfrac{2}{e}$	676 $\dfrac{5}{8}$
677 23	678 $\dfrac{\sqrt{5}}{2}$				

648

$$\lim_{n\to\infty}\sum_{k=1}^{n} e^{\frac{k}{n}}\times\frac{3}{n}=3\lim_{n\to\infty}\sum_{k=1}^{n} e^{\frac{k}{n}}\times\frac{1}{n}$$

이때, $f(x)=e^x$, $a=0$, $b=1$로 놓으면

$$\Delta x=\frac{1-0}{n}, \ x_k=0+k\times\frac{1}{n}$$

따라서 정적분과 급수의 합 사이의 관계에 의하여

$$3\lim_{n\to\infty}\sum_{k=1}^{n} e^{\frac{k}{n}}\times\frac{1}{n}=3\int_0^1 e^x dx$$
답 ③

649

$$\lim_{n\to\infty}\frac{2}{\sqrt{n}}\left(\frac{1}{\sqrt{n+1}}+\frac{1}{\sqrt{n+2}}+\frac{1}{\sqrt{n+3}}+\cdots+\frac{1}{\sqrt{2n}}\right)$$
$$=2\lim_{n\to\infty}\sum_{k=1}^{n}\frac{1}{\sqrt{n+k}}\times\frac{1}{\sqrt{n}}=2\lim_{n\to\infty}\sum_{k=1}^{n}\frac{1}{\sqrt{1+\frac{k}{n}}}\times\frac{1}{n}$$

이때, $f(x)=\dfrac{1}{\sqrt{x}}$, $a=1$, $b=2$로 놓으면

$$\Delta x=\frac{2-1}{n}, \ x_k=1+k\times\frac{1}{n}$$

따라서 정적분과 급수의 합 사이의 관계에 의하여

$$2\lim_{n\to\infty}\sum_{k=1}^{n}\frac{1}{\sqrt{1+\frac{k}{n}}}\times\frac{1}{n}=2\int_1^2\frac{1}{\sqrt{x}}dx=2\int_1^2 x^{-\frac{1}{2}}dx$$
$$=2\left[2x^{\frac{1}{2}}\right]_1^2=4(\sqrt{2}-1)$$
답 $4(\sqrt{2}-1)$

650

$$\lim_{n\to\infty}\frac{\pi}{n}\left\{\left(\sin\frac{\pi}{n}\right)^3+\left(\sin\frac{2}{n}\pi\right)^3+\left(\sin\frac{3}{n}\pi\right)^3+\cdots+\left(\sin\frac{n}{n}\pi\right)^3\right\}$$
$$=\lim_{n\to\infty}\sum_{k=1}^{n}\left(\sin\frac{k}{n}\pi\right)^3\times\frac{\pi}{n}$$

이때, $f(x)=\sin^3 x$, $a=0$, $b=\pi$로 놓으면

$$\Delta x=\frac{\pi-0}{n}=\frac{\pi}{n}, \ x_k=0+k\times\frac{\pi}{n}=\frac{k}{n}\pi$$

따라서 정적분과 급수의 합 사이의 관계에 의하여

$$\lim_{n\to\infty}\sum_{k=1}^{n}\left(\sin\frac{k}{n}\pi\right)^3\times\frac{\pi}{n}=\int_0^\pi\sin^3 x\,dx$$
$$=\int_0^\pi\sin^2 x\sin x\,dx$$
$$=\int_0^\pi(1-\cos^2 x)\sin x\,dx$$

$\cos x=t$로 놓으면 $\dfrac{dt}{dx}=-\sin x$이고

$x=0$일 때 $t=1$, $x=\pi$일 때 $t=-1$이므로

$$\int_0^\pi(1-\cos^2 x)\sin x\,dx=\int_1^{-1}(t^2-1)dt$$
$$=\int_{-1}^1(1-t^2)dt$$
$$=2\int_0^1(1-t^2)dt$$
$$=2\left[t-\frac{1}{3}t^3\right]_0^1=\frac{4}{3}$$
답 ②

651

$$\lim_{n\to\infty}\sum_{k=1}^{n}\frac{2k}{n^2}e^{\frac{k}{n}}=2\lim_{n\to\infty}\sum_{k=1}^{n}\frac{k}{n}e^{\frac{k}{n}}\times\frac{1}{n}$$

이때, $f(x)=xe^x$, $a=0$, $b=1$로 놓으면

$$\Delta x=\frac{1-0}{n}=\frac{1}{n}, \ x_k=0+k\times\frac{1}{n}=\frac{k}{n}$$

따라서 정적분과 급수의 합 사이의 관계에 의하여

$$2\lim_{n\to\infty}\sum_{k=1}^{n}\frac{k}{n}e^{\frac{k}{n}}\times\frac{1}{n}=2\int_0^1 xe^x dx$$

$u(x)=x$, $v'(x)=e^x$으로 놓으면

$u'(x)=1$, $v(x)=e^x$이므로

$$\int_0^1 xe^x dx=\left[xe^x\right]_0^1-\int_0^1 e^x dx$$
$$=e-\left[e^x\right]_0^1=e-(e-1)=1$$

$$\therefore 2\lim_{n\to\infty}\sum_{k=1}^{n}\frac{k}{n}e^{\frac{k}{n}}\times\frac{1}{n}=2\int_0^1 xe^x dx$$
$$=2\times 1=2$$
답 ②

652

$$\lim_{n\to\infty}\frac{1}{n}\left\{f\left(\frac{2}{n}\right)+f\left(\frac{4}{n}\right)+\cdots+f\left(\frac{2n}{n}\right)\right\}$$
$$=\lim_{n\to\infty}\sum_{k=1}^{n}f\left(\frac{2k}{n}\right)\times\frac{1}{n}$$
$$=\frac{1}{2}\lim_{n\to\infty}\sum_{k=1}^{n}f\left(\frac{2k}{n}\right)\times\frac{2}{n}$$

이때, $a=0$, $b=2$로 놓으면

$$\Delta x=\frac{2-0}{n}=\frac{2}{n}, \ x_k=0+k\times\frac{2}{n}=\frac{2k}{n}$$

따라서 정적분과 급수의 합 사이의 관계에 의하여

$$\frac{1}{2}\lim_{n\to\infty}\sum_{k=1}^{n}f\left(\frac{2k}{n}\right)\times\frac{2}{n}=\frac{1}{2}\int_0^2 f(x)dx$$
$$=\frac{1}{2}\int_0^2(1-e^x)dx$$
$$=\frac{1}{2}\left[x-e^x\right]_0^2$$
$$=\frac{1}{2}\{(2-e^2)-(-1)\}$$
$$=\frac{1}{2}(3-e^2)$$
답 ④

653

$$\lim_{n\to\infty}\sum_{k=1}^{n}f\left(\frac{k}{n}\right)\frac{1}{n}=\int_0^1 f(x)dx$$

$$\lim_{n\to\infty}\sum_{k=1}^{n}f\left(1+\frac{k}{n}\right)\frac{1}{n}=\lim_{n\to\infty}\sum_{k=1}^{2n}f\left(1+\frac{2k}{2n}\right)\frac{2}{2n}=\int_1^3 f(x)dx$$

이므로

$$\lim_{n\to\infty}\sum_{k=1}^{n}f\left(\frac{k}{n}\right)\frac{1}{n}+\lim_{n\to\infty}\sum_{k=1}^{2n}f\left(1+\frac{k}{n}\right)\frac{1}{n}$$

$$=\int_0^1 f(x)dx+\int_1^3 f(x)dx$$

$$=\int_0^3 f(x)dx$$

$$=\int_0^3 (e^x+2)dx$$

$$=\left[e^x+2x\right]_0^3$$

$$=(e^3+6)-1$$

$$=e^3+5$$

답 ⑤

654

ㄱ. $\displaystyle\lim_{n\to\infty}\sum_{k=1}^{n}S_k=\lim_{n\to\infty}\sum_{k=1}^{n}\frac{1}{2n}\times f\left(\frac{k}{2n}\right)$

$$\qquad\qquad\qquad=\lim_{n\to\infty}\sum_{k=1}^{n}\left(\frac{k}{2n}\right)^2\times\frac{1}{2n}$$

이때, $f(x)=x^2$, $a=0$, $b=\dfrac{1}{2}$로 놓으면

$$\varDelta x=\frac{\frac{1}{2}-0}{n}=\frac{1}{2n},\ x_k=0+k\times\frac{1}{2n}=\frac{k}{2n}$$

따라서 정적분과 급수의 합 사이의 관계에 의하여

$$\lim_{n\to\infty}\sum_{k=1}^{n}\left(\frac{k}{2n}\right)^2\times\frac{1}{2n}=\int_0^{\frac{1}{2}}x^2\,dx\ (참)$$

ㄴ. $\displaystyle\sum_{k=1}^{n}(S_{2k}-S_{2k-1})=\sum_{k=1}^{n}\left\{\frac{1}{2n}\times f\left(\frac{2k}{2n}\right)-\frac{1}{2n}\times f\left(\frac{2k-1}{2n}\right)\right\}$

$$=\frac{1}{2n}\sum_{k=1}^{n}\left\{\left(\frac{2k}{2n}\right)^2-\left(\frac{2k-1}{2n}\right)^2\right\}$$

$$=\frac{1}{8n^3}\sum_{k=1}^{n}(4k-1)$$

$$=\frac{1}{8n^3}\left\{4\times\frac{n(n+1)}{2}-n\right\}$$

$$=\frac{2n^2+n}{8n^3}$$

$$\therefore\lim_{n\to\infty}\sum_{k=1}^{n}(S_{2k}-S_{2k-1})=\lim_{n\to\infty}\frac{2n^2+n}{8n^3}=0\ (참)$$

ㄷ. $\displaystyle\lim_{n\to\infty}\sum_{k=1}^{n}S_{2k}=\lim_{n\to\infty}\sum_{k=1}^{n}\frac{1}{2n}\times f\left(\frac{2k}{2n}\right)$

$$\qquad\qquad\qquad=\frac{1}{2}\lim_{n\to\infty}\sum_{k=1}^{n}\left(\frac{k}{n}\right)^2\times\frac{1}{n}$$

이때, $f(x)=x^2$, $a=0$, $b=1$로 놓으면

$$\varDelta x=\frac{1-0}{n}=\frac{1}{n},\ x_k=0+k\times\frac{1}{n}=\frac{k}{n}$$

따라서 정적분과 급수의 합 사이의 관계에 의하여

$$\frac{1}{2}\lim_{n\to\infty}\sum_{k=1}^{n}\left(\frac{k}{n}\right)^2\times\frac{1}{n}=\frac{1}{2}\int_0^1 x^2\,dx\ (참)$$

따라서 ㄱ, ㄴ, ㄷ 모두 옳다.

답 ⑤

655

곡선 $y=\sqrt{x}$와 직선 $y=x-2$의 교점의 x좌표를 구하면

$$\sqrt{x}=x-2 \qquad\qquad \cdots\cdots\ \text{㉠}$$

에서 $x\geq0$, $x-2\geq0$이므로 $x\geq2$

㉠의 양변을 제곱하면

$$x=x^2-4x+4,\ x^2-5x+4=0$$

$$(x-1)(x-4)=0 \qquad\therefore x=4\ (\because x\geq2)$$

따라서 구하는 도형의 넓이는

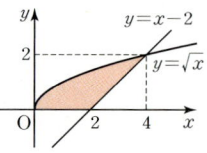

$$\int_0^4\sqrt{x}\,dx-\frac{1}{2}\times2\times2=\left[\frac{2}{3}x^{\frac{3}{2}}\right]_0^4-2$$

$$=\frac{2}{3}\times4^{\frac{3}{2}}-2=\frac{10}{3}$$

다른 풀이

$y=\sqrt{x}$에서 $x=y^2$

$y=x-2$에서 $x=y+2$

이므로 위의 그림에서 색칠한 부분의 넓이는

$$\int_0^2\{(y+2)-y^2\}dy=\left[\frac{1}{2}y^2+2y-\frac{1}{3}y^3\right]_0^2$$

$$=2+4-\frac{8}{3}=\frac{10}{3}$$

답 ③

656

곡선 $y=\dfrac{x}{x^2+1}$와 직선 $y=\dfrac{1}{2}x$의 교점의 x좌표는

$\dfrac{x}{x^2+1}=\dfrac{1}{2}x$에서 $x^3+x=2x$

$$x^3-x=0,\ x(x+1)(x-1)=0$$

$$\therefore x=-1\ \text{또는}\ x=0\ \text{또는}\ x=1$$

곡선 $y=\dfrac{x}{x^2+1}$와 직선 $y=\dfrac{1}{2}x$는 원점에 대하여 대칭이므로 구하는 도형의 넓이는

$$\int_{-1}^{1}\left|\frac{x}{x^2+1}-\frac{1}{2}x\right|dx=2\int_0^1\left(\frac{x}{x^2+1}-\frac{1}{2}x\right)dx$$

$$=2\left[\frac{1}{2}\ln|x^2+1|-\frac{1}{4}x^2\right]_0^1$$

$$=2\left(\frac{1}{2}\ln2-\frac{1}{4}\right)$$

$$=\ln2-\frac{1}{2}$$

답 ②

657

$$S_1=\int_0^3\{-f(x)\}dx=4,\ S_2=\int_3^6 f(x)dx=12$$

한편, 정적분 $\displaystyle\int_0^3 f(2x)dx$에서 $2x=t$로 놓으면 $\dfrac{dt}{dx}=2$이고

$x=0$일 때 $t=0$, $x=3$일 때 $t=6$이므로

$$\int_0^3 f(2x)dx=\frac{1}{2}\int_0^6 f(t)dt$$

$$=\frac{1}{2}\left\{\int_0^3 f(t)dt+\int_3^6 f(t)dt\right\}$$

$$=\frac{1}{2}\left[-\int_0^3\{-f(t)\}dt+\int_3^6 f(t)dt\right]$$

$$=\frac{1}{2}(-4+12)=4$$

답 4

658

$$S_n=\int_n^{n+1}\sqrt{x}\,dx=\left[\frac{2}{3}x^{\frac{3}{2}}\right]_n^{n+1}=\frac{2}{3}(n+1)^{\frac{3}{2}}-\frac{2}{3}n^{\frac{3}{2}}$$

이므로

$$S_{n+1}=\frac{2}{3}(n+2)^{\frac{3}{2}}-\frac{2}{3}(n+1)^{\frac{3}{2}}$$

$$\therefore \lim_{n\to\infty}\frac{S_{n+1}}{S_n}=\lim_{n\to\infty}\frac{(n+2)^{\frac{3}{2}}-(n+1)^{\frac{3}{2}}}{(n+1)^{\frac{3}{2}}-n^{\frac{3}{2}}}$$

$$=\lim_{n\to\infty}\frac{\{(n+2)^3-(n+1)^3\}\{(n+1)^{\frac{3}{2}}+n^{\frac{3}{2}}\}}{\{(n+1)^3-n^3\}\{(n+2)^{\frac{3}{2}}+(n+1)^{\frac{3}{2}}\}}$$

$$=\lim_{n\to\infty}\frac{(3n^2+9n+7)\{(n+1)^{\frac{3}{2}}+n^{\frac{3}{2}}\}}{(3n^2+3n+1)\{(n+2)^{\frac{3}{2}}+(n+1)^{\frac{3}{2}}\}}$$

$$=\lim_{n\to\infty}\frac{3n^2+9n+7}{3n^2+3n+1}\times\lim_{n\to\infty}\frac{(n+1)^{\frac{3}{2}}+n^{\frac{3}{2}}}{(n+2)^{\frac{3}{2}}+(n+1)^{\frac{3}{2}}}$$

$$=1$$
답 ①

659

주어진 두 도형의 넓이가 같으므로 닫힌구간 $[0,\,e-1]$에서의 정적분의 값은 0이어야 한다.

즉, $\displaystyle\int_0^{e-1}\{\ln(x+1)-k\}dx=0$ ...... ㉠

㉠에서 $x+1=t$로 놓으면 $\dfrac{dt}{dx}=1$

또한 $x=0$일 때 $t=1$이고, $x=e-1$일 때 $t=e$이므로

$$\int_0^{e-1}\{\ln(x+1)-k\}dx=\int_1^{e}(\ln t-k)dt$$

$$=\Big[t\ln t-t-kt\Big]_1^{e}$$

$$=-ke+1+k$$

따라서 $-ke+1+k=0$이므로 $k(e-1)=1$

$$\therefore k=\frac{1}{e-1}$$
답 ①

660

조건 ㈎에서 $a_n>a_{n+1}$이고, 오른쪽 그림에서 곡선 $y=\dfrac{1}{x}$과 x축 및 두 직선 $x=a_{n+1}$, $x=a_n$으로 둘러싼 도형의 넓이가 1이므로

$$\int_{a_{n+1}}^{a_n}\frac{1}{x}dx=\Big[\ln|x|\Big]_{a_{n+1}}^{a_n}$$

$$=\ln a_n-\ln a_{n+1}=1$$

즉, $\ln\dfrac{a_n}{a_{n+1}}=1$, $\dfrac{a_n}{a_{n+1}}=e$ $\therefore a_{n+1}=\dfrac{1}{e}a_n$

따라서 수열 $\{a_n\}$은 첫째항이 $\dfrac{1}{e}$, 공비가 $\dfrac{1}{e}$인 등비수열이므로

$$\sum_{n=1}^{\infty}a_n=\frac{\dfrac{1}{e}}{1-\dfrac{1}{e}}=\frac{1}{e-1}$$
답 $\dfrac{1}{e-1}$

661

$y=e^x-1$에서 $x=\ln(y+1)$

$y=e^{-x}-1$에서 $-x=\ln(y+1)$

$\therefore x=-\ln(y+1)$

이때, $y+1=t$로 놓으면 $\dfrac{dt}{dy}=1$이고

$y=0$일 때 $t=1$, $y=3$일 때 $t=4$이다.

따라서 구하는 도형의 넓이는

$$\int_0^{3}[\ln(y+1)-\{-\ln(y+1)\}]dy$$

$$=2\int_0^{3}\ln(y+1)dy=2\int_1^{4}\ln t\,dt$$

$$=2\Big[t\ln t-t\Big]_1^{4}=2(4\ln4-4+1)=16\ln2-6$$
답 ②

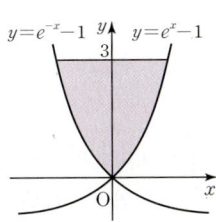

662

두 곡선 $y=\sin x$, $y=\sin 2x$의 교점의 x좌표를 구하면

$\sin x=\sin 2x$에서

$\sin x=2\sin x\cos x$, $\sin x(2\cos x-1)=0$

$\therefore \sin x=0$ 또는 $\cos x=\dfrac{1}{2}$

이때, $0\le x\le\pi$이므로

$x=0$ 또는 $x=\dfrac{\pi}{3}$ 또는 $x=\pi$

따라서 오른쪽 그림에서

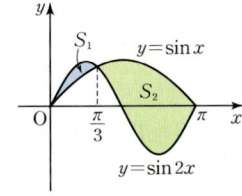

$$S_1=\int_0^{\frac{\pi}{3}}(\sin 2x-\sin x)dx$$

$$=\Big[-\frac{1}{2}\cos 2x+\cos x\Big]_0^{\frac{\pi}{3}}$$

$$=\Big(\frac{1}{4}+\frac{1}{2}\Big)-\Big(-\frac{1}{2}+1\Big)=\frac{1}{4}$$

$$S_2=\int_{\frac{\pi}{3}}^{\pi}(\sin x-\sin 2x)dx=\Big[-\cos x+\frac{1}{2}\cos 2x\Big]_{\frac{\pi}{3}}^{\pi}$$

$$=\Big(1+\frac{1}{2}\Big)-\Big(-\frac{1}{2}-\frac{1}{4}\Big)=\frac{9}{4}$$

$$\therefore S_1:S_2=\frac{1}{4}:\frac{9}{4}=1:9$$
답 ⑤

663

두 곡선 $y=\cos x\left(0\le x\le\dfrac{\pi}{2}\right)$, $y=a\sin x$의 교점의 x좌표를 $\theta\left(0\le\theta\le\dfrac{\pi}{2}\right)$라 하자.

$\cos\theta=a\sin\theta$에서 양변을 제곱하면

$\cos^2\theta=a^2\sin^2\theta$, $\cos^2\theta=a^2(1-\cos^2\theta)$

$(1+a^2)\cos^2\theta=a^2$, $\cos^2\theta=\dfrac{a^2}{1+a^2}$

$\therefore \cos\theta=\dfrac{a}{\sqrt{1+a^2}}$, $\sin\theta=\dfrac{1}{\sqrt{1+a^2}}$ $\left(\because 0\le\theta\le\dfrac{\pi}{2}\right)$ ...... ㉠

$0\le x\le\dfrac{\pi}{2}$에서 곡선 $y=\cos x$와 x축 및 y축으로 둘러싸인 도형의 넓이를 S_1이라 하면

$$S_1=\int_0^{\frac{\pi}{2}}\cos x\,dx=\Big[\sin x\Big]_0^{\frac{\pi}{2}}=1$$

$0\le x\le\theta$에서 두 곡선 $y=\cos x$, $y=a\sin x$와 y축으로 둘러싸인 도형의 넓이를 S_2라 하면

$$S_2=\int_0^{\theta}(\cos x-a\sin x)dx$$

$$=\Big[\sin x+a\cos x\Big]_0^{\theta}$$

$$=\sin\theta+a\cos\theta-a$$

이때, $S_2=\dfrac{1}{2}S_1$이므로

$$\sin\theta+a\cos\theta-a=\frac{1}{2}$$ ...... ㉡

㉠을 ㉡에 대입하면

$$\frac{1}{\sqrt{1+a^2}}+\frac{a^2}{\sqrt{1+a^2}}-a=\frac{1}{2}$$

$$\frac{1+a^2}{\sqrt{1+a^2}}=a+\frac{1}{2},\ \sqrt{1+a^2}=a+\frac{1}{2}$$

$1+a^2=a^2+a+\dfrac{1}{4}$ $\therefore a=\dfrac{3}{4}$
답 ③

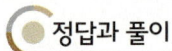

664

$y=e^{x-2}$에서 $y'=e^{x-2}$이므로 점 $(t,\ e^{t-2})$에서의 접선의 방정식은

$y-e^{t-2}=e^{t-2}(x-t)$

이 직선이 점 $(1,\ 0)$을 지나므로

$-e^{t-2}=e^{t-2}-te^{t-2}$, $e^{t-2}(t-2)=0$

$\therefore t=2$

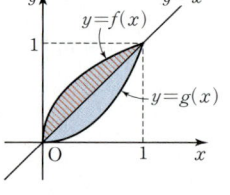

즉, 곡선 $y=e^{x-2}$ 위의 점 $(2,\ 1)$에서의 접선의 방정식은

$y-1=1\times(x-2)$ $\therefore y=x-1$

이때, $y=e^{x-2}$에서 $\ln y=x-2$ $\therefore x=\ln y+2$

따라서 구하는 도형의 넓이는

$$\frac{1}{2}\times2\times2-\int_{e^{-2}}^{1}(\ln y+2)dy=2-\Big[y\ln y-y+2y\Big]_{e^{-2}}^{1}$$
$$=2-\{1-(-2e^{-2}+e^{-2})\}$$
$$=1-\frac{1}{e^2}$$

답 ④

665

직선 PQ의 방정식은

$y=\dfrac{b^2-a^2}{b-a}(x-a)+a^2$ $\therefore y=(a+b)x-ab$

직선 PQ와 곡선 $y=x^2$으로 둘러싸인 도형의 넓이가 36이므로

$$\int_a^b\{(a+b)x-ab-x^2\}dx=36$$
$$\Big[\frac{a+b}{2}x^2-abx-\frac{1}{3}x^3\Big]_a^b=36$$
$$\frac{a+b}{2}(b^2-a^2)-ab(b-a)-\frac{1}{3}(b^3-a^3)=36$$
$$3(b-a)(b+a)^2-6ab(b-a)-2(b-a)(b^2+ab+a^2)=6^3$$
$$(b-a)\{3(b+a)^2-6ab-2(b^2+ab+a^2)\}=6^3$$
$$(b-a)(b^2-2ab+a^2)=6^3$$
$$(b-a)^3=6^3$$
$$\therefore b-a=6 \qquad\qquad \cdots\cdots \text{㉠}$$

이때,

$$\overline{PQ}=\sqrt{(b-a)^2+(b^2-a^2)^2}$$
$$=\sqrt{(b-a)^2+(b-a)^2(b+a)^2}$$
$$=\sqrt{(b-a)^2\{1+(b+a)^2\}}$$
$$=6\sqrt{1+(2a+6)^2}\ (\because \text{㉠})$$
$$=6\sqrt{4a^2+24a+37}$$
$$\therefore \lim_{a\to\infty}\frac{\overline{PQ}}{a}=\lim_{a\to\infty}\frac{6\sqrt{4a^2+24a+37}}{a}$$
$$=6\times2=12$$

보충 설명

이차항의 계수가 1인 이차함수의 그래프와 직선의 두 교점의 x좌표가 a, b $(a<b)$일 때, 이 이차함수의 그래프와 직선으로 둘러싸인 도형의 넓이는 $\dfrac{1}{6}(b-a)^3$이므로

$\dfrac{1}{6}(b-a)^3=36$에서 $(b-a)^3=6^3$

$\therefore b-a=6$

답 12

666

$0\le x\le1$에서 $f(x)\ge0$이므로 $\displaystyle\int_0^1 f(x)dx$는 함수 $y=f(x)$의 그래프와 x축 및 직선 $x=1$로 둘러싸인 도형의 넓이를 나타낸다.

이때, 두 함수 $y=f(x)$, $y=g(x)$의 그래프는 직선 $y=x$에 대하여 서로 대칭이므로 곡선 $y=f(x)$와 직선 $y=x$로 둘러싸인 도형, 즉 빗금친 부분의 넓이는

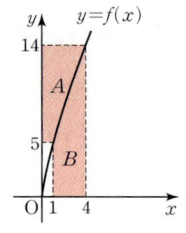

$\dfrac{1}{2}\times\dfrac{2}{3}=\dfrac{1}{3}$

$\therefore \displaystyle\int_0^1 f(x)dx=\dfrac{1}{3}+\dfrac{1}{2}\times1\times1=\dfrac{5}{6}$

답 $\dfrac{5}{6}$

667

$f(1)=5$, $f(4)=14$이므로 정적분 $\displaystyle\int_{f(1)}^{f(4)}g(y)dy$의 값은 오른쪽 그림에서 A 부분의 넓이와 같다.

이때, B 부분의 넓이는

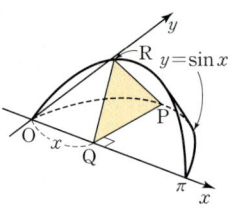

$$\int_1^4 f(x)dx=\int_1^4(2x+3\sqrt{x})dx$$
$$=\int_1^4(2x+3x^{\frac{1}{2}})dx=\Big[x^2+2x^{\frac{3}{2}}\Big]_1^4$$
$$=(16+16)-(1+2)=29$$
$$\therefore \int_{f(1)}^{f(4)}g(y)dy=4\times14-1\times5-29=22$$

답 ①

668

오른쪽 그림에서 점 $P(x,\ \sin x)$는 곡선 $y=\sin x$ 위를 움직이므로 $\overline{PQ}=\sin x$이다. 즉, 선분 PQ를 한 변으로 하는 정삼각형 PQR의 넓이 $S(x)$는

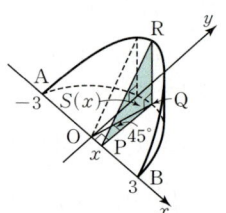

$$S(x)=\frac{\sqrt{3}}{4}\times\overline{PQ}^2=\frac{\sqrt{3}}{4}\sin^2x$$

따라서 구하는 입체도형의 부피는

$$\int_0^\pi S(x)dx=\int_0^\pi\frac{\sqrt{3}}{4}\sin^2x\,dx=\frac{\sqrt{3}}{8}\int_0^\pi 2\sin^2x\,dx$$
$$=\frac{\sqrt{3}}{8}\int_0^\pi\{\sin^2x+(1-\cos^2x)\}dx$$
$$=\frac{\sqrt{3}}{8}\int_0^\pi\{1-(\cos x\cos x-\sin x\sin x)\}dx$$
$$=\frac{\sqrt{3}}{8}\int_0^\pi(1-\cos2x)dx$$
$$=\frac{\sqrt{3}}{8}\Big[x-\frac{\sin2x}{2}\Big]_0^\pi=\frac{\sqrt{3}}{8}\pi$$

답 ③

669

오른쪽 그림과 같이 밑면의 지름 AB를 x축으로 하고 밑면의 중심 O를 원점으로 할 때, x축 위를 움직이는 점을 $P(x,\ 0)$ $(-3\le x\le3)$이라 하고, 점 P를 지나면서 x축에 수직인 평면으로 자른 단면의 넓이를 $S(x)$라 하자.

이때, 직각삼각형 OPQ에서

$\overline{PQ}^2=\overline{OQ}^2-\overline{OP}^2=3^2-x^2$

$\therefore \overline{PQ}=\sqrt{9-x^2}$

또한 $\angle PQR = 90°$, $\angle RPQ = 45°$이므로 삼각형 PQR는 $\overline{QR} = \overline{PQ}$인 직각이등변삼각형이다.

즉, $\overline{QR} = \overline{PQ} = \sqrt{9-x^2}$이므로

$$S(x) = \frac{1}{2} \times \overline{PQ} \times \overline{QR} = \frac{1}{2}(9-x^2)$$

따라서 구하는 입체도형의 부피는

$$\int_{-3}^{3} S(x)dx = \int_{-3}^{3} \frac{1}{2}(9-x^2)dx = 2\int_{0}^{3} \frac{1}{2}(9-x^2)dx$$
$$= \left[9x - \frac{1}{3}x^3 \right]_{0}^{3} = 18$$

답 18

670

$\dfrac{dx}{dt} = e^t \cos t - e^t \sin t$, $\dfrac{dy}{dt} = e^t \sin t + e^t \cos t$

이므로 $t=0$에서 $t=\pi$까지 점 P가 움직인 거리는

$$\int_{0}^{\pi} \sqrt{(e^t \cos t - e^t \sin t)^2 + (e^t \sin t + e^t \cos t)^2}\, dt$$
$$= \int_{0}^{\pi} \sqrt{2e^{2t}}\, dt = \int_{0}^{\pi} \sqrt{2}\, e^t\, dt$$
$$= \sqrt{2}\left[e^t \right]_{0}^{\pi} = \sqrt{2}(e^{\pi}-1)$$

답 ③

671

$\dfrac{dx}{dt} = \sqrt{3}\cos t - \sin t$, $\dfrac{dy}{dt} = -\sqrt{3}\sin t - \cos t$

이므로 $t=0$에서 $t=a$까지 점 P가 움직인 거리는

$$\int_{0}^{a} \sqrt{(\sqrt{3}\cos t - \sin t)^2 + (-\sqrt{3}\sin t - \cos t)^2}\, dt$$
$$= \int_{0}^{a} 2\, dt = \left[2t \right]_{0}^{a} = 2a$$

따라서 $2a = 2\pi$이므로 $a = \pi$

답 ③

672

$0 \le t \le \pi$에서 $v(t) = e^{-t}\sin t \ge 0$이므로 $t=0$에서 $t=\pi$까지 점 P가 움직인 거리를 s라 하면

$$s = \int_{0}^{\pi} |v(t)|\, dt = \int_{0}^{\pi} e^{-t}\sin t\, dt$$

$u(t) = \sin t$, $w'(t) = e^{-t}$으로 놓으면

$u'(t) = \cos t$, $w(t) = -e^{-t}$이므로

$$\int_{0}^{\pi} e^{-t}\sin t\, dt = \left[-e^{-t}\sin t \right]_{0}^{\pi} + \int_{0}^{\pi} e^{-t}\cos t\, dt$$
$$= \int_{0}^{\pi} e^{-t}\cos t\, dt \qquad \cdots\cdots \text{㉠}$$

$f(t) = \cos t$, $g'(t) = e^{-t}$으로 놓으면

$f'(t) = -\sin t$, $g(t) = -e^{-t}$이므로

$$\int_{0}^{\pi} e^{-t}\cos t\, dt = \left[-e^{-t}\cos t \right]_{0}^{\pi} - \int_{0}^{\pi} e^{-t}\sin t\, dt$$
$$= e^{-\pi} + 1 - \int_{0}^{\pi} e^{-t}\sin t\, dt$$

이것을 ㉠에 대입하면

$$\int_{0}^{\pi} e^{-t}\sin t\, dt = e^{-\pi} + 1 - \int_{0}^{\pi} e^{-t}\sin t\, dt$$
$$2\int_{0}^{\pi} e^{-t}\sin t\, dt = e^{-\pi} + 1$$
$$\therefore s = \int_{0}^{\pi} e^{-t}\sin t\, dt = \frac{e^{-\pi}+1}{2} = \frac{e^{\pi}+1}{2e^{\pi}}$$

즉, $t=0$에서 $t=\pi$까지 점 P가 움직인 거리는 $\dfrac{e^{\pi}+1}{2e^{\pi}}$이다.

답 ④

673

$y = \frac{1}{3}x^{\frac{3}{2}} - x^{\frac{1}{2}}$에서 $y' = \frac{1}{2}(x^{\frac{1}{2}} - x^{-\frac{1}{2}})$

따라서 구하는 곡선의 길이는

$$\int_{1}^{4} \sqrt{1 + \left\{ \frac{1}{2}(x^{\frac{1}{2}} - x^{-\frac{1}{2}}) \right\}^2}\, dx$$
$$= \int_{1}^{4} \sqrt{\frac{1}{4}(x^{\frac{1}{2}} + x^{-\frac{1}{2}})^2}\, dx$$
$$= \frac{1}{2}\int_{1}^{4} (x^{\frac{1}{2}} + x^{-\frac{1}{2}})\, dx$$
$$= \frac{1}{2}\left[\frac{2}{3}x^{\frac{3}{2}} + 2x^{\frac{1}{2}} \right]_{1}^{4}$$
$$= \frac{1}{2}\left\{ \left(\frac{2}{3} \times 4^{\frac{3}{2}} + 2 \times 4^{\frac{1}{2}} \right) - \left(\frac{2}{3} \times 1 + 2 \times 1 \right) \right\}$$
$$= \frac{10}{3}$$

답 ②

674

$y = \ln(\sin x)$에서 $y' = \dfrac{\cos x}{\sin x} = \cot x$

따라서 구하는 곡선의 길이는

$$\int_{\frac{\pi}{3}}^{\frac{\pi}{2}} \sqrt{1 + \cot^2 x}\, dx = \int_{\frac{\pi}{3}}^{\frac{\pi}{2}} \sqrt{\csc^2 x}\, dx = \int_{\frac{\pi}{3}}^{\frac{\pi}{2}} \csc x\, dx$$
$$= \int_{\frac{\pi}{3}}^{\frac{\pi}{2}} \frac{1}{\sin x}dx = \int_{\frac{\pi}{3}}^{\frac{\pi}{2}} \frac{1}{2\sin \frac{x}{2}\cos \frac{x}{2}}dx$$
$$= \int_{\frac{\pi}{3}}^{\frac{\pi}{2}} \frac{\sec^2 \frac{x}{2}}{2\tan \frac{x}{2}}dx = \left[\ln \left| \tan \frac{x}{2} \right| \right]_{\frac{\pi}{3}}^{\frac{\pi}{2}}$$
$$= -\ln \frac{1}{\sqrt{3}} = \frac{1}{2}\ln 3$$

답 ②

675

함수 $f(x) = e^{x-a}$의 역함수 $g(x)$는

$g(x) = \ln x + a \ (x > 0)$

                                      ㉮

$f(x) = e^{x-a}$에서 $f'(x) = e^{x-a}$

$g(x) = \ln x + a$에서 $g'(x) = \dfrac{1}{x}$

이때, 두 곡선이 $x=1$인 점에서 공통인 접선을 가지려면

$f(1) = g(1)$에서 $e^{1-a} = a$ $\cdots\cdots$ ㉠

$f'(1) = g'(1)$에서 $e^{1-a} = 1$ $\cdots\cdots$ ㉡

㉠, ㉡에서 $a = 1$

                                        ㉯

따라서 오른쪽 그림과 같이 두 곡선 $y = e^{x-1}$, $y = \ln x + 1$과 x축 및 y축으로 둘러싸인 도형의 넓이는 두 곡선이 직선 $y = x$에 대하여 대칭이므로

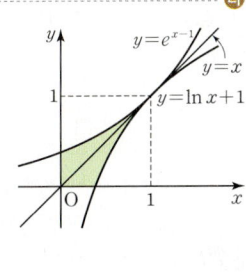

$$2\int_{0}^{1} (e^{x-1} - x)dx = 2\left[e^{x-1} - \frac{1}{2}x^2 \right]_{0}^{1}$$
$$= 2\left(\frac{1}{2} - \frac{1}{e} \right) = 1 - \frac{2}{e}$$

                                        ㉰

단계	채점 요소	비율
㉮	함수 $f(x)$의 역함수 $g(x)$ 구하기	20%
㉯	실수 a의 값 구하기	40%
㉰	넓이 구하기	40%

답 $1 - \dfrac{2}{e}$

676

$f(x) = \dfrac{\ln x}{x}$에서

$f'(x) = \dfrac{\dfrac{1}{x} \times x - \ln x \times 1}{x^2} = \dfrac{1 - \ln x}{x^2}$이므로

$f'(x) = 0$에서 $x = e$

——————————————————— 가

$f''(x) = \dfrac{-\dfrac{1}{x} \times x^2 - (1 - \ln x) \times 2x}{x^4} = \dfrac{-3 + 2\ln x}{x^3}$이므로

$f''(x) = 0$에서 $x = e^{\frac{3}{2}}$

——————————————————— 나

x	(0)	$\cdots$	e	$\cdots$	$e^{\frac{3}{2}}$	$\cdots$
$f'(x)$		$+$	0	$-$	$-$	$-$
$f''(x)$		$-$	$-$	$-$	0	$+$
$f(x)$		↗	극대	↘	변곡점	↘

즉, 함수 $f(x)$는 $x = e$에서 극값을 갖고, 변곡점의 x좌표는 $e^{\frac{3}{2}}$이므로 함수 $y = f(x)$의 그래프는 다음 그림과 같다.

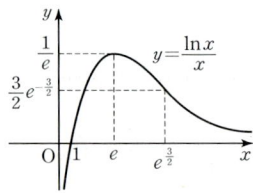

이때, 구하는 도형의 넓이를 S라 하면

$S = \displaystyle\int_e^{e^{\frac{3}{2}}} \dfrac{\ln x}{x} dx$

$\ln x = t$로 놓으면 $\dfrac{dt}{dx} = \dfrac{1}{x}$이고,

$x = e$일 때 $t = 1$, $x = e^{\frac{3}{2}}$일 때 $t = \dfrac{3}{2}$이므로

$S = \displaystyle\int_e^{e^{\frac{3}{2}}} \dfrac{\ln x}{x} dx = \int_1^{\frac{3}{2}} t\, dt = \left[\dfrac{t^2}{2} \right]_1^{\frac{3}{2}} = \dfrac{5}{8}$

——————————————————— 라

단계	채점 요소	비율
가	$f'(x) = 0$을 만족시키는 x의 값 구하기	20%
나	$f''(x) = 0$을 만족시키는 x의 값 구하기	20%
다	함수 $y = f(x)$의 그래프 그리기	30%
라	넓이 구하기	30%

답 $\dfrac{5}{8}$

677

물의 깊이가 x일 때, 수면의 넓이를 $S(x)$라 하면

$S(x) = \pi(e^x)^2 = \pi e^{2x}$

물의 깊이가 $\ln 3$일 때 그릇에 담긴 물의 부피 V_1은

$V_1 = \displaystyle\int_0^{\ln 3} S(x) dx = \int_0^{\ln 3} \pi e^{2x} dx = \dfrac{\pi}{2} \left[e^{2x} \right]_0^{\ln 3}$

$= \dfrac{\pi}{2}(e^{2\ln 3} - 1) = \dfrac{\pi}{2} \times 8 = 4\pi$

——————————————————— 가

또한 물의 깊이가 $\ln 4$일 때 그릇에 담긴 물의 부피 V_2는

$V_2 = \displaystyle\int_0^{\ln 4} S(x) dx = \int_0^{\ln 4} \pi e^{2x} dx = \dfrac{\pi}{2} \left[e^{2x} \right]_0^{\ln 4}$

$= \dfrac{\pi}{2}(e^{2\ln 4} - 1) = \dfrac{\pi}{2} \times 15 = \dfrac{15}{2}\pi$

——————————————————— 나

$\therefore V_1 : V_2 = 4\pi : \dfrac{15}{2}\pi = 8 : 15$

따라서 $m = 8$, $n = 15$이므로

$m + n = 8 + 15 = 23$

——————————————————— 다

단계	채점 요소	비율
가	V_1 구하기	40%
나	V_2 구하기	40%
다	m, n의 값 각각 구하고 $m + n$의 값 구하기	20%

답 23

678

t초 후의 점 P의 좌표를 (a, b)라 하면

$S = \displaystyle\int_0^a 2\sqrt{x}\, dx$

——————————————————— 가

이 식의 양변을 시각 t에 대하여 미분하면

$\dfrac{dS}{dt} = \dfrac{d}{da}\left(\displaystyle\int_0^a 2\sqrt{x}\, dx \right) \dfrac{da}{dt} = 2\sqrt{a}\, \dfrac{da}{dt}$

이때, $\dfrac{dS}{dt} = 4$이므로 $2\sqrt{a}\, \dfrac{da}{dt} = 4$ $\therefore \dfrac{da}{dt} = \dfrac{2}{\sqrt{a}}$

또한 점 P는 곡선 $y = 2\sqrt{x}$ 위의 점이므로 $b = 2\sqrt{a}$에서

$\dfrac{db}{dt} = \dfrac{d}{da}(2\sqrt{a}) \times \dfrac{da}{dt} = \dfrac{1}{\sqrt{a}} \times \dfrac{da}{dt} = \dfrac{1}{\sqrt{a}} \times \dfrac{2}{\sqrt{a}} = \dfrac{2}{a}$

——————————————————— 나

따라서 점 P의 속도는 $\left(\dfrac{2}{\sqrt{a}}, \dfrac{2}{a} \right)$이고 속력은

$\sqrt{\left(\dfrac{2}{\sqrt{a}} \right)^2 + \left(\dfrac{2}{a} \right)^2} = \sqrt{\dfrac{4}{a} + \dfrac{4}{a^2}}$

이므로 점 P가 점 $(4, 4)$를 지날 때, 점 P의 속력은 $\sqrt{1 + \dfrac{1}{4}} = \dfrac{\sqrt{5}}{2}$

——————————————————— 다

단계	채점 요소	비율
가	t초 후의 점 P의 좌표를 (a, b)로 놓고 넓이 S의 식 구하기	20%
나	$\dfrac{dS}{dt} = 4$임을 이용하여 $\dfrac{da}{dt}$, $\dfrac{db}{dt}$ 구하기	40%
다	점 P가 점 $(4, 4)$를 지날 때, 점 P의 속력 구하기	40%

답 $\dfrac{\sqrt{5}}{2}$

MEMO

MEMO

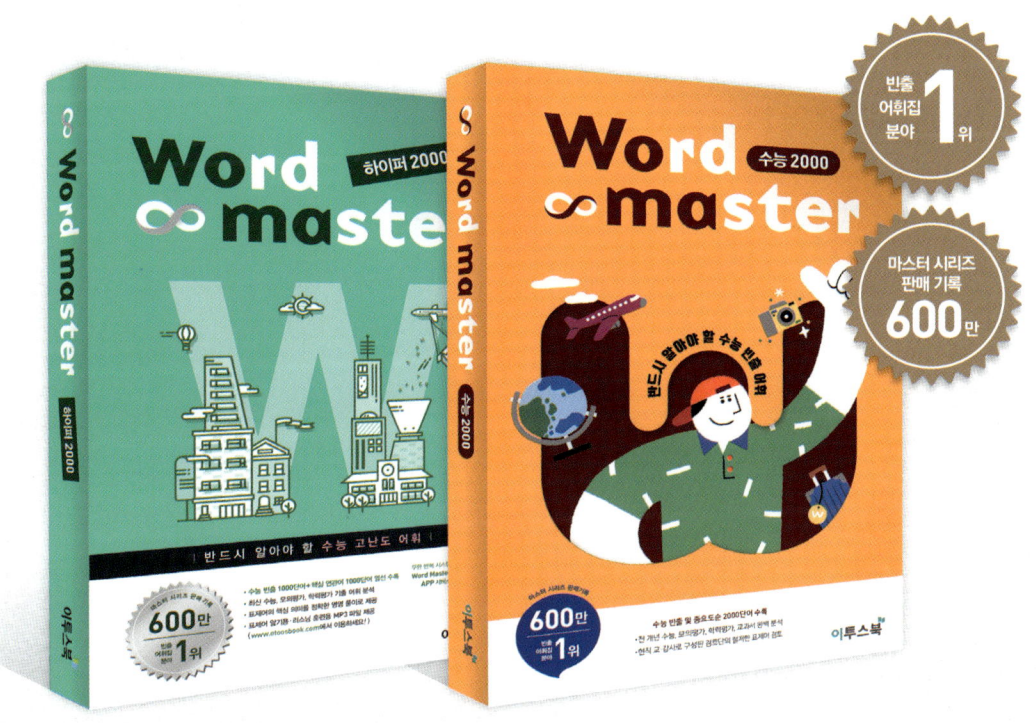

新 수학의 바이블 유형서

BOB 밥